AT

Warren W. Wiersbe

WIERSBE KURZKOMMENTAR
ZUM ALTEN TESTAMENT

Wiersbe, Warren W.
**Kurzkommentar
zum Alten Testament**

ISBN 978-3-86353-054-9

1. Auflage 2014

Originally published in the U.S.A. under the title:
**Nelson's Pocket Reference:
Old Testament Commentary**

Übersetzung: Nicole Kruska, Vagen
Umschlaggestaltung: Werbestudio 71a.de
Druck: CPI books GmbH, Leck - Germany

Inhalt

▪ Inhalt ▪

Wie du den größten Gewinn aus diesem Buch ziehst

Der Wiersbe Kurzkommentar zum AT ist als ergänzende Lektüre zu deiner Bibel gedacht, nicht als Ersatz. In erster Linie soll er dir helfen, einige der grundlegenden geistlichen Lektionen der Bibel zu entdecken und anzuwenden. Wo es nötig ist, werden schwierige Stellen erklärt, wobei dieses Buch kein reiner »Auslegungskommentar« ist.

Die Bibel ist Gottes Wahrheit (Joh 17,17), und sie wird uns auf verschiedenen »Ebenen« gegeben. Die Grundlage ist die *historische Wahrheit*, die aufgezeichneten Fakten und Worte, die reale Menschen und Ereignisse betreffen. Aus diesen Tatsachen lernen wir *lehrmäßige Wahrheiten* über Gott, den Menschen, Sünde, Errettung und eine Vielfalt anderer Themen. Das Ergebnis muss natürlich die *praktische Wahrheit* sein, denn Gott segnet uns, wenn wir sein Wort *tun,* und nicht, wenn wir es nur *lernen* (Jak 1,22-25). Das Lernen muss dahin führen, dass wir es ausleben.

Die Bibel wurde sowohl für das Herz als auch für Verstand und Willen geschrieben. An diesem Punkt kommt die *erbauliche Wahrheit* hinzu. Wir benutzen die Bibel zu unserer geistlichen Erbauung, wenn wir sie persönlich zu uns reden und uns vom Geist Gottes belehren lassen (Joh 14,26; 15,26; 16,13-15). Die ganze Bibel wurde nicht *an* uns, sondern *für* uns geschrieben (2Tim 3,16-17), und sie kann uns geistlich erleuchten, befähigen, bereichern und ermutigen, wenn wir sie nur lassen.

Charles Haddon Spurgeon, der bekannte britische Prediger, sagte: »Kein Teil der Schrift ist von privater Auslegung; keine Bibelstelle ist nur auf die Person beschränkt, die sie zuerst empfangen hat. Gottes Tröstungen sind wie Brunnen, die kein Mensch oder eine Gruppe von Menschen erschöpfen kann, ganz gleich wie groß ihr Durst auch sein mag.«

Wenn wir die Bibel mit Hingabe lesen, richten wir unseren Blick auf den geistlichen Kern, nicht auf die historischen oder geographischen Begleiterscheinungen. Gott hat mich oft durch das erste Kapitel von Josua ermutigt. Das bedeutet aber nicht, dass ich in den Jordan steigen und erwarten kann, dass er sich vor mir teilt. Allerdings habe ich erlebt, wie Gott schwierige Situationen in meinem Dienst aus dem Weg räumte, wenn ich ihm vertraut habe.

Das Wort Gottes soll uns warnen (1Kor 10,1-12) und uns Hoffnung geben (Röm 15,4). Das kann es nur, wenn wir es in uns aufnehmen und es in unserem Leben wirken lassen (1Thes 2,13).

Die Biografien von Christen sind voller Beispiele dafür, wie Gott durch sein Wort zu seinen Dienern »gesprochen« und ihnen genau die Wahrheit gegeben hat, die sie brauchten, um schwierige Entscheidungen zu treffen oder sich großen Herausforderungen zu stellen. Meine Frau und ich haben das in unserem Dienst erlebt. Gott zeigte uns seine Gedanken genau zum richtigen Zeitpunkt durch eine Bibelstelle, die wir in unserer täglichen Andacht lasen. Menschen, die »die Bibel willkürlich aufschlagen« und um Hilfe bitten, machen aus dem Wort Gottes ein magisches Buch und versuchen Gott, statt ihm zu vertrauen.

Allerdings möchte ich an dieser Stelle warnen: Wir sollten sehr vorsichtig sein mit der Behauptung, dass »Gott mir gesagt hat, ich sollte dieses oder jenes tun.« Gott spricht heute nicht so mit uns, wie er es mit Mose, Josua und Paulus getan hat. Wir sollten vielmehr sagen: »Das hat mir der Geist Gottes aus der Bibel geoffenbart, und ich bete, dass Gott mir zeigt, was ich tun soll.« Schließlich weiß auch der Teufel, wie er die Bibel gebrauchen kann (Mt 4,5-7). »*Es steht geschrieben*« muss im Gleichgewicht stehen mit »*wiederum steht geschrieben*«.

Um den größten Gewinn aus diesem Buch zu ziehen, schlage ich dir folgendes Vorgehen vor:

1. Nimm dir einen Bibelleseplan zu Hilfe, und lege eine bestimmte Zeit und einen bestimmten Ort fest. Wahlloses Bibellesen ist besser als nichts, aber es ist selten auferbauend.

2. Lies die Bibelstelle gründlich, und bitte Gott, dich durch seinen Geist zu belehren. Denke darüber nach, und suche nach der Wahrheit, die Gott dir mitteilen will. Vielleicht hältst du in einem geistlichen Tagebuch fest, was du in seinem Wort entdeckt hast.
3. Lies die Kommentare in »Der Wiersbe Kurzkommentar zum NT«, denke darüber nach und versuche die Wahrheiten, die Gott dir aufs Herz legt, in dir aufzunehmen. Überprüfe die angegebenen Bibelstellen, vergleiche die Schrift mit der Schrift und finde heraus, wie eine Stelle Licht auf eine andere wirft.
4. Bete, dass die Wahrheit in dein Inneres dringt und Gott dir hilft, sie in deinem Leben umzusetzen. Wenn wir unser Bibelwissen richtig anwenden, führt das zu einem »brennenden Herzen«, das gehorsam sein will (Lk 24,32), und nicht zu einem »großen Kopfwissen«, das nur angeben möchte (1Kor 8,1).

Du musst nicht mit allem übereinstimmen, was ich geschrieben habe, um Gewinn aus diesem Buch zu ziehen. Meine Kommentare zum Wort Gottes sind nicht die Nahrung, sondern nur die Speisekarte, die die Nahrung beschreibt. Sie sind nicht die Straße, sondern die Schilder, die dir helfen, den Weg zu finden. Wenn dieses Buch jemals den Platz deiner Bibel einnimmt oder dein Nachdenken über sie ersetzt, wirst du aufhören, geistlich zu wachsen. Bibelwissen allein kann dich geistlich nicht ernähren.

Seitdem ich 1945 Christ geworden bin, lese ich treu die Bibel. Viele Kommentare in diesem Buch entstammen meinen Notizbüchern, die ich in den letzten zwanzig Jahren geführt habe. Als mir mein guter Freund und Herausgeber Dr. Victor Oliver vorschlug, einen erbaulichen Kommentar zu schreiben, bot es sich an, diese Notizbücher noch einmal durchzugehen und ihnen die Wahrheiten zu entnehmen, die ich für den Lebensweg eines Christen für hilfreich hielt. Zumindest haben sie mir geholfen, und dafür bin ich dem Herrn dankbar.

Warren W. Wiersbe

Der Pentateuch

Das griechische Wort *Pentateuch* bedeutet »fünf Bücher« und ist der Titel der ersten fünf Bücher der Bibel, die alle von Mose geschrieben wurden. Diese fünf Bücher erzählen die Geschichte des Volkes Israel: von seinen Anfängen in der Berufung Abrahams und der Geburt der zwölf Söhne Israels (1Mo); von seiner Entstehung am Berg Sinai (2Mo); von seinem Weg als ausgesondertes Volk (2Mo, 3Mo); von seinem Unglauben und seinem Ungehorsam (4 Mo); und von seiner Vorbereitung auf die Einnahme des Landes der Verheißung (5Mo).

Aus den Erfahrungen Israels können heutige Christen über Gott und das Leben im Glauben einiges lernen (1Kor 10,1-13). Die Geschichte dieses Volkes beinhaltet sowohl Ermutigung als auch Ermahnung, und wir brauchen beides (Röm 15,4). Den Pentateuch zu kennen, bildet die Grundlage für das Verständnis der ganzen Bibel. Der Gott Abrahams, Isaaks, Jakobs und Josefs ist auch unser Gott, und wir können uns darauf verlassen, dass er seine Versprechen hält.

1. Mose

Das erste Buch Mose (Genesis) ist ein Buch der *Anfänge*: die Schöpfung nimmt hier ihren Anfang (Kap. 1), die Menschheitsgeschichte, einschließlich der Ehe (Kap. 2); Sünde und Tod (Kap. 3); die Verheißung eines Erlösers (3,15); das babylonische Reich (Kap. 11) und das jüdische Volk (Kap. 12). Was im ersten Buch Mose beginnt, zieht sich durch die ganze biblische Erzählung und wird im Buch der Offenbarung zur Erfüllung gebracht.

Es ist ein Buch über *Zeugung*, vom Stammbaum Abrahams bis hin zur Gründung des Volkes Israel. Zehn verschiedene Genealogien werden im ersten Buch Mose aufgeführt. Im Mittelpunkt stehen sechs Menschen und ihre Familien: Adam (Kap. 1–5), Noah (Kap. 6–10), Abraham (Kap. 11,1–25,18), Isaak (Kap. 25,19–27,46), Jakob (Kap. 28–36) und Josef (Kap. 37–50). Diese Ahnentafeln erscheinen uns vielleicht langweilig, aber sie sind wichtig, weil sie uns helfen, die Herkunft unseres Erlösers nachzuvollziehen.

Es ist auch ein Buch über den *Glauben*. Noah glaubte Gott und baute eine Arche. Abraham glaubte Gott und verließ seine Heimat und machte sich auf in das Land der Verheißung. Abraham und Sarah glaubten Gott, und er schenkte ihnen einen Sohn. Gott gab Versprechen und handelte dann zum Wohl derer, die ihm vertrauten, genauso, wie er es auch heute noch tut (siehe Hebr 11,1-22).

Es ist ein Buch über *Wachstum*. Gott wirkte geduldig an seinem Volk, um es zu dem zu machen, was es für ihn sein sollte. Immer wieder wurde es ihm untreu, aber Gott gab es nicht auf. Er ist immer noch der Gott Abrahams, Isaaks und Jakobs und er kann in deinem Leben alles bewirken, was er für dich vorgesehen hat.

1. Mose 1

Jeden Tag nehmen wir die sichtbare Welt um uns herum bewusst wahr. Wir sollten daran denken, dass diese Welt uns von Gott erzählt, von seiner Existenz, seiner Weisheit, seiner Macht (Röm 1,20; Ps 19,1-3).

Gott erschafft. Alles beginnt mit Gott und erfüllt den Zweck, ihn zu verherrlichen (Kol 1,18; Offb 4,11). Er wirkt durch die Kraft seines Wortes (Ps 33,6-9), dasselbe Wort, das in unserem Leben wirken kann (1Thes 2,13). Er geht nach einem Plan vor: Erst formt er, dann füllt er. Er formte die Erde, dann füllte er sie mit Pflanzen und Tieren. Er formte das Firmament, dann füllte er es mit Sternen und Planeten. Er formte die Meere und füllte sie dann mit Lebewesen. Er kann heute unser Leben formen und füllen, wenn wir ihm nur den Vortritt lassen. Menschen, die ihr Leben Jesus Christus übergeben, sind Teil der neuen Schöpfung (2Kor 4,6; 5,17; Eph 2,8-10).

Gott benennt. Er hat benannt, was er geschaffen hat, und wir haben kein Recht, etwas daran zu ändern. »Wehe denen, die das Böse gut nennen und das Gute böse; die Finsternis zu Licht machen und Licht zu Finsternis« (Jes 5,20). Gott nennt die Dinge bei ihrem richtigen Namen. Wenn wir uns seines Vokabulars bedienen, sollten wir auch sein Wörterbuch benutzen (siehe Spr 17,15).

Gott trennt. Er trennte das Licht von der Dunkelheit, das trockene Land von den Wassern und das Wasser oberhalb von dem Wasser unterhalb. Dieses Prinzip der Trennung liegt der ganzen Bibel zugrunde. Er trennte Abraham von Ur, das Volk Israel von den Heiden, seine Kirche von der Welt (Joh 17,14-16). Er will, dass sein Volk sich auch heute fernhält von allem, was beschmutzt (2Kor 6,14–7,1).

Gott segnet. Der erste Mann und die erste Frau waren zu Beginn die einzigen Geschöpfe, die von Gott besonders gesegnet waren. Weil wir nach Gottes Bild geschaffen wurden, sind wir anders als alle anderen Wesen, die Gott geschaffen hat, und wir sollten achtsam miteinander umgehen (1Mo 9,6; Jak 3,9). Die Sünde hat dieses göttliche Bild verunstaltet, aber eines Tages werden alle wahren Gläubigen dem Bild Christi gleich sein (Röm 8,28). Je ähnlicher wir Christus sind, umso mehr werden wir in den Genuss seines Segens kommen (2Kor 3,18).

1. Mose 2

Nun geht es ins Detail, was die Erschaffung von Mann und Frau angeht und ihren Platz in Gottes Plan. Der Bericht steht nicht im Widerspruch zu Kapitel 1; er ergänzt es. Der Mann wird bei der Ausübung verschiedener Tätigkeiten dargestellt.

Ruhen (1-3). Gottes Ruhen war das Ruhen nach Vollendung, nicht das Ruhen aus Erschöpfung, denn Gott ermüdet niemals (Ps 121,4). Adam wird sich auch ausgeruht haben, um mit Gott Gemeinschaft zu haben und ihn anzubeten. Der siebente Tag, der Sabbat, wurde für Israel zum Zeichen, dass es Gottes auserwähltes Volk war. Er steht außerdem symbolisch für die ewige Ruhe, die Gottes Volk gemeinsam mit ihm erleben wird.

Arbeiten (4-15). Rast und Arbeit sollen ausgewogen sein. In der Menschheitsgeschichte kommen drei Gärten vor: der Garten Eden, wo der Mensch vom Baum aß und sündigte; der Garten Gethsemane, wo der Retter den bitteren Kelch der Leiden nahm und dann ans Kreuz ging, um für unsere Sünden zu sterben; und die herrliche Gartenstadt, in die Gott all seine Kinder zum ewigen Leben führen wird (Offb 21-22).

Arbeit ist kein Fluch. Gott gab Adam die Aufgabe, den Garten Eden zu bewachen und zu bewirtschaften. Das war eine Aufgabe, die ihn erfüllte. Der Mensch muss mit Gott zusammenarbeiten, um die Ernte hervorzubringen. Der Kirchenvater Augustinus sagte: »Bete, als ob alles von Gott abhinge, und arbeite, als ob alles von dir abhinge«.

Sich fügen (16-17). Der Schöpfer hat das Recht, über seine Geschöpfe zu bestimmen. Die Liebe setzt Grenzen zum Wohl des Menschen. Gott möchte, dass wir ihm gehorchen, weil wir es wollen, und nicht, weil wir es müssen. Er wünscht sich Kinder, keine

Maschinen. Achte besonders auf den Ausdruck *nach Belieben* (Schlachter 2000; NeÜ bibel.heute) in Vers 16.

Benennen (18-25). Dass der Mensch die Tiere benennen durfte, gehörte zu seiner »Herrschaft« als Haupt der Schöpfung (1,26-28). Er verlor das Recht zu herrschen durch die Sünde (Ps 8), aber durch Christus haben wir es zurückgewonnen (Offb 5,9-10).

Adam benannte auch seine Gefährtin; er nannte sie »Frau«. Später nannte er sie »Eva«. Gott gründete die Ehe, um das Bedürfnis des Menschen nach Gesellschaft zu erfüllen (2,18) und um eine Grundlage für das Entstehen von Familie zu schaffen (1,28). Zusätzlich dient die Ehe als Bild für das Verhältnis zwischen Christus und seiner Kirche (Eph 5,25-32). Adam gab etwas von sich her für seine Braut, und Jesus gab für seine Braut etwas von sich her (Joh 19,31-37).

1. Mose 3

Die Stimme des Betrugs (1-6). Bis zu diesem Punkt ist Gottes Wort das einzig wirkende gewesen beim Erschaffen und Regieren. Nun kommt ein weiteres Wort ins Spiel, das Wort Satans, des Betrügers: Er ist eine Schlange, die verführt (2Kor 11,1-3), ein Lügner und Mörder (Joh 8,44). Er stellte Gottes Wort und Gottes Güte in Frage (V. 1), bestritt Gottes Warnung (V. 4) und ersetzte dann Gottes Wahrheit durch eine Lüge (V. 5). »Ihr werdet wie Gott sein«, ist seine Hauptlüge (Jes 14,12; Röm 1,21-25), und die Menschen glauben sie immer noch.

Eva wurde getäuscht, als sie aß, aber Adam nicht; er sündigte sehenden Auges (1Tim 2,14). Lieber gab er seine Herrschaft auf, als von seiner Frau getrennt zu sein.

Die Stimme der Liebe (7-13). Schuld erzeugt Furcht und die Furcht bringt uns dazu, wegzulaufen und uns zu verstecken. Normalerweise wären Adam und Eva Gott entgegengelaufen, aber sie waren zu Sündern geworden (Röm 3,10-12). Sünder können ihre Sünden nicht mit eigenen Werken zudecken und sie können sich auch nicht vor Gott verbergen.

Der Vater ging den verlorenen Sündern nach, so wie es auch Jesus tat, als er auf der Erde lebte (Lk 19,10) und wie es heute der Heilige Geist durch die Gläubigen immer noch tut (Apg 8,29ff.).

Versuchung überwinden
Gott prüft uns, um das Beste in uns zum Vorschein zu bringen, aber Satan versucht uns, um das Schlechteste in uns aufzudecken (Jak 1,1-15). Satan ködert uns mit etwas, was gut aussieht, und wir schlucken den Köder und stellen am Ende fest, dass wir etwas Böses getan haben. Wir können den Versucher überwinden, indem wir uns im Glauben fest gründen und die Rüstung anlegen, die Gott uns anbietet (Eph 6,10-18), indem wir das Wort Gottes gebrauchen, beten und darauf vertrauen, dass Gott uns einen Ausweg zeigen wird (1Kor 10,13) und schließlich, indem wir uns auf die Kraft des Geistes verlassen.

Die Stimme des Gerichts (14,16-19). Gott verfluchte die Schlange und den Boden, aber Adam und Eva verfluchte er nicht. Wir sind von den Folgen des Sündenfalls betroffen und leiden unter ihnen. Das endgültige Urteil ist der Tod. Mit einer schwierigen Umwelt kann der Mensch einigermaßen zurechtkommen, aber er kann nichts gegen »den letzten Feind« ausrichten, den Tod (1Kor 15,26). Das Einzige, was ihm den Sieg über den Tod schenken kann, ist der Glaube an Jesus Christus (Joh 11,25-26; 1Kor 15,57-58).

Die Stimme der Gnade (15,20-24). In Vers 15 hat Gott Satan den Krieg erklärt und zum ersten Mal das Kommen des Erlösers verheißen. Satan wird Christus die Ferse zermalmen, aber Christus wird ihm den Kopf zertreten und ihn besiegen (Joh 12,31; Kol 2,15).

Adam glaubte an das Versprechen, dass seine Frau Kinder gebären würde, und sein Glaube rettete ihn. Er nannte sie *Eva*, was »die Leben Schenkende« bedeutet. Gott reagierte auf ihren Glauben, indem er unschuldiges Blut vergoss und beide bekleidete. Nur so können Sünder gerettet werden: indem sie auf das vergossene Blut Christi vertrauen (Hebr 9,22; siehe auch Jes 61,10; Eph 2,8-9).

Jesus Christus ist »der letzte Adam« (1Kor 15,45-49). Der Ungehorsam des ersten Adam verstrickte uns in die Sünde, der Gehorsam des letzten Adam brachte uns die Rettung von der Sünde (Röm 5,12-21). Der erste Adam war ein Dieb und wurde aus dem Paradies vertrieben. Der letzte Adam sagte zu einem Dieb, er werde ins Paradies kommen (Lk 23,43). In Adam sterben wir; in Christus haben wir ewiges Leben.

1. Mose 4

Satan ist eine Schlange, die täuscht, und ein Löwe, der verschlingt (1Petr 5,8-9). Er benutzte Eva, um Adam zu versuchen, und Kain, um Abel zu vernichten. Die zwei »Samen« aus 1. Mose 3, 15 gerieten in Konflikt, weil Kain ein Kind des Teufels war (1Jo 3,10-12), Abel dagegen ein Kind Gottes (Mt 23,35). Wie sein Vater, der Teufel, war Kain ein Lügner und Mörder (Joh 8,44).

Die Kinder Gottes zeichnen sich durch Glauben, Hoffnung und Liebe aus (1Kor 13,13, 1Thes 1,3-4). Die Kennzeichen vom Samen des Teufels sind Unglaube, Verzweiflung und Hass und sie zeigen sich deutlich an Kain.

Unglaube (1-7). Als Gott Tiere tötete und Adam und Eva einkleidete (3,21), lehrte er damit die Bedeutung des Blutopfers (Hebr 9,22). Kain trat mit dem falschen Opfer in seinen Händen vor Gott und mit der falschen Einstellung im Herzen. Sein Opfer war kein Glaubensopfer und Gott wies es zurück. Außerdem warnte Gott Kain, dass die Sünde an der Schwelle seiner Herzenstür lauerte und nur darauf wartete, über ihn herzufallen.

Hass (8). Kains Zorn verwandelte sich allmählich in Neid und Hass und führte dann zum Mord (Mt 5,21-26). Wenn du anfängst, mit der Versuchung zu spielen, wirst du bald darin gefangen sein (Jak 1,13-16). Kain machte sich jeder Sünde schuldig, die Gott hasst (Spr 6,16-19).

Verzweiflung (9-24). Gottes Frage an Adam lautete: »Wo bist du?« Kain fragte er: »Wo ist dein Bruder Abel?« Wissen wir, wo unsere Geschwister sind? Interessiert es uns? Oder erfinden wir Ausreden, so wie Kain?

Nun verflucht Gott tatsächlich einen Menschen! Aber Kain fühlte sich nicht einmal schuldig wegen seiner Sünde; er machte sich nur Sorgen, welche Strafe ihn wohl erwartete. Kains Unglaube, Hass und Betrug zerstörte jede Beziehung in seinem Leben; die Beziehung zu seinem Bruder, zu Gott, zu sich selbst und zu seiner Umwelt. Wir sind alle Pilger auf dieser Erde, aber Kain wurde zum Flüchtling, zum Ruhelosen. »Du hast uns für dich geschaffen«, sagte Augustinus, »und unsere Herzen bleiben ruhelos, bis sie in dir Frieden finden«.

Hoffnung (25-26). Kain versuchte, seine Lage zu verbessern, indem er im Land Nod (»Heimatlosigkeit«) eine »Zivilisation« gründete. Da Adam und Eva viele Kinder hatten, muss Kain eine Verwandte geheiratet haben. Es gab viele schöne Dinge in seiner Stadt, aber Gott verwarf das alles und gab Adam einen weiteren Sohn, Set (»eingesetzt«), der die göttliche Linie fortsetzen sollte.

Zorn mäßigen

Wir ereifern uns vielleicht zu Recht über die Sünde (Mk 3,5; Eph 4,26), aber allzu oft wird unser Zorn selbst zur Sünde. Jesus warnte uns, dass Zorn der erste Schritt zum Mord sein kann (Mt 5,21-26). Wir müssen den Heiligen Geist bitten, uns dabei zu helfen, unseren Zorn zu mäßigen (Spr 15,18; 16,32), denen, die uns kränken, in Liebe zu begegnen (Mt 5, 43-48) und zu lernen, Vergebung zu üben (Eph 4,26-32).

1. Mose 5

Das Alte Testament ist »das Buch der Generationenfolge Adams« (V. 1). Es erzählt uns von Adams Nachfahren und ihre Geschichte ist keine, die froh macht. Das Alte Testament endet sogar mit den Worten: »... damit ich nicht komme und das Land mit dem Bann schlage« (Mal 3,24).

Das Neue Testament ist »Buch des Ursprungs Jesu Christi« (Mt 1,1); zu seinem Ende verkündet es: »Und keinerlei Fluch wird mehr sein« (Offb 22,3). Der erste Adam brachte den Fluch in die Welt, der letzte Adam trug den Fluch (Gal 3,13). Durch Adams Sünde wuchsen Dornen (1Mo 3,18), aber Jesus trug diese Dornen auf seinem Haupt (Mt 27,29).

Gott schuf den Menschen nach seinem Bild, aber der sündige Mensch zeugt nun Kinder nach seinem eigenen Bild (V. 3). Wir werden alle als Sünder geboren (Ps 51,5). Wird aber ein Sünder durch Glauben an Christus neugeboren, beginnt er, dem letzten Adam ähnlich zu werden (Röm 8,29; 2Kor 3,18).

Acht Mal finden wir in Kapitel 5 die ernüchternde Feststellung: »Und er starb«. Weil die Sünde regierte, regierte auch der Tod (Röm 5,14.17), aber im Leben Henochs *regierte Gottes Gnade* (Röm 5,20-21). Er glaubte Gott (Hebr 11,5-6), wandelte mit Gott inmitten einer gottlosen Gesellschaft und war Gottes Zeuge (Jud 14-15). Henoch starb nicht; Gott entrückte ihn in den Himmel. Dies ist die »glückselige Hoffnung« aller Christen (Tit 2,11-14; siehe auch 1Thes 4,13-18).

Noah bedeutet »Ruhe«. Der Menschheit ging es schlecht und sie sehnte sich nach dem Kommen des verheißenen Erlösers. Er *ist* gekommen und wir dürfen zu ihm kommen und er wird uns wahre Ruhe geben (Mt 11,28-30).

1. Mose 6–8

Eine Flut kommt in der Geschichtsschreibung vieler antiker Völker vor und die Folgen einer Flut sind an zahlreichen Orten auf der Erde zu finden. Jesus glaubte an die Sintflut (Mt 24,37-39), ebenso Petrus (1Petr 3,20) und auch der Autor des Hebräerbriefs (Hebr 11,7).

Die Heiligkeit Gottes (6,1-7). Gott sah auf eine Welt voller Menschen, die innerlich verdorben, nach außen hin gewalttätig und nach oben hin aufsässig waren. Noah gehörte zur zehnten Generation seit Adam. Die Sünde hatte nicht lange gebraucht, um die ganze Menschheit zu durchdringen. Wenn die Welt wieder im selben Zustand ist, in dem sie zu Noahs Zeiten war, halte Ausschau nach der Wiederkunft des Herrn (Mt 24, 37-39)!

Die Gnade Gottes (6,8-7,10). Noah wurde genauso gerettet, wie alle Sünder gerettet werden: durch Gnade (1Mo 6,8) und durch Glauben (Hebr 11,7). (Siehe Eph 2,8-9.) Er hörte Gottes Wort, glaubte Gott, dass er ihn bewahren würde, und bewies seinen Glauben durch Werke. Der einzige Weg, der Zerstörung zu entgehen, war, die Arche zu betreten; und die Arche hatte nur eine Tür. Sie ist ein Bild für die Rettung, die wir in Christus haben.

Der Zorn Gottes (7,11-24). Gott war sehr geduldig und gab der Welt etwa 120 Jahre Zeit, sich zu besinnen (1Mo 6,3; 1Petr 3,20; 2Petr 2,5). Die Welt wollte von Noahs Zeugnis nichts wissen und lehnte Gottes Gnade sogar noch an dem Tag ab, an dem Noah und seine Familie in die Arche einzogen. Gott wartete eine weitere Woche ab (Wie müssen die Nachbarn über Noah gelacht haben!), aber dann kam das Gericht. Wie David verkündete: »Der HERR thront auf der Wasserflut« (Ps 29,10). Er ist Herr in allen Dingen! Das nächste weltweite Gericht wird mit Feuer stattfinden, nicht mit Wasser (2Petr 3,1-12).

Die Treue Gottes (8,1-22). Noah glaubte Gottes Verheißungen und Gott enttäuschte ihn nicht (siehe 1Kö 8,56). Wahrer Glaube verfällt nicht in Hektik (Jes 28,16). Noah wartete ab, bis Gott ihm durch sein Wort sagte, was er zu tun hatte. Das erste, was Noah und seine Familie auf der gereinigten Erde taten, war, den Gott anzubeten, der ihnen treu beigestanden hatte (Ps 116,12-19; Röm 12,1-2). Gott schloss mit Noah einen Bund, in dem er den Fortbestand der Schöpfung zusicherte, trotz der Bösartigkeit des menschlichen Herzens. Dieser Bund ermöglicht seitdem die Erhaltung des Lebens auf der Erde. Gott hat sich treu an seinen Bund gehalten, aber der Mensch hat sich als Verwalter der Erde leider nicht als treu erwiesen (siehe Offb 11,18).

Gott treu bleiben
Noah und seine Familie waren die einzigen Gläubigen auf der Erde und doch gaben sie mutig Zeugnis für Gott und gegen das Böse ihrer Zeit. Sie blieben Gott treu, als sich alles gegen sie zu wenden schien. Gott ruft sein Volk immer noch dazu auf, sich alleine zu behaupten, wenn es sein muss, und er verspricht uns, dass er uns nie im Stich lassen wird (Hebr 13,5-6). Gott wird uns nicht aufgrund unserer Beliebtheit beurteilen, sondern aufgrund unserer Treue zu ihm (1Kor 4,2). Gott braucht heute mutige Zeugen.

1. Mose 9

Herrschaft (1-7). Gott gab für das neue Leben auf der gereinigten Erde neue Regeln. Er führt seine Erlösten durchs Leben und offenbart ihnen seinen Willen. Noah und seine Familie durften nun das Fleisch von Tieren essen (1Mo 1,29), *aber es war ihnen verboten, das Blut von Tieren zu sich zu nehmen* (3Mo 17,11-14). Die Heiligkeit menschlichen Lebens wurde bestätigt durch die Einsetzung einer menschlichen Regierung (Röm 13). Gott führte die Regierung ein, weil der Mensch grundsätzlich sündig ist und beherrscht werden muss. Mord ist ein schreckliches Verbrechen, weil der Mensch nach dem Bild Gottes geschaffen ist. Dadurch wird das Töten eines Menschen zum Angriff auf das Bild Gottes. Nicht alle Menschen sind Kinder Gottes, aber alle gehören zu einer menschlichen Familie, weil Gott uns alle aus *einem* gemacht hat (Apg 17,26).

Gnade (8-17). Gott hat versprochen, dass er niemals wieder eine Flut schicken würde, um das Leben auf der Erde zu vernichten. Dieser Bund betraf nicht nur den Menschen, sondern auch Vögel,

Rinder und die Tiere des Feldes (Hes 1,10; Offb 4,7). Das Zeichen dieses Bundes war der Regenbogen, eine wunderschöne Brücke, die den Himmel mit der Erde verbindet. Ob wir auf den Regenbogen sehen oder nicht; *Gott* sieht ihn ganz gewiss an und erinnert sich an seine Versprechen. Noah sah den Regenbogen *nach* dem Sturm; Hesekiel sah ihn *mitten im* Sturm (Hes 1,4 ff.); und Johannes sah ihn *vor* dem Sturm des Gerichts (Offb 4,1-3).

Schuld (18-29). Stell dir vor, ein »Prediger der Gerechtigkeit« (2Petr 2,5), im Alter von über 600 Jahren, *betrinkt sich!* (siehe 1Mo 6,5; 8,21; 1Kor 10,12). *Ham* hätte über die Sünden seines Vaters betrübt sein sollen, statt sich hämisch darüber zu freuen (Spr 14,9). Seine Brüder taten, was die Liebe immer tut: Sie »deckt alle Vergehen zu« (Spr 10,12; 12,16; 17,9; 1Petr 4,8).

Noahs Worte dürfen nicht so gedeutet werden, dass einige Rassen minderwertig seien und für die Sklaverei bestimmt. Die Geschichte zeigt sogar, dass aus einigen Nachfahren Kanaans mächtige Nationen mit großen Reichen entstanden sind. Und schließlich hatten selbst die Israeliten, die Nachfahren Sems, in Sachen Gefangenschaft ihr Päckchen zu tragen. Seine Worte waren eine Weissagung: Die Sünde Hams würde seinen Sohn Kanaan heimsuchen, der irgendwie beteiligt gewesen sein muss; *Sem* würde Gottes Segen empfangen (Röm 9,1-5), *Jafet* (die Heiden) würde viele Nachkommen haben und den Gott Sems anbeten. Johannes schreibt: »Das Heil ist aus den Juden« (Joh 4,22). Menschen, die auf Christus als ihren Retter vertrauen, sind alle eins in ihm (Gal 3,28; Kol 3,11).

1. Mose 10–11

Mit Noahs drei Söhnen machte Gott einen Neuanfang in der Menschheitsgeschichte. Er sonderte Sem als besonderen Segensträger aus und Sem war derjenige, aus dessen Linie Abraham, der Vater des jüdischen Volkes, hervorging. Sünde wirkt immer trennend: den Menschen von Gott (Kap. 3), eine Familie von einer anderen (Kap. 9); und hier trennt sie Völker voneinander.

Beachte den Namen Nimrod (10, 8-10). Der Ausdruck »gewaltiger Jäger« weist darauf hin, dass er gegen Gott rebellierte und seine Mitmenschen unterdrückte. Er gründete zwei für die biblische Geschichte bedeutende Städte: Babel und Ninive.

Der Mensch strebt nach Einheit und nach Bekanntheit und versucht, beides aus eigener Kraft und Weisheit zu erreichen. Luzifer wollte wie Gott sein (Jes 14,14) und der Mensch wollte sich einen Namen machen. Aber nur Gott kann den Namen eines Menschen wahrhaft groß machen (1Mo 12,2; Jos 3,7).

Babel bedeutet »Durcheinander« und »Gott ist nicht ein Gott der Unordnung« (1Kor 14,33; siehe auch Jak 3,16). In der Bibel wird Babylon oft als Feind des Gottesvolkes dargestellt. Wo immer Unordnung herrscht, ist Babylon – Inbegriff für die Welt und das Fleisch – am Werk. Letztendlich wird das gesamte babylonische »System« zerstört werden (Offb 17-18).

Die Sprachverwirrung von Babel wurde am ersten Pfingstfest umgekehrt (Apg 2,7-8). Ein Nachfahre Hams, ein Äthiopier, wird in Apostelgeschichte 8 errettet; ein Nachfahre Sems, der Apostel Paulus, in Apostelgeschichte 9; und von der Errettung der heidnischen Nachfahren Jafets wird in Apostelgeschichte 10 berichtet. Einheit wird nicht vom Menschen hergestellt; sie fließt von Gott zu uns herab (Ps 133; Eph 4,1-6). Indem wir das Evangelium verbreiten, helfen wir, wieder zu vereinen, was die Sünde auseinander gerissen hat (Eph 1,10-11). Christen sind tatsächlich die Friedensstifter dieser Welt.

1. Mose 12

Gottes Wort führt zum Glauben (1-3). Abram war ein Götzendiener, als Gott ihn rief (Jos 24,2), ihm seine Herrlichkeit offenbarte (Apg 7,2) und mit ihm sprach. Abram wandte sich ab von toten Götzen und wandelte fortan mit dem Herrn, und all das durch Gottes Gnade. Auf Gottes Wort zu hören, schafft Glauben (Joh 5,24; Röm 10,17). Auch hier ist wieder Gottes schöpferisches Wort am Werk.

Glaube führt zu Gehorsam (4-6). Das Neue Testament berichtet, dass Abraham »durch Glauben gehorsam« war (Hebr 11,8). »Ich will dir zeigen, ich will dich machen, ich will dich segnen!«, lauteten Gottes Versprechen, und Abram glaubte. Ein guter Grundsatz besagt, dass Glaube nicht Annehmen trotz gegenteiliger Beweise bedeutet; Glauben bedeutet Gehorsam trotz der zu erwartenden Folgen. Der Beweis für Glauben ist Gehorsam, denn wahrer Glaube führt immer zu guten Werken (Jak 2,14 ff.). Das Hören führt zum Befolgen.

Gehorsam führt zu Segen (7-9). Über die Reise wird uns nichts erzählt. Sie muss sehr beschwerlich gewesen sein. Was wir aber erfahren, ist, dass Gott am Ziel auf Abram wartete und ihm eine neue Verheißung gab. Gott geht uns immer voran und hält sein Wort zur Ermutigung für uns bereit. Von jetzt an wird Abrams Leben geprägt sein von der Gegenwart des *Zeltes* (Pilger auf Erden) und des *Altars* (Bürger des Himmels).

Lebe ich aus Glauben?
Wenn du aus Glauben lebst, triffst du deine Entscheidungen auf der Grundlage des Wortes Gottes (Röm 10,17) und du bemühst dich, Gott allein zu verherrlichen (Röm 4,19-20). Wahrer Glaube hat es nicht eilig, er wartet geduldig (Jes 28,16, Hebr 6,12).
Glaube gehorcht Gott ungeachtet jeglicher Umstände oder Folgen und er fürchtet nicht, was andere sagen oder tun könnten (Hebr 11,29-30).

Segen führt zur Prüfung (10-20). Glaube wird immer geprüft, und zwar aus drei Gründen: um zu beweisen, dass unser Glaube echt ist; damit unser Glaube wachsen kann; und um den Herrn zu verherrlichen (1Petr 1,6-9; Jak 1,1-8). Stell dir vor, Gott führt Abram in ein neues Land und genau dort bricht eine Hungersnot aus! Wir können dem Willen Gottes folgen und trotzdem Prüfungen ausgesetzt werden. »Glaube ist Leben ohne Intrigen«, sagt man.

Aber Abram fing doch an zu intrigieren. Er wandelte durch Schauen, nicht durch Glauben (2Kor 5,7) und es kostete ihn sein Zeugnis – und obendrein fast seine Frau! Beachte, dass Abram in Ägypten weder ein Zelt noch einen Altar hatte.

Gott segnete Abram, *damit er zum Segen würde*. Durch Abram und seine Nachfahren wurde die ganze Welt gesegnet. Wann immer Gott dich segnet, tut er das, damit du auch anderen zum Segen wirst. Gottes Segnungen sind keine Luxusgüter; sie sind Gelegenheiten.

1. Mose 13

Ein Neuanfang (1-4). Gott züchtigte Abram in Ägypten und Abram kehrte zurück in das Land, das er nie hätte verlassen sollen. Er war ein sehr reicher Mann, aber sein Zelt und sein Altar waren die wertvollsten Dinge, die er besaß. Wenn wir versagen, ist der Herr gerne bereit, zu vergeben und zu erneuern (1Jo 1,5–2,2). »Siegreiches christliches Leben ist eine Reihe von Neuanfängen«, sagte Alexander Whyte.

Eine neue Last (5-13). Als er in Ägypten war, wurde Lot reich und fand Geschmack an der Welt, und sein Interesse am Vergänglichen war zum Teil Abram zuzuschreiben. Gott vergab Abram seine Sünde, aber er verhinderte nicht die traurigen Folgen. Wir ernten, was wir gesät haben, auch nachdem uns vergeben wurde. Abrams erste Glaubensprüfung erwuchs aus einer Hungersnot; seine zweite aus seiner eigenen Familie. Prüfungen, die mit der Familie zu tun haben, sind die schwersten von allen.

Abram war ein Friedensstifter, weil er durch Glauben lebte; Lot war ein Unruhestifter, weil er durch Schauen lebte. Abram wählte eine himmlische Stadt (Hebr 11,13-16); Lot suchte sich eine Stadt auf der Erde, noch dazu eine gottlose. Die Stadt schien ideal, aber ihre Zerstörung war nicht aufzuhalten. Du kannst dein Zelt immer näher an die Sünde heranrücken, *aber deinen Altar kannst du nicht mitnehmen*. Lot ließ Gott zurück und zerstörte sein Zuhause.

Ein neuer Segen (14-18). Ein Mensch, der aus Glauben lebt, wird nach einer Zeit der Prüfung immer von Gott angesprochen. Lass andere sich nehmen, so viel sie wollen; unser Gott gibt uns viel mehr, als sie sich jemals vorstellen können (Ps 16,5; Ps 33,12). Abram hob den Blick und sah das Land vor sich. Er setzte die Füße darauf und nahm es im Glauben in Besitz (vgl. Jos 1,3). Dann erhob er sein Herz zu Gott und betete ihn an. Lot hatte Abram das Herz gebrochen, aber Gott segnete Adams Herz – und ließ ihn zum Segen werden.

1. Mose 14

Abram hat dreimal einen Sieg errungen.

Sieg über Lot. Es wäre Abram ein Leichtes gewesen, Lot die traurigen Folgen seiner eigenen unklugen Entscheidung tragen zu lassen. Aber ein Mann des Glaubens ist dazu berufen, »ein Segen zu sein«, deshalb eilte er Lot zur Hilfe. Dieser war kein sehr hingebungsvoller Gläubiger, dennoch war er ein Bruder und brauchte Hilfe. Wenn ein Bruder oder eine Schwester dir Schwierigkeiten macht, denk an Abram und an die Worte aus Römer 12,21. Lot ging geradewegs wieder zurück nach Sodom, aber Abram tat das, was er tat, für den Herrn; und eigentlich zählt nur das.

Sieg über die Könige. Abram der Pilger hätte sich niemals in den Krieg verwickeln lassen, hätte er nicht Lot retten müssen. Abram hatte kein großes Heer zur Verfügung, aber er zog durch Glauben in die Schlacht; und das verschaffte ihm den Sieg (1Sam 14,6; 1Jo 5,4-5).

Sieg über sich selbst. »Lasst uns nach dem Sieg genauso wachsam sein wie vor dem Kampf«, sagte Andrew Bonar. Abram sah sich versucht, Gottes Sieg zu seinem eigenen Vorteil zu nutzen, aber er lehnte das Angebot ab. Der König von Sodom bot ihm einen Handel an, aber der König von Salem (ein Bild für unseren Herrn Jesus Christus, Hebr 7,1-3) bot ihm seinen Segen an. Nur ein Schnürsenkel aus Sodom hätte Abrams heiligen Wandel verunreinigt! Gib nach jeder Schlacht Gott die Ehre; und hüte dich vor

Geschäften mit dem Teufel. Wenn du nicht aufpasst, gewinnst du vielleicht den Krieg, büßt dabei aber den Sieg ein.

1. Mose 15

Abrams Belohnung war nicht der Beifall der Menschen, die er gerettet hatte, sondern die Anerkennung durch den Gott, dem er diente. Dies ist die erste von vielen Stellen in der Bibel, wo es heißt: »Fürchte dich nicht!« Furcht nach einer Schlacht ist nicht ungewöhnlich, aber Furcht und Glaube halten es nicht lange nebeneinander im selben Herzen aus (Mt 8,26). Gott nahm Abram seine Ängste durch drei Offenbarungen.

Was Gott ist (1). Gott ist unser Beschützer und unser Versorger, daher müssen wir weder den äußeren Feind fürchten, noch die Gefühle in uns. Mit ihm haben wir alles; ohne ihn ist nichts, was wir haben, ausreichend.

Was Gott sagt (2-7). Abram sah auf sich selbst und ihm wurde bewusst, wie alt er war. Dann sah er seinen Verwalter an, Elieser, und dachte, dass Gott ihn vielleicht gebrauchen könnte. Aber Gott sagte ihm, er solle aufhören, sich selbst und andere anzusehen statt zu Gott aufzusehen. Zum zweiten Mal hebt er hier den Blick, um zu sehen, was Gott für ihn bereithält (1Mo 13,14; siehe auch 1Mo 13,10). Vers 6 macht deutlich, dass Abram durch Vertrauen auf Gottes Wort gerettet wurde (Röm 4,3; Gal 3,6; Jak 2,23), und das ist der *einzige* Weg zur Rettung.

Was Gott tut (8-21). Gott besiegelt sein Versprechen mit einem Bund. In jenen Tagen galt es als Besiegelung einer Vereinbarung, zwischen den Teilen eines geschlachteten Tieres herzugehen. *Gott war aber der Einzige, der zwischen den Teilen herging*! Abram war eingeschlafen. Wenn Gott einen Bund schließt, geschieht dies immer aus Gnade (Eph 2,8-9), und unsere Werke sind nicht mehr als Beweise für unseren Glauben.

Wenn du spürst, dass du Angst hast oder keine Geduld mehr für Gottes Willen aufbringst, sieh auf zum Himmel und denk an seinen Bund und seine Verheißungen. Wenn du Gott dein Opfer bringst, pass auf, dass der Feind es nicht stiehlt. Wenn du nichts tun kannst, beruhige dich mit dem Wissen, dass Gott am Werk ist.

Furcht
Es gibt eine göttliche Furcht, eine Ehrfurcht vor dem Herrn, die in jedem Herzen wohnen sollte (1Petr 1,17; 2,17). Wenn wir Gott fürchten, brauchen wir sonst niemanden und nichts zu fürchten (Ps 112; Jes 8,13). Angst vor den Menschen bringt uns zu Fall (Spr 29,25), aber wenn wir Gott fürchten, brauchen uns die Worte und Drohungen von Menschen nicht zu ängstigen (Mt 10,26-33).

1. Mose 16

Glaube und Geduld gehen immer Hand in Hand (Hebr 6,12; Jak 1,1-5). Jesaja verkündete: »Wer glaubt, wird nicht ängstlich eilen« (Jes 28,16). Wir müssen Gott vertrauen, nicht nur seinem Plan, sondern auch seinem *Zeit*plan. Bevor er Abram und Sarai den versprochenen Sohn schenken konnte, musste er warten, bis sie so gut wie tot waren (Röm 4,19; Hebr 11,11-12). Sarai verließ sich auf ihren Menschenverstand statt auf Gottes Verheißungen (Spr 3,5-6). Sie vertraute einer Frau aus Ägypten statt dem Herrn des Himmels. Sarai hatte keinen starken *Glauben,* dafür verstand sie sich besonders gut aufs *Anklagen*. Sie klagte Gott an wegen ihrer Unfruchtbarkeit, dann beschuldigte sie Abram, weil Hagar ihr zu Hause Ärger machte. Weisheit von Gott ist rein und friedvoll, die Weisheit des Fleisches dagegen bringt immer Streit (Jak 3,13-18). Abram verzichtete auf die geistliche Führerschaft über sein Haus. Das Ergebnis war ein einziges Durcheinander.
Wenn wir im Schauen wandeln, und nicht im Glauben, werden wir ungeduldig; wir intrigieren und beschuldigen andere. Wenn dann alles schief läuft, versuchen wir, unsere Fehler anderen in die Schuhe zu schieben. Gott schickte Hagar und Ismael zurück zu Abram und Sarai, und sie mussten noch mindestens weitere siebzehn Jahre mit ihrem Fehler leben.

Abram und Sarai fügten Hagar großes Unrecht zu und sie mussten dafür büßen; aber Gott schritt ein und sorgte für Hagar und ihren Sohn. Abram gehorchte Gott und gab seinem Sohn den für ihn bestimmten Namen: »Ismael – Gott wird hören«. Hätten Abram und Sarai auf Gott gewartet, statt ihm vorauszueilen, hätten sie all diesen Schmerz vermeiden können.

1. Mose 17

Neue Offenbarungen. Dem biblischen Bericht zufolge wartete Gott dreizehn Jahre, bevor er sich Abram wieder offenbarte. In dieser Zwischenzeit, während Gott schwieg, wandelte Abram weiter mit dem Herrn und diente ihm. Er brauchte nicht ständig besondere Offenbarungen, um Gottes Willen zu tun, und wir auch nicht. Gott bestätigte schließlich seinen Bund und gab Abram dann die Beschneidung als äußeres Zeichen dieses Bundes. Wie bedauernswert, dass viele Juden lieber diesem Zeichen vertrauten als dem Herrn (Apg 15,5; Röm 4,10; Gal 5,6)! Gott wollte Veränderung im Innern des Herzens, nicht nur einen operativen Eingriff am Körper (5Mo 10,16; Jer 4,4).

Neue Namen. In der Geschichte der Bibel steht ein neuer Name für einen Neuanfang, für einen Vorwärtsschritt im Glauben (siehe 1Mo 32,28; Joh 1,40-42). *Abram* bedeutet »der Vater ist erhaben«; dieser Name wurde zu *Abraham,* »Vater von vielen«. *Sarai* (»zänkisch«) wurde zu *Sara* (»Prinzessin«). Gott offenbarte sogar sich selbst unter einem neuen Namen: Gott, der Allmächtige. Der einzige Name, der nicht geändert wurde, war Ismael, denn was aus dem Fleisch geboren ist, bleibt Fleisch, und kann nicht verändert werden (Johannes 3,6).

Neue Freude. Endlich stand die Geburt des lange erwarteten Sohnes an und sein Name würde Isaak sein, »Lachen«. Kein Wunder, dass Abraham lachte (Joh 8,56). Abraham wollte sich an seinen früheren Fehler klammern (Vers 18), statt auf das zukünftige Wunder zu schauen, dass Gott bald vollbringen würde. Abrahams und Saras ungeduldiger Akt des Unglaubens hatte Leid und

Trennung in ihr Leben gebracht, aber Gottes Glaubenswunder brachte Freude und Frieden (Röm 15,13). Es zahlt sich aus, auf Gottes Weg zu vertrauen und den Zeitpunkt abzuwarten, den er wählt.

Gott der Allmächtige!
Die Bibel bekräftigt unser Bedürfnis, uns auf Gott zu verlassen, dem nichts unmöglich ist (Lk 1,37): »Sollte für den HERRN eine Sache zu wunderbar sein?« (1Mo 18,14). »Kein Ding ist dir unmöglich« (Jer 32,17); Gott vermag »über alles hinaus zu tun, über die Maßen mehr, als wir erbitten oder erdenken« (Eph 3,20). So können wir also sagen: »Alles vermag ich in dem, der mich kräftigt« (Phil 4,13). Nimm Gottes Kraft für dich in Anspruch!

1. Mose 18

Ausruhen (1). Nachmittagsruhe zu halten, ist im Osten ganz normal, und vergessen wir nicht, dass Abraham fast hundert Jahre alt war. Ein Schläfchen zu halten, kann manchmal sehr geistlich sein! Der Körper des Gläubigen ist Gottes Tempel und sollte achtsam behandelt werden (1Kor 6,19-20; siehe auch Mk 6,31).

Dienen (2-8). Die Ankunft der drei Besucher hätte Adam kaum entgehen können, denn es war ungewöhnlich, in der Nachmittagshitze Reisenden zu begegnen. Die Besucher waren zwei Engel und der Herr Jesus Christus bei einer seiner Erscheinungen vor der Menschwerdung. Obwohl er 318 Diener hatte, diente Abraham ihm persönlich und nannte ihn dabei vierzehn Mal »Herr«. Abraham lief von einem Ort zum anderen um sicherzustellen, dass das Mahl, das zubereitetet wurde, vom Allerfeinsten war.

Zuhören (9-15). Während die Besucher speisten, blieb Abraham in der Nähe, um ihnen jederzeit bringen zu können, was immer sie begehrten. Aber der Herr gab Abraham etwas Besseres als Nahrung: Er verkündete, dass der versprochene Sohn noch im selben Jahr geboren würde. »Wo ist deine Frau Sara?«, ist die letzte der drei Schlüsselfragen im 1. Buch Mose (3,9; 4,9; 18,9). Die Frage: »Ist dem Herrn eine Sache zu wunderbar sein?«, wurde von Hiob beantwortet (Hi 42,2), von Jeremia (Jer 32,17) und von Gabriel (Lk 1,37).

Vermitteln (16-33). Weil Abraham sowohl Gottes Freund als auch sein Diener war, kannte er Gottes Geheimnisse (Ps 25,14; Joh 15,15; Jak 2,23). Lot war durch Abrahams Eingreifen gerettet worden (Kapitel 14), nun würde er durch Abrahams Fürsprache gerettet werden. Abraham betete für die Stadt und berief sich dabei auf Gottes Gerechtigkeit, aber Gott verschonte Lot, weil er sich seiner erbarmte und ihm gnädig war (19,16.19). Sich für die Verlorenen und die Not leidenden Gotteskinder einzusetzen, ist ein großes und heiliges Privileg, das wir nicht vernachlässigen dürfen.

1. Mose 19

Weil Jesus sich bei Lot in Sodom »nicht heimisch fühlte«, schickte er die beiden Engel mit dem Auftrag dorthin, sich ein Bild von der Lage zu machen. Die Engel spazierten weder durch die Straßen noch besuchten sie die öffentlichen Vergnügungsstätten. *Sie besuchten einen bekennenden Gläubigen, um sich sein Heim anzusehen.* Lots Frau und seine Familie hatten sich weit vom Herrn entfernt. Das Salz war fade geworden (Mt 5,13), welche Hoffnung blieb also noch für die Stadt?

Abraham wurde bei Tageslicht besucht, aber Lot empfing die Engel am Abend (1Jo 1,5-10). Die Menschen in Abrahams Haus gehorchten seinem Wort, während er dem Herrn diente, aber Lots Familie lachte nur über dessen Worte. Abraham beeilte sich, Lot dagegen trödelte herum und musste aus der Stadt gezerrt werden. Abraham, der außerhalb Sodoms lebte, hatte dort mehr Einfluss als Lot, der in der Stadt wohnte.

Lot versuchte es bei den Männern an der Tür zunächst mit eindringlichem Bitten, dann verlegte er sich aufs Handeln. Gott beschloss, sie zu richten. Sie zogen die Dunkelheit dem Licht vor (Joh 3,19).

Gott fand keine zehn Gerechten, aber Abraham zuliebe verschonte er Lot, seine Frau und seine Töchter. Vielleicht verabscheuen wir die Sünden von Sodom, aber vergessen wir nicht, dass all diesen Menschen die ewige Verdammnis bevorsteht (siehe Jud 23).

Lot hatte weder ein Zelt noch einen Altar und so fand er sich in einer Höhle wieder, wo er schreckliche Sünden beging. Gäbe es nicht die Verse aus dem 2. Petrusbrief, Kapitel 2,7-8, würden wir womöglich zu Recht daran zweifeln, ob er überhaupt gläubig war. (Siehe Ps 1,1.)

1. Mose 20

Rückfall. Der Mann des Glaubens wandelte zuerst im Schauen (Vers 11), bekam es dann mit der Angst zu tun (Spr 29,25) und erlaubte sich, mit Lüge und Täuschung zu taktieren (1Mo 12,10ff). Diesmal log sogar Sara (V. 5)! Was immer wir auch aus unserem alten Leben noch mit uns herumtragen (V. 13): Es wird uns im neuen Leben Probleme bereiten. Unsere Sünden zu *bekennen*, ist eine Sache, aber sie vor Gott zu *beurteilen* und dann hinter uns zu lassen, ist eine andere (Spr 28,13). Wenn eine Ehe durch eine Lüge geschützt werden muss, ist die Familie in Gefahr.

Offenbarung. Gott sprach zu dem heidnischen König, aber nicht zu Abraham, seinem Freund! Gott hielt den König davon ab zu sündigen und ließ gleichzeitig zu, dass Abraham log! Gott hatte Abraham als Segen bezeichnet, aber nun wurde er zum Fluch für das Land. Gott beschützte damit Sara, Isaak und seinen großen Heilsplan.

Ermahnung. Was für eine demütigende Erfahrung, von einem heidnischen König öffentlich zurechtgewiesen zu werden. Manchmal gebraucht Gott die Unerlösten, um die Geretteten zu züchtigen. Dass Abraham gläubig war, gab ihm nicht das Recht zu sündigen. Leider würde Jahre später Abrahams Sohn Isaak dessen Sünde wiederholen (1Mo 26).

Wiederherstellung. In jenen Tagen galt es als öffentliche

»Sühne« für begangene Schuld, eine große Summe Geldes zu bezahlen; dennoch bringt Sünde niemals Gewinn. Gott ließ seinen Freund nicht im Stich (Ps 105,15; 2Tim 2,12-13), sondern ehrte ihn zuletzt und erhörte sein Gebet. Materiell gesehen, war Abraham nun reicher; geistlich war er ärmer geworden. Sein Charakter war geschwächt und er hatte die Gelegenheit verpasst, Gott zu bezeugen und ihn zu ehren.

1. Mose 21

Familienfreuden (1-7). Gott hielt seine Versprechen, folgte seinem Zeitplan und versagte nicht. Diesmal lachte Sara offen und aufrichtig, nicht heimlich und zweifelnd (1Mo 18,12). Der Name *Isaak* bedeutet »Lachen« und der Junge machte dem gealterten Paar viel Freude. Durch ihn war sozusagen die Freude in die Welt gekommen. Gott hat »alles ... schön gemacht zu seiner Zeit« (Pred 3,11).

Familiensorgen (8-21). Abraham erntete die traurigen Folgen vergebener Sünde. Er hatte vielleicht etwa siebzehn Jahre mit Ismael zusammen gelebt und er hatte den Jungen gern, daher war der Abschied schmerzhaft. Es kommt eine Zeit, in der wir die Vergangenheit »abschneiden« müssen, damit wir neu anfangen können. Der Apostel Paulus sah darin ein Bild für Gesetz und Gnade (Gal 4,21-31). Um Abrahams willen segnete Gott den Jungen und machte ein großes Volk aus ihm.

Familienzeugnis (22-34). Für Abrahams unerrettete Nachbarn war zu erkennen, dass er ein von Gott gesegneter Mann war. Abraham versuchte nicht, sich durch eine Lüge von seinem Problem zu befreien; er sagte die Wahrheit geradeheraus und vertraute darauf, dass Gott wirken würde. Wasser zu besitzen, ist im Orient wichtig, und die Menschen kämpfen um die Quellen. Gottes Volk muss achtsam umgehen mit seinen Beziehungen zu denen, »die draußen sind« (Kol 4,5; 1Thes 4,12).

Das Leben ist ein Balanceakt zwischen Freude und Kummer, Segnungen und Problemen. Wir müssen annehmen lernen, was Gott uns gibt, und im Glauben wandeln.

1. Mose 22

Isaak als Opfer darzubringen, war die schwierigste Prüfung, der Abraham sich je ausgesetzt sah, aber er ging siegreich daraus hervor, weil er Gott vertraute (Hebr 11,17-19). Er hatte am eigenen Leib Auferstehungskraft erfahren (Röm 4,19-21), daher wusste er, wozu Gott in der Lage war. Es war eine *Glaubens*prüfung, viel schwieriger als die vorangegangenen, bei denen es um Lot und Ismael gegangen war.

Es war auch eine *Hoffnungs*prüfung, denn Gottes Heilsplan für die Welt war von Isaak abhängig. Würde Isaak sterben, wie sollte das jüdische Volk aufgebaut werden und der Retter zur Welt kommen? Doch Abraham hatte eine lebendige Hoffnung, denn er vertraute auf den lebendigen Gott (1Petr 1,3).

Ganz sicher war es eine *Liebes*prüfung. In Vers 2 kommt zum ersten Mal in der Bibel das Wort *Liebe* vor. Abraham liebte seinen Sohn, aber er liebte Gott noch mehr. Isaak war Gottes Geschenk an Abraham, aber das Geschenk musste zur Opfergabe an Gott werden. Wenn das Geschenk wichtiger wird als der Schenkende, wird es zum Götzen.

Nachdem er uns geprüft hat, offenbart sich uns Gott auf neue Weise (Joh 14,21-23). Der Name *Jahwe Jireh* bedeutet: »Der Herr wird ersehen« oder »der Herr versorgt«. Mit dem Widder hat Gott Isaak versorgt und durch Jesus Christus hat er sich um die ganze Welt gekümmert. Diese Erfahrung ließ Abraham im Glauben Jesus Christus sehen, und er war glücklich (Joh 8,56).

Was hat es mit der »Geburtsanzeige« in den Versen 20-24 auf sich? Sie soll uns mit Rebekka bekannt machen, der zukünftigen Braut Isaaks (Kap. 24). Isaak war ein »lebendiges Opfer« (Röm 12,1-2) und Gott war dabei, seinen perfekten Plan für Isaaks Leben auszufeilen.

1. Mose 23

Abraham trauert. Sara ist die einzige Frau in der Bibel, deren Alter wir erfahren und deren Begräbnis beschrieben wird. Ihr Tod war der einer Prinzessin, einer gläubigen Frau (Hebr 11,11-13; 1Petr 3,6). Für Abraham war der Verlust schmerzhaft und er brachte seine Trauer offen zum Ausdruck. Glaube und Tränen stehen sich nicht als Feinde gegenüber, denn wir trauern als Hoffende (1Thes 4,13-18). Jesus weinte (Joh 11,35), obwohl er wusste, dass er seinen Freund von den Toten auferwecken würde.

Abraham verweilt. Efron hatte nicht vor, Abraham ein wertvolles Stück Land zu geben, aber so beginnt typischerweise Handel im Orient immer. Das Land gehörte Abraham schon (15,7), aber das hätte er seinen ungläubigen Nachbarn niemals erklären können. Er war ein Fremdling und beanspruchte nichts davon für sich.

Abraham besitzt. Er bezahlte einen hohen Preis für die Grabstätte, die zu einer der berühmtesten der biblischen Geschichte wurde, und am Ende waren sechs Menschen dort begraben (49,31-32). Abraham besaß nur das auf der Erde: ein Grab. Das erste Buch Mose endet mit einem vollen Grab, aber die Evangelien enden mit einem leeren Grab! Und weil Jesus Christus lebt, müssen wir, die wir an ihn glauben, niemals den Tod fürchten.

1. Mose 24

Dies ist das längste Kapitel im ersten Buch Mose und es geht hauptsächlich um Glauben, Hoffnung und Liebe.

Der Vater (1-9) liebte seinen Sohn und wollte eine Braut für ihn finden. Er vertraute darauf, dass Gott sein Versprechen halten (1Mo 12,2) und ihm die Braut schicken würde. Beachte, dass die Frau keine »von draußen« sein konnte (1Kor 7,39). Ist dieses ganze Ereignis nicht ein Bild für den himmlischen Vater, der dafür sorgt, dass sein Sohn eine Braut bekommt?

Der Diener (10-49) liebte den Sohn seines Herrn und bat Gott um Weisung. Er wusste, wie man »wacht und betet« und war fähig, Gottes Führung zu erkennen. Er wurde nicht enttäuscht, denn Gott belohnte seine Treue. Rebekka war sich der Tatsache wohl kaum bewusst, dass ihre kleine freundliche Tat ihr ein ganz neues, aufregendes Leben eröffnen würde. »Nutze jede Gelegenheit, um etwas Großes aus ihr zu machen, denn du weißt nie, ob nicht jemand da ist, der Maß nimmt, um dir einen größeren Platz zuzuweisen«, lautet der Rat eines Gelehrten. Der Diener sprach über seinen Herrn, nicht über sich selbst, und er wollte nicht essen, bevor er seine Botschaft überbracht hatte (Joh 4,31-32).

Die Braut (50-60) hatte nichts weiter, woran sie ihre Entscheidung hätte festmachen können, als die Schätze vor ihren Augen und die Worte, die sie von dem Diener gehört hatte. Trotz der Menschen, die sie drängten, ihre Entscheidung hinauszuzögern, traf sie eine Entscheidung aus Glauben und sagte: »Ich gehe!« So geschieht persönliche Errettung. Der Geist erzählt uns von Christus und zeigt uns seine Schätze, und wir vertrauen auf Christus, obwohl wir ihn nie gesehen haben (1Petr 1,8).

Der Bräutigam (61-67) wurde zuletzt auf dem Berg gesichtet, zusammen mit seinem Vater (Kap. 22), aber nun kommt er in den Abendstunden seiner Braut entgegen. Genauso wird es Jesus Christus machen, wenn er wiederkommt, um seine Gemeinde zu sich zu holen. Dann werden wir ihn sehen und ihm gleich sein (1Jo 3,1-2).

1. Mose 25

Jetzt rückt Isaak an Abrahams Stelle in den Mittelpunkt des Interesses.

Isaak als Erbe. Gottes Auferstehungskraft wirkte weiter in Abraham. Er heiratete noch einmal und zeugte sechs weitere Söhne. Es ist unwahrscheinlich, dass Gott heute auf diese Weise im Leben von Menschen wirkt, aber eine geistliche Lektion können wir ganz sicher daraus lernen: Auch im Alter sollten wir noch Frucht bringen (Ps 92,14). Abraham machte einen Unterschied zwischen Isaak und seinen anderen Söhnen: Sie beschenkte er großzügig, aber Isaak machte er zu seinem Erben (V. 5; 24,35). Gott lässt unerretteten Menschen Gutes zukommen (Mt 5,45; Apg 14,17; 17,25), aber nur Menschen, die durch ihren Glauben an Jesus Christus seine Kinder sind, können sich als seine Erben betrachten (siehe Röm 8,17; Eph 3,6; Hebr 1,2).

Isaak als Waise. Abraham lebte aus Glauben und starb im Glauben (Hebr 11,13), und Gott hielt Wort (1Mo 15,15). Isaak und Ismael trauerten gemeinsam um ihren Vater, denn der Tod ist eine Erfahrung, die alle Menschen verbindet. Unerrettete Verwandte teilen unseren Schmerz, aber ihre Trauer ist hoffnungslos ohne Jesus Christus. Vergleiche Ismaels Tod (V. 17) mit dem von Abraham.

Isaak als Fürbitter. Isaak war vierzig Jahre alt, als er Rebekka heiratete. Zwanzig Jahre lang warteten sie vergeblich darauf, dass aus ihnen eine Familie wurde. Gott segnete Isaak in allen Bereichen, außer in dem einen, für den er es sich am meisten wünschte. Er und Rebekka wussten, dass Gott ihnen Nachfahren versprochen hatte (1Mo 15,5), also klammerte sich Isaak an diese Verheißung und betete. Wahres Gebet macht sich an Gottes Wort fest (Joh 15,7) und ist darauf ausgerichtet, Gottes Absichten zu erfüllen.

Isaak als Vater. Gott schenkte ihnen Zwillinge, zwei Jungen, die nicht unterschiedlicher hätten sein können. Er offenbarte ihnen außerdem, dass der jüngere, Jakob, die messianische Linie fortsetzen würde. Aus diesem Grund könnte man meinen, dass Isaak Jakob bevorzugt hätte, aber das Körperliche siegte über das Geistliche. Esau steht als Bild für den weltlich gesinnten Menschen, der das Ewige verachtet und für das Vergängliche lebt.

1. Mose 26

Ohne Prüfungen kann Glaube nicht wachsen, und dieses Kapitel berichtet von mehreren Prüfungen, die Isaak erdulden musste, und von seiner Art, damit umzugehen.

Flucht (1-6). Wie schon Abraham, machte sich auch Isaak auf den Weg nach Ägypten, aber Gott hielt ihn an der Grenze auf (10,19) und beruhigte ihn. Abrahams Segen übertrug sich auf Isaak (V. 5.24). Wir dürfen nie vergessen, was wir unseren geistlichen Leitern (und Verwandten) zu verdanken haben, die uns vorangegangen sind.

Täuschung (7-14). Als er sich im Feindesland aufhielt, griff Isaak auf die »Familienlüge« zurück, die Abraham zweimal in Schwierigkeiten gebracht hatte (12,10ff; 20,1ff). Es ist traurig, wenn die nachfolgende Generation die Sünden der Alten wiederholt. Gott segnete Isaak auf materielle Weise, aber wir fragen uns, wie sein geistliches Leben aussah. Vertrauten ihm seine Nachbarn noch, nachdem sie von seiner Lüge erfahren hatten?

Kapitulation (15-25). In Wüstengegenden ist Wasser ein sehr kostbares Gut, und eine Quelle zu besitzen ist nicht viel weniger wert als eine Besitzurkunde des Landes. Statt für das einzutreten, was seine Männer getan hatten, zog Isaak weiter zu neuen Orten. Vielleicht handelte er gemäß Römer 12,18.

Konfrontation (26-35). Im Gegensatz zu seinem Vater Abraham, der es wagte, seinem Feind den Krieg zu erklären, war Isaak ein ruhiger, nachdenklicher Mann, der Ärger vermeiden wollte. Er hielt seinen Nachbarn kühn deren schlechtes Benehmen vor Augen – und siegte! Beachte, dass er die zusätzliche Meile auf sich nahm (Mt 5,41) und die Männer bei einem Festmahl bewirtete (siehe Röm 12,18-21).

1. Mose 27

Die falsche Entscheidung. Es war nur eine Frage der Zeit, bis die Trennung innerhalb der Familie zur Selbstzerstörung führen würde, und bei Isaak fing es an. Er wusste, dass Gott Jakob auserwählt hatte, den Segen zu empfangen (1Mo 25,23-26), aber er verkündete, dass er ihn Esau geben würde. Anscheinend war Isaak mehr an Gaumenfreuden interessiert als an geistlichen Dingen. Er war geistlich gesehen nicht mehr der Alte.

Die falsche Lösung. Rebekka kannte Gottes Verheißung an Jakob, und sie hätte Gott hier auf seine Weise wirken lassen sollen. »Glaube ist Leben ohne Intrigen«, und wer kann Gott daran hindern, seine Pläne auszuführen (Dan 4,35)? Stattdessen machte sie aus ihrem Sohn einen Lügner und täuschte ihren Ehemann. Hätte Isaak dem Herrn vertraut statt seiner Sinneswahrnehmung (V. 21.22.25.27), hätte man ihn nicht hereinlegen können.

Die falsche Einstellung. Esau hatte schon Jahre zuvor klargestellt, dass er an geistlichen Fragen nicht interessiert war (1Mo 25,29-34), und ganz gewiss kannte er Gottes Wort über den Segen. Er weinte (Hebr 12,17) und bettelte um einen Segen und dann plante er heimlich, seinen Bruder zu töten! Sein Herz war nicht aufrichtig, weder Gott noch den Menschen gegenüber. Wir fühlen uns an Kain erinnert (1Mo 4).

Aus Rebekkas »einigen Tagen« (V. 44) wurden über zwanzig Jahre! Trotz all ihrer Intrigen sah sie ihren Sohn auf der Erde nie wieder.

1. Mose 28

Am Tag der Enttäuschung (1-9). Jakob war ein einsamer Flüchtling. Es blieb ihm nichts anderes übrig, als von zu Hause wegzulaufen. Obwohl er mit dem Segen seines Vaters ging (und diesmal wusste Isaak, was er tat), stand Jakob eine ungewisse Zukunft bevor, denn sein Bruder trachtete ihm immer noch nach dem Leben. Nicht gerade ein ermutigender Anfang für dieses neue Kapitel in seinem Leben! Aber Gott hatte die Lage immer noch im Griff (Röm 8,28).

In der Nacht der Entdeckungen (10-15). Jakob saß in der Klemme. Aber in jener Nacht machte er mehrere Entdeckungen, die ihm halfen, sein Leben zu ändern. Er fand heraus, dass Gott bei ihm war, für ihn war und einen perfekten Plan für sein Leben hatte. Jakob war vielleicht weit weg von zu Hause, aber er war nicht weit weg vom Himmel (siehe Joh 1,51). Gottes Engel selbst kümmerten sich um ihn (Hebr 1,13-14). »Wenn die Nacht am dunkelsten ist, siehst du die Sterne am hellsten leuchten.«

Am Morgen der Hingabe (16-22). Jakobs Tag begann damit, dass er Gott anbetete und sein hartes Kissen in einen heiligen Altar verwandelte. Er gab dem Ort einen neuen Namen: »Haus Gottes«. Jeder Ort, an dem Gott uns begegnet, wird dadurch zu einem Heiligtum. Jakobs Glaube war an diesem Punkt noch schwach, aber er klammerte sich an Gottes Verheißungen, auch wenn er sein

Gelöbnis, Gott den Zehnten zu geben, ein wenig wie einen Handel formulierte. Jakob machte einen Neuanfang, und zwanzig Jahre später sollte er Gereift im Glauben nach Bethel zurückkehren.

1. Mose 29

Abrahams treuer Diener hatte für Isaak eine Frau gefunden, aber Jakob musste sich seine Braut selbst suchen. Gottes Pläne sehen für jeden von uns anders aus, und wir müssen seinen Willen akzeptieren (Phil 2,12-13).

Der Gast (1-14). Gott sorgte dafür, dass Jakob genau in dem Moment an der Quelle ankam, als auch Rebekka sie erreichte (siehe 1Mo 24,27). Hinterlistig wie er nun einmal war, versuchte er, die Hirten loszuwerden, um Rebekka ganz für sich allein zu haben! Es war Liebe auf den ersten Blick. Der erste Monat bei Onkel Laban muss für Jakob der Himmel auf Erden gewesen sein, aber das sollte sich schon bald ändern.

Der Arbeiter (15-30). Jakob war nicht so wohlhabend wie Isaak, als man für ihn um eine Frau warb (1Mo 24,36.53). Deshalb musste er für seinen Onkel arbeiten, um die Frau zu bekommen, die er liebte. Aber die Liebe nimmt der Arbeit die Last und lässt die Zeit schnell vergehen. Jakob der Listige fand in Laban seinesgleichen und musste nun ernten, was er gesät hatte. Jakob hatte seinen Vater getäuscht und nun täuschte sein Schwiegervater ihn.

Der Vater (31-35). Die Gründung von Jakobs Familie war äußerst wichtig für Gottes Heilsplan, denn Gott würde das Volk Israel gebrauchen, um der Welt die Bibel zu geben und ihren Erlöser. Rahel war zwar wunderschön, aber unfruchtbar, während Lea vier Söhne gebar: Ruben (»Seht, ein Sohn!«), Simeon (»Erhörung«), Levi (»Anhänglichkeit«) und Juda (»Lobpreis«). Der Herr hielt seine Hand darüber und hatte für jeden Sohn einen besonderen Plan (Ps 139,14-16; Pred 3,2).

1. Mose 30

Dieses Kapitel hat zwei Hauptthemen: das Wachstum von Jakobs Familie (V. 1-24) und das Wachstum von Jakobs Vermögen (V. 25-43). Einige Leute (einschließlich Jakob selbst) dachten, sie wären Herren der Lage, aber alles lag in Gottes Hand.

Jakob war als Lieblingssohn seiner Mutter aufgewachsen (25,28) und somit daran gewöhnt, dass eine Frau ihm sagte, was er zu tun hatte. Aber nun teilte er sein Leben mit *vier* Frauen! Wenn er von den Feldern nach Hause kam, wusste er nie, mit welcher er den Rest des Tages verbringen würde! Der Listige musste erleben, wie unangenehm es sein kann, wenn andere eigennützig über dein Leben bestimmen wollen.

Rahel würde nur zwei Söhne bekommen, Josef und Benjamin, und Josef würde die ganze Familie vor dem Niedergang bewahren.

Laban versuchte, Jakob hereinzulegen, und machte ihn arm, aber Gott verwarf diesen Plan und machte aus Jakob einen sehr reichen Mann. Genau genommen, segnete Gott Laban sogar um Jakobs willen und der alte Gauner gab es auch noch zu (V. 27)! Es war Gottes Segen und nicht Jakobs List, die die Herden wachsen ließ. Gott hielt sich an seine Versprechen, die er Jakob in Bethel gegeben hatte (28,13-15). Wenn wir in eine schwierige Lage geraten, dürfen wir darauf vertrauen, dass Gott für uns sorgt.

1. Mose 31

Die Flucht. Sowohl für Jakob als auch für seine Frauen waren die Familienverhältnisse alles andere als angenehm, aber er wartete geduldig auf Gottes Weisung, bevor er sich auf den Weg machte. Ein Herz, das Gott sucht, wird immer eine Antwort von ihm bekommen, wenn eine Entscheidung ansteht. Lies Psalm 25 im Hinblick auf Jakobs Lage. Wie schon seine Mutter, tat Jakob das Richtige auf die falsche Art, und Gott musste eingreifen, um ihn zu schützen (V. 24).

Die Begegnung. Jakob hatte Laban gegenüber einen Vorsprung von drei Tagen, aber schließlich holte sein Schwiegervater ihn ein.

Letzten Endes kann man seinen Problemen nicht entkommen. Laban warf Jakob vor, gegen die Sitte verstoßen zu haben, und Jakob warf Laban vor, zwanzig Jahre lang gegen die Abmachungen verstoßen zu haben. Dann war da auch noch die Sache mit den Hausgöttern, denn wer diese besaß, konnte Labans Eigentum für sich beanspruchen.

Die Notlösung. Die beiden Männer wurden sich niemals einig, und ihre Probleme wurden nicht gelöst. Stattdessen riefen sie einen Waffenstillstand aus und erklärten einen Steinhaufen zur Markierung einer Grenze, die keiner von beiden übertreten durfte. Sie bezeichneten diesen Steinhaufen als »Zeugen«, weil er Jakob und Laban daran erinnern sollte, dass Gott über sie beide wachte. (Das Wort *Mizpa* bedeutet »Wachtturm«.) Waffenstillstand ist besser als eine Kriegserklärung, aber am besten ist es, »wenn Brüder einträchtig beieinander wohnen« (Ps 133,1). Wie das geht, steht in Epheser 4,25-32.

1. Mose 32

Jakob rechnete damit, dass es zum Kampf kommen würde, und er dachte an Flucht, nicht an Versöhnung (V. 8). Er sah das Heer der Engel an, die ihn beschützten, aber nicht einmal das stärkte ihn im Glauben. *Mahanajim* heißt »Doppellager« – sein eigenes Lager und das der Engel Gottes. Hätte Jakob sich an seine Gotteserfahrung in Bethel erinnert, hätte er sich vor Esau nicht gefürchtet (28,13-15).

Eben noch hatte Jakob Gott um Beistand gebeten, aber im nächsten Moment dachte er sich einen neuen Weg aus, wie er seinen zornigen Bruder besänftigen könnte. Er erinnerte Gott an dessen große Verheißungen und benahm sich dann, als hätte Gott nie gesprochen. So handelte ein Gläubiger, der vor Gott gebrochen werden musste. Er betete um Befreiung von Esau (V. 11), aber am dringendsten musste er von sich selbst befreit werden.

Jakob wurde gebrochen, damit er heil werden konnte, und geschwächt, damit er stark würde. Als er aufgab, errang er den

Sieg und wurde zum »Kämpfer Gottes«. Sein Hinken würde ihn immer daran erinnern, dass sein Leben in der Hand Gottes war. »Gott kämpft mit der linken Hand *gegen* uns und mit der rechten *für* uns«, schrieb Johannes Calvin. Wenn du Gott seinen Willen lässt, bricht für dich ein neuer Tag an (V. 31).

1. Mose 33

Jakob hatte Gott gesehen und einen neuen Namen bekommen, aber die Vorzüge seiner Erfahrung traten nicht unmittelbar zu Tage. Manchmal benahm er sich wie Jakob (»der Fersenhalter«) und manchmal wie Israel (»der Kämpfer Gottes«). Viele Kinder Gottes schaffen es nicht, ihrem neuen Leben in Christus gerecht zu werden, weil sie nicht für sich beanspruchen, was ihnen durch den Glauben gehört. Gott musste Jakob zum Hinkenden machen, um ihn zu ermutigen, im Glauben zu wandeln.

Bei seinem Versuch, Esau zu beschwichtigen, bediente sich der alte Ränkeschmied verschiedener Mittel: Zuerst verbeugte er sich (V. 1-7), dann versuchte er, ihn zu bestechen (V. 8-11), als nächstes belog er ihn (V. 12-16) und schließlich machte er sich in eine andere Richtung auf und davon (V. 17-20). Esau zog nach Süden und Jakob nach Osten! Siegreiche Kämpfer sollten sich nicht verbeugen, und wie steht es mit Gottes Verheißungen in 1. Mose 25,23 und 27,29?

Oft führt ein Fehler zum nächsten. Jakob war nicht länger ein Fremdling. Er kaufte das Land, das Gott ihm bereits gegeben hatte, baute ein Haus und ließ sich nieder. Er baute einen Altar und betete zu »Gott, dem Gott Israels!« (beachte den neuen Namen!); aber das schützte ihn nicht vor Ärger mit seinen Nachbarn. Wäre er doch nur weitergezogen bis Bethel.

1. Mose 34

Entehrung. Lot schlug sein Zelt vor Sodom auf und verlor seine Töchter (19,20ff.), und Jakob zog zu nah an Sichem heran und verlor Dina. Sie war die Tochter von Lea (30,21), was erklärt, warum

Simeon und Levi so wütend wurden (35,23). Hatte niemand Dina gewarnt? Ging sie los, um zu sündigen? Oder wurde sie von dem Fürstensohn vollkommen überwältigt? Vielleicht war es Liebe auf den ersten Blick, aber das verringerte weder die Schuld, noch die Tragödie der Sünde.

Täuschung. Beachte den Täuschungsversuch auf zwei Ebenen: Simeon und Levi betrogen Hamor, und Hamor dachte, er hätte sie betrogen. Jakobs Söhne hatten viel von ihrem Vater gelernt. Die beiden Brüder Dinas schmiedeten Kriegspläne, während die Männer von Sichem sich darauf einstellten, reich zu werden. Als die Männer der Stadt kampfunfähig waren, töteten Simeon und Levi alle Männer und machten reiche Beute. Dies ist ein weiteres Beispiel dafür, wie eine heilige Sache auf unheilige Weise angegangen wurde, motiviert durch Hass auf den Feind statt durch Liebe zur Wahrheit.

Schande. Jakob sorgte sich mehr um seine Sicherheit und seinen Ruf als um den Charakter und das Benehmen seiner skrupellosen Söhne. Zwar konnte man Jakob für ihre Tat nicht verantwortlich machen, aber hätte er sich nicht in der Nähe von Sichem niedergelassen, wäre es niemals zu dieser Tragödie gekommen. Auf dem Sterbebett brachte Jakob die Angelegenheit noch einmal zur Sprache (49,5-7). Welche Gnade erwies Gott darin, dass er Levis Stamm zum priesterlichen Stamm ernannte (siehe Röm 5,20)!

1. Mose 35–36

Neuanfänge. Gott erschien Jakob noch einmal und sagte ihm, was er tun sollte. Dies war Teil der Verheißung von Bethel (28,13-15). Wir wandeln im Glauben, wenn wir Gott entgegen den Umständen oder absehbaren Folgen gehorchen. Aber eine geografische Veränderung bringt nicht unbedingt eine Lebensveränderung mit sich, und so gebot Jakob der ganzen Familie, die Vergangenheit zu begraben und sich von ihren heidnischen Amuletten und Götzen zu trennen. In Bethel baute Jakob einen neuen Altar und betete zum »Gott des Gotteshauses«.

Neue Sorgen. In Kapitel 35 wird von drei Todesfällen berichtet, denn der Tod gehört zum Leben dazu. Jakob war Gott gegenüber gehorsam, und dennoch wurde er geprüft. Er verlor eine Vertraute, Debora; seine Lieblingsfrau, Rahel; und dann seinen geliebten Vater (ungeachtet seiner Worte in Kap. 27,2 lebte er noch weitere 43 Jahre!). Vielleicht bereitete Jakob nichts mehr Kummer als die Sünde seines erstgeborenen Sohnes Ruben. Sünde kommt uns teuer zu stehen, und diese kostete Ruben sein Erstgeburtsrecht (49,3-4; 1Chr 5,1).

Neue Freude. Die Geburt Benjamins kostete Rahel das Leben (30,1). Jakob traf eine weise Entscheidung, indem er seinen Namen von »Sohn meines Schmerzes« zu »Sohn meiner rechten Hand« (Ehrenplatz) änderte. Es war ein Glaubensakt in einer Zeit der Trauer, in der Jakob mit gebrochenem Herzen lebte. Wie Benjamin, ist auch unser Herr Jesus gleichzeitig ein »Sohn des Schmerzes« (Jes 53,3) und ein Sohn der rechten Hand (Ps 110,1; Mk 16,19). Dem Stamm Benjamin haben wir den Apostel Paulus zu verdanken (Phil 3,5). Somit brachte der Tod der Mutter der ganzen Welt eine reiche Ernte ein (Joh 12,24-25).

Da die Familie nun vollständig war, werden die Söhne und Mütter hier aufgeführt. Esaus Stammbaum ist viel beeindruckender als Jakobs, aber dafür wird er hier auch zum letzten Mal erwähnt. Trotz ihrer Fehler sind die Söhne Israels die erwählten Werkzeuge Gottes, um seinen Plan auf der Erde auszuführen.

1. Mose 37

Wenn du Josefs Lebensgeschichte liest, erkennst du in ihm ein Bild für den Herrn Jesus Christus. Josef wurde von seinem Vater sehr geliebt (V. 3; Mt 3,17), von seinen Brüdern gehasst und beneidet (Joh 15,25; Mk 15,10). Man verschwor sich gegen ihn, verkaufte ihn in die Sklaverei, verhaftete ihn zu Unrecht und ließ ihn leiden. Aber nachdem er gelitten hatte, wurde er verherrlicht und zum Retter erklärt von denen, die ihn abgelehnt hatten.

Gott hat für alle seine Kinder dasselbe Ziel im Blick: wie sein

Sohn zu werden (Röm 8,29). Das Ziel ist herrlich, der Weg dahin aber schmerzhaft. Sowohl Jesus als auch Josef mussten leiden, bevor sie verherrlicht werden konnten (Lk 24,26; 1Petr 5,10). Wäre Josef zu Hause geblieben, hätte sein Vater ihn vermutlich verwöhnt und damit seinen Charakter verdorben. Gott wusste, was das Beste für ihn war.

Für Josef hatten seine Träume die gleiche Funktion, die für uns heute Gottes Wort hat: Sie gaben ihm die Sicherheit, die er brauchte, als er es schwer hatte.

Wieder erntete Jakob, was er gesät hatte: Er hatte ein Tier getötet und seinen Vater angelogen (27,9 ff.), und dafür logen seine Söhne nun ihn an, indem sie ihm den Leibrock Josefs, getränkt mit dem Blut eines getöteten Ziegenbocks brachten.

1. Mose 38

Indem er eine kanaanitische Frau heiratete, war Juda ungehorsam (24,3; 2Kor 6,14–7,1). Wer sich von der Familie Gottes entfernt, läuft Gefahr, versucht zu werden und zu sündigen (Ps 1,1). Zwei seiner Söhne wurden von Gott getötet, und dann starb seine Frau. Was für eine Tragödie!

Man erwartete, dass der nächste Sohn die Witwe heiratete, um so die Familie zu erhalten, aber Juda hatte wahrscheinlich nicht vor, sich an sein Versprechen zu halten (V. 11). Tamar hatte gute Absichten, aber ihr Plan war böse. Der Siegelring und der Stab waren so aussagekräftig wie es heute Fingerabdrücke sind, denn sie machten einen Mann unverwechselbar. Juda war schnell dabei, über Tamar zu richten. Aber was war mit seinen eigenen Sünden gegen Josef und Tamar?

Warum wird dieses erbärmliche Handeln an dieser Stelle in die Bibel aufgenommen? Zum einen macht es den Gegensatz zwischen Judas Sünde und Josefs Sieg deutlich (Kap. 39). Außerdem wird uns klar, wie wichtig Reinheit ist. Der Hauptgrund ist aber der, dass sie dem Stammbaum des Erlösers eine weitere Verbindung hinzufügt (Vers 29; Rt 4,18-22; Mt 1,3). Wie gnädig zeigt sich Gott, indem er eine Prostituierte wie Tamar als Glied im Stammbaum des Retters erwähnt!

1. Mose 39–40

Josefs Frömmigkeit prägte sein Verhalten, und die Grundlage für seine Frömmigkeit war die Anerkennung der Tatsache, dass er zu Gott gehörte und ihm diente. Die Aussage »Der HERR war mit Josef« wird oft wiederholt (39,2.3.21.23).

Der Herr ist mit uns bei der Arbeit, und wir sollen so arbeiten, als würden wir es für ihn tun (Eph 6,5-8). Er ist bei uns, wenn wir versucht werden, und zeigt uns einen Ausweg (1Kor 10,13). Wir müssen uns vor der Versuchung hüten (Röm 13,14) und wenn sie uns zu nahe kommt, müssen wir weglaufen (2Tim 2,22). Es ist besser, wegzulaufen und sein Gewand einzubüßen, als zu fallen und dabei Schaden am Charakter zu nehmen.

Gott ist bei uns, wenn wir warten. Josef arbeitete zwei schwierige Jahre lang im Gefängnis, aber er hielt an seinem Glauben fest und tat, was er konnte, um anderen zu dienen. Diese Erfahrung half ihm dabei, seine Seele zu »stählen«. Wenn der Herr uns regiert, macht es keinen großen Unterschied, wer uns Befehle erteilt.

Dass Josef die Träume des Bäckers und des Mundschenks deuten konnte, weist darauf hin, dass er auch die Bedeutung seiner eigenen Träume verstand. Er wusste, dass sich eines Tages seine elf Brüder vor ihm verneigen würden. Wie wird ihn das in seinem Glauben gestärkt haben!

1. Mose 41

Erklärung. Zwei Jahre lang war Josef vom Mundschenk des Pharaos vergessen worden, aber der Herr vergaß ihn nicht. Von Menschen abhängig zu sein, führt meist zu Enttäuschungen, denn oft trifft die versprochene Hilfe niemals ein (Ps 60,11; 146,3). Während er mit dem mächtigsten Herrscher der Welt sprach, war Josef darauf bedacht, Gott alle Ehre zu geben (V. 16.25.28.32).

Erhöhung. Gott erhöht die Demütigen immer »zur rechten Zeit«

(1Petr 5,6). Als Diener fing Josef an, aber dann machte Gott einen Herrscher aus ihm (Mt 25,21). Er musste leiden, bevor Gott ihm zu Ehren verhalf (1Petr 5,10). Gott investierte fünfzehn Jahre, um aus Josef einen Mann zu machen; wenn es um Charakterbildung geht, hat es Gott niemals eilig.

Erwartung. Josefs neuer Name bedeutet wahrscheinlich »der das Land mit Nahrung versorgt«. Er heiratete eine Ägypterin und sie gebar ihm zwei Söhne, denen bedeutungsvolle Namen gegeben wurden: Manasse (»der vergessen lässt«) und Ephraim (»Fruchtland, Weideland«). Josef entschloss sich, die Vergangenheit zu vergessen und für die Zukunft zu leben. In der Bibel bedeutet »vergessen« so viel wie »es jemand anderem nicht vorhalten«. Josef vergaß sicherlich nicht, was seine Brüder ihm angetan hatten, aber er hielt es ihnen auch nicht vor. Stattdessen war er darauf bedacht, ein fruchtbares Leben zur Ehre Gottes zu führen.

1. Mose 42–44

Diese Kapitel beschreiben, wie Josef mit seinen Brüdern umgeht und wie sie sich in der Folge mit ihrem Vater auseinander setzen müssen. Die zehn Brüder hatten sich sowohl gegen Jakob als auch gegen Josef versündigt, aber sie dachten, Josef sei tot und ihre Sünde sicher vor einer Entdeckung. Josef musste geduldig, ehrlich und streng mit ihnen umgehen, genauso wie der Herr mit uns umgeht, wenn wir versuchen, unsere Sünden zuzudecken.

Josefs unmittelbares Ziel war es, alle elf Brüder nach Ägypten zu holen, damit sie sich vor ihm verbeugen und damit den Traum erfüllen konnten, den Gott ihm mehr als zwanzig Jahre zuvor gegeben hatte. Sein Endziel war es, sie dazu zu bringen, ihre Sünden zu bekennen und sich mit ihm und Jakob versöhnen zu lassen. Die Männer mussten an den Ort kommen, an dem man sie zum Schweigen bringen würde (44,16; Röm 3,19).

Auf meisterhafte Weise verwob Josef diese beiden Ziele miteinander, indem er in rauem Ton zu ihnen sprach, sie verschiedener Verbrechen beschuldigte und darauf bestand, dass sie Benjamin nach Ägypten bringen sollten. Nach außen hin war er ein strenger Regent; aber hinter den Kulissen vergoss er brüderliche Tränen.

Jakobs Antworten spiegeln unsere Antworten auf Gottes Erziehungsmaßnahmen im Rahmen seines Plans für unser Leben: »Alles ist gegen mich!« (42,36); »Warum habt ihr es nicht anders gemacht?«; »Nehmt ein Geschenk mit« (43,11) (berechnend wie eh und je!); »Wenn es sein soll, soll es sein!« (43,14). Vom Pessimismus zum Fatalismus, und das mit sehr wenig Glauben.

1. Mose 45

Erkannt. Als Josef sah, wie demütig seine Brüder auftraten, und als er hörte, wie sie ihre Sünden bekannten, wusste er, dass es nun an der Zeit war, ihnen zu verraten, wer er war. Hätte er es früher getan, wären sie nicht bereit gewesen für all das Gute, dass er ihnen tun wollte; und hätte er noch länger gewartet, wären die Männer womöglich völlig verzweifelt. Unser Herr weiß genau, wie er in unserem Leben wirken muss, um uns zur Hingabe an ihn zu bewegen. Josef hätte sie und ihren Vater durchfüttern können, ohne dieses langwierige Verfahren auf sich zu nehmen, aber es hätte sie nur noch mehr verdorben.

Versöhnt. Josef sagte: »Tretet doch zu mir heran!« (V. 4). Er hatte ihnen bereits vergeben, aber sie waren von voller Furcht. Sogar siebzehn Jahre später würden sie noch Angst haben (50,15-21). In Jesus Christus sind wir mit Gott versöhnt und wir brauchen sein Urteil nicht zu fürchten (Röm 8,1; 2Kor 5,18; Kol 1,20). Gott will, dass wir uns ihm nähern (Hebr 10,19-25; Jak 4,8).

Beruhigt. Josef erklärte ihnen, dass Gott ihn vorausgeschickt hatte, um das Volk zu erhalten, damit Israel der ganzen Erde zum Segen werden konnte (12,1-3). Gottes Fügung minderte ihre Sünden nicht und befreite sie auch nicht von ihrer Verantwortung (Apg 2,23; 3,13-18), aber sie zerstreute ein wenig ihre Ängste und linderte ihren Schmerz. Josef beruhigte sie darüber hinaus, indem er sie großzügig beschenkte und ihnen versprach, für die ganze Familie zu sorgen. Die Geschenke, die er ihnen mit nach Hause gab, bestärkten Jakob in der Gewissheit, dass Josef tatsächlich am Leben war.

Weil Josef seine Brüder kannte, ermahnte er sie: »Werdet nicht zornig auf euch selbst!« (V. 5) und: »Zankt nicht auf dem Wege!« (V. 24, LUT). Wir verlieren schnell den Segen, wenn es uns nicht gelingt, Christi Vergebung anzunehmen und uns gegenseitig zu lieben (siehe 1Jo 4,7ff.).

1. Mose 46–47

Es würde dem nun 130 Jahre alten Jakob nicht leicht fallen, das Land zu verlassen, das Gott ihm geschenkt hatte, und nach Ägypten zu gehen. In ein neues Zuhause umzuziehen, ist normalerweise eine schwierige Erfahrung, besonders für ältere Menschen. Darüber hinaus hatte Abraham sich in Ägypten Ärger eingehandelt (12,10ff.) und Gott hatte Isaak davon abgehalten, dorthin zu gehen (26,2ff.).

Aber Jakob war in der Lage, diesen Weg zuversichtlich und mit innerem Frieden anzutreten, weil er sich der Verheißung und der Gegenwart Gottes sicher war (46,1-4). In den kritischen Phasen unseres Lebens, spricht Gott zu uns und beruhigt uns, wenn wir uns Zeit zur Anbetung nehmen. Außerdem wusste Jakob, dass Gott ihm vorausgegangen war und dass Josef dort war und alles für ihn vorbereitete. Du brauchst die Zukunft nicht zu fürchten, wenn Jesus dein Herr ist und du ihm nachfolgst.

Jakob wurde in Ägypten zum Segen. Er segnete den Pharao (47,7.10), Josef und dessen Söhne (48,15.20) und alle zwölf Söhne Israels (49,1ff). Gott segnet uns, damit wir zum Segen werden können. Die Umstände mögen sich verändern, aber Gott bleibt immer derselbe.

Ägypten war ein Zufluchtsort für Jakob und seine Familie. Gott beschützte sie dort und machte ein großes Volk aus ihnen. Aber Jakob wusste, dass Ägypten nicht sein Zuhause war. Das war

Kanaan; und dort wollte er begraben sein, neben den anderen, die denselben Glaubensweg gegangen waren wie er selbst. Er hatte Gott mit seinem Leben bezeugt; und er wollte auch im Tod Zeuge für ihn sein. Trotz seiner Fehler und seines wiederholten Scheiterns fand Jakob ein gutes Ende.

1. Mose 48–49

Was sollten Gläubige für ihre Familie tun, bevor Gott sie zu sich nimmt? Genau das, was Jakob tat.

Er pries Gott für die Vergangenheit. Er erzählte seiner Familie, was Gott für ihn getan und wie er ihn gesegnet hatte. Gott hatte ihn erlöst und ihn als sein Hirte durch das ganze Leben geführt (48,15-16). Jakob hatte viel durchgemacht, aber der »Fels Israels« hatte ihm als Zuflucht und zur Verteidigung gedient (49,24). Am Ende unseres Lebens ist es zu wünschen, dass wir sagen können: »Kommt, meine Kinder, hört mir zu; ich will euch Ehrfurcht vor dem Herrn lehren« (Ps 34,10).

Er segnete, solange es ihm möglich war. Rubens Sünde kostete ihn sein Erstgeburtsrecht, das auf Josefs Söhne überging (siehe 1Mo 35,22; 1Chr 5,1-2). Wieder änderte Gott die Geburtenfolge, indem Jakob Efraim vor Manasse stellte. Josef nahm Anstoß an diesem Schritt, aber Jakob hatte Recht. Wir sollten niemals versuchen, Gott vorzuschreiben, wie er andere Menschen zu segnen hat. Beachte, dass Jakob die Arme über Kreuz auf den Kopf von Josefs Söhnen legte. Könnte das ein Bild für jenes Kreuz sein, das die erste Geburt beiseite setzt und uns eine zweite Geburt schenkt?

Er warnte vor der Zukunft. Kapitel 49 handelt nicht vom Segen eines Vaters über seine Söhne. Es ist eher eine Weissagung, was die Söhne in Zukunft erwartete aufgrund ihrer jeweiligen Charaktere und wegen der Entscheidungen, die sie getroffen hatten. Ruben war der gierige verlorene Sohn, aber Levi und Simeon waren zornige ältere Brüder. Aus Juda würde der königliche Stamm vorgehen, denn der Messias (Silo, »der Friedensbringer«) würde aus Juda kommen. Josef war der Weinstock, der über die Mauer wuchs, die Juden und Heiden voneinander trennte. Er wurde von seinen Brüdern angegriffen. So ergeht es oftmals Menschen, die von Gott besonders gesegnet sind. Aber der Herr stand ihm bei, stärkte ihn und weitete die Grenzen seines Segens aus (V. 26). Josef litt, und seine Söhne wurden von Gott gesegnet. Ruben sündigte, und seine Söhne verloren den göttlichen Segen.

1. Mose 50

Drei Begräbnisse werden in diesem letzten Kapitel vom ersten Buch Mose erwähnt, und jedes ist für sich bedeutend.

Einen geliebten Vater begraben. Ein Vergleich zwischen den einfachen jüdischen Begräbnissen der Israeliten und den aufwendigen Ritualen der Ägypter ist aufschlussreich. Es ist gewiss nichts falsch daran, den Körper zu versorgen und Schmerz zum Ausdruck zu bringen, solange diese Dinge im Rahmen bleiben. Jakob starb im Glauben und blieb bis zum letzten Atemzug ein Fremdling (Hebr 11,21). Am Anfang und am Ende seiner Reise stand jeweils sein Stab (32,11; 1Tim 6,7).

Die Vergangenheit begraben. Josefs Brüder glaubten ihm eigentlich nicht, dass er ihnen vergeben hatte, obwohl sie seine Worte gehört, seine Tränen gesehen, seine Küsse gespürt und seine Geschenke empfangen hatten (45,1-15). Wie der verlorene Sohn, boten sie ihm an, sich seine Gunst zu erarbeiten (Lk 15,19). Ihre Haltung schmerzte Josef, der so viel für sie ertragen hatte, genauso wie es unseren Herrn schmerzt, wenn wir an seiner Vergebung und Liebe zweifeln (Röm 8,31-39).

Einen ergebenen Bruder begraben. Wie sein Vater wusste auch Josef genau, was er glaubte und wo er hingehörte. Wenn wir bedenken, wie viel Schweres er in seinem Leben erlebt hatte, ist es bemerkenswert, dass Josef Gott überhaupt vertraute. Er wusste von Gottes Verheißung an Abraham, dass er das Volk aus Ägypten befreien würde (15,12-16), und er wiederholte diese Verheißung vor seiner Familie. Josef hatte sie nach Ägypten geführt und sie in

Ägypten versorgt. Sein Sarg erinnerte sie daran, dass Gott sie aus Ägypten herausführen würde. Wie ermutigend wird das gewesen sein in ihrer dunklen Zeit der Knechtschaft. Heute haben wir zur Ermutigung keinen Sarg, sondern ein leeres Grab (1Petr 1,3ff.).

2. Mose

Das zweite Buch Mose trägt den Beinamen *Exodus*, was so viel wie »Auszug« bedeutet. Das Buch hat drei Hauptthemen.

Befreiung (Kap. 1–18). Dieser Abschnitt beschreibt Jahwes Sieg über die Götter Ägyptens und die Befreiung seines Volkes aus der Knechtschaft. Der Schwerpunkt liegt auf *der Hand Gottes* (siehe 3,20; 7,4-5; 9,3; 15; 13,3.9.14.16).

Absonderung (Kap. 19–24). Gott ging am Sinai eine Bundesbeziehung mit dem Volk Israel ein. Er gab den Israeliten sein Gesetz und sonderte sie damit von den anderen Völkern ab, damit sie ganz für ihn da sein sollten. Der Schwerpunkt liegt auf *Gottes Heiligkeit*. Obwohl Gottes Volk heute nicht mehr verpflichtet ist, sich an all diese Vorschriften zu halten, sind die Grundprinzipien zeitlos gültig und lassen sich auch auf das Leben heutiger Gläubiger anwenden.

Wohnstätte (Kap. 25–40). Im 1. Buch Mose war Gott mit seinem Volk gegangen, aber jetzt wollte er bei ihm wohnen. Der Schwerpunkt liegt auf dem *Haus Gottes* und den Priestern, die dort dienten. Der Hebräerbrief im Neuen Testament erklärt, wie der Dienst in der Stiftshütte auf das Werk Jesu Christi hindeutet und auf seinen gegenwärtigen Dienst als Hoherpriester im Himmel. Heute sind Gottes Kinder sein Tempel (1Kor 6,19-20; Eph 2,20-22).

2. Mose 1

Ein wachsendes Volk. Gottes Verheißung, dass Abrahams Nachfahren zahlreich sein würden, erfüllte sich (1Mo 13,16; 15,5). Gott hält Wort und führt seine Pläne zu seiner Zeit aus. Jahrhundertelang haben andere Völker versucht, Israel auszulöschen, aber ohne Erfolg. In 1. Mose 12,3 gab Gott Israel eine besondere Verheißung, und er hält sich an das, was er verspricht. Die Gotteskinder heute sollten für Israel beten (Ps 122,6), ihnen das

Evangelium verkünden (Röm 1,16) und sich auch auf praktische Weise um sie kümmern (Röm 15,25-27).

Ein ächzendes Volk. Gott hatte Abraham gesagt, dass sein Volk Leid erdulden müsse (1Mo 15,13-14). Völker und Gemeinden vergessen leicht die Kämpfer von gestern (Hebr 13,7-8). Es geht nicht darum, die Vergangenheit »einzubalsamieren«, aber wir sollten niemals diejenigen vergessen, die uns unsere Zukunft ermöglicht haben.

Dem neuen Pharao war die nationale Sicherheit wichtiger als menschliche Würde. Wenn wir Menschen als Mittel zum Zweck sehen und nicht als wertvoll an sich, behandeln wir sie nicht so, wie Gott es von uns erwartet. Die Männer zu versklaven und die kleinen Jungen zu ermorden, war Ägyptens Lösung des »jüdischen Problems«.

Die Hebammen hielten es für angebracht, Gott zu gehorchen statt den Menschen (Apg 5,29). Gott sei Dank, gibt es Menschen, die sich um die Kleinen kümmern und sich für sie einsetzen! Gott belohnte die Frauen, nicht, indem er sie unfruchtbar machte (was sicherer gewesen wäre), sondern *indem er ihnen Familien schenkte!* Das zeigt, wie wertvoll Kinder in Gottes Augen sind (Ps 127,3-5). Denke einmal über die Worte unseres Herrn in Matthäus 18,1-6 nach.

Gott gehorchen

Moses Eltern und die jüdischen Hebammen sind nicht die Einzigen in der biblischen Geschichte, die den Mut hatten, Gottes Willen über menschliche Gebote zu stellen. Daniel und seine Freunde (Dan 1), die drei hebräischen Männer in Daniel 3 und die Apostel (Apg 4,19-20; 5,29) sind weitere Beispiele. Ihr Ziel war es nicht, sich einem schlechten Gesetz entgegenzustellen, sondern die Ehre und Wahrheit Gottes hochzuhalten.

2. Mose 2

Moses Eltern, Amram und Jochebed (2Mo 6,20), wussten, dass sie in schwierigen Zeiten lebten, aber ihr Glaube war stark genug, um zu heiraten und eine Familie zu gründen (Apg 7,20; Hebr 11,23). Aaron und Miriam waren schon auf der Welt, als Mose geboren wurde. Es war nicht leicht, ein weiteres Kind zu versorgen, aber Gott machte es ihnen möglich, wie er es heute auch noch für Eltern tut.

Die Eltern brauchten auch Glauben, um ihren Sohn dem Fluss zu übergeben und damit wenigstens sinngemäß dem ägyptischen Gesetz Gehorsam zu leisten. Gott belohnte ihren Glauben. Jochebed bekam ihren Sohn nicht nur zurück, sie wurde auch noch dafür bezahlt, dass sie sich um ihn kümmerte!

Mose genoss eine fantastische Erziehung (Apg 7,22), aber ihm fehlte es an Glauben. Er kämpfte gegen den falschen Feind zur falschen Zeit mit der falschen Waffe. Wenn du anfängst, dich umzuschauen und zu fragen: »Ist es auch sicher?«, und nicht: »Ist es auch recht?«, hast du schon aufgehört, aus Glauben zu leben. Manchmal muss uns Gott »zur Seite nehmen«, um uns zu lehren, was wir wissen müssen – und damit wir vergessen, wie die Welt mit den Dingen umgeht. Moses impulsive Tat verbannte ihn für vierzig Jahre weit weg in die Wüste, genauso wie später seine impulsiven Worte ihn um den Eintritt ins Land der Verheißung bringen würden (4Mo 20,9-13). Ein ungeduldiger Geist kann einem Menschen gefährlich werden.

Impulsive Menschen – Sprüche 19,2

Mose	2Mo 2; 4Mo 20,9-13
David	1Sam 25,1-13
Elia	1Kö 19,1-3
Petrus	Joh 18,10
Maria Magdalena	Joh 20,1-2

2. Mose 3

Man weiß nie, was ein Tag bringen wird, daher ist es ratsam, Augen und Ohren offen zu halten für die Führung des Herrn. Kindliche Neugier veränderte Moses Leben völlig. Gott beruft fleißige Menschen in seinen Dienst und offenbart sich ihnen.

Gott ist treu. Er berief Abraham, kümmerte sich um Isaak, leitete und bewahrte Jakob, und er würde auch mit Mose sein. Er ist der Gott, der für den Einzelnen genauso da ist wie für ein Volk, und er ändert sich nicht von einer Generation zur nächsten.

Gott ist besorgt und mitfühlend. Er sah, dass sein Volk litt und hörte sein Schreien. Warum handelte er dann nicht früher? Weil er einem perfekten Zeitplan folgte (1Mo 15,13-16). Wir müssen lernen, auf den Herrn zu warten. (Siehe Psalm 37.)

Gott ist langmütig. Gott gab Mose Antwort auf alle seine Einwände und machte ihm eine Zusage nach der anderen, um ihn zu ermutigen. Mose sagte: »Ich bin nicht!«, und Gott antwortete: »ICH BIN!«. Glaube hält sich an dem fest, was Gott ist, und gehorcht dem, was Gott sagt. Glaube sieht die Möglichkeiten, während Unglaube die Hindernisse sieht. Argumentierst auch gegen etwas, was Gott von dir erwartet?

2. Mose 4

Vierzig Jahre zuvor war Mose überzeugt davon, dass er die Probleme seines Volkes lösen könnte; jetzt aber, nachdem Gott ihn berufen hatte, war er überzeugt, dass er versagen würde. Er konnte keine Gründe für seinen Ungehorsam gegen Gott nennen, aber dafür hatte er umso mehr Ausreden. »Eine Ausrede ist die Verpackung eines Beweggrundes, ausgestopft mit einer Lüge«, bemerkte einmal Billy Sunday. Aber Gott gab Mose alles, was er brauchte, um erfolgreich zu sein. Er musste eigentlich nur dem großen ICH BIN vertrauen.

Fähigkeiten. Wenn wir Gott zur Verfügung stellen, was wir haben, kann er es zu seiner Ehre gebrauchen: einen Stab, eine Schleuder (1Sam 17,40), ein Netz (Lk 5,1-11) oder eine bescheidene Mahlzeit (Joh 6,9). Er kann deine Hand gebrauchen, selbst dann, wenn sie *ganz leer* ist!

Ein ***Gefährte.*** Gott hatte Aaron schon vorbereitet und Mose entgegen geschickt. Wenn Aaron Mose auch manchmal Probleme machte, schätzte er ihn doch als Helfer bei der Arbeit. Er war der Sprecher und Mose war der Macher. Manchmal wurde aber auch Mose selbst zu einem großen Redner.

Ein ***Auftrag.*** Gott sprach zu Mose und gab ihm die Anweisungen und die Ermutigung, die er brauchte (V. 19-23). Schon bevor er in Ägypten ankam, wusste Mose, dass seine Aufgabe schwierig werden und dass der Pharao sich ihm entgegenstellen würde.

Eine ***Züchtigung.*** Mose wurde von Gott gezüchtigt und wäre beinahe zu Tode gekommen, weil er es versäumt hatte, seinen Sohn zu einem Kind des Bundes zu machen (1Mo 17,10). Wie konnte Mose Israel führen, solange seine eigene Familie nicht ganz und gar Gott gehörte? (Siehe 1Tim 3,5.)

Überzeugungskraft. Mose war überzeugt, dass ihm niemand glauben würde. Dennoch: Als die Ältesten die Zeichen sahen und die Botschaft hörten, glaubten sie und beugten sich in Anbetung vor Gott.

Wenn du vor einer schwierigen Aufgabe stehst und fürchtest zu versagen, denke an Mose. Gott hält sich an seine Versprechen, unabhängig von deinen Gefühlen oder den Reaktionen anderer.

2. Mose 5–6

Als Mose und Aaron mit ihrer Arbeit in Ägypten anfingen, mussten sie sich zunächst einmal mit dem Pharao auseinander setzen (5,1-9). Dieser weigerte sich nicht nur, das Volk aus Ägypten ziehen zu lassen; er machte ihnen ihre Arbeit auch noch denkbar schwer. Das stellte Mose vor ein zweites Problem – sein eigenes Volk, das ihn für die missliche Lage verantwortlich machte. So bekam er einen Vorgeschmack auf die Anfeindungen und Widerstände, die er nun vierzig Jahre lang über sich würde ergehen lassen müssen.

Oft wissen die Leute, denen man am meisten hilft, dies am wenigsten zu schätzen.

Drittens hatte Mose ein Problem mit dem Herrn selbst (5,22-23)! Gott hatte ihm Erfolg versprochen, aber Mose hatte versagt. Nicht einmal die Israeliten glaubten ihm! Madame Guyon sagte einmal über diese Art von Schwierigkeiten: »Am Anfang unseres Glaubenslebens haben wir es am schwersten mit unserem Nachbarn; in seinem Verlauf mit uns selbst; und am Ende mit Gott.«

Aber Gott sicherte Mose erneut alles zu, was er brauchte (6,1-8), und befahl ihm, zu seiner Aufgabe zurückzukehren und nicht locker zu lassen. Gott löst nicht immer jedes Problem sofort, noch hält er sich an *deinen* Zeitplan. Wenn du glaubst, dass du versagt hast, obwohl du Gottes Willen befolgt hast, denke einmal über Jesaja 55, 8-9 und Jeremia 29,11 nach.

2. Mose 7–8

Wenn Menschen den warnenden Worten Gottes nicht gehorchen wollen, muss er zu ihnen als Richter sprechen. Wenn Gott spricht, gehorchen die Menschen entweder und geben ihm ihr Herz, oder sie widersetzen sich und verhärten ihr Herz (Hebr 3,7-13). Aus menschlicher Sicht, stellte sich der Pharao Gottes Willen entgegen und verhärtete somit selbst sein Herz. Aus göttlicher Sicht sandte Gott die Plagen und brachte ihn auf diese Weise dazu, sein Herz zu verhärten. Dieselbe Sonne, die das Eis schmilzt, härtet auch den Ton.

Die Hofmagier waren in der Lage, Aarons Wunder zu kopieren. Satan ist ein Nachahmer und das ist eine der Methoden, mit denen er noch heute Gott bekämpft (2Tim 3,8-9). Manche Wunder sind trügerische Zeichen (2Thes 2,9-10). Sieh zu, dass du sie von den echten unterscheiden lernst (1Jo 2,18-27; 4,1-6).

Die Plagen waren Gottes Kriegserklärung gegen die falschen Götter Ägyptens (12,12). Er verkündete: »Ich bin der HERR!« (7,5). Sie waren außerdem Ausdruck für den Unterschied, den Gott zwischen Israeliten und Ägyptern machte (8,19).

Wie traurig, dass die Israeliten Gottes Wunder in Ägypten sahen und ihm dennoch nicht vertrauten (Ps 106,6-7). Sie wollten sogar nach Ägypten zurückkehren, nachdem sie befreit worden waren! Großartige Erfahrungen bieten keine Gewähr für geistliches Wachstum. Es kommt immer darauf an, was mit dem Herzen eines Menschen geschieht.

2. Mose 9–10

Mose wollte eigentlich nur Pharaos Erlaubnis, das Volk auf eine dreitägige Reise mitzunehmen an einen Ort, an dem sie Gott anbeten konnten. Gott hatte einen »Unterschied gemacht« zwischen seinem Volk und dem Volk von Ägypten, so wie er auch heute einen Unterschied macht hat zwischen seine Kindern und den Kindern der Welt (2Kor 6,14-18).

Aber die Welt will nicht, dass Gläubige zu radikal auftreten. Deshalb bietet sie ihnen verschiedene Kompromisse an: »Opfert hier im Land« (8,21); »Entfernt euch nicht zu weit« (8,24); »Lasst eure Kinder hier« (10,8-11); »Nehmt nicht euren Besitz mit, um Gott zu dienen« (10,24-26). Bist du in letzter Zeit von solchen Kompromissangeboten versucht worden?

Gottes Gericht hatte das Land so gut wie zerstört, aber der Pharao gab nicht nach. Er dachte, er würde große Stärke beweisen, indem er so handelte. Letzten Endes gebrauchte Gott aber den Mann, um *seine* Macht unter Beweis zu stellen (9,16; siehe auch Röm 9,17-18). Gott ist größer als jeder weltliche Herrscher, deshalb müssen wir uns niemals fürchten (Dan 4,34-37).

Pharaos »Sündenbekenntnis« (9,27) war nicht aufrichtig; er wollte nur, dass Mose die Plagen beendete. Wahre Reue beinhaltet einen Wandel im Denken, der zu einem veränderten Lebenswandel führt. Bileam (4Mo 22,34), Saul (1Sam 15,24) und Judas (Mt 27,4) machten sich alle unaufrichtiger oder unzureichender Sündenbekenntnisse schuldig.

2. Mose 11–12

Leben. »Noch eine Plage!« Diese Worte verkündeten großes Unheil, und das traf dann auch ein, denn die letzte Plage war der Tod der Erstgeborenen. Wer dem Herrn vertraut, erkennt den Unterschied zwischen Licht und Dunkelheit (10,21-30) und zwischen Leben und Tod. Gott machte diesen Unterschied (11,7), und sein Volk ist aufgerufen, ihn einzuhalten (Röm 12,1-2).

Lamm. Beachte die Reihenfolge: »*ein* Lamm« (12,3), »*das* Lamm« (12,4), »*euer* Lamm« (12,5; so nur in englischen Bibelübersetzungen)). Das Passalamm ist ein Bild für Jesus Christus, der für die Sünden der Welt starb (Joh 1,29; 1Kor 5,6-7). Nennst du ihn »Retter«, »*den* Retter« oder »*mein* Retter«? (Lk 1,47).

Jesus ist das makellose Lamm (1Petr 1,18-19). Er musste sterben, um uns zu erlösen. Wir werden nicht dadurch gerettet, dass wir ihn bewundern oder indem wir uns mit seiner Lehre beschäftigen, sondern indem wir im Glauben sein Blut für uns in Anspruch nehmen. Das Lamm rettete die Israeliten und gab ihnen außerdem Kraft für ihre Reise. Jesus Christus kann dich »nähren«, wenn du über sein Wort nachdenkst und seine Wahrheiten verinnerlichst.

Sauerteig. Sauerteig ist ein Bild für Sünde: Sie fängt klein an, breitet sich aber schnell aus; sie bläht sich auf; und sie arbeitet im Stillen. Wenn du durch das Blut Christi gerettet bist, willst du ein Leben, das rein ist und frei von Sünde. Die Israeliten wurden nicht gerettet, indem sie den Sauerteig wegwarfen. Sie warfen den Teig weg, weil Gott sie gerettet hatte (2Kor 7,1; 2Tim 2,19). Beachte, wie Paulus im fünften Kapitel des ersten Korintherbriefs diese Wahrheiten anwandte.

2. Mose 13

Erinnerung. Gott wollte, dass sein machtvolles Eingreifen Israel in Erinnerung blieb (V. 3.9.14.16). Das Volk sollte nicht vergessen, ihm zu vertrauen und zu dienen. Durch das Aussondern der Erstgeborenen, wurden sie später immer daran erinnert, dass die erstgeborenen Söhne Israels vom Herrn gerettet worden waren.

Das jährliche Passamahl sollte zur Reinerhaltung des Lebens mahnen. Wenn man bedenkt, dass Jesus Christus uns durch sein Blut erlöst hat, erscheint es doch sicher angemessen, dass wir uns selbst ihm darbringen und seinem Wort gehorchen.

Lehre. Die jüngere Generation kann nichts von den Taten Gottes wissen, wenn die ältere ihr nichts davon erzählt. Das Wort Gottes soll unsere Lippen regieren (V. 9), unsere Augen und unsere Hände (V. 16), und wir sollen es weitergeben. Die Israeliten verstanden dies wörtlich und trugen Abschriften des Gesetzes auf der Stirn und auf der Hand, aber gewiss war diese Anordnung im übertragenen Sinn zu verstehen.

Nachfolge. Gott befreit uns aus der Knechtschaft, und er führt uns dem Erbe zu, das er für uns vorbereitet hat. Sein Wort ist wie die Wolken- und Feuersäule, und er wird uns den Weg zeigen, wenn wir ihm nur vertrauen.

2. Mose 14

Gott sieht voraus (1-19). Gott kannte die Pläne des Pharao und sorgte für Israel. Das ist *Vorsehung.* Sein Name ist *Jahwe Jireh* (1Mo 22,14). Das bedeutet »der Herr versorgt«. Was immer der Feind vorhat, dir anzutun: Gott hat sich schon darum gekümmert und wird dir sagen, was du tun sollst.

Gott geht dazwischen (19-20). Die Säule, die Israel Licht spendete, brachte dem Feind Dunkelheit. Die Kinder der Welt wandeln in Finsternis, aber Gottes Volk hat »das Licht des Lebens« (Joh 8,12). Der Feind kann sich dir nicht nähern, ohne zuerst Gott zu begegnen.

Gott geht voraus (21-25). Er bereitet den Weg und tut, was unmöglich ist. Wenn du wieder einmal vor einem scheinbar unlösbaren Problem stehst, denke daran, was Gott für Israel am Roten Meer tat. Das Volk Israel hat diesen Sieg niemals vergessen (Ps 66,6; 106,9; 136,13-14). Sich an Gottes Hilfe in der Vergangenheit zu erinnern, kann dich ermutigen, wenn du im Glauben später wieder einmal vor einer Herausforderung stehst.

Gott kommt hinterher (26-31). Jesaja sagte: »Eure Nachhut ist der Gott Israels« (Jes 52,12). Die Niederlage war verheerend: Die ägyptische Armee gab es nicht mehr. In den folgenden Worten liegt viel Wahrheit: »Und dies ist der Sieg, der die Welt überwunden hat: unser Glaube« (1Jo 5,4).

2. Mose 15

Der Herr als Sieger (1-21). Als das Volk im Schauen wandelte, murrten die Israeliten (14,10-12), aber als sie Gott glaubten und seine machtvolle Hand am Werk sahen, priesen sie ihn. Erlösung sollte zu Freude führen (Lk 15,1-24).

Dies ist das erste erhaltene Lied in der Bibel, und es ist ein Muster für wahre Anbetung, denn es richtet sein Augenmerk auf den Herrn; darauf, wer er ist und was er für sein Volk getan hat: Er rettet sein Volk (V. 1-10), führt es seinem Erbe zu (V. 11-13), verherrlicht seinen Namen (V. 14-17) und regiert für immer (V. 18). Lass Gott heute deine Stärke sein, dein Loblied und dein Heil (V. 2, siehe auch Ps 118,14; Jes 12,2).

Der Herr als Heiler (22-26). Das Volk ging direkt von der Freude zur Klage über! Es ist leicht, dem Herrn zu singen, wenn die Umstände angenehm sind, aber um im Leid zu singen, braucht man schon Glauben. Gott prüft uns in den alltäglichen Erfahrungen des Lebens, um zu sehen, ob wir ihm gehorsam sind. Er kann unsere Umstände ändern, aber lieber würde er uns verändern (Phil 4,10-13).

Der Herr als Kraftquelle (27). Das Leben besteht nicht nur aus Kampf und harter Kost: Gott führt uns hin und wieder zu erfrischenden Oasen, und dafür sollten wir ihn preisen. Und dennoch werden wir niemals unser Erbteil beanspruchen können, wenn wir für alle Zeit in Elim lagern. Wir sind auf Wanderschaft und hier nicht sesshaft.

Singe ihm Loblieder
Lobpreis ist ein wichtiger Teil christlichen Lebens, denn wir können dadurch gleichzeitig Gott loben und ihn gegenüber anderen bezeugen. Unser Loblied sollte vom Heiligen Geist in uns herrühren (Eph 5,18-20) und auf der Schrift beruhen (Kol 3,16). Auf diese Weise beten wir ihn »in Geist und in Wahrheit« an (Joh 4,24).

2. Mose 16

Die geretteten Israeliten benahmen sich wie unerlöste Heiden, denn sie fragten: »Was sollen wir essen? Was sollen wir trinken?« (vgl. Mt 6,25-34). Gott hatte sie doch nicht aus der Knechtschaft befreit, um sie dann verhungern zu lassen! (Siehe Röm 8,31-32.) Ihr eigentliches Problem war, dass sie immer noch den alten Appetit verspürten und lernen mussten, sich an der neuen Nahrung zu erfreuen, die Gott für sie bereithielt.

Das Manna ist ein Bild für Jesus Christus (Joh 6,30ff.). Das Manna wurde nur Israel gegeben und es konnte nicht mehr als das *körperliche* Leben erhalten. Der Retter Jesus aber kam für die ganze Welt und er schenkt *geistliches* Leben. Wenn die Israeliten das Manna nicht in Besitz nahmen, starben sie. Sünder müssen an Jesus Christus glauben, um Leben zu empfangen.

Sich von Manna zu ernähren, ist außerdem ein Bild für deine tägliche Aufnahme des Herrn durch das Wort Gottes. So wie die Nahrung, die du zu dir nimmst, Teil deines Selbst wird, so stärkt das Wort dein inneres Wesen, wenn du es liest, darüber nachdenkst und es befolgst. So wie die Israeliten sich nicht durch Manna vom Tag zuvor ernähren konnten, so kannst auch du dich nicht von der geistlichen Nahrung ernähren, die du gestern empfangen hast. Fange jeden Tag mit dem Herrn an, dann wird er dir geben, was du brauchst, um mit den Anforderungen und Kämpfen des Tages fertig zu werden.

Geistliche Nahrung
Gottes Wort ist Nahrung für dein Innerstes. Es ist Milch (1Petr 2,2), Brot (Mt 4,4), Fleisch (1Kor 3,1-2; Hebr 5,11-14) und Honig (Ps 119,103). Uns vom Wort zu ernähren, sollte unsere Herzen erfreuen (Jer 15,16), und unser Verlangen nach geistlicher Nahrung sollte stärker sein als das nach Nahrung für den Körper (Hi 23,12; Lk 10,38-42).

2. Mose 17

Eine weitere Prüfung (1-7). Man löst seine Probleme niemals, indem man andere dafür verantwortlich macht. Israels eigentliches Problem war Unglaube und der Wunsch, zu ihrem alten Leben zurückzukehren. Jede Schwierigkeit, die einem begegnet, ist eine Gelegenheit, sich selbst zu prüfen und auf den Herrn zu vertrauen, sei es, um einen Schritt vor- oder zurückzugehen. Der Fels ist ein Bild für Jesus Christus, der für uns zerschlagen wurde (1Kor 10,4), damit wir das lebendige Wasser des Heiligen Geistes in uns haben (Joh 7,37-39).

Ein weiterer Feind (8-13). Das ägyptische Heer war untergegangen, aber die Amalekiter waren überaus lebendig und wollten das Volk Israel nicht auf ihrem Grund und Boden haben. Hier kämpfte wieder Esau gegen Jakob (1Mo 36,12). Fürbitte auf dem Berg und das Eingreifen Gottes im Tal führten zum Sieg seines Volkes. Israel hatte zugesehen, wie Gott Ägypten besiegte, aber nun musste das Volk selbst mitkämpfen und Gott vertrauen, dass er ihm zum Sieg verhelfen würde. Unser Hoherpriester tritt im Himmel für uns ein (Hebr 4,14-16). An dieser Stelle wird zum ersten Mal in der Bibel Josua erwähnt. Zu dem Zeitpunkt ahnte er noch nichts davon, dass er eines Tages Moses Stelle als Anführer des Gottesvolkes einnehmen würde.

Eine weitere Zusage (14-16). Jede Prüfung kann dich etwas Neues über dich selbst lehren und über den Herrn (1Mo 22,14; 2Mo 15,26). Wenn du im Leben Kämpfe auszustehen hast, richte den Blick auf ihn, dein »Feldzeichen«, und denke daran, dass er dir den Sieg schenken kann (Joh 16,33; 1Jo 5,4-5).

2. Mose 18

Gut ausgewogen. Mose machte nach der Flucht aus Ägypten einige aufregende Erfahrungen, aber nun kehrte er zurück zu den alltäglichen Pflichten. Gott sorgt in unserem Leben für ein ausgewogenes Verhältnis zwischen Lasten, die uns helfen, demütig zu bleiben, und Segnungen, die uns glücklich machen. Mose kehrte zu seiner Familie zurück, erzählte ihnen alles, was Gott getan hatte, und betete dann gemeinsam mit Frau und Kindern den Herrn an.

Gut beraten. Manchmal kann ein Außenseiter die Lage besser einschätzen als diejenigen, die die Arbeit tun, und wir sollten immer offen für Ratschläge sein (Spr 12,15; 13,10). Mose versuchte, alles selbst zu erledigen, und er machte keinen Unterschied zwischen großen Aufgaben und kleinen Problemen. Er brauchte Helfer und er musste sich Prioritäten setzen. Beachte, dass Jethro erwartete, Mose würde in der Angelegenheit Gott nach seinem Willen befragen (V. 23). Was in unseren Ohren wie guter menschlicher Rat klingt, kann aus Gottes Sicht schlechter Rat sein, darum müssen wir Gott um Führung bitten (Apg 27,9-14).

Gut geführt. Vers 21 beschreibt die Art von Leitern, die Gott braucht. Was sie ausmacht, ist Befähigung, Gottesfurcht, Ehrlichkeit und eine Abscheu gegen Bestechlichkeit. (In Apostelgeschichte 6,3 sind weitere Führungsqualitäten aufgelistet.) Mose war ein großer Mann, aber er konnte seine Aufgabe nicht alleine ausführen. Vielleicht beruft Gott dich nicht zum Leiter, aber womöglich möchte er, dass du einem Leiter hilfst, bessere Arbeit zu leisten.

2. Mose 19

Ein besonderes Volk. Am Roten Meer schnitt Gott sein Volk von seinem alten Leben ab; am Sinai führte er es in ein neues Leben hinein: eine Bundesbeziehung mit ihm selbst. Es war wie eine Hochzeitszeremonie, mit Gott als Bräutigam und Israel als Braut.

Jedes Mal, wenn das Volk sich von Gott ab- und Götzenbildern zuwandte, warf Gott ihm Ehebruch vor (Jes 1,21; Jer 3,1-5). Auch heute müssen Gläubige sich vor dieser Sünde in Acht nehmen (Jak 4,4). Die Kirche ist ein Volk aus Königen und Priestern (1Petr 2,5.9), dazu berufen, Gott zu verherrlichen.

Ein geheiligtes Volk. Da wir Gott gehören, müssen wir von der Sünde getrennt leben (V. 10.14.22). Gottes Volk ist von der Welt abgesondert und dem Herrn unterstellt.

Ein fügsames Volk. Um das Volk mit Gottesfurcht zu erfüllen, demonstrierte der Herr am Sinai seine Macht und ermahnte sie, ihm nicht nahe zu kommen. Es war eine Nation im Kindesalter, und die Menschen lernten, wie Kinder es tun, durch Belohnung und Strafe. Hebräer 12,19-25 stellt diese Situation der des neutestamentlichen Gläubigen gegenüber. Wir sollen den Herrn und die Grenzen, die er uns setzt, nach wie vor achten, aber wir sind eingeladen »hinzuzutreten« (Hebr 10,19-25). Die Israeliten wurden nicht aus Ägypten befreit, indem sie dem Gesetz gehorchten, sondern ihr Gehorsam ermöglichte es ihnen, sich an all den Segnungen zu erfreuen, die Gott für sie bereithielt.

Wir sind abgesondert

Dass wir geheiligt sind, bedeutet, dass Gott uns abgesondert hat, und zwar ausschließlich zu seinem Nutzen und seiner Freude. Wir Christen sind durch den Tod Christi abgesondert (Hebr 10,10), durch den Geist, der in uns lebt (Röm 15,16) und durch das Wort Gottes (Joh 17,17; Eph 5,26).

2. Mose 20

Das Gesetz rettet den Sünder nicht (Gal 2,21; 3,21); es offenbart Gottes Heiligkeit und das Bedürfnis des Menschen nach Rettung (Röm 3,20). Es ist ein Spiegel, der uns zeigt, wie schmutzig wir sind (Jak 1,21-22), aber es hilft uns nicht bei der notwendigen Reinigung. Das kann nur Christus.

Unter dem Alten Bund war Gottes Gesetz auf Steintafeln

geschrieben (2Mo 24,12), aber unter dem Neuen Bund schreibt uns Gott sein Wort in die Herzen (2Kor 3,1-3). Wenn du über das Wort nachdenkst, macht der Heilige Geist es zu einem Teil deines Wesens, und du wirst immer mehr wie der Herr Jesus Christus sein (2Kor 3,18). Der Heilige Geist befähigt uns, die berechtigten Anforderungen von Gottes Gesetz zu erfüllen (Röm 8,1-4).

Die ersten vier Gebote handeln von unserer Beziehung zu Gott, während die letzten sechs mit unserer Beziehung zu anderen Menschen zu tun haben. Wenn wir Gott lieben und ihm gehorchen, werden wir auch andere Menschen lieben und ihnen dienen. (Siehe Mt 22,34-40.)

Manche Menschen gehorchen Gott aus Angst (V. 18-21). Andere gehorchen nur, weil sie auf seinen Segen aus sind. Das höchste Motiv für Gehorsam ist unsere Liebe zu Gott. Aber was, wenn wir dem Herrn nicht gehorchen? Für Israel sorgte Gott vor, indem er die verschiedenen Opfergaben vorschrieb (V. 22-26). Für uns Gläubige heute hat er durch das Werk Christi vorgesorgt (1Jo 1,9-2,2). Gläubige stehen nicht unter dem Gesetz, sondern unter der Gnade. Das ist kein Freifahrtschein zum Sündigen, sondern Gott ermutigt uns dadurch zu Gehorsam aus Liebe nach seinem Willen. Denke einmal über Römer 6 nach.

2. Mose 21

Nachdem er sein grundlegendes Gesetz erlassen hatte, teilte Gott Mose mit, wie es in bestimmten Situationen anzuwenden sei, damit jeder eine angemessene, gerechte Behandlung erfuhr, was den Versen 22-25 zugrunde liegt. Niemand durfte das Gesetz in die eigene Hand nehmen. Wenn es um *persönliche* Vergeltung geht, gilt für Gläubige heute Matthäus 5,38-48.

Gottes Gesetz zeigt, dass er an allem interessiert ist: Männer, Frauen, Kinder, ungeborenes Leben, Eigentum und sogar die Tiere. Dies ist seine Schöpfung und er hat das Recht, uns zu sagen, wie wir mit ihr umzugehen haben. Das Gesetz hat die Herzen der Menschen nicht verändert, aber es half, ihr Verhalten in die richtigen Bahnen zu lenken und dem Volk eine Ordnung zu geben. Das Gesetz und die Regierung sind von Gott eingesetzt und wir sollten sie respektieren (Röm 13).

Einige der hier aufgeführten Strafen erscheinen uns vielleicht hart; aber bedenke, dass das Volk noch »in den Kinderschuhen steckte« (Gal 4,1-7), und Kinder lernen am besten durch Belohnung und Strafe. Vierzig Jahre später, als die neue Generation zur Stelle war, wiederholte Mose das Gesetz und betonte dabei die Liebe (5Mo 4,37; 6,4-6; 7,6-13). Liebe ist die Erfüllung des Gesetzes (Röm 13,8-10).

2. Mose 22

Eigentum (1-15). Gott möchte, dass wir das Eigentum anderer respektieren, und an dieser Stelle geht es hauptsächlich um *Entschädigung* (V. 3.5.6.12). Es reicht nicht aus, ein Verbrechen zuzugeben und Reue zu zeigen. Es muss auch eine Bereitschaft da sein, die Sache wieder ins rechte Lot zu bringen bei denen, die zu Schaden gekommen sind (Spr 6,30; Lk 19,8). David kannte Vers 1 und konnte ihn auf andere anwenden (2Sam 12,1-6), aber er war nicht in der Lage 2. Mose 20,13-14 auf sich selbst anzuwenden.

Mitmenschen (16-27). Diese vielen Gesetze offenbaren Gottes Heiligkeit und seinen Wunsch, dass wir ein heiliges Volk sind (V. 31). Wurden sie beachtet, schützten diese Gesetze die Menschen vor Gewalt, Erpressung, Unterdrückung und Bedrängnis. Gott hat Mitleid mit Witwen und Waisen, armen Arbeitern (Jak 5,1-4) und Fremden. Wir auch?

Grundsätze (28-31). Fürchte Gott und setze ihn in allem an die erste Stelle! Jesus hat das in Matthäus 6,33 zusammengefasst. Wenn wir Gott wirklich von ganzem Herzen lieben, haben wir nicht den Wunsch, anderen wehzutun. Aber wenn Gott nicht an erster Stelle steht, fangen wir an, andere auszunutzen, damit wir bekommen, was wir wollen.

2. Mose 23

Den Nächsten achten (1-9). Andere gerecht zu behandeln, wäre eigentlich gar nicht so schwierig, aber das sündige menschliche Herz kann uns in die Irre führen; durch Gerüchte (2Kor 13,1), falsche Zeugen, die Meinung der Mehrheit und durch Geld. Ob jemand reich oder arm ist, Freund oder Feind, sollte uns nicht blind für die Wahrheit machen. Ehrbarkeit sollte nicht zum Verkauf stehen.

Das Gute bewahren (10-13). Der Sabbat war Gottes Geschenk an Israel und sollte die Nation als sein heiliges Volk ausweisen (2Mo 31,13). Außerdem war er ein Geschenk an Mensch und Tier, damit sie die Ruhepausen bekamen, die sie brauchten. Das Sabbatjahr zeigte, dass Gott sich um das Land und die Armen kümmerte. Es ist bedauerlich, dass die Menschen heute sich nicht mehr daran halten und durch die Ausbeutung von Rohstoffen und Bodenschätzen die Schöpfung zerstören.

Den Herrn feiern (14-19). Gott möchte, dass sein Volk ihn feiert und sich an seiner Güte erfreut. Lässt unsere Feier den Herrn außer Acht, machen wir uns des Götzendienstes schuldig. (Siehe 1Tim 6,17.)

Dem Herrn gehören (20-33). Das Volk stand kurz davor, Feindesland zu betreten. Dort würden die Israeliten versucht sein, sich mit den bösen Menschen im Land zu arrangieren. Sie sollten über die falschen Götter nicht einmal sprechen (V. 13), damit sie nicht dazu verleitet würden, sich vor diesen Göttern zu verneigen, ihnen zu dienen (V. 24) und sich mit ihnen zu verbünden (V. 32). Überrede dich nicht selbst zum Ungehorsam gegen Gott!

2. Mose 24

Es gibt verschiedene Stufen der Nähe zu Gott. Die Israeliten hielten sich fern wegen ihrer Furcht vor dem Herrn. Mose, Josua, Nadab, Abihu, Aaron und siebzig der Ältesten stiegen auf den Berg, um Gott zu treffen. Dann gingen Mose und Josua noch näher und schließlich trat Mose allein in die Wolke der Herrlichkeit ein.

Oswald Sanders bemerkte dazu: »Wir sind in diesem Moment

Gott so nahe, wie wir es wirklich sein wollen.« Gott lädt uns ein, uns ihm zu nahen (Jak 4,8), aber oft sind wir nicht bereit zu tun, was nötig wäre, um ihm begegnen zu können. Die Menschen *unten* am Berg hatten das richtige Buch und das richtige Blut, und sie gelobten, Gott zu gehorchen, aber sie hatten nicht die Vision von der Herrlichkeit Gottes, die Mose *auf* dem Berg hatte.

Man könnte erwarten, dass Vers 11 so lauten würde: »Und so schauten sie Gott, fielen auf die Knie und beteten«, aber tatsächlich steht dort: »Sie aßen und tranken.« Gottes Herrlichkeit zu sehen, sollte uns nicht nachlässig oder untätig machen. Wir können zu seiner Ehre essen und trinken (1Kor 10,31). Aber gib Acht, dass deine Nähe zu Gott dich nicht zu gedankenloser Vertrautheit verleitet, denn »unser Gott ist ein verzehrendes Feuer« (Hebr 12,28-29). Nadab und Abihu sollten das noch herausfinden (3Mo 10,1ff.).

2. Mose 25

Eine Opfergabe. Gott hätte die ganze Stiftshütte in einem einzigen Augenblick durch seine Schöpferkraft aufbauen können. Stattdessen forderte er das Volk auf, ihm Opfer zu bringen. Sie genossen das Vorrecht, ein Heiligtum für Gott herzustellen. Heute helfen wir ihm dabei, seine Kirche zu bauen, und wir dürfen dazu nur die besten Baustoffe verwenden (1Kor 3,9-23). Gibst du Gott bereitwillig, was er dir gegeben hat?

Ein Bauplan. Gott gab Mose den Bauplan für die Stiftshütte, so wie er später David den Bauplan für den Tempel gab (1Chr 28,19). Wenn Gott auf der Erde eine Arbeit zu verrichten hat, gibt er seinen Kindern einen Plan, dem sie folgen können. Von Gottes Plan abzuweichen und stattdessen der Weisheit dieser Welt zu folgen, ist gefährlich (1Kor 3,18-20).

Die Lade war der Thron Gottes im Allerheiligsten, und Gottes Herrlichkeit wohnte zwischen den Cherubim auf dem Gnadenstuhl (Ps 99,1). Unser Gnadenthron steht im Himmel (Hebr 4,11-16) und der Weg zu Gott steht uns immer offen.

Der Tisch erinnert uns daran, dass Gott uns mit Nahrung versorgt (Mt 6,11). Das Brot steht außerdem für die geistliche Nahrung, die wir aus seinem Wort ziehen können (5Mo 8,3; Mt 4,4). Der goldene Kerzenhalter sagt uns, dass »Gott Licht ist« (1Jo 1,5) und dass wir Licht in diese dunkle Welt bringen sollen (Mt 5,14-16). So wie die Lampen von Öl genährt wurden, brauchen wir die Kraft des Geistes, damit wir wirksame Zeugen für den Herrn sein können (Apg 1,8).

2. Mose 26

Zehn Zeltdecken, fünfzig Schleifen, fünfzig Haken, vierzig Fußgestelle, zwanzig Bretter, zwei Vorhänge – und doch war es ein einziges Heiligtum: »... so dass die Wohnung ein Ganzes wird!« (V. 6); »... so dass es ein Ganzes wird« (Vers 11). Vielfalt, ja; aber Einheit in der Vielfalt.

Es gab nur *einen Plan* für die Stiftshütte, und der kam von Gott (V. 30). Die Klugheit und Weisheit der Menschen führen vielleicht in weltlichen Dingen zum Erfolg (Lk 16,8), aber sie zerstören das Werk des Herrn (1Kor 3,16-23). Sieh zu, dass du deine Pläne vom Himmel bekommst und nicht von der Welt.

Es gab nur *ein Maß* für das Gebäude (V. 2). Wenn wir unseren Dienst nach Gottes Maßstäben bemessen, führt das zur Einheit, wenn wir unser eigenes Maß zugrunde legen, kommt es zur Spaltung.

Sie benutzten *nur die Baustoffe,* die Gott ihnen nannte. In 1. Korinther 3,10-16 kannst du nachlesen, welche Baustoffe Bestand haben. Beachte die Betonung auf Gold in Kapitel 37, Silber in Kapitel 38 und Edelsteinen in Kapitel 39.

Das Heiligtum wurde von *nur einer Herrlichkeit* bewohnt, der Herrlichkeit Gottes. Bringt der Mensch sein Ansehen ins Spiel, kommt es zur Spaltung.

Jesus betete um Einheit für sein Volk (Joh 17,20-23). Trägst du dazu bei, dass dieser Wunsch in Erfüllung geht?

2. Mose 27

Die Stiftshütte war kein Versammlungsort zum Zweck der Anbetung, sondern ein Ort, an dem Opfergaben gebracht und heilige Handlungen durchgeführt wurden.

Opfer. Das Erste, was man sah, war der mit Bronze verzierte Altar, denn niemand kann in die Gegenwart Gottes kommen, der nicht die Sünde hinter sich gelassen hat (3Mo 17,11).

Trennung. Das Zelt war umgeben von einer Wand aus leinenen Vorhängen, denn nur die Priester und Leviten durften die heiligen Vorhöfe betreten. Die gewöhnlichen Leute wurden aus den Vorhöfen herausgehalten und die Priester aus dem Allerheiligsten. Gott wünschte sich ein ganzes Volk von Priestern (2Mo 19,5-6), aber das konnte erst zustande kommen, nachdem das Werk Christi am Kreuz vollendet war (1Petr 2,5.9). Heute haben wir jederzeit Zugang zu Gottes Gegenwart durch Jesus Christus (Hebr 10,19-25).

Licht. Der Leuchter stand im Heiligtum und spendete den Priestern Licht bei der Ausübung ihres Dienstes. Er war nicht dazu gedacht, das ganze Lager zu beleuchten; das tat schon die Herrlichkeit Gottes (2Mo 40,38). Gottes Volk (Phil 2,15) und seine Gemeinden (Offb 1,12;20) sind Lichter in dieser dunklen Welt. Sieh zu, dass du deine Lampe am Brennen hältst und dein Licht am Leuchten (Mt 5,16).

2. Mose 28

Das Priesteramt war sowohl ein Vorrecht als auch eine verantwortungsvolle Aufgabe. Es war wunderbar, die prächtigen Gewänder zu tragen und sich in den heiligen Vorhöfen aufhalten zu dürfen, aber Priester zu sein, brachte auch ernstzunehmende Pflichten mit sich.

Sie dienten zuerst dem Herrn. Vier Mal in diesem Kapitel betonte Gott diesen Aspekt (V. 1.3.4.41). Gottes Diener sollen danach streben, ihm allein zu gefallen (1Kor 4,1-7). Wir sollen »Sklaven um Jesu Willen« sein (2Kor 4,5).

Sie dienten dem Volk. Gottes Kinder sind in seinen Augen sein Eigentum (Mal 3,17). Unser großer Hohepriester trägt uns über dem Herzen und auf den Schultern. Er vertritt uns vor dem Thron Gottes, und so sind wir »begnadigt in dem Geliebten« (Eph 1,6).

Sie dienten gemeinsam. Gott erfüllte ihre Bedürfnisse, während sie dem Volk dienten. In der Stiftshütte gab es keine Verwirrung und keinen Wettbewerb, denn sie dienten demselben Herrn und gehorchten demselben Wort. Gott hat für jeden von uns eine Aufgabe und er wird uns mit allem ausstatten, was wir brauchen, um sie ausführen zu können.

2. Mose 29

Wir geben uns hin, aber Gott segnet und heiligt und sondert uns aus für die Aufgabe, die er selbst für uns vorgesehen hat. Als Gottes Priesterschaft haben wir *auf geistlicher Ebene* erfahren, was Aaron und seine Söhne *körperlich* erlebten.

Wir wurden gewaschen. Das Blut Christi hat uns gereinigt (Offb 1,5-6), und somit ist unser früheres Leben vorbei (1Kor 6,9-11). Sündige Herzen werden nicht durch religiöse Riten gereinigt, sondern durch den Glauben an Jesus Christus (Apg 15,9; Tit 3,5).

Wir wurden neu eingekleidet. Wir stehen in der höchsteigenen Gerechtigkeit Christi (Jes 61,10; 2Kor 5,21) und tragen die Gewänder der Gnade Gottes (Kol 3,1ff.).

Wir wurden gesalbt. Der Heilige Geist lebt in uns (2Kor 1,21; 1Jo 2,27), und er befähigt uns zum Dienst.

Wir gehören Gott. Die Priester wurden mit Blut »gezeichnet«: am Ohr (für das Hören auf Gott), an der Hand (für den Dienst für Gott) und am Fuß (für den Wandel mit Gott). Das »regelmäßige Brandopfer« morgens und abends sollte die Priester an ihre völlige und dauerhafte Hingabe an Gott erinnern. Vergiss nicht, dich jeden Tag Gott darzustellen (Röm 12,1-2).

2. Mose 30

Denk ans Beten. Der goldene Altar vor dem Vorhang symbolisierte den Gebetsdienst (Ps 141,1; Offb 5,8). Heute müssen Gottes Kinder nicht mehr vor dem Vorhang stehen bleiben; sie dürfen direkt in die Gegenwart Gottes treten. Wir brauchen das »Feuer« des Heiligen Geistes, damit unsere Gebete nicht herzlos werden (Röm 8,23-27). Beten ist etwas Besonderes und wir dürfen nichts Gewöhnliches daraus machen (V. 34-38).

Denk daran, dass du erkauft bist. Sie wurden nicht durch die Zahlung von Geldbeträgen erlöst und wir auch nicht (1Petr 1,18ff.); aber den jährlichen halben Schekel abzugeben, erinnerte sie an das, was Gott für sie getan hatte. Das Silber wurde dazu benutzt, die Fußgestelle für die Säulen der Stiftshütte herzustellen (38,25-37). Die Grundlage für alles ist Erlösung.

Denk daran, dich rein zu halten. Wie die Priester, so wurden auch wir einst reingewaschen, als wir erlöst wurden, aber wir müssen uns in unserem täglichen Wandel rein halten. Wenn sie sich schon beschmutzen konnten, während sie dem Herrn in der heiligen Stiftshütte dienten, was passiert dann wohl mit uns bei unserem Dienst in einer bösen Welt?

Denk daran, den Heiligen Geist zu ehren. Das heilige Salböl symbolisierte den Geist Gottes. Wir sollten uns davor hüten, sein Werk durch menschliche Bemühungen zu kopieren oder ihn als etwas Gewöhnliches zu betrachten (V. 32-33). (Siehe auch Eph 4,30-32.)

2. Mose 31

Arbeit. Wenn Gott eine Aufgabe für uns hat, beruft er Arbeiter, rüstet sie aus und gibt ihnen einen Plan. Er beruft auch Helfer für sie, die sie mit den nötigen Mitteln ausstatten. Bezalel und Oholiab waren begabte Kunsthandwerker, aber Gott musste sie zuerst berufen und befähigen, damit sie ihre Arbeit so verrichten konnten, dass sie ihm gefiel.

Ruhe. Warum erwähnte Gott den Sabbat an dieser Stelle?

Vielleicht wollte er die Kinder Israel daran erinnern, dass auch der Bau der Stiftshütte keinen Grund darstellte, das Sabbatgebot zu brechen. Sie brauchten einen Tag Ruhe, und da der Sabbat ein Zeichen war zwischen Gott und seinem Volk, sollten sie Gott an diesem Tag ehren. Gott wünscht sich für uns ein ausgewogenes Leben: Arbeit, Ruhe, Anbetung.

Gesetz. Lukas 11,20 weist darauf hin, dass »der Finger Gottes« für den Heiligen Geist steht, der das Wort Gottes niederschrieb (2Tim 3,16; 2Petr 1,21). Nun schreibt er es in die Herzen derer, die Christus vertrauen und ihn anbeten (2Kor 3,1-3).

2. Mose 32

Unglaube. Trotz allem, was Gott gesagt und getan hatte, und allem, was Israel gelobt hatte zu tun (19,8), wusste das Volk nicht, wie man aus Glauben lebt. Mose war vierzig Tage fort gewesen (5Mo 9,11ff.) und die Israeliten waren ungeduldig geworden. Sie hatten immer noch die Wolken- und die Feuersäule als Zeichen für Gottes Gegenwart, aber das reichte ihnen nicht. Sie wollten eine weitere sichtbare Darstellung Jahwes. Das war Unglaube. »Wer glaubt, wird nicht ängstlich eilen« (Jes 28,16).

Zugeständnis. Aaron sollte eigentlich Mose in dessen Abwesenheit als geistlicher Leiter vertreten. Stattdessen gab er nach und ließ dem Volk seinen Willen. Als er sich mit der Sünde konfrontiert sah, schob Aaron die Schuld auf das Volk, auf Mose und auf das Feuer (V. 22-24). Nur bei sich selbst sah er keine Schuld.

Fürbitte. Wäre Mose ein eigennütziger Mann gewesen, hätte er zum Gründer einer neuen Nation werden können, aber er liebte die Kinder Israel und betete für sie um Vergebung (siehe Lk 23,34; Röm 9,1-3). Er erinnerte Gott an seinen Bund und an den Ruhm, den er verlieren würde, sollte er das Volk vernichten. Wenn du betest, erinnere Gott an seine Verheißungen und trachte danach, seinen Ruhm zu mehren.

Disziplin. Wir sollten alle das weise Wort des Psalmisten beherzigen: »Die ihr den HERRN liebt, hasst das Böse!« (Ps 97,10).

Gott ist gnädig und vergibt dem Sünder, aber als gerechter Herrscher muss er die Sünde bestrafen. Dieses Gericht mag uns grausam erscheinen, aber die Israeliten waren vor Götzendienst gewarnt worden und hatten vorsätzlich gegen Gottes Willen verstoßen. Gott musste sie frühzeitig lehren, sich nicht wie die heidnischen Völker rundherum zu benehmen. Israel musste als Nation abgesondert bleiben, sonst hätte Gott seine großen Pläne nicht durchführen können, für die er das Volk gebrauchen wollte.

2. Mose 33

Gottes Freundschaft. Die Stiftshütte war noch nicht fertig, daher ist mit diesem Gebäude wahrscheinlich ein schlichtes Zelt gemeint, wo Mose Gott begegnete und über dem die Wolke ruhte. Gott sprach zu Mose wie zu einem Freund, weil Mose Gott gehorchte (5Mo 34,10; Joh 15,14-16). Gott konnte nicht bei einem rebellischen Volk wohnen, aber er konnte Gemeinschaft mit Mose haben (2Kor 6,14-18).

Gottes Herrlichkeit
In Gottes Herrlichkeit sind alle seine Eigenschaften und Wesenszüge zusammengefasst, alles, was er sagt und tut. Alles an Gott ist herrlich, und das Höchste, was ein Mensch tun kann, ist, Gott zu verherrlichen (Mt 5,16; 1Kor 10,31). Alle, die an Christus glauben, haben heute Anteil an seiner Herrlichkeit und werden seine ganze Herrlichkeit im Himmel sehen (Joh 17,22-24).

Gottes Gegenwart. Die Israeliten *sahen* alles, was sich ereignete, aber Mose *trug dazu bei,* dass es sich ereignete. Er kannte Gottes Wege (Ps 103,7) und betete, er möge mit ihnen gehen. Mose konnte sich beim Beten nicht auf Israels Gehorsam gegenüber dem Gesetz berufen, aber er konnte an Gottes Gnade appellieren. Heute können wir Gläubigen uns der Gegenwart Gottes sicher sein, denn er hat versprochen, bei uns zu bleiben (Hebr 13,5-6).

Gottes Herrlichkeit. Viele Gläubige beten: »Zeig mir deinen Weg!«, aber wenige beten: »Zeig mir deine Herrlichkeit!«. Kein Mensch würde es überleben, Gott in seiner Fülle zu sehen, aber Gott kann seine Herrlichkeit teilweise offenbaren. Er tat dies bei Mose und stellte ihn »unter dem Schirm des Höchsten« (Ps 91,1-4, LUT). Wie wir heute Herrlichkeit erleben, erklärt 2. Korinther 3,18.

2. Mose 34

Ein gnädiger Gott (1-9). Weil er gnädig und langmütig ist, gab Gott seinem Volk eine zweite Chance, so wie er es heute mit uns auch tut (1Jo 2,1-2). Er gab Abraham eine »zweite Chance« (1Mo 13,1ff.), ebenso Jona (Jon 3,1) und Petrus (Joh 21,15ff.). Der Feind klagt uns an und will, dass wir aufgeben, aber Gott ist vergebungsbereit, wenn wir uns ihm zuwenden (Ps 103,10-14; Ps 130,3-4).

Ein eifersüchtiger Gott (10-29). Gott wirkt für uns, aber er erwartet, dass wir mit ihm wandeln. Er wird sich an seinen Bund halten, aber wir müssen Acht geben, dass wir dem Bösen keine Zugeständnisse machen. Es passiert leicht, dass jemand nach und nach in Sünde gerät. Zuerst passt man sich bei der Anbetung an (V. 12-13), dann beim Opfer (V. 15), dann in Bezug auf Eheschließung (V. 16), und am Ende haben wir unsere Kinder an falsche Götter verloren. In diesem Kapitel wird betont, wie wichtig es ist, Gott an die erste Stelle zu setzen (V. 19-22.26).

Ein herrlicher Gott (30-35). Mose suchte nicht nur Gottes Herrlichkeit und bekam sie auf dem Berg zu sehen; er gab sie auch weiter, indem sie von seinem Gesicht widerschien. Dennoch verblasste diese Herrlichkeit, genau wie die Herrlichkeit des Gesetzes. Wenn wir Christus im Wort Gottes finden und der Geist Gottes uns ihm immer ähnlicher macht, wandeln wir »von Herrlichkeit zu Herrlichkeit« (2Kor 3,12-18; siehe auch Spr 4,18; Mt 17,1-8; Apg 6,15).

2. Mose 35–39

Jeder Aspekt beim Bau der Stiftshütte wird im Detail dargestellt, weil jedes Bauteil Gott wichtig war. Selbst der kleinste Holzpflock sollte mit dem Plan übereinstimmen, den Gott Mose auf dem Berg gegeben hatte. Wenn wir erwarten, dass Gott sich mit den Einzelheiten unseres Lebens befasst, sollten wir auch seine Anweisungen im Detail beachten.

Der Bau der Stiftshütte erfolgte nach Gottes Plan und unter Mitarbeit des Menschen. Die Israeliten hatten die Ägypter ausgeplündert und brachten diese Beute bereitwillig dem Herrn dar. Das taten sie aus spontaner Großzügigkeit heraus und nicht, weil man es ihnen aufgezwungen hatte (35,5.21-22.26.29). Christen heute sollten auf dieselbe Weise geben (2Kor 8,1-12).

Gott gab den Plan, und er gab den Arbeitern auch die Weisheit, die sie brauchten, um ihrer Aufgabe gerecht zu werden (35,10.25.34-35). Mit Hingabe Kunst zu schaffen, dagegen ist nichts einzuwenden, denn Gott verlieh der Stiftshütte ein schönes Aussehen. Gott wünscht sich geschickte Hände ebenso wie hingebungsvolle Herzen (Ps 78,72).

Mose beaufsichtigte die Arbeiten sorgfältig, um sicher zu gehen, dass alles genau so ausgeführt wurde, wie Gott es geboten hatte. (Das Wort *gebieten* kommt in diesen Kapiteln siebzehn Mal vor, Rev. Elberfelder). Mose erwies sich als treuer Gottesdiener, indem er tat, was Gott von ihm verlangte (Hebr 3,5).

Kapitel 39 endet mit den Worten: »Da segnete Mose sie« (V. 43). Wann hast du dir zuletzt Zeit genommen, die zu segnen, die den Willen Gottes taten, indem sie dir dienten? (Siehe Rt 2,4.)

2. Mose 40

Fertig. Das ganze Gerüst, die Vorhänge und die Möbel waren fertig, ebenso wie die Gewänder der Priester; aber Mose wartete darauf, dass der Herr ihm sagte, was als nächstes zu tun sei. Ein Leiter, der wartet, bis er seine Anweisungen von Gott erhält, handelt weise.

Eingerichtet. Gott sagte Mose, was er tun sollte und wann. Als erstes sollten sie das Zelt aufbauen und dann die sechs besonderen Gegenstände hineinstellen, beginnend mit der Bundeslade im Allerheiligsten. Die richtige Reihenfolge war genauso wichtig wie die richtigen Gegenstände. Als er mit dem Zelt und den Möbeln fertig war, errichtete er den Vorhof darum herum und sonderte das Gebäude damit vom Rest des Lagers ab.

Wohlriechend. Alles in der Stiftshütte war gesalbt mit dem heiligen Öl, das sie ganz und gar zum Gebrauch für Gott absonderte. Hat unser Leben einen Wohlgeruch an sich, der die Menschen um uns herum an den Himmel denken lässt?

Erfüllt. Zwei Dinge machten die Stiftshütte zu einem besonderen Gebäude: Der Bauplan kam von Gott und Gottes herrliche Gegenwart erfüllte sein Zelt, als er kam, um bei seinem Volk zu wohnen. Was für ein gnädiger Gott, der bereit ist, bei so einem rebellischen Volk zu wohnen!

Gottes Wohnstätten

Zuerst ging Gott mit den Menschen (1Mo 5,24; 6,9); dann wollte er in ihrer Mitte wohnen (2Mo 25,8). Seine Herrlichkeit zog in die Stiftshütte ein (2Mo 40,34), aber als Israel sündigte, wich seine Herrlichkeit von dem Volk (1Sam 4,21-22). Die Herrlichkeit wohnte im Tempel (1Kö 8,10-11), entwich aber erneut wegen der Sünden des Volkes (Hes 11,22-23). Die Herrlichkeit kam in der Person Jesu Christi (Joh 1,14) und wohnt nun in jedem einzelnen Gläubigen (1Kor 6,19-20) und in der Gemeinde als Ganzes (Eph 2,20-22). Eines Tages wird Gottes Herrlichkeit in einem neuen Himmel und einer neuen Erde offenbart, und in einer neuen Stadt, wo sein Volk für immer wohnen wird (Offb 21–22).

3. Mose

Der Name dieses Buchs bedeutet »die Leviten betreffend«. Das zweite und dritte Buch Mose waren Handbücher für den Dienst der Priester. Heute hat Israel weder eine Priesterschaft noch einen Tempel, so dass das Volk sich nicht nach diesen Gesetzen richten kann (Hos 3,4), aber das dritte Buch Mose ist von hohem Wert für Christen. Es veranschaulicht das Opferwerk Jesu Christi und betont, wie wichtig es ist, abgesondert und gehorsam zu leben.

Jesus Christus in den Opfern			
1.	Brandopfer	*Er bewies vollkommene Hingabe an Gott.*	Joh 10,17; Röm 5,19; Hebr 10,10;
2.	Speisopfer	*Er besaß ein vollkommenes Wesen, er war ein Wohlgeruch für Gott.*	Eph 5,2
3.	Friedensopfer	*Er stiftete Frieden zwischen Gott und den Menschen, zwischen Juden und Heiden.*	Röm 5,1; Eph 2,14.17; Kol 1,20
4.	Sündopfer	*Er wurde am Kreuz für uns zur Sünde gemacht.*	2Kor 5,17; 1Petr 2,24
5.	Schuldopfer	*Er nahm die Schuld für unsere Sünde auf sich und bezahlte sie.*	Lk 7,36-50

Das Buch stellt das *Opfer* heraus (Kap. 1–10), denn der Mensch muss sich zuerst mit seinen Sünden befassen, bevor er mit einem heiligen Gott Gemeinschaft haben kann. Diese fünf Opfer sind in Jesus Christus erfüllt und stellen sein vollkommenes Leben und seinen Sühnetod am Kreuz dar (Hebr 10,1-14).

Im dritten Buch Mose geht es außerdem um *Absonderung* (Kap. 11–24), denn ein erlöstes Volk sollte in Gottes heiligem Willen wandeln. Diese unterschiedlichen Gesetze berühren viele Aspekte des täglichen Lebens und stellen Prinzipien für ein heiliges Leben dar, denen Gottes Kinder auch heute folgen sollten.

Schließlich bedachte Gott den Einzug der Kinder Israel ins Land der Verheißung im Voraus und gab ihnen einige Regeln für *Erfolg* mit auf den Weg (Kap. 25–27). Das Land gehörte ihnen auf der Grundlage von Gottes Bund mit dem Volk, aber sie konnten nur Freude daran haben, wenn sie Gottes Willen gehorchten. Gehorsam durch Glauben bringt immer Segen.

3. Mose 1

»Das Ganze auf dem Altar« (V. 9) ist der Schlüssel zum Brandopfer, denn es zeugt von vollkommener Hingabe an den Herrn. Das Tier war ein unfreiwilliges Opfer, das starb; Gottes Kinder aber sollen sich freiwillig als *lebendige* Opfer darstellen (Röm 12,1-2). Legst du am Anfang jeden Tages *dein* »Ganzes auf den Altar« (3Mo 6,8-13)?

Das Opfer muss dem Herrn dargebracht werden und sein Zweck muss es sein, für den Herrn »ein wohlgefälliger Geruch zu sein« (V. 9.13.17). Andere Menschen verstehen dich vielleicht nicht, aber wenn du versuchst, ihm zu gefallen, wird er es annehmen (1Petr 2,5).

Ganz gleich wie arm wir uns auch vorkommen mögen oder wie wenig wir glauben, ihm bieten zu können: Er wird entgegennehmen, was wir zu geben haben, und er wird es segnen (V. 14-17). Wichtig ist, dass wir uns ihm jeden Tag ganz geben.

Der Priester begann jeden Tag mit einem Brandopfer. Es wurde zur Grundlage für alle anderen Opfer, die auf den Altar gelegt wurden (2Mo 29,38-42; 3Mo 3,5). Wenn wir nicht unser »Ganzes auf dem Altar« darbringen, werden alle weiteren Opfer dem Herrn wenig bedeuten.

3. Mose 2

Beim Speisopfer wurde kein Blut vergossen, denn dabei ging es um das Leben und das Wesen unseres Herrn Jesus Christus, und nicht um seinen Tod. An ihm war alles vollkommen ausgeglichen, nichts war jemals im Übermaß vorhanden. Sein Leben auf der Erde gefiel Gott (Mt 17,5). Je mehr wir werden wie er, umso ausgeglichener wird auch unser Wesen werden.

Das Öl steht für den Heiligen Geist, der jeden Gläubigen gesalbt hat (2Kor 1,21-22). Das Öl *vermischt* mit dem Opfer (V. 4) erinnert uns daran, dass unser Herr aus dem Geist geboren wurde, mit einem vollkommenen Wesen (Lk 1,35). Das Öl auf dem Opfer *ausgegossen* steht für die Kraft des Geistes, die dem Retter gegeben war (Apg 10,38). Wir brauchen die Frucht des Geistes (Gal 5,22-23) und die Kraft des Geistes (Apg 1,8), wenn wir dem Herrn in unserem Wesen und Dienst gefallen wollen.

Beachte, dass Gott niemals Sauerteig (ein Bild der Sünde, vgl. 1Kor 5,6-8) oder Honig (menschliche Ehre und nicht Gottes Ehre, Spr 25,27) verlangt. Aber er verlangt nach Salz, das von Reinheit redet (Kol 4,6), und Weihrauch, was Gott verherrlicht. Was für ein Vorrecht, ein Leben als Christ zu entwickeln, das Gott ehrt!

3. Mose 3

Religion ist der Versuch des Menschen, nach seinen eigenen Vorstellungen Frieden mit Gott zu machen. Erlösung ist Gottes Friedensangebot durch Jesus Christus. Aber dabei geht es um »Frieden durch das Blut seines Kreuzes« (Kol 1,20). Das Opfertier musste sterben und sein Blut an den Altar gesprengt werden, damit Gott Frieden erklären konnte.

Frieden mit Gott ist ein wertvoller Segen, den wir niemals für selbstverständlich halten sollten: »Da wir nun gerechtfertigt worden sind aus Glauben, so haben wir Frieden mit Gott durch unseren Herrn Jesus Christus« (Röm 5,1).

Nach der Opferung, wenn der Priester den ihm zustehenden Anteil bekommen hatte, aßen der gläubige Israelit und seine

Familie, was übrig geblieben war (7,11-18). Eine freudige Feier der Gemeinschaft sollte es sein. Die Israeliten sollten sogar jede Schlachtung – also auch die, die dem Nahrungsgewinn dienten – als Friedensopfer betrachten (17,1-9). Bist du darauf bedacht, jede Mahlzeit als Gelegenheit zu nutzen, mit Gott Gemeinschaft zu haben und ihn zu preisen? Wenn wir uns selbst und unser Essen ihm als Akt der Anbetung darbringen würden, vielleicht würden dann unsere Mahlzeiten viel fröhlicher ausfallen?

3. Mose 4

Das Sündopfer war für unabsichtliche Sünden aus Unwissenheit gedacht und nicht für bewusste Sünden aus Ungehorsam. Für absichtliche Sünden hatte Gott keine Opferhandlung vorgesehen (4Mo 15,30-31). Dem Täter blieb nur, Gott um Gnade anzuflehen (Ps 51,16-17).

Aber Unwissenheit lässt Gott nicht als Ausrede gelten! Wenn wir einmal wissen, dass wir gesündigt haben, müssen wir zu Gott kommen und um Vergebung bitten. Jesus Christus war das Sündopfer für die ganze Welt, das in Unwissenheit handelnde Israel eingeschlossen (Lk 23,34; Apg 3,17). Das Gebet unseres Herrn auf Golgatha führte nicht automatisch zur Vergebung ihrer Sünden, weil die Menschen keine Buße taten; aber es verzögerte die Ausgießung des göttlichen Zorns um fast vierzig Jahre.

Das Opfer des Priesters für eine begangene Sünde war dem der ganzen Gemeinde gleich (V. 3.14), doch je höher das Vorrecht, umso größer die Verantwortung (Lk 12,48). Aber wenn die Opfergaben aus Glauben gebracht wurden, sprach Gott seine Vergebung zu (V. 20.26.31.35). Natürlich wurde die endgültige und vollständige Sühne erst durch Jesus Christus am Kreuz erwirkt (Hebr 10,1-14).

Wenn wir sündigen, hat das Einfluss auf unser Gebet. Darum musste der Priester den goldenen Altar reinigen (V. 7). (Siehe auch Ps 66,18.)

3. Mose 5

Das Schuldopfer konnte neben der Opfergabe auch eine Entschädigung beinhalten. Das erinnert uns daran, dass Sünde anderen schadet (V. 16) und dass wahre Reue dazu führen sollte, dass wir wieder in Ordnung bringen, was wir falsch gemacht haben.

Beim Sündopfer geht es darum, dass wir von Natur aus Sünder sind, während das Schuldopfer sich mit einzelnen sündhaften Taten befasst. Wir müssen Gott gegenüber in Beidem ehrlich sein; in dem, was wir sind, und in dem, was wir tun (1Jo 1,8.10).

Manchmal sündigen wir, indem wir etwas verschweigen (V. 1) oder indem wir etwas vertuschen (V. 2-3) oder indem wir unbesonnen reden (V. 4). Wir mögen unabsichtlich sündigen, ohne es zu wissen; aber wenn wir uns der Sünde bewusst werden, müssen wir vor Gott kommen und uns reinigen lassen. Sünde ist *nicht* »vorsätzlicher Ungehorsam gegenüber einem *bekannten* Gebot«. Wenn wir Gott nicht gehorchen, sind wir schuldig, ob uns das klar ist oder nicht.

Wann hast du dich zuletzt auf 1. Johannes 1,9 berufen?

3. Mose 6–7

Wir wollen dem Beispiel des Priesters folgen und jeden Morgen die alte Asche entsorgen, das Feuer anfachen und dem Herrn ein Brandopfer darbringen (Röm 12,1-2). Der Ausdruck »anfachen« in 2. Timotheus 1,6 bedeutet »die Flamme wiederbeleben«. Brennt die Flamme hell auf dem Altar deines Herzens (Lk 24,32), oder bist du dabei, lau zu werden (Offb 3,15-16) oder sogar kalt (Mt 24,12)?

Wir wollen auch den Sauerteig aus unserem Leben heraushalten (2,11; 6,10.14-18). Sauerteig steht unter anderem für Heuchelei (Lk 12,1), Irrlehre (Gal 5,8-9), und moralische Verdorbenheit (1Kor 5,6ff.)

Das Sündopfer war so heilig, dass es nicht in dem beschmutzten Lager bleiben konnte; es musste aus dem Lager herausgebracht werden (4,11-12.21; siehe auch Hebr 13,10-13). Die Priester durften ihren Anteil essen, aber nur im heiligen Vorhof der Stiftshütte, denn alles, was mit der Opfergabe in Berührung kam, wurde dadurch heilig. Gemeinschaft mit Gott und miteinander basiert auf Reinheit (7,19-21).

3. Mose 8–9

Altar ist ein Schlüsselwort in diesen Kapiteln; es kommt zwanzig Mal vor. Ohne Altar kann es kein annehmbares Opfer geben; ohne Opfer kann der Mensch sich einem heiligen Gott nicht nähern. Aber es muss auch eine Priesterschaft geben, die am Altar dient. Im Alten Testament *hatte* das Volk eine Priesterschaft, aber im Neuen Testament *ist* Gottes Volk eine Priesterschaft (1Petr 2,5.9)

Was machte die Priester in Gottes Augen annehmbar? Wasser (8,6), Öl (8,10-12), Blut (8,14-29) und Gewänder (8,7-9). Wir sind gewaschen (1Kor 6,11), gesalbt durch den Geist (1Jo 2,20.27), erlöst durch das Blut Christi (1Petr 1,18ff.) und bekleidet mit seiner Gerechtigkeit (Jes 61,10).

Der Tag der Weihung stand am Anfang einer Woche der Heiligung (8,31-36), und die Woche endete damit, dass Aaron das Volk segnete und der Herr die Opfergaben annahm (9,22-24). Die Herrlichkeit des Herrn erschien (9,6.23), was überhaupt der Zweck von Opferung und Gottesdienst ist. Würden die Menschen über unseren Gottesdienst urteilen: »Gott ist wirklich unter euch (1Kor 14,25)?«

3. Mose 10

Es dauerte nicht lange, bis die Sünde in die priesterliche Familie einzog. Mach dich nach einer großartigen Erfahrung mit dem Herrn auf einen Angriff des Feindes gefasst. Elia lief nach dem großen Sieg am Berg Karmel erst einmal davon (1Kö 19) und Jesus wurde nach seiner Taufe im Jordan versucht (Mt 3,13–4,11). Großer Segen bringt oftmals große Versuchungen mit sich.

Elf Mal findet sich in den Kapiteln 8 und 9 der Ausdruck »der Herr hat geboten«. Nadab und Abihu taten, was der Herr *nicht* geboten hatte, und das Feuer Gottes tötete sie (Hebr 12,29). Zu Beginn neuer Abschnitte in der Heilsgeschichte ging Gott immer auf dramatische Weise mit Sünde um, damit die Menschen lernten, ihn zu fürchten (Jos 7; Apg 5,1-11).

Hatte ihre Sünde irgendetwas mit starken Getränken zu tun (V. 8-11)? Hier wäre dann die Ermahnung des Paulus in Epheser 5,18ff zutreffend, denn es gibt im Dienst für den Herrn keinen annehmbaren Ersatz für die Kraft des Heiligen Geistes.

Aaron folgte dem Geist des Gebots, aber nicht dem Buchstaben. Wäre er dem Buchstaben gefolgt, wäre er vor Gott unaufrichtig geworden, und Gott hätte gewusst, dass er nicht mit dem Herzen bei der Sache war. Mose achtete auf den äußeren Schein, aber Gott sah auf das Herz (1Sam 16,7). Gott kennt dein Herz und versteht dich, auch wenn andere dich verurteilen (1Jo 3,20-21).

3. Mose 11

Verunreinigung. In den Kapiteln 11–15 geht es hauptsächlich darum, was als »rein« und »unrein« anzusehen ist in den Bereichen Nahrung (11), Geburt (12), Krankheit (13-14) und den normalen Körperfunktionen (15). Obwohl diese Gesetze sicherlich in ganz praktischer Weise als Hygienevorschriften dienten, hatten sie auch einen geistlichen Aspekt. Als Volk Gottes musste sich Israel von allem fern halten, was Gott als unrein bezeichnete. Andere Völker durften solche Dinge vielleicht tun, aber nicht die Israeliten (V. 44-45). Unreinheit breitet sich aus, und die Sorglosigkeit eines Menschen konnte sich auf andere auswirken.

Urteilsvermögen. Wollten sie gottgefällig leben, mussten die Israeliten zwischen Rein und Unrein unterscheiden können (V. 46-47); die Priester hatten die Aufgabe, sie Gottes Willen zu lehren (Hes 44,23). Die Ernährungsvorschriften waren zeitlich begrenzt (Mk 7,14-23; Apg 10,9-18; 1Tim 4,1-5), aber der Grundsatz bleibt bestehen: Gläubige müssen unterscheiden können und meiden, was unrein ist (2Kor 7,1; Phil 1,9-11; Hebr 5,14).

3. Mose 12

Geburt. Nichts deutet hier darauf hin, dass Empfängnis oder Geburt sündhaft wären. Schließlich hat Gott selbst die Sexualität geschaffen und uns geboten, fruchtbar zu sein und uns zu vermehren (1Mo 1,28). Gott erinnert uns daran, dass wir schon im Mutterleib Sünder sind (Ps 51,5; 58,3) und darum seine Erlösung brauchen.

Mitgefühl. Ist ein weibliches Kind doppelt so unrein wie ein männliches? Natürlich nicht, denn es gibt keine Abstufungen, was Unreinheit betrifft. Gott gab der Mutter besonders viel Zeit, sich in einer männlich geprägten Gesellschaft um ihre Tochter zu kümmern. Außerdem gab er ihr Zeit, sich vor der nächsten Schwangerschaft zu erholen. Der Mann, dem sie eine Tochter geboren hatte, konnte es vielleicht kaum erwarten, es gleich noch einmal zu versuchen, damit er endlich einen Sohn bekam.

Gnade. Selbst der Ärmste konnte ein Opfer darbringen und davon ausgehen, dass Gott es annehmen würde (V. 8). Dies ist das Opfer, das auch Josef und Maria darbrachten, als sie Jesus vorstellten (Lk 2,22-24). Er wurde wirklich arm, damit wir reich sein können (2Kor 8,9).

3. Mose 13

Besorgnis. Aussatz war eine gefürchtete Krankheit, für die man keine Heilung kannte. Gott sorgte für den Aussätzigen, indem er sicherstellte, dass er würdevoll behandelt wurde. Gott gab dem Priester alle notwendigen Informationen, damit er die Krankheit diagnostizieren und dafür sorgen konnte, dass sie sich nicht ausbreitete. Es wäre schrecklich gewesen, jemanden zu isolieren, der gar nicht wirklich an Aussatz erkrankt war oder jemanden für rein zu befinden, der unrein war.

Merkmale. Bei diesem Gesetz geht es um mehr als um das Unterscheiden von Symptomen; in der Bibel ist Aussatz ein Bild für die Sünde (Jes 1,4-6). Die Seuche blieb nicht an der Oberfläche; wie die Sünde, ging sie tiefer als nur in die Haut Aussatz verbreitete sich im ganzen Körper und machte den Kranken unrein, so sehr, dass er isoliert werden musste. »Allein soll er wohnen« (V. 46). Auch Sünde macht einsam!

Mitgefühl. Unser Herr hatte Mitgefühl, erbarmte sich über die Aussätzigen, berührte sie, machte sie rein (Mk 1,40-45); und er gab seinen Jüngern Vollmacht, Aussätzige zu heilen (Mt 10,8). Was Jesus für uns alle tat, ist im nächsten Kapitel wunderschön dargestellt.

3. Mose 14

Diese Zeremonie der Wiederaufnahme des geheilten Aussätzigen ist ein Bild für das Erlösungswerk unseres Herrn. Jesus begab sich außerhalb des Lagers, um uns zu begegnen und für uns zu sterben (Lk 19,10; Hebr 13,10-13). Er machte sich eins mit den Ausgestoßenen (Mt 9,10-13)! Alles, was mit Aussatz in Berührung kommt, ist für das Feuer bestimmt (13,52), aber er hat uns gerettet.

Vögel gehören nicht in Tongefäße, sie sollten am Himmel fliegen. Dies ist ein Bild für die Fleischwerdung unseres Herrn, als er es auf sich nahm, in einem menschlichen Körper zur Welt zu kommen, damit er für unsere Sünden sterben konnte. Dass man den lebendigen Vogel freiließ, steht für seine Auferstehung von den Toten. Der ehemalige Aussätzige wurde wie ein Priester behandelt! (Vergleiche V. 14-20 mit 3Mo 8,22-24). Gott hat uns zu »Königen und Priestern« gemacht durch das Blut Jesu Christi (Offb 1,6). Halleluja, was für ein Retter!

3. Mose 15

Die Schlüsselwörter in diesem Kapitel sind *Ausfluss* (neun Mal), *unrein* (sechsunddreißig Mal) und *in Wasser baden* (dreizehn Mal). Die Verse 1-15 beziehen sich auf entzündliche Absonderungen, während es sich in Vers 16-30 um Ausfluss handelt, der von normalen Körperfunktionen herrührt. Zweifellos ging es in diesen Geboten auch um Hygiene und Gesundheit, aber grundsätzlich wollte Gott sein Volk hier lehren, wie man ein Leben fern von Verunreinigung führt (V. 31-33).

Der Körper an sich ist nicht sündig und seine Funktionen können uns nicht moralisch verunreinigen. Aber die Natur des Menschen (die in der Bibel »das Fleisch« genannt wird) ist sündig und bringt Sündiges und Verunreinigendes hervor (Mk 7,20-23; Gal 5,19-21). Wenn wir nicht darauf Acht geben, was wir sagen und tun, und auf das, was wir sind, könnten andere, die mit uns in Berührung kommen, ebenfalls verunreinigt werden (V. 5-12; Mt 23,25-28).

Gott hat für Israels zeremonielle Unreinheit Vorkehrungen getroffen und er hat auch für uns vorgesorgt. Unser himmlischer Fürsprecher reinigt uns, wenn wir reumütig bekennend vor ihn treten (1Jo 1,5–2,2; siehe auch Joh 13,1-11). Er hält uns rein durch sein Blut (1Jo 1,7) und durch die reinigende Kraft seines Wortes (Joh 15,3; Eph 5,25-27).

3. Mose 16

Der wichtigste Tag. Der jährliche Versöhnungstag war der bedeutendste unter Israels besonderen Tagen, weil dem Volk an diesem Tag seine Sünden vergeben wurden. Das war die einzige Gelegenheit, bei der der Priester das Allerheiligste betreten durfte. Nadab und Abihu versuchten es auf ihre Weise und wurden bestraft (3Mo 10). Somit ging es bei dieser Zeremonie um Leben und Tod.

Die wichtigste Person. Im Hohenpriester spiegelt sich der Herr Jesus Christus wider. Er machte alles allein. Er legte seine herrlichen Gewänder ab (Phil 2,5-8), und er heiligte sich selbst für uns (Joh 17,19). Der Unterschied liegt darin, dass Jesus keine Opfer für sich selbst darbrachte, denn er ist ohne Sünde. Er selbst ist das vollkommene und endgültige Opfer für die Sünden der Welt (Hebr 7,23-28).

Der wichtigste Grund. Der Hohepriester betrat das Allerheiligste drei Mal: (1) mit dem Weihrauch (V. 12-14); (2) mit Blut für seine eigenen Sünden und (3) mit Blut für die Sünden des Volkes. Die

Weihrauchwolke spricht von der Verherrlichung Gottes, um die es bei der Erlösung letztlich geht (Joh 17,1; Eph 1,6.12.14).

Sündenbock hat vielleicht seine Wurzel in einem aramäischen Wort, das »wegschaffen« bedeutet. Den lebendigen Bock freizulassen, symbolisierte Gottes Vergebung ihrer Sünden (Ps 103,10-13), aber diese setzte den Tod des anderen Tieres voraus. Erlösung kostenlos, aber sie ist keine billige Schleuderwahre.

3. Mose 17

Ein Entgelt. Das einzige Entgelt für Sünde, das Gott annehmen kann, ist Blut, denn das Blut ist das Leben einer Kreatur. Blut als Opfergabe bedeutet, dass ein Leben für ein anderes gegeben wurde. Wir sollten alles Leben respektieren und Blut nicht als etwas Gewöhnliches betrachten. Die Israeliten sollten kein Jagdwild als Opfertiere darbringen (V. 13), denn das kostete sie nichts. (Siehe auch 2Sam 24,24.) Die Tiere wurden gezwungen, ihr Blut herzugeben, Jesus aber gab sein Leben freiwillig für die Sünden der Welt.

Ein Ort. Während der Wüstenwanderung mussten die Israeliten alle Schlachtungen am Bronzealtar vornehmen und jedes Tier dem Herrn als Friedensopfer darbringen. (Dieses Gesetz wurde geändert, als sie das Land der Verheißung betraten, 5Mo 12,20-28). Kein anderer Ort war für Gott akzeptabel. Das Blut Jesu Christi, vergossen auf Golgatha, ist aus Gottes Sicht das einzig annehmbare Sündopfer.

Betrachtest du jede Mahlzeit als eine Opfergabe für den Herrn; isst und trinkst du zu seiner Ehre (1Kor 10,31)?

3. Mose 18

Werte. Für Gott waren die sittlichen Werte Ägyptens oder Kanaans inakzeptabel, und die Israeliten sollten sich nicht nach ihnen richten. Stattdessen sollten sie den Gesetzen Gottes gehorchen. »Ich bin der HERR«, heißt es einundzwanzig Mal in den Kapiteln 18 und 19, und diese Aussage erinnert uns daran, dass Gott in unserem Leben das Sagen hat. (Siehe Röm 12,2.)

Sexualität. Sexualität ist ein wunderbares Geschenk Gottes an die Menschen. Wenn wir uns dabei nach seinem Willen richten, ist Sexualität kreativ und bringt reichen Segen. Beachten wir seinen Willen dabei nicht, wird Sexualität zu etwas Zerstörerischem mit tragischen Folgen. Unzucht beschmutzt die Beteiligten (V. 20-30), ganze Völker (V. 24) und auch das Land selbst (V. 25.27).

Krankheit. Sexuelle Perversionen sind Gott zuwider und machen ein Volk krank. Die Völker Kanaans gaben sich solchen Bräuchen hin und das Land »spie sie aus«, um Raum für Gottes Volk zu schaffen. Gott kann sexuelle Sünden vergeben (1Kor 6,9-11), aber er warnt seine Kinder davor, sie zu begehen (1Thes 4,1-8; Hebr 13,4).

3. Mose 19

Gottes Gebot an sein Volk, heilig zu leben, betrifft auch uns heute (1Petr 1,16). Dass er in diesem Kapitel fünfzehn Mal verkündet: »Ich bin der HERR«, erinnert uns daran, dass er über jeden Bereich unseres Lebens regiert.

Familie (3a). Heiligkeit beginnt zu Hause, wo wir unseren Eltern Achtung entgegenbringen sollen (Eph 6,1-3).

Zeit (3b). Unsere ganze Zeit gehört Gott, und wir dürfen sie nicht verschwenden (Eph 5,15-17). Dennoch sollen wir darauf achten, dass wir der Anbetung und dem Gottesdienst genug Zeit widmen.

Ernährung (5-8). Ja, wir sollen zur Ehre Gottes essen und trinken (1Kor 10,31). Unser Tisch sollte ein Altar für Friedensopfer sein, aber allzu oft wird er zum Kriegsschauplatz!

Arbeit (9-10). Während wir uns an dem erfreuen, was Gott uns gegeben hat, sollten wir auch an andere denken. Wenn Gott Herr über unsere Arbeit ist, können wir nicht selbstsüchtig handeln.

Geschäfte (11-13). Geschäfte unter der Hand, Lügen, Unterschlagung und in Gottes Namen Betrügereien zu vertuschen; all das kommt für uns nicht in Frage, wenn er der Herr unseres Lebens ist.

Nachbarn (14-18). Unfreundlichkeit, Ungerechtigkeit, Klatsch, Missgunst und Hass (beachte die Reihenfolge) sind böse. »Liebe deinen Nächsten wie dich selbst!« ist das zweithöchste Gebot (Mk 12,31).

Lies das ganze Kapitel sorgfältig und finde andere Bereiche, auf die sich seine Aussagen praktisch anwenden lassen.

3. Mose 20

Die unheilvollen Worte »er muss« oder »sie müssen getötet werden« finden sich neun Mal in diesem Kapitel, denn »der Lohn der Sünde ist der Tod« (Röm 6,23). Aber die Angst vor dem Tod ist für uns nicht die höchste Motivation, heilig zu leben. »Ich bin der HERR, der euch heiligt« (V. 8) sollte als Beweggrund ausreichen (Phil 2,12-13).

Götzendienst (1-5). Moloch war die ammonitische Gottheit, den die Menschen anbeteten, indem sie ihre Kinder auf dem Altar opferten oder sie als Tempelprostituierte hergaben. Die modernen Götzen Geld, Besitz, Erfolg und Karriere haben schon die Kinder vieler Eltern gefordert.

Spiritismus (6-8). Götzendienst und Spiritismus gehen Hand in Hand (1Kor 10,19-22). Das wachsende Interesse am Satanismus heutzutage ist beängstigend, und kein Christ sollte über Satan scherzen oder irgendetwas mit satanischen Praktiken zu tun haben.

Vater und Mutter verfluchen (9). Dieser Vers betont das fünfte Gebot (2Mo 20,12) und wiederholt das Gesetz aus 2. Mose 21,17. (Siehe auch Spr 20,20; 30,11.17; 2Tim 3,1-4.)

Unzucht (10-21). Ehebruch, Inzest, Homosexualität und Verkehr mit Tieren werden verdammt, denn diese Dinge sind der Natur zuwider (Röm 1,24-27). Gott schuf Ehe und Sexualität und wir sollten die sie betreffenden Gebote dazu einhalten.

Sollte Israel diese Sünden zulassen, würde das Volk dadurch sein Erbteil verlieren. (Siehe auch Eph 5,5.)

3. Mose 21

Privilegiert zu sein, bringt immer Verantwortung mit sich. Wenn die Nation geheiligt sein wollte, mussten die geistlichen Leiter mit gutem Beispiel vorangehen. Gott hatte ein Wort für die Priester (1-9), den Hohenpriester (10-15) und jene, die keine Priester sein konnten (16-24). Beachte besonders die Ermahnungen in diesem Kapitel.

»Macht euch nicht unrein!« (1.3.4.11). Jeder, der eine Leiche berührte, war rituell unrein, daher mussten die Priester besonders vorsichtig sein. Man erwartete von ihnen, dass sie die Toten beklagten, aber nicht so wie die Heiden, die ohne Hoffnung waren (V. 5, siehe auch 1Thes 4,13-18).

»Entweiht nicht den Namen eures Gottes!« (6). Wenn wir heidnische Bräuche übernehmen, denken die Menschen, wir würden heidnische Götter anbeten, und somit entehren wir den Namen des Herrn. »Geheiligt werde dein Name!«, lautet die erste Bitte im Vaterunser (Mt 6,9).

»Entweiht nicht mein Heiligtum!« (12,23). Ein verunreinigter oder ausgeschlossener Priester würde Gottes Heiligtum entweihen und Gott würde ihn bestrafen müssen. An heiligen Orten sollen heilige Männer dienen.

»Entheiligt nicht eure Nachkommen« (15, LUT). Der Hohepriester hatte eine ganz besondere Stellung, so dass er ausschließlich eine Jungfrau heiraten durfte. So kam im Volk kein Zweifel auf, dass sein Erstgeborener wirklich ein Nachkomme Aarons war. Söhne, die mit einem körperlichen Makel auf die Welt kamen, durften nicht Priester werden, aber sie bekamen ihren Anteil an den Opfergaben. Der Priester, der ein makelloses Opfer darbringt, muss auch selber makellos sein. Heute erwartet Gott von seinen Dienern Unbescholtenheit (1Tim 3,2.10).

3. Mose 22

Das Kapitel beginnt und endet mit der ernsten Ermahnung »Ihr sollt meinen heiligen Namen nicht entweihen!« (V. 2.32). In Kapitel

21 warnte Gott die Priester davor, sich durch unreine Dingen verunreinigen zu lassen. Nun mahnt er sie, reine Dinge nicht zu beschmutzen.

Mangelhafter Dienst (1-9). Es war gefährlich für die Priester, Gott zu dienen, wenn sie wussten, dass sie unrein waren. Sie beleidigten damit Gott, der alles weiß, und täuschten die Menschen, die ohne die Priester ihre Opfergaben nicht darbringen konnten. Der Prophet Jesaja sagte dazu: »Reinigt euch, die ihr die Geräte des HERRN tragt!« (Jes 52,11).

Mangelhaftes Teilen (10-16). Die Priester ernährten ihre Familien von den Opfern der Israeliten, und diese heiligen Mahlzeiten durften nicht mit Außenstehenden geteilt werden, nicht einmal mit Gästen der Familie. Es ist gut, großzügig zu sein, aber nicht, wenn unsere Großzügigkeit Gottes Gaben entehrt (Mt 7,6).

Mangelhafte Opfer (17-33). Wir müssen Gott das Beste geben, denn nicht weniger verdient er. Da sie als Vorbilder für den kommenden Retter dienten, mussten die Opfer vollkommen sein. Wie einfach ist es, Gott etwas zu geben, was wir selbst nicht mehr behalten wollen. Denke einmal über Maleachi 1,6-8 nach.

3. Mose 23

Der hebräische Kalender war von der Zahl Sieben bestimmt. Der siebte Tag der Woche war der Sabbat. Die Israeliten feierten sieben Jahresfeste, von denen drei im siebten Monat stattfanden. Das siebte Jahr war das Sabbatjahr, und nach 49 Jahren (sieben Mal sieben), feierten sie das Erlassjahr.

Die sieben Feste als Symbole für die Heilsgeschichte

Passa	*Christus, das Lamm, der für uns starb*	*Joh 1,29; 1Kor 5,7*
Ungesäuerte Brote	*Das christliche Leben in Gemeinschaft, Trennung von der Sünde und Christus als Nahrung*	*1Kor 5,6-8*
Erstlingsfrüchte	*Die Auferstehung Christi*	*1Kor 15,20-23*
Pfingsten	*Das Kommen des Heiligen Geistes*	*Apg 2,1ff.*
Posaunen	*Die Versammlung des Gottesvolkes*	*Jes 27,12-13 Mt 24,29-31 1Thes 4,13-18*
Versöhnungstag	*Die zukünftige Reinigung des Volkes Gottes*	*Sach 13,1-2 Röm 14,10*
Laubhüttenfest	*Die künftige Freude der des Volkes Gottes in seinem Reich*	*Sach 14,16-21*

Gott lädt uns ein, uns zu erinnern. Das Passa und das Fest der ungesäuerten Brote erinnerte die Kinder Israel an ihre wunderbare Befreiung aus Ägypten durch Gottes mächtige Hand. Das Laubhüttenfest erinnerte sie daran, dass ihre Vorfahren während der Wüstenwanderung in Hütten gelebt hatten. Jede neue Generation soll erfahren, was Gott für sein Volk getan hat; sonst werden sie ihre Segnungen als selbstverständlich hinnehmen. Uns zu bestimmten Gelegenheiten zu erinnern, kann uns allen gut tun.

Gott lädt uns ein, uns zu freuen. Mindestens drei der sieben

Feste (Erstlingsfrucht, Pfingsten und das Laubhüttenfest) waren an das landwirtschaftlich geprägte Leben des Volkes gebunden. Sie erinnerten daran, dass Gott der Geber war von allem, was sie brauchten und woran sie sich erfreuten.

Gott lädt uns ein, Buße zu tun. Der große Versöhnungstag (Kap. 16) rief das Volk auf, seine Sünden zu bekennen und Gott zu vertrauen, dass er sie reinigen würde. Danach kam das Laubhüttenfest, eine Woche der Freude und des Feierns. Wahre Freude kann erst aufkommen, wenn wir mit Gott im Reinen sind (Ps 51,8.12).

3. Mose 24

Um drei wichtige Aufgaben »vor dem HERRN« geht es in diesem Kapitel.

Öl besorgen (1-4). Nur Gott und die Priester konnten das Licht sehen, aber die Lampen sollten immer brennen, denn es gab keine andere Lichtquelle im Heiligtum. Das reinste Olivenöl sollte dazu benutzt werden und das Volk selbst sollte es bereitstellen. Tragen wir heute als Gottesvolk dazu bei, dass das Licht der Gemeinde ununterbrochen leuchtet (Offb 1,20)?

Brot darbringen (5-9). An jedem Sabbat wurden zwölf Laibe auf den Tisch gelegt. Sie erinnerten daran, dass Gott die zwölf Stämme ernährte, sowohl körperlich als auch geistlich, und dass sie dafür die Welt mit der Wahrheit über Gott zu nähren hatten.

Den Namen schützen (10-23). Der Mann war nicht schuld an seiner Herkunft, aber der Gotteslästerung machte er sich sehr wohl schuldig. Warum hätte jemand mit ägyptischen Vorfahren Israels Gott ehren sollen (siehe 2Mo 5,2)? Wie Mose sollten wir auf Anweisung von Gott warten (Jak 1,5). Es war ein Kapitalvergehen und der Mann wurde zu Tode gesteinigt. Gott betonte noch einmal das Grundprinzip, das er in 2. Mose 21 aufgestellt hat: Es geht um gleiches Recht für alle, und nicht um persönliche Rache.

3. Mose 25

Mittel. Das Sabbatjahr (V. 1-7) und das Erlass- oder Jobeljahr (V. 8-55; *Jobel* bedeutet »eine Posaune blasen«) beruhten auf zwei Aussagen: »Mir gehört das Land« (V. 23) und: »Mir gehören die Söhne Israel als Knechte« (V. 42.55). Gott besitzt das Land; wir sind Verwalter über das, woran er uns Anteil gibt. Wir müssen die Mittel, die er uns zur Verfügung stellt, mit Weisheit zu seiner Ehre einsetzen, denn eines Tages müssen wir Rechenschaft über unsere Verwaltung ablegen (Lk 16,1ff.).

Ruhe. Diese Gesetze hatten auch einen ökologischen Hintergrund, denn wurden sie befolgt, kam das Land zur Ruhe, ebenso die Tiere, die dabei halfen, das Land zu bearbeiten, und auch die Menschen. Ebenso wie der wöchentliche Sabbat, erinnerten diese beiden Feste Israel daran, dass Ruhe und Arbeit zusammengehören und dass weder Menschen noch die von Gott gegebenen Ressourcen ausgebeutet werden dürfen.

Wohlstand. Sie hatten auch einen wirtschaftlichen Aspekt, denn Gott kümmerte sich um die Armen und Leidtragenden (V. 25.35. 39.47). Hätte Israel das Erlassjahr eingehalten, hätte dies die Wirtschaft ausgeglichen und es wäre für die Reichen schwierig gewesen, die Armen auszubeuten.

Verantwortung. Über allem aber stand das geistliche Ziel: Die beiden Feste sollten Israel daran erinnern, dass Jahwe der Herr sowohl des Landes als auch des Volkes war und dass Israel verpflichtet war, ihm in jeder Hinsicht zu vertrauen. Im Laufe des 49. oder des 50. Jahres durften sie nicht säen, sondern mussten die Ernte des 51. Jahres abwarten. Dafür war Glaube nötig (V. 18-22)!

Errettung. Jesus nahm das Erlassjahr als Beispiel für Erlösung (Lk 4,16-21). Heute bietet er allen, die ihm vertrauen, Ruhe und Freiheit. Wir leben jetzt geistlich gesehen im Erlassjahr!

3. Mose 26

Bund (1-13). Gott gebraucht das Wort *Bund* acht Mal in diesem Kapitel. Es erinnerte das Volk an seine besondere Beziehung zu ihm und an die Pflichten, die zu dieser Beziehung gehörten. Wenn sie sich an die Bedingungen des Bundes hielten, durften sie im Land der Verheißung bleiben und sich an seinen Segnungen erfreuen. Heute verspricht Gott seinen Kindern keinen materiellen Erfolg mehr, aber er verspricht uns, immer bei uns zu sein und uns alles zu geben, was wir brauchen.

Züchtigung (14-39). Gottes Bund schloss sowohl Segen ein als auch Züchtigung, denn rebellischen Kindern wird Gottes Güte nicht zuteil. Sich an den Gaben zu freuen und gleichzeitig den Geber zu beleidigen, ist erstens eigensüchtig und zweitens götzendienerisch. Wir sollten Gott gehorchen, nicht, um uns damit seine Segnungen zu »verdienen«, oder gar um seiner Züchtigung zu entgehen, sondern um ihm unsere Liebe zu zeigen und unseren Wunsch, sein Herz zu erfreuen.

Bekenntnis (40-46). Ein gnädiger Gott lässt immer die Tür offen stehen, damit wir zu ihm zurückkehren können. Aus diesem liebevollen Grund muss er uns hin und wieder züchtigen (Hebr 12,1-13). Das Volk bricht vielleicht seine Versprechen Gott gegenüber (V. 15), aber Gott wird niemals seine Versprechen an sein Volk brechen (V. 44). Gott vergisst unsere Sünden, aber er erinnert sich an seinen Bund mit uns! Diese Gewissheit ist kein Freifahrtschein zum Sündigen, aber sie kann Sünder ermutigen, Buße zu tun und zum Herrn umzukehren.

3. Mose 27

Wenn es dir jemals schwierig oder unmöglich erschien, ein Versprechen zu erfüllen, ist die Botschaft dieses Kapitels für dich bestimmt.

In einem Moment äußerster Freude oder schwerster Prüfung, war ein Israelit vielleicht versucht, Gott zu geloben, ihm im Austausch für seinen Segen etwas Wertvolles zu geben. (Siehe Ri

11,29-40; Jon 2,9.) In dem Gelübde mag es um Menschen gehen (V. 1-8), Tiere (V. 9-13.26-27), Besitz (V. 14-25) oder um Erträge (V. 30-33).

Wenn es dem Betreffenden nicht möglich war, sein Gelübde zu erfüllen, durfte er nicht davon zurücktreten oder einen billigeren Ersatz anbieten. Er musste dem Priester den entsprechenden Wert in Geld zahlen und zusätzlich ein Fünftel mehr. Dieses Kapitel schreibt dem Priester vor, wie er den Wert der Gabe einzuschätzen hat, damit dem Herrn der richtige Betrag zukommt, denn das Geld wurde für die Arbeit im Heiligtum verwendet. Das Wort *Schätzung* kommt einundzwanzig Mal vor (Rev. Elberfelder).

Worte sind nicht nur »Schall und Rauch«; übereilte Versprechungen können uns sehr teuer zu stehen kommen. Wir tun gut daran, uns vorsichtig zu äußern, wenn wir große Freude oder großes Leid erleben, damit wir Gott nichts versprechen, was wir nicht halten können. (Siehe auch Spr 20,25; Pred 5,4-5.) Ja, du kannst Gott etwas anderes geben, aber sieh zu, dass es denselben Wert hat wie das, was du ihm im ersten Moment versprochen hast – und überlass ihm die Schätzung.

4. Mose

Der Name *Numeri* kommt von den Zählungen der wehrfähigen Männer Israels. Die alte Generation wurde am Berg Sinai gezählt (Kap. 1–4), die neue in den Ebenen Moabs (Kap. 26–27). In diesem Buch geht es um *Übergänge*. Gott verwarf die alte Generation wegen ihres Unglaubens (Kap. 1–20) und bereitete eine neue darauf vor, ins Land der Verheißung einzuziehen (Kap. 21–36).

Es ist auch ein Buch über *Wanderungen*, denn Gott ließ sein Volk vierzig Jahre lang durch die Wüste wandern, bis die erste Generation, zwanzig Jahre und älter, weggestorben war. Sie vertrauten Gott nicht, und ihr Unglaube kostete sie ihr Erbe. Im Neuen Testament wird dieses Ereignis im Brief an die Hebräer kommentiert. Wer nicht im Glauben sein geistliches Erbe in Christus in Anspruch nimmt (Eph 1,3), wird im Unglauben »wandeln« und sich damit selbst um die Segnungen bringen, die Gott für ihn bereithält (Eph 2,10).

Aus der Geographie der Bibel können wir so manches lernen. Israel in Ägypten steht für unseren Zustand als Verlorene, an die Welt Gebundene. Israel in Kanaan ist ein Bild für den Anspruch auf unser Erbe, den wir im Glauben erheben dürfen, und für die Fülle Gottes, die er uns schenkt und an der wir uns erfreuen dürfen. Israel in der Wüste steht für Christen, die im Fleisch leben und deren Unglaube und Ungehorsam sie davon abhält, an allem teilzuhaben, wozu Gott sie einlädt.

4. Mose 1–2

Das erste Buch Mose stellt Gottes Kinder als Pilger und Fremdlinge dar, auf der Suche nach ihrem Erbe. Im zweiten und dritten Buch Mose sehen wir Israel als heilige Priesternation, die den Herrn anbetet. Das Buch Numeri richtet das Augenmerk auf Gottes Söhne als Krieger, die den Feind besiegen und das verheißene Erbe einfordern.

Es wurden alle kriegsfähigen Männer im Alter von zwanzig Jahren und darüber gezählt. Das war keine Freiwilligenarmee. Wer durch Glauben an Jesus Christus in die Familie Gottes eintritt, wird dadurch automatisch zu seinem »Soldaten« (2Tim 2,3-4). Jeder Gläubige ist ein Krieger, entweder ein guter oder ein schlechter.

Das Heer wurde aufgestellt, jeder Stamm bekam seinen Anführer und ein eigenes Feldzeichen. Es herrschte Einheit in der Vielfalt. Vielleicht ist das Lager Israels als Bild für die Gemeinde zu verstehen. Es gibt unterschiedliche »Stämme« und Feldzeichen und ganz verschiedene Anführer, aber es ist eine einzige Armee, die einem gemeinsamen Befehlshaber folgt und gegen einen gemeinsamen Feind bekämpft: »Und dies ist der Sieg, der die Welt überwunden hat: unser Glaube« (1Jo 5,4).

4. Mose 3–4

Auch die Priester zogen mit in die Schlacht, denn ohne Gottes Segen konnte Israel keinen Sieg erringen. Manche Gotteskinder stehen in den ersten Reihen, während andere hinter den Linien stehen und bei Gott Fürsprache einlegen.

Es war wichtig, dass die Stiftshütte Gottes mit dem Volk zog, deshalb wies Gott die Priester und Leviten genau an, wie sie die Hütte abzubauen und zu tragen hätten. Jedes noch so kleine Teil von Gottes Werk ist bedeutend und darf nicht allein menschlicher Weisheit überlassen werden.

Und jeder Mensch ist unverzichtbar für das Werk des Herrn, unabhängig davon, welche Aufgabe Gott ihm zuteilt. Keine Aufgabe ist belanglos, nicht einmal die Arbeit an den Pflöcken (3,37). Manche Leviten hatten schwerere Lasten zu tragen als andere, aber Gott hatte ihnen ihre Aufgaben zugeteilt und würde sie auch dazu befähigen.

Der Auf- und Abbau der Stiftshütte waren ebenso bedeutende Arbeiten wie das Darbringen der Opfer oder das Verbrennen des Weihrauchs. Geistlicher Dienst ist nichts für untätige Zuschauer oder nachlässige Arbeiter, denn es geht dabei um Leben und Tod (4,17-20).

4. Mose 5

Verunreinigung (1-4). Nicht jeder in Israel war Soldat oder Priester, aber jeder Einzelne war dafür verantwortlich, dem Herrn zu gefallen und sich von Verunreinigung fernzuhalten. Israel hatte sich für den Herrn zu heiligen; andernfalls konnte er das Volk nicht mit Sieg segnen. Vielleicht denkst du, dass du keine Rolle spielst bei den geistlichen Kämpfen in der heutigen Welt, aber das tust du; und du musst dich rein halten.

Betrug (5-10). Wenn die Soldaten sich untereinander nicht loyal verhalten, wie können sie dann den Feind besiegen? Es reichte nicht, die Sünde zu bekennen. Die Schuld musste auch erstattet werden. Das Volk wurde außerdem daran erinnert, für die Priester zu sorgen, denn ihr Dienst war unerlässlich für den Sieg. Wiederum hatte jeder Einzelne zuzusehen, dass er dem Herrn gehorsam war.

Entdeckung (11-31). Dieses ungewöhnliche Gesetz schützte einerseits die Frau und heiligte außerdem die eheliche Beziehung. Die Ehepartner sollen treu sein. Die Ehe ist eine intime Beziehung und auch *heimliche* Untreue kann dazu führen, dass die Atmosphäre von Eifersucht und Zweifeln geprägt wird. Wenn die Frau schuldig war, würde die Wahrheit ans Licht kommen; wenn nicht, konnte der Mann ihr vertrauen und sie konnten zusammen als Familie leben. Heute haben wir solche Gesetze nicht mehr, aber wir haben einen Gott, der alles sieht und vor dem wir uns eines Tages verantworten müssen.

4. Mose 6

Ausgesondert (1-12). *Nasiräer* kommt von einem Wort, das »weihen« bedeutet. Nasiräer waren Männer und Frauen, die dem Herrn geweiht waren, entweder für kurze Zeit oder lebenslang (Ri 13,1-5). Sie waren zweifach ausgesondert: sowohl *für* den Herrn (V. 2) als auch *gegen* alles, was verunreinigen konnte (V. 3-8). Selbst kleine Dinge konnten verunreinigen, wie die Kerne und Schalen von Trauben! Wenn Gott sagt, dass etwas nicht gut ist, dann ist es nicht gut, wie gering die Sache uns auch erscheinen mag.

Begrenzt (13-21). Der Nasiräer setzte zu Beginn fest, wie lange sein Gelübde galt, aber wir sollen uns lebenslang für den Herrn aussondern. Dennoch ist nichts falsch daran, hin und wieder Zeiten festzusetzen, in denen wir uns dem Herrn ganz besonders hingeben, genau wie die Nasiräer es taten. Wurde der Nasiräer verunreinigt, verfielen alle vorangegangenen Tage seiner Weihung (V. 12). Dem Herrn ungehorsam zu sein, kann uns teuer zu stehen kommen. Obwohl der Nasiräer als Geweihter lebte, war es nötig, dem Herrn Opfer zu bringen, denn niemand ist vor ihm vollkommen.

Gesegnet (22-27). Was war es doch für eine Ehre für die Priester, die Menschen zu segnen. Es fühlt sich gut an, Gottes Segen an andere weitergeben zu dürfen. Er segnet uns, damit wir anderen zum Segen werden (1Mo 12,1-3). Das Volk stand kurz davor, in den Krieg zu ziehen, und doch sagte Gott ihm, wie es in Frieden leben konnte. Deine Lebensumstände mögen dir wie eine große Prüfung erscheinen, und dennoch kannst du Frieden von Gott bekommen, wenn du unter dem Segen seines Wohlwollens lebst.

4. Mose 7

Im längsten Kapitel dieses Buches geht es um ein großzügiges Opfer, das die Anführer der Stämme brachten, als die Stiftshütte aufgebaut war. Leiter sollten beim Geben sicherlich Vorbilder sein, und das waren diese Männer.

Sie brachten alle die gleichen Gaben, an zwölf aufeinander folgenden Tagen; und doch sah Gott jeden Geber für sich. Wenn wir von Herzen geben und mit dem Ziel, Gott zu ehren, sieht er es und wird uns zu seiner Zeit dafür belohnen. Jeder dieser zwölf Anführer war in Gottes Augen wertvoll. Er empfing ihre Gaben nacheinander.

Die Gaben waren praktischer Art und sollten zum Dienst in der Stiftshütte gebraucht werden. Wenn wir den Dienern Gottes Werkzeuge reichen, damit sie ihren Dienst ausüben können, bringen wir darin auch dem Herrn Gaben dar.

Alle außer den Kehatitern durften die Wagen für ihre Arbeit benutzen. Die Söhne Kehats mussten die Einrichtung der Stiftshütte auf den Schultern tragen (3,30-31; 4,15). Es gibt Lasten, die zu tragen andere Menschen uns helfen können, aber »jeder wird seine eigene Bürde tragen« (Gal 6,1-5). David missachtete dieses Gesetz und beschwor damit den Zorn Gottes herauf (2Sam 6,1-15). Lehne deine Lasten nicht ab; Gott wird dir helfen, sie zu tragen.

4. Mose 8

Nicht jeder ist zum Priester oder Anführer berufen. Manche sind auch dazu bestimmt, anderen zu helfen, wie die Leviten. Die Gnadengabe der Hilfeleistung (1Kor 12,28) ist wichtig in Gottes Reich und darf niemals verachtet werden. Gott sah in den Leviten ein Geschenk an Aaron (V. 19). Wir sollten dankbar sein für die Menschen, die Gott uns für unseren Dienst zur Seite stellt.

Stellvertreter. In erster Linie wurden die Leviten Gott als Ersatz für alle Erstgeborenen Israels gegeben (V. 16-18; 3,11-13). Die Erstgeborenen gehörten Gott, aber er ermöglichte, dass sie losgekauft wurden (2Mo 13,2; 11-13). Du hast für Christus eine Aufgabe zu erfüllen, aber denk auch an diejenigen, die dich vertreten, in dem sie an unterschiedlichen Orten dem Herrn dienen.

Diener. Die Leviten wurden Aaron als Helfer zur Seite gestellt (V. 11.19). Sie konnten nicht all das tun, was die Priester taten, aber sie hatten ihre Aufgaben und diese hatten sie treu zu erfüllen.

Opfergaben. Sie wurden dem Herrn als »lebendige Opfergaben« dargebracht, als Schwingopfer für den Herrn (V. 11.13.15.21). Welche Arbeit du auch immer für den Herrn tust; sie sollte wie ein Opfer der Anbetung für ihn sein (Phil 4,10-20).

4. Mose 9

Gott lehrt uns auf unterschiedlichen Wegen. Es gibt *Gebote zu beachten* (V. 1-5), und wir sollen sie kennen und befolgen. Das Passafest erinnerte die Kinder Israel jährlich daran, dass Gott sie aus der Gefangenschaft befreit hatte und dass sie ihm gehörten. Wenn man bedenkt, wie viele tausend Lämmer geschlachtet wurden aus Gehorsam zu Gott! Denke auch an das Lamm Gottes, das für die ganze Welt sein Leben ließ (Joh 1,29)!

Auch *Ausnahmen gibt es* (V. 6-14). Wer gesetzlich lebt, macht keine Ausnahmen, und der Aufrührer macht aus allem eine Ausnahme; ein Kind Gottes aber wartet ab, was der Herr ihm befiehlt. Jedes Problem im Leben ist eine Gelegenheit, auf Gott warten und seinen Willen erkennen zu lernen. Wir brauchen vor Ausnahmen keine Angst zu haben. Unsere Aufgabe ist es, gehorsam zu sein, auch wenn das, was wir tun, uns nicht immer folgerichtig erscheint.

Der Wille Gottes

Du brauchst dich vor Gottes Willen nicht zu fürchten; Gottes Wille ist Ausdruck seiner Liebe, denn er entspringt seinem Herzen (Ps 33,11). Er ist Nahrung, nicht Medizin (Joh 4,31-34) und nährt uns, wenn wir gehorsam sind. Oswald Chambers hatte recht, als er sagte: »Gottes Willen zu erfüllen, ist niemals schwer. Nur seinen Willen *nicht* zu erfüllen, ist schwer.« Erfüllst du jetzt gerade seinen Willen?

Wohin der Herr uns *führt*, sollten wir *folgen* (V. 15-23). Beachte die Reihenfolge: Dem Herrn gehorchen, auf den Herrn warten, dem Herrn folgen. Gott hat seine eigenen Zeiten und Wege und wir müssen auf seine Führung achten. Vielleicht ist nichts schwieriger auszuhalten als die Zeiten, in denen Gott nicht handelt und wir abwarten müssen (V. 19). Das sind auch die gefährlichsten Zeiten, denn der Mensch will von Natur aus schnell vorwärts kommen. Wir müssen »dem HERRN stille sein und auf ihn harren!« (Ps 37,7).

4. Mose 10

Das Volk Israel sollte aufbrechen, um sein von Gott bestimmtes Erbe anzutreten. Sie würden durch unbekanntes, gefährliches Land ziehen, aber Gott half ihnen, wo es nötig war.

Sein Befehl (1-13). Die Priester gebrauchten die beiden silbernen Trompeten, um dem Volk Gottes Willen mitzuteilen. Wenn die Trompeten erklangen, sollten sie sich versammeln, weiterziehen, sich für eine Schlacht bereitmachen oder sich an einem Festmahl des Herrn erfreuen. Sie hörten die Trompeten und folgten der Wolke, und nichts konnte ihnen passieren.

Sein Wort (14-28). Gott hatte ihnen bereits gesagt, wie sie sich für den Marsch aufstellen sollten, und sie brauchten nur noch zu gehorchen. Wenn wir nicht gehorchen in den Dingen, die Gott uns schon mitgeteilt hat, wird er uns nichts Neues offenbaren (Joh 7,17).

Erfahrung (29-32). Hobab war ein Bruder der Zippora, der Frau Moses, und Mose bat ihn, mit Israel zu ziehen, damit das Volk von seiner »Wüstenweisheit« profitieren konnte. Hobabs Weisheit trat aber nicht an die Stelle von Gottes Führung. Stattdessen half Hobab einem Volk, das nicht an das Leben in der Wildnis gewohnt war, mit den Herausforderungen des Alltags zurechtzukommen. Gott verspricht uns Führung, aber das heißt nicht, dass wir uns der Weisheit erfahrener Menschen verschließen sollten. Hobab tat Israel Gutes, und Israel war umgekehrt auch gut für ihn (Ri 1,16; 4,11).

Gebet (33-36). Die Bundeslade stand stellvertretend für Gottes Gegenwart und für seinen Thron. Mose betete zu Gott, als das Volk weiterzog und auch dann, wenn Gott ihnen gebot, sich niederzulassen. Das kann uns als gutes Beispiel dienen für unseren Tagesablauf.

4. Mose 11

In diesem Kapitel geht es ums Klagen!

Klage über das Brot (1-9). Gott führte das Volk, also hatte es alles, was es brauchte; und doch beklagte es sich erneut. (Siehe

Phil 2,14-15.) Ihr Murren war ein Beweis für den Unglauben, der sie um ihren Einzug ins Land der Verheißung bringen würde. Wären sie dankbar gewesen für Gottes Güte und wären sie gehorsam seiner Führung gefolgt, hätten sie sich viel Leid ersparen können. Wir sollten daran denken, wenn wir das nächste Mal versucht sind, uns über Gottes Fürsorge zu beklagen. »Wer der Sünde versklavt ist, murrt selten über diese Knechtschaft; aber über die Knechtschaft gegenüber Gott wird viel gemurrt«, bemerkte George MacDonald.

Klage über Lasten (10-25). Mose betrübte es, als das Volk sowohl ihn als auch Gott kritisierte. Hätten sie etwas Besseres bekommen können als das Manna, das vom Himmel kam? Warum sehnten sie sich nach den Mahlzeiten Ägyptens? Hatten sie vergessen, dass sie dort als Sklaven gelebt hatten? Mose tat, was wir auch tun sollen, wenn Menschen uns enttäuschen: Er brachte es im Gebet vor Gott und sagte Gott genau, wie es ihm ging. Gott gab ihm, was er brauchte, ermutigte seinen Diener und bestrafte die Rebellen.

Klage über Segen (26-35). Josua, der Mose als Führer anerkannte und ihm eifrig diente, drängte Mose, den beiden Männern das Weissagen zu verbieten. Jakobus und Johannes machten einen ähnlichen Fehler, und Jesus musste sie zurechtweisen (Lk 9,49-50). Wenn Gottes Kinder alle Gott im Geist anbeten würden, würden sie keinen Grund zum Klagen finden! Die Israeliten bekamen ihren Willen, verloren aber die geistlichen Reichtümer, die Menschen erfahren, die im Glauben wandeln (Ps 106,15). Kannst du auch dankbar sein, wenn deine Gebete *nicht* erhört werden?

4. Mose 12

Der Leiter wird beschuldigt (1-3). Wenn du in führender Position bist, rechne mit Kritik, sogar aus deiner eigenen Familie. So erging es Mose, David (2Sam 6,20-23) und auch dem Herrn Jesus (Markus 3,20-21). Moses Frau war eigentlich nicht der Grund für die Kritik. Aaron und seine Schwester waren vielmehr eifersüchtig wegen der Vollmacht, die Gott Mose gegeben hatte, und sie wollten, dass er diese mit ihnen teilte. Vielleicht war es eine Reaktion auf das, was Gott für die siebzig Ältesten getan hatte (Kap. 11).

Der Herr ist verärgert (4-10). Mose verteidigte sich nicht. Er wartete auf Gottes Handeln. Wenn wir uns selber verteidigen, halten wir damit vielleicht den Herrn davon ab, für uns einzutreten. Aussätzig zu sein war für Miriam kaum weniger schlimm als der Tod.

Das Volk wird aufgehalten (11-16). Wie oft bitten Menschen gerade die um Hilfe, die sie zuvor kritisiert haben! Sanftmütig, wie er war, freute sich Mose nicht über die Strafe, die seine Schwester erleiden musste. Stattdessen betete er für sie (Mt 5,43-48). Mit ihrer Sünde verzögerten Aaron und Miriam den Aufbruch des Volkes um eine ganze Woche. Den meisten Menschen ist nicht bewusst, was für eine große Sünde Kritik an anderen ist (Mt 7,1-5; Jak 4,12).

4. Mose 13

Der Blick auf die Chancen (1-25). Die Kinder Israel hielten es für nötig, das Land durch Späher erkunden zu lassen, bevor sie es betraten, und Mose ließ sie gewähren (5Mo 1,19-25). Gott hatte ihnen bereits gesagt, wie es im Land der Verheißung war, wozu also mussten sie es erst noch herausfinden? Der Glaube nimmt Gott beim Wort und braucht keine weiteren Beweise (Hebr 11,1). Die Kundschafter stellten fest, dass das Land tatsächlich genauso war, wie Gott es verheißen hatte.

Der Blick auf die Hemmnisse (26-33). Zehn Kundschafter betonten die Hindernisse statt der Chancen und kamen zu dem Schluss, Israel sei zu schwach, um den Feind zu besiegen. Sie wandelten im Schauen, nicht im Glauben. Die Menschen in dem Land waren Riesen, die Stadtmauern hoch, und die Männer kamen sich vor wie Heuschrecken! Unglaube macht dich blind für Gottes Größe und lässt deine eigene Schwäche größer erscheinen, als sie ist.

Der Blick auf den Herrn (30). Kaleb war ein Mann des Glaubens, der sich keine Sorgen machte wegen der Größe des Problems, weil er auf einen großen Gott vertraute. Die wichtige Frage im Leben ist nicht: »Wie groß ist das Problem?« oder »Wie groß bin ich?« Die entscheidende Frage ist: »Wie groß ist mein Gott?« Der Herr sah die Kanaaniter als Heuschrecken an (Jes 40,22), aber die ungläubigen Kundschafter betrachteten die Situation nicht aus Gottes Sicht. Wenn du im Glauben wandelst, ist die Zukunft deine Freundin und jeder Feind besiegt.

4. Mose 14

Der Bericht der Mehrheit der Kundschafter führte zu einer zerstörerischen Kettenreaktion im Lager der Israeliten.

Unglaube führte zur Rebellion (1-10). Die Kinder Israel weinten, jammerten, blickten zurück nach Ägypten, wollten einen neuen Anführer und drohten sogar damit, Kaleb und Josua zu steinigen. So sieht Unglaube aus. Glaube blickt mutig in die Zukunft; Unglaube blickt zurück und klagt. Glaube vereint die Kinder Gottes; Unglaube sucht nach Schuldigen. Es war immer noch Zeit, Buße zu tun und Gottes Angesicht zu suchen, aber das Volk weigerte sich, Kaleb und Josua zuzuhören.

Rebellion führte zur Fürbitte (11-19). Wiederum stellte sich Mose zwischen Gottes Volk und Gottes Urteil und lehnte Gottes Angebot ab, ihn zum Gründer eines neuen Volkes zu machen (2Mo 32). Mose trat für das Volk ein und gründete sein Handeln auf Gottes Wesen und Gottes Ehre.

Fürbitte führte zur Vergebung (20-38). Gott vergab dem Volk, aber gleichzeitig bestrafte er es für seine Sünden (Gal 6,7-8). Die zehn Kundschafter starben an einer Seuche und dem Volk wurden vierzig Jahre Wanderschaft auferlegt, bis diejenigen unter ihnen, die zwanzig Jahre und älter waren, gestorben waren. Glaube bringt Leben; Unglaube dagegen führt zu Niederlage und Tod.

Vergebung führte zu Vermessenheit (39-45). Die Kinder Israel hatten sich stur wie Maultiere benommen und nun benahmen sie sich hitzig wie Wildpferde (Ps 32,9). Gott vergibt uns, damit wir ihn fürchten (Ps 130,4), und nicht, damit wir ihn reizen. Das Fleisch kann niemals vollbringen, was nur der Glaube tun kann. (Siehe 5Mo 1,41-44.)

Wenn alle gegen dich sind
Kaleb und Josua waren unter den Kundschaftern in der Minderheit, und dennoch gaben sie auch dann nicht nach, als das Volk sich gegen sie wandte und ihr Leben in Gefahr war. Sie vertrauten Gott, sie kannten Gottes Willen für das Volk und sie standen ihren Mann. Es ist nicht wichtig, anderen Menschen gefällig zu sein, aber es ist wichtig, dass wir Gott gefallen. Wie Kaleb und Josua müssen wir manchmal für die Sünden anderer leiden; aber am Ende wird Gott die zum Sieg führen, die ihm vertrauen. (Siehe Apg 20,24; 1Kor 15,58.)

4. Mose 15

Zusage (1-21). Gott gab dem Volk eine Zusage, indem er sprach: »*Wenn* ihr in das Land [...] kommt« (Hervorhebung durch den Autor). Trotz der Sünden des Volkes, würde die neue Generation in Kanaan einziehen und das Land in Besitz nehmen. (Siehe 2Tim 2,11-13.) Nachdem das geschehen war, erwartete Gott, dass sie sich Zeit nehmen würden, ihm zu danken und ihn anzubeten. Hältst du manchmal inne, um Gott zu danken, wenn er dich gesegnet hat?

Gehorsam (22-29). Gott sorgte vor, damit unabsichtliche Sünden vergeben werden konnten. Natürlich mussten unschuldige Tiere sterben, damit Gott diese Vergebung gewähren konnte, so wie auch Jesus sterben musste, um unsere Reinigung von Sünden zu ermöglichen.

Arroganz (30-36). Die Vergebung von absichtlichen Sünden war in Gottes Gesetz nicht vorgesehen, denn solche Sünder verachteten Gottes Wort und widersetzten sich seiner Autorität. In seiner Gnade konnte Gott zwar solche Sünden vergeben, wie er es bei David tat (2Sam 12), aber er verpflichtete sich nicht dazu. Der Mann, der mit voller Absicht die Sabbatruhe störte, musste entdecken, dass Gott sich nicht verspotten lässt.

Erinnerung (37-41). Die Quasten waren winzig klein, und doch lag in ihnen eine große Botschaft: Israel gehörte Gott, und das Volk hatte seine Gebote zu achten und zu befolgen. Es ist nicht falsch, Dinge zu haben, die uns auf Gott hinweisen. Sie dürfen allerdings Gott oder sein Wort nicht ersetzen. Wir sollen »suchen, was droben ist« (Kol 3,1).

4. Mose 16

Erfolgreichen Leitern wird oft vorgeworfen, dass sie sich selbst erhöhen, besonders von denen, die eifersüchtig auf sie sind und ihren Platz einnehmen wollen. Es ist wahr, dass alle Kinder Gottes von ihm und für ihn ausgesondert werden, aber es ist ebenso wahr, dass Gott einige seiner Kinder zu Leitern an besonderen Orten in seinen Dienst ruft. Ohne Leiterschaft käme es zum Chaos.

Leiter werden oft für Dinge verantwortlich gemacht, die sie nicht getan haben (V. 12-14). Mose wollte die Nation ihrem Erbe zuführen, aber ihr eigener Unglaube verwehrte ihnen den Eintritt. Für Rebellen ist es einfacher, einen Sündenbock zu finden, als die eigenen Sünden zu bekennen. Sie sagten, *Ägypten* sei ein Land, »in dem Milch und Honig fließt«. Diese Aussage verriet, wo ihre Herzen eigentlich wohnten.

Die Zahl der Gegner Moses war beeindruckend: 250 Anführer, und alle hatten sich gegen ihn verbündet. Aber Mose ließ sich davon nicht einschüchtern: Er brachte die Angelegenheit vor den Herrn und ließ ihn darüber richten. Gott kann für seine Diener besser streiten, als sie es für sich selbst können. Wieder rettete Mose mit seiner Liebe und Fürsprache gerade die Menschen, die ihm Schwierigkeiten gemacht hatten. (Siehe Röm 12, 14-21.)

Fast fünfzehntausend Menschen starben wegen vier Männern, die sich selbst begünstigen wollten. Diese Gefahr ist auch unter uns noch gegeben, und wir sollten Sprüche 16,18; 18,12 und 1. Petrus 5,5-6 beherzigen.

4. Mose 17

Gott hatte sein Volk gemaßregelt wegen seines Murrens und seiner Rebellion, aber das Problem war noch nicht aus der Welt. Das *Murren* war eine der hartnäckigsten Sünden Israels (1Kor 10,10), eine Sünde, die wir auch heute noch meiden müssen (Phil 2,14).

Klagen
Gottes Volk ist es geboten, sich nicht zu beklagen (Phil 2,14); daher ist Klagen eine Sünde. Wenn wir jammern, beweisen wir damit, dass wir im Herzen Gott nicht vertrauen und dass es uns an Dankbarkeit gegenüber Gott fehlt. Wenn wir Gott wirklich »jederzeit für alles« danken würden (Eph 5,20), würden wir nicht jammern. Der beste Weg, einen klagenden Geist zu überwinden, ist, Gottes Willen im Glauben anzunehmen und ihm für seine Güte zu danken, selbst wenn wir nicht sehen können, dass irgendetwas Gutes passiert. Wir haben schließlich Römer 8,28 und dürfen diese Worte für uns in Anspruch nehmen.

Korach, ein Levit, war nicht zufrieden damit, gemäß Gottes Willen in der Stiftshütte zu dienen; er wollte »befördert« werden, um in den Genuss aller priesterlichen Vorrechte zu kommen. Es ist gut, nach geistlichem Wachstum und Fortkommen zu streben, aber wir müssen uns vor eigennützigem Ehrgeiz in Acht nehmen, der den Diener verherrlicht, und nicht den Herrn (Phil 2,3-4). »Selbstsüchteleien« zählen zu den Werken des Fleisches (Gal 5,20) und wirken zerstörerisch.

Gott trat für seine Diener ein, indem er einigen ihrer Gegner den *Tod* brachte und Aarons Stab zum *Leben* erweckte. Durch Gottes Kraft brachte der tote Stab Schönheit und Leben hervor. Wahre

geistliche Leiterschaft ist daran zu erkennen, dass sie lebendig ist und Frucht bringt. Beides rührt von der Begegnung des Leiters mit Gott im Allerheiligsten her.
Wie unberechenbar die menschliche Natur doch ist! Erst wollte das Volk in der Stiftshütte dienen; am nächsten Tag hatten sie Angst, sich ihr zu nähern! Nicht Gott fürchteten sie von Herzen; nur dass er sie bestrafen würde, davor fürchteten sie sich. Sie *brauchten* einen Leiter viel dringender, als ihnen bewusst war.

4. Mose 18

Das Augenmerk in diesem Kapitel liegt auf *Geschenken.* Gott stellt uns für unseren Dienst *Helfer* an die Seite (V. 6), und wir sollen sie als Geschenk annehmen und dankbar dafür sein. Einige der Leviten hatten sich gegen Mose und Aaron aufgelehnt, aber Gott gab ihnen trotzdem das Vorrecht, ihm zu dienen und den Priestern zu helfen.

Gott gibt uns *Aufgaben* (V. 7). Wenn wir unter dem Willen Gottes leben, ist unser Dienst eine heilige Berufung, und wir müssen ihn zu seiner Ehre erfüllen.

Gott gibt uns, *was wir brauchen* (V. 8ff.) Er ernährte die Priester von den Opfergaben, die auf dem Altar dargebracht wurden, und außerdem von den Zehnten des Volkes (V. 21). Sein Handeln erinnert uns daran, dass »der Arbeiter seines Lohnes wert ist« (Lk 10,7; 1Kor 9,14; 1Tim 5,18).

Gott gibt uns *sich selber* (V. 20). Den Priestern und Leviten wurden in Israel Orte zugeteilt, an denen sie leben durften, aber sie hatten kein Eigentum, das ihnen ein Einkommen gebracht hätte (Jos 13,14). Sie mussten darauf vertrauen, dass Gott ihnen ihre Bedürfnisse erfüllen würde. Aber wenn Gott dein Erbteil ist, was brauchst du dann noch mehr? (Siehe Ps 16,5-6.)

4. Mose 19

Als heiliges und abgesondertes Volk mussten die Israeliten jede Art ritueller Unreinheit meiden, besonders die Verunreinigung durch Leichen. Zweifellos hatte dieses Gesetz einen hygienischen Aspekt, aber es sollte das Volk außerdem daran erinnern, Sünde zu meiden, wegen der Verunreinigung, die diese mit sich bringt. Gott wohnte in dem Lager und niemand durfte es verunreinigen. Die entsprechende Stelle für heute ist 2. Korinther 6,14–7,1.

Gott sorgte dafür, dass verunreinigte Menschen in die Gemeinschaft zurückgeführt werden konnten. Blut musste vergossen werden, denn die junge Kuh war ein Sündopfer (V. 9). Die Asche vom Altar war rituell rein und wurde dazu benutzt, »Wasser der Reinigung« herzustellen. Wer sich verunreinigt hatte, konnte rituell gereinigt werden dadurch, dass er Gott gehorchte und das Wasser der Reinigung benutzte.

Wasser zum Waschen ist ein Bild für das Wort Gottes (Joh 15,3; Eph 5,25-27). Das Wort verspricht uns Reinigung, weil das Blut von Gottes Sohn für uns am Kreuz vergossen wurde (1Jo 1,5–2,2). Das Wort reinigt uns auch von innen, wenn wir es lesen, darüber nachdenken und es auf unser Leben anwenden.

Warum sollten wir uns verunreinigen lassen und andere verunreinigen, wenn Gott uns in seiner Gnade anbietet, uns zu reinigen?

4. Mose 20

Viele Leiter lassen sich dadurch entmutigen, dass sie eine Prüfung nach der anderen durchstehen müssen. Zuerst starb Miriam, und Mose und Aaron trauerten um ihre einzige Schwester. Dann fing das Volk wieder an zu jammern, denn sie sehnten sich im Grunde ihres Herzens immer noch nach Ägypten. In Gottes Augen gibt es keinen »bösen Ort«; aber wenn deine innigsten Wünsche nicht geistlicher Art sind, ist kein Ort ein guter Ort – außer Ägypten!

Manche Leiter verhalten sich ungehorsam Gott gegenüber, so wie Mose, als das Volk ihn verärgert hatte (Ps 106,32-33). Trinkwasser ist ein Bild für den Heiligen Geist (Joh 7,37-39), und der Fels ein Symbol für Christus (1Kor 10,4). Christus wurde am Kreuz für uns zerschlagen (Jes 5,5), damit wir die Gabe des Heiligen Geistes empfangen konnten. Er starb nur einmal, daher hätte Mose den Fels nicht noch einmal schlagen sollen. Stattdessen hätte er mit dem Fels reden sollen.

Leiter werden von Gott gemaßregelt, denn wer Vorrechte genießt, hat auch große Verantwortung zu tragen. Weder Mose noch Aaron durften das Land der Verheißung betreten, obwohl Mose das Land von weitem sehen durfte (5Mo 3,21-29).

Leiter werden manchmal enttäuscht. Edom erlaubte Israel nicht, durch sein Land zu ziehen, trotz der Versprechen, die Mose ihm gab. Die Edomiter waren die Nachfahren von Esau, Jakobs Bruder, und somit Blutsverwandte des Volkes Israel; aber sie handelten nicht wie Brüder.

Leiten ist nicht einfach, und wir müssen für die Menschen beten, die Gott zu Leitern in seinem Dienst berufen hat.

4. Mose 21

Auf unserem Lebensweg kann Gott jedes Bedürfnis erfüllen.

Gott schenkt Sieg. Im Verlauf seiner Wüstenwanderung schenkte Gott dem Volk Israel einen Sieg nach dem anderen über starke Könige und Heere. Israel hätte das auch in *Kanaan* erleben können, wenn sie im Vertrauen auf Gott das Land betreten hätten. Diese Schlachten halfen den jüngeren Männern, sich auf den Tag der Eroberung Kanaans vorzubereiten.

Gott schenkt Heilung. Israel murrte nicht wegen der Schlachten, sondern wegen des Mangels an Nahrung und Wasser in der Wüste. Da kam wieder einmal der alte »ägyptische Appetit« bei ihnen durch. Gott erfüllte das Bedürfnis des Volkes nicht gleich, sondern maßregelte sie zunächst, bis sie um Hilfe bettelten. Jesus gebrauchte die erhöhte bronzene Schlange als Bild für seinen eigenen Tod am Kreuz (Joh 3,14-16). Er wurde zu genau dem, was uns töten wollte – zur *Sünde* (2Kor 5,21). Und der einzige Weg, gerettet zu werden, ist, im Glauben auf Christus zu blicken.

Gott schenkt Wasser. Diesmal kam das Wasser nicht aus einem

Felsen, denn Gott ist nicht auf eine einzige Methode beschränkt, wenn es darum geht, uns zu geben, was wir brauchen. Er stellte ihnen auf wunderbare Weise eine Quelle zur Verfügung. Dies zeigt, wie gnädig und gut der Herr ist, denn nur kurze Zeit vorher hatte sich das Volk darüber beschwert, wie er es führte. Wir dürfen dankbar sein für Psalm 103,10 und Philipper 4,19!

4. Mose 22

Die Berichte von Israels Siegen versetzten Balak in Angst und Schrecken. Er wusste, dass man das Heer Israels niemals mit menschlichen Mitteln würde besiegen können, weil Israel *Gottes* Volk war und der Kampf, den es kämpfte, von geistlicher Art. Deshalb forderte er Bileam auf, das Volk zu verfluchen. In unserem Kampf heute haben wir es nicht mit Fleisch und Blut zu tun, sondern mit geistlicher Bosheit, und wir werden den Sieg ausschließlich mit geistlichen Waffen erringen können (Eph 6,10-18; 2Kor 10,3-6).

Bileam ließ sich seine prophetischen Dienste bezahlen und er war ein Mann, der schließlich dem Wunsch nach größerem Ruhm und mehr Geld nachgab. Er war bereit, die Dinge »aus einem anderen Blickwinkel zu betrachten« in der Hoffnung, im offenbarten Willen Gottes ein Schlupfloch zu finden. Es ist gefährlich, um den Willen Gottes zu feilschen. Seine Gaben zu nutzen, um damit Geld zu verdienen, ist »der Weg Bileams« (2Petr 2,15-16), eine Sünde, die Gott verdammt.

Thomas Merton sagte einmal, dass »das ärgste Böse dort zu finden ist, wo das beste Gut verdorben wurde«. Und Paulus warnte: »Denn eine Wurzel alles Bösen ist die Geldliebe« (1Tim 6,10). Bileam und Judas Iskariot wissen, wie recht er damit hat!

4. Mose 23

Gott verschloss Bileam nicht den Mund. Er ließ ihn reden, aber *er verwandelte den Fluch in einen Segen* (Neh 13,2). Wann immer du den Eindruck hast, dass Menschen oder Umstände dir einen

Fluch auferlegen, denke daran, was Gott für Israel tat, und vertraue ihm (Röm 8,28).

Bileams Beschreibungen von Israel erinnern uns an die Vorrechte, die wir als Kinder Gottes genießen. Wir sind *geschützt* (V. 8; Röm 8,31-39), weil wir *nicht von der Welt sind* (V. 9; Joh 17,14-16) und weil wir dem Herrn gehören, der niemals lügt (V. 19). Wir haben *Kraft* wie ein Büffel (V. 22) und eine Löwin (V. 24).

Bileam wollte sehr gern den Tod eines Gerechten sterben (V. 10), aber er wollte nicht das Leben eines Gerechten leben. Lies Psalm 37,37, Sprüche 14,32 und Offenbarung 14,13 und vergleiche dazu das Zeugnis des Paulus in Philipper 1,19-23.

4. Mose 24

Balak gelang es nicht, Bileam zum Schweigen zu bringen, so sehr er es auch versuchte. In seiner dritten Weissagung (V. 1-9) sah Bileam Israel in Kanaan, wie es seine Feinde besiegte und sich an seinem Erbe erfreute. Seine Aussage in Vers 9 über Segen und Fluch erinnert uns an Gottes Bund mit Abraham (1Mo 12,3). Bileam verdammte sich mit seinen Worten im Grunde selbst. Gott steht nicht für die Sünden seines Volkes ein, aber er streitet immer für sein Volk, denn es liegt ihm am Herzen.

In seiner vierten Weissagung (V. 15-24), sah Bileam die zukünftige Herrlichkeit des Volkes Israel im Kommen des Messias (V. 17). Gott nutzte einen habgierigen Propheten, um ein wunderschönes Bild vom Erlöser zu zeichnen und von den Siegen, die er erringen würde.

Auch heute geben Satan und seine Nachfolger ihr Bestes, um Gottes Volk zu verfluchen. Und doch, durch all das hindurch wirkt Gottes Gnade nach wie vor; noch immer ist Gottes Volk gesegnet; noch immer wird Gottes Name verherrlicht, denn Gott kann den Fluch in Segen verwandeln.

4. Mose 25–26

Bileam konnte Israel mit seinen Flüchen nichts anhaben, aber durch seine Empfehlung konnte er das Volk verunreinigen. Er verführte die Israeliten zum Ungehorsam gegen Gott, indem er Balak vorschlug, Israel zu den religiösen Festen der Moabiter einzuladen (31,16). Dort verfielen die Israeliten schnell der Sünde.

Mose hatte den Kindern Israel geboten, sich von den Völkern um sie herum fernzuhalten und ihre abscheulichen religiösen Gebräuche zu meiden (2Mo 34,10-17). Israel gab seine Sonderstellung auf (4Mo 23,9) und ließ sich auf die Sünde ein. Das Ergebnis? 24 000 starben an einer Seuche, die Gott über das Lager brachte.

Es war nicht Mose, der Leiter, oder Eleasar, der Hohepriester, der die Seuche aufhielt, sondern Pinhas, der Sohn Eleasars. Seine Hingabe brachte ihm ein besonderes Lob und eine Belohnung vom Herrn ein. (Siehe Ps 106,28-31.)

Gottes Volk muss sich davor hüten, sich mit dem Feind einzulassen (2Kor 6,14-18). Wenn Satan als brüllender Löwe keinen Erfolg hat (1Petr 5,8), kommt er als listige Schlange daher (2Kor 11,3).

Die zweite Volkszählung war ein Zeichen dafür, dass die Zeit der Wanderungen für Israel zu Ende ging. Beachte, welche Menschen in dieser Liste besonders erwähnt werden: Datan und Abiram, die sich gegen den Herrn auflehnten (26,9-11); Nadab und Abihu, die dem Herrn trotzten (26,61); und Josua und Kaleb, die dem Herrn vertrauten (26,56).

4. Mose 27

Das Land beanspruchen (1-11). Neue Schwierigkeiten sind neue Gelegenheiten, nach Gottes Weisheit zu streben und neue Wahrheiten zu lernen: »Ihr habt nichts, weil ihr nicht bittet« (Jak 4,2). Die fünf Töchter hatten genug Mut und Glauben, um ihre Erbschaft zu bitten, und sie bekamen sie auch. Sie trugen außerdem dazu bei, dass ein neues Gesetz beschlossen wurde, das anderen Familien in Israel zu ihrem Erbe verhalf.

Das Land sehen (12-14). Mose sah das Land der Verheißung, betrat es aber (soweit wir wissen) nicht, bis er zusammen mit Elia auf dem Berg der Verklärung erschien (Mt 17,1-8). Das Land Kanaan ist ein Bild, nicht für den Himmel, sondern für das Erbteil des Gläubigen an Christus in der Himmelswelt (Eph 1,3). Eine ganze Generation starb und bekam das Land nie zu sehen. Zehn von den Kundschaftern sahen das Land zehn Tage lang und starben dann in ihrem Unglauben. Mose sah das Land, durfte aber nicht hinein. Die neue Generation, darunter Kaleb und Josua, nahmen das Land ein und ihr Erbe in Anspruch. Zu welcher Gruppe gehörst du?

Das Land erobern (15-23). Wie immer, war Mose mehr um das Volk besorgt als um sich selbst, und Gott stellte ihm seinen Helfer Josua als Nachfolger vor (Mt 25,21). Josua war Gottes Heerführer, der das Land für ihn erobern und dem Volk sein Erbe übergeben würde. Er ist ein Vorbild (Typus) auf Jesus Christus (*Josua* bedeutet »Jahwe ist Rettung«), der unsere Feinde für uns besiegte und uns den Weg bereitete, damit wir allen Segen in Anspruch nehmen können, den Gott für uns bereithält.

4. Mose 28–29

Die neue Generation war im »religiösen Kalender« unterwiesen worden, der ihr Leben regulieren sollte, nachdem sie das Land betreten hatten. Die ältere Generation sollte dafür sorgen, dass die, die nach ihnen kamen, diese Traditionen verstehen würden. Sie wurden über die regelmäßigen Opfergaben unterrichtet und auch über die Feste im Jahreskreis. (Siehe 3Mo 23.)

Alle Zeit gehört Gott, aber es ist gut, wenn wir uns besondere Zeiten nehmen, an denen wir uns daran erinnern, was er für uns getan hat. Die Israeliten beteten den Herrn zu Beginn jeden Tages an (28,1-8), am Ende der Woche (28,9-10) und am ersten Tag jeden Monats (28,11-15). Wir opfern heute keine Tiere mehr. Stattdessen bringen wir uns selbst dem Herrn als »lebendige Opfer« dar (Röm 12,1-2).

Die besonderen jährlichen Feste waren nicht dazu gedacht, die regelmäßigen Opferungen zu ersetzen. Wer geistlich wachsen will, muss die tägliche Anbetungszeit ständig weiterentwickeln. Dann bringen uns auch die besonderen Anbetungszeiten größeren Gewinn. Lass niemals die »regelmäßigen Brandopfer« aus (28,3). Das Wort »regelmäßig« kommt in diesen beiden Kapiteln siebzehn Mal vor, eine Erinnerung daran, dass die tägliche Routine sowohl Gott wichtig ist als auch für uns.

4. Mose 30

Die Kraft der Worte. Gott nimmt unsere Versprechen und Gelübde ernst, und das sollten wir auch tun (Ps 50,14; Pred 5,4-5). Wenn wir Gott versprechen, etwas zu tun oder nicht zu tun, müssen wir uns daran halten. Wir müssen uns außerdem darüber klar werden, dass etwas *wollen* und etwas *tun* zwei ganz verschiedene Dinge sind (Röm 7, 18-25). Wir brauchen Gottes Weisheit, wenn wir uns überlegen, was wir versprechen wollen, und seine Kraft, um unser Wort zu halten (Phil 2,12-13). Worte haben große Macht und sollten vorsichtig gewählt werden. Die Quäker sagen: »Über deine unausgesprochenen Worte bist du Herr; deinen ausgesprochenen bist du Diener; und denen, die du geschrieben hast, bist du Sklave.«

Die Macht der Autorität. Gott erkennt Autorität an. Das Gelöbnis einer Frau kann durch ihren Ehemann aufgehoben werden und das einer Tochter durch ihren Vater. Die Frau und die Tochter sollten das bedenken, bevor sie Gott etwas versprechen. Auch wenn Mose den Mann des Hauses nicht lehrt, so zu handeln, wäre es sicher angebracht, dass der Mann und Vater mit seiner ganzen Familie spricht, bevor er Gott irgendetwas gelobt.

Die Macht des Schweigens. Wenn der Vater oder der Mann nichts sagt, wird das als Zustimmung zum Gelöbnis angesehen. Schweigen kann manchmal eindrucksvoller sein und mehr bewirken als Worte (Ps 141,3).

4. Mose 31

Die letzte Schlacht mit Mose als Anführer war die gegen die Midianiter, die auf Bileams Rat hin Israel sowohl zum Götzendienst als auch zur Unsittlichkeit verführt hatten (Kap. 25). Jeder Stamm sandte tausend Soldaten aus, und der Hohepriester ging dem Heer mit der Bundeslade voraus. Es war Gottes Schlacht, und er würde den Sieg schenken.

Bileam hatte nicht viel Zeit, sich an dem Lohn zu erfreuen, den Balak ihm gezahlt hatte, welcher Art er auch immer gewesen sein mag, denn er ließ in der Schlacht sein Leben (V. 8). Leider, leider starb er nicht den »Tod eines Gerechten« (23,10)! Wie bei Markus geschrieben steht: »Denn was nützt es einem Menschen, die ganze Welt zu gewinnen und sein Leben einzubüßen?« (Mk 8,36).

Israel gewann den Krieg, verlor aber beinahe den Sieg, denn die Anführer der Stämme brachten zusammen mit der Kriegsbeute midianitische Frauen ins Lager. Unvollkommener Gehorsam führt immer zu weiterer Versuchung. (Siehe 1Sam 15.) Wenn wir den Feind nicht besiegen, besiegt der Feind uns.

Sie hatten einen »heiligen Krieg« geführt, aber die Soldaten verunreinigten sich durch das Töten der Midianiter. Sie mussten sich selbst und ihre Beute rituell säubern, um rein vor Gott zu stehen (Kap. 19). Ein Teil der Beute wurde durch Feuer gereinigt. Der Herr will nicht nur siegreiche, sondern auch gereinigte Kämpfer.

4. Mose 32

Manche Menschen wollen lieber an der Grenze zu Gottes Segen leben. Sie achten bei ihren Entscheidungen auf materiellen Gewinn, und nicht auf geistlichen. Die zweieinhalb Stämme nahmen ihr Erbe in Kanaan nicht in Besitz, obwohl sie so nahe daran waren.

Sie sagten Mose zu, bei der Eroberung des Landes mitzuhelfen, aber dennoch spalteten diese Stämme das Volk Israel. Und als das Land vollständig erobert war, mussten die zweieinhalb Stämme sogar einen Altar errichten, um zum Ausdruck zu bringen: »Wir gehören zu Israel!« (Siehe Jos 22.) Hätten sie den Jordan überquert und ihr Erbe in Besitz genommen, hätte jeder ihre Zugehörigkeit zu Israel erkannt.

»Lass uns nicht über den Jordan ziehen!« (V. 5), ist ein ebenso trauriges Armutszeugnis wie: »Bring uns zurück nach Ägypten!«, oder: »Lass uns in der Wildnis sterben!« Wenn materieller Gewinn unsere Entscheidungen bestimmt und nicht die Ehre Gottes, werden wir immer die falschen Entscheidungen treffen. (Siehe Ps 47,4.)

4. Mose 33

Blick zurück in die Vergangenheit (1-49). Dr. A. T. Pierson sagte: »History is His Story«, (etwa: »*Die Weltgeschichte ist Seine Geschichte*«). Es ist gut, die Geschichte aufzurollen und zu erkennen, wo Gottes Hand am Werk war. Gott befreite das Volk aus Ägypten und führte sie zum Sinai, wo sie einen Bund mit ihm schlossen (V. 1-15). Dann brachte er sie an die Grenze des Landes der Verheißung, und sie weigerten sich, hineinzugehen (V. 16-36). Ihre vierzig Jahre lange Wanderung endete in der Moab-Ebene (V. 37-49). Unglaube bedeutet: verschwendete Zeit, verschwendete Leben, verpasste Möglichkeiten. Aber Gott ist gnädig und langmütig mit seinem Volk.

Vorausschau in die Zukunft (50-56). »Wenn ihr über den Jordan in das Land Kanaan zieht« war ein Versprechen und eine Zusage, die das Volk für seinen nächsten Schritt im Glauben ermutigen sollte. Was für ein großes Privileg, das von Gott geschenkte Erbe in Empfang nehmen zu dürfen! Aber Gott erlegte den Israeliten auch Verantwortung auf: Vertreibt die Feinde, zerstört ihre Götzenbilder, enteignet die Bewohner und teilt dann das Land unter euch auf. Erst erobern, dann in Besitz nehmen. Erst der Gehorsam, dann der Segen.

4. Mose 34

Gott teilte den Stämmen ihr Erbe zu und setzte ihnen Grenzen, aber er gebrauchte menschliche Leiter dafür. Was für ein Vorrecht, Menschen zu helfen, ihr göttliches Erbe in Besitz zu nehmen!

Wir müssen annehmen, was Gott uns zuteilt, und dürfen uns nicht beklagen oder neidisch sein auf das, was andere haben. Manche Landesteile grenzten an die Wüste (V. 3), andere an das Große Meer (V. 6). Manche Stämme hatten Berge in ihrem Gebiet. Wie Kanaan, ist auch das christliche Leben »ein Land mit Bergen und Tälern« (5Mo 11,11) und unser Gott ist Gott sowohl über die Berge als auch über die Täler (1Kö 20,23ff.). Er weiß, was das Beste für uns ist, und er ist immer bei uns.

Wenn du versucht bist, dich über das zu beklagen, was Gott dir zugeteilt hat, denk einmal über die folgenden Schriftstellen nach: Johannes 3,27 und 1. Korinther 4,7; 12,4-7.11. Im Vertrauen auf Christus können wir mit unserem Los zufrieden sein (Phil 4,11-13).

4. Mose 35

Wohnsitz. Dass die Leviten Diener Gottes waren, bedeutet nicht, dass sie nicht auch Bürger des Landes waren. Sie brauchten Orte, an denen sie leben und wo sie ihre Familien versorgen konnten, wenn sie nicht mit dem Dienst in der Stiftshütte an der Reihe waren. In den Stammesgebieten wurden ihnen achtundvierzig Städte zugewiesen (V. 8). Gottes Kinder sollen Gottes Werk tun und großzügig untereinander teilen, so wie Gott sie großzügig beschenkt hat (2Kor 8,1-15).

Zuflucht. Sechs der levitischen Städte wurden zu Orten der Zuflucht erwählt. Gott macht einen Unterschied zwischen Mord und Totschlag; das eine geschieht absichtlich, das andere versehentlich. In jener Zeit hatte das Volk keine Ordnungskräfte, die Vergehen untersuchten und die Verbrecher festnahmen, daher mussten Unschuldige vor zornigen Familienmitgliedern geschützt werden, die vielleicht das Recht in die eigene Hand nehmen wollten. In den Zufluchtsstädten war der Flüchtende in Sicherheit, bis die Gemeinde entschied, ob er des Mordes schuldig war oder nicht (5Mo 19,11-13).

Erlösung. Jesus Christus ist unser »Zufluchtsort« (Hebr 6,18). Wenn wir auf ihn vertrauen, sind alle unsere Sünden vergeben und wir müssen keine Strafe fürchten (Röm 8,1). Erlösung ist nicht Bewährung. Wenn der Geflohene die Stadt verließ, war er in Lebensgefahr. In Jesus Christus haben wir ewiges Leben (Joh 5,24). Unser Hoherpriester wird niemals sterben; daher sind wir auf ewig in Sicherheit (Hebr 7,23-28).

4. Mose 36

Mose hatte bereits festgelegt, dass das Erbe eines Mannes an seine Töchter geht, wenn er keine Söhne hatte (27,1-11), aber das löste das Problem nicht ganz. Einige Männer vom Stamm Manasse (Zelofhads Stamm) hatten die Angelegenheit diskutiert und darüber nachgedacht. Was würde geschehen, wenn die Töchter in andere Stämme einheirateten? Würde dann die Aufteilung des Erbes letztlich durcheinander geraten oder das Erbe sogar verloren gehen?

Es ist gut, genau nachzudenken, bevor man sich entscheidet, und die praktischen Auswirkungen einer Angelegenheit in Betracht zu ziehen. Es ist gut, über die Zukunft nachzudenken, und sich zu fragen: »Was könnte alles passieren?«

Die einfache Lösung war, von den erbberechtigten Frauen zu verlangen, nur innerhalb ihrer eigenen Familie zu heiraten. Besitz zu erben ist gut, aber mit dem Erbe können Einschränkung und Verantwortung auf einen zukommen. Wenn wir das eine wollen, müssen wir das andere in Kauf nehmen. Die Töchter Zelofhads heirateten ihre Cousins, und damit blieb das Erbe bewahrt.

5. Mose

Deuteronomium bedeutet »zweites Gesetz«. Es berichtet von der zweiten Gesetzgebung an das Volk durch Mose, in Vorbereitung auf den Einzug in das versprochene Erbe. Aber Mose tat mehr, als nur das Gesetz für eine neue Generation zu wiederholen. Er wandte es auf ihr neues Leben im Land der Verheißung an und betonte, wie wichtig es ist, Gott zu lieben und ihm von Herzen zu gehorchen.

Einige Schlüsselwörter im fünften Buch Mose sind *Land* (190 Mal), *hören* (54 Mal), *besitzen* und *Besitz* (57 Mal), *Herz* (53 Mal) und *Liebe* (25 Mal).

Den Kindern Israel *gehörte* das Land durch Gottes Gnade, und durch Gottes Macht *besaßen* sie es, aber sie konnten sich daran nicht *erfreuen,* wenn sie Gottes Wort nicht gehorchten. Als das Volk ungehorsam war, wurde es von Gott *im Land* gezüchtigt (Buch der Richter), und dann führte er es *aus dem Land heraus* in die Gefangenschaft.

In seinen Ansprachen erinnerte Mose das Volk zuerst an Gottes Führung in der Vergangenheit (Kap. 1–4). Die Worte *denk daran* kommen in diesem Buch vierzehn Mal vor. Dann formulierte Mose das Gesetz neu, wandte es an (Kap. 5–26) und beendete seine Botschaft mit Worten der Warnung und des Segens (Kap. 27–33). In Kapitel 34 lesen wir, wie Mose von der Bühne abtrat und Josua die Führung übernahm.

5. Mose 1

Von dem Ereignis in Kadesch-Barnea wird in 4. Mose 14 berichtet und der Kommentar dazu im Neuen Testament steht in Hebräer 3–4. Gott warnt uns vor einem »bösen Herzen des Unglaubens« (Hebr 3,12). Ein *böses* Herz! Warum ist die Sünde des Unglaubens so böse?

Zunächst einmal erklärt Unglaube Gott zum Lügner und stellt die Verlässlichkeit seines Wortes in Frage. Es steht uns nicht zu, Gott zu hinterfragen. Wir sollen ihm glauben und tun, was er gebietet.

Unglaube ist Zeitverschwendung. Eine elftägige Reise wurde zu einer vierzigjährigen Wanderung, die zum Tod führte! Unglaube raubt uns das Beste von Gottes Segen. Gott sorgte in jenen vierzig Jahren für sein Volk, aber wie viel mehr hätte er für sie getan, hätten sie ihr Erbe in Besitz genommen.

Wenn du auf deinem Pilgerweg an Orte wie Kadesch-Barnea kommst, sieh dich nicht nach Problemen und Gefahren um. Blicke auf Gott, der dich führt, und wandle im Glauben.

5. Mose 2

Gott sucht uns unsere Kämpfe aus. Er wies das Volk an, sich nicht mit den Midianitern einzulassen, den Edomitern und den Ammonitern. Die Kinder Israel sollten sich benehmen wie gottesfürchtige Pilger und unnötigem Ärger aus dem Weg gehen. Für ein Volk, das sich großer militärischer Siege erfreuen durfte, waren Gottes Anweisungen wahrscheinlich schwer annehmbar, aber Gott hielt Besseres für sein Volk bereit als die Reichtümer dieser Nationen. (Siehe Röm 12,18; Kol 4,5.)

Gott sagt uns den Sieg zu. Wenn der Herr uns in den Kampf schickt, brauchen wir uns nicht zu fürchten, denn zu dem, was er uns gebietet, befähigt er uns auch. Israel besiegte Sihon, denn »es gab keine Stadt«, die dem Volk Gottes »zu stark gewesen wäre« (V. 36). (Siehe 1Jo 5,1-4.)

Gott teilt uns unser Erbe zu. Gott versprach, das Gebiet jenseits des Jordan den Stämmen Ruben und Gad (4Mo 32) zu geben, und er hielt sein Versprechen. (Siehe Ps 47,7; Apg 20,32; 1Petr 1,3-5.) Gott verheißt – wir nehmen im Glauben in Besitz!

5. Mose 3

Ein Land wird eingenommen (1-11). Geführt durch Gottes Willen und gestärkt durch Gottes Verheißungen, marschierte das Volk von einem Sieg zum nächsten. Wäre sie nicht ungläubig gewesen, hätte die Generation davor die Siege in Kanaan schon vierzig Jahre früher erringen können. Die hohen Mauern und Tore stellten für Gott kein Hindernis dar (4Mo 13,26-33). Er lässt sich nur durch deinen Unglauben einschränken.

Ein Versprechen wird gehalten (12-22). Die Stämme, die östlich des Jordan siedeln sollten, hatten versprochen, den Fluss zu überqueren und bei der Eroberung Kanaans zu helfen (4Mo 32,16-23). Nachdem ihr Land schon unterworfen war, hätten Ruben und Gad sich niederlassen und damit einer Menge Gefahren aus dem Weg gehen können, aber sie hielten Wort. Gott hört, was wir versprechen, und nimmt das ernst (4Mo 30,2; Pred 5,1-5).

Eine Strafe wird erduldet (23-29). Weil er in Kadesch stolz und eigenmächtig gewesen war (4Mo 20,1-13), durfte Mose Kanaan nicht betreten, obwohl er aufrichtig betete, Gott möge sein Urteil zurücknehmen. Er bekam das Land zu sehen und gab dem Volk einen neuen Anführer. Außerdem besuchte er das Land viele Jahrhunderte später bei der Verklärung Jesu (Mt 17,1-3). Für manche Enttäuschung im Leben wirst du entschädigt, wenn die Herrlichkeit des Herrn erscheint. Hab Geduld!

5. Mose 4

Bevor er das Gesetz für Israel wiederholte, erinnerte Mose die Kinder Israel an ihre heilige Beziehung zu Gott und an ihre Vorrechte als sein erwähltes Volk. Welche andere Nation hatte Gottes Stimme gehört, seine Macht und Herrlichkeit gesehen und sein Wort empfangen, das ihnen Weisheit und das Leben selbst schenkte (V. 1.4.25.40)? Wenn wir den Segen, den wir empfangen, als selbstverständlich ansehen, laufen wir Gefahr, Gott ungehorsam zu werden.

Auf der Grundlage dieser Vorrechte, warnte Mose sie, *sich zu hüten*, damit sie nicht vergaßen, was Gott für sie getan hatte (V. 9), wie Gott zu ihnen gekommen war (V. 15) und was Gott von ihnen erwartete auf der Grundlage seines Bundes mit ihnen. Wem viel gegeben ist, von dem wird viel verlangt werden (Lk 12,48).

Er warnte sie außerdem, dass Ungehorsam Züchtigung nach sich ziehen würde. Gott vergibt seinen Kindern, wenn sie bereuen (V. 29-31), aber lies Hebräer 12,25-29, bevor du dir vornimmst, ungehorsam zu sein. Er ist ein gnädiger Gott (V. 31), aber er ist auch ein eifernder Gott (V. 24). Er lässt nicht zu, dass seine Kinder erfolgreich sündigen.

5. Mose 5

Gottes Kinder haben drei Pflichten, was seine Gebote angeht: sie zu hören, zu lernen und zu befolgen (V. 1). Wenn wir das Wort Gottes lesen, sollten wir auf die Stimme Gottes hören, die durch seinen Geist zu jedem persönlich spricht. Wir müssen dem Geist erlauben, uns Gottes Wahrheit zu lehren und uns dann die Kraft zu geben, ihr zu gehorchen. Der Segen kommt aus dem *Leben* nach dem Wort nicht vom *Lernen* allein (Jak 1,21-25).

Den größten Teil vom fünften Buch Mose machen die Erklärung und die Anwendung der Gebote aus, die hier wiederholt werden. Gottes Gesetze sind deutlich und einfach; die menschlichen Gesetze sind kompliziert. Solange wir in Liebe wandeln, erfüllen wir Gottes Gesetz in der Kraft des Heiligen Geistes (Röm 8,1-4; 13,8-10).

Hüte dich davor, dich Gottes Gesetzen nur äußerlich zu unterstellen (Mt 5,20ff). Wir brauchen echte Furcht vor Gott in unseren Herzen und Liebe zu ihm (V. 28-29). »Hören« und »Fürchten« sind keine Gegensätze; sie gehören sogar zusammen (5Mo 4,10).

5. Mose 6

Vers 4 wird »Das Sch^{e}ma« genannt nach dem hebräischen Wort für »Höre«. Fromme Juden sagen es mehrmals täglich auf, um ihren Glauben an Jahwe zu bekräftigen. Die Anbetung fremder

Götter stellte für Israel immer eine Bedrohung dar und dieses Glaubensbekenntnis erinnerte die Israeliten daran, dass Jahwe der wahre und lebendige Gott ist, der als Einziger Anbetung und Gehorsam verdient. (Siehe 1Jo 5,21.)

Wir sollen den Herrn *von ganzem Herzen* lieben, indem wir uns *grundsätzlich* und *jeden Tag* unseres Lebens an sein Wort halten (V. 2). *Halbherziger* Lobpreis und Gehorsam ist für ihn nicht annehmbar (Eph 6,6; 1Jo 5,21).

Wie können wir ihm unsere Liebe zeigen? Indem wir sein Wort hören und ihm gehorsam sind und es an andere weitergeben. Wenn wir Gott lieben, fließt seine Wahrheit in unsere normalen, täglichen Gespräche ein. Außerdem können wir ihm unsere Liebe zeigen, indem wir den Segen wertschätzen, den wir von ihm empfangen. Zeiten des Wohlstands werden zu Zeiten der Versuchung, wenn wir die Geschenke annehmen, aber nicht daran denken, dem Geber zu danken (V. 10-15). (Siehe Phil 4,11-13; Jak 1,17.)

5. Mose 7

Die Kinder Israel hatten den Zorn Gottes zu spüren bekommen, als sie sich von den Moabitern verführen ließen (4Mo 25). Nun betraten sie ein Land, in dem sie von heidnischem Götzendienst umgeben sein würden. Einen Mittelweg gab es nicht. Wenn das Volk sich von den furchtbaren Sünden der Kanaaniter verunreinigen ließ, würden sie damit die Erfüllung von Gottes Verheißung des Retters gefährden.

Mose nennt einige Gründe, warum jeder Einzelne dem Herrn gehorchen sollte. Zunächst einmal hat Gott es uns geboten (V. 1-5) und wir gehören ihm (V. 6-8). Er ist treu (V. 9-11); was er verspricht, das hält er (V. 12-26).

Wir Gläubigen heute müssen uns absondern (2Kor 6,14-18; 1Jo 2,15-17) und gleichzeitig die Verlorenen lieben und nach Wegen suchen, sie für Christus zu gewinnen. Wie können wir die Bollwerke des Feindes niederreißen? Lies dazu 2. Korinther 10,1-6 und Epheser 6,10-20.

5. Mose 8

Wenn wir ihm vertrauen, wird Gott uns herausführen (V. 14), hindurchführen (V. 5) und hineinführen (V. 7). Was er auch anfängt, bringt er zu Ende (Ps 138,8; Phil 1,6).

Gott führt uns und gleichzeitig prüft er uns. Er prüft uns durch sein Wort (V. 1). Hören wir auf *jedes* Wort, das er spricht, und gehorchen wir? Er prüft uns auch durch seine Wege (V. 2-9), indem er uns Situationen aussetzt, die uns helfen, unser eigenes Herz kennenzulernen. Wenn wir stolz werden, muss Gott uns demütigen. Wenn wir sein Wort außer Acht lassen, muss er uns daran erinnern, dass sein Wort für uns nicht weniger ist als das Leben selbst.

Gott prüft uns durch seinen Reichtum (V. 10-20). Wenn wir ihn lieben und uns von seinem Wort ernähren, können wir uns an ihm erfreuen und nicht nur an seinen Gaben. In Zeiten des Wohlstands vergessen wir Menschen schnell den Herrn, der es uns möglich macht, uns diesen Wohlstand zu erarbeiten.

Christen erbitten Gottes Segen für ihre Mahlzeiten, bevor sie essen, aber Vers 10 sagt uns, wir sollen Gott preisen, *nachdem* wir gegessen haben. Dies ist eine Möglichkeit, sich daran zu erinnern, dass Gott »uns alles reichlich darreicht zum Genuss« (1Tim 6,17).

5. Mose 9

Mose weist hier auf Gefahren hin, denen Gottes Volk aus dem Weg gehen soll: Gottes Güte zu vergessen (Kap. 6), dem Feind Zugeständnisse zu machen (Kap. 7), und selbstgefällig und zufrieden zu werden, nachdem ein großer Sieg errungen wurde (Kap. 7). In diesem Kapitel warnt er vor einer Gefahr, der alle Gläubigen ständig ausgesetzt sind: das Wiederaufkeimen einer alten Sünde. Im Fall Israels war diese Sünde die Rebellion gegen Gott.

»Aber wir sind doch eine neue Generation!«, hätte das Volk einwenden können. »Die alte Generation, die in der Wüste gestorben ist, war der Rebellion schuldig. Wir sind anders!«

Aber Mose warnte genau *sie.* Er wusste, dass die menschliche Natur sich von einer Generation zur nächsten nicht ändert und dass Menschen selten aus den Fehlern früherer Generationen lernen. *Die Sünde, von der wir glauben, dass wir sie besiegt haben, ist genau die, welche am Ende uns besiegen wird.* (Siehe 1Kor 10,12.)

Vielleicht hast du vor dem Kampf die größte *Angst* (V. 1-3), aber in der größten *Gefahr* schwebst du vielleicht nach dem Kampf (V. 4-6). Wenn der Sieg dich stolz macht, wirst du fallen; wenn aber Gottes Segen dich demütig macht, wirst du dein Ziel erreichen. Gott ist in der Lage, dich aufrecht zu halten (Röm 14,4).

Selbstbewusste Menschen, die versagten

Ein reicher Bauer (Lk 12,13-21). Ein heldenhafter Apostel (Mt 26,31-35). Ein mächtiger Herrscher (Dan 4). Eine selbstgefällige Gemeinde (Offb 3,14-22). Ein paar erfolgreiche Geschäftsleute (Jak 4,13-17). Sie alle versagten. Offensichtlich hatten sie sich die folgenden Worte nicht zu Herzen genommen: »Siehst du einen Mann, der in seinen Augen weise ist – für einen Toren gibt es mehr Hoffnung als für ihn« (Spr 26,12).

5. Mose 10

Mose bringt hier die beiden wichtigen Themen *Gesetz* (V. 1-11) und *Liebe* ins Gleichgewicht. Weil Gott seine Kinder liebt, schenkt er ihnen sein Wort, damit es sie nährt und leitet. *Wir können Gottes Liebe nicht in ihrer ganzen Fülle erfahren, wenn wir uns nicht seinem Willen unterstellen.* Gottes Wille ist Ausdruck seiner Liebe (Ps 33,11).

Dass Gott seine Kinder liebt, steht außer Frage (V. 15-18). Er hat es in seinem Wort klar zum Ausdruck gebracht und auf vielerlei Art bewiesen, besonders dadurch, dass er seinen Sohn für die Sünden der Welt in den Tod gab (Röm 5,8). Wir sollen Gott lieben (V. 12-14) und es beweisen, indem wir ihm bereitwillig dienen und ihn anbeten. Wenn wir Gott lieben, werden wir auch andere lieben (V. 19; 1Jo 4,7-12).

Gott will uns sein Wort ins Herz schreiben, damit es zu einem Teil unseres Selbst wird (2Kor 3,1-3). Wenn du das Wort liebst, denk täglich darüber nach und befolge es. Dann wird der Geist Gottes auf wunderbare Weise dein Leben verändern.

5. Mose 11

Was Gott getan hat (1-7). Mose erinnerte das Volk daran, wie oft Gott ihnen gnädig gewesen war, indem er fünfmal den Ausdruck »was er getan hat« gebrauchte. Die Israeliten hatten die Schlacht nicht aus eigener Kraft gewonnen; Gott schenkte ihnen den Sieg. Beachte, dass Mose zwei Beispiele für Gottes Strafgericht nennt: eins, das einem anderen Volk widerfuhr (Ägypten), und eins, das sich innerhalb Israels ereignete (der Aufstand von Datan und Abiram). Die letzte Art ist gefährlicher als die erste (Apg 20,28-30).

Was Gott erwartet (8-21). Er erwartet, dass sein Volk ihm gehorcht, denn im Gehorsam zu ihm liegt ihre Stärke und ihr Leben (V. 8-9). Ohne Gottes beständige Fürsorge und seinen Segen konnte das Volk im Land der Verheißung nicht gedeihen (Mt 6,33). Wem das Wort ins Herz geschrieben ist, dem wird es Hand, Augen und Zunge leiten, und es wird seine Familie schützen und führen (V. 18-19).

Was Gott verheißt (22-32). Gottes »Ich werde ...« ist das denkbar größte Versprechen. Mehr brauchen wir nicht! Wenn wir uns dazu entschließen, ihm zu gehorchen, wird er uns segnen, auch wenn wir Prüfungen und Lasten ertragen müssen. Wenn wir ihm nicht gehorchen, wird Gott trotzdem sein Versprechen halten und uns züchtigen. Wenn wir ihn lieben, gehorchen wir ihm (V. 1.13.22), und in diesem Gehorsam liegt Leben.

5. Mose 12

Manchmal meinen wir, ein Ortswechsel sei die Lösung für unsere Probleme, und so ziehen wir um oder suchen uns eine neue Arbeit. Es heißt, dass eine neue Umgebung keine Charakterfehler beseitigt. Vielleicht bringt eine Veränderung das Beste in uns hervor, vielleicht aber auch das Schlechteste.

Mose warnte die Israeliten, dass das neue Land ein Ort der *Verstrickung* sein könnte (V. 1-4.29-32), wenn sie Gott nicht gehorchten. Die pluralistische Gesellschaft von heute behandelt alle Religionen gleich, aber Gott verlangt, dass wir nur ihm dienen und ihn allein anbeten sollen.

Das Land würde ein Ort der *Freude* sein (V. 5-19), wenn sie dem Herrn folgten, denn Gott würde ihnen Sicherheit, Ruhe und Segen gewähren. Wir empfangen unser geistliches Erbteil durch Gottes Gnade (Eph 1,3) und wir nehmen es im Glauben in Anspruch. Erfreuen können wir uns daran nur, wenn wir seinen Willen befolgen.

Das Land würde ein Ort des *Wachstums* sein (V. 26-28), denn die Israeliten vertrauten Gottes Versprechen, ihnen zum Sieg zu verhelfen. Gott will unser Leben erweitern; allerdings müssen wir Acht geben, dass unser Wachstum nicht zur Entfremdung von Gott führt. Materiell voranzukommen und dabei das geistliche Wachstum zu vernachlässigen, ist reine Dummheit.

5. Mose 13

Zu Moses Zeiten gab es, genau wie heute, Menschen, die behaupteten, über außerordentliche Gaben zu verfügen, dabei aber dem Herrn nicht treu waren. Es geht nicht darum, zu beweisen, dass man Wunder vollbringen kann, denn das kann sogar Satan (2Kor 11,13-15; 2Thes 2,9-12); stattdessen gilt es, Treue zur Wahrheit Gottes unter Beweis zu stellen. Jeder Leiter, der uns vom Herrn und seinem Wort abbringt, gehört abgesetzt.

Erfolg entscheidet nicht über die Wahrheit, und persönliche Zuneigung auch nicht (V. 6-11). Wir müssen die Wahrheit mehr lieben als Menschen, und wenn die Entscheidung noch so schmerzhaft ist (Spr 1,10ff).

Zahlen entscheiden nicht über die Wahrheit (V. 12-18). Wenn eine ganze Stadt sich von Gott abwenden würde, ist das für uns kein Grund, es ebenso zu machen. Gott wird zu uns stehen (Mt 10,28-42). Wir haben uns »zur Weisung und zur Offenbarung« zu bekennen (Jes 8,20).

5. Mose 14

Die Kinder des Herrn sollen sich unterscheiden von den Kindern der Welt. Die Grundbedeutung des hebräischen Wortes, das mit »heilig« übersetzt wird, ist »anders sein«. Gottes Volk ist anders.

Obwohl die jüdischen Ernährungsvorschriften für Gottes Volk von heute nicht gelten (1Tim 4,1-5), bleibt doch der geistliche Grundsatz: Wir sollen ein abgesondertes und gehorsames Volk sein. Die Liste der »reinen« und »unreinen« Nahrungsmittel erinnerten die Israeliten daran, dass sie unterscheiden lernen mussten zwischen dem, was Gott annimmt, und dem, was er ablehnt. Lies noch einmal 3. Mose 11,41-47.

Wir sollen Gott ehren durch das, was wir empfangen und ebenso durch das, was wir geben (V. 22-29). Der sogenannte Zehnte entsprach zehn Prozent des Ertrags und konnte als Opfergabe für ein fröhliches Fest vor dem Herrn genutzt werden. Ein besonderer Zehnter alle drei Jahre ernährte die Leviten und half den Armen.

Wir sollten sowohl im Empfangen als auch im Geben Gott ehren und ihm freudig dienen. (Siehe 1Kor 10,31.)

5. Mose 15

Von Gott Segen zu empfangen, sollte uns motivieren, anderen ein Segen zu sein und ihnen zu helfen. Beachte, wie oft Mose den Segen Gottes erwähnt (V. 4.6.10.14.18). Gott beschenkt uns großzügig, und wir sollten ebenfalls großzügig anderen gegenüber sein (V. 8). Er segnet uns, damit wir zum Segen werden können (1Mo 12,2).

Wir sollen nicht nur großzügig austeilen, sondern mit freudigem Herzen geben (V. 10). Wenn es ans Geben geht, sollen wir dabei nicht schlau kalkulieren (V. 9), sondern uns freuen, dass wir geben dürfen! Paulus dachte vielleicht an diesen Vers, als er dazu riet, »nicht mit Verdruss oder aus Zwang« zu geben, »denn einen fröhlichen Geber liebt Gott« (2Kor 9,7).

Wir können nichts Größeres verschenken als uns selbst, weil wir einander lieben (V. 16-17). Erst bringen wir uns selbst Gott als Geschenk dar (Röm 12,1-2) und dann einander, indem wir uns gegenseitig liebevoll dienen (2Kor 8,1-15). Es kann gar nicht genug Menschen geben, die anderen dienen wollen.

5. Mose 16

Aus den sieben Festen des jüdischen Kalenders (3Mo 23) suchte Mose drei aus, auf die er besonders einging, und sie haben auch eine geistliche Bedeutung für den Gläubigen von heute.

Das Passafest (1-8) blickt in die Vergangenheit und erinnert uns daran, dass wir durch das Blut des Gotteslamms erlöst sind (Joh 1,29, 1Petr 1,18-19). Erlösung bringt Verantwortung mit sich: sich vom Lamm zu ernähren und alles Schlechte aus unserem Leben zu entfernen. (Siehe 1Kor 5,1-8.)

Das Pfingstfest (9-12) spricht von Erneuerung und vom Kommen des Heiligen Geistes auf sein Volk (Apg 2). Es ist ein Erntefest, das uns aufruft, in den Dienst für Gott einzutreten und beim Einbringen der Ernte zu helfen (Lk 10,2; Joh 4,33-38; Apg 1,8).

Das Laubhüttenfest (13-17) erinnerte die Israeliten daran, dass sie während der Wüstenwanderung in Hütten gelebt hatten. Wir sind »Fremdlinge und Pilger« in dieser Welt (1Petr 2,11; LUT) und sollten uns hier nicht allzu fest verankern. Das Laubhüttenfest verweist auch auf die Zukunft, auf das Gottesreich, das, wie Gott seinem Volk verheißen hat, kommen wird, wenn dessen Wanderung beendet ist.

Wir brauchen auch heute noch diese drei Erinnerungen, damit wir unsere Pflichten als Erlöste nicht vergessen.

5. Mose 17

Anmaßung. Gottes Wort offenbart seinen Willen und wir dürfen nicht über das hinausgehen, was Gott erlaubt. *Übertreten* (V. 2) heißt »die Grenze überschreiten«, und das ist die Sünde der Anmaßung. Gott sagt: »Bis hierher und nicht weiter!«, und wir haben uns daran zu halten. Dieser Gehorsam bezog sich auf Strafurteile (V. 8-13). Ein Sünder, der das Urteil von Gottes erwählten Anführern in Frage stellte, war dem Tod geweiht. »Hört und fürchtet euch!«

Stolz. Die Israeliten baten um einen König, und Gott gab ihnen Saul (1Sam 8–10). Wir wissen nicht, ob er sich an die Verse 18-20 hielt, aber wir wissen sehr wohl, dass er nicht Gottes Willen befolgte (1Sam 15). Sein Nachfolger David war ein Mann nach dem Herzen Gottes, aber Davids Sohn Salomo beging alle Sünden, die in den Versen 16-17 genannt werden (1Kö 10–11). Eine Zeitlang lebte das Volk in großem Wohlstand, aber dann zerteilte sich die Nation und wendete sich von Gott ab.

Durchschnittsbürger, Priester, Richter und sogar Könige – sie alle waren verpflichtet, sich Gottes Wort zu unterwerfen und es zu befolgen. Je höher die Stellung, umso größer die Verantwortung. »Hört und fürchtet euch!«

5. Mose 18

Gottes Volk sollte ein *großzügiges* Volk sein (V. 1-8), das seinen Besitz mit denen teilt, die dienen (1Kor 9,1-14; 3Jo 5-8). Die Priester und Leviten lebten von den Zehnten, und wenn das Volk untreu war, bedeutete dies, dass die Diener vernachlässigt wurden. (Siehe Neh 13,10-14.)

Außerdem sollte es als *abgesondertes* Volk leben (V. 9-14). Diese Warnung gegen okkulte Praktiken ist eine der stärksten in der Heiligen Schrift, und wir müssen sie auch heute noch beachten. Israel folgte diesem Gebot nicht, daher wurde das Land verunreinigt und das Volk gezüchtigt.

Gottes Volk muss *achtsam* sein (V. 15-22), auf das Wort hören und ihm gehorchen. Der Prophet, von dem hier die Rede ist, ist Jesus Christus (Apg 3,18-23), aber als er kam, erkannten sie ihn nicht und nahmen ihn nicht auf (Joh 1,10-11; 5,43). Einen wahren Propheten erkennt man daran, dass *alles* eintrifft, was er voraussagt. Der Prophet behält nicht zu 75% Recht, sondern zu 100 %!

5. Mose 19

In Israel gab es einen Gerichtshof, aber keine Ordnungskräfte. War jemand unschuldig, musste er geschützt werden, bevor die Familie eines Opfers Rache üben konnte. Die Zufluchtsstädte waren Orte, an denen der Totschläger vor Gericht gestellt werden konnte, um festzustellen, ob Totschlag oder Mord vorlag.

Die Städte sind ein Bild für die Erlösung, die wir in Jesus Christus haben, der Eine, bei dem wir »unsere Zuflucht genommen haben«, weil der Tod uns verfolgt (Hebr 6,18; Röm 6,23). Die Städte wurden von Gott ausgesucht, und andere Städte kamen nicht in Frage (Apg 4,12). Sie waren für alle zugänglich und erreichbar (Jos 20,9; Joh 6,37), aber wer dorthin floh, musste Gottes Wort vertrauen und sich entsprechend verhalten. Die Straßen, die zu diesen Städten führten, waren deutlich markiert und wurden gut in Stand gehalten. Der Weg war offen und frei.

In Christus aber haben wir etwas viel Besseres! Der Totschläger wurde vor Gericht gestellt, um festzustellen, ob er ein Mörder war, aber wer Christus vertraut, muss niemals vor ein Strafgericht (Joh 5,24; Röm 8,1). Unser Hoherpriester lebt ewig und tritt für uns ein, deshalb können wir niemals abgelehnt werden (Hebr 7,23-28). Wir sind tatsächlich schuldig, aber er vergibt uns durch seine Gnade – und er nimmt unsere Strafe für uns auf sich!

5. Mose 20

Unser geistliches Erbe in Besitz zu nehmen, wird sowohl Kämpfe als auch Segen mit sich bringen, denn die »geistigen Mächte der Bosheit« sind gegen uns (Eph 6,10-13). Gottes Worte an Israel helfen uns, zu verstehen, wie wir diesen Feinden begegnen und sie besiegen können.

Mut fassen vor dem Kampf. Wir wandeln durch Glauben, nicht durch Schauen (V. 1), und dürfen einen Sieg niemals nach den eigenen Mitteln oder denen des Feindes beurteilen. Gott gibt uns die Kraft zu überwinden, also lass dich durch die Tatsache ermutigen, dass Gott uns beisteht und für uns kämpft. In 2. Chronik 20,1-23 findest du ein hochinteressantes Beispiel für diese Wahrheit.

Gehorsam sein im Kampf. Wenn wir den Kampf gewinnen wollen, müssen wir uns dem Herrn voll und ganz hingeben (2Tim 2,4). Auf dem Schlachtfeld ist kein Platz für Furchtsame, Kleingläubige und Wankelmütige. Welchen Schlachtplan Gott sich auch für uns ausdenken mag, wir müssen ihm folgen, denn der Feind wechselt oft die Strategie.

Nach dem Kampf die Eroberung zu Ende bringen. Selbst wenn er besiegt ist, bleibt der Feind der Feind und kann uns zur Sünde verführen. Denk daran, wie es Achan und König Saul erging (Josua 7; 1Sam 15).

5. Mose 21

Der Mensch ist nach dem Bild Gottes geschaffen, und menschliches Leben erachtet Gott als wertvoll. Menschen dürfen nicht wie Tiere oder Dinge behandelt werden, und in den Geboten in diesem Kapitel geht es um diese Wahrheit.

Mord (1-9). Wenn entgegen dem Gesetz ein Leben beendet wird, so ist dies eine Tragödie, die nicht einfach dadurch ausradiert werden kann, dass man den Leichnam begräbt. Die Kuh starb anstelle des Angeklagten (1Mo 9,5-6), aber das Opfer konnte die Sünde des Mörders nicht auslöschen. Bei dem Opfer ging es eher darum, das Land vor der Verunreinigung durch unschuldiges Blut zu bewahren (5Mo 19,10-13), und es erinnerte das Volk an den hohen Wert eines Lebens.

Ehe (10-17). Den Israeliten war es verboten, Kanaaniterinnen zu heiraten (5Mo 7,1-4). Das bedeutet, dass die überführte Ehefrau in diesen Versen aus einer anderen Nation stammen musste. Frauen generell, und besonders gefangene Frauen, hatten eine sehr geringe Stellung in jenen Tagen, aber Gott schützte sie vor Missbrauch. Unabhängig davon, wie viel Einfluss wir haben: Wir dürfen andere nicht misshandeln oder ausnutzen.

Rebellion (18-23). Ein rebellischer Sohn machte seinen Eltern Kummer, brachte Schande über sein Dorf und diente anderen jungen Männern als schlechtes Beispiel. Die Angst vor dem Tod brachte vielleicht manche Söhne zur Besinnung, oder veranlasste sie, von zu Hause weg zu gehen, wie der verlorene Sohn es tat (Lk 15,11ff). Uns mag dieses Gesetz drastisch erscheinen, aber Gott duldet keine Rebellion.

In diesem Kapitel ist auch von unserem Herrn die Rede: Er starb für die Sünder, die Schuld auf sich geladen hatten und nahm eine Fremde zur Frau (Eph 5,25 ff). Er starb für rebellische Sünder, und er wurde an ein Holz gehängt (Gal 3,13).

5. Mose 22

Verlorener Besitz (1-4). Gott ehrt privaten Besitz und verlangt Ehrlichkeit im Umgang mit den Gütern anderer, selbst wenn sie unvorteilhaft erscheint. Er fühlt auch mit den Tieren (2Mo 23,5). Wir sind als Verwalter eingesetzt über alles, was Gott uns schenkt, und wir müssen treu sein.

Verwischte Grenzen. Die Bibel sagt ganz klar, dass Gott »nicht ein Gott der Unordnung ist« (1Kor 14,33), aber Unordnung entsteht, wenn wir die Unterschiede ignorieren, die Gott zwischen Mann und Frau, Tieren und sogar zwischen Samen und Stoffen gesetzt hat. Wie die Ernährungsvorschriften, so erinnerten auch diese Regeln die Israeliten daran, dass sie als Volk abgesondert waren, und die Quasten an ihrer Kleidung mahnten sie zusätzlich.

Verlorenes Ansehen (13-30). Hier sehen wir deutlich, dass Gott die Hilflosen im Land schützt. Falsches Zeugnis zu geben, ist ein ernsthaftes Vergehen, besonders wenn es um sexuelle Reinheit geht. Man kann den Ruf eines Menschen ruinieren, indem man ihn falsch beschuldigt. Es reicht nicht aus, nur die Tugend zu lieben; manchmal müssen wir auch »das Böse … wegschaffen« (V. 21) und uns mit Sünde auseinander setzen.

5. Mose 23

Der Ausdruck »in die Versammlung kommen«, der in diesem Kapitel sechsmal vorkommt, bezieht sich eher auf die Teilnahme an religiösen Handlungen als auf nationale Zugehörigkeit. Gott hat das Recht, zu entscheiden, wer sich ihm zur Anbetung nähern darf. (Siehe Ps 15; Joh 4,19-24.) Selbstverständlich sind diese Unterschiede in Jesus Christus nicht mehr vorhanden (Gal 3,26-29) und das Evangelium gilt allen (Offb 22,17).

Diese Gesetze waren nötig, weil Gott im Lager der Israeliten zugegen war (V. 15); deshalb musste das Lager rein sein. Sogar Fragen der persönlichen Hygiene waren wichtig (V. 9-14). Jesus lebt inmitten seiner Gemeinden (Offb 1,13; 2,1) und möchte ein heiliges Volk sehen.

Vers 4 zeigt die traurigen Folgen sowohl von Unterlassungs- (die Leute halfen Israel nicht) als auch von Begehungssünden (sie engagierten Bileam). So freundlich, wie wir anderen Menschen begegnen, begegnen wir auch Christus (Mt 25,31-46). Eine Lieblosigkeit kann zu jahrelangem Kummer führen.

Gott interessiert sich auch dafür, wie wir an unser Geld kommen (V. 17-18). Die heidnischen Tempel hatten religiöse Prostituierte, sowohl männliche (»Hunde« genannt) als auch weibliche, und Gott nahm solches Geld nicht an, das auf abscheuliche Weise verdient wurde.

Diese vielen verschiedenen Regeln erinnern uns daran, dass Gott sich bis ins Detail für unser Leben interessiert. Er will, dass wir heilig leben, damit wir mit ihm Gemeinschaft haben können (2Kor 6,14-18).

5. Mose 24

Weil er um die Sündhaftigkeit des menschlichen Herzens weiß, gab Gott seinem Volk diese Gesetze. Sie sollen bewirken, dass die Menschen glücklich sind (V. 5), und sie wollen verhindern, dass Menschen unterdrückt werden (V. 14) und dass das Gesetz gebeugt wird (V. 17).

Verheiratete Männer und Frauen (1-5). Gott erlaubte einer Geschiedenen, sich wieder zu verheiraten. Das war allerdings ein Zugeständnis, kein Gebot (Mt 19,1-12). Die geschiedene Frau konnte sich, geschützt durch dieses Gesetz, eine neue Familie aufbauen, und sie wurde nicht ausgestoßen. Gott wünscht sich Glück und Heiligkeit in unseren Familien. Wir werden Freude haben an diesen Segnungen, wenn wir ihm gehorchen und einander lieben.

Herren und Diener (6-18). Gott sieht, wie wir die behandeln, die von uns abhängig sind. Wir dürfen andere niemals demütigen, weil sie weniger Geld oder Einfluss haben als wir selbst. Wenn wir anfangen, stolz und unsensibel zu werden, sollten wir uns daran erinnern, was wir waren, bevor der Herr uns erlöste (V. 18.22; Tit 3,3-8).

Anderen helfen
Verschließe die Augen nicht vor den Bedürfnissen anderer (Spr 28,27), und auch nicht die Ohren (Spr 21,13), die Hand oder das Herz (5Mo 15,7; 1Jo 3,17). Gute Worte sind kein Ersatz für gute Werke (Jak 2,14-17; 1Jo 3,18). Wenn wir mit den Armen teilen, leihen wir dem Herrn, und er kümmert sich darum, dass sowohl sie als auch wir noch mehr bekommen (Spr 19,17).

Reich und Arm (19-22). Gott lagen die Armen besonders am Herzen, und er verließ sich darauf, dass sein Volk ihre Bedürfnisse großzügig erfüllte. Er versprach, alle zu segnen, die Fremden, Witwen und Waisen Mitgefühl zeigten. Wir sollten uns fragen, wo wir wären, wenn andere uns im selben Maß helfen würden, wie wir anderen helfen.

5. Mose 25

In diesem Kapitel geht es besonders darum, dass wir anderen Respekt entgegenbringen und sie wie Mitmenschen behandeln sollen, geschaffen nach dem Bild Gottes. Es ist falsch, andere zu demütigen oder sie auszunutzen (V. 1-3.11-12).

Wir sollten auch Tiere achten (V. 4; siehe auch Spr 12,10). Für einen Ochsen wäre es frustrierend, mitten in der Fülle zu stehen und nicht fressen zu dürfen. Der Apostel Paulus sah diesen Vers in einem viel größeren Zusammenhang (1Kor 9,1-14; 1Tim 5,17-18).

Wir sollen die Familie achten (V. 5-10). Dieses Gesetz war in Israel wichtig, wegen des Erbschaftsrechts in Bezug auf Familie und Stamm, aber es wird deutlich, worum es geht: Die Familie führt das Bestehen des Volkes fort und muss geschützt werden.

Wir sollen die Wahrheit achten (V. 13-16) und in geschäftlichen Angelegenheiten nicht unaufrichtig sein. Lies Sprüche 11,1 und 20,10 und nimm dir die Warnung in Sprüche 21,6 zu Herzen.

5. Mose 26

Diese beiden Gewohnheiten traten in Kraft, nachdem das Volk nach Kanaan eingezogen und zu einer Agrargesellschaft geworden war. Nachdem die Israeliten ihre erste Ernte eingebracht hatten, sollten alle ihre Erstlingsfrüchte Gott darbringen und ihn dadurch als Retter des Volkes anerkennen. Gott möchte bei uns immer noch an erster Stelle stehen, und wir sollen ihm die Ehre geben für die Segnungen, die er uns aus freiem Willen zukommen lässt (Spr 3,5-10).

Außerdem sollten die Israeliten in jedem dritten Jahr ihren Zehnten bringen und damit die Leviten und die Armen im Land unterstützen. Genau wie beim Feiern der Erstlingsfrüchte, sollten die Menschen auch hierdurch Gottes Güte bekennen, der das Land segnete und damit für die Ernte sorgte.

Besondere Gewohnheiten und Feste zu halten, ist völlig in Ordnung, besonders, wenn wir vor einem Neuanfang stehen. Es sollte dabei allerdings hauptsächlich darum gehen, Gott zu preisen, und nicht um die Gewohnheit selbst.

Diese beiden Ereignisse erinnern uns an die beiden höchsten Gebote, zuerst Gott zu lieben und dann auch unseren Nächsten. Dankbarer Gehorsam kennzeichnet Gottes erwähltes Volk (V. 16-19).

5. Mose 27

Diese Feierlichkeit wurde nur einmal begangen, nachdem Israel in das Land eingezogen war und kurz davor stand, es zu erobern (Jos 8,30-35). Es sollte sie in feierlicher Weise daran erinnern, dass Gehorsam Gott gegenüber das Geheimnis ihres Erfolges war (Jos 1,8).

Das Gesetz war in große Steintafeln eingraviert, damit jeder es lesen konnte. Wenn wir heute Gottes Wort lesen und darüber nachdenken, schreibt der Geist es in unsere Herzen und verändert uns von innen heraus (2Kor 3,1-3, 18).

Die Feierlichkeit erneuerte den Bund des Volkes mit Gott, denn wenn wir einen Neuanfang machen, ist es angebracht, von neuem unsere vollständige Hingabe an Gott zum Ausdruck zu bringen. Das Brandopfer war ein solcher Ausdruck. Das Friedensopfer und das darauffolgende Mahl waren ein Zeichen für die freudige Gemeinschaft mit Gott.

Die Flüche haben mit dem Gesetz zu tun, das bereits durch die Zehn Geboten gegeben wurde. In ihnen sind viele Aspekte des Privatlebens enthalten. Die Israeliten waren nicht aus Ägypten befreit oder nach Kanaan geführt worden, weil sie sich an das Gesetz hielten. Dennoch befähigte es sie zum Zusammenleben und dazu, sich an den Segnungen Gottes zu erfreuen.

Niemand von uns kann sich voll und ganz an Gottes Gebote halten oder all seine berechtigten Forderungen erfüllen. Wir sagen Dank für das, was Christus für uns am Kreuz getan hat (Gal 3,10-14), und für das, was der Geist in unserem Leben bewirkt (Röm 8,1-4).

5. Mose 28

Gott fing mit den Segnungen an (V. 1-14), aber der größere Teil der Ansprache ist den Strafen gewidmet. Wenn dir das unausgewogen erscheint, denke daran, dass Gott die Herzen seiner Kinder kannte (5Mo 5,29).

Gott versprach, jeden Bereich ihres Lebens zu segnen (V. 2-6), auch ihre politischen Unternehmungen (V. 7.13), ihre Landwirtschaft (V. 8; 11-12), und ihr Zeugnis gegenüber den Heiden (V. 9-10). Weil sie ein abgesondertes und heiliges Volk waren, sollten die Israeliten den heidnischen Völkern Licht sein (Jes 49,6), aber bei diesem Auftrag versagten sie. Vergleiche Vers 10 mit Vers 25.

Gehorsam würde sie erhöhen (V. 1.13), reicher machen (V. 3-6.8) und ihnen mehr Sicherheit gewähren (V. 7). In geistlicher Hinsicht können wir uns heute noch auf diese Verheißungen berufen.

Die Flüche sind furchterregend, aber sie kamen tatsächlich über das Volk, denn es wandte sich von Gott ab und den Götzen zu und missachtete das Wort Gottes. Sie achteten nicht *genau* darauf, Gott gehorsam zu sein, befolgten nicht *sorgfältig* seine Gebote und taten auch nicht *freudig* seinen Willen (V. 1.47). Wenn wir dem Herrn nicht »mit Freuden dienen« (Ps 100,2), werden wir letztendlich dem Feind mit Tränen dienen.

5. Mose 29

Einen Bund mit dem Herrn einzugehen, ist eine ernste Angelegenheit. Er wird sich an seinen Teil der Vereinbarung auf jeden Fall halten; wir dagegen neigen zum Ungehorsam. Wenn wir treu sein wollen, müssen wir unsere Augen, Ohren und Herzen geistlich erneuern lassen (V. 3). Wir müssen Gottes Hand am Werk sehen, sein Wort hören und ihn von ganzem Herzen lieben.

Vierzig Jahre lang sahen die Israeliten Wunder und hörten Worte, und doch bemerkten sie nicht, was Gott tat. Sie sahen seine Taten, verstanden ihn aber nicht (Ps 103,7). Sie hatten zugesehen, wie Gott die Götzen Ägyptens besiegte, und doch waren sie im Herzen immer noch Götzendiener. Was zu geistlichen Erfahrungen hätte werden können, blieb für sie nur eine Reihe historischer Ereignisse, weil sie ihr Augenmerk nicht auf den Herrn richteten.

Wir haben das zu befolgen, was wir kennen, und nicht unsere Nase in Unbekanntes zu stecken (V. 29). Denke einmal über Matthäus 13,10-17 nach und prüfe dann deine geistliche Wahrnehmung.

5. Mose 30

Der Zweck von Strafe ist Wiederherstellung, nicht Zerstörung. Gott weiß, was seine Kinder tun werden, deshalb sorgt er im Voraus dafür, dass sie die Möglichkeit haben, zu bereuen und umzukehren. Genau das hat er auch für seine Kinder von heute getan (1Jo 1,5-22).

Beachte, wie oft hier die kleinen Worte *all* und *ganz* vorkommen. Gott wird *all* seine Worte über sein Volk kommen lassen unter *all* den Nationen (V. 1), damit sie mit ihrem *ganzen* Herzen und ihrer *ganzen* Seele *allem* gehorchen, was er befohlen hat (V. 2). Wenn wir irgendeine Sünde unbeachtet lassen oder irgendein Wort von Gott ignorieren, ist unsere Reue unvollkommen.

Das Herz muss im geistlichen Sinn »chirurgisch behandelt« werden, wenn es den Herrn lieben und ihm gehorchen soll (V. 6; 5Mo 10,16; Jer 4,4; Röm 2,25-29). Jedes Kind Gottes macht diese Erfahrung (Kol 2,11) und kann dann im Glauben siegreich leben. Wenn wir uns das Wort zu Herzen nehmen (V. 11-14), entwickelt sich sowohl der Wunsch als auch die Dynamik, Gott zu gehorchen und ihm Ehre zu machen. Für den Sieg ist die Herzenseinstellung von entscheidender Bedeutung!

5. Mose 31

Mose hätte sein Leben unter einer dunklen Wolke der Entmutigung beenden können. Stattdessen ermutigte er sein Volk, das vor einer großen Herausforderung stand: Ein neues Leben in einem neuen Land unter einem neuen Anführer.

Er versicherte den *Israeliten* (V. 1-6), dass sie keine Angst vor dem Feind zu haben brauchten, weil der Herr vor ihnen herziehen und ihnen den Sieg schenken würde. Auf ähnliche Weise ermutigte er *Josua* (V. 7-9). Für Josua würde es nicht einfach sein, den Platz eines großen Mannes wie Mose einzunehmen, aber er hatte ja den Gott des Mose an seiner Seite.

Mose machte den *Leviten* Mut (V. 9-13.24-29), das Wort Gottes zu schützen, zu verkünden und das ganze Volk darin zu unterweisen. Wenn die Kinder Israel keine Freude am Wort hatten, konnten sie sich auch nicht an den Segnungen erfreuen, die Gott in ihr Erbe gelegt hatte.

Gott sucht sich hin und wieder neue Arbeiter, aber sein Werk geht immer weiter. Wer unsere geistlichen Leiter auch sein mögen: Wir sollen den Herrn lieben und gemäß seinem Wort leben. Darin liegt das Geheimnis von Segen und Erfolg. Und darin liegt auch das Geheimnis, wie du für andere eine Ermutigung sein kannst.

5. Mose 32

Gott gab Mose dieses Lied, um es an die Israeliten weiterzugeben, damit sie lernten, ihn zu lieben und ihm zu gehorchen (5Mo 31,19-20). Unsere heutigen Lieder sollten diesem Muster folgen, indem sie die Größe und Güte Gottes offenbaren und uns dadurch ermutigen, für ihn zu leben (V. 3).

Das Schlüsselbild für Gott ist »der Fels«. Wir sehen darin seine Beständigkeit in einer sich verändernden Welt und seine Verlässlichkeit in einer fordernden Welt (V. 4). Der Fels ist unser Retter (V. 15), Vater (V. 18) und Befreier (V. 30-31). Er ist alles, was wir brauchen.

Die Israeliten werden mit jungen Adlern verglichen, die das Nest verlassen und flügge werden müssen (V. 11-12). Aber Israel ist auch Gottes Schatz, und er bewahrt sein Volk (V. 34-35). Mose ermahnte sie, sich an ihren Anfang zu erinnern (V. 18) und ihr »Ende zu bedenken« (V. 29).

Mose verglich Gottes Wort mit Regen und Tau (V. 2), die vom Himmel herunterkommen und der Erde Leben und Erfrischung bringen. Oft erscheint es uns als Zeitverschwendung, das Wort Gottes weiterzugeben, aber das Wort Gottes erfüllt seinen Zweck; auch dann, wenn wir das nicht sehen können (Jes 55,10-11).

Dieses Lied besteht zu einem großen Teil aus einer Warnung an das Volk, dass sie dazu neigten, zu vergessen, was Gott für sie getan hatte, und sich von ihm ab- und anderen Göttern zuzuwenden. Wir wissen nicht, wie oft sie dieses Lied gesungen haben, aber wir wissen sehr wohl, dass sie es sich nicht zu Herzen nahmen. Achten Gottes Kinder von heute darauf, was sie singen?

5. Mose 33

Bevor er das Land zu sehen bekam, blickte Mose in die Zukunft und sagte den Stämmen, was auf sie zukam. Als Jakob vor seinem Tod seinen Segen gab, deckte er einige der Sünden seiner Söhne auf (1Mo 49), aber Mose tat das nicht. Stattdessen richtete er sein Augenmerk hauptsächlich auf die Beziehung der Stämme zum Herrn und erzählte ihnen von dem eigenen Charakter, Segen und der besonderen Aufgabe eines jeden Stammes.

Gottes Kinder genießen das Vorrecht, sicher von ihm in der Hand gehalten zu werden (Joh 10, 28-29) und ihm zu Füßen sitzen zu dürfen, um von ihm zu lernen (V. 3, LUT) und ihm zu gehorchen. Wir »wohnen zwischen seinen Schultern«, ganz nah an seinem Herzen (V. 12), und er trägt uns auf seinen »ewigen Armen« (V. 27). Was will man mehr?

Vers 25 mahnt uns, einen Tag nach dem anderen zu leben, so wie die ganze Schöpfung es tut (Mt 6,25-34). Wer sich das *Heute* verderben will, braucht nur das *Gestern* zu bereuen und sich über das *Morgen* den Kopf zu zerbrechen. Den Israeliten stand eine schwierige Zeit bevor, aber Gott würde ihnen beistehen und ihnen helfen, *einen Tag nach dem anderen*.

5. Mose 34

Wenn deine Zeit gekommen ist, wird es weniger wichtig sein, wie viele bedeutende Menschen zu deiner Beerdigung kommen, als die Frage, wie bedeutend dein Leben war. Wie du heute lebst, wird sogar darüber entscheiden, wie du eines Tages stirbst.

Mose lebte im Hochland, und er starb auch im Hochland. Er begegnete Gott oft auf einem Berg, sah seine Herrlichkeit und erfuhr seine Gnade. Während du auf der Erden lebst, suche immer, »was droben ist« (Kol 1,3ff).

Mose lebte im Willen Gottes und starb im Willen Gottes. Du brauchst weder das Leben noch den Tod zu fürchten, solange du im Gehorsam gegenüber dem Herrn wandelst. Mose starb »den Tod eines Gerechten« (3Mo 23,10; LUT), weil er das Leben eines Gerechten gelebt hatte.

Schließlich lebte Mose mit dem Blick nach vorne und starb mit dem Blick nach vorne, denn er blickte auf das Land der Verheißung. Die Israeliten wollten so oft nach Ägypten zurückkehren, aber er forderte sie immer wieder heraus, weiterzugehen, auf das Erbe zu, das Gott für sie bereithielt.

Es spricht nichts dagegen, die eigene Beerdigung zu planen, aber es ist auch gut, dein Leben so zu leben, dass man dich vermisst, wenn du fort bist.

Die Geschichtsbücher

Die Bücher Josua bis Ester berichten von Schlüsselereignissen in der Geschichte Israels: Eroberung Kanaans (Josua), Übereinkunft mit dem Feind (Richter); Gründung eines Königreichs, und schon bald die Spaltung in zwei Nationen (1. Samuel bis 2. Chronik); Gefangenschaft und die Rückkehr aus dem Exil (Esra bis Ester).

Israels hartnäckigste Sünde war die Abgötterei, und diese Bücher berichten vom Niedergang des Volkes, sowohl in politischer als auch in geistlicher Hinsicht, als Folge von Israels Abkehr von Gott und seinem Wort. Durch diese turbulente Geschichte hindurch blieb Gott seinem Volk jedoch treu, sandte ihm Propheten, um es zur Umkehr zu rufen und ihm in seinen Krisen beizustehen. Dennoch wandten sich die Israeliten immer wieder von Gott ab und dienten heidnischen Göttern. Schließlich musste der Herr die Israeliten züchtigen und in Gefangenschaft führen lassen. Doch Gott bewahrte sein Volk, damit er den verheißenen Retter schicken und seinen Bund mit Abraham erfüllen konnte, der beinhaltete, dass durch Israel alle Völker gesegnet sein würden.

Politische Systeme können sich ändern, ebenso die Mittel der Kriegsführung und internationaler Beziehungen, aber die menschliche Natur hat sich seit den Tagen Josuas, Davids, Salomos und Hiskias nicht geändert. Wenn du die Geschichte Israels liest, wirst du selbst feststellen, dass sie für unsere Zeit höchst relevant ist: »Gerechtigkeit erhöht eine Nation, aber Sünde ist die Schande der Völker« (Spr 14,34).

Josua

Im Buch Josua geht es um die *Hingabe des Volkes* (Kap. 1–5), die *Niederlage des Feindes* (Kap. 6–12) und die *Aufteilung des Landes* (Kap. 13–24). Josua führt die Kinder Israel von einem Sieg zum nächsten. Sie folgen dem Herrn und nehmen ihr verheißenes Erbe in Besitz.

Josua ist als Mensch ein Bild für unseren Herrn Jesus Christus, der den Sieg über die Sünde und Satan errungen hat und der denen Frieden schenkt, die ihm vertrauen (Hebr 4; Mt 11,28-30). Josua wusste, dass er dem Herrn unterstand (Jos 5,13-15), und sein Werdegang steht bildhaft für unseren Sieg durch den Glauben (1Jo 5,1-5). Jeder von uns hat ein geistliches Erbe, das es in Besitz zu nehmen gilt, ein »Land« zu erobern; und Josua zeigt uns, wie es geht. Das Wort *Erbe* kommt in Josua achtundfünfzig Mal vor. (Siehe Eph 1,11; Kol 1,12.)

Josua 1

Gott rüstet uns aus. Josua war in keiner einfachen Lage: Er hatte eine schwierige Aufgabe zu bewältigen und sollte die Position eines großen Führers wie Mose übernehmen. Aber Gott hatte ihn für genau diese Arbeit ausgerüstet und ihn darauf vorbereitet. Josua hatte unter Mose treu gedient und war nun für eine Führungsposition geeignet. Die Aufgabe, die du jetzt treu erfüllst, bereitet dich vor auf das, was Gott für dich bereithält (Mt 25,21).

Gott ermutigt uns. Das Erbe kann nur durch Gehorsam im Glauben in Besitz genommen werden (V. 3), aber Glaube und Gehorsam erfordern Mut. Gott ermutigte Josua durch seine Verheißung (V. 6); dadurch, dass er ihm versicherte, immer bei ihm zu bleiben (V. 9), und indem er ihn daran erinnerte, dass sein Erfolg auf dem Wort Gottes beruhte (V. 7-8). Außerdem ermutigte Gott Josua durch das Volk (V. 16-18). Bist auch du eine Ermutigung für deine Leiter?

Gott befähigt uns. »Sei stark!«, ist viel mehr als eine Ermahnung (V. 6.7.18), denn Gott gibt uns seine Gebote zusammen mit den entsprechenden Fähigkeiten. Nicht Josuas Erfahrung oder Geschick brachten den Sieg; er erlitt mehr als eine Niederlage. Der Sieg kam durch Gottes Kraft, die freigesetzt wurde, als ihm das Volk im Glauben gehorchte. Gott tut auch heute noch, was uns Menschen unmöglich ist (Lk 1,37)!

Josua – zum Leiter ausgebildet
Josua strebte nicht nach einer Führungsposition, aber er war von Gott berufen und von Gott zu Moses Nachfolger ausgebildet worden. Josua wusste um die Härte eines Sklavendaseins in Ägypten. Er wusste auch aus seiner Zeit an der Seite Moses, wie man Befehle befolgt (2Mo 24,13). Er war mutig genug, dem Feind entgegenzutreten (2Mo 17,8-16) und sein Glaube war stark genug, um darauf zu vertrauen, dass Gott den Sieg schenken würde (4Mo 14,1-10). Ursprünglich war sein Name Hoschea gewesen (»Rettung«), aber Mose hatte ihn in Josua umbenannt (»Jahwe ist Rettung«). Sogar Josuas Name erinnerte das Volk daran, dass er Gott vertraute.

Josua 2

Dass Josua die Kundschafter nach Jericho sandte, zeugte von Weisheit, nicht von Unglauben (Spr 20,18). Der Bericht der beiden Männer schenkte den Israeliten Mut für den Einmarsch (V. 24) und erinnerte sie daran, dass Gott durch die Eroberung Jerichos seine Verheißung an sie erfüllen würde (5Mo 2,25).

Aber dieser Aufenthalt in Jericho brachte auch Rettung für Rahab und ihre Familie. Wenn auch die Bibel Rahab nicht für ihre Lügen lobt, so lobt sie doch ihren Glauben (Hebr 11,31), der sich in Werken zeigte (Jak 2,25). Ihr Glaube bewahrte sie und ihre Familie vor dem Tod (Jos 6,17-19) und brachte ihr außerdem die Ehre ein, zu einer Vorfahrin des Messias zu werden (Mt 1,5). Wenn du Gott erst einmal vertraust und ihm gehorchst, kannst du dich auf so manches gefasst machen!

Josua 3

Josua war ein Frühaufsteher (V. 1; 6,12; 7,16; 8,10). Vermutlich widmete er diese ruhige Tageszeit dem Gebet und der Beschäftigung mit Gottes Wort (Jos 1,8; Ps 63,1). Darin kann er uns heute als gutes Beispiel dienen. (Siehe Mk 1,35.)

Wir haben eine ungewisse Zukunft vor uns (V. 4) und brauchen jeden Tag die Gegenwart Gottes auf unseren Wegen. Gott geht uns voran und wir sollen ihm folgen, wohin er uns führt. Gott kennt den Weg, zeigt uns den Weg und bereitet uns den Weg. Er ist der »Herrscher der ganzen Erde« (V. 11) und es gibt nichts, wovor wir uns fürchten müssten.

Die Priester mussten sich die Füße nass machen, bevor das Volk den Jordan überqueren konnte, und dazu mussten sie fest im Glauben stehen. Dein Glaube kann anderen Mut schenken für ihren Wandel mit Gott. Um durchs Wasser zu gehen, braucht man großen Glauben, aber noch größeren Glauben braucht einer, der *auf dem Wasser* gehen will (Mt 14,23-33). Stehst du immer noch am Ufer oder sitzt im Boot?

Die Zukunft ist deine Freundin, wenn du dem Herrn folgst und seinen Verheißungen glaubst.

Josua 4

Man tut gut daran, den großen Taten des Herrn ein Denkmal zu setzen, vorausgesetzt, die Denkmäler werden nicht zu Götzenbildern. Jede neue Generation muss lernen, was Gott für sein Volk getan hat, damit sie seinem Wort folgt und ihm ihre Zukunft anvertraut (Ps 78,1-8). Wer einen lebendigen Glauben an einen lebendigen Gott hat, für den ist die Vergangenheit nicht »tote Geschichte«. In ihr spiegelt sich das reale Leben wieder.

»Über den Jordan zu gehen« ist keineswegs ein Bild fürs Sterben und In-den-Himmel-Kommen, auch wenn das in manchen Liedern so dargestellt wird. Der Ausdruck stellt vielmehr die Lehre von Römer 6 dar: Der alte Mensch stirbt und wird durch die Auferstehung eins mit Christus. Niemand außer Gott kann die Steine in der Mitte des Jordan sehen, und dennoch gilt es als gesichert, dass dort welche liegen. Genauso verhält es sich auch mit dem Tod und der Auferstehung Christi: Wir glauben, was geschrieben steht, und erfahren das Wunder eines Neubeginns.

Die Steine am Ufer erinnerten das Volk daran, dass das alte Leben begraben war und dass sie »in Neuheit des Lebens wandeln« sollten (Röm 6,4; Kol 3,1ff). Bist du schon »über den Jordan gegangen« und hast dein Glaubensdenkmal errichtet?

Josua 5

Israel hatte ein großes Wunder erlebt, der Feind fürchtete sich und Gott war am Werk. Nun war es Zeit zu handeln! *Aber Gott gebot seinem Volk zu warten.* Warum? Damit er sie auf die Eroberung des Landes vorbereiten konnte.

Sich mit der Vergangenheit befassen (1-9). Die neue Generation hatte noch nicht das Zeichen des Bundes erhalten (1Mo 17), somit war dieses Handlung eine erneute Bestätigung für die Beziehung zwischen dem Volk und Gott. Beschneidung ist ein Symbol: Was zum sündigen Fleisch gehört, wird entfernt (Röm 8,13; Kol 2,11-12), und der Mensch gibt sich von ganzem Herzen Gott hin (5Mo 10,16; Jer 4,4). Das Volk hatte dies bei der Überquerung des Jordan *gemeinschaftlich* erfahren, aber jeder musste das für sich nun persönlich bestätigen.

Gott die Gegenwart anvertrauen (10-12). Das Volk aß von nun an kein Manna mehr, sondern Nahrung, mit der Gott sie auf natürlichem Wege versorgte. Wunder haben ihren Platz, aber bei Gott sind Wunder keine Schleuderware. Wenn wir tun, was uns möglich ist, wird er das Unmögliche tun. Die Frauen backten ungesäuertes Brot fürs Passafest, und die Israeliten erinnerten sich daran, wie Gott es aus dem Land Ägypten befreit hatte.

Sich in die Zukunft fügen (13-15). Josua begegnete Jesus

Christus und erfuhr, dass der Herr schon einen Plan für die Eroberung Jerichos hatte. Josua musste nur noch gehorchen und daran denken, dass er auf »heiligem Boden stand«. Von dem Tag an wurde Josua jedes Mal, wenn er die Schuhe auszog, daran erinnert, dass er Gottes Befehl unterstand. Das war das Geheimnis seines Sieges (2Chr 20,15).

Josua 6

Wenn Gott dich zu einer Aufgabe beruft, sagt er dir auch, wie du sie angehen sollst. Vielleicht erscheinen dir seine Pläne abwegig, aber sie gehen immer auf, wenn du im Glauben gehorchst (Jes 55,8-11).

Wenn wir heute versuchen, für den Herrn ein neues Gebiet zu erobern, gehen wir anders vor, als Josua es tat, aber wir sollten nach denselben Grundsätzen handeln wie er: Glauben und Gehorsam. Wir gebrauchen geistliche Waffen, um die Mauern im Denken der Menschen niederzureißen und sie für Christus in Besitz zu nehmen (2Kor 10,1-6).

Wie kann ein heiliger, liebevoller Gott die Tötung aller Einwohner einer Stadt befehlen? Diese Menschen waren gottlose Sünder, mit denen der Herr lange Zeit geduldig gewesen war (1Mo 15,16-21). Sie wussten, dass er sie nun bestrafen würde (Jos 2,9-11) und sie hätten dem Beispiel Rahabs folgen und gerettet werden können, wenn sie geglaubt hätten.

Gott fegte das Land sauber, damit sein Volk nicht verunreinigt und sein großer Heilsplan vereitelt würde (5Mo 7,1-11). Die Kanaaniter sündigten gegen besseres Wissen, *genau wie es die Menschen heute noch tun!* Christus starb für die Sünden der Welt. Menschen, die ihm nicht vertrauen, werden in ihren eigenen Sünden sterben. Gibst du die gute Nachricht des Evangeliums weiter?

Josua 7

Versuchung mitten im Sieg. Die Kundschafter waren versucht, überheblich zu werden, und Achan geriet durch seine Gier in

Versuchung. Er hätte seinen Pflichten als Soldat nachkommen sollen, aber er ließ seinen Blick umherschweifen und lief der Sünde in die Arme (V 21; siehe auch 1Mo 3,6). Ihm war die Kriegsbeute wichtiger als der Gehorsam Gott gegenüber (Ps 119,162).

Wir sündigen niemals allein. Gott sieht sein Volk als Einheit, deshalb übertrug sich Achans Sünde auf die ganze Nation. (Siehe 1Kor 12,12-27.) Die Sünde eines Mannes führte zum Tod von sechsunddreißig Soldaten.

Sünde führt schließlich zur Niederlage. Erfolg kann sich nur einstellen, wenn du Gott kennst und ihm gehorchst (Jos 1,8), und Achan wusste das. Aber er widersetzte sich Gott wissentlich und brachte dadurch eine Niederlage über das Heer, bereitete dem Herrn Schande und seinem Heerführer Kummer. Josua blickte nun rückwärts statt nach vorne (V. 7)!

Die Sünde bleibt nicht für immer verborgen. Manchmal ist es richtig, über ein Problem zu beten; ein anderes Mal gilt es, aufzustehen und es anzugehen. Die Strafe mag uns sehr hart erscheinen, aber Achan kannte die Regeln. Es gibt nichts wichtigeres, als Gott Ehre zu machen (V. 9).

Die Israeliten errichteten einen weiteren Steinhaufen, diesmal als Zeugnis für das Unglück (»Achor«), das die Sünde verursacht; aber lies Hosea 2,16-17 und freue dich.

Josua 8

Lass nicht zu, dass ein Versagen dich um die Siege deiner Zukunft bringt. Wenn Gott sieht, dass wir sein Wort befolgt und uns ernsthaft mit unserer Sünde befasst haben, begegnet er uns mit Ermutigung und führt uns weiter voran auf dem Glaubensweg. Wie man richtig sagt, besteht ein siegreiches christliches Leben aus einer Reihe von Neuanfängen. (Siehe Ps 37,23-24.)

Hätte Achan nur gewartet, hätte er alles bekommen, was er begehrte, aber er lief Gott voraus und verlor alles. (Siehe Mt 6,33.)

Josua wusste, wie man aus einer Niederlage einen Sieg macht, denn er nutzte den ursprünglichen Schlachtplan, um die Bewohner von Ai zu täuschen. Jetzt wurden *sie* überheblich, und das kostete sie das Leben. Die Strategie in Vers 26 hatte Josua von Mose gelernt (2Mo 17,8-13).

Errungene Siege sollten zu neuen Schritten der Hingabe führen (V. 30-35). Josua hielt sich an Moses Befehl (5Mo 27), denn Gehorsam gegenüber dem Wort ist das Geheimnis wahren Erfolges (Jos 1,8).

Josua 9

Die Gibeoniter wussten, dass ihre Nachbarngerade eine Schlacht verloren, weil Gott für Israel kämpfte und kein Heer ihm standhalten konnte. Deshalb entschieden sie sich für Hinterlist anstelle von Muskelkraft. Wenn es Satan nicht gelingt, dich als Löwe zu verschlingen (1Petr 5,8-9), wird er sich dir als hinterlistige Schlange erneut nähern. Er gibt niemals auf.

Die entwürdigende Niederlage bei Ai hätte Josua und die Stammesführer lehren sollen, sich Zeit zum Beten zu nehmen und herauszufinden, was der Herr vorhat. Schließlich war Gott der Oberbefehlshaber (Jos 5,13-15). Aber sie wandelten im Schauen, nicht im Glauben, und Unglaube wartet nun einmal nicht gern (Jes 28,16; 30,1-2).

Eine weitere Niederlage! Der Herr war um seine Ehre gebracht, die Anführer verloren an Format und dem Volk entging vielleicht ein Sieg: »Was hat der Tempel Gottes gemein mit den Götzen?« (2Kor 6,16, LUT). Aber Josua gab nicht auf, im Gegenteil: *Er ließ seine Fehler für sich arbeiten* (V. 21-27). So handelt ein großer Führer!

Josua 10

Wenn du dich mit dem Feind auf einen Handel einlässt, bescherst du dir damit Probleme ohne Ende. Die Israeliten mussten ausgerechnet das Volk beschützen, das sie hätten besiegen sollen. Stell dir einmal Diener vor, die ihren Herren befehlen (V. 6)!

Gott hätte sagen können: »Ihr habt euch den Schlamassel selber eingebrockt, nun seht zu, wie ihr wieder herausfindet!« Stattdessen ermutigte er sein Volk (V. 8) und kämpfte für die Israeliten vom Himmel aus (V. 10-11). Josua brauchte mehr Zeit, um den Kampf zu Ende zu bringen, und Gott erhörte sein Gebet, indem er Sonne und Mond anhielt. Die Kanaaniter verehrten die Himmelskörper als Gottheiten, also muss sie dieses Wunder tief beeindruckt haben. Wenn wir den Willen Gottes erfüllen, haben Gebete enorme Kraft.

Fünf Könige besiegte Josua, und das öffnete ihm die Tür zur Eroberung Südkanaans. Am Ende hatte er die ganze Region unterworfen. Was mit einem entwürdigenden Verteidigungsmanöver begann, endete als ruhmreiche Siegesserie. »Ist Gott für uns, wer kann wider uns sein?« (Röm 8,31; LUT).

Josua 11–12

Die feindlichen Völker im Norden Kanaans schlossen sich zu einer Respekt einflößenden Streitkraft zusammen. Aber Gott versicherte Josua, dass er die Schlacht gewinnen würde, und so geschah es. Gott gibt uns vor dem Kampf Zuspruch (11,6), kämpft für uns (11,8) und gibt uns nach der Schlacht weiter seine Befehle (11,9.15). Wie wir nach dem Sieg seine Befehle befolgen, ist genauso wichtig wie unser Handeln davor.

Josua eroberte das ganze Land, und das tat er, damit jeder einzelne Israelit sein Erbteil vom Herrn in Besitz nehmen konnte (11,23). Gott half ihm, 31 Könige zu besiegen, und ihr Land und ihre Reichtümer für den Herrn und sein Volk in Besitz zu nehmen. Unser Josua, der Sohn Gottes, hat jeden geistlichen Feind besiegt und regiert nun im Himmel (Eph 1,15-23; Kol 2,9-15). Durch ihn können wir »im Leben herrschen« (Röm 5,17) und uns als Sieger betrachten.

Josua 13

Anders als manche ältere Menschen heute, lebte Josua in der Zukunft, nicht in der Vergangenheit. Er hatte eine Aufgabe und wollte sie vor seinem Tod zu Ende bringen. Er war nicht zufrieden damit, 31 Könige unterworfen zu haben, sondern drängte die

Stämme, sich auf ihrem Land niederzulassen, das sie erobert hatten, und das Feldzeichen des Herrn darauf zu errichten.

Mit Gottes Hilfe bringst du in deinem Leben vielleicht vieles zuwege, aber es gibt immer noch mehr Land zu erobern. Als Christen bleiben wir niemals stehen im Leben; entweder gehen wir vorwärts oder rückwärts. Hebräer 6,1 fordert den Gläubigen heraus: »Lasst uns weitergehen!«

Josua vergaß nie, seinen Dienst den Regeln zu unterstellen, die Mose gegeben hatte. Dem Wort Folge zu leisten, brachte ihm immer Erfolg (Jos 1,8).

Ob sich die Leviten wohl vernachlässigt fühlten? Sicher nicht, denn Gott selbst war ihr Erbteil (V. 33)!

Josua 14

Kaleb ist ein lebendiger Beweis dafür, dass wir »durch Glauben und Ausharren die Verheißungen erben« (Hebr 6,12). Kaleb hatte sich wie Josua über vierzig Jahre lang danach gesehnt, sein Erbteil in Besitz zu nehmen. Das Volk dagegen hatte sich im Unglauben aufgelehnt. Geduldig hatte Kaleb das harte Leben in der Wüste ertragen; er wusste, dass seine Zukunft gesichert war (4Mo 14,24). Diese ungläubige Generation starb ohne Hoffnung in der Wüste, aber Kaleb hatte in seinem Glauben eine »lebendige Hoffnung« (1Petr 1,3ff).

Er kann uns wirklich ein Vorbild sein! Das Alter konnte ihn nicht aufhalten, die Enttäuschungen der Vergangenheit verbitterten ihn nicht, und nicht einmal vor Riesen hatte er Angst! In einem Alter, in dem andere sich ein sicheres und ruhiges Leben wünschen, sagte Kaleb: »Gib mir dieses Gebirge!« (V. 12). Sein Geheimnis? »Er war dem HERRN, dem Gott Israels, treu nachgefolgt« (V. 14).

Josua 15

Hätten die Israeliten sich ihr Erbteil selbst ausgesucht, wäre es zweifellos zu Streitereien gekommen, aber der Herr teilte das Land auf, und die Stämme fügten sich seinem Willen.

»Denn wer gibt dir einen Vorrang?«, fragte Paulus. Und: »Was hast du, das du nicht empfangen hast?« (1Kor 4,7). Johannes der Täufer sagte: »Ein Mensch kann nichts empfangen, auch nicht eins, es sei ihm denn aus dem Himmel gegeben« (Joh 3,27).

Beneidest du jemand anderen um dessen Erfolge und Fähigkeiten, lässt du dieses grundlegende geistliche Prinzip außer Acht. Jedes Mal, wenn du dich bei Gott über das beklagst, was du *nicht* bist, statt ihn für das zu preisen, was du bist, solltest du dir noch einmal anhören, was Paulus und Johannes der Täufer sagen.

Das soll dich aber nicht zur Selbstgefälligkeit verleiten. Kaleb kämpfte tapfer für sein gottgegebenes Erbteil, und dasselbe gilt für Otniël, seinen Schwiegersohn. Kalebs Tochter *bat* im Glauben um weitere Segnungen und bekam sie auch. Gott schenkt – wir nehmen durch Glauben in Besitz. Wir haben das Erbteil anzunehmen, das Gott uns zuteilt.

Das Volk konnte in Psalm 47,4 Frieden finden und die Leviten in Psalm 16,5. Bist du zufrieden mit dem, was Gott dir in seiner Weisheit zugeteilt hat?

Josua 16–17

Ephraim und Manasse waren Josefs in Ägypten geborene Söhne. Jakob adoptierte sie und gab ihnen einen besonderen Segen vom Herrn (1Mo 48). Das erklärt, warum diesen zwei Stämmen so wertvolles Land mitten in Kanaan zugeteilt wurde. Josef hatte die Familie während der siebenjährigen Hungersnot am Leben erhalten, und seine Nachfahren ernteten die Belohnung dafür. Sie wurden wohlhabend wegen Josefs Glauben und seiner Liebe und wegen Jakobs besonderem Segen.

Dennoch dürfen wir nicht allein von dem leben, was unsere Vorfahren erarbeitet haben. Wir müssen auch ein Erbe für uns selbst und unsere Kinder in Besitz nehmen (17,14-18). Die beiden Stämme beklagten sich viel, beteiligten sich aber kaum an der Eroberung! Die Söhne Josefs (17,14-18) hatten nichts, weil sie nicht baten (Jak 4,2). Die beiden Stämme hatten nicht, weil sie nicht in Besitz nahmen. Auf welche Weise hast du dich schuldig gemacht?

Josua 18–19

Wegen seiner zentralen Lage war Silo der ideale Standort für die Stiftshütte. In den Jahren der Wanderschaft hatte die Stiftshütte immer in der Mitte des Lagers gestanden. Nun stand sie mitten im Land, für alle erreichbar und als Erinnerung, dass die Gottesfurcht im Herzen des Volkes angesiedelt sein soll.

Nimm dich in Acht vor der Sünde der Nachlässigkeit! Nicht der Feind hielt die Stämme davon ab, ihr Erbe in Besitz zu nehmen, sondern ihre eigene Gleichgültigkeit und Trägheit. (Siehe Jak 4,17.)

Die Landvermesser trugen die Fakten zusammen, aber Gott führte sie bei der Aufteilung des Landes (18,8-10). Wir müssen mit dem Herrn zusammenarbeiten, wenn wir uns wünschen, dass er uns sagt, was er will. Zwar sollen wir uns nicht auf unseren eigenen Verstand *stützen* (Spr 3,6), aber wir brauchen unseren Verstand, damit Gott uns führen kann.

Josua sorgte dafür, dass die Zuteilung an die Stämme abgeschlossen war, bevor er sein eigenes Erbe empfing (19,49-50). Die Stadt Timnat-Serach lag in einer Gebirgsregion, in der das Leben nicht einfach werden würde. Josua hätte den schönsten Ort im Land für sich wählen können, aber er achtete andere höher als sich selbst und überließ ihnen das Beste (1Kor 10,24; Phil 2,1-4).

Josua 20

Die Zufluchtsstädte werden auch in 2. Mose 21,12-13; 4. Mose 35 und 5. Mose 19 erwähnt. Vielleicht möchtest du dir diese Stellen noch einmal anschauen.

Jesus Christus ist unsere »Zufluchtsstadt« (Hebr 6,18-20), aber die Rettung, die von ihm ausgeht, ist anders als die Zuflucht für den Totschläger. Es ist wahr, dass der Sünder zu Christus kommen muss (Mt 11,28-30), aber wahr ist auch, dass Christus zuerst uns sucht (Lk 19,10). Die Ältesten der sechs Städte gingen den Hilfesuchenden nicht entgegen.

Wenn wir zu Christus kommen, gibt es kein Gerichtsverfahren, um unsere Schuld festzustellen. Wir wissen ja, dass wir schuldig sind! Deswegen sind wir zu ihm geflohen! Wir sind nicht wartend an der Tür stehen geblieben; wir sind durch die offene Tür gegangen (Joh 10,19) und wurden vom Retter willkommen geheißen, wohl wissend, dass wir niemals Verdammnis fürchten müssten (Joh 5,24; Röm 8,1). Der Totschläger musste in der Stadt bleiben; wir aber gehen »ein und aus«, um Weide zu finden (Joh 10,9).

Josua 21

Nachdem das Land aufgeteilt war, blickte der Verfasser des Buches Josua zurück und stellte zusammenfassend fest: *Gott hält seine Versprechen* (V. 45).

Gott hielt Wort und schenkte Israel das Land (V. 43). Zuerst hatte er es Abraham versprochen (1Mo 13,14-17) und dann seinen Nachfahren (1Mo 17,8). Josua berief sich auf dieses Versprechen, fiel in Kanaan ein, besiegte den Feind und nahm das Land für Israel in Besitz.

Gott hielt Wort und schenkte ihnen Ruhe vom Krieg, so dass sie alle Feinde besiegen und sich an ihrem Erbteil erfreuen konnten (V. 44). (Siehe auch 5Mo 12,10; 25,19; Jos 1,13.) Heute finden wir Ruhe im Geist durch Christus (Hebr 3-4) und eines Tages werden wir in die ewige Ruhe eingehen.

Gott hielt Wort und verteilte die Leviten in ganz Israel (1Mo 49,7). Er schenkte ihnen achtundvierzig Städte, darunter die Zufluchtsstädte. Es hätte ein Segen für Israel sein sollen, dass diese Gottesdiener an vielen verschiedenen Orten lebten und die Wahrheit des Wortes an das Volk weitergaben (5Mo 33,10).

An jedes einzelne Wort seiner Verheißungen hat Gott sich gehalten (V. 45; Jos 23,14; 1Kö 8,56). Du kannst Gottes Wort vertrauen.

Josua 22

Nicht nur der Herr hatte seine Versprechen an Israel erfüllt; auch Ruben, Gad und der halbe Stamm Manasse hielten Wort (4Mo 32,25-32). Für sie war es Zeit, den Jordan zu überqueren und sich bei ihren Familien niederzulassen.

Josua *lobte* sie für ihre treuen Dienste, etwas, das wir alle tun sollten, wenn jemand in seinem Dienst gute Arbeit geleistet hat (1Thes 5,12-13). Außerdem *gebot* er ihnen, dem Herrn zu gehorchen und ihm von Herzen zu dienen. Schließlich *ermahnte* er sie, nicht selbstsüchtig zu werden, sondern die Kriegsbeute mit ihren Brüdern zu teilen. Vielleicht fiel ihnen Achan ein, als Josua zu ihnen sprach.

Im Land war es ruhig, aber die östlichen Stämme waren in Aufruhr, weil der Jordan sie von ihren Brüdern trennte. Würden ihre Kinder irgendwann denken, dass sie keine wahren Israeliten seien? Darüber hätten sie nachdenken sollen, bevor sie sich für diese Landesgrenze entschieden!

Der Bau des Altars wurde zunächst als Kriegserklärung missverstanden, aber dann wurde er zum Zeugnis für Frieden und Einheit. Es ist schade, wenn Gottes Kinder sich gezwungen sehen, Beweise für ihre Einheit herzustellen. Bevor du deinen Geschwistern den Krieg erklärst, finde erst einmal heraus, was eigentlich los ist. Vielleicht kommt es ja doch noch zur Einigung! Denk einmal über Sprüche 18,13 und Jakobus 3,13-18 nach.

Josua 23

Selbst die großartigsten Leiter können nicht für immer bleiben, auch wenn ihre Arbeit niemals verloren geht (1Jo 2,17). Wie schon sein Vorgänger Mose, hielt Josua eine Abschiedsrede, zuerst an seine Anführer (Kap. 23) und dann an das ganze Volk (Kap. 24).

Er verherrlichte Gott, nicht sich selbst. Niemand würde anzweifeln, dass Josua ein begabter Leiter und ein großer Heerführer war, aber er gab Gott die Ehre.

Er forderte die Israeliten auf, weiterhin dem Herrn zu vertrauen und ihr Erbteil in Besitz zu nehmen. Wenn du das Buch der Richter liest, wirst du feststellen, dass ihr unvollkommener Gehorsam zu Notlösungen führte und zu harter Bestrafung durch den Herrn. Josua hatte sie gewarnt (V. 18), aber sie vergaßen seine Worte. Der Triumph wurde in eine Tragödie verwandelt.

Er erinnerte sie daran, dass Gottes Wort niemals »hinfällt« (V. 14) und dass sie ihm voll und ganz gehorchen mussten, wenn sie wollten, dass Gott weiterhin das Land segnete. Vers 7 erklärt, wie man vom Weg Gottes abkommt, und genau das tat das Volk! Stell dir vor, du müsstest jetzt deine eigene »Abschiedsrede« halten? Wie würde sie sich anhören?

Glaube in der Familie
Josua war ein großartiger Leiter und ein mutiger Heerführer, aber er war auch ein gottesfürchtiger Vater, der seine Familie dazu anleitete, dem Herrn zu dienen. Er nahm Abraham als Vorbild ernst (1Mo 18,19) und ebenso die Mahnung des Mose (5Mo 6,4-9). Eltern müssen die Schrift ernstnehmen, und besonders Worte wie die von Paulus in Epheser 5,22–6,4.

Josua 24

Geographie. Josua wählte für seine letzte Botschaft einen bedeutungsvollen Ort, denn Sichem war für Israel voller Erinnerungen. Dort erschien Gott dem Abraham (1Mo 12,6-7), und dort fand Jakobs »Familientreffen« statt, als er auf dem Weg nach Bethel war (1Mo 35,1-4). Sichem war nicht weit vom Berg Ebal entfernt, wo das Volk sich nach seinem Einzug ins Land von neuem dem Herrn geweiht hatte (Jos 8,30-35). An einem besonderen Ort zu sein, erleichtert uns manchmal die Begegnung mit Gott.

Geschichte. Josua blickte zurück auf die Geschichte Israels und erinnerte das Volk an Gottes Gnade und Güte, die er in der Berufung Abrahams, in der Befreiung Israels aus Ägypten und darin erwiesen hatte, dass er ihnen ihr Land geschenkt hatte. Wir tun gut daran, hin und wieder die Geschichte aufzurollen und uns daran zu erinnern, wie gnädig Gott ist.

Ernsthaftigkeit. Unser Gott ist ein »eifernder Gott« insofern, als er keine Rivalen duldet. Er will nicht ein Gott unter vielen in unserem Leben sein; er muss Herr über alles sein. Wir dienen alle irgendeinem Gott, und wenn es nicht der wahre Gott ist, der sich in Jesus Christus offenbart hat, ist es ein falscher Gott.

Josua forderte das Volk heraus: »Erwählt euch heute, wem ihr dienen wollt« (V. 15). Hast du weise gewählt?

Steine

Steine spielten beim Eroberungsmarsch Israels durch Kanaan eine wichtige Rolle. Die Steine am Jordan (4,1-9) erinnerten die Israeliten an das Wunder, das Gott vollbracht hatte, indem er den Fluss für sie begehbar machte; außerdem erinnerten sie das Volk an das Ende ihres alten Lebens. Der Steinhaufen im Tal von Achor erzählte von Achans Sünde und davon, dass Gier und Ungehorsam zu einem tragischen Ende führen können (7,25-26). Die Steine des Gesetzes am Berg Ebal (8,31-32) zeugten von Israels Hingabe an Gott und sein Wort. Der Steinaltar am Ostufer des Jordan war ein Denkmal für die Einheit; und der Stein, den Josua aufstellte, stand für das Versprechen des Volkes an den Herrn, ihm allein zu dienen (24,26-27). Im Lauf der Jahre wurden aus diesen Botschaftern bloße Monumente, und das Volk vergaß ihre Bedeutung. Auch heute vergessen wir Kinder Gottes oft, wie der Herr sich unsere Beziehung zu ihm vorstellt.

Richter

Richter ist das Buch ohne König (17,6; 18,1; 19,1; 21,25). Gott war Israels König, aber das Volk weigerte sich, ihm zu gehorchen. Ihr Ungehorsam führte zu Niederlage (Kap. 1–2), Strafe (Kap. 3–16) und Verfall (Kap. 17–21). Acht Mal lesen wir, dass das Volk »tat, was böse war« in den Augen des Herrn und deshalb gezüchtigt werden musste. Als Gott sie bestrafte, flehten die Israeliten um Gnade und wurden erlöst, aber dann fielen sie wieder in ihre gottlosen Gewohnheiten zurück und mussten erneut bestraft werden.

Im Buch Josua stand Gott dem *ganzen Volk* bei der Eroberung des Landes bei. Aber im Buch Richter wandte sich Gott vom Volk ab und schenkte *Einzelnen*, die er berief und durch seinen Geist bevollmächtigte, erstaunliche Siege (3,10; 6,34; 11,29; u.a.m.). Dreizehn Richter werden in diesem Buch genannt. Richter 2,16-29 ist die beste Zusammenfassung von Israels Geschichte zu dieser Zeit – und diese Geschichte ist eine sehr traurige.

Heute leben wir in einer ähnlichen Zeit. Allgemein sieht es nicht so aus, als würde Gottes Volk einen Sieg nach dem anderen erringen; aber hier und dort befähigt Gott ausgewählte Diener durch die Kraft seines Geistes, um zu seiner Ehre Großes zu vollbringen. Es wird keinen Frieden geben, bis in Israel ein König herrscht!

Richter 1

Nach Josuas Tod und dem Umzug der zweieinhalb Stämme östlich des Jordan funktionierte das Volk nicht mehr als Stammesverbund mit einem großen Heer. Einzelne Stämme kämpften um ihr Erbteil und schlossen sich teilweise auch zusammen, aber irgendetwas war inzwischen unwiderruflich verloren gegangen. Gottes Kinder sollen sich nach Kräften bemühen, »die Einheit des Geistes zu bewahren durch das Band des Friedens« (Eph 4,3).

Was mit einer Eroberung begann (V. 1-26), wurde bald zu einer

Gefahr (V. 27-36), als die besiegten Stämme Israels sich dem Feind ergaben. Wenn wir den Feind nicht voll und ganz besiegen, besiegt der Feind am Ende uns. Israel übernahm die Gebräuche der Sieger und betete ihre Götter an. So musste der Herr sein Volk züchtigen, um es zu sich zurückzuziehen. Es hatte die Mahnungen von Mose (5Mo 7) und Josua (Jos 23) vergessen.

Eine Redewendung besagt treffend: »Wenn wir aus der Geschichte eines lernen, ist es, dass wir nichts aus der Geschichte lernen.« Lies 2. Korinther 6,14–7,1 und nimm dir diese Verse zu Herzen.

Richter 2

Lauter versäumte Gelegenheiten!

Eine Gelegenheit zu erneuter Hingabe (1-6). Gilgal war der erste Ort, an dem die Israeliten nach der Jordanüberquerung ihr Lager aufschlugen (Jos 5), und dort »wälzten« sie ihr altes Leben ab. Aber diesmal weinten sie nur, und ihr Weinen war kein Zeichen von aufrichtiger Reue. Es war eine vorübergehende Gefühlsregung, die in ihren Herzen keine Veränderung bewirkte.

Der Engel des Herrn

Bibelgelehrte sind sich weitgehend einig, dass es sich beim Engel des Herrn im Alten Testament um unseren Herrn Jesus Christus handelt, der hin und wieder vorübergehend auf der Erde erschien, um bestimmte Nachrichten zu überbringen oder besondere Aufgaben zu erledigen. Unter anderem sorgte er für Hagar (1Mo 16), Abraham (1Mo 22) und Mose (2Mo 3), und er erschien Josua (Jos 5,13-15). Auch wenn wir sie nicht erkennen, kümmern sich die Engel auch heute noch um Gottes Kinder (Hebr 1,14) und der Herr Jesus begleitet uns auf unserem Weg mit ihm (Mt 28,20; Hebr 13,5-6).

Eine Gelegenheit, zu lernen (7-10). Die alte Generation versäumte es, Gottes Wahrheit an die jüngere weiterzugeben, wie

Mose es den Israeliten geboten hatte (5Mo 6,1-9). Es ist schlimm genug, dass sie Josua vergaßen, einen ihrer beiden großartigen Leiter, aber wie konnten sie den Herrn vergessen? In 5. Mose 8 findest du die Erklärung.

Eine Gelegenheit, Zeugnis zu geben (11-23). Die Völker Kanaans lebten in furchtbarer Versklavung an Unwissenheit, Götzendienst und Unsittlichkeit. Aber statt ihnen Licht zu sein (Jes 49,6), ließen sich die Israeliten dazu herab, ihre Nachbarn nachzuahmen und ihnen beim Sündigen Gesellschaft zu leisten. Israel versäumte hier eine großartige Gelegenheit und zahlte dafür einen hohen Preis.

Was ihre Beziehung zu Gott anging, zur jungen Generation und zu ihren Nachbarn, versagten die Israeliten. Versagen wir in diesen Bereichen auch heute?

Richter 3

Die Gegenwart des Feindes im Land bot mehrere Gelegenheiten: zur Schulung und Prüfung und zum Gottvertrauen. Die jüngere Generation wurde im Kämpfen geschult und lernte bei der Gelegenheit auch gleich, ihr Erbteil nicht als Selbstverständlichkeit zu betrachten. Gott konnte sein Volk prüfen und es ermutigen, darauf zu vertrauen, dass er ihm den Sieg schenken würde. Obwohl die Stämme es versäumt hatten, ihre Feinde gänzlich zu vertreiben, stand Gott seinem Volk weiterhin bei und wollte ihm helfen.

Züchtigung

Der Schlüsseltext zu diesem Thema ist Hebräer 12,1-11. Das Wort *züchtigen* stammt aus der Kindererziehung und bezieht sich auf den Prozess, den Gott nutzt, um uns zur Reife zu bringen und uns Jesus Christus ähnlicher zu machen. Er prüft uns, um das Beste in uns zum Vorschein zu bringen. Satan dagegen versucht uns, um das Schlechteste aus uns herauszuholen. Wenn wir im Ungehorsam Gott gegenüber verharren, bestraft er uns, damit wir lernen, uns zu fügen. Das tut er aus Liebe; als Vater, der sein Kind zur Reife führt, nicht als Richter, der einen Verbrecher bestraft (Spr 3,11-12).

Gottes Kinder müssen *in* der Welt leben, aber sie dürfen nicht *wie* die Welt leben. Israel vergaß den Herrn und übernahm die Sitten und Gebräuche des Feindes. Zuerst gingen sie Mischehen ein, und das führte zum Götzendienst. Wenn man seine Schwiegereltern besucht, muss man ja wenigstens höflich zu ihren Göttern sein!

Wie erniedrigend, dass ausgerechnet die heidnischen Völker, die Israel nachahmte, von Gott als Werkzeuge zur Bestrafung des Volkes genutzt wurden! Die einstigen Eroberer wurden nun zur Beute. Die Israeliten bedauerten sich selbst, weil sie leiden mussten, bereuten ihre Sünden aber nicht. Sie mussten einen schmerzhaften Kreislauf aus Ungehorsam, Strafe, Verzweiflung und Rettung durchleiden und blieben doch immer wieder im Ungehorsam stecken.

Richter 4

Die Gesellschaft jener Zeit war stark durch die Männer geprägt. Deshalb empfanden diese es als erniedrigend, wenn Frauen die Führung des Landes in die Hand nahmen (Jes 3,12). In der Kirchengeschichte tauchen immer wieder Namen von gottesfürchtigen Frauen wie Debora auf, die Gottes Willen kannten, Gottes Volk um sich versammelten und für Gott Siege errangen; und wir sind dankbar für sie.

In Hebräer 11,32 wird Barak als Mann Gottes genannt, aber Debora gewann seine Unterstützung und rettete damit die Lage. Was für ein merkwürdiger Triumph! Gott gebrauchte zwei Frauen, einen Milchschlauch, einen Zeltpflock und einen Sturm (Ri 5,4-5; 20-21), um den Feind zu besiegen! (Siehe 1Kor 1,26-29.)

Der Glaube und der Gehorsam eines einzigen Menschen können die Geschichte verändern. Ob du andere anleitest wie Debora oder anderen unterstehst wie Barak; Hauptsache, du *glaubst,* denn allein der Glaube ist entscheidend, wenn es um Niederlage oder Sieg geht.

Richter 5

Ob im Kampf oder in der Anbetung: Debora und Barak zogen an einem Strang (Ps 149,6). Ihr Lied enthält einige Wahrheiten, die auch auf unseren geistlichen Kampf in dieser Welt zutreffen.

Sei bereit zum Kampf (2,9). Anführer können nicht anführen, wenn die Soldaten nicht gehorchen. Bist du bereit zu kämpfen?

Denk daran, dass der Herr vor dir herzieht (4-5.31). Der Gott aller Zeiten kann dir helfen, große Taten zu vollbringen, wenn du ihm vertraust und gehorchst. Nichts ist ihm unmöglich!

Lass dich nicht von anderen entmutigen (13-18.23). Nicht alle Stämme reagierten mit Glauben und Mut; einige weigerten sich sogar, mitzukämpfen. Einige opferten ihr Leben, und andere blieben zu Hause.

Sieger verwandeln Dunkelheit in Licht (31). Israel lebte in Verzweiflung und Dunkelheit, bis Debora die Führung übernahm (V. 6-8); und sie sorgte dafür, dass ein neuer Tag anbrach. Gehörst du zu der Art von Kriegern, die in dieser Welt etwas bewirken?

Richter 6

Dass Gideon es auf Gottes Liste der Glaubenshelden (Hebr 11,32) schaffte, mag uns merkwürdig erscheinen. Als Gott ihn rief, versteckte er sich gerade. Als Gott zu ihm sprach, zählte er alle möglichen Hindernisse auf, statt auf Gottes Zusagen zu vertrauen. Eines seiner Lieblingsworte war *wenn* (V. 13.17.36; Mk 9,22-23). Als Gideon schließlich doch beschloss, Gott zu gehorchen, arbeitete er nachts (V. 27) und der Herr musste ihm immer wieder versichern, dass er mit ihm war.

Ein Flies auslegen

»Ein Flies auszulegen« (d.h. Gott zu bitten, durch ein außergewöhnliches Zeichen seinen Willen zu bestätigen), ist kein

Beweis für einen starken, sondern für einen schwachen Glauben. Weil er um Gideons Schwachheit wusste, ließ Gott sich dazu herab und tat, worum er gebeten wurde, und vielleicht tut er das auch einmal für dich. Aber das ist nicht das Niveau, auf dem Gott dir begegnen möchte. Unreifer Glaube bittet um Bestätigung; reifer Glaube nimmt Gott beim Wort und gehorcht.

Aber Gott sah, was in Gideon steckte, und nannte ihn sogar »tapferer Held« (V. 12). Gott sieht auch, was in dir steckt, und sagt zu dir genauso wie zu Simon Petrus: »Du bist ... Du wirst« (Joh 1,42). Er weiß um deine Schwachheit und geht auf deine Bedürfnisse ein, um dir zu helfen, im Glauben zu wachsen.

Für einen Mann mit einem Herzen voller Sorge sind die Worte: »Der HERR ist Friede« genau das Richtige (V. 24). Auch heute kannst du dich mitten im Kampf am Frieden Gottes erfreuen (Phil 4,4-9).

Richter 7

Stell dir das einmal vor: 32 000 Israeliten gegen 135 000 Midianiter (Ri 8,10). Aber solche Situationen benutzt der Herr, um seinen Namen zu verherrlichen. Wenn Gott auf deiner Seite ist, brauchst du dir über die Stärke deines Feindes keine Gedanken zu machen. Halte also einfach den Blick auf Gott gerichtet.

Die eigentlich gefährlichen Feinde wohnten in den Herzen von Gideons Kriegern. Einer von ihnen war die *Angst* (V. 1-3), und diese führte dazu, dass 22 000 Männer nach Hause geschickt wurden (5Mo 20,1-9). Ein anderer Feind hieß *Vermessenheit* (V. 4-8). Gott reduzierte das Heer noch einmal von 10 000 auf 300 Soldaten, damit die Männer gezwungen waren, ihm voll und ganz zu vertrauen. Wenn Gott dir etwas nimmt, wovon du glaubst, dass du es brauchst, tut er das nicht, um dein Leben ärmer zu machen, sondern um dich im Glauben zu stärken.

Wie Josua, nahm sich auch Gideon Zeit, Gott anzubeten, bevor er in den Kampf zog (V. 15; Jos 5,13-15), denn er kannte die Quelle seiner Kraft. Gott nutzte schwache Waffen, um ein großes Heer zu besiegen, denn Gideon und seine Männer lebten aus Glauben: »Denn für den HERRN gibt es kein Hindernis, durch viel oder durch wenig zu helfen (1Sam 14,6).

Prüfungen
Wir können nie wissen, ob Gott nicht gerade irgendwelche alltäglichen Dinge in unserem Leben benutzt, um unseren Glauben zu prüfen. Die Männer in Gideons Heer wurden geprüft an der Art, wie sie Wasser tranken. Lot wurde durch einen Streit über Landbesitz geprüft (1Mo 13,6ff). Israel wurde durch seinen Durst geprüft (2Mo 15,22-27), und Mose durch das Murren des Volkes (4Mo 20,1-13). Wir sollten immer wachsam sein, denn manchmal wissen wir gar nicht, worin wir gerade unterwiesen werden, bis wir feststellen, dass wir die Prüfung nicht bestanden haben.

Richter 8

Ein Volk (oder auch eine Gemeinde) setzt sich aus sehr unterschiedlichen Menschen zusammen, und ein Leiter muss mit jedem Einzelnen umzugehen wissen, besonders nach einem großen Sieg.

Die Kritischen (1-3). Sie waren zornig auf Gideon, weil sie außen vor gelassen wurden und nicht am Ruhm teilhaben durften. Taktvoll gab Gideon ihnen eine »sanfte Antwort«, die die Wunden heilte und eine Spaltung verhinderte (Spr 15,1; Eph 4,1-3). Das ist besser als einen weiteren Krieg auszulösen.

Die Zynischen (4-9). Sie sagten: »Du hast doch die Schlacht noch gar nicht gewonnen, warum sollten wir dir also helfen?« Die Männer von Sukkot zeigten weder Gottvertrauen noch Wertschätzung für die Leistung von Gideon und seinen Männern. Ihr Mangel an Liebe kam sie später teuer zu stehen.

Die Ängstlichen (10-21). Zwei berühmte Könige endgültig zur Strecke zu bringen, wäre ein großartiger Beginn für eine militärische Laufbahn, aber der junge Bursche war nicht reif genug für diesen Auftrag. Gideon hat vielleicht an seine eigenen Ängste gedacht und an Gottes Geduld mit ihm.

Die Treulosen (22-35). Anders als Abraham, war Gideon begierig nach der Kriegsbeute und verlangte einen großzügigen Anteil daran (1Mo 14,18-24). Schließlich betete er sogar Götzen an und fiel vom wahren Glauben ab, denn das menschliche Herz ist leider immer schnell bereit, sich der Sünde hinzugeben.

Richter 9

Gideon war ein von Gott berufener Leiter. Abimelech dagegen ernannte sich selbst zum Leiter und ermordete seine eigenen Brüder um dieser Position willen. Absalom und Adonija machten später denselben Fehler und er kam sie teuer zu stehen (2Sam 15,1; 1Kö 1,5ff).

Jothams Fabel zeigt, dass wahre Leiterschaft Opfer erfordert. Für Abimelechs Herrschaft mussten andere Opfer bringen; aber er selbst hatte nichts hergeben müssen. Um den Menschen zu dienen, muss ein wahrer Leiter oftmals seinen Wohlstand aufgeben (Öl), seine Anmut und auch seine Fröhlichkeit. Aber wenn sich nicht immer wieder gute Männer und Frauen finden, die bereit sind, Opfer zu bringen, müssen wir uns wohl mit dem Dornenstrauch begnügen!

Abimelechs Sünde holte ihn ein, aber er hatte genug Gelegenheit, seiner Familie und seinem Volk zu schaden (Ps 34,21; Spr 11,3.19).

Richter 10

Weder von Tola noch von Jaïr werden uns großartige Heldentaten berichtet, aber sie bescherten dem Volk 45 Jahre Frieden. Von keinem einzigen Angreifer von außen ist die Rede, also dienten diese beiden Richter wohl, indem sie die internen Probleme des Volkes lösten. Die beiden waren eher Verwalter als Heerführer. Wir brauchen beides.

In Zeiten, in denen es keine Kämpfe auszufechten gilt, neigen wir dazu, unsere Segnungen als selbstverständlich zu betrachten. Das kann zur Sünde führen (5Mo 8,7-20). Das Volk verließ Gott und betete die Götter des Feindes an, so dass Gott sie durch den Einmarsch der Ammoniter züchtigen musste.

Das Bekenntnis in Vers 10 war unaufrichtig. Es ging aus dem Druck hervor, den sie spürten. Das Bekenntnis in Vers 15 dagegen war echt, denn es ging mit Buße einher und sie sündigten nicht mehr. (Siehe 2Kor 7,8-11.) Gewissenbisse und Bedauern sind nicht dasselbe wie Reue. Von heuchlerischen Tränen lässt Gott sich nicht beeindrucken.

Richter 11

Niemand ist schuld an den Umständen seiner oder ihrer Geburt. Erlaube nicht Dingen, auf die du keinen Einfluss hast, dein Leben zu beeinträchtigen. Lerne sie anzunehmen, und der Herr wird zu seiner Zeit eine Lösung finden, die seinem Plan entspricht (Ps 139,13-16). Wenn du aufhörst, dich dagegen zu wehren, werden sich deine Lasten eines Tages in Gelegenheiten verwandeln.

Alles weist darauf hin, dass Jeftah den Herrn aufrichtig anbetete. Er verhandelte mit den Ältesten vor dem Herrn und er kannte die Heilige Schrift. Er war ein gläubiger und mutiger Mann (Hebr 11,32), der wusste, dass Gottes Macht ihn sicher zum Sieg führen würde (V. 29).

Jeftah wusste, dass Gottes Gesetz Menschenopfer verbot und ganz sicher hätte ihm Gott nicht auf der Grundlage eines solchen Opfers den Sieg geschenkt. Jeftahs Tochter war dem Herrn zum Dienst geweiht und blieb daher unverheiratet. Aus diesem Grund hatte Jeftah keine Nachkommen, die seinen großen Namen hätten erhalten können. Wäre sie buchstäblich geopfert worden, ist es unwahrscheinlich, dass ihren Freundinnen erlaubt worden wäre, dieses Ereignis jedes Jahr zu beweinen, denn damit hätten sie die heidnischen Völker um sich herum nachgeahmt.

Richter 12

Die Männer von Ephraim konnten sich nicht an den Siegen anderer erfreuen, solange sie selbst nichts davon hatten (Ri 8). Jeftah war nicht so geduldig und taktvoll wie Gideon, und die Folge war ein Bürgerkrieg, der 42 000 Menschenleben kostete. »Siehe, welch kleines Feuer, welch einen großen Wald zündet es an!« (Jak 3,5). Sprüche 17,14 enthält einen wichtigen Rat.

Das Wort *Schibboleth* steht im deutschen Wörterbuch und bedeutet »Test zur Feststellung der Zugehörigkeit«. Wenn du nicht *genau* den Anforderungen einer Gruppe entsprichst, wirst du abgelehnt. Manche Christen prüfen anhand von solchen Kleinigkeiten die Geistlichkeit und Gemeinschaftstauglichkeit anderer und sorgen damit für Spaltung in der Gemeinde.

Wir wissen nicht einmal, wo Jeftah begraben liegt! Einerlei, der Herr weiß genau Bescheid und dieser tapfere Mann wird seine Belohnung erhalten.

Richter 13

Simson bedeutet »kleine Sonne«, und anfangs war er für seine Familie und auch für Israel tatsächlich der Sonnenschein in einer dunklen Zeit. Aber sein Leben endete in Dunkelheit, weil er dem Herrn nicht voll und ganz gehorchte. Er *begann*, Israel von den Philistern zu befreien (V. 5), aber Samuel und David würden später diese Aufgabe zu Ende führen.

Wie kam es, dass der Mann versagte, obwohl er doch denkbar gute Voraussetzungen mitbrachte? Er war der Sohn gottesfürchtiger Eltern, die um Weisheit beteten und den Willen des Herrn erfüllten. Simson war dem Herrn durch ein lebenslanges Gelübde als Nasiräer geweiht (4Mo 6). Ein frommes Zuhause ist keine Garantie dafür, dass die Kinder selbst gottesfürchtig leben. Sie können sich dem geistlichen Einfluss ihrer Eltern entziehen. Nicht die Eltern waren verantwortlich, sondern Simson selbst.

Er ging seine Aufgabe mit dem Segen des Herrn an und beendete sein Leben unter dem Spott eines heidnischen Pöbels.

Es stimmt, dass Simson durch seinen Tod viele Feinde tötete, aber wäre es nicht viel besser gewesen, er hätte als *lebendiges Opfer* weitergelebt (Röm 12,1-2)?

Richter 14

Simsons Entscheidung, mit der seine Eltern nicht einverstanden waren (5Mo 7,1-4), wurde vom Herrn im Kampf gegen die Philister benutzt. Wenn wir Gott nicht von uns aus die Herrschaft überlassen, wird er uns zeigen, wer Herr ist (Spr 16,33), aber das ist kein Freibrief zum Sündigen (Röm 3,8).

Als nächstes wurde Simson ungehorsam, indem er abbog, um über einen schon länger zurückliegenden Sieg nachzusinnen (Spr 4,27). Der Honig war durch den Kadaver verunreinigt, somit wurde auch Simson verunreinigt, als er davon aß (4Mo 6,6). Hüte dich vor unreinem Honig, wie süß er auch sein mag!

Danach verunreinigte Simson auch noch seine Eltern, indem er ihnen von dem Honig gab, und bei der Hochzeit machte er aus dem Ganzen einen Witz. Sein Mangel an Ernsthaftigkeit gegenüber dem Herrn führte schließlich zu seinem Niedergang. Als seine Pläne vollkommen scheiterten, hätte er den Herrn um Führung bitten sollen. Stattdessen blieb er auf dem Weg, für den er sich entschlossen hatte.

Wir können unsere Sünde ignorieren, aber umgekehrt wird kein Schuh daraus. Letztendlich ernten wir, was wir gesät haben.

Richter 15

Wenn wir im Leben immer nur Vergeltung im Sinn haben, hat das für gewöhnlich schmerzhafte Folgen: Als Antwort auf Simsons Zorn gab sein Schwiegervater Simsons Braut jemand anderem. Simson wiederum rächte sich, indem er die Ernte der Philister niederbrannte, und die Philister verbrannten dafür die Braut und ihren Vater. Wer hatte am Ende gewonnen?

Nun bekamen es die Männer von Juda mit der Angst zu tun und versuchten Simson loszuwerden. Eher waren sie bereit, sich mit dem Feind einzulassen, als offen den Krieg zu erklären. Wäre Simson ein geistlicher Mensch gewesen und nicht nur ein Kämpfer, hätte er sie zum Sieg führen können, aber er zog es vor, alleine zu arbeiten, und nicht als Anführer eines göttlichen Feldzugs.

Simson brauchte nur *Durst* zu verspüren, um sich an seine Schwäche und seine völlige Abhängigkeit von Gott zu erinnern. Hätte er genauso aufrichtig um gute Eigenschaften gebetet wie um die Befriedigung körperlicher Bedürfnisse, wäre er ein besserer Mann gewesen und als Richter Israels erfolgreicher. Wie der verlorene Sohn, betete er: »Gib mir!«, aber niemals »Mach mich!« (Lk 15,12.19).

Richter 16

Verunreinigung. Gott hatte Simson so oft aus einer peinlichen Lage befreit, dass dieser überzeugt war, unverwundbar zu sein. Deshalb spielte er weiterhin mit der Sünde und verunreinigte sich. Ein geisterfüllter, von Gott berufener Leiter hat kein Recht so zu handeln, wie Simson es tat. Sein Körper gehörte Gott (1Kor 6,12-20).

Täuschung. Die Hure in Gaza täuschte ihn und Delila ebenfalls. Man sollte meinen, dass Simson an dem Punkt schon wachsamer gewesen wäre, aber sein Gewissen war verunreinigt und sein moralisches Bewusstsein zerstört. Simson täuschte sich sogar *selbst*, indem er sich vormachte, alles im Griff zu haben (V. 20), aber er hatte Unrecht.

Zerstörung. Jemand hat einmal gesagt, Vers 21 beschreibe, wie die Sünde Menschen »verblendet, knechtet und schindet«. Simson wandelte in Finsternis und starb in Finsternis. Gott vergab ihm und schenkte ihm neue Kraft, aber er machte ihn nicht wieder sehend und erneuerte auch seinen Auftrag nicht. Simson hätte als Sieger sterben können, aber er zog es vor, als moralischer und geistlicher Verlierer zu leben. Er tötete Gottes Feinde, lebte aber nicht als Freund Gottes (Joh 15,14). Wie tragisch!

Richter 17

Man sagt, die Zustände in der Familie spiegeln den Zustand einer Nation wider. Wenn das stimmt, hatte Israel ein Problem; denn in dieser Familie wurde in jeder Hinsicht gegen Gottes Gesetz verstoßen.

Sie hatte sich dem Götzendienst verschrieben. Der Sohn hatte eine eigene Priesterschaft gegründet und war ein Dieb, und die Mutter machte sich schuldig, indem sie sowohl Flüche als auch Segnungen aussprach (Jak 3,9-10). Sie machte sich mehr Sorgen um Geld als um den Charakter ihres Sohnes.

Den Leviten traf noch größere Schuld, denn er war von Gott zu einem besonderen Dienst berufen und kannte das Gesetz. Er war kein Diener Gottes, sondern ein Mietling. Als die Daniter ihm eine bessere Stellung boten, nahm er sie an.

Was für ein anschauliches Beispiel für »Do-It-Yourself«-Religion! Aber ist unsere Welt heute so anders? Die Menschen ignorieren nach wie vor Jesaja 8,20 und tun, was sie selbst für richtig halten.

Richter 18

Lässt in der Familie die Moral zu wünschen übrig, wird sich das letztlich auf die Gesellschaft auswirken. In diesem Fall ging die Verderbtheit auf einen ganzen Stamm über. Falsche Lehre ist wie Sauerteig; im Verborgenen geht er auf und wirkt sich auf alles aus, was mit ihm in Berührung kommt (Gal 5,7-9).

Die Daniter hatten ihren Erbteil in Besitz genommen (Jos 19,40-48), aber der Feind war in ihr Stammesgebiet einmarschiert und hatte sie gezwungen, sich ein neues Zuhause zu suchen. Wären die Stämme Gott treu geblieben, hätte der Feind sie nicht enteignet und sie hätten sich weiter an ihrem Erbe erfreuen können.

So kann man auch zu einem neuen Zuhause kommen! Die Daniter entführten den angeheuerten Priester einer falschen Religion und stahlen die Götzen. Dann töteten sie unschuldige Menschen, die abgeschieden lebten und von all dem, was in jenen Tagen gefährlich werden konnte, gar nichts wussten. Den Höhepunkt erreicht die Geschichte da, wo sie sich für den Götzendienst ein eigenes Haus bauten; ein offener Affront gegen das Wort Gottes.

Sie lebten an einem Ort, »wo es keinen Mangel [gab] an irgendetwas, was auf Erden ist« (V. 10), und doch mangelte es ihnen an allem, was Gott ihnen schenken wollte. Ihr scheinbarer Wohlstand gab ihnen eine scheinbare Sicherheit, die nicht von Dauer sein konnte.

Richter 19

In der traurigen Geschichte Israels geht es jetzt vom Götzendienst weiter zur Sittenlosigkeit und zum Bürgerkrieg. Wenn wir uns mit der Sünde nicht befassen, breitet sie sich aus wie die Pest und zerstört alles. Dem Volk Israel ging es im Grunde nur deshalb schlecht, weil es sich von Gott unabhängig gemacht hatte und sich nicht um sein Gesetz scherte. Nichts kann mehr richtig sein, wenn jeder Mensch tut, was er für richtig hält. Es war eine Zeit der moralischen und geistlichen Dunkelheit (Jes 8,20).

Der Levit war als geistlicher Leiter kein gutes Vorbild. Er hatte eine Nebenfrau, was vom Gesetz her erlaubt und geregelt war (vgl. 1Mo 30; 5Mo 21,10-14.15), aber von Gott her eher als Zugeständnis betrachtet werden muss. Interessiert war er vor allem an Essen, Trinken und den Freuden des Lebens. Hätte er seine Begierden im Griff gehabt, und wäre er von geistlicher Weisheit erfüllt gewesen, hätte er niemals all diese Probleme verursacht. Die Menschen, die mit ihm in Berührung kamen, lernten Gott durch ihn nicht kennen, und die Art, wie er seine Nebenfrau behandelte, war unentschuldbar.

Wenn geistliche Leiter Gott nicht gehorchen und der Gemeinde nicht als Vorbilder im Glauben dienen, leiden die Gemeinde und die Gemeinschaft, und am Ende zerfällt das ganze Volk. Ein einziger Vorfall kann zu einer nationalen Krise führen. Es macht schon einen Unterschied, wenn Gottes Volk einer verfallenden, finsteren Gesellschaft tatsächlich Licht und Salz ist (Mt 5,13-16).

Richter 20

Das Kapitel veranschaulicht sehr gut, was in Jakobus 3,13-18 gesagt wird. Wenn menschliche Weisheit die Grundlage für unser Handeln ist, schaffen wir uns ein Problem nach dem anderen. Wenn wir aber innehalten, um zu beten und Gott nach seinem Willen zu fragen, zeigt er uns, was wir tun sollen.

Die Benjaminiter fragten nicht nach dem Willen des Herrn, gestanden ihre Schuld nicht ein und bereuten ihre Sünden nicht. Es kann keinen Frieden geben, solange die Sünde nicht beseitigt ist, aber der Stamm Benjamin war nicht bereit, in Gibea die eigenen Leute zu bestrafen. »Du sollst das Böse aus deiner Mitte wegschaffen«, heißt es neun Mal im 5. Buch Mose und Gott erwartete von seinem Volk, dass es genau das tun würden.

Auch heute müssen Gottes Kinder sich mit der Sünde in ihrem Leben (2Kor 7,1) und in der Gemeinde (1Kor 5) auseinander setzen. Nicht bekannte Sünde ist wie eine unkontrollierte Seuche: Sie breitet sich aus und tötet. Charles H. Spurgeon sagte einmal: »Die Sünde ist die Mutter und Amme allen Übels; das Ei, aus dem alles Unheil erwächst; die Quelle aller Bitterkeit, die Wurzel allen Leides.«

Richter 21

Nachdem sich der Tumult gelegt und die Gemüter sich beruhigt hatten, stellte das Volk fest, dass sein übereiltes Gelübde ein neues Problem geschaffen hatte: Einer der Stämme Israels war vom Aussterben bedroht. Hätten die Söhne Benjamin sich mit der Sünde in Gibea befasst, so wie Mose es geboten hatte, hätten sie sich eine Menge Ärger erspart. Früher oder später stellt sich immer heraus, dass der leichtere Weg eigentlich der schwerere ist.

Aus den Anführern der Stämme Israels wurden Friedensstifter (V. 13) und die Stämme schlossen sich zusammen, um das Problem anzugehen. Sie lösten es auf dem semantischen Weg: Israel hatte geschworen, ihnen keine Frauen zu *geben*, aber das musste die Männer vom Stamm Benjamin ja nicht davon abhalten, sich welche zu *nehmen*.

Der Apostel Paulus gehörte zum Stamm Benjamin. Er war zweifellos dankbar für jene vierhundert Frauen aus Jabesch in Gilead (V. 12) und die zweihundert Frauen, die aus Silo entführt wurden, denn sie erhielten den Stamm Benjamin am Leben.

Rut

Es ist schwer vorstellbar, dass sich diese schöne Liebesgeschichte ausgerechnet in der düsteren Zeit der Richter ereignete, aber wir haben nun einmal einen gnädigen Gott. Auch heute leben wir in schwierigen Zeiten; und doch ist Gott am Werk, bereitet die Braut für seinen Sohn vor und setzt seinen Heilsplan in die Tat um. Lass dir durch die schlechten Nachrichten von den Sünden der Menschen niemals die Freude über die gute Nachricht von Gottes Liebe und Gnade rauben.

An der Geschichte von Noomi, Rut und Boas kannst du erkennen, wie Gott für uns Menschen sorgt, und wir erfahren ein weiteres Detail aus dem Stammbaum unseres Retters: In Rut 4,17 wird zum ersten Mal David in der Bibel erwähnt.

Die vier Kapitel von Rut sind die vier Akte eines Dramas: 1. Tränen, 2. Mühe, 3. Vertrauen, 4. Sieg. Das Buch beginnt mit Sterbefällen und endet mit einer Hochzeit. Die Bitterkeit Noomis verwandelt sich in Freude über den Segen, den sie erfährt, und die einsame Rut wird zu einer geliebten Frau. Gottes Gnade ist wunderbar!

Rut 1

Noomi und ihr Ehemann sündigten, indem sie Juda verließen und ins Feindesland zogen. Es ist besser, man hungert und lebt aber nach dem Willen Gottes, als mit vollem Bauch an seinem Willen vorbei zu leben. Sie wollten nur kurz in Moab bleiben, aber ihr »Aufenthalt« dauerte so lange, dass ihre Söhne Zeit hatten, sich zu verheiraten. Dann starben der Vater und die Söhne. Vor einer Hungersnot kannst du davonlaufen, aber nicht vor dem Tod.

Noomi sündigte, indem sie ihre Schwiegertöchter drängte, nach Hause zurückzukehren. Sie wollte die beiden moabitischen Frauen nicht mit nach Bethlehem nehmen und so den Ungehorsam ihrer

Familie öffentlich machen (5Mo 23,3). Man stelle sich das einmal vor: Eine Israelitin schickt zwei Frauen zurück zu ihren falschen Göttern! Aber Rut glaubte inzwischen an den Gott Israels (V. 16-17; 2,12) und weigerte sich zurückzugehen.

Noomi sündigte, indem sie bitter wurde und Gott wegen ihrer Not anklagte. Noomi bedeutet »angenehm« und Mara heißt »bitter«. Aber sie hatte sich doch selbst dazu entschieden, nach Moab zu gehen, was konnte Gott dafür? Eine »Wurzel der Bitterkeit« kann dein Leben und das der Menschen um dich herum vergiften (5Mo 29,18; Hebr 12,15). Achte also darauf, dass du gegen niemanden einen Groll hegst.

Gott verhindert zwar die schmerzhaften Folgen unserer Sünden nicht, aber er setzt sie außer Kraft, um seinen Plan zu erfüllen. Durch Gottes Gnade wird Noomis Leere zur Fülle werden und ihr Kummer wird sich in Freude verwandeln.

Rut 2

Rut war noch jung im Glauben, aber sie verstand genug vom Wort Gottes um zu wissen, dass sie während der Ernte nachlesen durfte (3Mo 19,9-10). Sie vertraute dem Gott, der versprochen hatte, sich um die Witwen und die Armen zu kümmern (2Mo 22,22; 5Mo 10,18), und er ließ sie nicht im Stich. Wenn wir Gott vertrauen und ihm gehorchen, wird er sich für unsere Belange einsetzen (Spr 3,5-6).

Unter seinen Flügeln (Rut 2,12)
Dieses Bild bezieht sich auf das Allerheiligste in der Stiftshütte, wo die Flügel der Cherubim den Gnadenthron überschatteten (2Mo 25,17-22). Unter seinen Flügeln zu sein, bedeutet, an einem sicheren Ort in Gemeinschaft mit Gott zu sein (Ps 36,7-8; 61,4; 91,1-4). Wir Gläubigen sollen in ihm bleiben (Joh 15,1-10) und das Allerheiligste betreten (Hebr 10,19-25). Gottes Kinder leben »außerhalb des Lagers« (Hebr 13,13) und »hinter dem Vorhang« im Allerheiligsten.

In Bethlehem gab es mindestens zwei Männer, die Noomi und Rut aus ihrer Armut und Einsamkeit erlösen konnten, und Gott führte Rut absichtlich zum Feld von einem von ihnen, Boas. (Siehe Ps 25,9; Jes 42,16.) Nicht Noomis Bitterkeit wendete das Blatt, sondern Ruts Glaube.

Boas beschützte Rut und sorgte für sie, bevor ihm überhaupt klar wurde, wer sie war. (Bei ihm war es wahrscheinlich Liebe auf den ersten Blick!) Statt von Resten leben zu müssen, gewann Rut den »Herrn der Ernte« zum Freund. Kannst du in dieser Geschichte eine Parallele sehen zu dem, was Christus für die Seinen getan hat?

Rut 3

Noomi ließ ihre Bitterkeit los und lernte, an andere zu denken. Sie erklärte Rut, wie sie sich Boas nähern sollte, ihrem Löser (3Mo 25,23-55). Er war ein naher Verwandter, der sie loskaufen konnte, aber würde er das auch *wollen*? Das würde Rut noch in derselben Nacht herausfinden.

Ein Löser für den Verwandten (3Mo 25,23-55)
Dieses Gesetz schützte die Armen vor Ausbeutung und hielt die Wohlhabenden davon ab, ihren Besitz in andere Stämme hineinzutragen. Der Löser musste ein naher Verwandter sein, der in der Lage war, den Betroffenen loszukaufen, und er musste auch bereit dazu sein. Verpflichtet war er dazu zwar nicht, aber es wurde von ihm erwartet. Weigerte er sich, kränkte er damit die Familie und den Stamm und schadete außerdem seinem eigenen Ruf. Indem er in Bethlehem zur Welt kam, wurde Jesus Christus uns zum nahen Verwandten. Er konnte uns erlösen und war auch bereit dazu; er erlöst alle, die ihm ihr Vertrauen schenken.

Unter den Flügeln des Herrn hatte Rut bereits Schutz gefunden (2,12), aber sie wollte außerdem, dass Boas sie unter seine Fittiche nahm (V. 9). Er willigte nur allzu gern ein! Bis zu diesem Punkt hatte ausschließlich Rut sich bemüht, aber nun nahm Boas ihr die Arbeit ab (V. 18). Für sie galt es nun, sich hinzusetzen und abzuwarten, im Vertrauen auf ihren Löser.

Rut kann uns ein Vorbild sein, wenn es darum geht, dass unsere Bedürfnisse erfüllt werden. Sie hörte sich an, was zu tun war (V. 1-4), folgte den Anweisungen (V. 5-9), glaubte den Worten ihres Erlösers (V. 10-14), nahm an, was er ihr schenkte (V. 15-17) und wartete geduldig, bis er erledigt hatte, was noch zu tun war (V. 18). Wenn du deinem Erlöser nahe bist, hast du nichts zu befürchten.

Rut 4

In den ersten zwei Versen ist fünf Mal die Rede davon, dass irgendjemand sich *hinsetzt*. Die ganze Aktion musste wohlüberlegt sein, denn sie war endgültig. Boas sollte Rut loskaufen. Als unser Retter sein Erlösungswerk vollbracht hatte, setzte auch er sich (Mk 16,19; Hebr 1,3. Siehe auch Joh 19,30).

Die Hochzeit sollte ganz im Stillen stattfinden, aber der Loskauf fand öffentlich statt. Der andere Verwandte konnte zwar lösen, war aber nicht bereit dazu. Er fürchtete, sein eigenes Erbteil aufs Spiel zu setzen. Jesus hat uns zu einem Teil seines Erbes gemacht (Eph 1,11-14). Der Gegensatz zwischen Kapitel 1–2 und Kapitel 4 könnte nicht krasser sein: von Trauer zu Freude, von harter Arbeit zu Ruhe, von Leere zu Fülle, von Furcht zu Frieden und Zuversicht. Und was zu der Wende führte, war einzig und allein *Gehorsam gegenüber dem Wort Gottes*. Als Rut sich zu Füßen des Erlösers niederließ und sich ihm anvertraute, nahm er das Ruder in die Hand und veränderte alles.

In Kapitel 1 hatte Rut nichts als ihren Glauben. In Kapitel 2 lebte sie von dem, was andere übrig ließen, und in Kapitel 3 wurde sie großzügig beschenkt. Nachdem sie Boas' Frau geworden war, *gehörte ihr alles, was er besaß.* Lies Epheser 1,3 und 2. Korinther 8,9.

Die Bücher Samuel

Drei Männern gilt die besondere Aufmerksamkeit dieser Bücher: Samuel (1Sam 1–7), Saul (1Sam 8–15) und David (1Sam 16 bis 2Sam 24). Natürlich überschneiden sich ihre Lebenswege im Laufe der Entwicklung von Israels Monarchie.

Samuel war der Letzte in der Reihe der Richter und Saul war der erste König. Dennoch hatte Gott niemals vor, mit Saul eine Dynastie zu gründen, denn er gehörte zum falschen Stamm (1Mo 49,10). Gott wählte David aus dem Stamm Juda als König über Israel. Saul benutzte er, um dem Volk eine Lektion zu erteilen, denn sie lehnten den Herrn selbst als Herrscher ab, weil sie sich einen König wünschten. Denn andere Völker hatten ja schließlich auch Könige (Hos 13,11).

Die Bücher Samuel zeigen, wie Gott in die Angelegenheiten von Menschen und Völkern hineinwirkt. Der Mensch kann sich frei entscheiden, aber Gott lenkt dennoch und sorgt dafür, dass seine Pläne in Erfüllung gehen.

1. Samuel

1. Samuel 1

Gnade. Der Name *Hanna* bedeutet »Gnade« und sie brauchte Gottes Gnade, um mit ihren Lasten zurechtzukommen. Leider war die Familie gespalten, ihre Rivalin reizte sie und Hanna bekam keine Kinder. Aus solchem Leid baut Gott oft großen Glauben und segnet den Menschen in besonderer Weise. (Siehe 1Petr 5,10.)

Glaube. Wenn man bedenkt, wie es ihr zu Hause erging und auch wie Eli mit ihr umsprang, ist es schon bemerkenswert, dass Hanna überhaupt Glauben hatte. Aber sie gab keiner Bitterkeit gegen Gott Raum, wie Noomi es getan hatte (Rt 1, 19-22), noch machte sie ihrem Mann Ärger. Sie bat um einen Sohn und Gott erhörte ihr Gebet. Da überrascht es nicht, dass aus Samuel (»erbeten von Gott«) ein großartiger Beter wurde. Bei der Mutter, die Gott ihm schenkte!

Gehorsam. Hannas Gelübde war kein »Handel« mit Gott, sondern Ausdruck ihrer Hingabe: Sie würde Gott ihren Erstgeborenen *schenken* und ihn nicht mit einem Opfer auslösen (2Mo 13,11-16). Die Gebete einer Mutter und die ermutigenden Worte eines Vaters bestimmten über den weiteren Weg eines ganzen Volkes. Die Kraft des Gebets und die Gottesfurcht einer einzigen Familie sind von nicht zu unterschätzendem Wert.

1. Samuel 2

Singen (1-11). Die meisten Menschen würden singen, weil sie ihren Sohn *behalten* dürfen. Hanna dagegen sang, weil sie ihren Sohn *hergeben* durfte, damit er Gott diente. Sie verherrlichte den Gott, der für sein Volk große Taten vollbringt. Marias Lied ähnelt dem von Hanna (Lk 1,46-55), denn auch Maria brachte dem Herrn ein Opfer (Lk 1,38). Erst das Opfer, dann das Lied (2Chr 29,27).

Sündigen (12-17.22-36). Eli hatte keinen Einfluss mehr auf seine Söhne und als Folge wurden aus seiner Familie keine Priester mehr erwählt (1Kö 2,26-27.35). (Siehe 1Tim 3,4-5.) Es trifft durchaus zu, dass aus den allerbesten Charakteren, wenn sie verdorben werden, die allerschlimmsten entstehen. Elis Söhne belegen diese Aussage.

Dienen (18-21). Es ist ein Segen, wenn Eltern erkennen, dass die Bedürfnisse und die Kämpfe ihrer Kinder sich im Lauf der Zeit ändern, und für Kinder ist es ein Segen, wenn sie »vor dem Herrn aufwachsen« (Lk 2,52). Mitten in einer unreinen Umgebung hielt Gott Samuel rein, weil seine Eltern ihn liebten und für ihn beteten. Jesus liebte die Kinder ganz besonders und wir sollen sie auch lieben.

Kinder

Kinder sind ein Geschenk Gottes (1Mo 48,8-9), ein Erbe und eine Belohnung (Ps 127,3), »Waffen«, mit denen wir den Feind besiegen können (Ps 127,4-5), ein Quell der Freude (Ps 113,9) und ihren Eltern eine Krone im Alter (Spr 17,6). Kinder zu missbrauchen, ist ein schlimmes Vergehen (Mt 18,1-6), ebenso Nachlässigkeit bei ihrer geistlichen Erziehung (Eph 6,1-4). Mit jeder neuen Generation ist das christliche Zeugnis vom Aussterben bedroht. Wenn wir unsere Kinder nicht zu Christus führen, geben wir unsere Zukunft auf.

1. Samuel 3

Heiligkeit. Ein gottesfürchtiges Leben kann sich auch in gottesfeindlicher Umgebung entwickeln. So war es bei Mose in Ägypten, bei Daniel in Babylon und bei unserem Herrn in Nazareth. Samuel wurde nicht isoliert, aber er wurde ausgesondert. Er gehörte dem Herrn. Täglich kam er in Berührung mit Sünde und doch ließ er sich nicht durch sie verunreinigen. Er war ein »lebendiges Opfer« und erlebte Gottes verändernde Kraft (Röm 12,1-2).

Autorität. Obwohl Eli als Samuels Lehrer nicht gerade ein Vorbild an Frömmigkeit war, unterstellte sich Samuel seiner Autorität. Wir unterstellen uns »menschlicher Einrichtung« nur »um

Gottes willen« (1Petr 2,13-25), denn wir dienen Gott, nicht den Menschen. Wir vertrauen darauf, dass er uns beschützt und seinen Willen auch im Leben von Menschen zum Tragen bringt, die ihn nicht fürchten.

Treue. Gott gebrauchte Samuel als Boten, weil er um seine Treue wusste. Der Junge war es gewohnt, auf Elis Stimme zu horchen und ihm sofort zu folgen. Deshalb war er bereit, als Gott zu ihm sprach. In kleinen Dingen treu zu sein, bereitet dich auf größere Aufgaben vor (Mt 25,21). Dass Gott zu ihm gesprochen hatte, hielt Samuel nicht davon ab, weiterhin seinen Dienst zu verrichten (V. 15). Er machte sich gleich wieder an seine täglichen Aufgaben. Die Israeliten würden von nun an auf Samuel hören, denn sie wussten, dass Gott durch ihn sprach.

1. Samuel 4

Von drei tragischen Ereignissen wird hier berichtet.

Niederlage. Die beiden Söhne Elis wollten Gottes Hilfe in Anspruch nehmen, ohne seine Heiligkeit anzuerkennen. Sie suchten nach Gott in ihrer Lebenskrise, aber nicht in ihrem alltäglichen Dienst (1Sam 2,12-17). Sie dachten, die Bundeslade in ihrer Mitte würde ihnen garantiert zum Sieg verhelfen, aber ihr (Aber-)Glaube war nicht im wahren Glauben verankert. Hüte dich zu denken, du könntest Gott dazu »benutzen«, deine Probleme zu lösen, während du ihm nicht dein Leben übergeben hast.

Dem Kind einen Namen geben

Würdest du gerne Ikabod heißen, also »Nicht-Herrlichkeit«? Oder Ben-Oni, »Sohn meiner Trauer«? Oder Jabez, ein Name, der an das hebräische Wort für »Schmerz« anklingt (1Chr 4,9-10)? Oder Beria, was »im Unheil« bedeutet? Unsere erste Geburt zeugt von Niederlage, aber unsere Wiedergeburt ist ein Ausdruck des Sieges (1Jo 5,1-5). Wenn du an Jesus Christus glaubst, verändert sich dein Leben auf vielerlei wunderbare Weise.

Tod. Der Bote brachte schlechte Nachrichten vom Schlachtfeld und damit Eli und seiner Schwiegertochter den Tod. Eli wurde von Gott gestraft; durch den Schmerz der Mutter dagegen wurde Gott verherrlicht. Pinhas war ein gottloser Mensch, aber aus den Worten seiner Frau lässt sich schließen, dass sie Gott liebte.

Gottverlassenheit. Die Herrlichkeit Gottes wohnte bei Israel (2Mo 40,34-35; Röm 9,4), aber die Sünde des Volkes zwang Gott, sich in einer Stunde größter Not von Israel zu entfernen (Ps 78,56-64). Die Israeliten hatten nun weder die Bundeslade, noch die Herrlichkeit Gottes; sie standen nackt vor ihren Feinden. Hätten sie sich vorher um Gottes Herrlichkeit gekümmert, dann hätten sie für ihre Sünden Buße getan und ihm gehorcht, aber nun war es zu spät.

1. Samuel 5

Die Herrlichkeit Gottes mochte Israel zwar verlassen haben, aber Gott hatte die Situation nach wie vor im Griff und war durchaus in der Lage, für seinen Namen einzustehen. Wenn es aussieht, als hätte der Feind die Herrlichkeit »gestohlen«, sei ganz beruhigt: Gott sitzt noch auf dem Thron.

Gott kann seine Herrlichkeit sogar in einem heidnischen Tempel offenbaren und alle falschen Götter müssen vor ihm niederfallen. Wie viel lieber hätte er seine Herrlichkeit auf dem Schlachtfeld offenbart, aber einem ungehorsamen Volk konnte er nicht den Sieg schenken. Das hätte sie nur dazu ermutigt, weiter zu sündigen.

Statt ihre Sünden zu bekennen und dem wahren Gott Israels zu vertrauen, versuchten die Philister, die Bundeslade loszuwerden. Damit ließen sie sich wirklich eine großartige Gelegenheit entgehen! Andererseits: Würdest du dem Gott eines besiegten Feindes vertrauen? Israels Zeugnis für die anderen Völker war armselig, und so lehnten diese Israels Gott ab.

1. Samuel 6

Gott züchtigte die Philister, weil sie die Bundeslade behielten, aber er tötete einige Männer aus seinem eigenen Volk, weil sie sich die Lade angeschaut hatten (V. 19). Die Israeliten kannten das Gesetz (4Mo 4,15.20), deshalb war ihre Schuld größer als die der Philister. Neugier ist unerlässlich, wenn es um Lernen und Fortschritt geht, aber es ist nicht weise, in heiligen Dingen übermäßig neugierig zu sein.

Die Männer von Bet-Schemesch brachten gerade ihre Ernte ein, als der Wagen mit der Bundeslade in Sicht kam. Sechs Monate lang war die Lade fort gewesen, aber die Männer hatten sich dadurch nicht von der Arbeit abhalten lassen. Auch nach einer Niederlage muss die Arbeit erledigt und das Volk ernährt werden.

Abinadabs Haus wurde zum Gotteshaus, aber sollten nicht alle unsere Häuser eine heilige Wohnstätte für ihn sein? (Siehe Jes 4,4-5.)

1. Samuel 7

Aufräumen. Die Lade war wieder in Israels Besitz, aber die Israeliten waren noch nicht zum Herrn umgekehrt, und so rief Samuel sie zur Buße. Sie verbannten die falschen Götter und versammelten sich dann in Mizpa, um ihren Bund mit dem Herrn zu erneuern. Jahrelang hatte Gott Samuel auf diese strategische Aufgabe vorbereitet, und er rettete das Volk.

Aufsehen. Die Philister dachten, bei der Versammlung in Mizpa tagte ein Kriegsrat; doch Israel war für einen Krieg gar nicht gerüstet. Aber Gottes Volk stehen geistliche Waffen für den Kampf gegen den Feind zur Verfügung: Samuel betete und Gott sorgte dafür, dass der Feind verwirrt abzog. Dass Samuel geboren wurde, war eine Gebetserhörung, und der Rest seines Lebens gründete ebenfalls auf Gebet.

Aufstellen. *Eben-Eser* bedeutet »Stein der Hilfe«. Er war ein Denkmal für Gottes Hilfe für sein Volk von Anfang an bis zu jenem Tag. Der Missionar J. Hudson Taylor hatte bei sich zu Hause ein Schild aufgehängt, auf dem stand: EBEN-ESER und JAHWE JIREH.

Das bedeutet: »Bis hierher hat uns der HERR geholfen – der HERR wird ersehen«. Wenn also in Vergangenheit und Zukunft für alles gesorgt ist, warum sollten wir uns dann über die Gegenwart Sorgen machen? Der Herr hat alles im Griff!

1. Samuel 8

Es kommt vor, dass jemand treu seinen Dienst erfüllt und trotzdem am Ende seines Lebens enttäuscht ist. So war es bei Samuel.

Er war enttäuscht *von seinen Söhnen*. Sie waren nicht in der Lage, die Arbeit ihres Vaters fortzuführen, weil sie sich seine Gottesfurcht nicht zum Vorbild nahmen. Elis Söhne gaben sich den Begierden des Fleisches hin (1Sam 2,12-17) und Samuels Söhne hatten eine große Liebe zum Geld.

Er war enttäuscht *vom Volk*, denn sie wollten einen König. Sie benutzten Samuels Söhne als Vorwand, aber der eigentliche Grund war ihr Kleinglaube. Sie wollten sich, wie die anderen Völker, von einem König in die Schlacht führen lassen. Samuels Warnung über die Nachteile eines Königs beeindruckte die Israeliten nicht im Geringsten. Beachte, wie oft der Ausdruck »er wird nehmen« vorkommt.

Er war enttäuscht *von König Saul*, der gegen Gott rebellierte und die Krone verwirkte. Vieles von dem, wofür Samuel sich einsetzte und betete, scheint anders gekommen zu sein, als er es sich vorgestellt hatte, und doch blieb er dem Herrn bis zum Ende treu. Leiter, die ihren Dienst treu erfüllen, erscheinen in den Augen der Menschen vielleicht nicht immer erfolgreich.

1. Samuel 9

Esel waren wertvolle Tiere (Hi 1,3) und wurden auch von Königen als Reittiere genutzt (1Kö 1,33-34), aber wer hätte gedacht, dass der erste König eines Volkes sich dazu herablassen würde, loszuziehen und nach verlorenen Eselinnen zu suchen? Sauls Gehorsam seinem Vater gegenüber (V. 5), seine Sorge um den Vater und seine Bereitschaft, bei einer schwierigen Aufgabe durchzuhalten, lassen scheinbar auf einen guten Charakter und zukünftigen Erfolg schließen.

Merkwürdig, dass Saul Samuel nicht kannte, und schade, dass er ihn nur besuchte, weil er seine verlorenen Tiere wiederfinden wollten! Die Menschen »benutzen« die Religion oft zur Lösung ihrer Probleme, und nicht, um sich weiterzuentwickeln oder um ihre Sünden zu überwinden.

Und trotzdem gebauchte Gott diese Situation, um Samuel zu Saul zu führen. Saul erledigte eine kleine Aufgabe zuverlässig, und das brachte ihm einen neuen Freund ein, eine neue Berufung und eine neue Gelegenheit, Gott zu dienen.

1. Samuel 10

Saul konnte nicht verstehen, warum ausgerechnet er in der Lage sein sollte, das Volk Israel anzuführen. Daher gab ihm Gott eine Reihe von »Zeichen«, um ihn für seine neuen Aufgaben zu ermutigen.

Ein Leiter sollte darauf vertrauen, dass Gott Probleme lösen kann (V. 1-2); dass er Bedürfnisse erfüllen kann (V. 3-4) und dass er ihm die Kraft geben wird, die er für seinen Dienst braucht (V. 5-7). Er muss wissen, wie man auf Gottes Wort hört und wie man gehorsam auf den Herrn wartet (V. 8). Gestärkt durch Gottes Zusagen, begann Saul seinen Dienst, aber im Laufe der Zeit vertraute er immer mehr auf sich selbst und fing an, sich gegen Gottes Wort aufzulehnen.

Saul zeigte sich bescheiden, indem er nichts über das Königtum sagte (V. 16), und selbstbeherrscht, indem er seinen Kritikern nicht antwortete (V. 27). Beides ist lobenswert, aber was ist davon zu halten, dass er sich am Krönungstag versteckte? War das wirklich Demut oder ein Mangel an Bereitschaft, Verantwortung zu übernehmen? So viel steht fest: In den Jahren seiner Herrschaft hat er sich ziemlich oft versteckt, aber Gott fand ihn jedes Mal. Das Buch der Sprüche warnt uns: »Wer seine Verbrechen zudeckt, wird keinen Erfolg haben« (Spr 28,13).

1. Samuel 11

An der Macht und begabt zu sein, ist eine Sache, aber damit hat man sich noch nicht als Leiter bewährt. Die Menschen gehen unterschiedlich mit Krisen um: Die einen finden sich damit ab (V. 1-3), andere wiederum geben auf (V. 4). Saul reagierte ärgerlich. Er handelte und ließ die Truppen zur Schlacht antreten.

Gott schenkte Saul die Kraft zum Kampf und den Sieg (V. 6). Er hatte nicht nur Macht, sondern auch *Format*; als Leiter hatte er sich bewährt. Aber nicht nur im Kampf lauern Gefahren, sondern auch danach; denn Saul wurde versucht, sich seine Kritiker aus dem Weg zu schaffen (V. 12-13; siehe auch 1Sam 10,27). Doch er gab Gott die Ehre und missbrauchte seine Macht und seinen Erfolg nicht als Waffen gegen sein eigenes Volk.

Samuels Plan war gut: Es war an der Zeit, dass Israel seinen Bund mit dem Herrn erneuerte; und wieder traf sich das Volk bei Gilgal, einem historischen Ort. Stärken die Krisen, die Gott in deinem Leben zulässt, deinen Glauben? Gibst du ihm die Ehre für die Siege, die er dir schenkt, und nutzt du sie, um anderen zu helfen?

1. Samuel 12

Samuels Botschaft war Krönungsansprache, Predigt und Abschiedsrede in einem. Er machte dem Volk deutlich, was für eine große Sünde es war, einen König zu fordern, und forderte sie dann auf, sich dem Herrn von neuem hinzugeben. Ein Schlüsselthema seiner Ansprache ist das *Zeugnis* (V. 3.5).

Das Zeugnis eines treuen Leiters (V. 1-5). Das Volk hatte einen bewährten, gottesfürchtigen Leiter zugunsten eines Mannes abgelehnt, der erst *einen* Sieg errungen hatte und von dem man noch nicht wusste, wie er wirklich zu Gott stand. Samuel war enttäuscht, aber er trat mit einem reinen Gewissen von seinem Amt zurück.

Das Zeugnis der Geschichte (6-15). Die Hand des Herrn war über seinen Kindern, solange sie gehorchten, wandte sich aber gegen sie, sobald sie rebellierten. Vers 14 weist noch einmal auf das Erfolgsgeheimnis hin, das Gott schon Josua verraten hatte (Jos 1,8). König Saul machte sich immer wieder der Rebellion gegen Gott schuldig, und das kostete ihn seine Krone (1Sam 15,23).

Das Zeugnis von Gottes Macht (16-18). Samuel war wirklich ein sehr starker Beter, denn ein Gewitter zu dieser Jahreszeit war äußerst ungewöhnlich.

Das Zeugnis des Bundes (19-25). Das Volk hatte Gott den Rücken gekehrt, aber er würde seine Kinder nicht verlassen, denn er hält sich treu an sein Wort. Sie hatten die Zusage, dass Gott ihnen treu bleiben würde, und obendrein hatten sie Samuel, der ihnen diente und für sie betete. Hätte der König seine Freundschaft zu Samuel aufrechterhalten und dem Wort Gottes gehorcht, hätte er das Volk zum Sieg geführt.

1. Samuel 13

Sauls zweite Krise kam, nachdem er ein stehendes Heer aufgebaut hatte, und in dieser Krise versagte er in vierfacher Hinsicht.

Er war nicht in der Lage, *entschlossen zu handeln* (V. 1-4). Saul überließ es Jonatan, den Philistern den Krieg zu erklären, indem er einen ihrer Wachposten angriff. Saul rechnete sich das selbst als Verdienst an und ließ ins Horn stoßen, um das Volk zusammenzurufen.

Ausreden

Der Evangelist Billy Sunday sagte, eine Ausrede sei nichts weiter als »die Verpackung eines Beweggrundes, ausgestopft mit einer Lüge«. Benjamin Franklin sagte: »Ich bin noch nie einem Mann begegnet, der überzeugende Ausreden finden konnte und überdies noch in irgendetwas anderem überzeugte«. Adam fand die allererste Ausrede für Sünde (1Mo 3,12) und viele sind seinem schlechten Beispiel gefolgt. Ausreden machen alles nur noch schlimmer.

Er war nicht in der Lage, *die Israeliten zu begeistern* (V. 5-7). Einige rannten davon, andere versteckten sich und manche flohen sogar aus dem Land! Selbst die treuesten Kämpfer bekamen es mit der Angst zu tun und die Aussichten waren düster.

Er war nicht in der Lage, *die Wahrheit zu sagen* (V. 10-15). Als David sündigte, bekannte er; als Saul sündigte, kam er mit lauter Ausreden. Er belog seinen besten Freund und das kostete ihn die Krone. *Und dennoch würde Saul wieder lügen* (1Sam 15,15). Von diesem Moment an ging es mit ihm nur noch bergab.

1. Samuel 14

Jonatan war der wahre Anführer Israels, nicht Saul. Die beiden hätten nicht gegensätzlicher sein können. Saul saß unter einem Granatapfelbaum, während Jonatan den Feind angriff. Saul vertraute auf sein wachsendes Heer, aber Jonatan vertraute Gott und verließ sich nicht auf Zahlen (V. 6). Saul *sah zu*, wie die Dinge sich entwickelten, aber Jonatan *sorgte dafür, dass* sie sich entwickelten.

Saul versuchte, das Volk durch einen Schwur zu beeindrucken; Jonatan dagegen tat, was nötig war, damit die Schlacht in die Gänge kam. Saul schwächte das Heer; Jonatan stärkte das Heer und forderte es heraus, weitere Siege zu erringen.

Saul war stark mit Worten, aber schwach in Taten. (Siehe Mt 7,21-29.)

1. Samuel 15

Gott hatte seine Befehle klar formuliert, aber Sauls Motive waren weniger klar (Jak 1,8). Wenn man bedenkt, welche Verluste Saul erlitt, weil er Gottes Wort missachtete!

Er verlor an *Glaubwürdigkeit*, denn er belog Samuel und versuchte, dem Volk die Schuld zuzuschieben. Saul war ziemlich gut im Finden von Ausreden.

Er verlor seinen *Freund* Samuel (V. 35), der ihn gesalbt und unterwiesen und für ihn gebetet hatte.

Er verlor seine *Krone.* Gott nahm Saul das Königreich weg und gab es David.

Vieles sprach für Saul, als er die Herrschaft übernahm, aber er wurde Gott und dem Volk untreu und vernachlässigte sein geistliches Wachstum. Er wurde stolz (V. 12.17); er fürchtete Menschen mehr als Gott (V. 24); er machte andere für seine Sünden verantwortlich (V. 21); und sein Ansehen war ihm wichtiger als seine Integrität (V. 30). Er versuchte, seinen Mangel an Gehorsam durch ein Opfer auszugleichen, aber Gott lehnte es ab.

Gibt es auch in deinem Leben einen König Agag?

Gehorsam ist gefragt, keine Opfer
Gottes Kinder sind ständig der Versuchung ausgesetzt, sich religiösen Formen hinzugeben, statt wahrhaft geistlich zu leben. Samuels Worte (1Sam 15) mindern Opfer nicht herab. Eher weisen sie darauf hin, dass der Zustand des Herzens über den Wert eines Opfers bestimmt (Ps 51,18-19). Unsere Gaben bereichern Gott nicht (Ps 50,12-14), aber wir selbst werden dadurch bereichert, dass wir das, was wir ihm bringen, aus einem gehorsamen Herzen heraus geben (Hos 6,6; Mi 6,7-8). Gott nimmt Lobpreis nur an, wenn auch der ihn Preisende annehmbar ist (Jes 1,10ff).

1. Samuel 16

Lehne ab, was Gott ablehnt. Vielleicht erwartest du, dass Samuel über Saul und seine Sünde bestürzt ist (1Kor 5,1-2), aber Bestürzung alleine bringt einen nicht weiter. Irgendwann heißt es handeln (Jos 7,10ff).

Lerne, mit Gottes Augen zu sehen. Merkwürdig, dass Samuel aus seiner Erfahrung mit Saul und dessen Versagen nichts gelernt hatte (1Sam 9,2; 10,23-24). Gott versprach Samuel, ihm den Mann seiner Wahl zu zeigen (V. 3), aber der alte Mann war versucht, dem Herrn vorauszueilen. Das Herz des Menschen bestimmt über sein Leben (Spr 4,23) und nur Gott kann dem Menschen ins Herz sehen (Apg 1,24-25).

Lass Gott den Rest erledigen. Samuel salbte David zum König und reiste dann aus Bethlehem ab, denn seine Arbeit dort war getan. Wie würde ein Hirtenjunge von der Weide auf den Thron gelangen? Darüber musste sich Samuel keine Sorgen machen; Gott würde sich darum kümmern. Gott nutzte Davids musikalische Begabung, um ihm Zugang zum König zu verschaffen. Gestärkt vom Geist des Herrn (V. 13), hatte er nichts zu befürchten.

(Vergleiche die merkwürdige Aussage in V. 14 mit Davids Gebet in Psalm 51,11).

Gott sieht das Herz an
Gott sieht unsere Herzen nicht nur an; er erforscht sie auch (1Chr 28,9) und kennt unsere Gedanken und Beweggründe (Hebr 4,12-13). Wir glauben, unsere eigenen Herzen zu kennen, aber das ist ein Irrtum (Jer 17,9), und so tun wir gut daran, Gottes Urteil anzunehmen. Wir sollten uns hüten, über andere zu urteilen, denn wir kennen ihre Herzen nicht (Joh 7,24; 1Kor 4,5).

1. Samuel 17

Gelegenheiten. Gott hatte David auf diese Situation vorbereitet, denn die Siege im Verborgenen machen die öffentlichen erst möglich (V. 34-37). Ein scheinbar unbedeutender Botengang führte zu einer Herausforderung, die Gott Ehre einbrachte und David Anerkennung. Halt dich bereit; du kannst nie wissen, wann du deine Chance bekommst!

Saul wurde immer schwächer, während David immer stärker wurde; und Sauls Zustand würde sich bis zu seinem tragischen Tod immer weiter verschlechtern. Saul überragte alle anderen um Haupteslänge, aber Goliath war er nicht gewachsen. David hatte großen Glauben und Gott schenkte ihm geistliches Format. Wer großen Glauben hat, kann Großartiges vollbringen. David hatte nur einen Wunsch: den Gott Israels zu verherrlichen (V. 45-47).

Hindernisse. Wenn du Schritte im Glauben tun willst, kann es sein, dass dir jemand Hindernisse in den Weg legt. Davids Bruder machte ihn lächerlich (V. 28) und Saul sagte ihm unverblümt: »Du bist unfähig!« (V. 33). Dann sagte Saul noch: »Wenn du es tun musst, tu es auf meine Weise«, und er belud David mit seiner schweren Rüstung. David musste sich über die Hindernisse hinwegsetzen und standhaft im Glauben an den Herrn bleiben. Er musste Gottes Werk so verrichten, wie Gott es von ihm erwartete.

David und der Herr Jesus
David ist ein Bild für den Herrn Jesus Christus, den Sohn Davids. Er wurde in Bethlehem geboren und von seiner Familie missverstanden. Er war ein gehorsamer Sohn und ein heldenhafter Eroberer. Der Name David bedeutet »der Geliebte«, und Jesus ist der »geliebte Sohn« des Vaters (Mt 3,17). Lange bevor er den Thron bestieg und regierte, wurde David zum König gesalbt, und unser Herr ist der König der Könige, obwohl er noch nicht hier auf der Erde regiert. Wie David, musste auch unser Herr Ablehnung und Verbannung erdulden, bevor er seine Herrschaft antreten kann.

1. Samuel 18

Die Geschichte von Saul zeigt ihn oft mit einem Speer in der Hand. Das war sein Machtsymbol und niemand sollte vergessen, dass er das Sagen hatte. David hielt eine Harfe in der Hand – oder einen Hirtenstab oder eine Schlinge oder ein Schwert. Welche Aufgabe Gott auch für ihn haben mochte; David stand ihm zur Verfügung, und die Ehre gab er immer Gott.

Wenn du deinen Einfluss und deine Stellung eifersüchtig hütest, so wie Saul es tat, wirst du neidisch auf andere und schenkst dem, was andere über dich sagen, viel Beachtung. Saul litt schon beinahe unter Verfolgungswahn wegen David. Erst war er neidisch auf ihn, dann misstrauisch und ängstlich, dann wütend und schließlich so hasserfüllt, dass er ihn töten wollte.

In dieser schwierigen Lage handelte David mit Weisheit von Gott und vertraute auf Gottes Hilfe. David sah in Saul niemals einen Feind, was ihm viel Segen einbrachte. Trotz seiner großen Siege blieb David ein demütiger Diener Gottes, weil er wusste, dass er von Gott gesalbt war. Gott nutzte diese schwierigen zwischenmenschlichen Erfahrungen, um Davids Glauben enorm zu stärken.

1. Samuel 19

David schwebte ständig in Gefahr, aber Gott bewahrte ihn, entweder durch direktes Eingreifen (V. 10) oder indem er andere Menschen schickte, um ihm zu helfen. Als alle Schlachten vorbei waren, schrieb David: »Er befreite mich, weil er Gefallen an mir hatte« (Ps 18,20). Davids Unbescholtenheit vor Gott war seine stärkste Waffe in diesen Jahren der Verfolgung durch Saul. Was andere dir antun, liegt nicht in deiner Hand, aber deine Beziehung zu Gott schon.

Jonatan war Davids engster Freund und er hielt David über Sauls Pläne auf dem Laufenden. Wer auf Gott vertraut, muss deswegen nicht aufhören, seinen Verstand zu gebrauchen. Michal, Sauls Tochter, brachte sich in Lebensgefahr, um ihren Mann zu retten, und Samuel stand David bei bis zum letzten Atemzug.

Die »stärkste Waffe« des Gläubigen ist eine geistliche, nämlich die an Menschen wirkende verändernde Kraft Gottes (V. 18-24; 2Kor 10,3-6). Hätte Saul Buße getan und sich dem Herrn unterworfen, hätte er sich selbst und seiner Familie viel Leid und Ärger ersparen können.

1. Samuel 20

»Glaube ist Leben ohne Intrigen«, heißt es. Mitten in den Stürmen des Lebens müssen wir aufpassen, dass wir nicht ermüden, unser Gottvertrauen verlieren und anfangen, Ränke zu schmieden. Vielleicht sind wir geneigt, über David zu richten, aber womöglich ist jeder von uns selbst schon einmal hinterhältig gewesen.

David und Jonatan belogen Saul und das hätte Jonatan beinahe das Leben gekostet. Jonatan hatte von seinem Vater alles in allem zu viel erwartet und diese Erfahrung hatte ihm die Augen geöffnet. Jonatan versuchte, zwischen David und Saul zu vermitteln, statt sich klar auf die Seite des Gesalbten Gottes zu stellen. Schließlich war Saul aus Gottes Sicht bereits Geschichte (V. 13).

Jonatan machte sich außerdem Sorgen über die Zukunft seiner Familie (V. 15.42). David versprach, Jonatans Familie zu verschonen und sicherte damit auch Mefi-Boschets Überleben (2Sam 9).

1. Samuel 21

Abreise. David lebte etwa zehn Jahre lang als Flüchtling. In dieser Zeit versuchte Saul, ihn zu töten und Sauls Gefolgsleute verbreiteten Lügen über ihn. Viele Israeliten hielten David tatsächlich für einen Aufrührer, der es darauf anlegte, Saul zu vernichten. David musste sein Ansehen in Gottes Hand legen und darauf vertrauen, dass er seine Ankläger zum Schweigen bringen würde.

Täuschung. Es ist sehr traurig, dass David sich durch Lügen zu schützen versuchte. Er belog den Priester und den König, aber Doëg ließ sich nicht von ihm täuschen: »Denn die Söhne dieser Welt sind klüger als die Söhne des Lichts« (Lk 16,8). Wenn du denkst, du hast einen cleveren Deal »über die Bühne gebracht«, wird sich schon irgendwo ein Doëg finden, der dir Ärger macht (1Sam 22,9ff.; siehe auch Psalm 52).

»Ein Gräuel für den HERRN sind Lippen, die lügen; wer aber Treue übt, hat sein Wohlgefallen« (Spr 12,22).

Kann Lügen richtig sein?
Die Bibel gebietet uns, die Wahrheit zu sagen und warnt uns vor den Folgen der Lüge. Jesus ist unser Vorbild, denn in seinem Mund ist kein Trug gefunden worden (1Petr 2,22). Wir sollen immer in Liebe die Wahrheit sagen (Eph 4,15). Sollten wir andere dadurch gefährden, ist Schweigen die beste Antwort. Als David Gott vorauseilte, brachte er sich damit in Schwierigkeiten und log. Am besten meidet man solche Situationen und betet: »Und führe uns nicht in Versuchung«.

1. Samuel 22

Eine kunterbunte Truppe hatte sich um den König im Exil versammelt (1Kor 1,26-30)! Wie A. W. Tozer zu sagen pflegte: »Folge keinem Anführer, auf dessen Stirn kein Ölfleck zu sehen ist.« David war von Gott gesalbt und er verkörperte die Zukunft Israels. Ja, er machte auch Fehler und ließ sich manchmal entmutigen, aber er war ein Diener Gottes und Gott gebrauchte ihn.

Sehen wir uns im Gegensatz dazu einmal Sauls Vorstellung von Leiterschaft an: Er war nicht in der Lage, seine Männer für eine »heilige Sache« zu gewinnen, und so versuchte er, sie zu bestechen (V. 7) und ihr Mitgefühl auszunutzen. Er verließ sich auf Spitzel wie Doëg und scheute sich nicht, unschuldige Priester zu ermorden, nur um zu zeigen, dass er das Sagen hatte. Saul war zwar nicht bereit, die gottlosen Amalekiter zu töten, aber bei Gottes Priestern hatte er keine Skrupel. Saul kämpfte auf verlorenem Posten und war verzweifelt.

Gott wusste, was David brauchte, und machte ihm zwei großartige Geschenke: einen Efod (1Sam 23,6) und einen Priester. Nun konnte er Gott jederzeit nach dessen Willen fragen, wenn er sein Vorgehen plante. Dir steht das Wort Gottes zur Verfügung und ein Hohepriester im Himmel, der für dich eintritt. Fragst du auch nach Gottes Willen, bevor du Entscheidungen triffst?

1. Samuel 23

Führung. Ein begabter Leiter wie David hätte versucht sein können, sich auf seine Erfahrung zu verlassen. Aber er bat den Herrn um Führung. Nicht einmal der Rat seiner Männer konnte ihn umstimmen, nachdem er wusste, was der Herr wollte.

Verrat. David rettete die Einwohner von Keïla, und trotzdem beschlossen sie, ihn und seine Männer an Saul auszuliefern! Erwarte nicht, dass jeder, dem du hilfst, das auch zu schätzen weiß. Kannst du wertschätzen, was andere für dich tun?

Liebe. Obwohl sein Vater vorhatte, David zu töten, brachte Jonatan den Mut auf, David zu besuchen und ihm Mut zuzusprechen. Das ist wahre Freundschaft (Spr 17,17). Es ist tragisch, dass Jonatans Zukunftshoffnung durch die Sünden seines Vaters zerstört wurde, aber wenigstens war Jonatan bereit, sich David unterzuordnen.

Vorsehung. Sif gehörte zu Juda (Jos 15,24), somit hätten seine Bürger David Treue geschuldet. Offensichtlich wollten sie sich bei Saul anbiedern, und sie glaubten auch nicht, dass David ihr zukünftiger König war. Als Sauls Männer kurz davor waren, David zu ergreifen, nutzte Gott eine Invasion durch die Philister, um David zu retten. Was der Mensch auch tut; Gott folgt seinem eigenen Plan und seine Vorsehung erfüllt sich.

1. Samuel 24

Umstände. Die Menschen deuten Ereignisse unterschiedlich, je nachdem, wie sie denken und fühlen. Saul dachte, ihm könnte nichts passieren, und so legte er seinen Speer beiseite und ging in die Höhle. Davids Männer fanden, dass nun der große Moment für ihn gekommen wäre, sich zu rächen, aber David sah darin eine Gelegenheit, Erbarmen zu zeigen (Mt 5,10-12; Röm 12,17-21). David mag Sauls Feind gewesen sein, aber umgekehrt sah David in Saul keinen Feind (V. 19). Vergleiche Vers 5 mit 1. Samuel 15,27. Nun fehlte ein weiteres Stück aus Sauls Mantel.

Gewissen. Davids Gewissen war so feinfühlig, dass ihm das Herz bis zum Hals schlug, nachdem er ein Stück vom Mantel Sauls abgeschnitten hatte. David wusste, wie man einer Autorität Respekt erweist, sehr zur Beschämung des Königs. Ein empfindsames Gewissen ist ein großer Schatz und ein wertvoller Führer. Verliere es nicht!

Feigheit. Sauls Tränen waren oberflächlich und seine veränderte Denkweise hielt nicht lange vor; sonst hätte er David willkommen geheißen und ihm das Königtum übergeben. Er wusste, das David König sein würde, aber er kämpfte so lange wie möglich dagegen an. Seine größte Sorge war, dass David seine Nachkommen verschonte, was David ihm versprach. Es waren jedoch Sauls Sünden, die seine Familie zerstörten, nicht Davids Rache.

1. Samuel 25

Diese Ereignisse erinnern uns an die verschiedenen Maßstäbe, nach denen wir leben können.

Wir können Gutes mit Bösem vergelten. So handelte Nabal, als er sich weigerte, sein Essen mit Davids Männern zu teilen. Sein Name bedeutet »Narr« und genau das war er auch (Spr 17,13).

Wir können Böses mit Bösem vergelten. Das war Davids Absicht, bis er davon abgehalten wurde. So zu handeln, ist nur natürlich, denn die meisten Menschen leben nach diesem Grundsatz, und wenn wir gekränkt werden, verlangt es uns nach Rache. Und doch hatte sich David kurz zuvor über Saul erbarmt, obwohl dieser ihn viel schlechter behandelt hatte als Nabal! Wie schnell verliert man im Zorn den Blick für das Wesentliche.

Wir können das Böse mit dem Guten überwinden. Gott benutzte Abigail, damit David nicht zum Mörder würde. Sie erinnerte David an Nabals wahres Wesen (V. 23) und an Davids Bemühungen, *Gott* zu dienen. Sie sagte ihm auch, dass er darunter leiden würde, wenn er sich in Zukunft an den Zwischenfall erinnerte (V. 30-31). Wenn du das nächste Mal erwägst, Rache zu üben, denk an Abigails Rat. Lies dazu Sprüche 20,22 und 24,29.

1. Samuel 26

Sauls tränenreiche Worte waren nicht aufrichtig, denn er verfolgte David weiterhin. In seiner Gnade gab Gott Saul eine weitere Gelegenheit zur Umkehr, aber das Herz des Königs war zu hart geworden. Selbst im Schlaf stand Sauls Speer neben ihm, um jeden daran zu erinnern, dass er König war. David nahm ihm den Speer ab – eine bedeutsame Tat.

Abischai, Davids Neffe, war ein tapferer Mann, aber tapfere Männer sind nicht immer auch weise. Er sagte: »Deine erste Chance hast du verpasst! Nutze wenigstens diese!« Aber David wusste, dass die Hand Gottes Saul würde schlagen müssen, nicht seine eigene.

Davids Rede zielte darauf ab, dass Saul sein Herz erforschen sollte. Jagte Saul David nach, weil *Gott* es so wollte, oder weil er den Lügen und Schmeicheleien seiner Beamten glaubte? Schon zweimal hatte Saul bekannt: »Ich habe gesündigt« (1Sam 15,24.30), aber seine Worte waren weder bei den ersten beiden Gelegenheiten aufrichtig gewesen, noch waren sie es jetzt. Er hatte Recht, als er sich selbst einen Dummkopf nannte. Er benahm sich wie ein Dummkopf Jonatan gegenüber, und auch in Bezug auf David, Samuel, sein Heer, sein Volk und seinen Gott. Er lebte wie ein Dummkopf und er starb wie ein Dummkopf. (Siehe Spr 26,11-12.)

»Ich habe gesündigt!«
König Saul ist nicht der Einzige, der dies bekannte. Der Pharao sagte dasselbe (2Mo 9,27), ebenso Bileam (4Mo 22,34), Achan (Jos 7,20), David (2Sam 12,13), Judas (Mt 27,4) und der verlorene Sohn. Was meinst du, welche von diesen Männern meinten es damit wirklich ehrlich?

1. Samuel 27

David errang einen großen Sieg über Saul, nur um gleich danach von Verzweiflung überwältigt zu werden. Solche Gefühle sind nichts Ungewöhnliches; zu jedem Berggipfel gehören Täler. Allerdings ist es gefährlich, auf sich selbst zu hören und wichtige Entscheidungen zu treffen, wenn man deprimiert ist. David hätte mit dem Herrn reden sollen. Er und Abjatar hätten gemeinsam den Herrn nach seinem Willen fragen können.

David traf ein paar unkluge Entscheidungen, weil er sich nicht die Zeit nahm, den Herrn zu befragen. Er hörte auf, Gott zu dienen, und fing an, sich ums Überleben zu sorgen. »Denn wer sein Leben retten will, wird es verlieren« (Mk 8,35). Er bat den Feind um Schutz, statt dem Herrn zu vertrauen. Folglich musste er intrigieren, töten und lügen, um zu überleben.

Wenn du entmutigt bist, bitte einen Christen, mit dir zu beten, und fragt gemeinsam den Herrn, wie es weitergehen soll. Danach wirst du wieder klarer sehen. *Triff in wichtigen Angelegenheiten keine voreiligen Entscheidungen.* Befolge lieber den Rat aus Psalm 27,14: »Harre auf den HERRN! Sei mutig, und dein Herz sei stark, und harre auf den HERRN!«

> *»Wenn der Blick nach vorn dich entmutigt,*
> *schau einfach nach oben!«*

1. Samuel 28

König Saul hatte schon so lange den Falschen bekämpft, dass er auf den wahren Feind nicht vorbereitet war, als dieser auftauchte. Gott war nicht bei ihm und Sauls Gebet wurde nicht erhört (Spr 1,20-33). Als Saul zu regieren begann, ging »die Morgenröte auf« (1Sam 9,26), aber nun brach die Dunkelheit über ihn herein. Eigentlich setzte Saul gar keine Maske auf (V. 8); *er offenbarte sein wahres Gesicht.* Seine ganze Regierungszeit hindurch hatte er geheuchelt, und nun kam die Wahrheit ans Licht.

Mit Hilfe dämonischer Mächte wollte das Medium sich als Samuel ausgeben, aber der Herr erlaubte Samuel, selbst zu erscheinen. Den Freund, den er im Leben betrauert hatte, rief Saul nun zu seinem eigenen Tod herbei. Oft bemerken wir zu spät, was wir an den Menschen hatten, die uns zu helfen versuchten. Oft lernen wir zu spät, uns zu demütigen.

Sauls Ungehorsam in der Vergangenheit führte zu Dunkelheit und Tod in der Zukunft. Gott gab ihm mehrere Gelegenheiten zur Umkehr, aber er ignorierte sie. Er beherzigte nicht den Rat aus Jesaja 55,6: »Sucht den HERRN, während er sich finden lässt!«

Christen und das Okkulte
Gott verbot Israel, sich mit dem Okkulten zu befassen (2Mo 22,18; 3Mo 19,31; 20,6; 5Mo 18,9-14), und diese Warnungen gelten heute noch genauso. Zauberei zählt zu den Werken des Fleisches und ist abzulehnen (Gal 5,20). Sowohl Petrus (Apg 8,9ff) als auch Paulus (Apg 13,6ff) wiesen Zauberer scharf zurecht. Scheinbar harmlose Spiele, die ans Okkulte grenzen, können ernsten Schwierigkeiten die Tür öffnen. Lies nach, was Jesaja in Kapitel 8,19 des gleichnamigen Buches zu Seancen sagt.

1. Samuel 29

David war am falschen Ort, aber Gott in seiner Gnade sorgte für ihn. Dies kann uns ermutigen, wenn wir gesündigt haben, aber es darf kein Freifahrtschein zum Sündigen werden. Dadurch würden wir Gott versuchen.

Der König bekam nicht ein einziges Mal mit, was vor sich ging, also muss David ein begabter Schauspieler gewesen sein. Aber welchen Wert hat es, erfolgreich täuschen zu können? Heuchelei und Lügen zerstörten König Saul.

Der Herr nutzte den Gesang des Volkes, der David den Ärger mit Saul beschert hatte (1Sam 18,7-9), um ihm den Ärger mit den Philistern vom Hals zu schaffen. David sah in Saul keinen Feind und er wollte ihm nicht auf dem Schlachtfeld begegnen, wo er gegen sein eigenes Volk würde kämpfen müssen. Aber wenn du dich mit dem Feind verbrüderst, schaffst du dir damit schwierige Probleme. Lasst uns dankbar sein für Psalm 103,10-14.

1. Samuel 30

David war erleichtert, vom Kriegsdienst befreit worden zu sein, aber als er nach Ziklag zurückkehrte, bot sich ihm eine Tragödie. Es gibt Zeiten, in denen ein Problem dem anderen auf dem Fuß folgt. Hätte Saul die Amalekiter vernichtet, wie Gott es ihm geboten hatte (1Sam 15), hätte dieser Überfall nicht stattgefunden.

Wer ungehorsam ist, kann damit auch *anderen* Probleme bereiten. Aus einer Krise entsteht kein neuer Mensch; sie zeigt, woraus ein Mensch gemacht ist. David weinte und trauerte mit seinen Männern, aber anders als einige von ihnen suchte er nicht nach einem Sündenbock. In Zeiten der Krise darfst du deine wahren Gefühle zum Ausdruck bringen, aber suche dir keinen Schuldigen. Bitte lieber den Herrn um Kraft (V. 6) und frage ihn nach seinem Willen (V. 7-8). Er hat alles im Griff.

Gott nutzt das Schwache in der Welt, sogar einen kranken Jungen, den man zum Sterben zurückgelassen hatte. Wenn wir unser Möglichstes tun, tut Gott das Unmögliche. Die Tragödie wurde zum Sieg, und jeder hatte etwas davon.

1. Samuel 31

Niederlage. David gewann eine Schlacht und teilte die Beute auf. Saul verlor eine Schlacht und der Feind nahm im alles. Gideon lagerte bei Gilboa vor seinem großen Sieg über die Midianiter (Ri 7,1), aber von nun an würde man Gilboa für immer mit Sauls Niederlage verbinden. Wirst du Denkmäler an Siege oder an Niederlagen hinterlassen?

Tod. Der Tod regierte über Israel; die Soldaten starben, Saul und sein Waffenträger starben, und auch Sauls Söhne starben. Ein hoher Preis für die Rebellion eines einzigen Mannes. »Denn die Gesinnung des Fleisches ist Tod« (Röm 8,6).

Schande. Hätte Israel gesiegt, wäre Gott dadurch verherrlicht worden. Nun wurden stattdessen heidnische Symbole verehrt und die Toten wurden geschändet. Es ist schlimm genug, als Verlierer in der Schlacht zu fallen, aber nicht bestattet zu werden, war eine noch größere Schande.

Hingabe. Die tapferen Männer von Jabesch-Gilead setzten ihr Leben aufs Spiel, um Saul und seine Söhne angemessen zu bestatten. Schließlich hatte Saul vierzig Jahre zuvor ihre Stadt gerettet und nun konnten sie sich bei ihm bedanken (1Sam 11,1-11). David ehrte sie später für diese Tat (2Sam 2,4-7).

2. Samuel

David, der König, ist die zentrale Figur in diesem Buch, das von seinen militärischen Siegen berichtet (Kap. 1–10) und von seinen persönlichen Niederlagen (Kap. 11–24). Der Wendepunkt ist sein Ehebruch (Kap. 11), dessen tragische Folgen sowohl seine Familie in Mitleidenschaft zogen als auch das Volk. David bekannte seine Sünden, fügte sich in Gottes Strafe, und verbrachte die letzten Jahre seiner Regierung damit, den Bau des Tempels vorzubereiten. Dieses Buch stellt anschaulich dar, was in Sprüche 14,34 und 28,13 gesagt wird.

2. Samuel 1

Als Saul König wurde, *stand* er mit beiden Füßen fest auf der Erde (1Sam 10,23), aber am Ende seiner Karriere war er *gefallen* (V. 4.10.12.19.25.27): »Daher, wer zu stehen meint, sehe zu, dass er nicht falle« (1Kor 10,12). Natürliche Begabungen und großartige Möglichkeiten sind keine Erfolgsgarantien. Saul war von überragender Körperlänge, aber seine Liebe zu Gott war zu kurz geraten. Robert Murray M'Cheyne sagte einmal: »Gott segnet nicht so sehr Menschen mit großem Talent, als vielmehr solche mit großer Ähnlichkeit zu Jesus.«

Der Amalekiter versuchte, David zu täuschen und seine Gunst zu gewinnen, denn sein Bericht widerspricht dem der Schrift (1Sam 31). Da kannte er David aber schlecht! David sah in Saul keinen Feind, somit konnte er sich an Israels schmählicher Niederlage nicht erfreuen. Hast du Feinde, deren Leid dich glücklich macht? Wenn ja, lies Sprüche 24,17 und Römer 12,14-15 und denk darüber nach.

David sagte nur Gutes über Saul und pries ihn als großen Feldherrn. Sauls Verhalten David gegenüber war teuflisch gewesen, aber David war Saul immer freundlich und rücksichtsvoll begegnet

(3Mo 19,18; Spr 20,22; 24,29). Saul hörte auf die Lügen der Menschen und büßte seine Krone ein; David hörte auf Gottes Wort und gewann ein Königreich.

2. Samuel 2

Davids Stamm Juda salbte ihn zum König und errichtete seinen Hauptsitz in Hebron. Aber Abner, Sauls Vetter (1Sam 14,50) und Kommandeur seiner Armee, krönte Sauls Sohn zum König – im offenen Widerstand gegen Gottes Willen. Wenn wir uns weigern, Gottes Willen zu tun, verursachen wir Spaltung und Zerstörung (Jak 3,13–4,1).

Drei Männer müssen ihr Leben lassen, bevor David König über das ganze Volk werden kann: Asaël (Kap. 2), Abner (Kap. 3) und Isch-Boschet (Kap. 4). All dieses Blutvergießen hätte vermieden werden können, wenn die Anführer den von Gott erwählten König anerkannt hätten, statt nur ihren eigenen Vorteil zu suchen. Joab und Asaël waren mit David verwandt (1Chr 2,16), somit waren sowohl familiäre als auch nationale Fragen im Spiel. Hätten alle Beteiligten es zuerst darauf angelegt, Gott Ehre zu machen und dem Volk Gottes zu dienen, wäre es zu diesen Tragödien nicht gekommen.

2. Samuel 3

David vertraute auf den Herrn und ging »von Kraft zu Kraft« (Ps 84,8). Er war der Gesalbte Gottes und wusste, dass der Herr sein Versprechen erfüllen und ihn zum König über ganz Israel machen würde. Wenn du im Glauben wandelst, kannst du auf den Herrn warten.

Auch Abner nahm an Kraft zu (V. 6), aber diese Kraft rührte nicht von Gott her, sondern von politischer Macht. Er hatte mehr zu sagen als der König, denn er hatte Isch-Boschet zum König ernannt. Dass Abner seine Macht benutzte, um sich seine eigenen Wünsche zu erfüllen, war sein Untergang.

David lebte versöhnlich; er war ein Friedensstifter. Abner und Joab dagegen lebten für die Vergeltung: »Alle, die das Schwert nehmen, werden durchs Schwert umkommen« (Mt 26,52). Abner hatte Asaël ermordet, und seine Sünde hatte ihn gefunden. Aber Joab hatte gottlos gehandelt und David distanzierte sich von seiner Tat. Ungeheuerlich, dass Joab den Mord seines Bruders in Hebron rächte, einer der Zufluchtsstädte!

David war stark und gleichzeitig schwach (V. 39)! Wenn wir in uns selbst schwach sind, kann die Kraft Gottes durch uns wirken (2Kor 12,7-10). Umstände und andere Menschen haben wir haben nicht im Griff, aber wir können selbst bestimmen, was wir sagen und tun.

2. Samuel 4

Nun zu Mord Nummer drei, verübt von zwei Männern, die David nicht kannten. Als sie von Abners Tod hörten, schlossen sie daraus, dass Isch-Boschet nicht lange an der Macht bleiben würde, und so ermordeten sie den König. Sie glaubten, das würde dem König gefallen und ihnen vielleicht zu Spitzenpositionen in seinem Königreich verhelfen.

Vers 8 zeugt von der Dummheit der Meuchelmörder. Saul war *nicht* Davids Feind. Es war nicht *der Herr*, der für David Rache geübt hatte. David war *nicht* erfreut über ihre Tat. Die Menschen tun die schrecklichsten Dinge im Namen des Herrn und glauben auch noch, ihm damit zu gefallen! Wie viele »heilige« Kriege und Auseinandersetzungen haben Gott schon das Herz gebrochen und seinem Namen Schande bereitet!

Wenn du versucht bist, Rache zu nehmen, denk daran, dass Gottes Kinder nicht »das Böse tun sollen, damit Gutes komme« (Röm 3,8). Stattdessen sollen sie »das Böse mit dem Guten überwinden« (Röm 12,21).

2. Samuel 5

Als Gottes König über Gottes Volk regierte, lebte es in Einheit, und nicht in Spaltung und inneren Konflikten. Ganz Israel unterwarf sich Gott und David, und es herrschte brüderliche Einheit.

Es gibt viele Gründe, warum wir uns heute Jesus Christus unterwerfen sollten. Er ist der Erwählte Gottes (V. 2) und wir sind »Glieder seines Leibes, von seinem Fleisch und von seinem Gebein« (Eph 5,30; Schlachter 2000). Er ist der Gesalbte Gottes (der Name *Christus* bedeutet »der Gesalbte«) und er allein hat das Recht zu regieren. Er hat sich im Kampf bewährt und den Sieg über unsere Feinde errungen.

Solange Gläubige sich irgendjemand anderem als dem Herrn Jesus Christus unterwerfen, wird es Spaltung und Streit in Gottes Volk geben. Einheit entsteht nicht dadurch, dass wir gegen einen gemeinsamen Feind kämpfen, sondern dadurch, dass wir demselben König gehorchen. (Siehe 1Kor 1,10-31.)

2. Samuel 6

Eifer. David wollte Gott dadurch ehren, dass er die Lade in der neuen Hauptstadt des Landes aufstellte, in Jerusalem (Mt 6,33). Ein vielversprechendes Vorhaben: Dreißigtausend ausgewählte Männer halfen ihm, und das Volk war begeistert. David hatte so lange unter den Philistern gelebt, dass er unbewusst ihre Methoden übernommen hatte (1 Sam 6) und das Gesetz Gottes missachtete (4Mo 4,15; 10,21). Warum dachte er nicht daran, Gott in dieser Angelegenheit um die notwendige Führung zu bitten?

Angst. Hätten die Leviten die Lade auf den Schultern getragen, hätte Gott Ussa nicht bestraft und David hätte sich nicht fürchten müssen. Gottes Thron braucht keine menschlichen Hände, damit er fest und sicher stehen kann.

Glaube. David gehörte nicht zu den Menschen, die aufgeben, weil sie einen Fehler gemacht haben. Also versuchte er es noch einmal – so wie Gott es wollte. David brachte seinen Lobpreis öffentlich dar, ohne sich zu schämen, und Gott nahm ihn an. In Apostelgeschichte 3,1-10 findest du ein weiteres Beispiel für inbrünstigen Lobpreis.

Torheit. Voll Freude kehrte David nach Hause und wollte seine Familie segnen, aber Michal machte sich über ihn lustig. Nicht alle empfangen Segen und manche Menschen ärgern sich darüber, wenn andere gesegnet werden. Es fehlte Michal an geistlicher Gesinnung und Mitgefühl, und so nahm Gott ihr die Fruchtbarkeit. Michal war Davids erste Frau und lehnte gewiss seine anderen Frauen ab (5Mo 17,17).

Wenn alles andere fehlschlägt, nimm dir Zeit, um Gottes Gebrauchsanweisung zu studieren.

Kritik
Aufrichtige Kritik brauchst du nicht zu fürchten. Wenn sie zutrifft, hat der Kritiker dir geholfen. Tut sie es nicht, kannst du dem Kritiker helfen. So oder so wird irgendjemandem geholfen. Wenn Kritik gemein ist, wie die von Michal, ärgere dich nicht über den Kritiker, sondern überlasse ihn Gott (Ps 37). Wie Elbert Hubbard sagte: »Wenn du dich der Kritik eines anderen entziehen willst – tu nichts, sag nichts, sei nichts.«

2. Samuel 7

Wie würdest du damit umgehen, wenn du etwas Großartiges vorhättest, etwas, wovon du sicher wärst, dass es Gott gefallen müsste, und er würde nein dazu sagen? David wollte dem Herrn ein Haus bauen (Ps 132), aber Gott erlaubte es ihm nicht. David war enttäuscht, und er ging vorbildlich damit um.

Er fügte sich Gottes Willen. David nahm Gottes Plan demütig an und versuchte nicht, ihn umzustimmen. Ihm war klar, dass Gott es besser wusste.

Er hörte auf Gottes Wort. Gott würde David ein Haus bauen – eine Familie! In erster Linie bezieht sich diese Aussage auf Salomo, aber letzten Endes verheißt sie das Kommen Jesu Christi, des Sohnes Davids. Wenn Gott zu einem Plan nein sagt, kann es sein, dass er etwas Besseres im Sinn hat.

Er widmete sich dem Lobpreis. Davids Worte in den Versen 18-29 betonen die Größe und die Gnade Gottes. Wer war David schon, dass Gott ihn berufen und segnen sollte? Wer war das Volk

Israel, dass Gott es auserwählen sollte? Und wer sind wir schon, dass Gott uns retten und segnen sollte?

Wie heißt es so treffend: »Unsere Verlegenheiten sind Gottes Gelegenheiten.« David glaubte das. Du auch? Hast du schon erfahren, dass in *un*erhörten Gebeten Segen liegen kann?

Für ewig!
Beachte, was in 2. Samuel 7 alles »für ewig« bestehen soll: ein Thron (V. 13), ein Königtum (V. 16), ein Versprechen (V. 25) und ein Segen (V. 29).

2. Samuel 8

Davids Name wird in Kapitel 8 einundzwanzig Mal erwähnt. Gott verherrlichte Davids Namen, weil David Gottes Willen tat (V. 13). Erhöhe dich selbst, und Gott wird dich erniedrigen; wer sich selbst demütigt, den wird Gott erhöhen (1Petr 5,5-6).

Gott schenkte David den Sieg, und David gebrauchte jeden Sieg dazu, dem Herrn zu dienen. David wusste, dass er den Tempel nicht bauen würde, aber er setzte sein Leben aufs Spiel, um Salomo die Mittel zu beschaffen, die er dafür brauchen würde. Wenn Gott deinen Traum jemand anderem schenkt, hilf ihm dabei, ihn zu erfüllen.

David gewann verlorene Gebiete zurück und neue dazu, ein gutes Vorbild für uns auf unserem Weg als geistliche Eroberer für den Herrn.

2. Samuel 9

Das Kernthema dieses Kapitels ist Freundlichkeit (V. 1.3.7). Freundlichkeit gehört zur Frucht des Geistes (Gal 5,22) und ist ein Anzeichen für Liebe (1Kor 13,4). David tat, was Epheser 4,32 lehrt.

Dieses Ereignis veranschaulicht Gottes Güte, die er uns in Christus erwiesen hat (Eph 2,7; Tit 3,4). Als Mitglied der Familie Sauls hatte Mefi-Boschet keinen Anspruch auf das Königtum; dennoch behandelte ihn David wie seinen eigenen Sohn. Das tat er um Jonatans willen (V. 7) und hielt sich damit an den Bund zwischen ihnen. Gott hat uns um seines Sohnes willen gerettet, als Teil seines ewigen Bundes zu unserer Erlösung (Eph 4,32; Hebr 13,20-21).

Mefi-Boschet brauchte sich nicht zu fürchten (V. 7), denn David würde sein Wort halten. Dem gelähmten Prinzen würde es an nichts fehlen und er würde jeden Tag beim König am Tisch sitzen. Er brauchte sich keine Sorgen zu machen! Im Licht von Epheser 1,3 und 2,4-10 stellt sich die Frage: Warum solltest du dir Sorgen machen? Henry Drummonds sagte einmal: »Das größte, was ein Mensch für den himmlischen Vater tun kann, ist, zu einigen seiner anderen Kinder freundlich zu sein.«

2. Samuel 10

Davids Freundlichkeit Mefi-Boschet gegenüber wurde anerkannt, aber dass er auch zu Hanun, dem Ammoniter, freundlich war, wurde abgelehnt und führte zum Tod von fast fünfzigtausend Männern. Hanuns Ratgeber misstrauten David und hinterfragten seine Motive, weil sie David aufgrund dessen beurteilten, *wie sie selbst gehandelt hätten.*

Die Diener des Königs werden manchmal schlecht behandelt (Mt 10,16ff), aber sie brauchen sich nicht zu beunruhigen: Ihr König hat alles im Griff, und so manche Wunde heilt mit der Zeit. Gott sorgt für die Seinen.

Vers 12 veranschaulicht sehr deutlich das biblische Gleichgewicht zwischen göttlicher Souveränität und menschlicher Verantwortung. Derselbe Gott, der das Ziel festlegt (Sieg im Kampf), bestimmt auch die Mittel, um dieses Ziel zu erreichen (tapfere Männer, die ihre Aufgabe ernstnehmen). Glaube und Werke müssen immer Hand in Hand gehen.

2. Samuel 11

Wir wünschen uns wohl alle, »die Sache mit Uria, dem Hetiter« (1Kö 15,5) käme nicht in der Bibel vor, aber sie wird erzählt, um uns zu warnen und zu lehren. Wir Gläubigen dürfen dankbar sein, dass *unsere* Sünden nirgendwo aufgeschrieben stehen, wo jeder sie lesen kann!

Ungehorsam. Wenn du anfängst, deine Pflichten zu vernachlässigen, begibst du dich schon auf den Pfad der Sünde. In Jerusalem war David stärker gefährdet als auf dem Schlachtfeld. Er legte seine Rüstung ab (Eph 6,10ff), ließ seinen Blick umherschweifen, und schon überwältigte ihn die Begierde (Jak 1,14-15).

Täuschung. Wie unsere Ur-Eltern versuchen auch wir die Sünde zu verbergen, aber Gott wird sie aufdecken (1Mo 3,7; Spr 28,13). Als Ehebrecher wurde David erst zum Lügner und Intriganten, dann zum Mörder. Uria war einer von Davids besten Männern (2Sam 23,39). Als David sich gerade der Sünde hingab, waren Uria und seine Kameraden auf dem Schlachtfeld und riskierten ihr Leben für ihn.

Missfallen. Aus menschlicher Sicht ging der böse Plan auf, aber Gott gefiel es garnicht. Lies, was David in den Psalmen 5,4 und 11,5 schrieb und beachte auch Sprüche 6,16-19 sowie 1. Thessalonicher 4,1-8.

Ehe du dich der Versuchung hingibst ... sieh zurück und erinnere dich an die Güte, die Gott dir erwiesen hat; sieh voraus und denke an den »Lohn der Sünde«; sieh dich um und denk an all die Leute, die Schaden nehmen könnten durch das, was du vorhast; sieh auf Gott und bitte ihn um die Kraft, nein zu sagen (1Kor 10,13).

2. Samuel 12

Züchtigung. Etwa ein Jahr lang verbarg David seine Sünden und litt unter der züchtigenden Hand Gottes (Ps 32; Hebr 12,1-11). Gott gab David Zeit zur Umkehr, aber er wollte sie nicht nutzen. Züchtigung ist ein Beweis für Gottes Liebe; unsere Liebe beweisen wir ihm, indem wir nachgeben.

Überführung. Es ist so einfach, andere zu verdammen! Aber nimm dich in Acht: Das Urteil, das du über andere fällst, wird auf dich zurückkommen (Mt 7,1-5). David bezahlte vierfach für seine Sünden: das Baby starb, seine Tochter Tamar wurde vergewaltigt, und seine Söhne Amnon und Absalom wurden getötet.

Bekenntnis. Nach dem Gesetz hätten sowohl David als auch Batseba sterben müssen (3Mo 20,10). In seiner Gnade vergab ihnen Gott (Ps 51), aber als gerechter Herrscher ließ er zu, dass sie ernteten, was sie gesät hatten. 1. Johannes 1,9 ist eine große Verheißung, aber kein Freifahrtschein zum Sündigen. Denk immer daran: Selbst *vergebene* Sünden können traurige Folgen haben.

Trost. Gott schenkte David noch einen Sohn und noch eine Krone. Saul verlor seine Krone, weil er keine Buße tun wollte, aber David bekannte seine Sünde immer und ruhte in Gottes Gnade (Röm 5,20).

2. Samuel 13

Nun erntet David, was er im Fleisch gesät hat; die schmerzhaften Folgen von *vergebener* Sünde (2Sam 12,10; Gal 6,7-8). Von allen Stürmen des Lebens sind die am schwersten zu ertragen, die der Familie entstammen und auf unserem eigenen Versagen gründen.

Die Begierde hielt Amnon so sehr gefangen, dass er Vorbereitungen traf, um sündigen zu können. Er wusste, dass er gegen Gottes Gesetz verstieß, indem er eine Jungfrau vergewaltigte, die er nach dem Gesetz nicht heiraten konnte (5Mo 22,28-29; 3Mo 20,17). An die Stelle der Begierde trat nun der Hass, denn beides sind Kinder der Gewalt, und dieser Hass führte dazu, dass Tamar gesellschaftlich ausgegrenzt wurde.

Davids Zorn wurde vielleicht durch sein Gewissen gezügelt, denn er unternahm nichts, um Amnon zu bestrafen. Absalom verschwor sich, wartete ab und rächte dann seine Schwester, indem er Amnon tötete (Jak 1,15). Nun hat David zwei Söhne durch Tod verloren und einen weiteren durch Verbannung, und es wird noch schlimmer kommen. Wenn du dich wieder einmal von der Sünde angezogen fühlst, denk daran, was David durchmachen musste.

2. Samuel 14

Nathan hatte eine Geschichte erzählt, die David helfen sollte, das Richtige zu tun: seine Sünden zu bereuen (2Sam 12,1-6). Diese Frau erzählte ihm eine Geschichte, um ihn zu ermutigen, das Falsche zu tun: Absalom wieder aufzunehmen, ohne darauf zu bestehen, dass er zuerst aufrichtig bereute.

Vergebung, die die Gerechtigkeit außer Acht lässt, ist eine Illusion. Selbst der Herr lässt keinen »Verstoßenen« zurückkehren (V. 13), bevor dieser den Preis bezahlt, der Gottes Gesetz stützt. Vergebung ist nicht billig; sie ist teuer erkauft (Röm 3,21-26). Gott verlangt, dass wir Buße tun und uns von der Sünde abwenden. Jesus Christus musste sterben, damit wir Vergebung erfahren können: Einen anderen Weg gibt es nicht.

Gottes Vergebung ist vollkommen; wir dürfen in seine Gegenwart kommen und »sein Angesicht sehen« (1Jo 1,9–2,2). David konnte Absalom in sein Amt zurückholen, aber er konnte nicht sein Wesen verändern, und so kehrte der junge Mann zu seinen sündigen Gewohnheiten zurück. Das einzig Gewichtige an Absalom war sein Haar; alles andere an ihm war unbrauchbar. Sein gutes Aussehen täuschte über sein böses Herz hinweg.

2. Samuel 15

Verlockung. Absalom verkörperte alles, was Gott hasst (Spr 6,16-19). Leider ließen sich viele in Israel von ihm täuschen und glaubten seinen Schmeicheleien und Lügen. Sie hätten dem Herrn und auch David treu bleiben sollen, aber denk daran, wie die Volksmenge mit dem Sohn Davids umging (Mt 27,15-26; Apg 3,14).

Flucht. Eine Krise zeigt oft, wer unsere wahren Freunde sind. Davids Diener waren bereit zu gehorchen (V. 15) und bereit zu sterben (V. 21). Ittai war ein Ausländer, und doch blieb er beim König. Die Priester und Davids Berater kehrten in die Gefahrenzo-

ne zurück. David hatte die Gabe des Gebets, aber er war auch ein weiser Stratege. Ahitofel ließ David im Stich und schloss sich den Aufständischen an. Aber er war Batsebas Großvater (2Sam 11,3; 23,34), und so nutzte er die Gelegenheit zur Rache.
Lies die folgenden Psalmen, von denen viele Bibelkundige annehmen, dass David sie zu der Zeit von Absaloms Aufstand schrieb: 3; 4; 39; 41; 55; 61–63 und 143.

2. Samuel 16

Die Menschen gehen mit Krisen sehr unterschiedlich um. Geh davon aus, dass du folgenden Typen begegnen wirst:

Lügner. Ziba war ein Opportunist, der sowohl David als auch Mefi-Boschet ausnutzte. Denk in solchen Situationen an Sprüche 18,13.

Ankläger. Schimi war mit Saul verwandt und lastete David die Zerstörung von Sauls Familie und Königtum an. David nahm es geduldig hin und ließ die Angelegenheit in Gottes Hand. Manchmal antwortest du am besten mit Schweigen und Unterordnung (1Petr 2,18-25).

Rächer. Abischai zögerte für gewöhnlich nicht mit Kriegserklärungen (1Sam 26, 1-11), aber David wählte einen besseren Ansatz. (Siehe Lukas 22,47-53.)

Verräter. David hatte Ahitofel als Berater sehr geschätzt, aber er wurde zum Verräter und schlug sich auf Absaloms Seite. Er war der »Judas« im Lager (Ps 55,12-14). David redete mit Gott über das Problem (2Sam 15,31) und vertraute es ihm an (Phil 4,6-9). Gott enttäuschte ihn nicht.

2. Samuel 17

Huschai war ein Meister der Metapher und Gott nutzte seine Begabung im Umgang mit Worten, um gegen Absalom vorzugehen. Huschai verglich David mit einer wütenden Bärin (V. 8) und sein Herz mit dem eines Löwen (V. 10). Er appellierte an Absaloms Stolz mit seinem Rat, ein großes Heer anzuführen (»so zahlreich wie der Sand« [V. 11]) und David selbst zu besiegen, sich auf ihn »auf ihn nieder[zu]lassen, wie der Tau auf den Erdboden fällt« (V. 12). Absalom sah sich selbst schon als siegreichen Feldherrn und sein Stolz erledigte den Rest (Spr 16,18).

David verdankte sein Leben den mutigen Männern, die in Jerusalem blieben und den König über Absaloms Pläne auf dem Laufenden hielten; außerdem einer nicht namentlich genannten Frau, die den Boten Schutz gewährte. Die Leute, die ihm in Mahanajim Schutz boten, waren ein Geschenk Gottes. Jakob sah in Mahanajim Engel (1Mo 2,1-2), aber Davids »Engel« waren liebevolle Menschen, die für ihn sorgten. Hinter jedem guten Leiter stehen Menschen, die mit Hingabe dienen und von Gott belohnt werden, deren Namen wir aber allzu schnell vergessen.

Ahitofel sah voraus, dass Absalom die Schlacht verlieren würde, und wie Judas beging er Selbstmord (Mt 27,1-5). Andere konnte er beraten, aber für sich selbst hatte er keinen weisen Rat übrig.

2. Samuel 18

Zwei Heere. Neutral zu bleiben, ist nicht möglich, wenn es darum geht, Gottes Reich zu unterstützen und zu verteidigen (Jos 24,14-15; Mt 12,30). Es ist nur verständlich, dass ein Vater sich um seinen Sohn sorgt, aber Milde ist unangebracht, wenn wir es mit der Sünde zu tun bekommen. David wollte Liebe ohne Gerechtigkeit, Joab dagegen Gerechtigkeit ohne Liebe. Nur am Kreuz Christi wird sowohl der Liebe als auch der Gerechtigkeit Genüge getan. Gott hat »seinen eigenen Sohn nicht verschont« (Röm 8,32).

Zwei Denkmäler. Sowohl Saul (1Sam 15,12) als auch Absalom bauten Denkmäler für sich selbst, aber was wissen wir noch über sie? Joab und seine Männer errichteten ihm das passende Denkmal: ein Steinhaufen über dem Leichnam eines stolzen Rebellen. Wie du dein Leben lebst, ist dein Denkmal, und am Ende wird die Wahrheit ans Licht kommen.

Zwei Botschaften. Ahimaaz war sowohl ehrgeizig als auch fähig, aber ihm fehlte die nötige Reife für diese Aufgabe. Ehe du losrennst, versichere dich, dass du der Richtige bist, um die Botschaft zu überbringen (Spr 25,13).

2. Samuel 19

Wunden schlagen (1-8). Joab hatte David verletzt, um ihm zu helfen: »Treu gemeint sind die Schläge dessen, der liebt« (Spr 27,6). Davids Trauer um seinen Sohn hätte ihn beinahe das Königtum gekostet. Wir haben das Recht zu trauern, aber wir dürfen dabei nicht den Bezug zur Wirklichkeit verlieren.

Wunden heilen (9-15). Es war an der Zeit, dass das ganze Volk seinen Treueeid gegenüber seinem von Gott erwählten König erneuerte, und David begnadigte bis auf wenige Ausnahmen alle. Die Stämme brachten ihn zurück; er vergab Schimi und Mefi-Boschet; und er belohnte Barsillai.

Wunden öffnen (40-43). Zwischen den Stämmen kam wieder einmal Eifersucht auf (Ri 8,1; 12,1) und David musste einem weiteren Aufstand begegnen. Statt die sanfte Antwort zu wählen (Spr 15,1), pochten die Männer von Juda auf ihr Recht und verschlimmerten dadurch die Lage. Mit Römer 12,10 und Philipper 2,1-4 sind wir in solchen Situationen gut beraten.

2. Samuel 20

Aus jedem Ereignis erwachsen Gelegenheiten und wir nutzen Gelegenheiten auf unterschiedliche Weise.

Scheba sah in dem Konflikt zwischen den Stämmen eine Gelegenheit, sich selbst zu nach oben zu bringen. Er war Benjaminiter und erhoffte sich daher eine umfassende Unterstützung von Sauls Freunden und Davids Feinden. Beinahe hätte er Erfolg damit gehabt. Erneut ließ das Volk den von Gott erwählten König zugunsten eines Opportunisten im Stich.

Amasa war dazu auserwählt, Davids Heer zum Sieg zu führen (2Sam 19,13), aber er zauderte und verpasste seine Chance, groß zu werden. Joab dagegen ergriff die Gelegenheit, beseitigte seinen Ersatzmann, gewann die Schlacht und bekam seine Stellung zurück. Joab hatte nun Abner, Absalom und Amasa umgebracht, und doch hielt David es offenbar nicht für nötig, ihn zu bestrafen. Vielleicht wusste Joab zu viel über David (2Sam 11, 6ff).

Die weise Frau sah eine Gelegenheit, den Krieg zu beenden und damit den Tod vieler unschuldiger Menschen zu verhindern. Selig sind die Friedfertigen! – Auch heute werden sich dir wieder Gelegenheiten eröffnen. Wie wirst du sie nutzen?

2. Samuel 21

Ein Versprechen darf man nicht leichtsinnig geben, und wird es gebrochen, sollte das nicht ungestraft bleiben.

Gott hielt sein Versprechen. Gott hatte dem Volk versprochen, es mit Regen und Überfluss zu segnen, wenn es ihm gehorchte. Sollten ihm die Israeliten aber ungehorsam werden, würde er sie maßregeln. Gott sandte seinem Volk oft Hungersnöte als Erziehungsmaßnahmen (5Mo 28,23-24).

Saul brach ein Versprechen. Israels Bund mit Gibeon (Jos 9), war jahrhundertelang geehrt worden, und dann missachtete Saul ihn. Alte Sünden können auch noch lange nach dem Tod des Sünders immer wieder neue Probleme schaffen.

David hielt ein Versprechen. Das Gesetz forderte faire und gleiche Strafen für jedes Vergehen (5Mo 21,23-25). Saul hatte unschuldige Menschen getötet, und seine Familie musste den Preis für die Reinigung des Landes von unschuldigem Blut zahlen (5Mo 19,11-13). David hielt seine Versprechen an Mefi-Boschet (2Sam 9,7) und an Jonatan (1Sam 20,15-16), indem er Mefi-Boschets Leben schonte. Außerdem kümmerte sich David um eine anständige Beisetzung für die Toten aus Sauls Familie.

David gab ein Versprechen. Riesen neigen offenbar dazu, sich zu vermehren, und David musste feststellen, dass er mit Riesen nicht mehr so leicht fertig wurde wie in seiner Jugend. Es kommt die Zeit, wenn wir uns von geringeren Dingen trennen müssen, um wichtigere Dinge zu schützen. David fiel es schwer, Rüstung und Waffen abzulegen, aber es war eine weise Entscheidung.

2. Samuel 22

Dieser Siegespsalm ist nahezu identisch mit Psalm 18. Beachte, dass David Saul nicht unter seinen Feinden aufgeführt hat (V. 1). Ein wahrhaft gnädiger Mensch!

David rechnete sich keinen seiner eigenen Siege an; er gab Gott die Ehre. Und er schämte sich auch nicht zuzugeben, dass er zu Gott um Rettung und Kraft geschrien hatte. Seine Worte können uns in Zeiten der Versuchung und Prüfung ermutigen.

Die Verse 21-24 erklären David nicht zu einem sünd- und makellosen Menschen, denn er war ein Sünder wie jeder andere. Sie zeugen von der Redlichkeit seines Herzens (Ps 78,70-72). David gehorchte dem Wort Gottes und vertraute darauf, dass der Herr sein Versprechen halten und ihn auf den Thron Israels setzen würde.

Im Rückblick auf diese schwierigen und gefährlichen Jahre sah David nicht, wie hart sein Leben gewesen war; er sah, wie viel Güte Gott ihm erwiesen hatte (V. 36). David bestätigte, dass das Joch sanft und die Last leicht war (Mt 11,28-30). Dein Leben mag dir gerade heute hart vorkommen, aber höre nicht auf, Gott zu vertrauen und zu gehorchen. Eines Tages wird er dir dein eigenes Siegeslied schenken, und du wirst erfahren, wie die sanfte Hand Gottes dich groß macht.

2. Samuel 23

Leiter (1-7). Zu einem früheren Zeitpunkt seiner Herrschaft hatte David einen langen Psalm über das Siegen verfasst (2Sam 22), aber am Ende seines Lebens schrieb er ein wunderschönes, kurzes Lied über Leiterschaft. Leiter müssen von Gott berufen und bevollmächtigt sein (V. 1). Sie müssen vom Geist Gottes im Wort Gottes unterwiesen werden (V. 2). Sie müssen gottesfürchtige Männer und Frauen mit gutem Charakter sein (V. 3-4). Sie regieren für Gott, nicht für sich selbst.

Ein Becher Wasser
Mit Schwert, Speer und Harfe vollbrachten Davids Hände vieles. Aber niemals tat er damit etwas so Schönes wie mit jenem Becher Wasser. Indem er ihn als Trankopfer für den Herrn darbrachte, offenbarte er wahre Charakterstärke. »Wir können keine großen Dinge vollbringen, nur kleine Dinge mit großer Liebe.«

Zwei Metaphern beschreiben Leiterschaft auf geistlicher Grundlage: Das Anbrechen eines neuen Tages und das Aufsprießen von frischem Gras nach dem Regen (V. 4). Saul brachte Dunkelheit über das Land, David dagegen brachte Licht. Saul verursachte Stürme, aber David sorgte für die Ruhe nach dem Sturm und dafür, dass die Stürme Frucht brachten. So sieht geistliche Leiterschaft aus!

Gefolgsleute (8-39). Wahre Leiter haben keine Angst, sich mit fähigen Menschen zu umgeben, und sie erlauben ihnen, ihre Fähigkeit unter Beweis zu stellen. Diese Männer standen David so nahe, dass er seine Wünsche nur zu flüstern brauchte, um ihnen mitzuteilen, was anstand (V. 15-17). David liebte sie so sehr, dass er sich nicht eigennützig an dem erfreuen wollte, was sie so viel gekostet hatte. Diese Männer können uns, die wir Jesus Christus nachfolgen, als Vorbilder dienen!

2. Samuel 24

Ein störrisches Herz (1-9). Es gibt Sünden des Geistes und auch solche des Fleisches (2Kor 7,1). In seinem Stolz zählte David das Volk, versäumte es aber, die Erhebung mit dem Sühnegeld zu verbinden (2Mo 30,11-16) und somit Gott zu ehren. Der Herr gab David neun Monate Zeit, sich zu besinnen, gerade lange genug, damit »die Schwangerschaft der Sünde« den Tod hervorbringen konnte (Jak 1,13-15).

Ein geschlagenes Herz (10-14). Davids Sünde war eine Sünde des Willens, deshalb forderte Gott ihn auf, Entscheidungen zu treffen. Er bekannte seine Sünde (»Ich habe *sehr* gesündigt«) und ihm wurde vergeben, aber er musste dennoch die Folgen seiner Sünde tragen.

Ein leidendes Herz (15-17) David hatte das Herz eines Hirten und sehnte sich danach, sein Volk zu erlösen. Es ist schwieriger, diejenigen leiden zu sehen, die man liebt, als selbst Leid zu ertragen.

Ein opferbereites Herz (18-25). David wählte nicht den einfachen Ausweg. Seine Reue war aufrichtig und er bezahlte den vollen Preis, um das zu beweisen. Wer zahlt für deine Opfer? Staunenswerte Gnade! Salomo baute den Tempel auf dem Grundstück, das David für seinen Altar erworben hatte. Salomo war der Sohn von Batseba. Wie gnädig ist Gott, dass er Davids zwei große Sünden nahm und einen Tempel daraus baute! (Siehe Röm 5,20.)

1. und 2. Könige

Wie der Name sagt, erzählen diese Bücher die Geschichte der Könige Israels von Salomo bis Zedekia. Zu Beginn des Berichts ist die Nation noch vereint (1. Könige 1–11). Nach Salomos Tod teilte sie sich (1Kö 12–22); zuletzt wurden beide Königreiche in die Gefangenschaft geführt (2. Könige). Die nördlichen Stämme wurden von Assyrien eingenommen (2Kö 1–17) und das Südreich von Babylon (2Kö 18–25).

Israel war ein von Gott reich gesegnetes Volk und endete doch in Schande und Niederlage. Der Grund war Sünde. Salomo betete die Götzen der fremden Völker an und Israel tat es ihm nach. Nach nur einer Generation war das Volk verfallen und gespalten, irregeführt durch falsche Propheten und weltlich gesinnte Priester. Weder die Anführer noch das Volk wollten auf Gottes Propheten hören und zur wahren Anbetung Jahwes umkehren, also blieb Gott nichts anderes übrig, als seine Warnung wahrzumachen und das Volk zu bestrafen (5Mo 28).

1. Könige

1. Könige 1

Manche Menschen sind naiv und nicht gewillt, aus der Vergangenheit zu lernen. Wie Absalom, war auch Adonija gutaussehend, beliebt und stolz. Sein »Ich bin es, der König wird!«, erinnert uns an eine andere Prahlerei, die im Gericht endete (Jes 14,12-15). Törichterweise schlossen sich Joab und Abjatar Adonija an und stellten sich damit gegen Salomo, den Erwählten Gottes. Sie mussten dafür bezahlen. Sie hätten folgenden Worten mehr Beachtung schenken sollen: »Du sollst der Menge nicht folgen zum Bösen« (2Mo 23,3).

Manchmal müssen Leiter angeleitet werden, und Nathan und Batseba gingen weise dabei vor. David hatte das Schwert abgelegt (2Sam 21,15-17) und nun musste er auch das Zepter hergeben. Ein weiser Leiter weiß, wann er beiseite zu treten hat. Gott hatte Salomo für den Thron erwählt (2Sam 12,24-25).

Adonija suchte am Alter Sicherheit, nicht Heiligkeit. Er nutzte die Religion einzig, um Gewinn daraus zu ziehen; auch heute gibt es noch genauso unaufrichtige Menschen, die so handeln.

1. Könige 2

Der Tod des Königs. Seinen Termin mit dem Tod muss jeder von uns einhalten (Hebr 9,27), es sei denn, der Herr kommt vorher und nimmt uns mit nach Hause (1Kor 15,51ff). Bevor er starb, gab David Salomo weisen Rat bezüglich der Männer, die eine Bedrohung für den Thron darstellten. Es ist gut zu wissen, wo der Feind sich versteckt. David hatte seiner Generation treu gedient (Apg 13,36).

Der Tod des Thronräubers. Adonija war immer noch auf den Thron aus, und beinahe hätte er Batseba durch eine List dazu gebracht, ihm zu helfen. Abischag war eine von Davids Nebenfrauen: Sie zur Frau zu fordern, war dasselbe wie den Thron einzufordern. Adonija plante ein Hochzeitsfest, aber am Ende wurde seine Beisetzung gefeiert.

Der Tod des Mörders. Sowohl Abjatar als auch Joab waren Verräter, aber als Priester wurde Abjatar verschont. Durch das Exil allerdings wurden Elis Nachfahren aus dem Amt entfernt, entsprechend der Jahre zuvor getroffenen Prophezeiung (1Sam 2,30-35). Joab zahlte für den Mord an drei Männern und auch für seinen Verrat an David. Benaja war eigentlich Priester (1Chr 27,5), aber er war einer von Davids besten Männern und folgte Joab in seinem Amt als Heerführer.

Der Tod des Anklägers. (Siehe 2Sam 16,5-14; 19,18-23.) Wäre Schimi den Anordnungen gefolgt, hätte er weiterleben dürfen, aber er widersetzte sich dem König und musste sterben.

Wie viel Wahrheit liegt doch in der Aussage: »Gerechtigkeit und Recht sind die Grundfeste seines Thrones« (Ps 97,2)!

1. Könige 3

Politik. Den Israeliten war es nicht verboten, Ägypterinnen zu heiraten, aber indem Salomo die Tochter des Pharao zur Frau nahm, entfernte er sich von Gott und seinem Gesetz, und das war nur der erste seiner Schritte auf diesem Weg, der für ihn und sein Volk tragische Folgen haben würde (1Kö 11,1-8; siehe auch 5Mo 7,1-4). Es war eine rein politische Entscheidung, die dem Land Frieden bringen sollte, und der Plan ging auf.

Gebet. Was würdest du antworten, wenn Gott dich fragte: »Was soll ich dir geben?« Deine Antwort zeigt, wie du dich selbst siehst und die Aufgabe, zu der Gott dich berufen hat. Salomo wusste, dass er nichts dringender brauchte als Weisheit, und Gott gab sie ihm und außerdem noch viel mehr (Mt 6,33; Eph 3,20-21). Beim Gebet geht es nicht allein darum, Dinge von Gott zu erbitten. Es geht darum, zu empfangen, damit wir anderen etwas zu geben haben. Salomo ging es um die Fähigkeit, seinem Volk gut zu dienen.

Wahrnehmungsvermögen. Prostituierte durften zum König kommen (Mt 9,10-11). Die Weisheit, die Gott uns gibt, ist praktisch und hilft uns bei unseren Lebensentscheidungen (Spr 1,1-7; Jak 1,5).

1. Könige 4

Samuels düstere Prophezeiung ging in Erfüllung (1Sam 8,10-18), denn Salomo »nahm« sich eine ganze Menge. Er untereilte das Land in zwölf Bezirke, von denen jeder seinen eigenen Statthalter hatte, und forderte von jedem Bezirk einen jährlichen Beitrag zum königlichen Haushalt. Wenn man liest, was sie täglich zu sich nahmen, kann man sich vorstellen, wie schwierig es für das Volk war, diese Anforderungen zu erfüllen (1Kö 12,4).

Vers 20 beschreibt ein wohlhabendes, aber kein geistliches Volk. Friede und Wohlstand bringen nicht immer edle Charaktere hervor, und Vergnügen ohne Verantwortungsbewusstsein führt in den Abgrund. Was Salomos Pferde betrifft, lies 5. Mose 17,16.

Jesus Christus ist »größer als Salomo« (Mt 12,42), größer an Weisheit (Kol 2,3), Reichtum (Kol 1,19; 2,9) und Großzügigkeit, die er mit seinem Volk teilt (Eph 3,20-21). Er verspricht dir kein Leben, in dem es nur um »Essen, Trinken und Fröhlichsein« geht (V. 20), aber was er dir sehr wohl verspricht, ist, dir alles zu geben, was du brauchst (Phil 4,9) und dich niemals zu verlassen (Mt 28,19-20; Hebr 13,5). Eines Tages wirst du in eine seiner himmlischen Wohnungen einziehen und für immer bei ihm sein (Joh 14,1-6).

1. Könige 5–7

Zusammenarbeit. Gott gab David die Bauanleitung für den Tempel (1Chr 28,11-19) und David und das Volk stellten den Großteil des Baumaterials (1Chr 29). Hiram, ein heidnischer König, sorgte für das Holz und kanaanitische Arbeiter unterstützten die jüdischen Bauleute (1Kö 9,20-22). Die Zusammenarbeit wurde von König Salomo überwacht. Heute baut Gott an seinem »heiligen Tempel« (Eph 2,19-22) und er beruft sehr unterschiedliche

Menschen in seinen Dienst. Hilfst du mit beim Bau seiner Gemeinde?

Säulen

Die beiden Säulen hießen Jachin (»Er wird befestigen«) und Boas (»in der Stärke«).

Gott versorgt seine Kinder mit Festigkeit und Kraft, weil sie ihn anbeten. Gottes Haus war teuer und schön, aber es brauchte auch Stabilität und Stärke (Ps 96,6).

Aufbau. Sie bauten mit Gold, Silber und kostbaren Steinen (1Chr 28,14–29,9), denselben Baustoffen, die Gott sich für seine Kirche wünscht (1Kor 3,10-23; siehe auch Spr 2,1-9; 3,13-15; 8,10-11). Jede Einzelheit wurde erklärt und Salomo sah zu, dass die Bauanleitung bis ins Detail beachtet wurde.

Vorrang. Unermessliche Reichtümer flossen in den Bau des Tempels, aber das wichtigste Element war *Gehorsam gegenüber dem Herrn* (1Kö 6,11-13). Gott lässt sich von unseren Gebäuden nicht beeindrucken, denn er stellt uns ja selbst alles zur Verfügung, was wir investieren (Jes 66,1-3). Er will von uns Gehorsam aus Liebe, erst dann kann er aus dem Gebäude einen Segen machen.

1. Könige 8

Salomos Tempel war ein prachtvolles Gebäude (V. 1-12). Aber obwohl er außergewöhnlich schön war, blieb er doch ein gewöhnliches Gebäude, bis Gott einzog und ihn heiligte (2Mo 40,34-38). Genauso ist es mit deinem Leben (1Kor 6,19-20; Eph 40,34-38) und unserem Gottesdienst (1Kor 14,23-25). Das Entscheidende ist die Gegenwart Gottes. Wie A. W. Tozer treffend bemerkte: »Wenn Gott den Heiligen Geist aus der Welt nähme, würde vieles von dem, was die Kirche tut, einfach weitergehen, *und niemand würde den Unterschied bemerken.«*

Der Tempel war ein Zeugnis (V. 14-21.56): Er bewies, dass Gott Wort hält. Er sollte zu einem Ort des Gebets werden (V. 22-53).

Salomo war es ein wichtiges Anliegen, dass Gott sowohl die Gebete seiner eigenen Kinder erhörte als auch die der Fremden. Viele Jahrhunderte später würde die geistliche Elite das Gebetshaus in eine Räuberhöhle verwandeln (Mt 21,12-13).

Wer ist gerecht?
Salomo betete zu Gott, er möge die »Schuldigen schuldig« und die »Gerechten gerecht sprechen« (1Kö 8,32). Aber durch Jesus Christus spricht Gott die Schuldigen gerecht (Röm 4,5), und das tut er aus Gnade, nicht auf Grundlage von Werken. Gott kann die Gerechten nicht gerecht sprechen, weil es keine gibt (Röm 3,10).

Er war ein Ort der Segnung (V. 54-61) und des Opfers (V. 62-66). Beides gehört zusammen: Wir geben dem Herrn unser Bestes und dann teilen wir unser Bestes mit anderen. Es ist sehr traurig, dass Salomo ausgerechnet in dem Punkt versagte, den er von seinem Volk einforderte: ein ungeteiltes Herz (V. 61).

Schließlich war der Tempel auch ein Zeugnis für die Welt (V. 41-43.60), denn Salomo hatte eine »missionarische Vision« für die heidnischen Völker. Israel hatte hier eine großartige Chance, die verlorenen Völker um sich herum für Gott zu gewinnen!

Das Herz aller Dinge
Salomo sprach immer wieder vom Herzen: Jeder kennt sein eigenes Herz (1Kö 8,38); Gott kennt das Herz des Menschen (V. 39); wir kehren mit unserem ganzen Herzen zu Gott um (V. 48); Gott neigt unser Herz zu seinen Geboten hin (V. 58); Gott will von jedem von uns ein ungeteiltes Herz (V. 61).

1. Könige 9

Zusage. Wir geben etwas, aber nur Gott kann heiligen, was wir ihm geben. Es ist wichtig, von Gott zu hören, dass eine Aufgabe erledigt ist, damit es nicht zu einer Enttäuschung kommt, die uns den Mut nehmen kann (1Kö 19). Die Worte »Mein Name ... Meine Augen ... Mein Herz« (V. 3) zeugen von Gottes Nähe zu seinem Volk. Er macht sich eins mit uns; er wacht über uns; er liebt uns.

Ermahnung. Weil er uns liebt, warnt uns Gott vor Ungehorsam ihm gegenüber. Salomo beherzigte diese Warnung nicht, und Gott hielt sich an sein Versprechen und maßregelte ihn. Eher würde Gott seinen heiligen Tempel zerstören als seinem Volk zu erlauben, den Tempel durch ihre Sünde zu verunreinigen.

Zugeständnisse. Salomo verstand sich gut darauf, mit den Heiden Verträge auszuhandeln, und dank dieser Fähigkeit konnte Israel sich aus Kriegen heraushalten. Doch es kostete ihn auch etwas und er sah sich einer ständigen Gefahr ausgesetzt. Schließlich wurde Salomo von den Göttern dieser Völker beherrscht (1Kö 11).

Erfolg. Aber zunächst sah alles großartig aus, denn Salomo baute Häuser, Mauern und Schiffe, und er verhalf dem Volk zu Reichtum und Wohlstand. Sie hätten die Warnung gebraucht, die uns Offenbarung 3,17-18 gibt. Hinter der Fassade des Wohlstands verfiel das geistliche Leben Israels nach und nach.

1. Könige 10

Unser Ruhm muss mit Gottes Namen Hand in Hand gehen (V. 1). Wenn Gott deinen Namen groß macht, vergiss nicht, ihm die Ehre zu geben (Ps 135,13). Ruhm ist eine schwere Last und nur Gott kann uns helfen, sie mit Weisheit zu tragen.

Die Königin reiste fast 2000 Kilometer, um Salomo zu sehen und zu hören. Das tat sie aus persönlichen wie auch aus politischen Gründen, denn sie wollte mit dem König Handelsvereinbarungen treffen. Die Menschen zur Zeit Jesu lehnten den ab, »der größer war als Salomo« und unter ihnen lebte (Mt 12,42), und dafür wurden sie zur Rechenschaft gezogen.

Betrachten wir unsere Segnungen als selbstverständlich? Die Königin zeigte sich zwar begeistert, aber Salomos Diener waren vielleicht schon daran gewöhnt, seine weisen Worte zu hören und seinen großen Reichtum zu betrachten (V. 8). Israel gewöhnte sich an das Manna-Wunder (4Mo 11) und die Gemeinde in Ephesus gewöhnte sich an die Liebe Christi (Offb 2,1-7).

Wagen und Pferde (V. 26-29) waren ein weiterer Hinweis auf den Verfall (5Mo 17,16). Und vergiss nicht, was Jesus über Salomo und »all seine Herrlichkeit« sagte (Mt 6,29).

1. Könige 11

Abtrünnigkeit. Salomo hatte Weisheit für alle anderen, wollte sie aber nicht auf sich selbst anwenden (Röm 2,21-24). Der Mann, der Sprüche 4,23 schrieb, hielt sich selbst nicht daran (V. 4; 1Kö 8,61). Der König war verpflichtet, sich eine eigene Abschrift des Gesetzes anzufertigen und es zu studieren (5Mo 17,18-20), also kannte Salomo 5. Mose 7,1-11 und 17,17 gewiss. Das Wort zu kennen, ist eine Sache; es zu befolgen eine ganz andere (Jak 1,22-25).

Zorn. Gott teilt Segnungen aus Gnade zu, aber daran erfreuen können wir uns nur durch Gehorsam. Salomo war ungehorsam und zog sich damit den Zorn Gottes zu, obwohl er sicherlich wusste, dass der Bund Warnungen vor Ungehorsam einschloss (2Sam 7,14; 1Kö 3,14; 9,4-9).

Feinde. Gott liebte Salomo in besonderer Weise (2Sam 12,24-25), darum musste er ihn züchtigen (Spr 3,11-12). Hadad, Reson und Jerobeam stellten den König vor Probleme, als die zerbrechliche Form des »Friedens« in Israel auseinanderzubrechen begann. Salomo hatte sogar vor, seinen Rivalen Jerobeam zu ermorden! Nur um Davids willen war Gott freundlich zu Salomo (V. 32), aber wie lange kann ein Volk (oder eine Gemeinde oder eine Familie) von den geistlichen Erträgen aus den Opfern und dem Gehorsam der Vorfahren zehren?

1. Könige 12

Rehabeam suchte Gottes Weisheit genauso wenig wie sein Vater vor ihm (1Kö 3). Stattdessen bat er Menschen um Weisung und hielt sich dennoch nicht an den richtigen Rat. Auch heute bitten Menschen um Rat, damit ihnen jemand sagt, dass sie tun sollen, wozu sie sich bereits entschieden haben. Der neue König war im Luxus aufgewachsen. Was wusste er schon über das mühevolle Leben der einfachen Leute?

Wir leiten, indem wir dienen (Mt 20,20-28), und ein guter Leiter versucht, die Lasten zu erleichtern, die die Menschen zu tragen haben. (Vergleiche dazu Mt 11,28-30 und 23,4.) Der König benutzte das Volk, um seine Macht aufzubauen, statt seine Macht zu gebrauchen, um das Volk aufzubauen. Das Ergebnis war ein geteiltes Volk, wie Ahija es vorhergesagt hatte (1Kö 11,29ff). So sehr wir die Einheit lieben, müssen wir uns doch mit der Tatsache abfinden, dass manche Spaltungen von Gott kommen.

Aus Sorge, sein Volk könnte zur Anbetung nach Jerusalem zurückkehren, stiftete Jerobeam einen »Kult der Bequemlichkeit« (V. 28) und erleichterte somit dem Volk das Sündigen. Er ließ die wahre Anbetung Jahwes fallen und wiederholte die Sünde Aarons (2Mo 32). Dem Muster des mosaischen Systems folgend, war seine Religion beliebt, fand aber nicht Gottes Zustimmung (Hos 13,2).

1. Könige 13

Mut. Der namenlose Prophet empfing seine Botschaft von Gott und gab sie an den König weiter. Fast dreihundert Jahre später ging seine Weissagung unter König Josia in Erfüllung (2Kö 23,15-20). Der Prophet fürchtete sich weder vor den Drohungen des Königs, noch ließ er sich auf dessen Bestechungsversuch ein; beides hätte seinen Dienst wertlos gemacht.

Anpassung. Hätte der Prophet sich weiterhin an Gottes Anweisungen gehalten, wäre er nicht getötet worden, aber er bewegte sich nach und nach vom Willen Gottes weg. Statt nach Hause zu eilen, setzte er sich hin (V. 14). Statt seinen ursprünglichen Auftrag von Gott zu erfüllen, glaubte er den Lügen des alten Propheten. Am Ende saß der Prophet mit einem Feind zu Tisch, der vorgab, ein Freund zu sein.

Nimm dich in Acht vor Leuten, die dir den Willen Gottes für dein Leben mitteilen wollen; prüfe, ob sie ihre Aussage mit dem Wort Gottes stützen können. Die Worte, die auf manchen Ampeln in den Vereinigten Staaten zu lesen sind, geben eine gute Predigt ab: *Folge deinem eigenen Signal!*

1. Könige 14

Tarnung. Warum fragte der König nicht einen der falschen Götter, die er anbetete, um Rat? Und warum suchte er den Propheten des Herrn nicht *persönlich* und *offen* auf? Weil Jerobeam ein Feigling war und seinen selbst gestifteten Kult nicht gefährden wollte. Er wagte es nicht, öffentlich zur wahren Anbetung Jahwes zu stehen, obwohl er genau wusste, dass seine eigenen religiösen Führer ihm nicht helfen konnte.

Tod. Abija kam mit guten Nachrichten über den Sohn, aber mit schlechten über den Rest der königlichen Familie. Gott erkannte wahre Hingabe in dem Sohn und ließ nicht zu, dass er in einer derart bösartigen Familie aufwuchs. Der Junge war der Einzige, der betrauert und anständig bestattet wurde. Die Verse 17-18 und 1. Könige 15,25-30 erzählen von der Erfüllung der Prophezeiung Ahijas.

Verfall. Unter König Rehabeam verlor Salomos großes Reich sowohl an Quantität (Stämme) als auch an Qualität (Schätze). Die kostbaren goldenen Schilde (1Kö 10,16-17) wurden durch Schilde aus Bronze ersetzt, aber die Wachen und der König vollzogen dieselbe Zeremonie. Ein treffendes Bild für manche Leben und Dienste in heutiger Zeit: Alles sieht noch genauso aus, ist aber wertlos geworden. Oft tun wir nichts weiter, als den Schein zu wahren (Mt 23).

1. Könige 15

Ein flackerndes Licht. Gott segnete Juda um Davids willen, so wie er uns um seines geliebten Sohnes willen segnet (Eph 1,3) und um der Treue derer willen, die uns vorangegangen sind. »Außer in der Angelegenheit von Uria dem Hetiter« – und diese Ausnahme kam David wirklich teuer zu stehen! Sogar ein Mann, der große Sünde beging, kann erneuert und anderen zum Segen werden. Aber das Licht der Wahrheit hatte zu flackern begonnen und eines Tages würde Juda für seine Sünden bestraft werden.

Ein unbeständiger Herrscher. Der Anfang von Asas Regierung war vielversprechend, das Ende dagegen enttäuschend. Er war mutig genug, den Tempel von Kult-Prostituierten zu befreien und das Land von Götzen reinzuwaschen, und er entthronte sogar seine eigene Großmutter. Aber statt dem Herrn zu vertrauen, dass er ihm den Sieg schenken würde, raubte er den Tempel aus und bestach einen heidnischen König, damit er ihm in einem Krieg beistand.

Ein unausweichliches Urteil. Gott hatte angekündigt, das Haus Jerobeam auszurotten und Bascha war das Werkzeug, das dieses Urteil vollstrecken sollte. Aber Bascha wiederholte die Sünden Jerobeams! Dachte er im Ernst, *er* könnte sich Gottes Strafgericht entziehen? Friedrich von Logau stellte fest: »Gottes Mühlen mahlen langsam, mahlen aber trefflich fein.«

1. Könige 16

Immer dann, wenn Könige oder Priester die Menschen in die Sünde führten, sandte Gott treue Propheten, die sie warnen und zur wahren Anbetung Jahwes zurückführen sollten. Jehu war so ein Prophet; er hatte keine Angst, dem gottlosen König Bascha die Nachricht vom nahenden Strafgericht des Herrn zu überbringen. Sind wir heute bereit, uns dem Bösen entgegenzustellen, oder schwimmen wir lieber mit dem Strom?

Bascha hatte Jerobeams Sünden nachgeahmt, und so würde er auch Jerobeams Strafe erleiden (1Kö 14,7-11). Gott gebrauchte Simri, um sein Wort gegen Bascha zu vollstrecken. Wenn wir nicht beachten, was Gott uns sagt, müssen wir sein Strafgericht über uns ergehen lassen.

Simris Regierung war von kurzer Dauer. Weil er Omri und seinen

Leuten nicht in die Hände fallen wollte, beging er Selbstmord. Auch Omri beschloss, Gott nicht zu gehorchen, und war »schlimmer als alle, die vor ihm gewesen waren« (V. 25). Und eins der schlimmsten Dinge, die er tat, war, seinen Sohn Ahab zu seinem Nachfolger als König über Israel zu machen.

Ahab heiratete eine heidnische Prinzessin, betete einen heidnischen Gott an und provozierte den Herrn in hohem Maße. Er machte den Baals-Kult zu einem beliebten Kult in Israel. Baal war der kanaanitische Wettergott und ihn anzubeten war naheliegend für ein Volk wie Israel, das so sehr auf Regen angewiesen war. Außerdem waren an den Ritualen Tempelprostituierte beteiligt und das sprach die niedrigen Instinkte der Menschen an.

1. Könige 17

Samuel wurde von klein auf als Prophet Gottes anerkannt (1Sam 3,19-21). Elia dagegen erschien *plötzlich* vor Ahab und verkündete eine Botschaft von Gott. Die Dürre, um die er gebetet hatte (Jak 5,17), war Elias Kriegserklärung an Ahab, Isebel und den Wettergott Baal. Hätten der König und das Volk sich vor dem Herrn gedemütigt, hätte er dem Land Regen geschickt (5Mo 11,13-17; 2Chr 7,12-15), aber der Großteil des Volkes vertraute Baal, nicht Jahwe.

Die Dürre dauerte noch drei weitere Jahre (1Kö 18,1; Lk 4,25), und Gott sorgte für seinen treuen Diener (Ps 37,3-6). In dieser »Ruhestandsphase« führte Gott ihn, ernährte ihn und befähigte ihn, anderen zu helfen, einschließlich einer *heidnischen* Witwe (Lk 4,25-26). Wenn wir im Glauben wandeln, erfüllt Gott unsere Bedürfnisse und öffnet uns Türen.

Denk immer daran, dem Versorger zu vertrauen, und nicht den Dingen, mit denen du versorgt wirst. Bäche trocknen aus, aber auf Gott ist Verlass.

1. Könige 18

Wo ist Wasser? Ahabs Hauptstadt litt schwer unter der Dürre, und doch war das gottlose Königspaar nicht zur Umkehr bereit. Leid allein reicht nicht aus, um ein stolzes Herz zu brechen; man muss auf das Wort Gottes hören und sich ihm hingeben. Ahab und Isebel dagegen versuchten, Gott zum Schweigen zu bringen, indem sie seine Propheten töteten. Sie sorgten sich mehr um ihre Tiere als um ihr Volk. Wenn die Führer einer Nation nicht mehr erkennen, was am wichtigsten ist, wird das Volk darunter leiden.

Wo ist Elia? Ahab wollte Elia töten (V. 10), aber Gott schützte seinen Diener. Ahab betrachtete Elia als Feind (1Kö 21,20), aber eigentlich war Ahab sich selbst der größte Feind. Obadja verdient Anerkennung dafür, dass er die Propheten vor dem Schlimmsten bewahrte, aber das war nicht die endgültige Lösung. Israel musste sich entscheiden zwischen Baal und Jahwe.

Wo ist Gott? Baal war der Wettergott und hätte somit wohl in der Lage sein sollen, Regen zu senden, aber er versagte. Elia wies das Volk zurecht (V. 21), erneuerte den Altar (V. 30) und verließ sich auf den Herrn (V. 36-37); und Gott offenbarte sich, indem er Feuer schickte (V. 38). Als Antwort auf Elias Gebet schickte Gott Regen. Elia war der Mann der Stunde: Er ehrte Gott und Gott ehrte ihn.

Man könnte nun fragen: »Wo ist der HERR, der Gott des Elia?« (2Kö 2,14). Vielleicht stellt sich aber eher folgende Frage: *Wo sind die Elias?*

1. Könige 19

Hüte dich vor dem »Elia-Syndrom«, denn es kann dir all deine Kraft und Freude rauben! Elia ging vom Sieg zur Niederlage über, weil er anfing, im Schauen zu wandeln, und nicht mehr im Glauben (V. 3). Er glaubte den Worten der Königin statt dem Wort Gottes und vergaß dabei, wie Gott dreieinhalb Jahre lang für ihn gesorgt hatte. Die Angst verdrängte den Glauben und er rannte um sein Leben.

Ihm ging es nur noch darum, sich zu retten, nicht mehr darum, sich hinzugeben (Mk 8,34-8; Joh 12,23-28). Beachte die Reihenfolge von »dein Leben« (V. 2), »sein Leben« (V. 3), und »mein Leben« (V. 4). Hätte er sich mit dem »Nimm mein Leben hin!« Gott unterworfen, hätte der Herr mächtig durch ihn gewirkt; aber statt dessen gestand Elia mit diesem »Nimm mein Leben hin!« seinen Stolz und seine Niederlage ein. Hüte dich zu denken, du seist der einzige noch übriggebliebene Gläubige!

Sie wollten sterben!
Manchmal fühlen wir uns durch unsere Arbeit und uns selbst so deprimiert, dass wir uns wünschen, Gott würde uns heimrufen. Hätte Elia wirklich sterben *wollen*, wäre ihm Isebel sicher gerne dabei behilflich gewesen. Aber Elia war nicht der Einzige, dem es so erging. Auch Mose wollte sterben (4Mo 11,15) und ebenso Hiob (Hi 3,20-21), Jeremia (Jer 8,3) und Jona (Jon 4,3). Natürlich kann diese Haltung nicht der richtige Weg sein, mit Verzweiflung umzugehen, denn sie ist eigensüchtig und bereitet Gott keine Ehre. Der wahre Weg ist *sich selbst* zu sterben und darauf zu vertrauen, dass Gott alles in Ordnung bringen wird. »Die Zukunft ist deine Freundin, wenn Jesus dein Herr ist.«

Gott lehrte Elia, dass er nicht immer durch große dramatische Ereignisse wirkt wie durch den Wettbewerb auf dem Berg Karmel, sondern dass er manchmal durch den »Ton eines leisen Wehens« wirkt, in Diensten, die weder »groß« sind noch »laut«. Elia war nicht verlassen, denn Gott war bei ihm. Er war auch nicht allein: Siebentausend Menschen hatten sich nicht vor Baal verneigt. Seine Arbeit würde weitergehen, denn Gott hatte schon einen jungen Mann darauf vorbereitet, seinen Platz einzunehmen.

Wir sollten die folgenden Worte beherzigen: »Fürchte dich nicht; glaube nur!« (Mk 5,36).

1. Könige 20

Sieg. In seiner Gnade schenkte der Herr dem gottlosen König Ahab zwei Siege über den Feind. Der erste Sieg sollte Ahab lehren, dass der Herr der wahre Gott ist (V. 13) und der zweite sollte dem Feind zeigen, dass Jahwe nicht schwach und eingeschränkt ist wie die heidnischen Götzen (V. 28). Wir sollten niemals davon ausgehen, dass wir Segnungen empfangen, weil wir sie verdient haben.

Zugeständnis. Statt den Sieg voll und ganz für sich zu beanspruchen und Ben-Hadad zu vernichten (V. 42), ließ sich Ahab auf einen Handel mit ihm ein! König Saul hatte denselben Fehler mit dem König der Amalekiter begangen (1Sam 15,8-9) und beide Könige verloren ihr Königtum wegen ihres Ungehorsams. Wenn du meinst, der Kampf sei vorüber, stehst du vielleicht gerade der größten Gefahr gegenüber und erfährst deine größte Niederlage.

Niederlage. Der Herr hatte dem König hinreichend bewiesen, dass er Gott war, aber Ahab verhärtete weiterhin sein Herz. Er war geistlich so verblendet, dass er nicht erkannte, wer der Prophet war oder wovon er redete. Ahab verkündete sein eigenes Todesurteil (V. 40). Sein Missmut und seine Wut änderten gar nichts (Spr 19,3), aber er weigerte sich standhaft, sich dem Herrn zuzuwenden.

1. Könige 21

Habsucht. Ahab forderte Nabot auf, das Gesetz zu brechen, doch Nabot lehnte ab (4Mo 36,7). Der König dachte, jeder Mann habe seinen Preis, aber Nabot stand nicht zum Verkauf. »Du sollst nicht begehren«, lautet das letzte der Zehn Gebote (2Mo 20,17), aber indem er dagegen verstieß, brach Ahab noch weitere. Ahab und Isebel stellten Dinge über Gott; sie logen, mordeten und stahlen anderen ihr Eigentum; und sie versuchten, ihre Taten zu verschleiern. Wie viele Gebote müssen wir missachten, um vor Gott schuldig zu werden?

Verschwörung. Gottlose Herrscher könnten niemals erfolgreich sein, wenn es keine schwachen Menschen gäbe, die ihre Befehle befolgen. Isebel fürchtete den Namen Gottes nicht und glaubte nicht an die Kraft des Fastens (V. 9), aber sie wusste beides zu nutzen, um zu bekommen, was sie wollte. Ein unschuldiger Mann musste sterben, aber Gott sah es. Elia fand Ahab, Ahabs Sünde fand ihn (4Mo 32,23), und das Urteil wurde verkündet.

Nachsicht. Ahab demütigte sich vor Gott, aber nicht, weil seine Sünden ihn belasteten, sondern weil er dem Schrecken des Todes ins Auge sah. Gott verschob die Vollstreckung des Urteils, aber es war eben nur ein Aufschub. Ahab hatte sich selbst an das Böse verkauft und sein Herr – die Sünde – zahlte ihm schließlich seinen Lohn (Röm 6,23).

1. Könige 22

Kämpfe deine Schlachten selbst. Eigentlich hätte Joschafat keinen Grund gehabt, sich in Ahabs Kriege einzumischen. Er beging einen Fehler, indem er Ahabs Tochter heiratete (2Chr 18,1; 2Kor 6,14-18), und somit hatte er Familienpflichten zu erfüllen.

Überbringe deine Nachrichten selbst. Falsche Propheten sind sich für gewöhnlich einig, wenn es um Erfolg und Ruhm geht. Der Bote versuchte, Micha dazu zu bewegen, es ihnen nachzutun, aber Micha überbrachte die wahre Botschaft des Herrn. In jenen Tagen war es in Israel nicht so einfach, Prophet zu sein, aber Micha blieb treu.

Kenne deinen eigenen Feind. Ahab versuchte auf raffinierte Weise, Joschafat zum Lockvogel zu machen und ihn auf diese Weise loszuwerden (Lk 16,8), aber Gott griff ein und so wurde stattdessen Ahab getötet. Die Weissagung in 1. Könige 21,19 ging somit in Erfüllung (V. 38). Vielleicht dachte Paulus an diesen Vers, als er Epheser 6,12ff schrieb. Unser wahrer Feind ist der Gott unserer Zeit und der Fürst dieser Welt (Eph 2,2); lasst uns daher weder Zeit noch Munition an geringere Gegner verschwenden.

Lerne aus deinen eigenen Fehlern. Als der neue König Israels, Joschafats Schwager, erneut ein Bündnis anstrebte, verweigerte Joschafat ihm dieses. Er hatte seine Lektion auf harte Weise gelernt, aber gelernt hatte er sie und damit von seinen Fehlern profitiert. Er war ein großer und gottesfürchtiger Mann, und wir sollten nicht durch ein Ereignis seinen Dienst für den Herrn in Verruf bringen.

2. Könige

Dieses Buch erzählt vom Zusammenbruch und der Gefangenschaft des Königreichs Israel (Kap. 1–17) und des Königreichs Juda (Kap. 18–25). Geistlicher Verfall führte zum politischen und sozialen Niedergang. Obwohl Gott immer wieder Propheten schickte und sein Volk oftmals züchtigte, lehnten sich Israel und Juda gegen den Herrn auf und mussten Strafe erdulden. Das Buch ist als Mahnung zu lesen, auf Gottes Wort zu hören und es zu befolgen – sowohl an Einzelne (Spr 29,1) als auch an ganze Nationen (Spr 14,34).

2. Könige 1

»Von welcher Art war der Mann?« (V. 7, LUT) ist eine Schlüsselfrage. Die Botschafter beschrieben Elias äußere Erscheinung, ließen aber das Wichtigste aus: »Elia war ein Mensch von gleichen Empfindungen wie wir« (Jak 5,17), aber er war auch ein »Mann Gottes« (V. 9-13). Die Beschreibung seines Äußeren in Vers 8 ist nebensächlich, und doch ist das der Aspekt, den die meisten Leute für den wichtigsten in ihrem Leben halten.

Er wurde vom Herrn geführt. Elia wusste, was vor sich ging, weil er auf Gottes Stimme hörte (Ps 25,4-5.14). Heute vernehmen wir keine hörbare Stimme, aber wir haben seinen Geist in uns und sein Wort vor uns.

Er gab dem Herrn die Ehre. Schon der Gedanke, der König könnte einen Götzen um Hilfe bitten, war unerhört! Elia wollte Ahasja mitteilen, dass Jahwe allein der wahre Gott war und dass der König gut daran täte, sich demütig vor dem Herrn niederzuwerfen.

Er vertraute darauf, dass der Herr für ihn sorgen würde. Elia stand alleine 51 Soldaten gegenüber, aber der Herr bewahrte ihn. Hatten denn die Soldaten das Feuer, das auf den Berg Karmel niedergegangen war, völlig vergessen? Der dritte Hauptmann endlich zeigte sich demütig und Gott verschonte ihn und seine Männer.

Er tat den Willen des Herrn. Er überbrachte dem König die Nachricht, wie Gott es ihm geboten hatte.

Können Gläubige heute Männer und Frauen Gottes sein? Natürlich! Denke über die folgenden Schriftstellen nach: 1. Timotheus 6,10-12 und 2. Timotheus 3,14-17.

Der Mann Gottes

Der Titel »Mann Gottes« wurde zuerst an Mose vergeben (5Mo 33,1), dann an Samuel (1Sam 9,6-7), Elia (1Kö 1,9-13), Elisa (2Kö 4,9), David (2Chr 8,14) und Timotheus (1Tim 6,11). Du musst kein Prophet sein, um ein »Mann Gottes« zu sein, und du stellst auch deine Frömmigkeit nicht zur Schau, indem du Feuer vom Himmel herabrufst (Lk 9,51-56). Gott will, dass wir »feurige Kohlen« einsetzen, um aus Feinden Freunde zu machen (Röm 12,14-21).

2. Könige 2

Gefährten. Elisas Dienst begann mit Elias Worten: »Kehre um!« (1Kö 19,20). Nun sagt Elia: »Bleib doch hier!« Elisa kehrte nicht um, sondern diente Elia treu etwa zehn Jahre lang. Und Elisa blieb nicht in Bethel oder Jericho zurück, sondern ging bis ganz zum Schluss mit Elia. Denk nur, was Elisa verpasst hätte, wenn er sich anders entschieden hätte!

Zuschauer. Die Prophetenjünger hatten Wissen, aber die Erfahrung fehlte ihnen. Sie waren nur Zuschauer, versuchten aber dennoch, dem Propheten zu erklären, was los war! Elisa war kein Zuschauer; er war mittendrin in dem Geschehen, das von Gott ausging. Was nützt uns unsere Kenntnis geistlicher Zusammenhänge, wenn sie für unser Leben ohne Folgen bleibt?

Handelnde. Elisa errichtete Elia kein Denkmal. Stattdessen vertraute er auf Gott und seine Wunder. Wir können weder *in* der

Vergangenheit leben, noch *von* ihr, noch *für* sie. Es gilt, das Erbe der Vergangenheit anzunehmen und dem lebendigen Gott zu vertrauen, dass er uns heute Kraft gibt. Elisa hatte Probleme zu lösen und Bedürfnisse zu erfüllen, und er glaubte fest daran, dass Gott ihm helfen würde. Gottes Diener mögen uns verlassen, aber sein Geist wirkt weiter.

Spötter. Es waren keine kleinen Kinder, die Elisa verspotteten, sondern die junge Männer, die alt genug waren, um es besser zu wissen. Sie spotteten über Elias Entrückung in den Himmel (»Komm herauf!«) und über Elisas äußere Erscheinung, und die gerechte Strafe blieb nicht aus. Heute ist Gott geduldig mit den Spöttern (2Petr 3), aber eines Tages wird sein Strafgericht sie treffen.

2. Könige 3

König Joschafat beging einen Fehler, indem er sich mit dem König von Israel verbündete (1Kö 22), aber Elisa zog sich deswegen nicht von ihm zurück. Die Gegenwart des Königs von Juda war das Einzige, was Elisa motivieren konnte, den beiden Königen in ihrer Not zu helfen. Um Davids willen ließ Gott in Juda weiterhin sein Licht brennen.

Der Wassermangel erinnerte alle drei beteiligten Könige (V. 9) daran, dass Gott Herr war und dass ihre vereinte Macht ohne ihn zu nichts führte. Simson machte eine ähnliche Erfahrung (Ri 15,18-20). Dasselbe Wasser, das den drei Armeen die Rettung brachte, sorgte auch für die Niederlage des allzu selbstsicheren Moab. (Siehe 2Mo 10,21-23; 2Kor 2,14-16.)

In der Hoffnung, aus dem Krieg noch einen Vorteil für sich ziehen zu können, griff der König von Moab den König von Edom an, aber es gelang ihm nicht durchzubrechen. In seiner Verzweiflung opferte er sogar den Kronprinzen. Diese Tat erschien Juda und Israel derart widerwärtig, dass sie abrückten. Wenn du dich mit Menschen einlässt, die Gott nicht lieben, weißt du nie, was passieren wird, du wirst vielleicht beschämt oder gekränkt oder in etwas hineingezogen, was dem Namen des Herrn Schande macht.

2. Könige 4

Elisa diente Einzelnen und nahm die Gastlichkeit von Freunden in Anspruch. In dieser Hinsicht war er wie Jesus Christus, während Elia mehr wie Johannes der Täufer auftrat: als schroffer Einzelgänger und als Prediger für das Volk. Wenn Gott auch ganz verschiedene Menschen auf unterschiedliche Weise ausrüstet, ist er doch Herr über alle (1Kor 12,1-11). Leider wird dies oft nicht erkannt, und viele versäumen es daher, die Verkündigung unabhängig vom Wesen des Verkündigers anzunehmen (Lk 7,31-35; 1Kor 1,10-17).

Ein Ehemann starb, aber Gott gab der Familie, was sie brauchte (V. 1-7). Ein Sohn starb, aber Gott erweckte ihn zum Leben und machte die Familie wieder vollständig (V. 8-37). Eine Gruppe von Prophetenschülern wäre beinahe an vergiftetem Eintopf gestorben, aber Gott beseitigte die Gefahr. Einige Gläubige wären verhungert, hätte Gott nicht das Brot vermehrt und sie damit am Leben erhalten (V. 42-44). Alle diese Wunder können dich ermutigen, *Gott zu geben was du hast und ihn tun zu lassen, was er will.*

Gehasi war dabei, geistlich zu schrumpfen, aber die Folgen wurden erst später deutlich. Er war unfreundlich zu der Schunemiterin (V. 27; siehe auch Mt 15,23; Mk 10,13; Lk 9,49) und er besaß keine Kraft, ihr zu helfen. Er handelte mechanisch, aber das brachte das Kind nicht ins Leben zurück. Du kannst jeden Tag mit geisterfüllten Menschen wie Elisa Gemeinschaft haben und dennoch immer weiter zurückbleiben. Nimm dich in Acht!

Drei wichtige Fragen
Wie lauten deine Antworten auf die Fragen des Propheten an die Schunemiterin? »Geht es dir gut? Geht es deinem Mann [oder deiner Frau] gut? Geht es dem Kind gut?« (2Kö 4,26).

2. Könige 5

Diener. Diener spielten bei diesem Wunder eine sehr wichtige Rolle. Die junge Israelitin gab für Gott ein treues Zeugnis und Gott gebrauchte es, um Naaman zu dem Besuch bei Elisa zu bewegen. Naamans Diener ermutigten ihn, auf den Propheten zu hören, und sein Gehorsam führte dazu, dass er gesund wurde und an Jahwe glaubte. Ganz gleich, wer oder wo du auch bist: Gott kann dich gebrauchen. (Siehe Joh 15,15.)

Fehleinschätzungen. Der König von Syrien dachte, der König von Israel könne ein Wunder vollbringen, und diese falsche Annahme hätte beinahe zum Krieg geführt. Naaman dachte, Elisa würde ihn durch irgendein religiöses Ritual vom Aussatz befreien, und diese Annahme hätte beinahe dazu geführt, dass er mit seinem Aussatz wieder nach Hause gegangen wäre. Gehasi nahm an, dass er mit seiner Sünde davonkommen würde, aber Gott bestrafte ihn.

Selbstsucht. Naaman wurde durch Gottes Gnade vollständig geheilt, aber Gehasi beraubte Gott seiner Ehre, indem er von Naaman Geschenke verlangte. Die Syrer würden glauben, dass sie Gott bezahlen müssten, damit er ihnen half. Gehasi belog Naaman, Elisa und sich selbst, aber Gott konnte er nicht belügen. Gehasi wurde arm, indem er sich bereicherte.

Sie wurden aussätzig
In der Bibel steht Aussatz als Bild für die Sünde (3Mo 13). Gehasi wurde durch Gier und Betrug zum Aussätzigen. Miriam bekam Aussatz, weil sie kritisierte und neidete (3Mo 12). Sein Stolz machte König Usia zum Aussätzigen (2Chro 26,16-23). Wenn Gott heute noch so mit Menschen verfahren würde, wärst du dann wohl auch ein Aussätziger? Die verborgenen Sünden des Geistes sind gefährlich (2Kor 7,1)!

2. Könige 6

Das Unmögliche tun (1-7). Alles was wir haben ist »geborgt«, d.h. vom Herrn zur Verfügung gestellt, damit wir seine Arbeit tun können (Joh 3,27). Es kann dir passieren, dass du mitten in deinem Dienst für dein »Werkzeug« verlierst. Aber sei dann wenigstens ehrlich und versuche nicht, ohne eine Axt Bäume zu fällen. Bitte den Herrn um Hilfe, damit er dir dein »Werkzeug« wieder zur Verfügung stellt. Er allein kann das Unmögliche vollbringen, wenn du ihm nur vertraust.

Vom Unerkennbaren Kenntnis besitzen (8-12). Weil Elisa wusste, was der Feind tun würde, hatte Israel die Möglichkeit, Überraschungsangriffen aus dem Weg zu gehen. Wenn du dich mit Gottes Wort beschäftigst, kannst du die Strategie Satans erkennen und ihn besiegen.

Das Unsichtbare sehen (13-17). Oft haben wir Angst vor dem Feind, weil wir im Schauen wandeln, und nicht im Glauben. Wenn Gott und seine Heerscharen für uns sind, wer kann dann gegen uns sein?

Das Undenkbare vollbringen (18-23). Weil er wusste, dass Elisa sein eigentlicher Feind war, versuchte der König von Syrien, den Propheten gefangen zu nehmen. *Aber Elisa nahm ihn gefangen,* und er tat es durch Gebet und Freundlichkeit (Röm 12,19-21; 2Kor 10,3-6). Im Orient kommt eine gemeinsame Mahlzeit einem Bündnis gleich, daher konnten diese Soldaten Israel nie wieder angreifen.

2. Könige 7

In schwierigen Zeiten reagieren Menschen auf unterschiedliche Weise:

Andere beschuldigen. Wie sein boshafter Vater Ahab, der Elia für seine Nöte die Schuld gab, schob Joram die Verantwortung für die Not der Stadt auf Elisa ab (1Kö 18,17), obwohl er sie in Wirklichkeit selbst verursacht hatte. Er zerriss seine Kleider und zog Sackleinen an, aber was der König tat, beeindruckte Gott nicht, solange sein Herz hart blieb (2Kö 6,30; Joe 2,12-14).

Zweifeln (1-2). Der Anführer glaubte dem Wort Gottes nicht und sein Unglaube kostete ihn das Leben (V. 17-20). Wenn wir ihm gehorchen, macht Gott die Fenster auf (Mal 3,10).

Theoretisieren (3-8). Die vier Aussätzigen dachten durchaus logisch: »Wenn wir aufgeben, sterben wir. Wenn wir uns dem Feind ergeben, sterben wir vielleicht, oder wir überleben. Wir wollen uns dem Feind ergeben!« Aber es gab gar keinen Feind mehr! Der Herr hatte ihn mit großem Getöse zerschlagen!

Teilen. Zuerst wollten die Aussätzigen aufgeben, dann wollten sie sich dem Feind ergeben, und schließlich gaben sie weiter, was sie erlebten. Dass sie die gute Nachricht weitergaben, trug zur Rettung der Stadt bei. Wir leben in der Zeit der Guten Nachricht. Gibt du sie an andere weiter? Wir sind nicht hier um nachzugeben, noch um aufzugeben, sondern um weiterzugeben!

2. Könige 8

Gott kennt die Zukunft. Die Schunemiterin erlebte drei Tragödien: den Tod ihres Sohnes, die Auflösung ihres Haushalts und den Verlust ihres Besitzes. Und doch blieb sie dem Herrn treu und war freundlich zu Gottes Diener (2Kö 4,8ff). Gott half ihr, der Hungersnot zu entkommen, und benutzte dann das Wunder der Auferstehung ihres Sohnes, um ihr wieder zu ihrem Eigentum zu verhelfen. Römer 8,28 erwies sich in ihrem Leben als wahr! Vielleicht fragst du dich, warum Gott manche deiner Prüfungen zulässt, aber warte erst einmal ab, was er daraus macht!

Gott sieht das Herz. Als er verzweifelt war, bat Ben-Hadad Elisa um Hilfe, aber Elisas Gott wollte er nicht. Der Prophet erkannte den Plan zu morden im Herzen Hasaëls, aber Hasaël stritt alles ab. Wir wissen gar nicht, wie böse unsere Herzen wirklich sind (Jer 17,9), und wir müssen Gott deswegen um Hilfe anrufen (Ps 51,5-6.10).

Gott hält Wort. Joschafat war ein frommer Mann, aber er hatte eine Tochter von Ahab geheiratet (2Chro 18,1) und sein Sohn tat es ihm gleich. Auch Joram folgte dem schlechten Beispiel seines Schwiegervaters Ahab und ließ zu, dass seine boshafte Frau ihn in große Sünde führte. Aber Gott hielt sich an sein Versprechen an David (V. 19) und zerstörte Juda nicht. Mit dem gottesfürchtigen Rest des Stammes hatte er noch etwas vor, denn aus Juda sollte der Retter der Welt hervorgehen.

2. Könige 9–10

Von den Ereignissen, die in diesem Buch erzählt werden, zu lesen, ist nicht gerade erfreulich, aber wir brauchen ihre Botschaft: *Letzendlich wird Sünde bestraft und Gottes Wort erfüllt sich.* Gott ordnete die Salbung Jehus an (1Kö 19,6) und ebenso das Ende von Ahabs Familie (1Kö 21,21-26) und er hielt Wort.

Israels König Joram wurde getötet und so erging es auch König Ahasja von Juda. Isebel, die Königinmutter, kam auf genau die Weise ums Leben, die der Prophet für sie vorhergesagt hatte. Dann löschte Jehu Ahabs gesamte Familie aus und ebenso Ahasjas Verwandte (die auch Ahabs Verwandte waren) und die Baalsanbeter.

> *»Die Sünde ist das Einzige, was Gott verabscheut.*
> *Sie brachte Christus ans Kreuz,*
> *sie bringt Seelen in die Verdammnis,*
> *sie verschließt den Himmel*
> *und sie legte den Grundstein für die Hölle.«*
> Thomas Brooks

Warum war Gott so streng in seinem Urteil? Weil die Anführer sich vom Herrn abgewandt und das Volk verunreinigt hatten. Gott hatte besondere Aufgaben für sein Volk (1Mo 12,1-3) und die konnten nicht erfüllen werden, ohne ihm treu zu sein.

Nachdem er so viel Eifer an den Tag gelegt hatte, hätte Jehu mit seiner Hingabe an Jahwe mit gutem Beispiel vorangehen sollen, aber das tat er nicht. Ein Volk wird nicht allein dadurch gerecht, dass es das Böse wegschafft; es muss auch Gottesfurcht beweisen. Ein leeres Haus ist eine Einladung an noch schlimmere Bewohner

(Mt 12,43-45), die auch schließlich eintrafen – und das Volk musste bestraft werden.

2. Könige 11

Die Zukunft von Davids Abstammungslinie stand auf dem Spiel, als die Königinmutter alle seine Nachfahren hinmetzelte, und somit gefährdete ihre böse Tat auch die Erfüllung der Messias-Verheißung. Satans Same befand sich im Krieg mit Gottes Samen (1Mo 3,15), aber Gott gewann die Schlacht. Die Zukunft ruhte auf einem kleinen Jungen, den Gott im Tempel bewahrte.

Vielleicht erzeugen Ereignisse um dich herum Zweifel und Ängste in deinem Herzen und du fragst dich, ob Gott weiß, was geschieht, und ob es ihn interessiert. Du kannst beruhigt sein: Gott weiß es nicht nur und interessiert sich dafür, er führt darüber hinaus seine Vorhaben zum Ende, trotz der bösen Taten gottloser Menschen. Gott braucht keine großen Armeen, um seine Pläne umzusetzen. Er kann einen siebenjährigen Jungen dazu gebrauchen, für eine ganze Nation das Steuer herumzureißen. Oftmals überrascht dich Gott gerade dann mit einem ungewöhnlichen Sieg, wenn die Umstände am schwierigsten sind. Vertraue ihm!

2. Könige 12

Der junge Joasch konnte sich glücklich schätzen, dass ihm der Priester Jojada als Berater zur Seite stand, der Ehemann der Frau, die dem König das Leben gerettet hatte (2Chr 22,11). Jojada gab dem König Gottes Wort (2Kö 11,12) und lehrte ihn, wie man dem Wort gehorcht. Das Geheimnis des Erfolges jeder Unternehmung ist, Gottes Wort zu ehren (Jos 1,8). Lässt du zu, dass andere dich im Glauben stärken und weißt du ihren Dienst an dir zu schätzen?

Ein götzendienerisches Volk hatte zugelassen, dass der Tempel verfiel. Wenn wir Gott nicht lieben, vernachlässigen wir die Dinge, die ihm wichtig sind. Ein Kasten neben dem Altar war der perfekte Ort, um eine Opfergabe zu hinterlassen. Unsere Opfergaben zeugen vom gnädigen Erlösungswerk unseres Herrn, und wenn uns das nicht zum Geben bewegt, wird uns gar nichts dazu bewegen (2Kor 8,9).

Nach Jojadas Tod war Joasch ganz allein, und er führte das Volk in die Sünde zurück (2Chr 24,15ff). Sein religiöser Eifer war nicht aufrichtig gewesen. Der König vergaß bald, wie freundlich der Hohepriester zu ihm gewesen war, und ermordete sogar dessen Sohn. Jesus bezog sich darauf in Matthäus 23,34-35. Es reicht nicht aus, religiöse Handlungen auszuführen; wir brauchen wahre Hingabe an Gott in unseren Herzen. Wenn dein Glaube durch andere »gestützt« wird, was machst du dann, wenn die »Stützen« wegfallen?

2. Könige 13

Unterdrückung. Joahas folgte dem schlechten Beispiel Jerobeams (V. 2) und führte Israel als Knechte unter die Herrschaft fremder Könige. Doch Gott erwies sich dem ungehorsamen König und seinem leidenden Volk als gnädig. Wie David schrieb: »Er hat uns nicht getan nach unseren Vergehen, nach unseren Sünden uns nicht vergolten« (Ps 103,10). Gott sei Dank dafür!

Macht. Obwohl Elisa dem Tode nahe war, war er noch in der Lage, dem König die Macht Gottes zu demonstrieren. Ein Mann Gottes konnte ebenso viel bewirken wie das ganze Heer Israels (V. 14).

Gelegenheiten. Weil es ihm an geistlicher Erkenntnis mangelte, verstand der König nicht, was Gott bezwecken wollte mit dem, was der Prophet ihm befahl. Joasch führte seine Anweisungen mechanisch aus und die Folge war, dass er nur einen Teilsieg über den Feind davontrug. Er verpasste eine Gelegenheit, die nie wiederkommen würde. Ob Gott auch dir heute eine Gelegenheit schenken wird, die vielleicht nie wiederkommt?

> *»Gelegenheiten, die Gott schickt, wecken niemand auf, der eingeschlafen ist.«*
> Senegalesisches Sprichwort

2. Könige 14

König Amazja gelang ein guter Anfang, indem er einem guten Beispiel folgte, für Frieden im Land sorgte und sich dem Wort Gottes unterstellte (5Mo 24,16). Aber nachdem er einen großen Sieg über Edom errungen hatte, wurde er stolz, und das führte zu seiner Niederlage.

Wie groß oder klein dein Sieg auch ausfallen mag; sei zufrieden damit. Der Herr schenkt dir Glauben (Röm 12,13). Wenn du den Blick auf den Herrn gerichtet hältst, werden deine Siege dich demütig machen, und Gott wird die Ehre zuteil. Wenn du aber den Herrn vergisst, machen deine Siege dich stolz und am Ende erlebst du eine Niederlage.

Hüte dich davor, dich in die Angelegenheiten anderer einzumischen. Lerne anzunehmen, was Gott gibt, bleib zu Hause und tu, wozu er dich berufen hat. König Amazja hätte Sprüche 16,18 und 26,27 beherzigen sollen.

2. Könige 15

Während der Zeitpunkt der Abrechnung näher rückte, litten die Königreiche Israel und Juda unter der Herrschaft von Männern, deren gottloses Leben zu immer mehr Problemen führte. Gottes Gesetz wurde missachtet und immer neue Verschwörungen wurden angezettelt.

Aber zwei Ausnahmen gab es doch: Asarja (Usija) und sein Sohn Jotam, der dem Vorbild seines Vaters folgte. Leider wurde Usija stolz und wollte als Priester dienen. Der Herr bestrafte ihn mit Aussatz (2Chr 26,16ff). Hier wird die Lektion aus 2. Könige 14,10 noch einmal wiederholt: Sei zufrieden mit dem Ausmaß an Segen, das der Herr dir zuteilt, und misch dich nicht in Angelegenheiten, die zu hoch für dich sind (siehe Ps 131).

2. Könige 16

Ahas versagte in seinem Wandel. Er folgte dem Beispiel der gottlosen Könige Israels. Er war ein Nachkomme Davids und hätte dem Wort Gottes gehorchen und dem Gott des Wortes vertrauen sollen. Bewusst oder unbewusst suchen wir uns alle verschiedene Vorbilder, und wir sollten achtgeben, dass diese Gott gefallen.

Ahas versagte als Kriegsführer. Weil er Gott nicht vertraute, wurde er vom Feind besiegt (1Jo 5,4-5). Er raubte Gottes Tempel aus, um sich Schutz zu erkaufen, und er opferte seinen Sohn einem heidnischen Gott, um sich dessen Beistand zu sichern.

Ahas versagte auch in der Anbetung. Statt dem gottgegebenen Bauplan für den Altar zu folgen, lieh er sich den Plan von einem heidnischen Tempel (2Mo 25,40; 26,30). Gottes Kinder sind nicht auf die Neuheiten angewiesen, die die Welt bietet (Röm 12,2), wie reizvoll sie uns auch erscheinen mögen. Es ist tragisch, wenn wir versuchen, Gott nach dem Muster anzubeten, das die Welt vorgibt, und nicht nach den Vorgaben des Himmels. Einen anderen Altar zu bauen, machte aus Ahas keinen besseren Menschen. Bist du auf der Suche nach »religiösen Neuheiten« oder hältst du dich an die Anleitungen, die Gott uns in seinem Wort gegeben hat?

2. Könige 17

Gottes Langmut war erschöpft und er rief nach den Assyrern, damit sie Israel in die Gefangenschaft wegführten. So wie Gott mit Israel verfuhr, so kann er auch heute noch mit Gruppen oder Einzelnen verfahren. Denk über einige ihrer Sünden nach:

Sie vergaßen Gottes Gnade (V. 7), die er ihnen erwiesen hatte, indem er sie aus ägyptischer Knechtschaft herausführte. Wenn du dem Herrn treu bleiben willst, solltest du dir immer wieder all das Gute in Erinnerung rufen, das er für dich getan hat (Ps 103).

Sie ahmten das Heidentum nach (V. 8), so dass die wahre Anbetung Jahwes durch weltliche Bräuche verdorben wurde.

Anfangs taten sie diese Dinge heimlich, aber mit der Zeit ließen sie die heidnischen Praktiken offen in ihren Gottesdienst einfließen.

Sie stellten sich taub für die Predigt der Propheten (13-18) und lehnten das Gesetz des Herrn ab. Als Gott sie maßregelte, verhärteten sie sich nur noch mehr.

»Sie fürchteten den Herrn«, bastelten sich aber trotzdem ihre eigene Religion (25.28.32-34.41)! Jahwe war zwar der »Gott des Landes« (V. 27), aber nicht der einzige. Gott lehnte die Religion der Samaritaner ab (Joh 4,19-24), so wie er auch heute noch jede Anbetung ablehnt, die nicht »in Geist und Wahrheit« geschieht.

2. Könige 18–19

Ein inneres Götzenbild. Hiskia entfernte alle Götzenbilder aus dem Land, sogar die bronzene Schlange, die Mose gemacht hatte (4Mo 21,5-9). Gottes Kinder sind schnell dabei, Götzen aus guten Dingen zu machen, die ihre eigene Nützlichkeit überdauern.

Ein äußerer Feind. Nachdem die Assyrer Israel erobert hatten, wollten sie auch Juda gefangen nehmen. Das Volk war in drei Lager gespalten: Einige wollten sich Assyrien ergeben, andere wollten Ägypten um Hilfe bitten, und eine Minderheit wollte darauf vertrauen, dass Gott sie befreien würde. Beachte, wie oft das Wort *Vertrauen* in Kapitel 18,19-25 vorkommt und beachte auch, dass der Feind immer einen Handel anzubieten hat (18,23)

> *»Wir beten nicht,*
> *um Gottes Widerwillen zu überwinden,*
> *sondern um seine Bereitwilligkeit ernst zu nehmen.«*
> Philips Brooks

Eine Ermutigung von oben. Hiskia verließ sich auf Gottes Wort und aufs Gebet; er breitete die Angelegenheit vor dem Herrn aus. Er hatte nur einen Wunsch: Gott vor dieser heidnischen Armee zu verherrlichen (19,19). Der Herr gab ihm eine Botschaft des Friedens und des Sieges (19,6-7), und der Feind wurde besiegt. Gott weiß, welche Kämpfe du zu bestehen hast, und er wird dir alle Hilfe geben, die du brauchst. Breite die Angelegenheit im Glauben vor ihm aus und bemühe dich, seinem Namen Ehre zu machen.

2. Könige 20

Vers 6 legt nahe, dass dieses Ereignis stattfand, während Jerusalem durch die Assyrer belagert wurde. Es war schon schlimm genug, dass Juda in Gefahr war, aber nun sollte auch noch der König sterben. Manchmal scheint es, als würden die Probleme überhand nehmen! Der Tod ist der letzte Feind, dem wir gegenüberstehen (1Kor 15,26) und nur Gott kann uns den Sieg über den Tod schenken.

Hiskia wurde gerettet, weil er betete und die Mittel nutzte, die Gott ihm zur Heilung zur Verfügung stellte. Gebet aus Glauben kann den Herrn sogar dazu bewegen, seine eigenen Naturgesetze auszuschalten, nur um uns zu geben, was wir brauchen.

Hiskia entkam dem Löwen (1Petr 5,8), erlag aber der Schlange (V. 12-19). Er verriet dem Feind seine Geheimnisse! Wieder war *Stolz* im Spiel: »*Mein* Haus, *meine Schatzkammern*, *meine* Tage«. Sein großer Sieg über Assyrien gab ihm trügerische Sicherheit, während er die Babylonier zu Gast hatte. Er verpfändete die Zukunft seines Volkes durch das, was er tat, und war dankbar, dass der die Niederlage nicht würde erleben müssen.

Die Entscheidungen, die du heute triffst, werden sich morgen auf andere auswirken. Triff die richtigen Entscheidungen!

2. Könige 21

Der sündhafte König Ahas war der Vater des frommen Hiskia, und Hiskia zeugte den gottlosen König Manasse, dem der Herr erlaubte, 55 Jahre zu regieren. König Manasses Sohn war der gottesfürchtige König Josia. Manasse begann seine Regierung mit bösen Taten, aber am Ende seines Lebens tat er Buße (2Chr 33,12). Josia suchte den Herrn in jungen Jahren, beendete aber sein Leben im Ungehorsam gegen Gott (2Chr 35,20ff).

Gottes Wege sind nicht unsere Wege; er darf wirken, wie er es wünscht. Wer behauptet, in der Geschichte deutliche Muster erkennen zu können, und wer versucht, die göttliche Vorsehung in eine feste Formel einzuschließen, sollte dies im Hinterkopf behalten. Gott bestraft die Ungehorsamen und verteidigt Menschen, aber nicht immer auf die Art oder zu der Zeit, wie wir das erwarten. Denke über Psalm 73 nach.

Manchmal lässt Gott zu, dass bösartige Menschen an die Regierung kommen, um seine Kinder zu prüfen oder zu züchtigen. Meistens können wir das Weltgeschehen kaum beeinflussen, aber wir können für die Menschen in verantwortlichen Positionen beten (1Tim 2,1-8) und Gott im Glauben gehorchen (Röm 13).

2. Könige 22

Im Alter von sechzehn Jahren begann Josia, den Herrn zu suchen und für ihn zu leben. Ob wohl seine Mutter fromm war und Einfluss auf seine Entwicklung genommen hatte? Ihr Name bedeutet »Geliebte« und erinnert sehr an Gottes »Spitznamen« für Salomo (2Sam 12,25). Jedenfalls sorgte der Hohepriester Hilkija dafür, dass der junge König den Herrn ehrte. Der Einfluss gottesfürchtiger Menschen auf andere ist nicht zu unterschätzen.

Manasse hatte alles wieder aufgebaut, was sein Vater abgerissen hatte (2Kö 21,3), aber Josia riss ab, was Manasse aufbaute (2Chro 34,3-7). Leider kann aber Reformation alleine die Menschen nicht ändern; sie müssen bereuen und ihr Herz erneuern lassen. Das ging mit dem Fund des Gesetzes im Tempel einher. (Man stelle sich vor: Sie hatten das Wort Gottes im Haus Gottes verloren!)

Es ist gut, Gottes Wort zu *haben;* sogar noch besser ist es, Gottes Wort zu *hören;* der größte Segen liegt allerdings darin, Gottes Wort zu *beachten* (Jak 1,19-25). Der König demütigte sich vor dem Herrn, und Gott verschonte das Land.

Hast du das Wort Gottes irgendwo »verloren«, vielleicht sogar mitten in einem religiösen Leben? Spricht Gott noch zu dir und gehorchst du ihm?

2. Könige 23

Der Tempel war wirklich in einem schlechten Zustand, als Josia seine Reformation begann. Die Priester hatten das Wort Gottes im Tempel verloren (22,8) und zugelassen, dass sich dort Geräte für Götzendienst ansammelten. Wenn Gottes Wahrheit vernachlässigt wird, schleicht sich schnell Unechtes ein und übernimmt die Führung. Vielleicht könnten ja unsere Leben und unsere Gemeinden auch hin und wieder einen gründlichen »Hausputz« gebrauchen!

Josias Auftrag war es, die Prophezeiung zu erfüllen, die Jahre vorher getroffen worden war (1Kö 13,1-5). Im Gehorsam gegen das Wort Gottes beseitigte er, was von Übel war, und tat, was gut war. Das Passafest zu feiern, erinnerte das Volk daran, dass es Gott gehörte und dass in seiner Mitte kein Platz für das Böse war.

Es ist traurig, dass Josia stolz wurde und den Pharao zum Kampf herausforderte (2Chr 35,20-25). Das führte zu seinem Tod und schließlich zum Untergang des Königreichs Juda. Amazja beging denselben Fehler (2Kö 14,9-20).

2. Könige 24–25

Dass eine Reihe schwacher und gottloser Herrscher Juda ins Verderben führte, war eine Strafe für die Sünden Manasses. Entscheidungen führen nicht immer sofort zu Konsequenzen, aber irgendwann stellen diese sich ein. Leiter vergessen vielleicht, was sie früher einmal entschieden haben, aber ihre Entscheidungen vergessen sie nicht. »Ihr sollt erkennen, dass eure Sünde euch finden wird«, lautet das verlässliche Wort Gottes (4Mo 32,23).

Der Verfall des Volkes von innen heraus hatte schon vor Jahren eingesetzt, und so konnte Israel der mächtigen babylonischen Armee nicht standhalten. Der König war gefangen, die Stadt und der Tempel lagen zerstört, und das Volk wurde ins Exil geführt. Zur Zeit der Richter hatte Gott sein Volk *im* Land gezüchtigt; nun würde er es *außerhalb* seines Landes strafen. Wenn sie wie die Götzendiener leben wollten, sollten sie doch *mit* ihnen leben.

Ob sich wohl einige von ihnen auf dem Weg ins Exil an Salomos Fürbitte erinnerten (1Kö 8,46-53) oder an Gottes Botschaft an Salomo (1Kö 9,1-9)?

Gib dich Gott ganz hin

Der Statthalter ermahnte die Juden, Gottes Züchtigung in Babylon hinzunehmen und gute Bürger zu werden (2Kö 25,24). In seinem Brief teilte ihnen der Prophet Jeremia dasselbe mit (Jer 29). Wenn Gott uns züchtigt, verschlimmern wir unsere Lage nur, wenn wir deswegen grollen und Widerstand leisten. Wir sollten uns dem Willen unseres liebevollen Vaters hingeben und ihn seine Pläne umsetzen lassen (Hebr 12,1-11).

1. und 2. Chronik

Die Erzählung in diesen beiden Büchern entspricht der in Samuel und Könige. Im Mittelpunkt stehen David und das Königreich Juda, und die Sichtweise ist die der Priester. Die Genealogie am Anfang reicht von Adam bis Saul (1Chr 1–10). Es folgt ein Bericht über die Regierung Davids (Kap. 11–29). 2. Chronik beginnt mit der Herrschaft Salomos (Kap. 1–9) und beschreibt dann die Könige Judas von der Teilung des Königreichs an bis zur Gefangenschaft (Kap. 10–36).

Diese Bücher waren wichtig für die Juden, die aus dem Exil zurückkehrten. Die Genealogie gab Aufschluss über die Verbindungen zwischen den Stämmen, was für die Priester besonders wichtig war (Esr 2,59-62). Das Volk brauchte David als Vorbild im Glauben, und die genaue Beschreibung des Tempels war nötig zu einer Zeit, als er neu gebaut werden musste. Die Bücher 1. und 2. Chronik sind als Ermutigung zu sehen für Menschen, die in einer schwierigen Zeit des Wandels neues aufbauen mussten.

Beim Lesen der Chroniken lohnt es sich, die Querverweise zu den Büchern Samuel und Könige zu beachten und sich ergänzende Abschnitte zu vergleichen.

1. Chronik

1. Chronik 1–9

Hier haben wir neun Kapitel mit fremdartigen Namen, von denen viele schwierig auszusprechen sind, und vielleicht bist du versucht, sie zu überspringen und gleich die geschichtlichen Berichte weiterzulesen. Aber überlege einmal, ob diese Kapitel nicht doch wichtig sein könnten.

Dies sind die Namen von echten Menschen, die einmal auf dieser Erde gelebt haben. Inzwischen sind die meisten von ihnen vergessen, ihre Namen begraben in einer uralten Liste. Eines Tages wirst auch *du* nur noch ein Name sein, der irgendwo aufgelistet steht. Die Menschheit wird dich vielleicht vergessen, aber der Himmel niemals. Lebst du im Licht der Ewigkeit (1Jo 2,15-17)? Verleihe deinem Leben heute Bedeutung.

Diese Namen wurden auf der Erde aufgeschrieben, weil diese Menschen auf der Erde geboren wurden. Die wichtigste Liste aber wird im Himmel geführt, mit den Namen derer, die durch Glauben an Jesus Christus von neuem geboren wurden (Lk 10,20; Phil 4,3). Steht dein Name schon darauf?

Diese Namen gehörten Leuten, die wir wohl als »gewöhnlich« bezeichnen würden. Sie waren nicht alle Personen großen Glaubens wie Abraham und David, aber sie alle spielten eine Rolle in Gottes Heilsplan für die Welt. Du glaubst vielleicht, dass dein Leben nicht von Bedeutung ist, aber das stimmt nicht; jedes Kind Gottes hat einen Platz in Gottes Herzen und in seinem Plan. Stell dich ihm zur Verfügung für die Aufgabe, die er für dich hat, auch wenn sie in deinen Augen oder aus der Sicht anderer Leute wenig Anerkennung verdienen mag.

Dies sind die Namen von Israeliten, Angehörigen eines Volkes, das von Gott berufen war, für ihn Zeugnis zu geben in einer dunklen und gottlosen Welt. Die Israeliten waren ihm nicht immer treu, aber durch sie erfuhr die Welt von dem einen wahren und lebendigen Gott. Dieses Volk schrieb für uns das Wort Gottes auf und als die Zeit gekommen war, ging aus ihm der Retter hervor. Halte wenigstens kurz inne, um Gott für Israel zu danken und »erbitte Heil für Jerusalem!« (Ps 122,6).

Aus verschiedenen Gründen stechen einige Namen aus dieser Liste heraus. Abram erhielt einen neuen Namen (1,27). Achan wird als jemand ausgewiesen, der Israel Unglück brachte (2,7), Jabez hatte einen traurigen Namen, der an das hebräische Wort für »Schmerz« erinnert (4,9-10), aber er überwand diesen Makel, indem er auf Gott vertraute. Ruben verlor durch Sünde sein Erstgeburtsrecht, das auf die Söhne Josefs überging (5,1). Josef hatte sich geweigert zu sündigen und wurde dafür von Gott geehrt (1Mo 39). Die Sünde eines Vaters kann der Zukunft seiner Familie schaden.

Lies diese Kapitel sorgfältig. An einigen Stellen begegnen dir vielleicht Menschen, die dich warnen, herausfordern oder ermutigen.

> *»Großartige Menschen: So etwas gibt es gar nicht!*
> *Selbst der bedeutendste Mensch entspricht*
> *zu 99 Prozent allen anderen.«*
> George Bernard Shaw

1. Chronik 10

Dem Leben König Sauls schenkt der Autor keine Beachtung, nur von seinem Tod wird berichtet. Der Mann fing gut an und endete tragisch. Der Grund dafür wird in den Versen 13-14 genannt: wegen seiner Untreue gegen den Herrn und seinem Ungehorsam gegen Gottes Wort.

Die Kapitel 13–31 im 1. Buch Samuel erzählen von Sauls allmählichem Niedergang. Er eilte dem Herrn voraus und brachte ein Opfer. Er verschonte König Agag und belog den Herrn deswegen. Er verlangte Anerkennung von Samuel und dem Volk, obwohl Gott ihn verlassen hatte. Er beneidete David und versuchte, ihn zu töten. Von Gott geschenkte Gelegenheiten zur Umkehr ließ er vorübergehen. Am Ende ließ er sich auf Okkultes ein, um Hilfe zu finden, und beging schließlich Selbstmord.

Da er nicht zum Stamm Juda gehörte, hatte Gott nie vorgehabt, mit Saul die Dynastie zu begründen, aus der der Retter hervorgehen sollte (1Mo 49,10), aber das war nicht der Grund für seine Sünde. Er hätte ein gottesfürchtiger König sein und David den Weg bereiten können, aber Saul wollte einfach nicht gehorchen. Alexander Whyte zitiert hierzu einen passenden Kommentar von Thomas Shepard: »Oh, wie schmerzt uns der Anblick des Wracks so mancher großer Schiffe! Ein paar Bretter und Planken liegen bei Ebbe im Matsch am Strand, doch sonst ist nichts mehr von ihnen übrig geblieben!«

1. Chronik 11

Manche Menschen werden zu Anführern, indem Gott sie auserwählt und für eine besondere Aufgabe salbt. Auf diese Weise kam David auf den Thron. Im Gegensatz zu Saul blieb David dem Herrn treu.

Andere werden zu Anführern, weil Leute wie David sie herausfordern, ihr Bestes zu geben. Joab wurde zum Heerführer, nachdem er eine Festung erobert hatte, und Davids »starke Männer« erarbeiteten sich alle ihren Weg in den Kreis der »Helden Davids«. David war ein großartiger Leiter, aber alleine konnte er nichts zuwege bringen. Wir brauchen uns alle gegenseitig.

Größe zeigt sich oftmals eher in kleinen als in großen Dingen. Wahre Anführer sehen Größe vielleicht dort, wo andere wenig oder gar nichts sehen. David sah in dem Gefäß kein Wasser; er sah darin das Blut der Männer, die ihr Leben aufs Spiel gesetzt hatten, um sein Bedürfnis zu befriedigen. Nicht eine Sache an sich beeindruckt einen guten Leiter, sondern was sie seine Leute kostet. D. L. Moody stellte fest: »Viele von uns sind bereit, für den Herrn Großes zu vollbringen; aber nur wenige sind bereit, Kleines zu tun.« Und nur Gott kann die »kleinen Dinge« groß machen!

1. Chronik 12

Saul zog Männer in seine Armee *ein* (1Sam 14,52), während David sie *an*zog - durch sein Wesen und seinen Führungsstil. Einige seiner besten Männer kamen sogar aus Sauls Stamm! Saul brachte anscheinend das Schlechteste in Menschen zum Vorschein, David dagegen das Beste.

Wenn Jesus Christus heute auf der Erde e Soldaten rekrutieren würde, wie viele von uns würden sich wohl als geeignet erweisen? Er sieht begabte Menschen (V. 2), qualifizierte Leute (V. 9), solche, die keine Angst davor haben, sich die Füße nass zu machen (V. 16). Er wünscht sich loyale Streiter (V. 18), die ihren Rang einhalten und dem Feind entschlossen gemeinsam entgegentreten (V. 33.38). Er braucht Leute, die wissen was los ist in ihrer Zeit (V. 33).

Rückst du freiwillig ein? Stellst du dich dem Herrn zur Verfügung, damit er dich für deine Aufgabe vorbereitet? Das einzige wahrhaft siegreiche Heer ist das des Herrn. Gilbert K. Chesterton zufolge ist »wahrhaft groß, wer es versteht, alle anderen ihre Größe spüren zu lassen«.

1. Chronik 13

Ein einstimmiger Entschluss muss kein guter Entschluss sein und Begeisterung für eine Sache ist nicht der beste Prüfstein. Hatte David gemischte Beweggründe als er beschloss, die Lade heimzubringen? Ging es dem König unterschwellig statt nur um die Ehre Gottes auch darum, sich selbst zur Geltung zu bringen (V. 3)? Vielleicht.

Eines ist sicher: David nahm sich nicht die Zeit, den Herrn in dieser Angelegenheit um Führung zu bitten. Für gewöhnlich fragte er Gott nach seinem Willen, bevor er handelte, aber in diesem Fall nicht. Jeder Levit hätte ihm sagen können, wie es richtig gemacht wurde!

Die Lade war Gottes Thron (Ps 99,1), und der Thron Gottes ist nicht darauf angewiesen, dass menschliche Hände ihn stützen oder festhalten. Hätte die Lade dort gelegen, wo sie hingehörte, auf den

Schultern der Leviten, wäre Ussa am Leben geblieben. Wie erfolgreich eine Sache auch beginnen mag, wenn der Mensch *ohne Gott* handelt, wird er letztlich versagen. Wenn wir nicht wissen, wie wir eine Aufgabe angehen sollen, müssen wir Gott *vorher* dazu befragen, nicht erst dann, wenn das Kind schon in den Brunnen gefallen ist.

1. Chronik 14

David musste mit einigen Enttäuschungen fertig werden, aber er ließ nicht zu, dass sie ihn von seinen Aufgaben abhielten. Man sagt, dass nur solche Menschen keine Fehler machen, die gar nichts machen. Wer sich durch vergangene Patzer von gegenwärtigen Pflichten abhalten lässt, macht die Patzer nur noch schwerwiegender.

Wenn du dem Herrn dienen willst, wirst du feststellen, dass Freunde dir helfen (V. 1), dass der Herr dich einsetzt (V. 2) und dass der Feind dich bekämpft (V. 8-17). Aufbauen und Kämpfen gehören zum Leben im Glauben dazu (Lk 14,25-33). Sei wie Nehemias Arbeiter und halte ein Werkzeug in der einen und eine Waffe in der anderen Hand bereit (Neh 4,17).

Zweimal bat David vor Auseinandersetzungen mit alten Feinden den Herrn um Rat. Anders als Josua in Ai, ging er nicht davon aus, dass eine einmal erfolgreiche Methode auch ein zweites Mal funktionieren müsse (Jos 7). Sich auf vergangene Siege zu verlassen, ist eine sichere Garantie für künftige Niederlagen. Denke über Richter 16,20-22 nach.

1. Chronik 15

Gott dienen auf biblischer Grundlage (1-15). David überließ die Aufgabe den Leviten und 870 von ihnen schlossen sich zusammen, um die Lade nach Jerusalem zu bringen. Es gab keine Schwierigkeiten, weil sie auf Gottes Weise vorgingen.

Gott dienen mit Freude (16-24). Sie »dienten dem Herrn mit Freuden« (Ps 100,2). Sänger und Musiker lobten den Herrn freudig mit ihren Gaben (V. 16.24). Harfen, Hörner, Trompeten und sogar Zimbeln begleiteten die Dank- und Loblieder der Sänger.

Gott dienen als Opfer (25-26). Wenn sie für den Herrn annehmbar sein sollen, müssen unsere Anbetung und unser Dienst von dem Altar kommen, wo ein Preis für sie bezahlt wurde. Billiger Dienst ist kraftloser Dienst, der weder den Menschen Segen noch dem Herrn Ehre einbringen kann.

Gott dienen mit brennendem Herzen (27-29). Die Leviten sangen und musizierten, das Volk jubelte laut und David führte sie im Lobpreis an. Es gibt Zeiten der Stille vor dem Herrn, aber auch solche, zu denen er deinen Lobpreis hören will. Vance Havner bemerkte sinngemäß: »Zu viele Gottesdienste beginnen mit viel Enthusiasmus und klingen müde und schwach aus.«

1. Chronik 16

Es ist gut, den Herrn hin und wieder in besonderer Weise zu preisen und zu feiern, aber das allein reicht nicht aus. Für ein erfüllendes Glaubensleben ist eine tägliche Anbetungszeit unumgänglich. Aus diesem Grund wies David Asaf und die Leviten an, ihren Lobpreisdienst »nach dem täglichen Bedarf« zu verrichten (V. 37). Opfer und Lobpreis gehörten zu ihrem täglichen Dienst für den Herrn, und so sollte es auch in deinem Leben sein.

Das Wichtigste ist, sich auf den Herrn auszurichten, und in diesem besonderen Psalm ging es genau darum (vergleiche Psalm 96 und 105). »Der HERR« wird vierzehn Mal genannt in diesen Versen, in denen David das Volk an Gottes Werke (V. 8-13), Gottes Worte (V. 14-22) und Gottes Wunder (V. 23-26) erinnert – seine Herrlichkeit, Größe und Güte. Die Aufregung des Festtages würde bald vergehen, aber dieses von Gott eingegebene Loblied sollte für alle Generationen für ihren Lobpreis erhalten bleiben.

Nach deiner täglichen Anbetungszeit ist es aber außerdem wichtig, dass du den Verlorenen Zeugnis gibst (V. 23) und deinen Teil dazu beiträgst, dass das Evangelium zu den Völkern der Welt getragen wird (V. 24.31). Erzbischof William Temple betonte, dass

Anbetung darin besteht, »das Gewissen durch die Heiligkeit Gottes zu beleben, den Geist mit der Wahrheit Gottes zu nähren, die Fantasie durch die Schönheit Gottes zu bereinigen, das Herz für die Liebe Gottes zu öffnen und den eigenen Willen Gottes Plan unterzuordnen.«

1. Chronik 17

Nathan handelte übereilt, indem er David in seinem ehrenhaften Anliegen bestärkte, dem Herrn ein Haus zu bauen (Jos 9,14). Woher wollte der Prophet wissen, was Gott sich von David wünschte? Aber Nathan hatte immer ein offenes Ohr für Gottes Stimme (Am 3,7), und die Botschaft, die er David am nächsten Tag überbrachte, hatte er von Gott empfangen.

Zehn Mal wird David in diesem Kapitel »Knecht« genannt. Nicht der Knecht erteilt dem Herrn Befehle, sondern umgekehrt. Und was ist unser Gott doch für ein wunderbarer Herr! Ob wir nun in die Vergangenheit schauen (»Ich habe dich genommen« [V. 7], »Ich bin mit dir gewesen« [V. 8]) oder in die Zukunft (Gott sagt zehnmal »Ich werde«), überall sehen wir die Gnade und Güte unseres Herrn. Wie klein muss David sich vorgekommen sein angesichts der Güte des Herrn!

Gottes Verheißungen zu *kennen* ist eine Sache, aber sie *im Glauben in Besitz zu nehmen* ist etwas ganz anderes. Wie ein kleines Kind ging David hinein und »setzte sich vor dem Herrn nieder«. Er dankte Gott für die versprochenen Gnadengeschenke und sagte dann: »Herr, tu es!«. Glaube lässt Gottes Verheißungen Wirklichkeit werden, aber bevor du ihn um etwas bittest, nimm dir Zeit, ihn zu preisen.

1. Chronik 18

David besiegte vier große Armeen, weil der Herr mit ihm war. Aber David sah darin mehr als nur Kriege: Diese Kämpfe waren für ihn Gelegenheiten, Gottes Herrschaftsbereich zu erweitern und seine Reichtümer zu mehren. Er sah über das Schlachtfeld hinaus auf den Tempel.

David dachte bei sich: »Wenn ich dem Herrn schon nicht selbst seinen Tempel baue, kann ich wenigstens meinen Sohn dabei unterstützen.« Die Siege einer Generation können der nächsten zum Tempelbau verhelfen. David widmete dem Herrn die Kriegsbeute, die er erkämpft hatte, und die Geschenke und Abgaben, die er erhielt (siehe 1Chr 28).

Jeder Feind kann dir etwas geben, um zum Werk Gottes in dieser Welt beizutragen. Versuchung bietet eine Gelegenheit, an den Schatz zu kommen, ohne vorher eine Schlacht gewinnen zu müssen. Glaube überwindet den Feind und nimmt die Beute für den Herrn in Besitz.

Benaja
Im Alten Testament kommen mindestens zwölf Männer mit dem Namen *Benaja* vor, aber der faszinierendste von ihnen ist der Mann, der in 1. Chronik 18,7 erwähnt wird. Als Priester geboren (1Chr 27,5), wurde er später Soldat. Er begann seine militärische Karriere als einer von Davids Helden (2Sam 23,20-23) und wurde über Davids persönliche Leibwache gestellt. Später wurde Benaja zum Hauptmann über Salomos Heer ernannt (1Kö 2,35). Als Priester hätte er ein einigermaßen sicheres und angenehmes Dasein führen können, aber er entschied sich für das gefährliche Leben eines Soldaten im Dienst seines Königs. Er »erschlug den Löwen in der Zisterne an einem Schneetag« (2Sam 23,20). Frank Boreham sagte über Benaja: »Er trat dem schlimmsten Feind gegenüber, am denkbar schlimmsten Ort, unter den denkbar schlimmsten Bedingungen; und er siegte.« Bewundernswert!

1. Chronik 19

Wenn du vor jemandem Angst hast und ihn als Feind ansiehst, wird nichts, was diese Person tut, dir gefallen. Statt seine Worte und Taten für bare Münze zu nehmen, wirst du misstrauisch. Bosheit vergiftet uns; so sehr, dass unsere Ohren und Augen nichts

Gutes mehr wahrnehmen, was der andere auch tun oder sagen mag. (Siehe 1Petr 2,1-13.)

Hanun beleidigte David durch sein Tun öffentlich und zwang ihn dadurch zu handeln, insbesondere als David sah, dass die Ammoniter sich zum Kampf rüsteten. Aber was sollen Christen tun, wenn sie zum Ausgleich für gute Taten schlecht behandelt werden?

Bevor du dich entscheidest, wie du handeln willst, denke über die folgenden Verse nach: »[Die Liebe] sucht nicht das Ihre, sie lässt sich nicht erbittern, sie rechnet Böses nicht zu« (1Kor 13,5). »Für meine Liebe feindeten sie mich an. Ich aber bin stets im Gebet« (Ps 109,4). »Vater, vergib ihnen! Denn sie wissen nicht, was sie tun« (Lk 23,34). Lies dazu auch Matthäus 5,10-12.43-48 und bitte dann Gott um Hilfe bei der Umsetzung. Francis Bacon sagt zu solchen Situationen: »Indem er Rache nimmt, stellt sich ein Mensch seinem Feind nur gleich; lässt er die Sache aber unbeantwortet, ist er der Überlegene.«

1. Chronik 20

Mit keinem einzigen Wort wird hier Davids Aufenthalt in Jerusalem erwähnt, auch nicht sein Ehebruch mit der Frau des Uria, einem seiner besten Männer. Aber diese Geschichte steht schon im 2. Buch Samuel, und es gab keinen Grund, sie hier zu wiederholen. Allerdings berichtet der Autor von Davids sündhafter Volkszählung (Kap. 21). Die Sünden des Geistes können tückischer sein als die Sünden des Fleisches (2Kor 7,1). Womöglich stellt für dich der Stolz eine größere Versuchung dar als die Begierden des Fleisches.

Joab und das Heer gewannen den Krieg, aber David kam gerade rechtzeitig zum Schlachtfeld, um für den entscheidenden Sieg Befehl zu führen und die Krone für sich zu beanspruchen. Sie war sehr schwer: 35 Kilogramm Gold! Aber alle Kronen wiegen schwer, denn es ist nicht leicht, ein Anführer zu sein.

Riesen neigen dazu, sich zu vermehren! David tötete Goliath, aber andere Riesen blieben übrig; und Gottes Diener standen bereit, um sie zu besiegen. Wir erinnern uns an David und Goliath und vergessen wahrscheinlich die anderen Helden, aber Gott erinnert sich an sie.

1. Chronik 21

Stolz: David und Joab (1-6). Satan greift Leiter an und es ist unsere Aufgabe, für sie zu beten. David packte er bei seinem Stolz, indem er ihn ermutigte, die Größe seines Königreichs zu ermitteln. David war ebenso stur wie stolz und seine Haltung brachte Israel in große Schwierigkeiten.

Demut: David und der Herr (7-17). Als David sich seiner Sünden bewusst wurde, bekannte er sie dem Herrn und ihm wurde vergeben, aber die Folgen musste er dennoch tragen (Gal 6,7-8). Gekleidet in Sackleinen, flehte er Gott öffentlich an, die Seuche zu beenden. Ein wahres Vorbild an Demut!

Gehorsam: David und Ornan (18-30). Wenn wir Buße tun und beten, wird Gott zu uns sprechen. Gad überbrachte David seine Botschaft. David hätte das Grundstück und die Opfer für sich beanspruchen können, aber das hätte dem Herrn missfallen. David sagte: »Denn ich will nicht, was dir gehört, für den HERRN nehmen und umsonst Brandopfer opfern« (V. 24). Suchst du dir den einfachsten Ausweg, wenn die Sünde dich einholt? Unserem Retter fiel es nicht leicht, für unsere Sünden am Kreuz zu bezahlen.

1. Chronik 22

Vorbereitung. David stellte also »Vorrat in Menge bereit vor seinem Tod« (V. 5). Er bereitete sich aber nicht auf den Tod vor, sondern auf den Tempelbau. (Der Gedanke der *Vorbereitung* kommt in diesem Kapitel fünf Mal vor.) Jahrelang hatte David dieses großartige Projekt vorbereitet und Baumaterial dafür zusammengetragen (V. 3-4). Er hatte im Kampf sein Leben riskiert und die Kriegsbeute für den Herrn in Besitz genommen. Man kannte ihn als Soldaten, aber im Herzen war er ein Baumeister.

Verheißung. David nahm Gottes Verheißung an und ermutigte damit seinen Sohn, einen jungen Mann mit geringer praktischer

Erfahrung. Was wir tun, tun wir für Gott, und es muss unser Bestes sein.

Vermögen. Um das Grundprinzip aus Josua 1,8 (V. 11-13) kommen wir nicht herum: Wenn wir Gottes Wort gehorchen, sorgt er dafür, dass unsere Arbeit Früchte trägt. David hatte über vierzig Millionen Tonnen Gold und Silber gesammelt, aber all dieser Reichtum hätte ohne den Segen Gottes keinen Wert gehabt.

Verbündete. Wir können Gottes Aufgaben nicht alleine erfüllen; wir brauchen Helfer (V. 2.15.17-19). Anführer, Steinmetze, Holzfäller – sie alle arbeiteten mit, und jeder Arbeiter war wichtig.

1. Chronik 23–27

Ein schöner und kostspieliger Tempel ist Geldverschwendung, es sei denn, es wird darin zum Wohl der Kinder Gottes gedient und Gott damit Ehre gemacht. David organisierte daher vor seinem Tod die Arbeit am Tempel und unterstellte sie fähigen Leitern: »Alles aber geschehe anständig und in Ordnung« (1Kor 14,40).

Die Arbeit des Herrn erforderte die Hingabe vieler verschiedener Menschen: von Priestern, Leviten, Musikern, Schatzmeistern, Soldaten und Beamten. Jeder von uns ist vom Herrn zu einer Aufgabe berufen, und es gilt, unseren Platz einzunehmen und treu unsere Aufgabe zu erfüllen. Wir sind eingebunden in den Bau seiner Gemeinde und wir haben Gott unser Bestes zu geben (Mt 16,18; Eph 2,19-22).

David, der selber Musiker war, hatte gewiss ein besonderes Interesse daran, dass die Musik im Tempel durch nichts übertroffen werden konnte. Gott stellte ihm Menschen an die Seite, die begabt und gut ausgebildet waren (25,7), aber es ging nicht darum, ihre Talente noch weiter zu fördern: Ihrem Herrn sollten sie Ehre machen (25,3). Beginnst und beendest du jeden Tag mit Lobpreis (23,30)?

1. Chronik 28–29

Ein enttäuschtes Herz (28,2). Statt sich zu beklagen, weil er Gottes Haus nicht bauen durfte, fing David an, die Arbeiten für Salomo vorzubereiten, damit er die Aufgabe ausführen konnte. David diente seiner eigenen Generation und noch vielen nach ihr, indem er selbstlos dem Herrn diente. Wie gehst du mit Enttäuschungen um?

Ein ungeteiltes Herz (28,9). Salomo hatte alles, was er brauchte, um den Tempel zu bauen, aber das Wichtigste konnte er nur selbst beitragen: ein Herz, das allein Gott gehörte. Er musste aus den richtigen Beweggründen handeln, sonst würde seine Arbeit nicht unter dem Segen Gottes stehen.

Ein großzügiges Herz (29,9.17). Das Volk tat es seinem König gleich und gab dem Herrn großzügig. Selbstverständlich können wir ihm nichts geben, was er nicht vorher uns gegeben hat (29,11-15). Selbst Gaben aus der Vergangenheit wurden gebracht, von Samuel, Saul und Abner (26,28).

Ein treu ergebenes Herz (29,17-18). »Richte ihr Herz zu dir!«, heißt so viel wie: »Lass sie dir treu und ergeben sein«. Als er älter wurde, wandte sich Salomos Herz vom Herrn ab (1Kö 11,3). Das kann jedem von uns passieren, daher müssen wir Sprüche 4,23 befolgen. Warum sollen wir dem Herrn großzügig geben? Davids Loblied in Kapitel 29,10-15 enthält einige Gründe: Gott ist groß (V. 10-12); Gott gebührt die Ehre (V. 13); Gott hat uns so viel gegeben (V. 14); das Leben ist kurz und wir müssen ihm Bedeutung geben (V. 15). Lass dich von dieser Wahrheit trösten: »Wer aber den Willen Gottes tut, bleibt in Ewigkeit« (1Jo 2,17).

2. Chronik

2. Chronik 1

Der Herrscher. Gott »machte ihn überaus groß« (V. 1). Salomo konnte sein Königreich stärken, aber nur Gott konnte seinen Namen groß machen. Hätte Salomo versucht, sich selbst groß zu machen, hätte Gott ihn gemaßregelt (1Petr 5,5).

Der Anbeter. Salomos Hände waren voll mit Opfern für den Herrn; seine Ohren waren offen für das Wort des Herrn; sein Herz war dem Dienst für den Herrn gewidmet. Er wünschte sich nichts mehr als seinem Volk mit Weisheit dienen zu können, und Gott erfüllte ihm diesen Wunsch. Hast du Gott schon einmal um Weisheit gebeten (Jak 1,5)?

Der Händler. Salomo hatte ein Talent zum Außenhandel. Trotz der Ermahnung in 5. Mose 17,16-17 häufte er Silber und Gold an und besaß eine große Menge Pferde. David hatte nur 100 Streitwagen (1Chro 18,4), aber sein Sohn fügte 1.300 hinzu. Handel brachte der Nation Wohlstand ein, aber möglicherweise war das auch der Anfang von Salomos Untergang (1Kö 11). Oliver Goldsmith schrieb: »Schlecht geht's dem Land und schlechter noch wird's geh'n, / Wo Reichtum sich mehrt und die Sitten flieh'n."

2. Chronik 2–4

Beide Baupläne, sowohl der für den Tempel als auch der für die Stiftshütte, kamen von Gott; bei beiden Projekten war es den Menschen erlaubt, ihre Gaben zu teilen. Einen Unterschied gab es aber doch: Gottes Geist befähigte zwei Israeliten dazu, die Stiftshütte und ihre Einrichtung zu bauen (2Mo 31), aber über den Bau des Tempels führte ein Handwerker die Aufsicht, der nicht zu Israel gehörte. Hatte Gott es tatsächlich versäumt, jemanden aus dem Volk für die Aufgabe zu befähigen? Oder versuchte Salomo hier wieder einmal, starke Bande zu den Nachbarn zu knüpfen?

Wenigstens hatte er lautere Motive: Er baute das Haus für den »Namen des Herrn« (2,3). Er benutzte das beste Material (»reines Gold«, »feines Gold«) und er legte ein gutes Fundament (3,3). Der Apostel Paulus dachte gewiss an Salomos Tempel, als er 1. Korinther 3,10-17 schrieb.

Die Säulen (3,17) in Gottes geistlichem Tempel, der Gemeinde, sind hingebungsvolle Menschen, die ihm von ganzem Herzen dienen (Gal 2,9). Bist du eine Säule oder musst du dich auf andere stützen?

2. Chronik 5

Der wunderschöne Tempel blieb leer, bis Gottes Thron an seinem Platz stand (V. 2-10) und Gottes Herrlichkeit das Haus erfüllte (V. 13-14). Als Mose die Stiftshütte weihte, kam die Herrlichkeit Gottes hinein, sobald das Werk vollendet war (2Mo 40,33-38). Beim Tempel war es das Loblied, das die Herrlichkeit hineinbrachte. Wenn du Gott gemeinsam mit anderen aus seinem Volk anbetest, vermehrt dann dein Lobpreis seine Herrlichkeit in der Versammlung?

Die Gesetzestafeln waren immer noch in der Lade (V. 10), aber der Krug mit Manna und Aarons Stab waren nicht mehr dort (Hebr 9,4). Manche Dinge, die Gott tun, sind zeitlich begrenzt und wir dürfen daraus keine Dauereinrichtungen machen.

David hatte die Priester und Leviten sorgfältig organisiert, aber diese Reihenfolge wurde nicht beachtet, als sie an jenem heiligen Tag den Lobpreis leiteten (V. 11). Manchmal ignoriert der Geist Gottes unsere Pläne und Abläufe und offenbart Gottes Herrlichkeit auf neue Art. Lass ihn wirken! Wir sollen keine Ordnungen anbeten, sondern nur Gott selbst.

2. Chronik 6

In seiner Rede, die gleichzeitig Ansprache zur Einweihung und Gebet war, blickte König Salomo in fünf verschiedene Richtungen.

Er sah zurück (1-11). Er erinnerte sich daran, wie Gott ihn für den Tempelbau auserwählt hatte.

Er sah auf (12-21). Er bat Gott, seine Bundesversprechen an David zu erfüllen. Der Bund beinhaltete das Kommen des Sohnes Davids in die Welt, Jesus Christus, der aus dem Haus Davids stammte.

Er sah nach vorn (23-31). Salomo bat Gott, seinem Volk in Zeiten der Prüfung zu helfen, und besonders, den Israeliten zu vergeben, wenn sie sündigten. Zum Tempel zu kommen, oder sich aus der Ferne dem Tempel zuzuwenden und zu beten, würde ihnen Vergebung bringen. In diesem Kapitel wird das Gebet mehrfach erwähnt.

Er sah sich um (32-35). Der König rief Gott um Hilfe für die Heiden an. Der Tempel sollte »ein Bethaus genannt werden für alle Völker« (Jes 56,7); Gott wünschte sich, dass Israel der ganzen Welt Segen bringen sollte (1Mo 12,1-3).

Er sah nach innen (36-40). Er beendete sein Gebet mit einer Bitte um Vergebung für das sündigende Israel. Vier Jahrhunderte später müssen seine Worte den Juden, die als Gefangene nach Babylon geführt wurden, viel bedeutet haben.

Der Tempel ist nicht mehr da, aber der Bericht von diesem großen Einweihungstag bleibt als Ermutigung und Segen für Gottes Volk erhalten. Lies das Kapitel noch einmal durch und achte darauf, welche Verheißungen du heute für dich beanspruchen kannst. In seinem abschließenden Gebet (V. 41-42) bat Salomo Gott um seinen Segen für alle Anwesenden: die Priester, das Volk und für sich selbst als von Gott gesalbten König. Aber was sie auch immer an Segen zu erwarten hatten, würde sich auf Gottes Gnade und seine Verheißungen an David begründen. David konnte den Tempel nicht bauen oder am Einweihungsgottesdienst teilnehmen, aber er war trotzdem da!

2. Chronik 7

Feuer und Herrlichkeit. Das Feuer kam, um zu verschlingen und die Herrlichkeit kam, um zu bleiben. Schon am Anfang des Gottesdienstes war die Herrlichkeit gegenwärtig (2Chr 5,14) und am Ende auch! Aber nicht ohne die Opfergaben des Volkes, mit denen sie für ihre Sünden Sorge trugen. Jesaja sah Gottes Herrlichkeit, aber bevor er ihm dienen konnte, musste er zunächst das Feuer spüren (Jes 6,1-8). Die meisten von uns wollen die Herrlichkeit, aber wir wehren uns gegen das Feuer.

Niederknien und Feiern. Nachdem Gott so seine Macht und Herrlichkeit gezeigt hatte, fiel das Volk auf die Knie, aber nach dem Gottesdienst feierten sie ein fröhliches Fest. Ein Widerspruch? Nicht im Mindesten. Wir sollen »dem HERRN mit Furcht [dienen], und mit Zittern [jauchzen]!« (Ps 2,11). Von Mose und einigen anderen heißt es: »Sie schauten Gott und aßen und tranken« (2Mo 24,11).

Verheißung und Warnung. Es ist sehr ermutigend zu wissen, dass Gott unsere Gebete hört! Gott gewährte gnädig, worum der König gebeten hatte, aber er fügte ein Wort der Warnung hinzu: »Diese Segnungen erhalten meine Kinder, wenn sie gehorchen.« Ungehorsam führt zu Strafe, und zwar nicht, weil Gott uns hasst, sondern weil er uns liebt und uns noch mehr segnen möchte.

Ein Gebet stieg auf, Feuer kam herunter und die Herrlichkeit zog ein. Was bleibt da zu wünschen übrig?

2. Chronik 8

David war ein berühmter Krieger, Salomo ein berühmter Baumeister. Es herrschte Frieden, deshalb waren Bauprojekte möglich und Materialien und Arbeiter erhältlich.

Salomos Heirat mit einer Ausländerin, die mit seinem Thron nicht in Verbindung stand, ist enttäuschend. Gott wünscht sich, dass jedes Zuhause eine Stätte seiner Gegenwart ist (Jes 4,5-6). Er will, dass seine Kinder sich an seiner Gegenwart erfreuen (2Kor 6,14–7,1). Anscheinend dachte Salomo bei dieser Entscheidung eher an Politik als an seine Beziehung zu Gott.

Trotz dieser Brüche in seinem Leben, blieb Salomo treu in der öffentlichen Anbetung, und er steigerte den Reichtum des Volkes immer mehr. Aber das Volk wuchs nicht im Glauben zum Herrn hin. Alexander Whyte schrieb, dass »in dem königlichen Stab, auf den Salomo sich stützte, ein Wurm lebte und ihn von innen nach und nach zernagte«.

Der wichtigste Teil deines Lebens ist der, den nur Gott sehen kann. Was ist dir wichtiger: dein Charakter oder dein Ansehen?

2. Chronik 9

In diesem Kapitel geht es hauptsächlich um Reichtum und um Weisheit; Gold wird sechzehn Mal erwähnt und Weisheit sechs Mal. König Salomo zufolge ist Weisheit besser als Reichtum (Spr 3,13-15; 8,10-11), wogegen für die meisten Menschen heute Geld wahrscheinlich mehr zählt. Die Leute messen das Leben an Preisen, nicht an Werten.

Wenn du Gold, Silber und Edelsteine willst, musst du danach graben. Sehr wenige Schätze liegen einfach auf dem Boden, so dass man sie einfach nur aufzuheben braucht. Weisheit findest du, indem du sie »suchst wie Silber und wie Schätzen [ihr] nachspürst« (Spr 2,4). Das bedeutet Arbeit! Es bedeutet, sich Zeit nehmen zu lesen, nachzusinnen, zu beten und die erkannte Wahrheit in die Tat umzusetzen.

Die einzigen Materialien, an die leicht heranzukommen ist, sind Holz, Heu und Stroh, aber sie sind nicht von Bestand (1Kor 3,10-15). Das Dauerhafte aufzugeben für Dinge, die leicht zu haben sind, ist Dummheit, nicht Weisheit.

2. Chronik 10–11

Der Autor der Chronikbücher scheint nicht auf Salomos Abfall vom Glauben einzugehen und auch nicht auf Gottes Warnung (1Kö 11–13), aber dafür berichtet er uns von Rehabeams Dummheit. Man sollte meinen, dass *junge* Männer dazu raten würden, dem Volk das Leben zu erleichtern, denn die Jugend ist für gewöhnlich eine sorgenfreie Zeit. Aber die Freunde des Königs mussten die Lasten nicht selber tragen, und ihre Entscheidung ließ sie stark erscheinen. Sie benutzten das Volk, um zu mehr Macht zu kommen, statt ihre Macht zu nutzen, um dem Volk zu helfen. (Siehe Mt 23,4; Gal 6,2.)

Manchmal kommen Spaltungen von Gott (11,4), auch wenn sie verletzen und Probleme schaffen. Zunächst einmal zwingen Spaltungen Menschen zu Entscheidungen, und diese Entscheidungen zeigen, was für Menschen sie sind. Die Priester und Leviten verließen Israel und kamen nach Juda, weil sie im wahren Tempel dienen und von einem König aus Davids Linie regiert werden wollten.

Gottes Plan für diese Welt besteht darin, alle Dinge in Christus zu vereinen (Eph 1,10), und es wird ihm gelingen, trotz der Rebellion des Menschen. Der Plan des Teufels ist, alle Dinge auseinander zu reißen. Welcher Seite hilfst du?

2. Chronik 12

Rehabeam weigerte sich, dem Herrn oder dem Volk zu dienen, und so diente er schließlich Ägypten. Gott wollte ihn den Unterschied lehren zwischen seinem sanften Joch und dem harten Joch der Sünde (V. 8; 5Mo 28,47-48). Manche Menschen zahlen immer wieder Lehrgeld. Gehörst du auch dazu?

Wie stark du dich auch fühlen magst: Deine Stärke wird zur Schwäche, wenn du den Herrn verlasst. Rehabeam war überzeugt, seine befestigten Städte würden ihm ausreichend Schutz bieten, und die Ägypter nahmen jede einzelne von ihnen ein. Sein Sohn Abija würde sich später auf den Herrn verlassen und einen großen Sieg erringen (2Chr 13,18). Auf wen oder was vertraust du?

Salomos Schätze wurden zu Ägyptens Kriegsbeute, weil der König sich von Gott abwandte. Der König und die Ältesten demütigten sich vor Gott, aber den Folgen ihrer Sünde konnten sie nicht entkommen. Gottes Zorn bekamen sie nicht spüren, aber er ließ zu, dass sie litten. Alexander Maclaren sagte: »Jede Sünde ist sowohl ein Fehler als auch ein Unrecht; und die Grabinschrift jedes Sünders müsste lauten: ‚Du Narr!‹«

2. Chronik 13

Die Armee Israels verfügte über eine Strategie und über große Zahlen, aber Gott war nicht auf ihrer Seite. Sie war doppelt so groß wie die Armee Judas (Lk 14,31-32), aber am Ende der Schlacht hatte Israel 500 000 Soldaten verloren.

»Siehe, Gott ist mit uns, an unserer Spitze«, verkündete König Abija (V. 12). Er war wohl von der folgenden Wahrheit überzeugt: »Wenn Gott für uns ist, wer ist gegen uns?« (Röm 8,31). Abija glaubte an den Gott des Bundes, der immer Wort hält (V. 5). Er wandelte im Glauben, und nicht im Schauen.

Einen kurzen Augenblick lang sah es so aus, als würde Israel gewinnen, aber Gott schenkte Juda den Sieg. Zu Hause in Jerusalem hatten sie ihre »Geheimwaffe geschärft«: Sie hatten treu den Herrn angebetet (V. 8-11). Sie hielten sich an die Gebote Gottes, und er erfüllte, was er ihnen verheißen hatte. Wer dem Herrn treu dient, ohne viel Aufhebens davon zu machen, dem wird er in aller Öffentlichkeit zum Sieg verhelfen. Wer sich am Herrn erfreut, kann sich auf den Herrn verlassen.

2. Chronik 14–16

Asa reiht sich ein in die traurige Riege der Männer, die vielversprechend begannen und ein trauriges Ende nahmen. Zu Beginn seiner Amtszeit verließ er sich auf den Herrn, und Gott schenkte ihm einen großen Sieg. Dann glaubte Asa an die Botschaft des Propheten, entfernte die Götzenbilder aus dem Land und rief das Volk auf, ihren Treueeid gegenüber Gott zu erneuern. Er beseitigte sogar die Königinmutter, weil sie Götzen diente!

Aber nach sechsunddreißig Jahren Regentschaft hörte er auf, sich auf den Herrn zu verlassen. Er nahm die Schätze des Herrn und erkaufte sich damit Schutz von einem heidnischen König! Der Prophet Hanani sagte dem König, was nicht in Ordnung war: Sein Herz gehörte nicht mehr voll und ganz dem Herrn (16,9). Statt sich zu demütigen und zu gehorchen, wie er es zuvor getan hatte, richtete Asa seine Wut gegen das Wort Gottes und seine Diener

(Jak 1,19). Wenn wir etwas falsch gemacht haben, sollten wir dazu stehen und nicht obendrein versuchen, uns Gott zu widersetzen. Gott ist viel stärker als unsere Sturheit.

Gott ist bei uns – suche ihn (15,2). Gott erhört Gebet – vertraue ihm (15,4). Gott belohnt Treue – gehorche ihm (15,7). Aus der Fähigkeit zu sündigen wachsen wir niemals heraus. Noah war ein reifer Mann, als er sich betrank (1Mo 9,20-23) und Abraham ebenso, als er wegen seiner Frau log (1Mo 12,10ff). Mose war ein erfahrener Leiter, als er die Beherrschung verlor (4Mo 20), und David ebenfalls, als er Ehebruch beging und mordete. Asas Leichnam wurde auf wohlduftende Kräuter gebettet, aber sein Name duftete nicht mehr so gut wie früher einmal. Denke über die folgenden Verse nach: Sprüche 10,7; Prediger 7,1 und 1. Korinther 10,12.

2. Chronik 17–18

Joschafats Leben wird in Psalm 1,1-3 beschrieben. Er wandelte im rechten Rat (17,3), erfreute sich an Gottes Wegen (17,6) und brachte viel Frucht in seinem Dienst, indem er das Wort an andere weitergab (17,7-9). Er lebte in Ehrfurcht vor dem Herrn und diese Ehrfurcht schützte ihn. Wer Gott fürchtet, braucht sonst gar nichts zu fürchten (Ps 112).

Aber Joschafat heiratete die falsche Frau, verbündete sich mit den falschen Mächten, führte den falschen Krieg und hätte beinahe ein falsches Ende genommen. Indem er »im Rat der Gottlosen wandelte« und bei den Spöttern saß (18,9; Ps 1,1), schaffte er sich großen Ärger. Er musste sich die Botschaften falscher Propheten anhören und mit einem König in den Kampf ziehen, der sich auf die falschen Kräfte verließ.

In der heutigen Zeit sind wir noch stärker als die Menschen damals dem Druck ausgesetzt, uns anzupassen. Hältst du ihm stand? Kannst du einen falschen Propheten und seine Botschaft erkennen, oder lässt du dich von seinen »visuellen Hilfsmitteln« und gefälligen Worten beeindrucken? Lies die letzten drei Verse von Psalm 1 und sei auf der Hut!

2. Chronik 19

Joschafat konnte nur deshalb wohlbehalten heimkehren, weil Gott ihm gnädig war und ihn in der Schlacht bewahrte. Wenn wir am Willen Gottes vorbei leben und uns in Gefahr begeben, versuchen wir Gott, und es ist Sünde, Gott zu versuchen und ihn zwingen zu wollen, um unseretwillen Wunder zu vollbringen. Auf diese Weise versuchte Satan den Herrn Jesus (Mt 4,5-7).

Joschafat unterwarf sich Gottes Wort und kümmerte sich wieder um sein Volk. Als er unterwegs war, um die Schlacht eines anderen zu kämpfen, war sein eigenes Volk ohne Führung geblieben (Hl 1,6). Wie ein guter Hirte, suchte er nun die verlorenen Schafe und brachte sie zurück zum Herrn (Hes 34,1-10); er setzte ehrliche Richter und gottesfürchtige Priester ein, damit sie das Volk beschützen und ihm dienten.

Beachte, wie stark hier die Ehrfurcht vor dem Herrn betont wird (V. 7.9). Joschafat hatte gesündigt, aber Gott vergab ihm. Vergebung sollte zu Gottesfurcht führen (Ps 130,4). Johannes Calvin schrieb: »Indes [besteht] die wahre Frömmigkeit [...] in einem reinen und echten Eifer, der Gott nun eben als den Vater liebt und als den Herrn verehrt, seine Gerechtigkeit annimmt und mehr fürchtet, Gott zu erzürnen als zu sterben."[1]

2. Chronik 20

Suche den Herrn. Wenn du am Horizont große Probleme heraufziehen siehst, suche den Herrn, bevor du irgendetwas anderes unternimmst. Was bedeutet das? Es bedeutet, dass wir tun sollten, was Joschafat und ganz Juda taten. Sie erinnerten sich daran, wer Gott ist (V. 6), was er in der Vergangenheit getan hatte (V. 7) und was er in der Zukunft versprochen hat zu tun (V. 8-9). Es

[1] Unterweisung und Glaubensbekenntnis, die in der Genfer Kirche in Gebrauch sind (INSTRUCTION ET CONFESSION DE FOY DON'T ON USE EN LEGLISE DE GENEVE) (1537), übersetzt von Ernst Saxer, unter dem Titel "Genfer Katechismus und Glaubensbekenntnis" (1537), in: Calvin Studienausgabe Bd. 1/1: Reformatorische Anfänge (1533-1541), Neukirchen-Vluyn 1994, 131-223, hier: 141

bedeutet, ihm zu vertrauen und im Glauben den Blick auf ihn gerichtet zu halten (V. 12).

Höre den Herrn. Gott hat immer eine besondere Aufgabe für diejenigen, die sich – Hilfe suchend – an ihn wenden. Wenn dir ein Kampf bevorsteht, widme viel Zeit Gottes Wort und dem Gebet, denn dann wird er dir das ermutigende Wort geben, das du brauchst.

Preise den Herrn. Die Sänger gewannen die Schlacht, denn sie standen am gefährlichsten Platz von allen – zwischen zwei Heeren. Aber sie sangen dem Herrn Loblieder und schlugen den Feind in die Flucht. Der Chor pries Gott, nachdem das Volk Gottes Wort empfangen hatte (V. 19), vor der Schlacht (V. 21) und nach dem Sieg (V. 26-28), ein gutes Muster, dem auch wir bei unserer Anbetung folgen könnten.

Beracha ist das hebräische Wort für »Segen« (V. 26). Sogar ein Tal kann zu einem Ort des Segens werden, wenn wir lernen, Gott auf die richtige Weise zu preisen. »Gebete haben Kraft« ist eine gebräuchliche Wendung, die sicher wahr ist. Aber ebenso wahr ist, dass Lobpreis Kraft hat. Warum? Weil aufrichtiger Lobpreis die Menschen verändert, und Gott kann in und durch Menschen wirken, die ihn preisen. Wahrer Lobpreis beinhaltet Glauben, Hoffnung und Liebe, die stärksten Waffen in der christlichen Rüstkammer.

2. Chronik 21

Gott hielt sein Versprechen, Davids Nachfahren auf dem Thron Judas zu erhalten, aber er hielt auch sein Versprechen, sie zu züchtigen, sollten sie ihm ungehorsam sein (2Sam 7,12-17). Er bestrafte Joram in vielfältiger Weise.

Als Erstes begann seine Macht zu schwinden, und zwar durch den Aufstand der Edomiter und die Invasion der Philister. Sogar die levitische Stadt Libna lehnte sich gegen den König auf (V. 10; Jos 21,13). Wenn du dem Herrn nicht mehr gehorchst, zerfällt dein Leben.

Elias Brief warnte den König und gab ihm Gelegenheit zur Buße, aber Joram ging seinen eigenen Weg. Wer einen Brief von einem berühmten Propheten erhält, sollte sich zutiefst geehrt wissen! So einen Brief geringzuschätzen, ist tragisch und dumm. Der König starb unter starken Schmerzen und niemandem tat das Leid. Und doch war er der Sohn des großen Joschafat.

Wie würdest du reagieren, wenn dich heute jemand durch einen liebevollen Brief warnen würde?

2. Chronik 22–23

Verderbnis. Der englische Dichter Samuel Taylor Coleridge bezeichnete Mütter als »das Heiligste, was es auf Erden gibt«, aber diese Worte treffen sicher nicht auf Atalja zu. Unvorstellbar, dass eine Mutter ihren eigenen Sohn lehrte zu sündigen! Sie war die alttestamentliche Ausgabe von Herodias (Mt 14,1-12), genau das Gegenteil der gottesfürchtigen Hanna (1Sam 1–2). Aber was kann man schon erwarten von der Tochter von Isebel und Ahab? Atalja war die einzige Frau, die jemals über Juda regierte, und ihre Herrschaft entsprang dem Bösen.

Krönung. Aber Gott rief eine weitere Frau auf den Plan, die gottesfürchtige Ehefrau des Hohenpriesters, und sie handelte nach Gottes Willen, indem sie den kleinen Joasch rettete. Genau zum richtigen Zeitpunkt organisierte ihr Mann die Krönungszeremonie für Joasch und gleichzeitig die Vernichtung Ataljas. Beachte, dass hier drei Bündnisse geschlossen werden: mit der Armee (23,1), mit dem König (23,3) und mit dem Herrn (23,16).

Beitrag. Um David kommen wir nicht herum! Ohne ihn gäbe es keine Königsherrschaft (23,3); er versorgte das Heer mit Waffen (23,9); er hatte den Tempel und die Musik organisiert (23,18). Aber wie lange würde Juda von den Erträgen und den geistlichen Wertanlagen leben können, die es gottesfürchtigen Männern und Frauen früherer Generationen zu verdanken hatte? *Wie lange kann Gottes Kirche heute davon leben?*

2. Chronik 24

Joasch tat viele gute Dinge, aber er stützte sich dabei voll und ganz auf Jojada. Solange der gottesfürchtige Hohepriester zur Stelle war, gehorchte der König dem Herrn, und der Tempel blühte. Aber nach Jojadas Tod setzte der König sein Vertrauen auf andere Ratgeber; bald führte er das Volk in die Sünde.

Wenn du wirklich Gottes Wort befolgst, kommt es auf den Boten nicht an. Wenn du dich auf andere stützt, ohne selber im Glauben zu wachsen, wird dein geistliches Leben zusammen mit diesen Leuten verschwinden. Joasch wollte nicht auf die Propheten hören und brachte sogar einen von ihnen um (V. 19-21). Gott wandte sich vom Volk ab, das Heer wurde geschlagen (V. 24; siehe auch 5Mo 32,30), und der König fiel einem Anschlag zum Opfer.

Der fromme Priester wurde bei den Königen begraben (V. 16), der gottlose König dagegen nicht (V. 25). Joasch wurde seinen Freunden untreu und behandelte sie wie Feinde (Spr 27,6.10.17). Er weigerte sich, auf Gott zu hören, und gesellte sich zu der Gruppe von Männern, die vielversprechend anfingen und ein trauriges Ende nahmen. Henry Ford sagte einmal: »Mein bester Freund ist derjenige, der das Beste in mir zum Vorschein bringt.«

2. Chronik 25

Amazjas geistliches Leben war eine halbherzige Angelegenheit und er war dem Herrn nicht treu ergeben. Statt darauf zu vertrauen, dass Gott ihm zum Sieg verhelfen würde, warb er Männer aus Israel an; dann machte er sich Gedanken über das Geld, das er verlieren würde, falls er dem Herrn gehorchte! Wenn du erst einmal anfängst, dich zu fragen, ob Gehorsam sich finanziell lohnt, lebst du nicht mehr aus Glauben (Mt 6,33). Die Frage, die du dir immer stellen solltest, lautet nicht: »Zahlt es sich aus?«, sondern: »Ist es richtig?« Lies dazu Philipper 2,1-11 und Hebräer 11,24-26.

Amazja wollte Gottes Willen zunächst nicht befolgen, aber schließlich tat er es doch; dann wurde das Heer wütend auf ihn und erklärte ihm den Krieg! Die Männer waren bezahlt worden, also hätten sie nach Hause gehen und sich freuen sollen, aber sie wollten kämpfen und auch noch etwas von der Kriegsbeute abbekommen. So böse ist das menschliche Herz. Amazja machte Verluste und war darüber bestürzt; die Soldaten machten Gewinn und waren verärgert. Geld stimmt keinen Menschen zufrieden.

Der König weigerte sich, Gottes Boten anzuhören und drohte, ihn zu töten (V. 15-16). Aber am Ende starb Amazja selbst. Er lebte für die falschen Werte und hörte auf die falschen Ratgeber; er starb als Versager. Gott sucht Jünger, die ihm von ganzem Herzen folgen (Mt 6,19-14).

2. Chronik 26

Zu Beginn war Usija erfolgreich, weil er Gott suchte und nach seinem Willen handeln wollte (V. 5). Anders als sein Vater, hatte Usija sich Gott ganz hingegeben. Er glaubte und praktizierte Josua 1,18 und Psalm 1,1-3.

Die *Wende* brachte sein Stolz (V. 16). Er wurde berühmt (V. 8.15) und stark und Gott half ihm auf wunderbare Weise (V. 7.15), aber er konnte nicht mit Erfolg umgehen. Wenn Gottes Segnungen uns nicht demütig werden lassen, zerstören sie uns letztlich. Was in Sprüche 29,23 steht, ist wahr: »Der Hochmut eines Menschen erniedrigt ihn.« Lies auch Sprüche 11,2 und 16,18.

Am *Ende* wurde Usija als Aussätziger isoliert (V. 19-21). Er war nicht damit zufrieden, König zu sein, sondern wollte auch noch Priester werden. Er achtete die Grenzen nicht, die Gott ihm gesetzt hatte, und so schloss Gott ihn als Aussätzigen an einem engen Ort ein. Weiten Raum schenkt Gott nur denjenigen, die er vertrauensvoll Freiheit schenken kann (Ps 18,17-20).

Usija beging keine der abscheulichen Sünden des Fleisches. *Er sündigte im Bereich des Geistlichen.* Es ist möglich, Gott im Tempel mit einem Weihrauchgefäß in der Hand zu verärgern; aber wenn du das tust, solltest du mit drastischen Folgen rechnen.

Gefährlicher Stolz
Im Stolz verlor Mose die Beherrschung und durfte dann nicht ins Verheißene Land einziehen (4Mo 20,1-13). Stolz hielt Josua in Ai davon ab, Gott nach seinem Willen zu fragen, und er verlor die Schlacht (Jos 7). König Nebukadnezar wurde aufgrund seines Stolzes in ein Tier verwandelt (Dan 4), und Petrus brachte sein Stolz dazu, Christus zu verleugnen (Lk 22,31-34). »Wie sehr du Gott auch am Herzen liegst«, sagte Charles Hadden Spurgeon, »wenn Stolz in deinem Herzen wohnt, wird er ihn aus dir herausprügeln. Wer nach seinen eigenen Maßstäben immer höher aufsteigt, muss durch die maßregelnde Hand Gottes wieder heruntergeholt werden.«

2. Chronik 27

Usija sündigte und wurde vom Herrn gemaßregelt, aber dieser eine Vorfall hinderte ihn nicht daran, ein Vorbild an Gottesfurcht zu sein. Sein Sohn Jotam folgte dem Beispiel seines Vaters, mied aber dessen Sünde, und der Herr ehrte ihn.

Jotam lebte und regierte nur kurze Zeit, aber er blieb dem Herrn treu. Entscheidend ist nicht, wie lange wir leben, sondern auf welche Weise. Das Kapitel über Jotam in den Chroniken ist kurz, aber 1. Johannes 2,17 trifft auf ihn zu.

2. Chronik 28

Usija regierte auf geistlicher Grundlage und Jotam ebenso, aber mit Ahas hörte das auf. Wir fragen uns, warum Ahas sich an seinem frommen Vater und Großvater kein Beispiel nahm. Aus historischen Quellen wissen wir, dass Ahas vier Jahre lang mit seinem Vater zusammen regierte. Er begann also im Alter von sechzehn Jahren. Wurde Ahas stolz? Hörte er auf die falschen Ratgeber?

Die ammonitische Gottheit Moloch wurde im Tal Ben-Hinnom angebetet. Der König legte seine eigenen Kinder als Opfer auf den heidnischen Altar. Wenn der Vater Gott ungehorsam ist, leiden die

Kinder oft am meisten darunter. König Josia verunreinigte diesen Ort (2Kö 23,10) und machte eine Müllkippe daraus. Das vom Namen dieser Schlucht abgeleitete Wort *gehenna* bezeichnete später den Ort ewiger Verdammnis, die Hölle.

Juda erfuhr eine demütigende Niederlage durch Israel, aber Gott griff gnädig ein und stand dem Volk bei. Ein Prophet rettete die Lage, nicht etwa ein König oder ein Heerführer.

Statt Buße zu tun und sich wieder dem Gott seines Vaters und Großvaters zuzuwenden, nahm Ahas die Götter des siegreichen Feindes an. Das erschien ihm logisch, weil der Feind überlegen war! Er hielt sich nicht an das Wort Gottes, sondern wählte den pragmatischen Ansatz (Spr 3,5-6). Hast du das auch schon einmal getan? Es ist gefährlich!

2. Chronik 29

Als Hiskia König wurde, waren die Zustände im Tempel ähnlich denen in vielen Gemeinden von heute (V. 7). Geschlossene Türen weisen darauf hin, dass es keinen Zugang zu Gott gibt und Gott nicht gedient wird. Er hat uns vor eine offene Tür gestellt (Offb 3,8), und wir machen sie zu.

Die Lampen waren aus, was bedeutet, dass niemand Zeugnis gab (Mt 5,16), und der Weihrauchaltar war erkaltet, also stiegen keine Gebete zu Gott auf (Ps 141,2). Auf dem Altar wurden keine Opfer gebracht (Röm 12,1-2), dafür lag eine Menge Müll im Tempel herum. Kein Wunder, dass das Volk den Zorn Gottes zu spüren bekam, und nicht seinen Segen.

Hiskias Wiederbelebungsrezept war denkbar einfach: Heiligung, Opfer und Lobpreis. Mit den Priestern und Leviten fing er an, denn wenn Gottes Diener nicht rein sind, kann Gott ihre Arbeit nicht segnen. Dann heiligten die Priester den Tempel, brachten Opfer dar und sangen das Lied des Herrn.

Das alles passierte ganz plötzlich (V. 36), aber was hier passierte, war nicht neu oder originell. Man kehrte ganz einfach zurück zu den Wegen des Herrn (Jer 6,16).

2. Chronik 30

Wenn Gottes Geist am Werk ist, wird Jesus Christus verherrlicht, und Gottes Volk wird vereint. Hiskia rief das ganze Volk auf, wieder Passa zu feiern, das Fest, das Jesus, das Lamm Gottes darstellt; und viele feierten mit ungeteiltem Herzen mit (V. 12). Ein segensreiches Ereignis!

Wie tragisch, dass die geistlichen Führer daran schuld waren, dass das Fest verschoben werden musste (V. 3). Wie tragisch, dass manche aus dem Volk sich über diese Einladung lustig machten (V. 10; Mt 22,1-14). Aber wie wunderbar, dass Gott Segen in Fülle austeilte, dass er die Menschen heilte und dass sie am Ende freudig nach Hause gehen konnten (V. 21.23.25.26).

Gott sieht auf das Herz und lässt nicht zu, dass zeremonielle Angelegenheiten sich seiner Gnade in den Weg stellen (1Sam 15,22; Ps 50,7-15; 51,16-17; Hos 6,6). Hiskia sorgte dafür, dass das Volk im Wort Gottes unterwiesen wurde (V. 22), weil sein Wort das Herz eines Menschen nährt und sein Leben reinigt, auch wenn die Erinnerungen an große Ereignisse schon lange verblasst sind. Die Menschen erlebten große Freude, weil sie am Passafest teilnahmen (V. 26). Später würden die Juden große Freude bei der Einweihung der Jerusalemer Stadtmauer verspüren (Neh 12,43). Von weiteren Menschen wird berichtet, dass sie große Freude verspürten: die Weisen aus dem Morgenland (Mt 2,10), die Apostel (Lk 24,52) und die Neubekehrten in Samarien (Apg 8,8). Die Botschaft des Evangeliums ist eine gute Nachricht, die große Freude beschert (Lk 2,10). Gibst du sie an andere weiter?

2. Chronik 31

Wenn du zum Herrn umkehrst und mit ihm gehst, wird das neue Leben deutlich sichtbar.

Reinigung. Allzu lange waren neben Jahwe auch heidnische Götter angebetet worden; damit war es nun vorbei. Das Volk half dem König bei der Zerstörung der obszönen Bilder und der heidnischen Altäre. Schließlich hatte das Volk gerade Passa gefeiert und in der Woche nach dem Passafest sollte »Hausputz« gehalten werden (2Mo 12,15-20).

Dienst. Es reicht nicht aus, das Schlechte zu beseitigen; wir sollen auch das Gute aufbauen und stärken. Der König vergewisserte sich, dass die Priester Gottes Wort befolgten und im Tempel dienten. Hätten die Priester von vornherein treu gedient, wäre das Volk erst gar nicht von Gott abgefallen.

Geben. Wenn die Priester dienen sollen, muss das Volk sie dabei unterstützen. Eines der ersten Zeichen von geistlicher Erweckung ist die Großzügigkeit derer, deren Herzen Gott berührt hat. Niemand brauchte zu betteln oder zu drängen; die Menschen, die mit Gott im Reinen waren, gaben von Herzen.

2. Chronik 32

Prüfungen folgen für gewöhnlich auf Zeiten großer Segnungen, und Hiskia musste sich dreien stellen.

Krieg. Nach früheren Phasen der Erweckung wurde der Nation zunächst Schutz und Ruhe vor den Feinden gewährt (2Chr 15,15; 20,29-30), aber diesmal ließ Gott es zu, dass der Feind eindrang. Gott wollte den Glauben des Königs und des Volkes prüfen und sehen, wie tief er tatsächlich war. Es ist schon ein Unterschied, ob man an einer gigantischen religiösen Veranstaltung teilnimmt oder ob man erleben muss, wie das eigene Land angegriffen und die Hauptstadt bedroht wird.

Krankheit. Hiskias Leiden brachte sowohl eine nationale als auch eine persönliche Krise mit sich, denn er hatte noch keine Söhne, die seinen Thron hätten übernehmen können. Gott hatte versprochen, dass es immer einen Mann aus Davids Familie für den Thron geben würde, und so betete Hiskia, dass er weiterleben und ihm ein Sohn geschenkt werden möge.

Ehre. Hiskia überstand die Invasion und die Krankheit, aber dem Stolz erlag er. Es fing damit an, dass er vergaß, Gott dafür zu danken, dass er ihn am Leben gelassen hatte, und anscheinend lernte er noch nicht einmal durch Gottes Züchtigung. Das Ausmaß seines Reichtums und die Lobreden der Würdenträger, die ihn besuchten, machten Hiskia stolz, und Gott musste eingreifen.

Wir haben schon gelernt, dass der Teufel, wenn er uns als Löwe nicht verschlingen kann (1Petr 5,8), es als Schlange noch einmal versuchen wird (2Kor 11,1-3). Wenn alles gut läuft, bist du vielleicht stärker gefährdet als mitten in der Schlacht. Sei also auf der Hut.

2. Chronik 33

Manasse baute wieder auf, was sein Vater abgerissen hatte, und zerstörte es dann wieder, damit er von neuem mit dem Bau beginnen konnte (vgl. 1Mo 26,18). Er lernte nicht aus der Geschichte und hörte auch nicht auf die Propheten, und so musste er mit der Strafe leben, die Gott ihm schickte. Manche Menschen lernen nur, wenn sie Lehrgeld bezahlen.

Wie gnädig von Gott, Manasses Reue anzuerkennen, sein Gebet zu erhören und ihn in Jerusalem wieder einzusetzen. Aber auch Gottes Gnade konnte nicht aufheben, wie Manasse sich verhalten hatte, oder den Schaden ungeschehen machen, den er im Land angerichtet hatte. Die Folgen von Sünde sind auch nach der Vergebung noch lange erkennbar (2Kö 23,26; 24,3).

Gott ist vergebungsbereit und wir sollten ihn beizeiten um diese Vergebung bitten. Je länger wir damit warten, umso mehr Schaden richten wir an; je mehr Schaden wir anrichten, umso mehr werden wir selbst und andere wegen unserer Sünden leiden.

2. Chronik 34

Das Buch finden. Der größte Schatz, den du besitzt, ist nicht Geld, sondern das Wort Gottes, das allzu oft »verloren« geht unter all dem Müll, den man so leicht ansammelt. Siehst du in Gottes Wort einen Schatz? (Siehe Ps 119,14.72.127.162.) Liegt er irgendwo »vergraben«?

Das Buch lesen. Gottes Wort ist kein Relikt, ausgestellt in irgendeinem Museum. Sie stellten das Wort nicht wieder in die

Nische im Tempel, in der sie es gefunden hatten. Stattdessen lasen sie es öffentlich vor und würdigten es als lebendiges Wort Gottes.

Dem Buch gehorchen. Der König zitterte vor dem Wort Gottes (Jes 66,2) und lies sich sofort mitteilen, was Gott ihm zu sagen hatte. Gott wird dir immer wieder etwas Neues zu sagen haben, wenn du in der Bibel liest und nach seinem Willen fragst.

Das Buch an andere weitergeben. Der König versammelte das Volk im Tempel, damit es Gottes Wort hörte (V. 29-30). Es ist gut, das Wort zu empfangen, aber ebenso gut ist es, seine Botschaft an andere weiterzugeben (1Thes 1,6-10).

Zum Inhalt des Buches stehen. Der König und das Volk schlossen einen Bund mit dem Herrn und bekannten öffentlich Farbe. Schließlich sollte man die Bibel nicht nur kennen, sondern ihr auch gehorchen und ihren Weisungen gemäß dienen – also ein lebendiges »Ja« zum Wort Gottes *sein*.

2. Chronik 35

Rückblick in die Vergangenheit (1-19). Das Passa ist das große Fest der Rettung des jüdischen Volkes, bei dem sich das Volk an seine Befreiung aus Ägypten erinnert (2Mo 13,1-10). Josia folgte dem Beispiel des gottesfürchtigen Hiskia (2Chr 30), hielt ein großes Fest ab und rief die Menschen zum Lob Gottes auf. Genau wie in den Tagen Hiskias mussten die geistlichen Führer dazu ermutigt werden, ihre Aufgaben zu erfüllen. Allzu oft stehen diejenigen, die uns führen sollten, im Weg.

Hypothek auf die Zukunft (20-27). Wenn Gott zu Moses Zeiten Ägypten besiegt hatte, konnte er dasselbe natürlich auch für Josia tun! Ohne Gott nach seinem Willen zu fragen, mischte Josia sich in einen Krieg ein, der nichts mit Juda zu tun hatte, und das führte zu seinem Tod. Eine Verkleidung kann uns nicht schützen, wenn wir Gott ungehorsam sind (V. 22; 2Chr 18,29). Juda war wieder in ägyptischer Knechtschaft!

Wir fragen uns, wie Judas Zukunft ausgesehen hätte, wenn Josia auf Gottes Warnung gehört hätte. Es mag merkwürdig erscheinen, aber Gott kann auch durch Boten reden, die ihn vielleicht nicht einmal kennen (Joh 11,49-52).

2. Chronik 36

Das zweite Buch der Chronik beginnt mit dem Tempelbau. Es endet mit einem Bericht darüber, wie und warum der Tempel Gottes zerstört wurde.

Zuerst *plünderte* der Feind den Tempel (V. 7.19) und nahm alle Schätze des Herrn mit in seinen heidnischen Tempel nach Babylon. Man rechnet damit, dass der Feind so etwas tut, aber man erwartet nicht, dass die Priester und das Volk ihren eigenen Tempel *verunreinigen* (V. 14)! Nebukadnezar verschleppte Jerusalem nach Babylon, und gleichzeitig brachten die jüdischen Führer Babylon nach Jerusalem! Werden wir jemals aus Fehlern lernen?

Der nächste Schritt war *Tod im Heiligtum* (V. 17). Gott hatte seinem Volk Barmherzigkeit erwiesen (V. 15), aber der Feind zeigte überhaupt kein Erbarmen. Die Menschen flohen in den Tempel und hofften, dass Gott sie bewahren würde, aber es war zu spät. Das Bethaus war zu einer Räuberhöhle geworden.

Schließlich wurde der Tempel *zerstört*, so wie Jeremia es vorhergesagt hatte (Jer 25–26). Das Volk hatte das Wort Gottes in vielerlei Weise missachtet, nicht einmal die Sabbatjahre hatte es eingehalten (3Mo 25,1-7; 26,27-35). Gott blieb nichts anderes übrig, als es zu bestrafen.

Aber am Ende des Buches wird verkündet, dass der Tempel *wieder aufgebaut* wird, ebenfalls gemäß einer Prophezeiung Jeremias (29,10). Selbst im Zorn erinnert sich Gott an seine Barmherzigkeit (Hab 3,2).

Esra und Nehemia

In den Jahren 606-605 v. Chr. begannen die Babylonier mit der Eroberung Jerusalems, verschleppten viele aus dem Volk und zerstörten schließlich in den Jahren 587-586 v. Chr. die Stadt und den Tempel. Im Jahr 538 gab der Perserkönig Kyrus öffentlich bekannt, dass die Juden in ihr Land zurückkehren und ihren Tempel wieder aufbauen dürften. Nahezu fünfzigtausend kehrten unter der Führung von Serubbabel zurück (Esr 1–6). Die siebzig Jahre der Gefangenschaft waren vorbei. Trotz einiger Schwierigkeiten und Verzögerungen wurde der Tempelbau im Jahr 515 vollendet.

Der Schriftgelehrte Esra ging im Jahr 458 zusammen mit etwa zweitausend Juden nach Jerusalem. Unter ihnen waren einige Leviten, die beim Tempeldienst helfen sollten (Esr 7–10). Im Jahr 444 ging Nehemia nach Jerusalem, baute die Mauern wieder auf (Neh 1–6) und führte das Volk zu Gott zurück (Neh 7–13).

Wieder zu Hause in dem eigenen Land, erlebte das jüdische Volk Zeiten der Prüfung und der Niederlage, aber der Herr stand ihm bei. Die Bücher Esra und Nehemia betonen, wie wichtig es ist, Gott bei einem Neuanfang zu vertrauen und die Aufgaben zu erfüllen, die er uns zuteilt – unabhängig davon, wie groß die Hindernisse und der Widerstand sein mögen, die uns begegnen. Auch in dunklen Zeiten ist Gott da, um uns zu führen, zu bewahren und zu helfen.

Esra

Esra 1–2

Das Buch beginnt mit den abschließenden Worten aus 2. Chronik, denn Gott war mit seinem Plan noch nicht am Ende. Juda hatte Jeremias Warnung in den Wind geschlagen, aber die Worte des Propheten bewahrheiteten sich.

Gott greift in die Menschheitsgeschichte ein. Seine Ziele setzt er in die Tat um, unabhängig davon, was das Volk unternimmt. Jeremia warnte vor dem bevorstehenden Strafgericht, aber er versprach auch die Rückkehr; und das Versprechen wurde erfüllt (Jer 29,10).

Aus Gottes Wort wird das Wort des Königs! Kyrus erfüllte eine Prophezeiung, die eineinhalb Jahrhunderte zuvor ausgesprochen worden war (Jes 44,28). Gott kann sogar einen heidnischen Herrscher dazu gebrauchen, seine heiligen Pläne umzusetzen. Wenn die Worte und Taten von weltlichen Herrschern dich beunruhigen, denke einfach daran, dass Gott immer noch auf dem Thron sitzt und alles in der Hand hält.

Nicht alle Juden wollten aus der Gefangenschaft in ein verwahrlostes Land zurückkehren. Einige von denen, die blieben, ermutigten wenigstens die anderen und halfen, die Ausgaben zu decken, ebenso wie manche ihrer babylonischen Nachbarn (1,4.6).

Es war eine schwierige Reise und das Leben im Land war anstrengend; dennoch bezahlten die mutigen Juden den Preis und handelten nach Gottes Willen. Vielleicht hast du in der Vergangenheit versagt, aber wie gravierend dir das auch erscheinen mag: Gott gibt dir eine Chance für einen Neuanfang.

Esra 3

Wie fängt man wieder von vorne an, nachdem Gottes züchtigende Hand von einem abgelassen hat?

Zuallererst: Anbetung. Es gab noch keinen Tempel, aber das hielt die Juden nicht davon ab, einen Altar aufzustellen und Gott Opfer zu bringen. Dies veranschaulicht, was Jesus in Matthäus 6,33 sagt. Sie beteten Gott um ihrer selbst willen an, aber auch als Zeugnis für die Menschen um sie herum.

Gottes Größe feiern. Das Laubhüttenfest nahte, ein fröhliches Erntedankfest. Es waren schwere Zeiten, aber die Menschen befolgten das Wort Gottes und priesen den Herrn. Allein das würde als Zeugnis für die Heiden dienen, und es würde auch ihren eigenen Herzen gut tun. Es ist immer der richtige Zeitpunkt, Gott anzubeten.

Das Fundament legen. Die Schriften sagten ihnen alles, was sie wissen mussten, um den Tempel wieder aufzubauen, und sie folgte Gottes Bauplan. Das Fundament ist der wichtigste Teil eines Gebäudes, denn es entscheidet über dessen Größe, Form und Stabilität. Hast du für dein Leben das richtige Fundament gelegt?

Nach vorne sehen. Die Alten blickten zurück und weinten, während die jungen Menschen nach vorne sahen und sich freuten. Tränen und Jubel; gar nicht mal so anders als das, was heute in vielen Familien und Gemeinden vorkommt. Die Männer konnten zwar zusammen arbeiten, aber sie waren nicht in der Lage, gemeinsam Gott anzubeten. Wer sich auf die Vergangenheit ausrichtet, beraubt sich damit ganz sicher einer wunderbaren Zukunft (Phil 3,12-14).

Die Zukunft

Du kannst die Vergangenheit nicht ändern, aber die Vergangenheit kann dich verändern, entweder zum Guten oder zum Schlechten. Es kommt ganz darauf an, wie du sie betrachtest. Die Vergangenheit kann ein Ruder sein, dass dich führt, oder ein Anker, der dich festhält. Überlass deine vergangenen Fehler Gott und blicke im Glauben in die Zukunft.

Esra 4

Wenn Gott segnet, ist mit einem Angriff des Feindes zu rechnen. Satan ist ein Zerstörer und er wird wütend, wenn Gottes Volk sich zum Aufbau vereinigt. Er hat drei Lieblingswaffen.

Kooperation (1-3)**.** Das Volk bestand aus Nachfahren jener Israeliten, die aus Mischehen mit den bei der Invasion der Assyrer eingewanderten Heiden hervorgegangen waren (2Kö 17,24ff.) Dieses »Mischvolk« hätte die Juden zum Schlechten verleitet und die Arbeit beeinträchtigt (2Mo 12,38; 3Mo 11,4). Sei auf der Hut vor Freiwilligen; womöglich arbeiten sie für den Feind!

Einschüchterung (4-5). Entmutigung und Angst sind wirksame Waffen, besonders dann, wenn die Arbeit ohnehin schwierig ist. Wenn du anfängst, dich zu fürchten, stütze dich auf Jesaja 12,2.

Gesetze (5-6). Die »Kinder der Welt« bedienen sich gerne »offizieller Organe«, um Gottes Werk zu behindern. Aus ihrer Sicht war Jerusalem eine rebellische Stadt gewesen, und der König würde sich sicher Sorgen um seine Steuern machen. Der Plan ging auf, und die Bauarbeiten wurden gestoppt.

Aber Gott ließ sich nicht aufhalten!

> *»Wir brauchen uns nicht zu fürchten; solange wir uns innerhalb der moralischen Vorgaben Gottes bewegen, können wir kühn behaupten: ›Der Herr ist mein Helfer‹«.*
> Oswald Chambers

Esra 5–6

Etwa fünfzehn Jahre liegen zwischen Kap. 4,24 und 5,1. In dieser Zeit bereitete Gott zwei Propheten vor, um die Arbeit am Tempel wieder in Gang zu bringen und zu stärken. Schließlich hatte Gottes Wort das Projekt begonnen (Esr 1,1), und so konnte allein Gottes Wort es fortführen und zu Ende bringen (Gal 3,3).

Wenn Gott will, dass etwas erledigt wird, sendet er seine Diener mit seinem Wort aus, denn nichts außer unserem Unglauben kann die

Kraft des Wortes mindern. Sogar der heidnische König musste sich vor dem Wort beugen!

Wenn Gottes Wort mit dir ist und Gottes Auge über dir (5,5), wird deine Arbeit gelingen (6,14; siehe auch Jos 1,8; Ps 1,1-3). Erneuerung geschieht, wenn Gottes Kinder Gottes Wort achten und tun, was Gott ihnen gebietet. Lies Haggais vier Predigten über Ermutigung und Tadel und finde heraus, was »wahre Erweckungsverkündigung« ausmacht. Sprechen diese Botschaften dich heute an?

Zu Beginn begleitete eine Mischung aus Tränen und Freude das Projekt (3,8-13), aber es endete damit, dass das ganze Volk sich freute (6,16-22). Das traditionelle Fest gewann neu an Freude wegen des Guten, das Gott für sein Volk getan hatte.

Esra 7–8

Zwischen der Fertigstellung des Tempels und der Ankunft Esras klafft eine Lücke von fünfzig Jahren. Unglücklicherweise war das Volk inzwischen der Sünde verfallen und Esras Aufgabe war es, die Menschen zu Gott zurückzuführen. In diesen Kapiteln werden unter anderem die *Hände* betont.

Gottes Hand. Esra war ein begabter Mann (7,10), aber er konnte nichts tun ohne Gottes Hand über ihm und die Menschen, die mit ihm reisten. Gottes Hand *versorgt* (7,6; 8,18), *bewahrt* (8,22.31), *ermutigt* (7,28) und *führt* (7,9).

Esras Hand (7,14). Gottes Wort war sowohl in Esras Herz als auch in seinen Händen (7,10), und dieses Wort brauchten die Menschen am dringendsten. Ohne das Wort Gottes kann weder Reinigung noch Wiederbelebung stattfinden.

Leben mit dem Wort

Esra 7,10 zufolge beschäftigte sich Esra viel mit dem Wort Gottes, er befolgte es und er lehrte es. Er war wie der Mensch, von dem Jesus in Matthäus 13,52 spricht: ein Schüler (der das Wort studiert), gleichzeitig ein Jünger (der das Wort lebt) und ein

Verwalter (der das Wort weitergibt). Es gibt nichts Wichtigeres im Leben als ein ausgewogenes Verhältnis zwischen diesen dreien.

Die Hände der Juden (8,26.33). Die Hände der Menschen des Volkes Gottes trugen seine Schätze und lieferten sie treu am Ende der Reise im Tempel ab. Wenn du eines Tages vor dem Herrn stehst, wirst du »darwiegen« und feststellen, wie treu du warst im Umgang mit dem, was er dir anvertraut hat. Beherzige die Worte in 8,29: »Seid wachsam und bewahrt!«

Esra 9

Erstaunt (1-4). Aus mindestens drei Gründen hätte der Rest des jüdischen Volkes Gottes Wort über die Ehe beachten sollen. Der erste war die Güte, die Gott seinen Kindern darin erwiesen hatte, dass er sie in ihr Land zurückbrachte. Außerdem hatte er sie in Babylon gezüchtigt, und schließlich wussten sie aus ihrer eigenen Geschichte, wohin es führen kann, wenn man fremde Bräuche übernimmt. Kein Wunder, dass Esra erstaunt war.

Beschämt (5-9). Esra benutzte verschiedene Bilder, um ihnen ihre Not zu zeigen. Wegen ihrer Sünden waren sie wie Ertrinkende (V. 6), aber trotzdem hörten sie nicht auf zu sündigen. Sie waren wie ein Häkchen, an dem so viel Zukunft hing (V. 8); ein kleiner Rest, der als Schutzmauer dienen musste gegen die furchtbaren Übergriffe der Sünde (V. 9). Wie hätte aus einer ganz und gar verunreinigten Nation der Messias hervorgehen können (V. 2)?

Bestürzt (10-15). Gott hatte sein Wort offenbart, und sie gehorchten ihm nicht. Gott hatte ihnen Gnade erwiesen (V. 8), und sie wussten es nicht zu schätzen. Gott hielt seine Strafe zurück (V. 13; Ps 103,10), und sie nutzten es aus. Gott blieb keine Wahl, als sie noch härter zu bestrafen.

Als Esra betete, zitterte er (V. 4), kniete nieder (V. 5) und verneigte sich (V. 6), weil niemand vor Gott (be)stehen konnte (V. 15; Ps 130,3).

Esra 10

Die Lage mag noch so finster aussehen; es gibt immer einen Hoffnungsschimmer. Schechanja ermutigte das Volk, seine Sünden zu bekennen und das Wort Gottes zu befolgen. Vielleicht dachte er an Gottes Verheißungen in 2. Mose 34,6-7; Jesaja 55,6-7 und Jeremia 3,11-13. Heute schlagen die Gläubigen 1. Johannes 1,9 auf.

Aber seine Sünden zu bekennen, darf nicht zur Routine werden; zum Lippenbekenntnis. Wir sollen vor Gottes Wort erzittern (Esr 9,4; 10,3; Jes 66,2) und ihm ein wahrhaft zerbrochenes Herz hinhalten (Ps 51,16-17). Das erklärt, warum Esra fastete und betete, denn er machte sich eins mit dem Volk in seiner Sündhaftigkeit. Beachte die Fürwörter in Esra 9,6-15.

Nicht alle waren bereit zu gehorchen (V. 15), aber diejenigen, die sich Esra unterordneten, bekannten ihre Sünden öffentlich, brachten ein Opfer und schickten ihre heidnischen Frauen und Kinder fort. Das fiel ihnen schwer, aber es war die einzige Möglichkeit, das Volk reinzuhalten (Mt 18,7-9). Es gibt keinen einfachen Ausweg aus der Sünde.

Unsere Hoffnung
Gottes Kinder haben Hoffnung durch Errettung (Röm 5,1-2), Leiden (Röm 5,3), das Wort Gottes (Röm 15,4) und den Geist Gottes (Röm 15,13). Natürlich gäbe es ohne die Auferstehung Jesu Christi keine Hoffnung (1Petr 1,3). Er ist unsere Hoffnung (1Tim 1,1).

Nehemia

Nehemia 1

Große Not (1-3). Als Mundschenk des Königs genoss Nehemia Sicherheit und Ansehen, so dass es für ihn keinen Grund gab, sich um die Bedürfnisse von Menschen Gedanken zu machen, die viele Hundert Kilometer weit entfernt waren. Aber er liebte Jerusalem und sorgte sich um das Wohlergehen seines Volks (Jer 15,5). Wie gehst du damit um, wenn du erfährst, dass andere leiden?

Ein großer Gott (4-9). Nehemia betete viel; zehn seiner Gebete stehen in diesem Buch (1,4ff; 2,4; 4,4; 5,19; 6,9.14; 13,14.22.29.31). Er glaubte an einen großen Gott (1,5; 4,14; 8,6; 9,32), der Wort hielt, Sünden vergab, und seinen Kindern half, wenn sie ihn anriefen. Wie Esra vor ihm, machte sich auch Nehemia eins mit den Sünden und Sorgen des Volkes (Esra 9,5ff.).

Du kannst etwas bewirken

Es war ein Tag des Unglücks für die Kinder Gottes (Neh 1,3; 2,17; 5,9; 6,13). Die großartige Stadt Jerusalem war nicht länger schön (Ps 50,2) und die Juden hatten nicht mehr das Sagen. Aber ein einziger Mann bewirkte Veränderung! Nehemia führte die Juden aus großem Unglück (1,3) in große Freude (12,43). Gott sucht immer noch Männer und Frauen, die bereit sind, für sein Werk Opfer zu bringen. Willst du dich von ihm gebrauchen lassen?

Große Kraft (10-11). Nehemia weinte und betete nicht nur; er stellte sich dem Herrn zur Verfügung, damit die Arbeit erledigt würde. Er verließ sich darauf, dass Gottes große Kraft in ihm und durch ihn wirkte (Eph 3,20-21). Er gab sich nicht einfach damit zufrieden, Antworten auf seine Gebete zu *bekommen;* er wollte selbst eine Gebetserhörung *sein.* Hat Gott dich in letzter Zeit als Gebetserhörung gebraucht?

Nehemia 2

Abwarten. Nehemia kündigte nicht plötzlich seine Stellung und eilte nach Jerusalem. Er wartete treu viereinhalb Monate lang und verharrte im Gebet, bis nach dem Zeitplan des Herrn der richtige Augenblick gekommen war, den König anzusprechen. Warten kann viel schwieriger sein als Arbeiten, aber es ist gefährlich, dem Herrn vorauszueilen.

Beten. Nehemias »SMS-Gebete« zeigten Wirkung, weil er viel Zeit allein mit Gott verbrachte. Vom Gnadenthron im Himmel geht größere Macht aus als von irgendeinem weltlichen Thron (Eph 1,15-23). Sprichst du für gewöhnlich mit Gott, während du mit Alltäglichem beschäftigt bist?

Erklären. Nehemia hatte sein Vorhaben gründlich geplant, und so konnte er dem König befriedigende Antworten geben. Gebet und Anteilnahme machen klares Denken und gewissenhafte Vorbereitung nicht überflüssig.

Vorbereiten. Nehemia beherzigte den folgenden Rat: »Wer glaubt, wird nicht ängstlich eilen« (Jes 28,16b). Bevor er die Leiter einberief, machte sich Nehemia ein eigenes Bild von der Lage vor Ort (V. 11; Esra 8,32). Hingebungsvolle Leiter sind hellwach, wenn andere schlafen, aber sie sehen in der Dunkelheit mehr als andere im Licht (Spr 20,18).

Nehemia 3

Die Arbeiter waren zuständig für den Bau, für Reparaturen (das Wort »ausbessern« wird vierzig Mal gebraucht) und für Befestigungen (V. 8); alles Dienste, die auch in der Gemeinde heute gebraucht werden. Die Mauern und Tore dienten sowohl dem Schutz der Menschen als auch der Schönheit der Stadt.

Es gibt einen Dienst für jeden, der mitarbeiten will: Priester (V. 1), Anführer (V. 12-19), Handwerker (V. 8) und engagierte Frauen (V. 12). Manchmal bringt Gott Außenstehende als Helfer ins Spiel (V. 2.5.7), und manche sind bereit, zusätzliche Aufgaben zu erledigen (V. 11.19.21). Das Wichtigste war, dass sie in ihrem Dienst für den Herrn zusammenarbeiteten. Aber wundere dich nicht, wenn manche Leute gar nichts tun (V. 5), einschließlich mancher Leiter. Arbeite einfach weiter!

Es gibt keinen besseren Ort, um mit der Arbeit anzufangen als deine eigenen vier Wände (V. 10.23.28). Würde jeder und jede von uns schon zu Hause dem Herrn dienen, wäre das für Gottes Werk eine enorme Bereicherung!

Wer erledigt die Arbeit?
Wo immer etwas aufgebaut wird, sind sehr unterschiedliche Menschen am Werk: Manche bringen den Bau voran, andere sorgen für immer neue Rückschläge. Eine dritte Gruppe legt denen, die mitarbeiten, Steine in den Weg. Zu welcher Gruppe gehörst du?

Nehemia 4

Der Feind weiß genau, was wir tun, und wartet nur auf Gelegenheiten, uns anzugreifen. Rechne mit Widerstand und sei darauf vorbereitet. Beachte die unterschiedlichen Waffen, die der Feind schon damals genutzt hat und mit denen er heute immer noch kämpft.

Spott (1-6). Der Feind will dich glauben machen, dass dein Beitrag nicht wichtig ist, dass du zu schwach für deine Aufgabe bist und dass, solltest du sie doch zu Ende bringen, das Ergebnis keinen Bestand haben wird. Mit anderen Worten: Er will, dass du glaubst, dass sie den Aufwand nicht wert ist und dass du besser aufgeben solltest. Vergiss nur nicht, dass du an Gottes Reich mitbaust, und dass deine Aufgabe daher Teil eines großen Werkes ist (V. 19; 6,3). Halte dir immer Gottes Größe vor Augen.

Drohungen (V. 7-9). Kann der Feind dich nicht hereinlegen, wird er versuchen, dir Angst zu machen. Die Menschen des Volkes Gottes praktizierten Epheser 6,10-18; sie wappneten sich, beteten und arbeiteten weiter.

Furcht (10-23). Die Juden, die außerhalb der Stadt lebten, kamen mit erschreckenden Nachrichten über die Pläne des Feindes zur Arbeit. Wieder hilft uns das Wissen um die Größe Gottes, menschliche Ängste zu überwinden (V. 14), und es hilft uns, mit unserer Arbeit weiterzumachen, auch wenn das vielleicht Opfer erforderlich macht.

»Wacht und betet!«
Damit ist gemeint, dass wir Gott vertrauen und gleichzeitig mit Angriffen des Feindes rechnen sollen. Auf diese Weise bereiten wir uns auf die Wiederkunft Christi vor (Mk 13,33) und siegen über die Versuchung (Mk 14,38) und über Satan (Eph 6,18). Außerdem öffnen wir damit Türen für Evangelisation und können möglichst viel daraus machen (Kol 4,2-6).

Nehemia 5

Nun greift der Feind von innen heraus an und Nehemia muss sich mit Eigennutz und Gier unter seinen eigenen Leuten beschäftigen. Die wohlhabenderen Juden nutzten Hungersnot und Wirtschaftskrise, um ihr eigenes Volk auszubeuten (Hag 1,7-11). Wie ging Nehemia damit um?

Wut (6). Es gibt einen gerechten Zorn gegen die Sünde, der an sich nicht sündig ist (Eph 4,26). Obwohl es schwierig ist, sich nicht über Menschen zu ärgern, müssen wir versuchen, auf das zu sehen, was sie tun, und nicht darauf, wer sie sind (siehe 2Mo 32,19; Mk 3,5). Einem Menschen, dem Zorn nicht eigen ist, mangelt es vielleicht auch an Überzeugung und Mut.

»Jeder kann wütend werden, – das ist einfach.
Aber wütend auf den Richtigen zu sein, im richtigen Maß,
zur richtigen Zeit, zum richtigen Zweck
und auf die richtige Art, das ist schwer –
und es gelingt nicht jedem.«
Aristoteles

Bedachtsam (7). Es war nicht Nehemias Art, Leiterschaft zu üben, ohne zuerst alles zu durchdenken (Spr 18,13; 29,22). Zweifellos bat er Gott auch um Weisheit.

Entschlossenheit (7-13). Nachdem er einmal entschieden hatte, was zu tun war, tat er es! Er appellierte an ihre Liebe (»Brüder« in V. 7) und an ihre Hingabe an Gottes Wort (2Mo 22,25). Er erinnerte sie an die Ehrfurcht vor Gott und an ihr Zeugnis gegenüber den Feinden (V. 9).

Beispiel (14-19). Wäre Nehemia nicht ein selbstloser und hingebungsvoller Mann gewesen, hätte er nicht solche Wirkung gehabt (Mt 7,1-5). Er hatte den Menschen großzügig geholfen und seine Stellung als Statthalter nicht ausgenutzt. Ein reines Gewissen ist eine mächtige Waffe in Gottes Hand.

Nehemia 6

So lange Gottes Kinder sich aneinander versündigen, kann der Feind sich ausruhen. Aber sobald die Sünde bereinigt worden ist, muss er wieder angreifen. Hier sind noch einige der Waffen, derer er sich bedient:

Hinterlist (1-4). Nimm dich in Acht, wenn der Feind lächelt und dich in die Arme schließen will! Wir müssen Einladungen ablehnen, die uns in Glaubensfragen zu Zugeständnissen zwingen (2Kor 6,14–7,1) und uns abbringen von dem großen Werk, zu dem Gott uns berufen hat.

Bleib auf Kurs

Ein guter Leiter verlässt seinen Posten nicht; ein Mietling dagegen flieht, wenn es hart auf hart kommt (Spr 28,1). Der Feind versuchte, Jesus zum Fliehen zu überreden, aber er weigerte sich, den Kurs zu ändern (Lk 13,31-33). Paulus steuerte weiter auf seinem Kurs, obwohl er wusste, dass ihm Leid bevorstand (Apg 20,22-24; 21,13). Vor Sünde und Versuchung sollen wir immer fliehen (1Mo 39,12; 1Kor 6,18; 1Tim 6,11; 2Tim 2,22), aber wir dürfen niemals Hals über Kopf den Ort verlassen, an den wir berufen sind.

Anklage (5-9). Satan ist sowohl Lügner als auch Ankläger (Offb 12,10); er versucht, Gottes Diener zu verleumden (Hi 1,6ff). Wenn du ein reines Gewissen hast (Apg 24,16) und beten kannst, wird diese Waffe dich weder ängstigen, noch von deiner Aufgabe abhalten.

Angst (10-19). Jesus hatte seinen Judas, und Nehemia hatte seinen Schemaja, ein Informant, der Nehemia einzuschüchtern versuchte. Es gab auch innerhalb der »Familie« Menschen, die sich gegen die Arbeit stellten (V. 17-19). Aber Nehemia war kein Mietling, sondern ein wahrer Hirte (V. 13; Joh 10,11-15). Er würde nicht fliehen. Die Arbeit wurde in einer Rekordzeit von 52 Tagen vollendet, und Gott wurde verherrlicht.

Nehemia 7–8

Die Stadt Gottes. Jede Gemeinde und jede Familie braucht Pförtner und Wächter, denn wenn eine Arbeit vollendet ist, muss sie vor dem Feind beschützt werden (2Jo 8). Außerdem brauchen wir mutige und unbescholtene Leiter. Schließlich befinden wir uns mitten in einer Schlacht!

Das Volk Gottes. Der Bericht der ersten Heimkehrer half Nehemia bei der Festsetzung der Bedingungen für die Bürgerschaft, denn er wollte nicht, dass das »Mischvolk« eindringen und noch mehr Probleme verursachen würde. Eines der schwierigsten Aspekte des christlichen Lebens ist die Reinerhaltung des Glaubens und der Gemeinschaft.

Das Wort Gottes. Als Nehemia 444 v. Chr. in Jerusalem eintraf, war Esra schon dort und unterwies das Volk im Gesetz Gottes. Als der Wiederaufbau vollendet war, hielt Esra anlässlich des Laubhüttenfests eine große »Bibelkonferenz« ab. Im 8. Kapitel steht »das Buch« im Mittelpunkt (V. 1.3.5.8.18). Sie erwiesen Gottes Wort Respekt, indem sie still standen, als es geöffnet wurde (V. 5), zuhörten, als es gelesen wurde, und es zu begreifen versuchten, als es erklärt wurde (V. 2-3.7-8.12-13). Es machte ihnen Freude, das Wort zu verstehen (V. 12) und zu befolgen (V. 17; Jak 1,25).

Nehemia 9

Das Laubhüttenfest war ein Fest der Freude, aber als es zu Ende war, nahm sich das Volk noch einen Tag Zeit, um auf das Wort zu hören, Sünden zu bekennen und den Herrn anzubeten. So sieht ein ausgewogenes Glaubensleben aus: das Wort offenbart unsere Sünde und Gottes Vergebung; Bekennen führt zu Vergebung; und Vergebung sollte zur Anbetung führen.

Das Volk erhob sich, um das Wort zu hören (8,5) und der Chor ermutigte die Menschen, aufzustehen und den Herrn zu preisen (V. 5)! Er ist der Gott der Schöpfung (V. 6), der Gott des Bundes (V. 7-8) und der Gott der Erlösung (V. 9-15). Er ist langmütig mit seinem Volk und erfüllt seine Bedürfnisse, selbst dann noch, wenn es sich nicht an seine Gebote hält (V. 16-31). Das Lied endet damit, dass das Volk sich dem Herrn verpflichtet (V. 32-38).

Es fasst auf wunderschöne Weise all das zusammen, was der Herr für sein Volk getan hat. Er half ihnen *heraus* (V. 7), half ihnen *hindurch* (V. 11), half ihnen *hinein* (V. 23) und rettete sie vor ihren Feinden (V. 27). Aber gleichzeitig ist es eine Aufzählung der vielen Sünden Israels! Dennoch, Gott lädt sein Volk immer wieder zu einem Neuanfang ein und versichert ihm, dass er die Vergangenheit begraben wird.

Nehemia 10–11

Es ist eine Sache, an einem Fest teilzunehmen, dem Herrn Loblieder zu singen und zuzuhören, wie die Bibel vorgelesen und ausgelegt wird. Sich an den Willen Gottes zu binden, ist da schon etwas ganz anderes. Die achtundvierzig Männer, die den Bund besiegelten, wollten, dass Gott und das Volk sahen, wie ernst es ihnen mit dem Gehorsam war. Diese Namen standen für ganze Familien (10,28), so dass mehr Menschen in diesen heiligen Bund einbezogen waren als in Kapitel 10 aufgeführt sind.

»Die meisten Gemeindeglieder leben so weit
unter dem Standard, dass man zurückfallen müsste,
um mit ihnen Gemeinschaft zu haben. Wir sind so subnormal,
dass die Leute, wenn wir normal werden wollten,
denken würden, wir wären abnormal.«
Vance Havner

Sie verpflichteten sich öffentlich und sehr konkret, auch im Hinblick auf Gehorsam in den Punkten Ehe (10,30), Sabbat und Sabbatjahr (10,31), Unterstützung des Tempels (10,32) und Gaben und Opfer für den Tempeldienst. Sie ließen sich ihren Bund mit Gott etwas kosten, aber ihr Beitrag war angemessen, wenn man bedenkt, was Gott alles für sie getan hatte. Wenn wir mit Gott im Reinen sind, sind wir bereit, zu seinem Werk und seinem Haus beizutragen. Wir wollen »das Haus unseres Gottes nicht im Stich lassen« (10,40).

Nehemia 12

Vollenden. Jede Aufgabe, die wir für Gott erledigen, kann nur zum Erfolg führen, weil Gott in uns wirkt (Phil 2,12-13). Deshalb müssen wir ihm unsere Arbeit zu seiner Ehre widmen. Andernfalls werden wir vielleicht hochmütig, und dann wird die Arbeit zu einem Götzenbild, das Gottes rechtmäßigen Platz in unserem Leben einnimmt (5Mo 8,11-20).

Feiern. Die Betonung liegt auf Freude und Danksagung an Gott. Die Arbeit war getan, der Feind gedemütigt und der Herr war verherrlicht worden, also hatte das Volk allen Grund zur Freude. Nehemia und Esra leiteten jeweils einen der beiden Chöre in ihrem klangvollen Zug um die Stadtmauern herum. Vor dem Tempel trafen sie zusammen. Ihre Freude »war weithin zu hören« (V. 43; Esra 3,12-13).

Reinigen. Welchen Wert hat eine geweihte Mauer, wenn das Volk sie nicht von ganzem Herzen Gott weiht? Vers 30 entspricht

Jesaja 1,16 und 2. Korinther 7,1. Ein singendes Volk sollte ein geheiligtes Volk sein.

Nehemia 13

Was bleibt nach einer großen Feier? Die Arbeit eines geistlichen Leiters wird niemals fertig, denn der Feind ruht nicht. Wie traurig, dass das Volk in Nehemias Abwesenheit nach und nach von dem Bund abfiel, den es mit Gott geschlossen hatte (10,28-39). Als Nehemia zurückkehrte, war das Volk rückfällig geworden.

Absonderung. Das Volk hatte sich mit den Heiden vermischt, der Priester hatte den Feind in den Tempel geführt und jüdische Eltern erlaubten ihren Kindern, heidnische Partner zu heiraten (V. 23-27). Die Stadtmauern waren immer noch stabil, aber die geistlichen Trennmauern gaben langsam nach.

Haushalt. Das Volk hatte versprochen, den Tempeldienst zu unterstützen, hatte aber nicht treu die erforderlichen Zehnten und Opfergaben dargebracht. Wenn eine Gemeinschaft im Geben nachlässt, ist das oft ein Zeichen für verminderte geistliche Lebendigkeit.

Opfer. Gott gab ihnen sechs Tage für Arbeit und Geschäfte und bat sich nur einen einzigen Tag für sich selber aus, aber manche in seinem Volk gönnten ihm diesen nicht (V. 15-22). Eigentlich verzichteten sie damit auf Segnungen und auf die Gelegenheit, den Heiden um sich herum Zeugnis zu geben.

Nehemia war entschlossen, und das Geheimnis seines Mutes lag im Gebet (V. 14.22.29.31). Bist du bereit, anders zu sein als andere, um Gott zu verherrlichen?

Ein würdiges Vorbild

Nehemia war ein Laie, der Jerusalem liebte und wollte, dass die Stadt Gott zur Ehre gereichte. Er kann uns allen als Vorbild dienen, wenn es darum geht, unsere Pflichten ernst zu nehmen, diszipliniert unsere Aufgaben zu planen und auszuführen, das Wort Gottes zu befolgen und sich auf die Kraft des Gebets zu verlassen. Er benutzte seine Macht nicht, um sich selbst zu bereichern, sondern diente Gott und seinem Volk hingebungsvoll und demütig. Er lief nicht vor Schwierigkeiten und Gefahren davon, sondern vertraute darauf, dass Gott ihm helfen würde, ihnen aufrichtig entgegenzutreten und sie erfolgreich zu lösen.

Ester

Ester und Rut sind die einzigen biblischen Bücher, die nach Frauen benannt sind. Rut war eine Heidin, die einen Juden heiratete, Ester dagegen war eine Jüdin, die einen Heiden heiratete. Beide hatten außergewöhnlich großen Glauben und Mut; beide trugen zur Rettung des Volkes Israel bei, Rut durch die Geburt eines Sohnes, Ester durch den Tod eines Feindes.

Die Perser eroberten Babylon im Jahr 539 v. Chr. Die Ereignisse, die im Buch Ester beschrieben werden, fanden in Susa statt (Schuschan; Est 1,2; siehe auch Neh 1,1), wo die Winterresidenz des Königs stand, und sie sind zwischen den Kapiteln 6 und 7 des Buches Esra anzuordnen. Der König, der Ester heiratete, war Xerxes I (der Name »Ahasveros« war ein Titel, wie »Pharao«); die Ereignisse in dem Buch umfassen etwa zehn Jahre, von seinem dritten (1,3) bis zu seinem zwölften Regentschaftsjahr (3,7).

Der Name Gottes kommt in diesem Buch nicht vor, aber die Hand Gottes ist durch die ganze Erzählung hindurch erkennbar. Eine seiner grundlegenden Botschaften ist, dass Gott der souveräne Herrscher der Völker der Welt ist, und dass sein Volk sich ihm unterstellen und seinen Willen tun muss. Die Juden, die sich in Jerusalem und Juda durchs Leben schlagen mussten, ließen sich von diesem Buch ermutigen und daran erinnern, dass Gott sich an seine Bundesverheißungen hält (1Mo 12,1-3).

Ester 1

Sehr arm ist der Mann, der in einem halben Jahr *all* seinen Ruhm und seinen Wohlstand zeigen kann! Wir werden Ewigkeiten brauchen, um auch nur ansatzweise die Reichtümer von Gottes Gnade und Herrlichkeit zu ergründen (Eph 1,18). Was ist vom Ruhm des Xerxes übrig geblieben? Arm ist der Mann, der es nötig hat, seine Gäste mit »Wein in Menge« (V. 7) zu unterhalten. Was als königliches Festmahl begann, artete in ein Trinkgelage aus (Spr 20,1; 23,29-31). Königin Wasti zeigte Weisheit, indem sie sich weigerte, an einem solchen Fest teilzunehmen (Spr 23,20). So verlor sie zwar ihre Krone, aber nicht ihren Anstand.

Arm ist der Mann, der sich von seinem Zorn überwältigen lässt (Spr 14,17; 16,32). Xerxes traf ein paar unweise Entscheidungen, was für gewöhnlich passiert, wenn Wut die Kontrolle übernimmt. Aber Gott war Herr der Lage und setzte seine Ziele in die Tat um, sogar durch einen hochmütigen heidnischen Monarchen (Spr 21,1).

Ester 2

Dass Ester ausgewählt (V. 1-18) und die Verschwörer entlarvt wurden (V. 19-23), scheint auf den ersten Blick nicht in Zusammenhang zu stehen, aber beides gehörte zu Gottes Plan zur Rettung seines Volkes. Esters Krönung wurde prachtvoll und öffentlich gefeiert, während Mordechai sich eher im Stillen für den König einsetzte. Aber Gott würde Esters Stellung und Mordechais Tat nutzen, um seine Pläne zu erfüllen.

Vielleicht neigst du dazu zu glauben, dass Gott nur in den »großen Ereignissen« im Leben wirkt. Alle Ereignisse sind wichtig, wenn du nach dem Willen Gottes lebst. Mordechai wurde nicht sofort dafür belohnt, dass er dem König das Leben gerettet hatte, aber Gott würde zum richtigen Zeitpunkt dafür sorgen (Kap. 6). Tu einfach täglich deine Pflicht, und lass Gott dafür sorgen, dass etwas dabei herauskommt.

Ester 3

Der König beförderte einen bösen Mann und befürwortete ein niederträchtiges Vorhaben. Ganz sicher fragten sich viele Juden: »Warum hat Gott so etwas zugelassen?« Die Tatsache, dass Gott Böses in dieser Welt zulässt, bedeutet nicht, dass das Böse gut ist, oder dass Gott gleichgültig ist oder nicht in der Lage ist zu helfen. Wenn die Menschen ihm nicht erlauben zu herrschen, setzt er ihre

Herrschaft außer Kraft, und er erreicht immer, was er sich vorgenommen hat.

Man kann es drehen und wenden wie man will: Haman ist ein böser Mensch. Befördert man ihn, wird er hochmütig. Ignoriert man ihn, wird er wütend und lässt seinen Zorn an einer ganzen ethnischen Gruppe aus. Macht man ihn reich, benutzt er sein Geld, um zu zerstören, nicht um aufzubauen.

Alles an Haman war dem Herrn zuwider (Spr 6,16-19), aber er griff nicht in Hamans böse Taten ein. Hamans Sünden würden ihn letztlich vernichten und von Gott zum Wohle Israels genutzt werden.

Vorurteile

»Vorurteile basieren auf der Abneigung gegen alles, was dazu neigt, anders zu sein«, sagte sinngemäß Israel Zangwill, Autor und Zionist. Als Haman behauptete, die Juden seien anders als alle anderen Völker (3,8) hatte er Recht, und dieser Unterschied brachte der Welt die Rettung. Mark Twain nannte Antisemitismus »den aufgeblähten Neid zwergenhafter Gemüter«. Vom Pharao bis hin zu Hitler hat jeder Staatsführer, der versuchte, die Juden zu vernichten, Gottes Zorn zu spüren bekommen. Keine ethnische Gruppe, die Juden eingeschlossen, ist vollkommen, aber keine Rasse sollte zur Unterdrückung ausgesondert werden, wie es mit ihnen geschehen ist. Gottes Bund mit Abraham besteht nach wie vor (1Mo 12,1-3).

Ester 4

Unbändiger Schmerz. Krisen machen aus dir keinen neuen Menschen; sie zeigen, aus welchem Holz du geschnitzt bist. Trotz der drohenden Gefahr zeigte Mordechai öffentlich seinen Schmerz und bezog Stellung. Er wollte nicht einfach dastehen und zuschauen, wie die Machthaber unschuldige Menschen abschlachteten, Kinder eingeschlossen.

Ein unerreichbarer König. Orientalischen Monarchen durften nur gute Nachrichten überbracht werden; sie herrschten in einer Scheinwelt, abgeschirmt vor der Wirklichkeit. Selbst die Königin musste eine Erlaubnis einholen, wenn sie mit dem König sprechen wollte! Beim König der Könige ist das ganz anders: Er hat Leid ertragen; er weiß, wie es uns geht; und er gewährt uns freien Zugang zu seinem Thron (Hebr 10,19-22).

Eine einmalige Gelegenheit. Gott gebraucht Menschen, um seine Pläne zu verwirklichen, und Ester hatte er genau auf diese Stunde vorbereitet (V. 14; Eph 2,10). Gott kommt auch dann zum Ziel, wenn wir seinem Ruf nicht folgen, *aber der Verlust ist dann auf unserer Seite*.

Mordechai wollte Esters Geschenke nicht; er wollte, dass sie dem Herrn ihr Leben übergab. Als lebendiges Opfer sollte sie Gottes Werk vollenden (Röm 12,1).

Ester 5

Manchmal ist eine Krise nötig, die uns daran erinnert, dass wir dem Herrn niemals alleine dienen. Ester hatte im Palast ein bequemes und leichtes Leben, aber nun stand ihr eine schwierige Aufgabe bevor. Ihr Volk fastete für sie und tat Fürbitte bei Gott; alleine hätte sie es nicht schaffen können.

Der arme Haman sonnte sich in trügerischem Ruhm, prahlte mit trügerischem Reichtum, genoss trügerisches Glück und wähnte sich in trügerischer Sicherheit. Ihm war nicht klar, dass der Schatten des Todes über ihm schwebte. Aber unterscheidet er sich so sehr von den stolzen Ungläubigen dieser Tage, die ihr Leben auf Illusionen bauen?

Ester spürte, dass dies nicht der richtige Zeitpunkt war, ihre Nationalität preiszugeben. Die Verzögerung um einen Tag gab Haman Gelegenheit, den Galgen bauen zu lassen, an dem man ihn aufhängen würde. Vom König befördert, von der Königin geehrt und von seiner Frau beraten, kam es Haman vor, als wären all seine Probleme gelöst! Aber lies einmal Psalm 37.

Ester 6

Vorsehung. Wenn irgendein Kapitel im Buch Ester das vorausschauende Handeln Gottes offenbart, ist es dieses. Gott sorgte dafür, dass der König wach blieb, führte den Vorleser zu dem Bericht über Mordechai und ließ Haman genau im richtigen Moment ankommen. All das passierte im Hintergrund, so dass Ester, Mordechai und die Juden nichts davon wussten. Gott wirkt heute zu deinen Gunsten – vertraue ihm nur (Röm 8,28).

Arroganz. Haman hasste Mordechai so sehr, dass er schon früh aufstand, um den König um den Tod seines Feindes zu bitten. Und Haman liebte Haman so sehr, dass er sich nicht vorstellen konnte, der König könnte irgendjemanden ehren außer ihm selbst! Stolze Menschen haben einen Spiegel, in dem sie sich selbst betrachten; demütige Menschen haben ein Fenster, durch das sie andere sehen (Röm 12,10; Phil 2,3-4). Hamans Stolz vernichtete ihn (Spr 16,18; 18,12).

Schande. Was für eine Demütigung! Haman musste Mordechai die Gewänder anziehen, die er selbst gerne getragen hätte, ihn auf das Pferd setzen, das er selbst gerne geritten hätte, und dann ihn – einen Juden – durch den belebtesten Teil der Stadt führen! Das hätte Haman eine Warnung sein sollen, dass sein Plan scheitern würde, und die Worte seiner Frau bestätigten das auch noch. Hätte er die Warnung ernst genommen und sich bescheiden zurückgehalten, wäre er mit dem Leben davongekommen, aber so leicht gibt der Stolz sich nicht durch die Wahrheit geschlagen.

»Demut ist die Quelle aller wahren Größe.
Der Stolz ist stets ungeduldig, bereit, gekränkt zu sein.
Wer denkt, ihm stehe nichts zu,
wird nie auf den Gedanken kommen,
er sei schlecht behandelt worden.«
Fénelon

Ester 7

Ein weiser Mensch weiß, *was* er zu sagen hat und auch *wie* und *wann* er es sagen sollte (Spr 15,28; 16,23). In ihrer kurzen Antwort auf die Frage des Königs offenbarte Ester ihre Nationalität (Est 2,10; 20), die Gefahr, die ihr drohte und die Tatsache, dass sich ein Feind im Palast aufhielt. Sie nannte keine Namen, sondern wartete erst einmal ab, wie der König reagieren würde. Gott schenkt uns die Weisheit, die wir brauchen, zum richtigen Zeitpunkt (Jak 1,5).

Was für ein schwerer Schlag für den Stolz des Königs zu erfahren, dass der Mann, den er befördert und geehrt hatte, nichts weiter war als ein selbstsüchtiger Verräter. »Der Zorn des Königs ist ein Todesbote« (Spr 16,14). Haman nahm Mordechais Platz am Galgen ein, und der Zorn des Königs war beschwichtigt: »Der Gerechte wird aus der Bedrängnis befreit, und es kommt der Gottlose an seine Stelle« (Spr 11,8).

Hüte dich, eine Grube für deinen Feind zu graben; womöglich fällst du selbst hinein (Ps 7,14-16). Ein Feind ist eine kostspielige Angelegenheit, ein Luxusgut, dessen Pflege einen allzu teuer zu stehen kommt.

Der Wohlstand der Gottlosen

Heute sieht es so aus, dass es den Gottlosen gut geht und die Gerechten leiden, aber eines Tages wird sich das ändern (Spr 11,8). Der Pharao wollte die männlichen Babys der Israeliten ertränken und Gott ließ seine Armee im Roten Meer ertrinken (2Mo 14,19ff.). Daniel wurde aus der Löwengrube gerettet, und die Leute, die ihn fälschlich angeklagt hatten, nahmen seinen Platz ein und verloren ihr Leben (Dan 6). Petrus wurde aus dem Gefängnis befreit und seine Wächter wurden hingerichtet (Apg 12). König Herodes ließ Jakobus ermorden und wurde von Gott getötet (Apg 12). Lies Psalm 73 und denk darüber nach.

Ester 8

Ester hatte den Feind bloßgestellt und sich selbst das Leben gerettet, aber was würde aus ihrem Volk werden? Der König konnte seine Verordnung nicht rückgängig machen, aber er konnte eine weitere erlassen. Er gab den Juden das Recht, sich zu bewaffnen und zu verteidigen, und er ließ ihnen neun Monate Zeit, sich vorzubereiten. Die Menschen im Land verstanden, dass der König den Juden nicht schaden wollte.

Kannst du hieran erkennen, wie Gott die Not des Sünders auflöste? Du warst durch das Gesetz von Sünde und Tod verdammt (Röm 3,23; 6,23). Gott widerrief dieses Gesetz nicht – er *befolgte* es! Er sandte seinen Sohn, um für unsere Sünden zu sterben und »das Gesetz des Geistes des Lebens« (Röm 8,2) einzuführen. Jeder Sünder, der dieser Botschaft glaubt und dem Retter vertraut, wird ewiges Leben haben (Joh 3,15-16).

Aber das ist noch nicht alles. Wir sind die Botschafter des Königs, durch seine Vollmacht in die Welt gesandt, um die gute Nachricht weiterzugeben, dass *verurteilte Sünder nicht zu sterben brauchen!* Genau wie diese Botschafter »auf das Wort des Königs schnell und in Eile auszogen« (V. 14), so müssen auch wir das Evangelium so schnell wie möglich bis zu den Enden der Welt bringen. Schließlich werden die Menschen verloren gehen, wenn wir ihnen die gute Nachricht nicht bringen!

Ester 9–10

Wir stellen fest, dass die Juden in den Provinzen des Königs viele Feinde hatten. Hätte Haman mit seinem Plan Erfolg gehabt, wäre das jüdische Volk ausgelöscht worden. Wir erfahren nicht, auf welche Weise diese Feinde Gottes Volk verfolgt hatten, aber irgendwann kam für sie der Tag der Abrechnung. Gott hielt sich an seine Bundesverheißung an Abraham (1Mo 12,1-3).

Es ist gut, besondere Festtage zur Erinnerung auszuwählen. Wir sollen uns daran erinnern, was der Herr getan hat, und ihm unsere Dankbarkeit zeigen. Das Purimfest (*pur* bedeutet »Los«;

Kap. 3,7; 9,26) ist eine Zeit großer Freude und Feierlichkeiten. (Siehe Ps 30.)

Gott verwandelte eine Niederlage in einen Sieg (9,1-3) und Leid in Freude (9,22). Natürlich schreibt Gott nicht für jede Geschichte *auf der Erde* ein »Happy End«. Einige von Gottes vorbildlichsten Heiligen mussten für ihren Glauben leiden und sogar sterben (Hebr 11,36-40). Aber Gott schreibt immer noch am allerletzten Kapitel, auch wenn es für uns schon so aussieht, als sei alles schief gegangen. Denk über Paulus' Worte in 2. Korinther 4,7-18 nach und freue dich auf die Zukunft, die Gott für dich bereithält (1Kor 2,9-10).

Vertraue auf ihn
»Hab nur keine Angst, dem Gott, den du kennst, deine unbekannte Zukunft anzuvertrauen«, sagte Corrie ten Boom. Und Dr. Bob Jones Senior rät: »Lass niemals in der Dunkelheit Zweifel aufkommen über das, was Gott dir im Licht gesagt hat.«

Hiob

Der Großteil dieses Buches ist Poesie, aber nicht Fiktion. Hiob war eine reale Person an einem realen Ort, die reale Prüfungen erdulden musste (Hes 14,14-20). Jakobus weist auf Hiob als Vorbild im Erdulden hin, was Treubleiben in der Prüfung bedeutet (Jak 5,11). Hiob wurde ungeduldig mit sich selbst, den Umständen und mit seinen Freunden, aber er ließ nicht ab von seinem Glauben an Gott.

Das Buch beschreibt drei Begegnungen: zwischen Hiob und Satan (Kap. 1–2), zwischen Hiob und seinen Freunden (Kap. 3–37) und zwischen Hiob und dem Herrn (Kap. 38–42). Seine Freunde gaben ihr Bestes, Hiob davon zu überzeugen, dass er litt weil er ein Sünder war, aber Hiob weigerte sich, seine Rechtschaffenheit in Frage zu stellen. Abgesehen von einigen unbedachten Äußerungen, sagte Hiob die Wahrheit, im Gegensatz zu seinen Freunden (Hi 42,7).

Meistens wird dem Buch Hiob als Grundthema die Frage zugeschrieben: »Warum leiden die Gottesfürchtigen?« Eigentlich reicht das Thema aber tiefer. Satan warf Hiob vor, Gott *nur deshalb zu dienen, weil dieser ihn reich gesegnet hatte.* Leider gibt es solche Leute immer noch; Leute mit einem »berechnenden« Glauben, die zu Gott sagen: »Wenn du mich segnest, diene ich dir!« (Siehe Satans Versuchung Christi in Mt 4,8-10.)

Die grundlegende Frage ist nicht: »Warum müssen die die Gerechten leiden?« (Es gibt viele Antworten auf diese Frage), sondern vielmehr: »Ist unser Gott unserer Anbetung und unseres Dienstes würdig, oder muss er sich beides mit Segnungen ›erkaufen‹?« Satan beleidigte nicht nur Hiob, sondern auch den Herrn! Er sagte: »Gott hätte niemanden, der ihm nachfolgt, wenn er die Menschen nicht dafür belohnen würde!«

Achte beim Lesen auf die vielen Bilder, die von den einzelnen

Sprechern gebraucht werden. Diese Vergleiche und Metaphern helfen uns, uns selbst zu sehen, die Welt der Natur, Leben und Tod und, vor allem, den allmächtigen Gott. (31 Mal wird Gott in Hiob »Allmächtiger« genannt.) Hiob musste leiden, damit du und ich Wertvolles darüber lernen können, was es bedeutet, dem Herrn wirklich zu vertrauen.

Hiob 1

Hiob wusste nichts von Satans Herausforderung an Gott und hatte keine Ahnung, dass der Feind ihn benutzte, um den Herrn zu beleidigen. Auch wusste Hiob nicht, dass Gott sein Leiden benutzen würde, um über Satan zu triumphieren. Gottes Leute sind Soldaten auf dem Schlachtfeld, aber manchmal sind sie auch *selbst* das Schlachtfeld!

Wenn du Gott nur deshalb gehorchst, weil er dich segnet, wird die Oberflächlichkeit deines Glaubens in Zeiten der Prüfung offenbar werden (Mt 7,24-27; 13,20-21). Ein Glaube, der Prüfungen nicht standhält, ist nicht vertrauenswürdig (Jak 1,1-8; 1Petr 1,3-9).

Wenn Satan dich vor Gott anklagt (oder vor dir selbst), denke daran, dass Jesus Christus dein Anwalt im Himmel ist; überlasse ihm deinen Fall (Sach 3; Röm 8,31-39); 1Jo 2,1-2; Offb 12,10).

Satan

Seine Herkunft. Satan ist ein rebellischer Engel, der von Gott bestraft wurde und aus der Heiligkeit in die Gottlosigkeit stürzte (Jes 14,12-15). Aus den Engeln, die mit ihm fielen, besteht seine Armee, Geistwesen, die gegen Gott und sein Volk gerichtet sind (Eph 6,10-13; Lk 11,18). Weil Satan ein von Gott geschaffenes Wesen ist, ist er Gott nicht ebenbürtig; obwohl er über ungeheure Weisheit und Macht verfügt, ist und bleibt er dennoch von Gott abhängig.

Sein Wesen. Er ist ein Lügner und Mörder (Joh 8,44); ein Widersacher (1Petr 5,8-9); der Gott dieses Zeitalters (2Kor 4,4); der Fürst dieser Welt (Joh 12,31; 14,30; 16,11; 1Jo 5,19);

Verführer (2Kor 11,3); Zerstörer (Offb 9,11; *Abaddon* bedeutet »Zerstörung«); und Nachahmer Gottes (Mt 13,24-30.36-43; 2Kor 11,13-15). Das Wort Satan bedeutet »Widersacher« und Teufel heißt »Lästerer, Ankläger« (Sach 3,1-5).
Werke. Satan kann versuchen, deinen Geist zu täuschen (1Mo 3,1ff; Mt 16,21-23; 2Kor 11,3); Gottes Wort wegreißen (Mt 13,19); deinem Körper schaden (Hi 2,4-7; 2Kor 12,7); deinen Willen beeinflussen (1Chro 21,1ff; 2Tim 2,26); deinen Besitz zerstören (Hi 1,13ff); dich im Dienst für den Herrn behindern (1Thes 2,18); dich stolz machen (1Tim 3,6-7); Verfolgung verursachen (Offb 2,10); und dich zur Sünde verführen (Mt 4,1ff). Wenn du gesündigt hast, kann er dich anklagen und entmutigen (2Kor 2,6-11). Dann musst du im Glauben Gottes Vergebung in Anspruch nehmen (1Jo 1,9).
Niederlage. Durch sein Leben, seinen Tod, seine Auferstehung und seine Himmelfahrt hat Christus Satan und seine bösen Heerscharen besiegt (Joh 12,31-33; Eph 1,15-2,10; Kol 2,13-15). Gottes Kinder müssen den Teufel erkennen und wissen, wann er am Werk ist (2Kor 2,11); Respekt vor ihm haben, denn er ist mächtig und raffiniert (1Petr 5,8); und ihm mit dem Wort Gottes und Gebet widerstehen (Mt 4,1-11; Jak 4,7; Eph 6,17-18). Der Gläubige muss die gesamte geistliche Waffenrüstung tragen (Eph 6,10ff) und alles einsetzen, was Gott ihm zur Verfügung stellt. Das Blut Christi und die Kraft des Geistes geben uns die Macht zu überwinden (Offb 12,11; 1Jo 4,4).
»Und gebt dem Teufel keinen Raum« (Eph 4,27). In Epheser 4,17-32 nennt Paulus einige Sünden, die es Satan leicht machen, in deinem Leben Fuß zu fassen: Lüsternheit, Lügen, Wut, Stehlen, verdorbene Sprache, böses Reden, ein nicht vergebungsbereiter Geist, Bitterkeit, Boshaftigkeit und so weiter. Alles Sündhafte in deinem alten Leben kann vom Teufel benutzt werden, um dein neues Leben zu zerstören, daher ist es wichtig, dass dein Herz vor dem Herrn rein bleibt.

Zukunft. Satan hat immer noch Zugang zum Himmel (Hi 1–2; Sach 3), wird aber eines Tages hinausgeworfen werden (Offb 12,7-12). Wenn der Herr Jesus kommt, um sein Königreich zu errichten, wird er Satan in die Hölle werfen, in den Feuersee, wo er für alle Zeit Qualen erdulden muss (Offb 19,11–20,3). Die Hölle ist für Satan und seine Engel vorgesehen, aber Menschen, die Christus ablehnen und Satans Lügen Glauben schenken, werden mit ihm in der Hölle leiden (Mt 25,41; Offb 20,11-15).

Hiob 2

Satans Vorhersage über Hiob erwies sich als falsch, was beweist, dass er nicht wie Gott in die Zukunft sehen kann. Statt Hiob sagen zu hören: »Verflucht sei der Name des Herrn!«, hörte Satan: »Gepriesen sei der Name des Herrn!« Hiob hatte seine Reichtümer und seine Kinder verloren, und doch klagte er Gott nicht an. (Siehe Jak 1,2-12; 1Petr 1,3-9.)

Satan gibt niemals auf (Lk 4,13). Er schlug Gott eine neue Prüfung vor: Hiob selbst sollte körperlich leiden (2Kor 12,1-10). Schmerz kann unsere Widerstandskraft mindern und alles schlimmer aussehen lassen, als es wirklich ist. So mancher Mensch, der schwere Lebenskrisen siegreich überwunden hatte, ist unter dem Ansturm von Schmerz schwermütig geworden.

Gott wird für dich sorgen

Sind Gesundheit und Wohlstand Anzeichen für Gottes Segen? Beweisen Krankheit und Armut, dass wir an Gottes Willen vorbei leben? Für den alttestamentlichen Gläubigen lautete die Antwort auf beide Fragen: Ja. Gott hatte verheißen, dass er die Kinder Israel körperlich und materiell segnen würde, solange sie nach seinen Geboten lebten (5Mo 28). Das Volk Israel war wie ein kleines Kind, das durch Belohnung und Strafe erzogen werden musste. Aber dieser Segnungen des Alten Bundes kann sich Gottes Volk des Neuen Bundes nicht sicher sein. Mit der Menschwerdung Jesu Christi ging die »Kindheitszeit« in Israels Geschichte zu Ende (Gal 4,1-7). Unser Herr war arm, und ebenso die Apostel und viele weitere große Männer und Frauen des Glaubens (2Kor 8,9; 6,4-10; Hebr 11,36-40). Paulus musste mit einem körperlichen Leiden leben (2Kor 12,7-10), und einer seiner engsten Mitarbeiter wäre beinahe an einer Krankheit gestorben (Phil 2,25-30, siehe auch 2Tim 4,20). Den Gottlosen scheint es heute am besten zu gehen, nicht den Rechtschaffenen; aber eines Tages wird Gott die Verhältnisse umkehren (Ps 73). Gott hat versprochen, dir alles zu geben, was du brauchst (Mt 6,25-34; Phil 4,19), also mach dir keine Sorgen und vertraue darauf, dass er für dich sorgen wird.

Was hinderte Hiob daran, aufzugeben? Sein Vertrauen auf Gott und seine eigene Rechtschaffenheit. Gott hatte keinen Grund, Hiob Schmerzen zuzufügen (V. 3), und Hiob wusste, dass er mit Gott im Reinen war (Hi 23,10-12; 27,1-6). Gott würde Hiob gebrauchen, um die Erklärung seiner Freunde zu widerlegen, um den Teufel zum Schweigen zu bringen und um für alle Zeiten diejenigen zu stärken, die nach dem Willen Gottes leiden müssen. Wenn du heute verwirrt bist, wegen etwas, was in deinem Leben passiert, warte auf den Herrn und lass ihn zu Ende führen, was er sich im Verborgenen vorgenommen hat.

Hiob 3

Hiob verfluchte Gott nicht, aber dafür die Nacht seiner Empfängnis und den Tag seiner Geburt. Dasselbe tat auch der Prophet Jeremia eines trostlosen Tages (Jer 20,14-18). Wer leidet, gleich ob körperlich oder seelisch, neigt dazu, den Blick fürs Ganze zu verlieren und die Freuden vergangener Tage zu vergessen. Leid kann uns aber auch zum Anlass werden, uns an Gottes Güte zu erinnern und ihm für alles zu danken, was wir aus seiner Hand empfangen haben. Denke über Psalm 77 nach.

Hiob fragt in dieser Rede sieben Mal nach dem »Warum?« (V. 11.12.16.20.23). »Warum?« lässt sich leicht fragen, ist aber sehr schwer zu beantworten. Stell dir vor, Gott hätte Hiob die Gründe für sein Leid verraten. Hätte das seine Probleme gelöst? Letztendlich leben Gottes Kinder von seinen Verheißungen, nicht von Erklärungen.

Geistliche Nahrung
Nach Hiob 3,24 »ernährte« Hiob sich von seinem Schmerz und konnte nicht essen. Manche Menschen zehren von ihren Tränen (Ps 42,3), andere von ihren Sünden. Ist es nicht viel besser, sich von Gottes Wort zu ernähren, (Jer 15,16; Mt 4,4), von seinem Willen und seiner Treue (Ps 37,3)?

Es ist sehr schade, dass die drei Freunde Hiobs nur auf seine *Worte* Acht gaben, nicht aber auf seine *Gefühle*. Sie erklärten Hiob, warum er litt, machten damit aber alles nur noch schlimmer. Leidende Menschen brauchen keine Argumente und Anklagen, sondern Liebe, Annahme und geduldige Ermutigung.

Hiob 4–5

Die drei Freunde wollten Hiob von ganzem Herzen trösten, aber schließlich verurteilten sie ihn und nahmen damit Satans Platz ein! Warum? Weil jeder von ihnen Hiobs Not aus seinem eigenen engen Blickwinkel betrachtete, statt an seiner Verwirrung und seinem Schmerz Anteil zu nehmen. Wir alle müssen uns Römer 12,9-16 zu Herzen nehmen.

Elifas fragte Hiob, warum er nicht tat, was er anderen gepredigt hatte (4,1-6), eine schöne Art, einen leidenden Freund aufzubauen. Er erklärte Hiob, dass Sünder immer ernten, was sie gesät haben (4,7-11), und deutete damit an, Hiob sei selbst daran schuld, dass er nun arm und krank war, statt reich und gesund. Was für eine Ermutigung!

Dann teilte Elifas seine eigene »Gotteserfahrung« mit ihm (4,12-

21), aufgrund derer er sich das ganze Leben erklärte. Meide Leute, die ihre *eigenen* Erfahrungen zur allgemeingültigen Wahrheit machen. Das Wort Gottes ändert sich nicht, Erfahrungen aber schon. Wir sind alle verschieden, und Gott geht mit jedem von uns so um, wie es seinen Bedürfnissen entspricht, seinem Wesen und seiner Reife.

Elifas Rede endete mit seinem Rat an Hiob, Gott zu suchen, sich ihm hinzugeben (5,8) und seine Züchtigung anzunehmen (5,17); dann würde Gott ihn wieder segnen. Aber mit seinem Vorschlag spielte er Satan genau in die Hände: »Ist Hiob etwa umsonst so gottesfürchtig?« (1,9). Ohne es zu wissen, teilte Elifas Satans Theologie!

Wenn du anderen helfen willst, höre ihnen sowohl mit den Ohren als auch mit dem Herzen zu; mach nicht deine eigene Erfahrung zur allgemeingültigen Wahrheit. Wir alle »erkennen stückweise« (1Kor 13,9).

Hiob 6–7

Hiob gab zu, dass seine Worte unbedacht waren (6,3) und er erklärte, warum: Seine Freunde konnten sein Leid nicht nachfühlen, noch versuchten sie, es mitzutragen. Gott schoss mit giftigen Pfeilen auf Hiob, und seine Freunde versäumten es, seine schmerzenden Wunden zu versorgen. Eines Tages wird Gott unsere Bürden in Herrlichkeit verwandeln (2Kor 4,16-18), aber bis dahin sind wir aufgerufen, einander beim Tragen unserer Lasten zu helfen (Gal 6,2) und gegenseitig die Schmerzen unserer Wunden zu lindern (Lk 10,25-37; Apg 16,33).

Die Freunde waren wie Wüstenbäche, die austrocknen, wenn man sie am dringendsten braucht. Der durstige Reisende hofft auf Erfrischung, wird aber enttäuscht (6,14-23). Hast du schon manchmal leidende Menschen enttäuscht, indem du sie kritisiertest, statt dich um sie zu kümmern?

In Kapitel 7 spricht Hiob zu Gott über die scheinbare Vergeblichkeit seines Seins. Warum sollte Gott ihn am Leben erhalten? Wofür sollte all dieses Leid gut sein? Hiob war wie ein müder Tagelöhner, der keinen Lohn erhält (7,1-5). Sein Leben eilte dahin wie ein Weberschiffchen. Er vergleicht es mit einem Hauch und mit einer Wolke (7,6-10; Jak 4,13-17). Hiob war eine Zielscheibe (6,4; 7,20), aber worauf hatte es Gott angelegt?

»Wenn ich schwer gesündigt habe«, sagte Hiob, »dann vergib mir entweder meine Sünden oder nimm mir das Leben. So oder so werde ich ein wenig Frieden finden«. (Siehe 6,9-10; 7,15.20-21.) Sein Gedankengang erscheint logisch, aber Gott denkt anders als wir; was uns sinnlos erscheint, ist aus Gottes Sicht vernünftig (Jes 55,8-9). Wir müssen im Glauben wandeln.

Leidende Menschen brauchen Ermutigung, keine Argumente. Bitte Gott, deinen Worten heilende (Spr 12,18) und erfrischende Wirkung zu verleihen (Spr 18,4). Beginne jeden Tag mit einem Gebet um die Weisheit, zur rechten Zeit das Richtige zu sagen (Jes 50,4).

Hiob 8

Theologie (1-7). Elifas betonte die Sündhaftigkeit des Menschen und Bildad gab sich als Experte in Sachen Gerechtigkeit Gottes aus. Beide Männer hatten Recht, was die Lehre anging, kamen aber dennoch zum falschen Schluss. Sie schlossen Gott in eine Formel ein und weigerten sich, seine Freiheit anzuerkennen, zu tun, was er für richtig hält. Begrenzt du Gott auch manchmal? Kennst du den lebendigen Gott oder vertrittst du nur eine theologische Lehrmeinung?

Geschichte (8-10). Bildad war ein überzeugter Traditionalist, der sich auf Zeugen aus der Vergangenheit berief. Es ist in Ordnung, aus der Geschichte zu lernen, vorausgesetzt, wir verwandeln dabei nicht die Gegenwart in ein Museum und die Zukunft in einen Friedhof. Jemand hat einmal gesagt: »Tradition ist das lebendige Gesicht toter Menschen; Traditionalismus ist dagegen das tote Gesicht lebendiger Menschen«. Lässt du dich von der Geschichte ermutigen oder einbalsamieren?

Wissenschaft (11-22). Bildad argumentierte mit der Natur: für jede Wirkung gibt es eine Ursache. Wenn Hiob litt, musste es dafür einen Grund geben, und da Gott gerecht ist, musste dieser Grund Hiobs Sünde sein. Aber Gottes Wege mit dem Menschen können nicht in einem Labor erforscht werden. Die Wissenschaft hat ihre Berechtigung, aber sie kann Gott nicht erklären. Er ist zu groß für die begrenzten Methoden des Menschen.

Hiob 9–10

Hiob stimmte Bildads Aussage über Gottes Gerechtigkeit zu, aber das löste sein Problem nicht. »Unschuldig bin ich!« (9,21); »also, warum sollte Gott mich verurteilen?« Dann äußerte Hiob drei Klagen:

»Ich kann nicht mit ihm streiten« (9,1-13). Gott ist so viel größer und stärker als wir es sind, wer würde es wagen, ihm den Krieg zu erklären? Gott ist weise und mächtig; wir sind unwissend und schwach.

»Ich habe ihm nichts zu erwidern« (9,14-35). Wenn Gott und Hiob sich vor Gericht träfen, hätte Hiob kein Argument anzuführen. Gott ist der Richter. Er hat alle Macht, und niemand kann es mit ihm aufnehmen. In der Zwischenzeit geht das Leben rasch vorüber, wie ein schneller Läufer, ein Schiff und ein Adler. Wollte Hiob ein fröhliches Gesicht aufsetzen (V. 27), würde das nichts an den Umständen ändern. Es wäre Heuchelei.

»Ich kann ihn nicht verstehen« (10,1-22). Gott hatte Hiob geschaffen, und er schien sein eigenes Werk zerstören zu wollen. Warum wurde Hiob überhaupt geboren? Gott hätte sich eine Menge Ärger ersparen können!

Die Antwort auf diese Klagen steht in Kap. 9,33: ein Schiedsmann, jemand, der Hiob und Gott zusammenbringen könnte. Du hast einen solchen Schiedsmann in Jesus Christus, Gottes Sohn (1Tim 2,5; Hebr 12,24). Jesus, der Mensch gewordene Gott, versteht, was du brauchst, und kann dafür sorgen, dass du es bekommst. Beklagst du dich – oder willst du ihm lieber vertrauen?

Hiob 11

Hiobs Freunde hatten ihm in ihrer Predigt zwei Aspekte vermittelt: Der Mensch ist sündig (Elifas) und Gott ist gerecht (Bildad). Zofar beendete die Predigt mit einem dritten Aspekt: Gott bestraft uns für unsere Sünden, und zwar weniger hart, als wir es eigentlich verdienen würden (V. 6). »Es hätte schlimmer kommen können!« ist eine grausame Aussage in den Ohren eines Menschen, der alles verloren hat.

Leidende Menschen sind überzeugt, dass ihre Not größer ist als die aller anderen. Es nützt nichts, mit ihnen darüber zu diskutieren. Zofar antwortete auf Hiobs Worte, nicht auf seine Gefühle, und das war ein Fehler. Er empfahl Hiob, Buße zu tun und Gott zu suchen, verbunden mit dem Versprechen, dass Gott ihn erhören würde. Er warnte Hiob, dass er sterben würde, sollte er keine Buße tun (V. 20).

Weder Schmerz noch die Größe Gottes lassen sich ermessen (V. 7-9). Das führt zu nichts. Verliere dich einfach in der unermesslichen Liebe und Kraft Gottes (Eph 3,14-21). Gott lässt sich nicht am Ende einer Debatte finden, aber er ist denen nahe, die ihn anrufen.

Hiob 12–14

»Mein Leben« (12)**.** Hiob antwortete allen drei Freunden und erinnerte sie daran, dass er genau wie sie über Weisheit verfügte. Eigentlich wisse die ganze Schöpfung über die Dinge Bescheid, die sie ihm gesagt hatten. Gott ist groß: Seine Hand hat alles geschaffen (V. 9) und seine Hand hält alles am Leben (V. 10). Hiob wollte sterben und seinem Schmerz entkommen, aber Gott hielt sein Leben in der Hand (Apg 17,24-28; Kol 1,16-17). Wenn dein Leben in Gottes Hand steht, hast du dann irgendetwas zu befürchten?

Wie verhält es sich mit Selbstmord?
Das Leben einer jeden Kreatur steht in Gottes Hand (Hi 12,10). Er hat unsere Tage gezählt (Hi 14,5) und eine Grenze gesetzt, über die wir nicht hinausgehen können (Ps 139,16). Aber können wir eine Grenze festsetzen, die *vor der von ihm geplanten* liegt? Ist Selbstmord zulässig? Hiobs Frau riet ihrem Mann, Gott zu verfluchen und ihn damit zu einem Urteil herauszufordern, aber Hiob lehnte diesen Vorschlag als dumm ab (Hi 2,9-10). Hiob wollte sterben (Hi 6,8-10; 7,15-16), ging aber nicht davon aus, dass er das Recht hätte, sich selbst das Leben zu nehmen. Unser Leben steht in Gottes Hand und unsere Zeit steht in seiner Hand (Ps 31,15). In der Bibel kommt es nicht vor, dass ein gottesfürchtiger Mensch Selbstmord begeht. Saul hatte sich gegen Gott aufgelehnt (1Sam 31,3-5); Ahitofel hatte sich gegen den König gestellt (2Sam 17,23); Simri war ein Rebell und Verschwörer (1Kö 16,8-20) und Judas hatte den Herrn betrogen (Mt 27,4-5). Simsons Ende (Ri 16,23 ff.) erscheint eher wie ein Märtyrertod als wie Selbstmord. Das sechste Gebot verbietet Mord (2Mo 20,13). Der Mensch ist nach dem Bild Gottes geschaffen, und wir haben kein Recht, dieses Bild anzugreifen, selbst wenn wir großes Leid erleben. In der Bibel wurden Männer wie Mose, Elia und Jona mutlos und wollten sterben, aber sie versuchten nicht, sich das Leben zu nehmen. »Vor Schwierigkeiten davonzulaufen ist eine Form von Feigheit«, schrieb Aristoteles, »und wenn es auch wahr ist, dass Selbstmord dem Tod ins Auge sieht, tut er dies nicht um eines edlen Zieles willen, sondern einzig, um irgendeinem Unheil zu entkommen.« Denk über 2. Timotheus 4,6-8 nach.

»Mein Glaube« (13). Im vorherigen Kapitel sah Hiob Gott als Schöpfer, aber nun sieht er ihn als Richter. »Vor Gott will ich mich verteidigen« (V. 3) bedeutet: »Ich will ihm vor Gericht begegnen.« Hiob würde lieber vor einem gerechten Gott stehen als vor solchen

»Kurpfuschern«, wie seine Freunde es waren. Wenn du versuchst, anderen zu helfen, denk daran, dass du ein Zeuge bist und kein Staatsanwalt. Selbst wenn Gott ihn verurteilte, würde Hiob ihm noch vertrauen (V. 15). Was für ein Glaube!

»Meine Hoffnung« (14). Genau wie eine Blume wird der Mensch geboren, um zu vergehen. Er verschwindet wie ein Schatten (V. 2) oder wie verdunstendes Wasser (V. 11). Die Tage des Menschen sind gezählt (V. 5-6), aber hat er trotzdem eine Zukunft? Ein gefällter Baum wächst nach (V. 7), aber wie ist es mit dem Menschen? Die Wahrheit über die Auferstehung war zur Zeit des Alten Testaments noch nicht in vollem Umfang bekannt, aber trotzdem setzte Hiob seine Hoffnung auf Gott. Gott hat die wunderbare Hoffnung offenbart, die seine Kinder durch ihren Glauben an Jesus Christus haben (Joh 11,25-26; 1Kor 15; 2Tim 1,9-10). »Trotz meiner Leiden«, sagt Hiob, »ruhen mein Leben, mein Glaube und meine Hoffnung in Gott.« Ist das auch dein Bekenntnis?

Hiob 15

Die weisen Männer (1-13). Elifas hielt sich für einen weisen Mann, darum tadelte er Hiob für seine Sünden. Erstens seien Hiobs Worte viel »heiße Luft« und zeigten seinen Mangel an Ehrfurcht vor Gott. Hiob behauptete, weise zu sein, wurde aber in dieser Tugend in Wirklichkeit von seinen drei Freunden übertroffen, von denen alle älter waren als er. (Ist hohes Alter eine Garantie für Weisheit?) Vor allem hatte Hiob die »tröstenden Worte« zurückgewiesen, die Gott ihm durch seine Freunde hatte zukommen lassen (V. 11). Wenn die Worte der drei Männer »freundlich« waren, wie würden sich bei ihnen wohl harsche Worte anhören! Wie schwierig ist es doch für uns, uns selbst genau zuzuhören oder anzuschauen.

Der sündhafte Mann (14-35). Elifas stellte Hiob so dar. Wir werden alle als Sünder geboren (V. 14-16; Röm 3,9-23), aber manche Menschen sündigen schlimmer als andere. Elifas beschrieb das Schicksal der Bösen: Schmerzen, Angst, entsetzliche Geräusche, Hunger, Armut, Dunkelheit, schließlich Tod. Elifas erklärte nicht, warum es den Gottlosen in dieser Welt anscheinend gut geht, während die Frommen oftmals leiden. Er hatte eine ganz »klare« Theologie; eine Antwort auf alles, aber damit war er Hiob keine Hilfe.

Hiob 16–17

Kein Trost (16,1-8). Hiobs drei Freunde waren wirklich »leidige Tröster« (LUT). Sie vergrößerten seinen Schmerz nur. Wäre die Situation umgekehrt gewesen, hätte Hiob ihnen Worte der Stärkung und Hilfe zugesprochen. Ihre Worte jedoch zermürbten ihn und trockneten ihn aus wie ein Wüstenwind. Kann Gott deine Worte gebrauchen, um anderen zum Leben zu helfen (Spr 15,4 [GNB])?

Keine Verteidigung (16,9-22). Hiob sagte, was Gott ihm angetan hatte. Gott war ein Gegner, dem Hiob schutzlos ausgeliefert war. Gott ließ zu, dass die Menschen in Hiobs Umgebung ihn angafften, ihn angriffen und ihn verachteten. Hiob befand sich in einer Schlacht! Hätte er doch nur einen Fürsprecher gehabt, der ihn im Himmel vertreten und für Gerechtigkeit sorgen könnte (V. 18-22)! (Siehe Hiob 9,33.)

Keine Hoffnung (17,1-6). Hiob hatte seine Hoffnung zum Ausdruck gebracht, dass Gott ihn selbst nach seinem Tod noch gerecht sprechen würde (14,14), aber diese Hoffnung war nun fast verloren (V. 15; 6,11; 7,6; 14,19). Wenn er an seine Zukunft dachte, sah er nur noch seinen verwesenden Leib, den Tod und das Grab (V. 1.13). Erneut flehte Hiob um einen Vertreter vor Gott (V. 3), um jemanden, der seine Sicherheit gewährleisten (»in meine Hand einschlagen«) und seinen Fall zum Abschluss bringen würde.

Jesus Christus ist Anwalt und Vermittler für sein Volk und dessen Hoffnung (1Tim 1,1). Er gab sein eigenes Blut, damit wir uns unserer Erlösung sicher sein können (Hebr 9,12ff), und die ihm vertrauen, haben auf ewig lebendige Hoffnung (1Petr 1,3ff.).

Hiob 18

Nachdem Hiob das Thema Tod und Grab zur Sprache gebracht hatte, beschloss Bildad, sich ausführlich dazu zu äußern.

Als würde das Licht ausgehen (5-6). Für den verlorenen Sünder bringt der Tod tatsächlich Dunkelheit, aber nicht denen, die auf Christus vertrauen (Spr 4,18). Gläubige kommen in den Himmel, wo keine Dunkelheit ist (Offb 21,25); Ungläubige kommen in die Hölle, wo kein Licht ist (Mt 22,13).

Als würde man in eine Falle geraten (7-10). Der gottlose Mensch versucht davonzulaufen, aber überall auf dem Weg sind Netze und Fallen ausgelegt. Bildad nennt sechs verschiedene Geräte, mit denen man zu Fall gebracht werden kann – aber eins reicht schon. Wenn deine Zeit einmal gekommen ist, gibt es kein Entrinnen mehr.

Als würde man als Verbrecher verfolgt (11-14). Der Verbrecher rennt vor dem »König der Schrecken« davon, fällt hin, ermüdet und wird schließlich gefasst. (Siehe Hebr 9,27.)

Als würde ein Baum aus der Erde gerissen (15-21). Der Baum erschien stark und stabil, aber die Wurzeln waren schon vertrocknet und der Tod konnte den Baum leicht herausreißen. Später wird nichts mehr an den Baum erinnern.

So ist der Tod der Gottlosen, nicht der Tod der Gerechten. Für alle, die Jesus Christus vertrauen, bedeutet der Tod, »›ausheimisch‹ vom Leib und ›einheimisch‹ beim Herrn« zu sein (2Kor 5,1-8). Ist das deine Zuversicht?

Hiob 19

Von seinen Tröstern ungerecht behandelt (1-4). Mit ihren lieblosen Worten quälten, zermürbten und tadelten sie ihn. Warum sollten sie fortfahren? Schließlich war es nicht *ihre* Sünde, die Gott strafte, sondern *seine,* und sie machten alles nur noch schlimmer.

Von Gott ungerecht behandelt (5-12). Warum sollte ein einziger Sünder so schwer bestraft werden? Bildads Beschreibung des Todes (Kap. 18) entsprach Hiobs Beschreibung seines Lebens

(V. 7-12)! Er war ein »lebendiger Toter« und seine Hoffnung war dahin.

Von Verwandten und Freunden ungerecht behandelt (13-22). Die ihm am nächsten hätten stehen sollen, hatten sich am weitesten von ihm entfernt, und die ihm Respekt schuldeten, verspotteten ihn nur. Hiob war ein einsamer Mann, der um Erbarmen flehte, aber niemand erhörte ihn. – Bitte Gott, dass er dir helfen möge, empfänglich zu sein für die Schreie Leidtragender, egal wie andere sich vielleicht verhalten.

Hiob vertraute immer noch auf Gott (V. 25-27)! Wenn er starb, würde er Gott sehen, und eines Tages würde Gott ihm einen neuen Körper schenken. Diese Verheißung ist eine große Zuversicht für Gottes Kinder (Joh 11,25-26; 1Kor 15,50-58).

Sie alle hatten Glauben
Hiob 19,25-27 gehört zu den großen biblischen Glaubensbekenntnissen. Andere Menschen, die ihren Glauben in besonderer Weise zum Ausdruck brachten, waren Rut (Rt 1,16-17), Jeremia (Kla 3,22-24), die drei hebräischen Männer (Dan 3,16-18), Habakuk (Hab 3,17-19), ein römischer Hauptmann (Mt 8,5-13), eine kanaanäische Mutter (Mt 15,21-18); Petrus (Mt 16,13-20) und Paulus (Apg 20,24).

Hiob 20

Zofars Rede, in der er das Ende des Gottlosen beschreibt, ist ein Echo auf die Rede von Bildad (Kap. 18). Zofars Rede bezog sich nicht auf Hiob, aber selbstzufriedene, erfolgreiche Menschen, in deren Leben Gott keinen Platz hat, sollten sie sich zu Herzen nehmen.

Erfolg ist zeitlich begrenzt (1-11). Wie reich und berühmt er auch sein oder wie gut er sich auch abgesichert haben mag; ein gottloser Mensch wird letztlich vergehen. Zofar gebrauchte anschauliche Bilder: Er wird vergehen wie sein Kot (V. 7) oder wie ein Traum oder eine nächtliche Vision (V. 8). Heute hier, morgen dort! Denke über die folgenden Schriftstellen nach: Jakobus 4,13-17 und 1. Johannes 2,17.

Das Leben ist bitter (12-19). Leckeres Essen wird zu Gift und Wohlstand macht ihn krank. Die Dinge, von denen er dachte, dass sie ihn erfreuen würden, bringen ihm Leid. Reichtümer, die nicht von Gott kommen, können niemals irgendjemandem wahre Freude schenken (1Tim 6,1-10).

Das Leben ist schmerzhaft (20-29). Er hat keinen Frieden, weil alle ihm den Krieg erklärt haben, einschließlich Gott, der Strafen wie Regen auf ihn niederfallen lässt. Pfeile (beachte 6,4), Schrecken, Dunkelheit und Feuer sind sein Los und dann – das Ende.

Zofar versuchte, Hiob Angst zu machen, damit er seine Sünden bekennen und »mit Gott ins Reine« kommen würde, aber sein Ansatz führte nicht zum Ziel. Ehrfurcht vor Gott ist als Beweggrund für Gehorsam zulässig (Mt 10,28), aber sie darf nicht der einzige Grund sein und muss durch Liebe gemildert werden (2Kor 5,10-11.14).

Hiob 21

Bildad und Zofar versuchten, Hiob durch Logik zum Schweigen zu bringen und ihre Argumentation verlief so: (1) Gott segnet die Gerechten und lässt die Sünder leiden; (2) Hiob leidet; (3) also muss Hiob gesündigt haben. Wie einleuchtend!

Hiob allerdings stellte ihre Grundannahme in Frage. Er hatte schon oft festgestellt, dass die Gottlosen sich großer Segnungen erfreuen: langes Leben, viele Nachkommen, Frieden und Sicherheit, Reichtümer, Erfolg, und Tage voller Freude. Jawohl, die Bösen sterben, aber selbst ihr Tod ist oft schnell und leicht (Ps 37,1-14).

Hiobs Freunde betrachteten die Dinge von *außen* und ignorierten den Kern (Joh 7,24). Über die Frage, ob jemand gottesfürchtig ist, entscheidet nicht sein Erfolg im Leben, sondern *wie er über Gott denkt* (V. 14-15). Die Gottlosen fragen: »Was springt für uns dabei heraus, wenn wir Gott gehorchen?« Aber das ist Satans Denkweise (Hi 1,6-11), und *die drei Freunde stimmten mit ihm überein!*

Wenn ein bequemes Leben und Wohlstand als Beweise für Heiligkeit gelten, war unser Herr nicht heilig, denn er verfügte über sehr wenig weltlichen Komfort und Wohlstand, und er starb einen schrecklichen Tod am Kreuz. Vielleicht solltest du deine eigene »Logik« einmal überprüfen und feststellen, ob du wie Gott denkst oder wie der Teufel (Ps 1,1; Mt 16,21-28).

Reine Illusion

Nun verstehen wir besser, warum die drei Freunde so hart mit Hiob umgingen: *Sie hatten Angst, dass Prüfungen wie seine auch sie selbst treffen könnten.* Sie schützten sich selbst mit einer falschen Theologie, die aus der tiefsten Hölle geboren war: »Wenn wir Gott gehorchen, wird er uns segnen und uns vor Leid bewahren.« Hiob entlarvte ihre Furcht (6,21) und widerlegte ihre Argumente, was sie wütend machte. Die drei Freunde hatten eine sehr oberflächliche Sicht von Gott und vom Glauben und Leben. Das Leben von Menschen, die auf eine falsche Theologie vertrauen, wird sich irgendwann als Illusion erweisen und vergehen.

Hiob 22

Satan und Hiobs Freunde waren sich einig: Hiob war im Innersten ein Sünder und gehorchte Gott nur, weil Gott ihn gesegnet hatte. Die Tatsache, dass Hiob Gott nach dem Verlust seiner Kinder immer noch vertraute, hätte ihnen zeigen können, dass sein Glaube nicht »berechnend« war.

Elifas wählte dann einen neuen Ansatz und fragte, ob Hiobs Rechtschaffenheit *Gott in irgendeiner Weise nutze*. (Vergleiche Vers 2 mit Hi 21,15). Gott ist gerecht und tut, was richtig ist; also lässt er sich nicht durch die guten Taten der Menschen beeinflussen. Elifas nannte dann Sünden, die Hiob begangen haben musste (V. 4-11), Sünden, von denen Hiob dachte, Gott könne sie nicht sehen (V. 12-20); Sünden, die Gott vergeben würde, wollte Hiob sie nur bereuen (V. 21-30). Es war dieselbe Debatte in einem neuen Kleid, und Satan hätte sie nicht besser führen können.

Wie jedes liebevolle Elternteil freut sich unser himmlischer Vater am Gehorsam seiner Kinder und an ihrer Verehrung, ihrem Einsatz und ihrem Wachstum. Ob du reich oder arm bist, gesund oder krank; deine höchste Freude sollte es sein, ihm zu gefallen (Ps 40,8; Joh 8,29).

Gott gefallen
Wir machen dem Herrn Freude, indem wir heilig leben (Kol 1,10; 1Thes 4,1ff), indem wir uns ihm völlig hingeben (2Tim 2,4), indem wir aus Glauben leben (Hebr 11,5-6), großzügig geben (Phil 4,18), unseren Eltern gehorchen (Kol 3,20) und indem wir unsere geistlichen Gaben annehmen und gebrauchen (1Kor 12,18). Der himmlische Vater hat großen Gefallen an seinem Sohn (Mt 3,17; 17,5), und wenn wir danach streben, ihm Ehre zu machen, gefallen wir dem Vater. Gott erfreut sich an den Wegen aller Gläubigen, die seinen Willen tun (Ps 37,23).

Hiob 23–24

Im Gerichtssaal (23,1-9). Hiob wollte nach wie vor Gott im Gerichtssaal begegnen und forderte eine faire Verhandlung, aber er wusste nicht, wo er ihn finden konnte. Am Ende, als Gott erschien und Hiob aufforderte, seinen Fall darzulegen, war dieser sprachlos. Warum? Weil nun, da er Gottes Herrlichkeit schaute, alle seine Argumente nutzlos waren. Er hatte Gott gesehen, und das war das Einzige, was zählte!

Im Feuer (23,10-17). Es geht nicht darum, in einem Streitgespräch mit Gott zu siegen, sondern darum, mehr wie Gott zu werden. Damit das geschehen kann, ist es oft nötig, durch das Feuer des Leids zu gehen (1Petr 1,6-9), das die Schlacke vom reinen Gold trennt und einen besseren Menschen hervorbringt. Du kannst weder die Temperatur des Feuers regeln noch die Dauer der Prüfung, aber du kannst Gott gehorchen (23,11) und dich von seinem Wort ernähren (23,12).

Auf dem Aussichtsturm (24,1-25). Hiob erbrachte nochmals Beweise für seine Aussage, dass nicht alle Sünder sofort von Gott bestraft werden. Er nahm seine Freunde gewissermaßen mit auf einen Aussichtsturm und zeigte ihnen verschiedene Arten von Sündern, die scheinbar mit ihren bösen Taten davon kamen. Die Tatsache, dass Gott Sünden bestraft, leugnete Hiob nicht (V. 22-24), aber er bestätigte, dass der Mensch nicht voll und ganz erklären könne, wie Gott wirkt.

Wenn es in deinem Leben mehr Fragen als Antworten gibt und wenn das Feuer heiß wird, erinnere dich an Abrahams großes Glaubensbekenntnis: »Sollte der Richter der ganzen Erde nicht Recht üben?« (1Mo 18,25; siehe auch 2Tim 4,8).

Hiob 25–26

Bildads kurze Rede (die kürzeste im ganzen Buch) betont die Größe Gottes (25,1-3) und die Nichtigkeit des Menschen (25,4-6). Gott findet nirgends in seiner ganzen Schöpfung vollkommene Gerechtigkeit, nicht einmal bei den Engeln, wie sollte er dann Hiob als gerecht befinden? Wieder versuchte Bildad, Hiob zu einem Sündenbekenntnis zu bewegen, aber es gelang ihm nicht. Schade, dass Bildad Hiob nicht mit anderen Eigenschaften Gottes ermutigte wie seiner Liebe, seinem Erbarmen und seiner Gnade.

Hiobs Antwort (Kap. 26–31) ist beinahe wie das »Schlussplädoyer« eines Anwalts. In Kap. 26,1-4 warf er Bildad vor, ihm überhaupt nicht zu helfen. Diese Verse geben uns Anregungen, wie wir anderen helfen können. Lasst uns also nicht wie Bildad darin versagen. Deine Worte können denen Hilfe und Hoffnung bringen, die beides dringend brauchen.

Niemand kann Gottes Blick entrinnen, nicht einmal die Toten (26,5-6). Wo du auch innerhalb der Schöpfung stehen magst, er sieht dich: im Himmel (26,7–9,13), auf der Erde (26,10-11) und auch auf dem Meer (26,12). Aber die Stimme Gottes ist nur ein Flüstern und wir erkennen nur »die Säume seiner Wege« (26,14). Die Schöpfung offenbart die Macht und Weisheit Gottes sehr deutlich, aber Gottes Gnade und sein Erbarmen sind darin nur schemenhaft zu erkennen.

Wenn du versuchst, anderen zu helfen, denk daran, dass wir »stückweise erkennen« (1Kor 13,9). So bleibst du demütig und wirst nützlicher.

Hiob 27–28

Gerechtigkeit (27). Hiob wollte Gott immer noch vor Gericht entgegentreten und seinen Fall zum Abschluss bringen. Er war verbittert (V. 2; 3,20), weil Gott nicht bereit war, seine Probleme *nach seinen Vorstellungen* zu lösen. Prüfungen können dich verbittern oder verbessern, je nachdem, wie deine Beziehung zu Gott beschaffen ist. Wenn du ihn ihm einen unfreundlichen Richter siehst, wirst du verbittern; siehst du ihn als liebenden Vater, wirst du dich verbessern.

Hiob tat gut daran, an seiner Rechtschaffenheit festzuhalten (2,9-10). Seine Freunde drängten ihn, seine Sünden zuzugeben, obwohl er sie nicht begangen hatte, denn das würde ihm Gottes Gunst erwerben. (Wieder einmal Satans Philosophie!) Hiob beschrieb, wie es dem Gottlosen im Gericht ergehen würde, aber er erklärte sich damit nicht zum geeigneten Kandidaten für ein solches Gericht.

Weisheit (28). »Die Weisheit, wo kann man sie finden?«, ist die Schlüsselfrage Hiobs (V. 12.20). Muss sie durch Bergbau gewonnen werden wie Silber und Gold (Spr 2,1-9)? In gewissem Sinne, ja, denn die Weisheit findet sich niemals an der Oberfläche. Du musst in Gottes Wort und in das Leben hineingraben, wenn dir daran gelegen ist, Weisheit von Gott zu bekommen (Spr 8,10-11). Wahre Weisheit beginnt mit Gottesfurcht (V. 28; Spr 1,7; 9,10; 15,33; 19,23). Wenn wir ihm Ehre erweisen und uns bemühen, ihm zu gefallen, wird er uns seine Weisheit und seine Wege lehren (Jes 33,6; Jak 1,5).

*»Das Wissen ist stolz darauf, dass es so viel gelernt hat.
Die Weisheit gesteht sich demütig ein,
dass sie nicht mehr weiß.«*
William Cowper

Hiob 29–30

Sehnsucht nach der Vergangenheit (29). Wenn das Leben schwierig wird, ist es normal, auf die »guten alten Zeiten« zurückzublicken und die Uhr zurückdrehen zu wollen. Aber so zu denken, ist selbstsüchtig (beachte, wie oft Hiob »ich« und »mich« sagt) und vergrößert deinen Schmerz nur. Man stellt dadurch die Freude am Glück über die Erfahrung von Heiligkeit. Hiob zählte einige der Segnungen auf, die er erhalten hatte, und erzählte, was er für andere getan hatte, und all das hätte ihn darauf vorbereiten sollen, seine Prüfungen im Glauben anzunehmen.

Die Vergangenheit sollte mehr sein als eine Erinnerung; sie muss eine Aufgabe sein. Das Heute wird schnell zum Gestern. Nutzt du das Heute, um im Herrn zu wachsen, damit du auf das Morgen vorbereitet bist? Ist das Leben eine Investition oder ein reines Vergnügen?

Trauer um die Gegenwart (30). »Jetzt aber«, sagte Hiob (V. 1,16), und dann stürzte er sich in eine Klage über all seine Leiden. Seine Freunde verspotteten ihn (V. 1-15), sein Körper tat ihm weh (V. 16-19), sein Gott hatte ihn verlassen (V. 20-23), und seine Hoffnung war dahin (V. 24-31). Er konnte weder in die Vergangenheit zurück, noch die Gegenwart ertragen, noch der Zukunft ins Auge sehen!

Wenn deine Lebensumstände dich dahin bringen, Hiob in »Staub und Asche« Gesellschaft zu leisten (V. 19), denke daran, dass der Herr Jesus auch einmal dort war (Ps 22,15) und weiß, wie es dir geht. Er ist deinem Gestern gewachsen, deinem Morgen und auch deinem Heute (Hebr 13,8). Denk nicht nur an deine vergangenen Freuden, sondern auch an die Gnade, die Gott dir schon erwiesen hat (Ps 77,1-12), und vertraue ihm deine Zukunft an.

> *»Die guten alten Zeiten sind oft eine Mischung aus einem lückenhaften Gedächtnis und einer lebhaften Fantasie.«*

Hiob 31

Am Ende seines Schlussplädoyers nannte Hiob einige konkrete Sünden und leugnete, sie begangen zu haben. Er wusste, dass Gott ihn sah (V. 4) und wiegen würde, (V. 6) und er hatte keine Angst zu sprechen. Er wünschte sich nichts mehr, als dass Gott reden und ihn entweder anklagen oder verteidigen würde (V. 35).

Dieses Kapitel kann dir dabei helfen, in deinem geistlichen Leben Inventur aufzunehmen. Lässt du deine Blicke lüstern umherwandern (V. 1-4) oder deine Füße zum Betrug eilen (V. 5-8)? Ist Begierde bei dir zu offener Sünde geworden (V. 9-12)? Hast du andere so behandelt, wie Gott es sich wünscht (V. 13-23)? Hast du andere um ihren Reichtum beneidet oder bist du stolz auf deinen eigenen Besitz gewesen (V. 24-28)? Wie gehst du mit dem Leid deines Feindes um (V. 29-30) oder mit den Bedürfnissen eines Fremden (V. 31-34)? Bist du ein treuer Verwalter der natürlichen Kräfte und Mittel, die Gott dir zur Verfügung stellt (V. 38-40)?

Hiob hat sich selbst betrachtet und war zufrieden, aber Gott hatte er noch nicht gesehen. Wenn es so weit war, würde er seine Meinung über sich selbst ändern und auf dem Weg zum Sieg durchstarten.

Hiob 32–33

Zorn. Elihu war höflich genug zu warten und seine Rede war freundlich, aber er war ein zorniger junger Mann (32,1-5). Er war zornig auf Hiob, weil er Gott anklagte und auf die drei Freunde, weil es ihnen nicht gelungen war, Hiob von seiner Sündhaftigkeit zu überzeugen. Elihu stimmte mit ihnen überein, dass Hiob ein Sünder sein musste, aber er war nicht einverstanden mit ihren Argumenten. Wir müssen Acht geben, dass unsere Rede nicht durch selbstgerechten Zorn motiviert ist.

Stolz. Als Jüngster in der Gruppe kannte Elihu seine Stellung, aber er war trotzdem ziemlich selbstsicher. Die Diskussion kam nicht ohne *seine* Meinung aus (32,6.18-20), denn alle anderen hatten Unrecht. Seine Worte platzten nur so aus ihm heraus, er konnte sie einfach nicht für sich behalten. Wenn es so weit kommt, solltest du Gott um Selbstbeherrschung und Weisheit bitten, damit deine Worte nicht mehr Schaden anrichten als Gutes tun.

Wissen. Elihu war sicher, dass er Recht hatte und forderte Hiob heraus, ihn zu widerlegen (33,1-8). Er hatte noch nicht begriffen, dass Hiob Verständnis und Liebe brauchte, keine Anklagen und Argumente. Wie die drei Freunde, hatte auch Elihu eine ganze Menge Fakten im Kopf, aber wenig Wahrheit im Herzen.

Er zitierte Hiobs eigene Worte (33,9-11) und erklärte ihm, dass Gott ihm keine Erklärung für sein Tun schulde (33,13). Gott mag durch Träume zu uns sprechen (33,14-18), durch Prüfungen (33,19-30) und durch andere Menschen (33,31-33). Gott hatte all das bei Hiob getan und Hiob hatte alles abgelehnt! Kein Wunder, dass es ihm schlecht ging.

Es stimmt, dass Gott uns nachts vielleicht etwas Wichtiges sagen will. Hören wir ihm zu?

Hiob 34–35

Gott ist gerecht (34). Elihu muss ein guter Zuhörer gewesen sein, denn er konnte Hiobs Worte wiedergeben. Dennoch, Elihu hörte nur mit den Ohren zu, nicht mit dem Herzen, was seine Rede schroff und unfreundlich machte. Er war sich seiner selbst allzu sicher und erinnerte Hiob und seine Freunde immer wieder daran, ihm zuzuhören (V. 2.10.16.34). Ob sie wohl unaufmerksam waren?

Es war wieder das alte Lied: Gott ist gerecht und kann deshalb nicht der Sünde oder der Parteilichkeit angeklagt werden. Gott sieht alles, was wir tun, und bestraft Sünde gerecht. Hiob hat sich gegen Gott aufgelehnt und sollte bekennen und mit Gott ins Reine kommen!

Gott ist groß (35). Für wie wichtig erachtete Hiob sich aus

Gottes Sicht? Kann seine Sünde oder seine Rechtschaffenheit Gott beeinflussen? Hiob war an dieser Stelle einfach stolz (V. 12-13). Aber Hiob war Gott tatsächlich wichtig; sogar so wichtig, dass Gott und Satan im Himmel über ihn diskutierten!

Die Größe Gottes bedeutet nicht, dass er uns fern ist oder dass wir ihm gleichgültig sind. Alles ist groß an ihm: seine Liebe (Eph 2,4), seine Gnade (Ps 86,13), seine Freundlichkeit (Ps 117,2). Vielleicht nimmt er nicht sofort deine Prüfungen weg, aber er kann dir in der Nacht einen Lobgesang geben (V. 10; Ps 42,8; 77,6; 119,62).

> *»Jeder Mensch kann am Tage singen ... Es ist einfach zu singen, wenn wir bei Tageslicht die Noten lesen können; ein wirklich begabter Sänger ist, der singen kann, wenn kein einziger Lichtstrahl ihm die Noten beleuchtet ... Lobgesänge in der Nacht kommen nur von Gott; sie liegen nicht in der Kraft des Menschen.«*
> Charles Haddon Spurgeon

Hiob 36–37

Elihu kritisierte Hiob dafür, dass er Gott in Frage stellte, aber sich selbst, der »in Gottes Namen« sprach, sah er nicht kritisch. Wie kann man nur so stolz sein zu behaupten, man habe »vollkommenes Wissen« und sei als Sprecher und Verteidiger Gottes geeignet! Der Apostel Paulus war im Himmel gewesen und zurückgekehrt und war in große Geheimnissen eingeweiht worden. Trotzdem hätte er so etwas niemals behauptet (Röm 11,33-36). Wie klug du auch sein magst, du kannst niemals genug wissen, um im Leben eines anderen »Gott zu spielen«.

»***Siehe, Gott ist mächtig«*** (36,5-21) und reich an Kraft und Erkenntnis. Er segnet die Gehorsamen, bestraft aber die Gottlosen und Heuchler. (Das haben wir doch schon einmal irgendwo gehört!)

»Siehe, Gott ist erhaben« (36,22-25), und niemand kann ihn belehren, was richtig ist, oder ihn beschuldigen, Falsches zu tun. Er ist souverän in allem, was er tut.

»***Siehe, Gott ist groß***« (36,26–37,24), und wir können ihn nicht kennen. (Trotzdem behauptete Elihu, für Gott zu sprechen!). Vielleicht kam zu der Zeit gerade ein Sturm auf, und Elihu deutete ihn als Zeichen für Gottes Größe; den Wasserkreislauf (36,27-28), die Wolken, den Donner und den Blitz. Der Donner ist Gottes Stimme (27,2-5) und das Wetter ist sein Diener.

Wie sollen wir auf die Beweise für Gottes Größe in der Natur reagieren? Wir sollten die Majestät Gottes darin erkennen, ihm für seine Fürsorge danken, ihm gehorchen und ihn fürchten. Aber Hiob wusste das alles schon, bevor Elihu überhaupt auf der Welt war! Die Natur offenbart die Größe Gottes; aber in Jesus Christus sehen wir die Gnade Gottes, und Gnade erfüllt unsere Bedürfnisse.

Der Schöpfer und seine Schöpfung

Wenn Jesus über die Natur sprach, betonte er für gewöhnlich, dass Gott seinen Kindern nahe ist und für sie sorgt. Der Vater weiß, was die Spatzen wert sind und er sieht es, wenn einer auf die Erde fällt (Mt 10,29-30). Er ernährt die Vögel, obwohl sie niemals säen oder ernten (Mt 6,25-27) und er macht die Blumen schön, obwohl sie nur so kurze Zeit bestehen (Mt 6,28-34). Wir sind in Gottes Augen wertvoller als die Spatzen und wir leben viel länger als die Blumen, also wird der Vater gewiss auch für uns sorgen. Heute liegt Gottes Schöpfung wegen der Sünde in Geburtswehen (Röm 8,22), aber der Schöpfer ist unser Vater, und wir dürfen darauf vertrauen, dass er uns versorgt.

Hiob 38–39

Schließlich brach der Sturm über die fünf Männer auf dem Aschehaufen herein, und Gott sprach zu Hiob aus dem Sturm. In einen Sturm zu geraten, ist kein Vergnügen, aber wenn wir auf seine Stimme hören, wird der Sturm in unserem Leben Gutes vollbringen. Als der Sturm vorüber war, war Hiob bereit, Gott zu begegnen und seinen Freunden zu helfen.

Gottes Wort ist Licht (Ps 119,105.130), aber allzu oft bringen unsere Worte Dunkelheit. Worte ohne Erkenntnis sind wie Lampen, die Dunkelheit verbreiten statt Licht, und die Lage nur noch verschlimmern. Elihu erkannte dies, als er Hiobs Reden hörte (34,35; 35,16), aber Hiob selbst erkannte es nicht. Achte darauf, dass deine Worte wahr sind, denn sonst wirst du dich in der Dunkelheit wiederfinden. (Siehe 1Jo 1,5-10 und beachte, wie oft der Ausdruck »wenn wir sagen« gebraucht wird.)

Hiob behauptete, eine ganze Menge über Gott zu wissen (27,11), und so prüfte Gott ihn in mehreren »Fächern«: über die Schöpfung (38,4-11), die Regelung der Natur (38,12-30), die Sterne und Wolken am Himmel (38,31-38) und über das Wesen der Tiere und Vögel (38,39–39,30). Natürlich bestand Hiob die Prüfung nicht – und so würde es dir und mir auch ergehen.

Die Probleme des Lebens werden nicht durch das Finden von *Beweisen* gelöst, sondern durch *Beziehungen*. Hiob wollte mit Gott diskutieren, aber was er eigentlich brauchte, war, in Gott zur Ruhe zu kommen. Hiob erkannte, wie groß Gott und wie klein er selbst war, und das war der Wendepunkt. Dennoch: Je kleiner wir in unseren eigenen Augen sind, desto größer macht Gott uns in seinen.

> *»Ich hatte eine Million Fragen, die ich Gott stellen wollte: Aber als ich ihm begegnete, fiel mir keine einzige mehr ein; und all das schien nicht mehr wichtig zu sein.«*
> Christopher Morley

Hiob 40–41

Gott erfüllte Hiob schließlich seinen sehnlichsten Wunsch und gab ihm Gelegenheit, sich zu verteidigen. Stell dir vor, Gott würde auch dir dies ermöglichen. Was würdest du ihm sagen? Würdest du ihm lieber in einem Gerichtssaal begegnen oder vor seinem

Gnadenthron? Je öfter du ihm vor seinem Gnadenthron begegnest, umso weniger wirst du daran interessiert sein, ihm im Gerichtssaal zu begegnen.

Aber Hiob hatte gar nicht viel zu sagen! Er erkannte, wie unbedeutend und unwissend er war und wie vollkommen unfähig, Gott entgegen zu treten. Gott zu sehen, verschlug ihm völlig die Sprache. Aber wenn wir schweigen, können wir Gottes Stimme besser hören, sogar in einem Sturm.

Gott stellte Hiob viele Fragen, die ihn demütig machten, aber man kann sie alle in diesen dreien zusammenfassen: (1) Bist du mir gleich? (40,6-14); (2) Kannst du den Behemot erklären? (40,15-24); (3) Kannst du den Leviatan bezwingen? (Kap. 41). Der Behemot war vermutlich das Flusspferd und der Leviatan das Krokodil. Hiob würde sich gewiss scheuen, gegen diese beiden Geschöpfe anzutreten, *aber er scheute sich nicht, Gott herauszufordern, ihren Schöpfer!* Hiob hätte sie nicht zähmen können, aber Gott wollte er sagen, was er zu tun habe!

Gott schuf jedes einzelne Lebewesen, einschließlich des Menschen, und passte es seiner jeweiligen Umgebung und seiner Aufgabe an. Aber der Mensch ist nicht damit zufrieden, Geschöpf zu sein: Er will der Schöpfer sein (Röm 1,25); und das ist Satans Versprechen an ihn, wenn er sich Gott widersetzt (1Mo 3,5). Wenn du das nächste Mal diese Einladung von Satan hörst, sieh dir Gottes Schöpfung an und denk daran, dass du nicht Gott bist.

Der Wert des Schweigens
Gott kann nicht viel für uns tun, solange wir damit beschäftigt sind, ihm zu sagen, was er tun soll. Er muss uns den Mund schließen, wie er es mit Hiob tat (40,4), mit Mose (5Mo 3,26) und David (Ps 39,9). Der Mund des verlorenen Sünders muss verstopft werden (Mt 22,12; Röm 3,19). Eines Tages wird die ganze Welt still werden angesichts der Herrlichkeit des Herrn (Hab 2,20).

Hiob 42

Hiob, der Sünder. Hiob hatte im Verlauf der Diskussion einige Male unbedacht gesprochen, aber anders als seine Freunde, hatte er die Wahrheit über Gott gesagt (V. 7). Hiob hatte neue Erkenntnis über die Macht und die Absicht Gottes gewonnen (V. 2), und ihm wurde klar, dass er Buße tun musste. Hiobs Leiden machten es ihm möglich, sich selbst anders zu sehen und die Herrlichkeit und Größe Gottes zu erkennen (Hebr 12,11).

Hiob, der Diener. In den Versen 7-8 nennt Gott Hiob viermal »mein Knecht«. Obwohl er Schwächen hatte und Fehler machte, *diente Hiob Gott in der Zeit seines Leidens*. Indem er, trotz der Prüfungen, an seinem Glauben an Gott festhielt, brachte Hiob, ohne es zu wissen, den Teufel zum Schweigen und zeigte der Welt, dass Gott unseres Vertrauens und unserer Anbetung würdig ist, auch wenn er noch so viel Leid in unserem Leben zulässt. Nach dem Willen Gottes wirken Prüfungen *für* uns, nicht *gegen* uns (Röm 8,28; 2Kor 4,16-18); deshalb können wir Gott im Leid dienen. Leiden kann eine Aufgabe sein.

Hiob, der Fürsprecher. Die Freunde hatten ein paar unfreundliche Dinge *zu* Hiob gesagt und ein paar schreckliche Dinge *über* Hiob, *und trotzdem vergab er ihnen und betete für sie*. Die Freunde mussten nun das tun, wozu sie Hiob ermahnt hatten: ihre Sünden bekennen und Buße tun. Betest du für Menschen, die dir Unrecht getan haben (Mt 5,43-48)? Bittest du um Verdammung oder um Erneuerung?

Hiob, der Empfänger. Hiob hatte vor Gericht ziehen und über Gerechtigkeit streiten wollen. Stattdessen ging er nun zum Altar und erfuhr Gnade. Er empfing Vergebung, Freunde, Verwandte, Wohlstand und Ansehen, doppelt so viel wie zuvor. Gott garantiert nicht jedem von uns, der Prüfungen durchstehen muss, solch ein Happy End *in diesem Leben* (Hebr 11,36-40), aber er verspricht, alle zu belohnen, die ihm treu bleiben (Offb 2,10). Hiob ging durchs Feuer und war danach ein besserer Mensch (Hi 23,10), und so kann es dir auch ergehen, wenn du Gott vertraust und ihn tun lässt, was er für richtig hält.

Die Prüfungen Hiobs
Wenn du das Gefühl hast, dass du Schlimmeres erleiden musst als irgendjemand je erlitten hat, denk an Hiobs Prüfungen. Er wurde angegriffen wie ein Feind (6,4; 16,12-13), gejagt wie ein wildes Tier (10,16); in Dunkelheit gehüllt (19,8), ausgerissen wie ein Baum (19,10) und dem Feuer ausgesetzt (23,10). Von seiner Frau entmutigt, angegriffen von seinen Freunden und anscheinend von Gott verlassen. Und dennoch ist der Herr Jesus das größte Vorbild im Erdulden von Leid (Hebr 12,1-3). Er wurde *sogar vom Vater* verlassen und erlitt den schmählichen Tod am Kreuz. Er wurde für uns zur Sünde gemacht, und doch war er ohne Sünde. Es gab in ihm keine Ursache für Leid oder Tod, und doch unterwarf er sich bereitwillig dem Willen des Vaters. Er ertrug das Leid, er siegte, und wir können in ihm und durch ihn siegen. Hiobs Leid macht deutlich, dass Gott unseren Gehorsam wert ist – ungeachtet des »Gewinns« oder »Verlusts«, der womöglich daraus erwächst, wenn wir ihm gehorchen. Gott ist nicht verpflichtet, die Frommen gesund und reich zu machen oder die Gottlosen krank und arm. Der Tod und die Auferstehung unseres Herrn machen es möglich, dass Gott unser Leid in Herrlichkeit *verwandelt*, statt sie einfach durch Herrlichkeit zu *ersetzen*. An die Stelle von Hiobs Leid trat irdischer Ruhm, aber das Leid des Gläubigen wird in himmlische Herrlichkeit verwandelt werden. Deshalb ist unser Leiden nicht vergeblich, denn Gott verwirklicht dadurch seine herrlichen Pläne.

Psalmen

Der Psalter ist das Gesangbuch der Bibel. Das Wort *Psalm* leitet sich ab von einem griechischen Wort, das »ein Gedicht, gesungen zu musikalischer Begleitung« bedeutet. Im jüdischen Tempel wurden viele Psalmen gesungen und auch die junge Kirche verwendete Psalmen in der Anbetung (1Kor 14,26; Eph 5,19; Kol 3,16). Manche Lieder, die heute im Gottesdienst gesungen werden, beruhen auf diesen inspirierten Gedichten.

Die Psalmen sind Ausdruck menschlicher Lobpreisung an Gott für das, was er ist, und das, was er tut. Sie bekunden auch, wie sehr der Mensch Gott in Zeiten der Prüfung braucht und sein Vertrauen, dass Gott helfen wird. In den Psalmen ist die ganze Palette menschlicher Emotionen zu finden, von begeisterter Freude bis hin zu Verzweiflung und Reue. Außerdem wirst du feststellen, dass Gott sich hier auf eine Weise offenbart, die Trost und Mut schenken kann, wenn du ihm vertraust.

Das erklärt, warum der Psalter von Gottes Kindern so sehr geliebt wird, denn jeder kann sich in den Schreibern wiederfinden, die feststellten, dass Gottes Gnade als Lebensgrundlage ausreicht. Ganz egal wie deine Lebensumstände und Gefühle beschaffen sein mögen; es gibt immer einen Psalm, der genau zu deiner Situation passt.

Das Buch ist in fünf Abschnitte eingeteilt, von denen jeder mit einem Lobgesang endet: (1) Psalm 1–41; (2) Psalm 42–47; (3) Psalm 73–89; (4) Psalm 90–106; und (5) Psalm 107–150.

Wo steht was in den Psalmen?	
Wenn du nicht schlafen kannst	*Ps 3–4*
Wenn du gesündigt hast	*Ps 2; 51*
Wenn du krank bist	*Ps 31*
Wenn du Gottes Führung brauchst	*Ps 25*
Wenn du auf Reisen bist	*Ps 121*
Wenn dir jemand Probleme macht	*Ps 37*
Wenn du niedergeschlagen bist	*Ps 42–43*
Wenn den Gottlosen anscheinend alles gelingt	*Ps 73*
Wenn du Angst hast	*Ps 27; 91*
Wenn du dich »alt fühlst«	*Ps 102*
Wenn du dir Sorgen um die Zukunft machst	*Ps 34*
Wenn du über den Tod nachdenkst	*Ps 116*
Wenn dir das Wasser bis zum Hals steht	*Ps 124; 130*
Wenn dir deine Probleme größer als Gott erscheinen	*Ps 139*
Wenn du Gott einfach nur preisen willst	*Ps 103*

Jesus Christus in den Psalmen	
Der König	*Ps 2 mit Apg 4,25-26; 13,33; Ps 118,26 mit Mt 21,9*
Der Menschensohn	*Ps 8; Hebr 2,6-11*
Die Auferstehung	*Ps 16 mit Apg 2,25-31; Ps 22,21-31 mit Hebr 2,12*
Die Kreuzigung	*Ps 22,1-21; Mt 27,35-46*
Der Hirte	*Ps 23; Joh 10*
Das Opfer für unsere Sünden	*Ps 40,6-8; Hebr 10,1-10*
Der Verrat des Judas	*Ps 41,9; Joh 13,18-19*
Der königliche Bräutigam	*Ps 45; Hebr 1,8-9*
Die Himmelfahrt	*Ps 68,18; Eph 4,7-16*
Die Ablehnung	*Ps 69,4 mit Joh 15,25;* *Ps 69,8 mit Joh 7,3-5;* *Ps 69,9 mit Joh 2,17 und Röm 15,3*
Der ewige Sohn	*Ps 102,25-27; Hebr 1,10-12*
Der göttliche Priester-könig	*Ps 110; Mt 24,41-45; Apg 2,34-35; Hebr 1,13; 7,17-21; 10,12-13*
Der Eckstein	*Ps 118,22-23 mit Mt 21,42*

Psalm 1

Segen (V. 1-3), Gott hat Freude daran, dein Leben zu segnen, aber dazu musst du dich »eignen«. Das bedeutet, du brauchst *Urteilsvermögen* (V. 1), musst die Schritte meiden, die dich in die Sünde führen: die Sünde in Betracht zu ziehen (wandeln); über die Sünde nachzudenken (betreten); sich beim Sündigen wohlzufühlen (sitzen). Hüte dich vor dem ersten Schritt!

Mit dem Segen kommt die *Lust* (V. 2) am Wort Gottes. Es führt dich auf deinem Weg und erfreut dein Herz (Jer 15,16). Darüber nachzusinnen, ist für deine Seele wie die Verdauung für den Körper; du machst das Wort zu einem Teil deines Lebens und du wächst.

Mit dem Segen kommt die *Abhängigkeit* (V. 3). Deine geistlichen Wurzeln reichen bis tief in die Quellen von Gottes Gnade hinein, und du trägst Frucht, weil sein Leben in dir wirkt.

Zu Grunde gehen (4-6). Es ist tragisch, dass überhaupt jemand vergehen muss, obwohl Jesus Leben in Fülle bietet! Stelle den *Baum* der *Spreu* gegenüber, wenn du den Unterschied zwischen den Frommen und den Gottlosen sehen willst. Die Frommen empfangen Segen, die Gottlosen ihr Urteil.

Der Psalm beginnt mit »glücklich« und endet mit »vergeht«. Du hast die Wahl.

Psalmen in geistlichen Liedern		
Einige unserer beliebtesten geistlichen Lieder beruhen auf Psalmen:		
»Ich lobe meinen Gott von ganzem Herzen«	*Claude Fraysse / dt. von G. Leuschner u. G. Balders*	*Ps 9*
»Du bist ein wunderbarer Hirt«	*Lothar Kosse*	*Ps 23*
»Macht hoch die Tür, die Tor macht weit«	*Georg Weissel*	*Ps 24*
»Befiehl du deine Wege«	*Paul Gerhardt*	*Ps 37*
»Ein' feste Burg«	*Martin Luther*	*Ps 46*
»Gott, ich kann nur staunen«	*Christoph Zehendner*	*Ps 62*
»Freue dich, Welt«	*Isaac Watts*	*Ps 98*
»Lobe den Herrn, meine Seele«	*Norbert Kissel*	*Ps 103*
»Wohl denen, die da wandeln vor Gott in Heiligkeit«	*Cornelius Becker*	*Ps 119*
»Ein' feste Burg ist unser Gott«	*Martin Luther*	*Ps 130*
»Wo ich auch stehe, du warst schon da«	*Albert Frey*	*Ps 139*
»Du meine Seele, singe«	*Paul Gerhardt*	*Ps 146*
»Halleluja! Lobet Gott in seinem Heiligtum«	*Bernd Draffehn*	*Ps 150*

Psalm 2

Gott hört (1-3). Er hört das Toben der Nationen und die Verschwörungen der Herrscher. Was wollen sie? *Frei sein von Gott!* Aber der Weg zu wahrer Freiheit ist Unterwerfung, nicht Rebellion. Wer versucht, sich von Gottes Willen zu lösen, lädt damit Knechtschaft und Zerstörung ein.

Gott lacht (4). Der kümmerliche Mensch kann Gott mit all seinem Lärm und seinen Drohungen nicht beunruhigen. Gott sitzt auf seinem Thron und hat alles im Griff. Wenn der Lärm der Welt dir Angst macht, wende dich Gott zu und lass dich von ihm führen (Apg 4,23-31).

Gott spricht (5-12). Gott der Vater verkündet, dass sein König auf dem himmlischen Zion thront, wo die Nationen ihn nicht anrühren können. Gott der Sohn verkündet, dass die Nationen ihm gehören, so dass der Aufstand zwecklos ist (V. 7-8). Schließlich fordert der Geist Gottes die Rebellen auf, sich zu beugen und Segen zu empfangen, statt zerstört zu werden (V. 10-12).

Horche auf die Zusagen Gottes, die den Lärm der Nationen übertönen.

Psalm 3

Wenn deine Sorgen dir den erholsamen Nachtschlaf rauben, solltest du Psalm 3 und 4 lesen. Beide Psalmen wurden von David geschrieben, vermutlich als er aus Jerusalem verbannt war, nachdem sein Sohn Absalom das Königreich an sich gerissen hatte (2Sam 15–18).

Psalm 3 ist ein Morgenpsalm (V. 5), und Psalm 4 ist ein Psalm für den Abend (V. 8). Wie war es David möglich zu schlafen, wenn er in so großer Gefahr schwebte? Der Feind war gegen ihn (V. 1,6), aber David wusste, dass Gott für ihn war. Gott umgibt dich (V. 3), stützt dich (V. 6) und rettet dich (V. 9). Gott erhebt dein Haupt und erhält dich aufrecht (V. 3).

Gott schläft nie (Ps 121,3-4), also warum solltest du wach bleiben und dir Sorgen machen?

»Wenn du nicht schlafen kannst, zähle keine Schafe – sprich mit dem Hirten!«

Psalm 4

David schrieb diesen Psalm, kurz bevor er sich für die Nacht zur Ruhe legte (V. 9). Er konnte nicht viel ausrichten gegen den Krieg in seinem Innern. Er wollte nicht im Bett liegen und sich den Kopf zerbrechen, und so gab er sich und seine Situation in die Hände des Herrn.

Er fragte (1-3). Den Herrn um Hilfe zu bitten, ist immer noch eine gute Lösung, wenn man innerlich aufgewühlt ist (Phil 4,6-7).

Er glaubte (4-5). Er stellte sich ehrlich seiner Wut und übergab sie an den Herrn (Eph 4,26). Statt im Bett zu liegen und über deine Probleme nachzudenken, denk an den Herrn und bringe ihm Opfer des Lobes.

Er empfing (6-8). In der Dunkelheit sah er das Angesicht Gottes und empfing Licht. Mitten in seinem Kummer entdeckte er die Gabe der Fröhlichkeit. Mitten in der Schlacht empfing er Frieden. Gott änderte die Situation nicht sofort, aber er veränderte David. Das kann er auch für dich tun.

Psalm 5

Als er an König Sauls Hof diente, wurde David oft von Sauls Beratern angegriffen, die dem König schmeichelten und ihm Lügen über David erzählten (V. 4-6.9). König Saul glaubte tatsächlich, dass David ihm den Thron rauben wollte.

Wenn Leute Lügen über dich verbreiten, folge Davids Beispiel und bring die Angelegenheit im Gebet vor Gott. Beachte, worum David bittet.

Höre mich (1-6). David begann den Tag damit, sein Herz zu Gott zu erheben. Gott kannte die sündigen Worte der Lügner, aber er hörte auch die vertrauensvollen Gebete seines Dieners.

Leite mich (7-9). David musste vorsichtig sein, denn Saul und dessen Anführer beobachteten ihn und sein Leben war in Gefahr. Er betete Gott an und bat ihn um Führung für jeden Tag.

Beschütze mich (10-12). David bekämpfte weder Saul noch seine Männer; er überließ diese Kämpfe dem Herrn. Er vertraute darauf, dass Gott für ihn Sorgen würde, und Gott enttäuschte ihn nicht.

Segne mich (13). Schutz ist das letzte Anliegen, das David nennt (V. 12). Darüber hinaus wurde er gesegnet mit Freude, Zuversicht und einer tieferen Liebe zum Herrn. Leidvolle Zeiten können zu Zeiten des Wachstums werden, wenn wir ein Ja zu seinen Wegen finden.

Psalm 6

Dieser Psalm entstand in einer Zeit, in der David unter Krankheit und Schmerzen litt und dachte, dass er sterben würde. Abgesehen davon musste er die Angriffe seiner Feinde ertragen, die *wollten*, dass er starb. In dieser Zeit war David sehr entmutigt, aber er wankte nicht in seinem Glauben.

Die Bußpsalmen
Die Psalmen 6, 32, 38, 52, 102, 130 und 143 sind als »Bußpsalmen« bekannt. Du kannst sie zu deinen persönlichen Gebeten machen, wenn du Sünde zu bekennen hast und Gott um Vergebung bitten willst (1Jo 1,9).

In diesem Gebet bat er Gott um Erbarmen für seinen Körper (V. 3) und seine Seele (V. 4). Erbarmen bedeutet, dass Gott uns nicht gibt, was wir verdienen, und Gnade bedeutet, dass Gott uns gibt, was wir nicht verdienen. Was ist er doch für ein liebevoller Gott!

David erinnerte Gott an seine reuevollen Tränen und an sein Sündenbekenntnis. Sein Bett hätte ein Ort der Ruhe sein sollen, aber durch die Züchtigung Gottes war es zu einem Ort der Prüfung geworden.

Aber es geht gut aus: David wurde gestärkt und seine Feinde beschämt (V. 10-11)! Gott hörte und erhörte seine Gebete! – Auch wenn die Nacht dunkel und lang ist, vertraue weiter auf den Herrn, und der Morgen wird hereinbrechen zur von Gott erwählten, rechten Zeit.

Psalm 7

Wir wissen nicht, was Kusch über David gesagt hat, aber anscheinend war er einer der »Hoflügner«, der Saul schmeichelte und David das Leben schwer machte (1Sam 24,9). Wenn es in deinem Leben einen »Kusch« gibt, tue, was David tat.

Sei ehrlich zu Gott (1-5). David sagte nicht, dass der Feind die Wahrheit erzählte, aber er war bereit, sich von Gott prüfen und bestrafen zu lassen. Er hatte nichts zu verbergen.

Lass Gott Richter sein (6-13). Es ist weise, Gott Richter sein zu lassen, denn sein Urteil ist immer gerecht (1Kor 4,3-5). Wir sehen uns selbst und andere nicht, wie Gott uns sieht, deshalb ist es besser, ihm die Angelegenheit zu überlassen. David achtete darauf, seine Rechtschaffenheit zu wahren (V. 9), und ließ sich von Gott verteidigen (V. 12).

Auf den Herrn warten (14-16). Sünde hat die Eigenart, ihre eigene Strafe herbeizuführen, wenn wir lange genug warten. Es ist, als würde man mit Schmerz und Sorgen schwanger gehen (V. 14; Jak 1,14-15), in eine Grube fallen (V. 16) oder den Ärger zurückzubekommen, den man anderen zu bereiten versucht hat (V. 17).

Gott danken (V. 18). Was macht es schon, dass Menschen uns verleumden, solange die Gerechtigkeit Gottes siegt und der Name des Herrn verherrlicht wird!

Psalm 8

Das Universum ist ungeheuer groß und voller Pracht, warum sollte also Gott schwachen und unbedeutenden Männern und Frauen Beachtung schenken? *Aber er tut es!* Er kann die Schwachheit von Kleinkindern nutzen, um seine große Kraft zu offenbaren

(Mt 21,16) und den Feind zu besiegen (so wie David Goliat besiegte; 1Sam 17). Wenn er Kinder gebrauchen kann, kann er gewiss jeden und jede gebrauchen.

Du bist wichtig, weil Gott dich nach seinem Bild geschaffen hat (V. 5; 1Mo 1,26-28). Die Sünde hat dieses Bild beschädigt, aber in Jesus Christus kann es erneuert werden (2Kor 3,18; Kol 3,10).

Du bist wichtig, weil Gott seine Herrschaft mit dir geteilt hat (V. 7-8). Der Mensch verlor diese Herrschaft, als er sündigte, aber Jesus Christus hat sie für ihn zurückgewonnen (Hebr 2,6-8). Fallen dir Ereignisse ein, bei denen Jesus Christus seine Herrschaft über wilde Tiere, Vögel und Fische unter Beweis stellte?

Ja, du bist wichtig für Gott, und er hat eine Aufgabe für dich. Er will, dass wir durch seinen Sohn »im Leben herrschen« (Röm 5,17), denn du thronst mit ihm in der Himmelswelt (Eph 2,6). Warum solltest du wie ein Sklave leben, wenn du wie ein Herrscher leben kannst?

Psalm 9

Lobpreis (2-8). Gott hatte für David einen Sieg errungen, darum sang dieser ein Loblied auf den Herrn. Es war kein persönlicher Kampf. Weil David *Gottes* Willen befolgte, setzte Gott sich für seine Sache ein. Nimm dir Zeit, um den Herrn zu preisen für die Siege, die er dir in seiner Gnade geschenkt hat.

Verheißung (9-13). David blickte voraus auf die Zeit, wenn Gott endlich über die Sünde richten und sein gerechtes Königreich errichten würde. Seine Kinder müssen sich nicht sorgen: Er ist ihre Zuflucht und wird sie niemals aufgeben (Hebr 13,5). Der Vater verließ den Sohn am Kreuz, aber dich wird er nicht verlassen.

Gebet (14-21). Zuerst betrachtete er die Zukunft und die Vergangenheit, dann wandte sich David seinen aktuellen Bedürfnissen zu und bat Gott um Hilfe. Was er brauchte, war Gnade; was ihn bewegte, war, den Herrn zu preisen und anderen von seiner Rettung zu erzählen. Warum? Weil es einen Ort gibt, der Hölle heißt (V. 18), und Gottes Rettung ist der einzige Weg, uns vor diesem schrecklichen Ort zu bewahren.

Paulus riet: »Da wir nun den Schrecken des Herrn kennen, so überreden wir Menschen« (2Kor 5,11).

> *»Der sicherste Weg zur Hölle ist der allmähliche –*
> *der sanfte Abhang, weich unter den Sohlen,*
> *ohne plötzliche Kurven, ohne Meilensteine,*
> *ohne Wegweiser.«*
> C. S. Lewis

Psalm 10

Verbirgt sich Gott (1-4)? »Warum geht es den Bösen gut?«, ist eine Frage, die Gottes Kinder immer beschäftigen wird. Sie denken über das Leid der Frommen nach und über das gesicherte Leben der Gottlosen und haben das Gefühl, dass Gott sein Volk vergessen und verlassen hat. Er verbirgt sich.

Hört Gott (5-13)? Beachte, dass der Ausdruck »in seinem Herzen sprechen« drei Mal wiederholt wird (V. 6.11.13). Gott hört, was die Gottlosen sagen und heißt ihren Stolz und ihre Rebellion nicht gut. Der Gottlose verkündet: »Ich werde mich nicht verändern! Gott sieht nicht, was ich tue! Selbst wenn er es tut, wird er mich niemals bestrafen!« Welche Arroganz!

Hilft Gott (14-18)? Natürlich tut er das! Er sieht die Not seiner Kinder, spürt ihren Kummer und hilft ihnen auf die richtige Weise zur richtigen Zeit. Schließlich ist der Herr König! Vielleicht sieht es aus, als würden die Gottlosen den Sieg davontragen, aber am Ende wird der Herr triumphieren!

Psalm 11

David war in großen Schwierigkeiten. Um ihn herum machten sich die Bogenschützen zum Schießen bereit. Unter ihm bebten die Grundpfeiler der Gesellschaft. Was sollte er tun? Was würdest du tun?

Wenn du in so einer Lage bist, ist vielleicht dein erster Gedanke:

bloß weg, so schnell es geht! Selbst Davids Freunde rieten ihm, sich wie ein Vogel zu verhalten und wegzufliegen. Es ist richtig, vor der Versuchung zu fliehen (1Mo 39,11-13), aber nicht vor deinen Aufgaben (Neh 6,10-11; Lk 13,31; Joh 10,12-13). Statt wegzufliegen wie ein verängstigter Vogel, solltest du Gott vertrauen und »auffahren mit Flügeln wie Adler« (Jes 40,31; LUT).

Wenn die Grundfesten zerstört sind, *bau sie wieder auf*. So hat es Esra gemacht (Esr 3,8ff), und das kann auf jede neue Generation zukommen. David wurde König von Israel und legte das Fundament für eine gottesfürchtige Gesellschaft. Schließlich sitzt Gott noch immer auf seinem Thron (V. 4) und wird eines Tages die Gottlosen richten (V. 5-6). Wenn du die Gerechtigkeit liebst, ist Gott auf deiner Seite (V. 7).

> *»Zum Aufgeben ist es immer zu früh.«*
> V. Raymond Edman

Psalm 12

David redet (2). Im vorigen Psalm erkannte David, wie die *Grundpfeiler* nachgaben; in diesem sind »die Treuen« von der Erde »verschwunden« (V. 2). Die Frommen wurden immer weniger und David fühlte sich sehr allein. Kein Wunder, dass er rief: »Rette, HERR!«

Die Leute reden (3-5). Was ließ David vermuten, dass die Frömmigkeit im Schwinden begriffen war? *Die Art, wie die Leute redeten.* David bekam schmeichelnde Worte zu hören, hochmütige Worte und unterdrückende Worte, und David wusste, dass dies Gott missfiel. In unserem »Zeitalter der Kommunikation« ist es schwierig herauszufinden, was wahr und richtig ist. Willst du mit deinen Worten kommunizieren oder manipulieren?

Gott redet (6-7). Gottes Wort ist rein und bewährt, und es besteht seit langer Zeit. Und du kannst dich darauf verlassen. So viel von dem, was der Mensch sagt, ist billig und flüchtig, aber

Gottes Wort ist wie reines Silber, wertvoll und beständig. Lass dein Reden von seinem Wort geleitet werden, und Gott wird deine Worte wertvoll machen (Spr 10,20; 25,11).

Psalm 13

Fragen (1-2). Vier Mal fragte David: »Bis wann?« Er hatte gebetet, aber Gott hielt sich verborgen und antwortete nicht. David hatte sein Herz geprüft und sah keinen Grund, warum Gott ihn im Stich lassen sollte. Je länger Gott wartete, umso näher würde der Feind seinem Ziel kommen. Wenn du dasselbe Gefühl hast, mach es wie David und sprich zu Gott mit aufrichtigem und demütigem Herzen.

> *»Es ist Sache des Glaubens, noch in den allergröbsten Schlägen Gottes seine Güte zu erkennen und sie in Besitz zu nehmen.«*
> Samuel Rutherford

Argumentieren (3-4). Würde Gott etwa durch Davids Niederlage verherrlicht? Würde Gottes Sache vielleicht mit Davids Tod gedient? Sollte der Feind sich freuen, während Gottes Volk leidet? David diskutierte mit Gott, versuchte aber nicht, ihm zu sagen, was er zu tun habe. Manchmal ist Beten wie ein Ringkampf.

Zustimmen (5-6). Der Glaube bietetnicht immer Antworten, aber Ermutigung kann er jederzeit geben. Wie erfolgreich der Feind auch zu sein scheint; du kannst dem Herrn vertrauen, dich am Herrn freuen, zum Herrn singen und gewiss sein, dass er immer großzügig mit dir umgehen wird.

Verzweifle nicht

»Wie lange noch?«, ist eine Frage, die in den Psalmen oft gestellt wird: 6,3; 35,17; 74,10; 79,5; 80,4; 82,2; 89,46; 90,13 und 94,3. Die Zeit scheint zu rasen, wenn wir uns am Leben erfreuen, und sie scheint stehen zu bleiben, wenn wir leiden. Gott weiß, wie lange unsere Prüfungen dauern dürfen, weil er genau weiß, was wir brauchen (1Petr 1,6-8).

Psalm 14

Hier geht es um den Gegensatz zwischen der Generation der Gottlosen und der Generation der Gerechten (V. 5). Letztere besteht aus denen, die dem Herrn vertraut haben und nach ihm und seinem Willen fragen (Ps 24,6).

Die Generation der Gottlosen setzt sich zusammen aus »praktizierenden Atheisten«: Gott ist nicht in ihren Herzen, ganz gleich, was sie nach außen hin sagen oder tun. Sie können ohne Gott leben! Sie sind Gott ungehorsam und beuten Menschen aus, die nach seinem Bild geschaffen sind. Sie sind verdorben (V. 1), deshalb tun sie abscheuliche Dinge.

Die Generation der Gerechten ruft Gott an und er antwortet (V. 4). Gott wohnt bei diesen Menschen (V. 5), beschützt sie (V. 6) und schenkt ihnen freudige Hoffnung (V. 7). Diese Gruppe ist vielleicht nicht sehr groß, aber kostbar in Gottes Augen; und die Zukunft von Gottes Handeln ruht auf ihnen.

Zu welcher Gruppe gehörst du? Lässt du das in deiner Umgebung deutlich werden?

Psalm 15

David liebte das Haus Gottes. Er sehnte sich danach, dort zu sein und mit Gott Gemeinschaft zu haben (Ps 27,4-5). Es verlangte ihn danach, wie die Priester zu sein, die in der Stiftshütte lebten und jederzeit Zugang zu heiligen Dingen hatten. David wäre schon glücklich gewesen, hätte er nur Gast sein und Gott einen Besuch abstatten dürfen; aber war er dafür geeignet? Ist irgendjemand dafür geeignet?

Gottes Kinder haben uneingeschränkten Zugang zu seiner Gegenwart durch das Werk Jesu Christi (Hebr 10,19-25). Er ist unser Hoherpriester und Fürsprecher im Himmel, und er heißt uns willkommen. Wir kommen zu ihm aufgrund seiner Rechtschaffenheit, nicht unserer eigenen. Aber wir tun gut daran, zu prüfen, ob wir die Reinigung erfahren haben, von der in Hebräer 10,22 die Rede ist, bevor wir in seine Gegenwart treten.

Dieser Psalm hilft uns, unseren Wandel zu prüfen, unsere Werke und unsere Worte (V. 2). Eine solche Bestandsaufnahme schließt auch unsere Beziehungen zu anderen ein (V. 3-4); ob wir unsere Versprechen halten und wie wir mit Geld umgehen (V. 5). Über diesen Psalm zu meditieren und unsere »Eignung« zu prüfen, kann uns helfen, unsere Beziehung zu Gott zu vertiefen.

Psalm 16

Du bist schon sehr weit gekommen in deinem Wachstumsprozess als Christ, wenn du *aufrichtig* zum Herrn sagen kannst: »Es gibt kein Glück für mich außer dir" (V. 2).

Gute Gemeinschaft (3-4). Gottes Kinder sind nicht vollkommen, aber wir sollten uns an der Gemeinschaft mit ihnen erfreuen und nicht an der Gemeinschaft mit den Kindern der Welt (2Kor 6,14-18). Die Welt braucht unser Zeugnis, aber wir müssen uns hüten, die Welt lieben zu lernen (1Jo 2,15-17).

Gutes Erbe (5-6). Nicht nur Gottes Gaben, sondern Gott selbst! Was für eine Freude, Gott dein Erbteil wählen zu lassen, statt wie die Welt zu handeln und um deinen »Platz an der Sonne« zu kämpfen.

Guter Rat (7-8). Gott schenkt Weisheit, wenn du ihn darum bittest (Jak 1,5). Gott lehrt dich in der Dunkelheit ebenso wie im Licht. Diese Verse sind in Matthäus 6,33 zusammengefasst.

Gute Hoffnung (9-11). Diese Stelle ist eine der wenigen im Alten Testament, in denen es um Auferstehung geht. Sie bezieht sich auf die Auferstehung Christi (Apg 2,22-32), und genau darauf ist unsere Hoffnung gegründet (1Petr 1,3).

Psalm 17

»Gott ist Geist« (Joh 4,24) und hat deshalb keinen Körper. In manchen Schriftstellen wird Gottes Handeln im Leben seiner

Kinder anhand von menschlichen Körperteilen beschrieben. Er hat keine Augen, aber er sieht uns; er hat keine Ohren, hört aber unser Schreien. David bezieht sich in diesem Psalm auf vier solcher Eigenschaften.

Gottes Ohren (1). Der Feind stellte sich gegen Davids gerechte Sache, deshalb schrie er zu Gott, er möge für ihn eintreten. David betete aufrichtig: Gott sollte gerecht richten.

Gottes Augen (2-5). David hatte nichts zu verbergen. Sein Herz war aufrichtig und sein Wandel rechtschaffen. Das solltest auch du von deinem Herzen und deinem Wandel sagen können, wenn du erwartest, dass Gott deine Gebete erhört (Ps 66,18).

Gottes Hand (6-14). David vertraute nicht auf seine eigene Hand, sondern auf die Hand Gottes, dass sie ihn beschützen und den Feind besiegen würde. Der Hochmut des Feindes bekümmerte David, denn er wollte, dass nur Gott allein verherrlicht würde.

Gottes Ebenbild (15). Wenn Gott dir Prüfungen zumutet, hat er dieses Ziel vor Augen: Er will dich seinem Sohn ähnlicher machen (Röm 8,29; 2Kor 3,18). Obwohl dieser Vers sich vielleicht auf die zukünftige Auferstehung bezieht (1Jo 3,1-3; siehe auch 1Kor 15,49), kann er auch auf heute angewandt werden. Unser Herr geht mit uns ins Feuer, damit wir ihm ähnlicher sind, wenn wir wieder herauskommen (Dan 3,19-25).

Psalm 18

Dieses Lied sang David, nachdem Gott ihn vor seinen Feinden gerettet und ihn zum König von Israel gemacht hatte. (Siehe die Kommentare zu 2Sam 22.) Denke aber daran, dass er oft mitten in seinen Prüfungen dem Herrn Loblieder sang. *Nach* dem Sieg zu singen, ist leichter; *mitten in* der Schlacht zu singen, erfordert Glauben. Was sah David, wenn er auf diese schwierigen Jahre zurückblickte?

Gottes Treue (1-3). Gott rettete David, bewahrte und stärkte ihn, wenn Saul und seine Männer loszogen, um ihn zu töten. Ist Gott dir Zuflucht und Stärke (Ps 46,2)?

Gottes Gerechtigkeit (4-27). David hatte stürmische Jahre hinter sich, aber Gott rettete ihn und hielt seinen hingebungsvollen Diener aufrecht. David hatte Gottes Wort befolgt und Gottes Willen erfüllt, deshalb belohnte ihn Gott. Wenn die Stürme kommen, denke daran: Gott ist größer als die Stürme und wird dir helfen, den Regenbogen zu sehen.

Gottes Güte (28-36). Gott tat viel, um aus David einen großartigen Soldaten zu machen; aber seine Güte war es, die David zu dem machte, was er war (V. 36). Gott gewann nicht nur Kriege; er arbeitete an Davids Charakter. David wurde demütig, wenn er daran dachte, dass Gott sich dazu herabließ, ihn zu berufen, auszurüsten und zu unterstützen (Ps 8,3-5). (Siehe Ps 113,6; Jes 57,15-16.)

Gottes Erhabenheit (37-50). David rechnete sich seine Siege nicht selbst als Verdienst an; er gab alle Ehre dem Herrn. Alles, was David hatte, kam von Gott; zu allem, was er war, hatte ihn Gott gemacht; zu allem, was er tat, hatte Gott ihn befähigt. Gepriesen sei der Name des Herrn!

Psalm 19

Gott offenbart sich in der Schöpfung (V. 1-6), in der Heiligen Schrift (V. 7-11) und in deinem Herzen, wenn du ihn anbetest (V. 12-14). Um dich in geistlichen Dingen angemessen zu »bilden«, musst du dich darum bemühen, dich in drei Büchern auszukennen: im Buch der Natur, in der Bibel und im Buch des menschlichen Wesens. Ein Wissenschaftler studiert das Buch der Natur und ein Psychologe das Buch des menschlichen Wesens, aber wenn sie Gottes Buch außer Acht lassen, können sie zu falschen Schlüssen gelangen. Ein ausgewogenes Verhältnis ist wichtig. Alle Wahrheit kommt von Gott.

Das Ziel allen Lernens ist, Jesus Christus zu kennen und dich selbst. Die Verse 7-11 sagen dir, was die Bibel für dich tun kann, wenn du sie nur liest, darüber nachdenkst und nach ihr lebst. Je besser du deine Bibel verstehst und sie befolgst, umso mehr wirst du Gottes Schöpfung schätzen lernen und umso besser wirst du dich selbst und andere verstehen. Gottes Wort ist das grundlegende Buch.

Fange jeden Tag an, indem du Gottes Herrlichkeit in Jesus Christus betrachtest (V. 1). Beginne jeden Tag mit der Hingabe eines Bräutigams und der Entschlossenheit eines Sportlers (V. 5-6). Am Ende des Tages wirst du den Herrn mit deinem Tun erfreut haben (V. 14).

Psalm 20

Ein schwieriger Tag (2-4). David musste in die Schlacht ziehen, und er und seine Leute versammelten sich zum Gebet. Das Geheimnis seines Sieges war der Name des Herrn (V. 1), jenes Herrn, den er aufrichtig anbetete und dem er aufopferungsvoll diente.

Ein Tag des Sieges (5-7). Wieder werden die Kräfte des Bösen im Namen des Herrn bekämpft (V. 6). Gott hört und erhört Gebete und schickt dir die Hilfe, die du brauchst.

Ein Tag des Vertrauens (8-10). David hatte einen großen Namen, aber der Name des Herrn ist viel größer. Den Namen einiger Menschen kann man nicht vertrauen, aber Gottes Name war immer schon verlässlich. Deine schwierigen Tage können zu siegreichen Tagen werden, wenn du dem Namen des Herrn vertraust.

Sind Namen Schall und Rauch?
In der Bibel sind Namen wichtig, denn der Name steht für die Person. Wenn jemand etwas erlebte, was sein Leben veränderte, wurde der Name oft geändert. So wurde aus Abram Abraham und aus Sarai Sara (1Mo 17), und Simon bekam den Namen Petrus (Joh 1,42). Die Bibel nennt viele Gottesnamen, und sie sind alle vertrauenswürdig. (Siehe Ps 9,10; 33,21; 44,5.)

Psalm 21

Während Psalm 20 vor einer Schlacht entstand, ist Psalm 21 der Lobpreis nach dem Sieg. Allzu oft vergessen wir, Gott zu preisen, wenn er unsere Gebete erhört und uns gibt, um was wir gebeten haben. (Siehe Lk 17,11-19.)

Gott und der König (2-8). Zuerst gab Gott David die Kraft, die Schlacht zu gewinnen, und dann die Ehre und Würde nach dem Sieg. Vor dem Kampf bat David Gott, ihn am Leben zu erhalten, und Gott gewährte ihm die Bitte. Gott antwortete auf Davids Glauben, indem er ihn bewahrte, und David antwortete auf Gottes Segnungen, indem er ihn pries. David erfreute sich an Gottes Kraft und Rettung (V. 2) und an seiner Gegenwart (V. 7).

Gott und der Feind (9-13). Dies waren die Feinde Gottes, denn die Welt wollte sein Volk Israel vernichten. David kämpfte für den Herrn, und der Herr schenkte ihm den Sieg. Gott hielt sein Versprechen an Abraham (1Mo 12,1-3).

Die Hirtenpsalmen

Die Psalmen 22, 23 und 24 werden mitunter als »Hirtenpsalmen« bezeichnet, weil sie von Jesus Christus in seiner Eigenschaft als Hirte handeln. In Psalm 22 stirbt der gute Hirte für die Schafe (Joh 10,11). In Psalm 23 lebt und sorgt der große Hirte für die Schafe (Hebr 13,20-21). In Psalm 24 kehrt der Oberhirte in Herrlichkeit zurück, um seine Schafe zu sich zu holen (1Petr 5,4). Wenn du zu seinen Schafen gehörst, ihm vertraust und seiner Führung folgst, werden all deine Bedürfnisse erfüllt.

Psalm 22

Kreuzigung (1-22). Weil er ein Prophet war (Apg 2,30), konnte David Jahrhunderte vor der Geburt des Messias über ihn schreiben. Die Kreuzigung war keine jüdische Hinrichtungsmethode, und trotzdem beschrieb David sie zutreffend. Beim Lesen kannst du Jesus auf Golgatha vor dir sehen: seinen Aufschrei zum Vater (V. 2;

Mt 27,46); die Dauer der Finsternis (V. 3; Mt 27,45); die Verspottung durch die Leute (V. 7-9; Mt 27,39-44); seinen Durst und seine Schmerzen (V. 15-16; Joh 19,28); seine durchbohrten Hände und Füße (V. 17; Lk 24,39); und das Glücksspiel um seine Kleider (V. 19; Joh 19,23-24). Denke daran: All das ertrug er für dich.

Auferstehung (23-27). Der Retter hängt nicht länger am Kreuz. Er lebt und ist bei seinem Volk, leitet es an zum Lobgesang auf den mächtigen Sieg, den Gott errungen hat (Hebr 2,11-12). Der erste Tag der Woche ist der Tag des Gedenkens an seine Auferstehung, und wir folgen seinem Beispiel, indem wir uns als Gottes Volk versammeln und den Herrn preisen. Der Tag der Auferstehung ist der Tag des Sieges!

Krönung (28-32). Christus teilt die Segnungen von Golgatha mit seiner Kirche (V. 23), mit Israel (V. 24) und mit der ganzen Welt (V. 28-32). Wir müssen die Nachricht, dass Jesus Christus der Retter und König ist (V. 28), an alle Völker weitergeben: »Der Vater [hat] den Sohn gesandt als Retter der Welt« (1Jo 4,14).

Psalm 23

Obwohl Psalm 23 oft auf Beerdigungen verlesen wird, hat seine Botschaft mit den Tagen deines Lebens im Hier und Jetzt zu tun (V. 6). Der Retter, der für dich starb, lebt und sorgt auch für dich, so wie ein Hirte für seine Schafe sorgt (Joh 10,1-18). Wenn du sagen kannst: »Der Herr ist *mein* Hirte«, kannst du auch sagen: »Mir wird nichts mangeln.«

Der Hirte ernährt uns und führt uns. Schafe brauchen Gras und Wasser zum Überleben, und der Hirte findet diese Grundnahrungsmittel für sie. Folge Gott, und er wird dir alles geben, was du brauchst (Ps 37,25; Phil 4,18). Mach dir nur keine Sorgen!

Wenn wir uns verirren, wird er uns suchen und zurückbringen, so wie er es mit David, Jona und Petrus tat. Wenn wir nicht wissen, wohin wir gehen sollen, zeigt er uns den richtigen Weg und geht uns dann voran, um uns den Weg zu bahnen. Selbst an gefährlichen Orten brauchen wir keine Angst zu haben. (Beachte den Wechsel von »Er« in Vers 1-3 zu »Du« in Vers 4-5.) Er ist bei dir!

Am Ende des dunklen Tals hält er eine besondere Segnung für dich bereit: Du darfst das erfrischende Wasser des Lebens trinken und empfängst die Salbung durch den Geist. Der Hirte ist da und kümmert sich um jeden Schmerz, er heilt jede Schramme.

Eines Tages wirst du auf dein Leben zurückblicken und feststellen, dass es voller »Güte und Gnade« war, und das schließt die Erfahrungen im Tal mit ein. Wenn das Leben heute schwierig ist, folge einfach weiter dem Hirten; er wird dich niemals irgendwohin führen, wo er nicht für dich sorgen kann.

Psalm 24

Psalm 22 weist auf die Gnade hin, die der Herr uns darin erwiesen hat, dass er für uns starb, und Psalm 23 erklärt seine Güte, die sich darin zeigt, dass er für uns sorgt. Dieser Psalm offenbart seine Herrlichkeit, die sich in seiner Wiederkunft zeigen wird.

Herrlichkeit in der Schöpfung (1-2). Diese Verse erinnern uns an die Psalmen 8 und 19. Wegen ihrer Sünde liegt die Welt heute in den Wehen, aber der Schöpfer wird eines Tages seine neue Schöpfung freisetzen (Röm 8,18-23).

Herrlichkeit in der Rettung (3-6). Psalm 15 ist als Parallele zu sehen, und beide Psalmen betonen die Tatsache, dass niemand außer dem Herrn Jesus Christus Gottes Bedingungen für ein Leben in seiner heiligen Gegenwart erfüllen kann. Wir sind alle wie Jakob, aber Gott ist der »Gott Jakobs« (Psalm 46,8), der uns vergeben und uns auf ewig bei ihm leben lassen wird!

Herrlichkeit im Königreich (7-10). Diese Verse sollten vielleicht ursprünglich David bei seiner Rückkehr nach Jerusalem nach einem großen Sieg feiern, aber sie erzählen uns von unserem König der Herrlichkeit. Als er auf einem Esel in Jerusalem einzog, tat Jesus das in Demut und Tränen (Lk 19,29-44), aber wenn er wiederkommt, wird er das in Macht und großer Herrlichkeit tun (Mt 24,29ff.).

Dein Hirte ist der König der Herrlichkeit!

Psalm 25

Dieser Psalm ist hilfreich, wenn Entscheidungen anstehen und du nach Gottes Willen fragst. Welche Art von Menschen führt Gott?

Die ihn verherrlichen (1-2). Wenn du nach *seinem* Willen fragst, weil du ihm Ehre machen willst, wird er dir den rechten Weg zeigen. Wenn es dir um dich selbst geht, wird er dir *deinen* Willen lassen, und du wirst es bereuen.

Die auf ihn warten (3). Du verschwendest keine Zeit, wenn du im Gebet auf den Herrn wartest.

Die ihn fragen (4-5). Gott will dir seine Wege zeigen, dich seine Pfade lehren und dich in seiner Wahrheit leiten. Das Wort Gottes und Gebet gehören immer zusammen. Widme also seinem Wort Zeit. Wenn du ihn aufrichtig fragst, wird er dir deutlich antworten.

Die gereinigt wurden (6-7.16-22). Psalm 66,18 entspricht diesen Versen und ebenso 1. Johannes 1,9.

Die sich fügen (8-15). Rebellen leitet Gott nicht, aber er hat Freude daran, die zu führen, die ihn fürchten und sich seinem Willen fügen (Ps 32,8-9). Richte deinen Blick immer auf den Herrn und respektiere seinen Willen. Er weiß, wo er hin will und was er tut, also folge ihm im Glauben.

Wieder einmal verleugnete der Feind David, und dieser sah keine Möglichkeit, sich zu verteidigen. Samuel Johnson nannte Verleumdung »die Rache eines Feiglings«, und genau das ist sie auch. Was solltest du tun, wenn andere Lügen über dich verbreiten?

»Auf allen Ebenen des Lebens, von der Hausarbeit bis zu den Höhen des Gebets, bei jedem Urteil und allen Bemühungen, Dinge zu erledigen, sind Hast und Ungeduld sichere Zeichen dafür, dass ein Amateur am Werk ist.«
Evelyn Underhill

Psalm 26

Prüfe dich (1-5). Ist dein Leben so, wie es sein sollte? Lass deinen Geist und dein Herz von Gott prüfen (Ps 139,23-24). Hältst du dich rein (Ps 1,1), wo du gehst, stehst (V. 12) und sitzt? Manchmal erlaubt Gott dem Feind, uns anzugreifen, damit wir uns Zeit nehmen für eine persönliche Bestandsaufnahme.

Richte den Blick auf den Herrn (6-10). Wenn du auf andere siehst, wirst du dich aufregen, und wenn du zu lange dich selbst ansiehst, wird dich das vielleicht entmutigen. Deshalb ist es wichtig, *immer auf den Herrn zu sehen.* Verbinde deine Fehler mit seiner Vollkommenheit und nimm in Besitz, was du von ihm brauchst.

Hör nicht auf, dem Herrn zu dienen (11-12). Der Feind will nichts mehr, als dich zu verwirren und auf Abwege zu bringen (Neh 6,1-14). Wandle einfach weiter mit dem Herrn und diene ihm, komme, was wolle. Preise den Herrn und beklage dich nicht. Gott wird sich zu seiner Zeit und auf seine Weise für dich einsetzen.

> *»Sieh auf andere; o nein! – Sieh auf dich!; o welche Pein! –*
> *Sieh auf Jesus: So soll es sein!«*
> Anonym

Psalm 27

Was macht dir Angst? Die Dunkelheit? Aber der Herr ist doch dein Licht. Gefahr? Er ist auch deine Rettung. Deine Unzulänglichkeit? Er ist deine Kraft. Also warum solltest du Angst haben? Schau, was er alles für dich tut:

Gott rettet dich (4-6). Weil David kein Priester war, konnte er nicht direkt in das Heiligtum hineingehen, aber er konnte trotzdem im Herrn ruhen und sein Vertrauen auf ihn als Zufluchtsort setzen. Im Neuen Testament entspricht dieser Vorstellung das Wort Jesu: »Bleibt in mir« (Joh 15,1-11). In ihm bist du vollkommen sicher.

Gott blickt dich freundlich an (7-10). Gott nur um Hilfe zu bitten, bringt dich nicht zum Ziel. *Suche sein Angesicht* (4Mo

6,22-27). Gottes Freundlichkeit zu sehen, reicht aus, um dich die finsteren Blicke der Menschen vergessen zu lassen.

Gott zeigt dir den Weg (11-13). Satan will dich in die Falle locken, aber der Herr wird dir den sicheren Weg zeigen. Glaube an seine Verheißung und wandle im Glauben. Seine Güte wird mit dir sein.

Gott stärkt dich (1.14). Wir brauchen Kraft für den Kampf und Kraft für unseren Weg, und Gott gibt reichlich. Wichtig ist, dass du dir Zeit nimmst, auf Gott zu warten (Jes 40,31). Wenn du ihm vorauseilst oder hinter ihm zurückbleibst, machst du dich damit zu einem perfekten Ziel für den Feind.

Psalm 28

Bitten (1-5). Davids Feinde legten es darauf an, seinem guten Ruf und seinem Werk zu schaden, deshalb wandte er sich mit zwei Bitten an den Herrn: Gott möge mit ihm reden (V. 1-2) und ihn retten (V. 3-5). Gott spricht mit uns durch erhörtes Gebet. »Wenn du schweigst«, sagte David, »kann ich ebenso gut sterben! Und wenn du mich nicht befreist, behandelst du mich wie den Feind!« Ziemlich kraftvolle Argumente!

Sich freuen (6-9). Gott hörte ihn und half ihm, und dasselbe tut er auch für dich heute, wenn du ihm vertraust. Du kannst dich am Herrn erfreuen, auch wenn du gerade nicht in der Lage bist, dich an dir selbst oder deinen Lebensumständen zu erfreuen. Lass Gott deine Stärke sein, dein Loblied und dein Heil (Jes 12,2). Er ist der treue Hirte, der dich mit all deinen Lasten tragen kann.

Psalm 29

Preisen vor dem Sturm (1-2). David rief die Engel im Himmel an und bat sie, Gott Lobpreis darzubringen. Du kannst nie wissen, wann sich ein Sturm zusammenbraut, deshalb ist es wichtig, dass du ihn anbetest und ihm alle Ehre gibst. Die allergrößte Schönheit ist die Schönheit der Heiligkeit, und sie kommt von der Anbetung des Herrn.

Kraft im Sturm (10-11). Vielleicht sah David einen Regenbogen und wurde dadurch an Gottes Versprechen nach der Sintflut erinnert (1Mo 9,8-17). Gott thronte als König zur Zeit der Flut, und er ist immer noch König! Kein Sturm ist größer als Gott. Wenn du ihm vertraust, wird der Sturm Gott verherrlichen. Wenn es in deinem Leben gerade stürmisch zugeht, bete ihn an und warte auf ihn. Der Sturm wird vorübergehen, und er wird dir Frieden geben.

Unfasslich ist oft Gottes Sinn

Unfasslich ist oft Gottes Sinn
Und rätselhaft sein Tun:
Er wandelt auf dem Meer dahin,
Und reitet auf dem Sturm.

Brüder, lasst die Furcht nur fahren,
jene Wolken bersten doch
nicht vor Zorn, sondern vor Gnade,
bringen Segen noch und noch.

nach *»God moves in mysterious ways"*
von William Cowper

Psalm 30

In diesem Loblied (V. 1.4.11-12) sagte David Gott Dank für die Veränderungen, die er in seinem Leben bewirkt hatte.

Er war krank gewesen und wieder gesund geworden (1-3). Gott hatte David geheilt und ihn aus dem Grab gehoben. Seine Krankheit war eine Strafe Gottes gewesen für seinen Stolz und seine Eigenmächtigkeit (V. 6-7). Vielleicht hatte das etwas mit der Volkszählung zu tun, die er veranlasst hatte (1Chr 21).

Er hatte geweint und war wieder froh geworden (4-5). Es besteht ein großer Unterschied zwischen Gottes kurzzeitigem Zorn und seiner Gabe der anhaltenden Freude; zwischen Weinen und

Fröhlichkeit; zwischen der Nacht und dem Morgen. Vielleicht sieht für dich im Moment alles finster aus, aber warte, bis sein Morgen anbricht. Er kann blitzschnell alles ändern.

Er hatte getrauert und konnte nun wieder singen (8-12). David wurde demütig vor Gott und flehte um Hilfe und Erbarmen. Als Gott sah, dass die Strafe ihren Zweck erfüllt hatte, heilte er David und vergab ihm seine Sünden. Danach zog sich David um, nahm seine Harfe in die Hand und sang dem Herrn Loblieder.

Wie finster die Nacht auch sein mag, der nächste Tag wird sicher anbrechen. Wie schwer dein Herz auch sein mag, eines Tages wird es sich mit einem Lied füllen. Warte geduldig und vertraue auf den Herrn: »Wir stehen ein Leben lang in seiner Gunst« (V. 6).

> *»Die Freude ist stets auf dem Weg zu uns.*
> *Sie ist immer auf der Reise zu uns*
> *durch die dunkle Nacht hindurch.*
> *Es gibt keine Nacht, in der sie nicht kommt.«*
> Amy Carmichael

Psalm 31

Feinde. Davids Feinde verfolgten ihn, verbreiteten Lügen über ihn und legten ein Netz aus, um ihn zu fangen. Wen konnte er um Hilfe bitten? Nur den Herrn allein! Wenn der Feind die Hand gegen dich erhebt (V. 8.15), birg dich in der Hand des Herrn (V. 5.15; Joh 10,27-29). Eines von Jesu Worten am Kreuz stammt aus Vers 6 (Lk 23,46).

Gefühle. David war krank, vielleicht als Folge seines eigenen Ungehorsams (V. 9-13). Gott kann Feinde und Krankheit gebrauchen, um uns zu züchtigen und uns dazu zu bringen, uns zu fügen. Davids Feinde lachten ihn aus und seine Freunde beachteten ihn nicht. David blieb nichts anderes übrig, als den Herrn um Hilfe zu bitten, und der Herr ließ ihn nicht im Stich.

Glaube. Hier steht Davids Vertrauen zum Herrn im Vordergrund.

Weil er Vertrauen hatte, schämte David sich nicht (V. 1), sondern erfreute sich an Gott (V. 6-7) und an Gottes Freundlichkeit über seinem Leben (V. 14-16; 4Mo 6,22-27). Er wusste, dass Gottes Güte ihn hindurchtragen würde (V. 19). Wahrer Glaube bleibt niemals allein, denn er führt immer zu Liebe und Hoffnung (V. 23-24), die dir den Mut geben, den du brauchst, um den Kampf zu gewinnen, ganz gleich, ob der Feind drinnen ist oder draußen.

Psalm 32

Dieser Bußpsalm erwuchs aus Davids Erfahrungen mit dem Herrn, nachdem er Ehebruch begangen und versucht hatte, seine Sünden zu verbergen (2Sam 11-12). Wenn du dich weigerst, deine Sünden zu bekennen, muss der Herr dafür sorgen, dass du bußfertig wirst (Spr 28,13). Je länger du wartest, umso schlechter wird es dir gehen, wie du an Davids Erfahrung sehen kannst. Den folgenden Dingen musst du ins Auge schauen:

Taten, die gegen dich sprechen (1-2). Gott sieht, was du tust und führt eine Akte über dich. Auf der Erde hatte David seine Sünden verbergen können, aber seine Akte im Himmel konnte er nicht verstecken. Wenn wir bekennen, löscht Gott unser Sündenregister (1Jo 1,9).

Der Schmerz in dir (3-5). Sünde zieht den Körper in Mitleidenschaft, und Gottes Strafen sind schmerzhaft, aber notwendig (Hebr 12, 1-11). David wurde wie ein alter Mann, der eine schwere Last trägt.

Die Wasserflut um dich herum (6-7). Gott gebraucht schwierige Situationen, um dich zu ihm zurückzuziehen. Wegen seiner Sünden musste David mit seiner Familie sogar mehrere Fluten überstehen.

Der Weg, der vor dir liegt (8-9). David war wie ein störrisches Tier, dessen Wille gebrochen werden musste. Wenn du nicht mehr nach dem Willen Gottes lebst, werden deine Entscheidungen oft Probleme schaffen, statt sie zu lösen. Der Weg wird schwieriger.

Davids Weg führte vom Schweigen (V. 3) zum Singen (V. 7), weil er endlich beschloss, ehrlich zu Gott zu sein und seine Sünden zu bekennen (V. 5-6).

Psalm 33

Gottes Wort in der Anbetung (1-5). Wir dürfen die Anbetung nicht vom Wort Gottes trennen, denn wir müssen »in Wahrheit« anbeten (Joh 4,24). Je besser wir die Heilige Schrift kennen, umso besser können wir ihn preisen (Kol 3,16ff.).

Gottes Wort in der Schöpfung (6-9). Gott rief das Weltall ins Dasein (1Mo 1; Joh 1,1-3), und seine Wort regiert es (Ps 147,15-18). Was ist es doch für ein machtvolles Wort!

Gottes Wort in der Geschichte (10-17). Die Nationen mögen sich zusammenschließen und sich gegen Gott auflehnen, aber sein Wort wird siegen (Ps 2). Militärische Stärke ist keine Erfolgsgarantie. Gott hat einen Plan für die Nationen, und er wird ihn in die Tat umsetzen (Apg 17,24-28).

Gottes Wort in deinem Leben (18-22). Das Wort, durch das Gott das Weltall geschaffen hat und es regiert, kann auch in deinem Leben regieren. Wenn du seinem Wort vertraust und es befolgst, wirkt das ganze Weltall zu deinen Gunsten. Wendest du dich von diesem Wort ab, wendet sich das ganze Universum gegen dich (Jon 1).

Du brauchst Gottes Willen niemals zu fürchten, denn er kommt aus seinem Herzen (V. 11).

> *»Glückselig, die ungeteilten Herzens sind,*
> *denn sie werden viel Frieden erfahren …*
> *Wenn du dich nicht hetzen und unter Druck setzen lässt,*
> *wenn du deine Seele in Gott ruhen lässt, kann nichts dir*
> *die Klarheit des Geistes nehmen, die Leben und Frieden bedeutet.*
> *In dieser Stille wirst du immer noch*
> *seinen Willen erkennen.«*
> Amy Carmichael

Psalm 34

Voller Angst, dass Saul ihn töten würde, floh David nach Gat und bat den Feind um Schutz (1Sam 21,10–22,2). Aber wenn du dich dem Willen Gottes entziehst, bist du niemals sicher, und David musste zur Lüge greifen, um zu entkommen. In diesem Psalm gibt David Zeugnis davon, was Gott für ihn tat.

»Ich werde segnen« (1-10). David hatte allen Grund, den Herrn zu preisen, denn der Herr hatte ihn vor dem sicheren Tod gerettet. Wenn du den Herrn im Glauben anrufst, wird er dich retten (V. 4-6), bewahren (V. 7) und sättigen (V. 8-10). Was nützt es, zum Feind zu laufen, wenn du beim Herrn sicher bist?

»Ich werde lehren« (11-22). David wollte, dass die nächste Generation den Herrn kennenlernen und ihm vertrauen würde. Er erteilte wichtige Ratschläge, wie man »schöne Tage« erlebt (V. 12-14 [LUT]; 1Petr 3,8-12), und er forderte sie auf, in Zeiten der Not den Herrn anzurufen. Gottes Augen sehen, was du brauchst, Gottes Ohren hören deine Gebete, und Gott ist dir nah, wenn du tief betrübt bist.

Wenn Gott etwas Besonderes für dich tut, erzähl es weiter. Die nächste Generation muss wissen, dass Gott lebendig ist.

Psalm 35

Wie David, brauchst auch du Rettung von Gott vor zwei verschiedenen Feinden.

Vor Angreifern (1-10). Es gibt Orte auf der Welt, wo es gefährlich ist, Christ zu sein, und vielleicht wird ihre Zahl steigen. Schließlich ist Satan ein Mörder (Joh 8,44) und würde Gottes Volk völlig vernichten, wenn er könnte. Aber der Herr kämpft für uns. Er hat wirksame Waffen (V. 2-3) und weiß, was der Feind vorhat (V. 4). Wenn du zum Herrn gehörst, ist er für dich verantwortlich und kümmert sich um dich.

Vor Anklägern (11-28). Satan ist nicht nur ein Mörder, sondern auch ein Ankläger (Offb 12,10). David musste das Schlachtfeld verlassen und gegen den Gerichtssaal eintauschen, wo seine

Feinde Lügen über ihn erzählten. Aus seinem Gebet: »Kämpfe für mich!« wurde: »Verteidige mich!« (V. 23-24). Aber ihm ging es darum, dass Gottes Name verherrlicht würde, nicht sein eigener (V. 27). Wenn der Feind deinen Namen schlecht macht, greift er damit auch den Namen des Herrn an.

Beachte die Ergebnisse: »Und meine Seele wird jauchzen« (V. 9); »Und meine Zunge soll hersagen deine Gerechtigkeit« (V. 28). Freude im Innern und Zeugnis nach außen!

Psalm 36

Die Bosheit der Menschen (2-5). David hatte schon viel erlebt und besaß eine gute Menschenkenntnis. Er kannte auch sein eigenes Herz gut! Aber in diesem Vers gibt er ein besonderes prophetisches Wort von Gott weiter. Der Gottlose bildet sich etwas darauf ein, dass er mit seiner Sünde ungestraft davonkommt. Er lebt von den Lügen, die er verbreitet, um den Gottesfürchtigen zu schaden. Seine Worte und Werke sind böse, aber das stört ihn nicht.

Gottes Treue (6-8). Was für ein krasser Gegensatz zur Treulosigkeit des Sünders! Wir können Gott immer vertrauen, dass er das Richtige tut, und der sicherste Platz der Welt ist der unter seinem Schatten im Allerheiligsten (V. 8).

Das Glück des Gläubigen (9-13). Gott sättigt seine Kinder mit dem Wasser und dem Licht des Lebens. Er schützt dich vor dem Feind und erfüllt jedes deiner Bedürfnisse. Das Wort »Wohlgefallen« in Vers 9 entspricht dem hebräischen *Eden*. Wenn du in Gott wohnst, bist du im Paradies!

Psalm 37

In diesem Psalm steckt die Weisheit eines alten Mannes, der mit dem Herrn gewandelt ist (V. 25). David hatte gegen böse Menschen gekämpft und kannte den Frust, der sich einstellt, wenn man sieht, wie gut es oftmals den Bösen geht und wie schlecht den Frommen. Im Rückblick auf die Vergangenheit erteilte er weise Ratschläge, die uns davon abhalten sollen, uns über den Herrn zu ärgern, wenn die Dinge nicht so laufen, wie wir es uns wünschen.

»Vertraue auf den Herrn« (V. 3). Wenn du im Schauen wandelst und nicht im Glauben, wirst du schnell Gründe finden, dich zu ärgern. (Siehe Ps 73.) Vielleicht geht es den Bösen gut, aber sie werden vergehen und man findet sie nicht mehr (V. 35-36). Glaube an das, was Gott in seinem Wort sagt, denn dort erfährst du, wie die Dinge wirklich sind.

»Erfreue dich am Herrn« (V. 4). Suche dein Glück und deine Freude in der Erfüllung seines Willens. Mache ihn zu deiner Freude, und alles, was du dir wünschst, wird nach seinem Willen sein. Wenn du dafür lebst, dem Herrn zu gefallen, wird dich das davon befreien, dich über das Verhalten anderer Menschen zu ärgern.

»***Befiehl dem Herrn deinen Weg«*** (5). Wenn du ihm vertraust und Freude an ihm hast, wie könntest du dann anders, als ihm die Führung zu überlassen? Lass Gott deine Schritte lenken, darüber entscheiden, was dir Freude macht, deinen Namen schützen und deine Arbeit segnen.

»›Ruhe im HERRN; warte geduldig auf IHN‹.
Auf Hebräisch: ›Sei stille zu Gott und lass dich von ihm formen‹. Halte nur still, und ER wird dich zur rechten Gestalt formen.«
Martin Luther

»Ruhe im Herrn« (7). Ruhelosigkeit weist auf Unglauben hin. Glaube aber ruht im Herrn und erfreut sich am »Frieden Gottes, der allen Verstand übersteigt« (Phil 4,7).

Gott wartet manchmal, bis er ein Gebet erhört, damit er uns im Glauben stärken kann (Jak 1,2-8).

»Warte auf den Herrn« (34). Auf was wartest du? *Auf das Erbe, das Gott für dich bereithält* (V. 11.18.22.29.34). Die Gottlosen haben nur vorübergehend Freude auf der Erde. Auf Gottes Kinder dagegen wartet ein ewiger Schatz im Himmel. Eines Tages wirst du dein Erbteil empfangen, warte nur geduldig ab.

Psalm 38

Dies ist der dritte der Bußpsalmen (siehe Ps 6), und er zeigt, was mit dir passiert, wenn du sündigst.

Was Gott tut (1-2). Gott liebt dich zu sehr, als dass er dir das Sündigen erlauben und dich dann damit davonkommen lassen würde. Wenn du ungehorsam bist, wird er dich zuerst tadeln und dann züchtigen. Er wird seine Pfeile aus der Ferne auf dich abschießen oder näher kommen und seine Hand auf dich legen. So oder so wird er dich wissen lassen, dass es ihm missfällt.

Was die Sünde tut (3-10). Wegen seiner Sünde litt David an einer Krankheit (Ps 32, 3-5). Er trug eine schwere Last und wurde von ihr erdrückt. Er seufzte und stöhnte und war bereit aufzugeben. Die Sünde kommt zuerst als Freund und lockt dich und wird dann zum Herrn, der dich knechtet.

Was die Leute tun (11-14). Die Sünde errichtet eine Mauer zwischen dir und denen, die dir helfen können, aber sie baut eine Brücke zwischen dir und denen, die dich ausnutzen und dir wehtun wollen.

Was mit den Sünden passiert
Wenn du Christus vertraust, was macht Gott dann mit deinen Sünden? Er nimmt sie weg (Joh 1,29; vergisst sie (Hebr 10,17); wäscht sie ab (Jes 1,18); löscht sie aus (Jes 43,25); tilgt sie wie eine Wolke (Jes 44,22 [LUT]); vergibt sie (Jes 55,7); und wirft sie in die Tiefen des Meeres (Mi 7,19).

Was der Sünder tun muss (15-22). Die einzige Hoffnung besteht darin, Sünden zu bekennen und Gott um Gnade anzuflehen. Er verspricht Vergebung, du musst sein Versprechen nur für dich in Besitz nehmen.

Psalm 39

Gott schweigt. David hatte gesündigt und Gott bestrafte ihn. Züchtigung ist ein Zeichen von Gottes Liebe (Hebr 12,5-11). Füge dich also seinem Willen. Gott hatte David nicht geantwortet (V. 12) und das beunruhigte ihn. Würde er sterben (Ps 28,1)?

David schweigt vor Gott. David war still vor dem Herrn und stritt nicht mit ihm (V. 9; siehe auch 3Mo 10,3; 1Sam 3,18). David akzeptierte Gottes Willen und fügte sich demütig. Er betete, Gott möge ihm vergeben und helfen, und aus Gnade erhörte ihn Gott.

David schweigt vor den Gottlosen. Als er krank war und gottlose Männer ihn besuchten, versuchte David, vor ihnen zu schweigen (Mt 7,6). Aber schließlich musste er doch sprechen und sich selbst und ihnen in Erinnerung rufen, dass der Mensch schwach ist und das Leben kurz. Das Leben ist nur eine Handbreit lang, ein Dampf, der kommt und geht (Jak 4,14), und nicht mehr als ein Schatten. Wir sind Gäste und Fremde (V. 12) und die Reise ist nicht lang. Warum solltest du Reichtümer sammeln wollen, da du sie ohnehin nicht mitnehmen kannst, wenn du gehst?

Schweigen kann manchmal lauter sein als Reden. Es ist gut zu wissen, wann Reden dran ist und wann Schweigen.

Psalm 40

Warten (2-4). Während er durch seine Feinde Prüfungen durchlitt, bat David Gott um Hilfe, aber die Antwort kam nicht sofort. Er wartete – und dann wirkte Gott! Ein erstaunlicher Wandel fand hier statt. David kam aus der Grube herauf und war anschließend wieder ganz auf der Höhe; befreit aus Schlamm und Schlick, stand er nun auf Felsengrund; und aus seinem Weinen war Gesang geworden!

Zeuge sein (5-11). Wenn Gott etwas Großes für dich tut, erzähl es weiter. Gottes Werke und Gedanken sollten Teil deiner täglichen Gespräche sein. Gib die gute Nachricht durch Worte und Taten weiter. Gott kann dein Zeugnis gebrauchen, um weitere Menschen zu sich zu ziehen (V. 3).

Krieg führen (12-16). So oft fand David sich umgeben von Gefahr, und das Einzige, was er tun konnte, war, den Herrn um Hilfe zu bitten. Du befindest dich vielleicht nicht im Krieg gegen feindliche Heere, aber du nimmst teil an einem geistlichen Kampf, der Einsatz und Hingabe erfordert (Eph 6,10ff.).

Anbeten (17-18). Er mochte in noch so großen Schwierigkeiten stecken: David nahm sich immer Zeit, den Herrn anzubeten. Wenn du das tust, hilft es dir, die Dinge zu relativieren, und du erkennst, was Gott für dich tut. Die Hauptsache ist, dass Gott verherrlicht wird. Auch wenn du die Geduld mit ihm verlierst: Er denkt über dich nach und sorgt dafür, dass sich für dich alles zum Guten entwickelt (Jer 29,11).

Das Höchste Opfer
Psalm 40,7-9 wird in Hebräer 10,1-14 zitiert und in Bezug zu Jesus Christus gesetzt. Er kam, um Gottes Willen zu hören (das offene Ohr [Jes 50,4-6]) und Gottes Werk zu tun (der bereitete Leib). Sein Leib wurde in Marias Bauch durch den Heiligen Geist bereitet (Lk 1,26-38; siehe auch Jes 7,14). Jesus erfüllte es, den Willen des Vaters auszuführen, denn er trug das Wort in seinem Herzen (Joh 4,34; 8,29). Wenn du an Gottes Wort Freude hast, wirst du auch Freude an seinem Willen haben (Ps 1,1-3). Jesus Christus ist das von Gott erwählte Opfer für unsere Sünden, und durch seinen Tod hat er die alttestamentlichen Opfer zur Erfüllung gebracht. Sein einmaliges Opfer hat die Sündenfrage ein für alle Mal geklärt – auf ewig.

Psalm 41

Als David krank im Bett lag, *sah er zurück* und erinnerte sich, dass er anderen gegenüber barmherzig gewesen war und dass er den Armen geholfen hatte. Das ermutigte ihn, denn er wusste, dass Gott ihm helfen würde (5Mo 15,1-11). Gott ist barmherzig mit denen, die anderen Barmherzigkeit erweisen (Mt 5,7). Wenn du Schmerzen hast, ist es gut, ein reines Gewissen zu haben, das dir Mut gibt.

Als er sich David *umsah*, erkannte David, dass seine Feinde über ihn lästerten und ihm den Tod wünschten. Sogar sein enger Freund wandte sich gegen ihn. Wenn dir das passiert, denk daran, dass es auch Jesus passiert ist (Joh 13,18). Einen verräterischen »Freund« zu haben ist schmerzhafter als die Schmerzen, die von Krankheit herrühren.

Als David schließlich *aufsah,* löste das seine Probleme. Was andere auch sagen mochten: Gott war sehr zufrieden mit David, und das war das Einzige, was zählte. Sollten Davids Feinde doch ihren Klatsch verbreiten. Gott würde ihn aufrichten, ihn stützen und ihn aufheitern mit dem Licht seines Angesichts.

Manchmal entscheidet allein deine Blickrichtung darüber, wie es dir geht.

Psalm 42–43

Der Refrain: »Was betrübst du dich, meine Seele?« [LUT] verbindet diese beiden Psalmen miteinander (42,6.12; 43,5). Warum war der Dichter so deprimiert?

Erstens schien Gott in dieser Stunde der Not weit weg zu sein. (42,2-4). Er fühlte sich wie ein durstiges Reh in der Wüste auf der Suche nach Wasser. Aber der Herr ist niemals weit weg; er ist nahe, auch dann, wenn du ihn nicht erkennst (Jes 41,10; Hebr 13,5; Ps 46,6).

Die bedrückte Stimmung des Dichters wurde dadurch noch verschlimmert, dass er auf die »guten alten Zeiten« zurückblickte (42,4-6). Er wollte so gerne nach Jerusalem zurückkehren und im Tempel dienen. Manchmal ist der Ruhestand oder ein Umzug seelisch schwer zu verkraften. Je älter wir werden, desto weniger Freude haben wir an Veränderungen.

»Wenn ein Mann erst einmal verzweifelt ist, weiß er, dass sein Denken ihn nicht herausziehen kann. Der einzige Ausweg liegt in einer schöpferischen Anstrengung Gottes. Wenn er das erkannt hat,

> *hat er die richtige Haltung, um von Gott zu empfangen, was er nicht aus eigener Kraft erreichen kann.«*
> Oswald Chambers

Drittens entmutigte ihn das Gerede anderer Leute (42,4.10-11): »Hat Gott dich vergessen? Wo ist dein Gott?« Die Antwort steht in Psalm 115: Höre auf Gott und nicht auf das dumme Gerede der Leute.

Was solltest du tun, wenn die Depression von dir Besitz ergreift? »Harre auf Gott« (42,6.12; 43,5). Schau in die Zukunft, nicht in die Vergangenheit. Wenn du das Gefühl hast, in deinen Lebensumständen zu ertrinken, denke daran, dass die Wellen und Wogen von *ihm* kommen (42,8), und dass er weiß, was das Beste für dich ist. Gefühle eignen sich nicht als Nahrung (42,4): Fang an, dich von seinem Wort zu ernähren (43,3). Gott wird dich bewahren und leiten, ganz gleich, wie schlecht du dich fühlst. Gott ist größer als deine Gefühle. Wandle im Glauben, und er wird dir beistehen.

Psalm 44

Das Volk hatte eine Krise zu bewältigen und es sah aus, als hätte Gott es verlassen und würde dem Feind helfen (V. 9-16). Israel war ein verstreutes Volk, beschämt und verachtet. Was kannst du tun, wenn es so aussieht, als stünde Gott auf der Seite des Feindes?

Denke an das, was Gott für dich getan hat (2-4). Das bedeutet nicht, dass du in der Vergangenheit leben, sondern dass du aus ihr lernen sollst. Deine Situation mag schmerzhaft sein, aber Gott hat sich nicht verändert. Er kann immer noch Wunder wirken und seinen Namen verherrlichen.

Vertraue auf ihn (5-9). Wenn du deinen eigenen Möglichkeiten vertraust, wirst du scheitern. Manchmal lässt Gott Niederlagen zu, nur um dich daran zu erinnern, dass du ihm vertrauen musst. Ihm allein.

Bleib ihm treu, komme, was wolle (18-27). Denk an Satans Lüge über Hiob (Hi 1,6-12)? Glaubst du »berechnend«? Bist du

Gott treu, weil er dir Gutes tut? Gott prüft deinen Glauben, um zu sehen, ob er aufrichtig ist (1Petr 1,6-9). Vertraue ihm auch dann, wenn du nicht ganz verstehst, was er tut (Hi 13,15).

Psalm 45

Dieser Psalm wurde für eine königliche Hochzeit verfasst. Es ist ein messianischer Psalm (V. 7-8; Hebr 1,8-9) und er zeigt uns Christus als königlichen Bräutigam.

Seine Schönheit (2-3). Als er hier auf der Erde war, wirkte Jesus nicht durch äußere Schönheit anziehend auf die Menschen (Jes 53,2). Es ist die Schönheit seines Wesens, seiner Worte und seiner Taten, die uns dazu bringt, ihn zu lieben (1Petr 1,8).

Seine Kämpfe (3-5). Er kam als Retter, aber er führte auch einen Krieg und besiegte Satan (Mt 12,25-29; Kol 2,15). Heute erringt er Siege durch uns, indem wir uns ihm beugen und Wahrheit, Demut und Gerechtigkeit üben. Eines Tages wird er kommen und alle Königreiche der Welt erobern (Offb 11,15; 19,11-21).

Seine Reichtümer (7-10). Wer sonst besitzt einen ewigen Thron, ein gerechtes Zepter (LUT), Freude und den Wohlgeruch von Gnade und Herrlichkeit? Wenn du den König kennst, teilt er alle seine Reichtümer mit dir.

Seine Braut (11-18). Dies ist ein Bild für die Gemeinde (Eph 5,25ff.), also für all jene, die durch ihren Glauben an Christus gerettet sind. Der Bräutigam ist bereit (V. 9), die Diener sind bereit (V. 10), und die Braut wird unter Jubel zum König geführt. Was wird das für eine Hochzeit sein (Offb 19,1-10)! Freust du dich schon darauf, eines Tages dabei zu sein?

Psalm 46

Man nimmt an, dass dieser Psalm in Zusammenhang mit der dramatischen Befreiung Jerusalems aus der Hand der Assyrer entstand (2Kö 18–20). Er inspirierte Martin Luther zu seinem Lied »Ein feste Burg ist unser Gott«, und er kann auch dir heute noch Impulse geben.

Wenn die Dinge um dich herum sich verändern und dir bedrohlich vorkommen, richte deine Aufmerksamkeit auf Gott. Er ist bei dir (seine Gegenwart), er ist ein Zufluchtsort (sein Schutz); er hilft dir (seine Kraft). Deine Welt mag von Beben erschüttert sein (V. 3-4), aber er hat einen nie versiegenden Strom, der dir Frieden geben kann (V. 5). Du steckst vielleicht mitten in Kämpfen, aber er wird den Krieg gewinnen (V. 9-10).

»Lasst ab!« (V. 11) bedeutet: »Nehmt die Hände weg, entspannt euch.« Gott weiß, was er tut, und sein Zeitplan ist perfekt (V. 6). Wenn alles vorbei ist, wird er verherrlicht (V. 11), und du wirst gesegnet werden.

Weiser Rat
Wenn du nervös und zappelig bist und dich am liebsten in Gottes Pläne einmischen würdest, denke an diese drei Ermahnungen: »Lasst ab!« (Ps 46,11); »Steht fest!« (2Mo 14,13 [LUT]); und »Bleib zu Hause!« (Rt 3,18).

Psalm 47

Wenn es bei dir in der Anbetung eher ruhig und besinnlich zugeht, wird dieser Psalm eine Herausforderung für dich sein, denn er beschreibt eine Festfeier mit Händeklatschen, Rufen und lautem Singen. Der Grund für diese Begeisterung ist die Größe unseres Königs Christus. (Wenn die dich nicht begeistert, was dann?) Lass dich von diesen Dingen begeistern:

Von seinem großen Sieg (2-5). Wir wissen nicht, welchen militärischen Sieg der Psalmist feierte, aber wir Gläubigen heute gehen mit beim geistlichen Triumphzug Christi (2Kor 2,14). Wie Josua fügen wir uns unserem Heerführer und vertrauen darauf, dass er den Kampf gewinnen wird (Jos 5,13-15). Ruft es nur laut hinaus!

Von seinem großen Thron (6-8). Welch ein Bild für die Himmelfahrt unseres Herrn, der nun zur Rechten Gottes sitzt! Satan mag der Fürst dieses Zeitalters sein, aber Jesus ist König der ganzen Welt. Ruft es nur laut hinaus!

Von seiner großen Herrschaft (9-10). Heute ist sein Reich ein geistliches, aber dennoch regelt er die Belange der Menschen. Eines Tages wird Christus auf der Erde herrschen, und sein Volk mit ihm (Offb 1,5-6; 5,9-10; 11,15-18). Ruft es nur laut hinaus!

Psalm 48

Wie Psalm 46, feiert auch dieser Psalm die Rettung Jerusalems durch Gott vor dem Angriff einer Armee (V. 5-8). Für Christen stehen Jerusalem und der Zionsberg für das »Jerusalem droben« (Gal 4,26) und für den himmlischen Zion (Hebr 12,18-24), wo ihr Bürgerrecht verzeichnet ist (Phil 3,20).

Sieh die Stadt an (2-9). Sie ist die Stadt Gottes, die Heilige Stadt, voller Schönheit und Freude. Für den Feind aber, der Gott nicht kennt, ist sie ein furchtbarer Ort, der auf Gericht hindeutet. Denke über deinen himmlischen Bestimmungsort nach, dann wirst du glücklicher und heiliger leben können.

Erfreu dich an der Stadt (10-12). Sie ist ein Ort, an dem Gottes Güte und Gerechtigkeit wohnen, wo sein Name gepriesen wird und sein Volk in Freude lebt. Noch lebst du nicht in der himmlischen Stadt, aber du kannst schon jetzt »die Kräfte des zukünftigen Zeitalters [schmecken]« (Hebr 6,5). »Ein kleiner Glaube wird deine Seele in den Himmel bringen«, sagte Charles Spurgeon, »ein großer Glaube aber wird deiner Seele den Himmel bringen.«

Feiere die Stadt (12-14). Sag anderen, was Gott für sein Volk bereithält und lade sie ein, Bürger Zions zu werden durch den Glauben an Christus (Lk 10,20). Den Gott der Herrlichkeit zu kennen, bedeutet, einen treuen Wegweiser zu haben, der im Leben für dich sorgt und dich zum Berg Zion bringen wird, wenn du gestorben bist. Was mehr könntest du dir wünschen?

*»Wenn Sie die Geschichte anschauen,
werden Sie feststellen, dass die Christen, die am meisten
für die gegenwärtige Welt taten, genau die waren,
die am meisten an die nächste dachten.*

Erst seit die Christen überwiegend aufgehört haben, über die andere Welt nachzudenken, sind sie in der jetzigen Welt so wirkungslos geworden.«
C. S. Lewis

Psalm 49

Egal ob du reich bist oder arm: Dieser Psalm ist für dich (V. 2), denn er handelt von zwei wichtigen Themen: Tod und Geld. »Rühme dich nicht deines Reichtums und vertraue nicht auf dein Vermögen«, schrieb der Psalmist und erklärte auch, warum:

Dein Reichtum kann den Tod nicht abwenden (6-10). Als Königin Elisabeth I starb, sagte sie: »Mein ganzer Besitz für einen einzigen Augenblick.« Geld kann zwar Medizin kaufen und ärztliche Hilfe, aber Gott lässt sich damit nicht kaufen, wenn der Tod kommt, um dich zu holen.

Du kannst deinen Reichtum nicht mitnehmen (11-16). Die Leichen von Menschen und auch von Tieren verwandeln sich in der Erde zu Staub, und die Reichen sind von diesem Schicksal nicht ausgenommen. Wenn ein Gläubiger stirbt, kehrt sein Geist heim zum Herrn (2Kor 5,1-8), aber seinen Reichtum kann er nicht mitnehmen (V. 18). Du kannst ihn aber vorausschicken, indem du ihn im Namen des Herrn mit anderen teilst (Mt 6,19-34).

Dein Reichtum kann keinen dauerhaften Ruhm kaufen (17-21). Die Menschen rühmen die Reichen, solange sie leben, ehren sie, wenn sie sterben (und hoffen vielleicht, etwas zu erben), und vergessen sie dann. Der Reiche kann sich selbst ein Denkmal errichten, aber er kann die Menschen nicht dazu bringen, sich an ihn zu erinnern.

Vers 16 zeugt vom festen Glauben des Gläubigen an eine zukünftige Auferstehung (1Thes 4,13-18). Allein dieser Glaube überwindet den Tod und macht das Leben lebenswert (1Kor 15,58; 1Petr 1,3).

»Das Totenhemd hat keine Taschen.«
Jüdisches Sprichwort

Psalm 50

Dieser Psalm beschreibt eine Szene in einem Gerichtssaal. Gott ist Richter, Zeuge und Jury zugleich, und er bringt eine Anklage vor gegen zwei Arten von »religiösen Sündern«.

Verlogene Anbeter (1-15). Er ruft das Gericht zur Ordnung, nicht mit einem Hammerschlag, sondern indem er seine Herrlichkeit offenbart (V. 2-4). Er klagt sein Volk an, das ihm unwahrhaftige Opfer darbringt – ihre Anbetung ist nur leere Routine – und sich damit Gottes Segen zu »verdienen« hoffen. Gott hat die Dinge nicht nötig, die wir ihm geben (Apg 17,24-25), aber wir haben es nötig, ihm geistliche Opfer darzubringen, bestehend aus Danksagung, Lob und Gehorsam (V. 15-16.24).

»Denn in der Anbetung beleben wir das Gewissen durch die Heiligkeit Gottes, nähren den Geist mit der Wahrheit Gottes, reinigen die Fantasie durch die Schönheit Gottes, öffnen das Herz für die Liebe Gottes, weihen unseren Willen den Plänen Gottes.«
William Temple

Heuchlerische Anbeter (16-22). Hier geht es nicht um Opfer, sondern um den Bund, den sie mit Gott geschlossen haben. Sie bekennen eine Sache und praktizieren eine andere (Tit 1,16); sie sind des Diebstahls schuldig, des Ehebruchs, des Betrugs und der Verleumdung. Sie dachten, Gottes Schweigen bedeute, dass sie ihrer Strafe entgehen würden, aber sie täuschten sich (Pred 8,11).

Das Gericht beginnt mit Gottes Volk, nicht mit der verlorenen Welt (1Petr 4,17). Beherzige die Warnung in Vers 22 und nimm die Lehre von Vers 23 an.

Psalm 51

Dies ist der vierte Bußpsalm. Wie Psalm 32 ging er aus Davids Sünde mit Batseba hervor (2Sam 11-12) und aus seinem vergeblichen Versuch, sie zu vertuschen. Wenn irgendein Kapitel der Bibel den hohen Preis der Sünde offenbart, dann ist es dieses.

Sünde verletzt den Sünder. Davids ganzes Sein war von der Sünde in Mitleidenschaft gezogen: Augen (V. 5), Verstand (V. 8), Ohren (V. 10), Geist (V. 10) und Mund (V. 16-17). Er hat keine Gemeinschaft mehr mit Gott (V. 13) und auch keine Freude mehr an ihm (V. 14). Ist das Vergnügen, das die Sünde bringt, es wert, einen so hohen Preis zu bezahlen?

Sünde verletzt andere. Sünde kann tragische Folgen für das Leben anderer mit sich bringen (Jak 1,13-16), besonders für die eigene Familie. Davids Sünde führte zu Urias Tod. Batsebas Baby starb. Davids geliebte Tochter Tamar wurde von ihrem Bruder Amnon vergewaltigt, der dann von Absalom getötet wurde, der wiederum von Joab umgebracht wurde. Ist ein flüchtiger Moment sündigen Vergnügens es wert, dafür den Rest des Lebens zu trauern?

Sünde verletzt Gott. Wir verletzen uns selbst und andere, wenn wir sündigen, aber in erster Linie richten sich unsere Sünden gegen Gott (V. 6). Sünde beschmutzt uns (V. 4.9). Sünde ist Rebellion gegen Gottes heiliges Gesetz. Wenn du wissen willst, wie sehr Sünde Gott schmerzt, geh nach Golgatha und sieh zu, wie sein Sohn für die Sünden der Welt stirbt. Gott ist die Liebe, und unsere selbstsüchtigen Sünden brechen ihm das Herz.

»*Wie traurig ist es doch, mit den Folgen vergebener Sünde leben zu müssen.*«
William Culbertson

Gott ist barmherzig und gnädig und vergibt, wenn wir voller Reue und Vertrauen zu ihm kommen (1Jo 1,9). David wollte keine »billige« Vergebung; er kam mit gebrochenem Herzen.

Davids Gebet
»Tilge meine Vergehen«, betete David (Ps 51,3). Wenn du wissen möchtest, wie Gott auf ein solches Gebet antwortet, lies Jesaja 43,25; 44,22; Micha 7,18-19; Apostelgeschichte 3,19 und Hebräer 10,14-18.

Psalm 52

Doëg war ein bösartiger Mann, der sich König Saul dadurch anbiederte, dass er David bespitzelte (1Sam 21-22). Als David erfuhr, was Doëg getan hatte, bat er Gott um Hilfe, denn Gott ist der Einzige, der gerecht mit unseren Feinden umgehen kann.

Die Kraft der Zunge kann zum Guten wie zum Bösen wirken. Doëgs Zunge war prahlerisch, trügerisch und zerstörerisch wie ein geschliffenes Schermesser (V. 3-6). David richtete sein Augenmerk auf die Güte Gottes, nicht auf die Bösartigkeit der Menschen, denn er wusste, dass Gottes Gerechtigkeit letztlich siegen würde.

Doëg sah aus wie ein starker, prächtiger Baum, aber er würde ausgerissen werden (V. 7-9). David dagegen würde grünen und fruchtbar sein (V. 10; Ps 37,34-38). Gott schützte Davids Namen, weil David auf Gottes Namen vertraute (V. 11). Weitaus mehr Söhne werden »David« genannt als »Doëg«.

Psalm 53

In dieser Bearbeitung von Psalm 14 wird der Name »Gott« (Elohim) gebraucht statt »Herr« (Jahwe); Vers 6 hat mehr Wörter und Vers 7 weniger. Manche Psalmen wurden von den Musikern für den unterschiedlichen Gebrauch im Tempeldienst bearbeitet. Eins der Wunder der Heiligen Schrift ist, dass sie auf jede Situation angewendet werden kann.

Wie du über Gott denkst, prägt deinen Charakter und dein

Verhalten. Dummköpfe wollen von Gott nichts wissen und beuten Menschen aus, die nach dem Bild Gottes geschaffen sind. Es gibt viele »praktische Atheisten«: Sie behaupten vielleicht, dass es einen Gott gibt, leben aber so, als würde er nicht existieren. Trifft das auf dich zu?

Gott wird das letzte Wort haben!

Psalm 54

David hatte den Sifitern nichts getan, und doch wandten sie sich gegen ihn, um König Sauls Gunst zu gewinnen (1Sam 23,15-23). Die Welt liebt Gottes Kinder nicht, und selbst Fremde werden versuchen, dir zu schaden, während du dich bemühst dem Herrn zu dienen.

Mach es wie David: Bitte Gott, die Regie zu übernehmen, dich zu beschützen und dich gegen deine Feinde zu verteidigen. Gott hört (V. 4) und Gott hilft (V. 6). Wenn er dein Gebet erhört hat, denk daran, dir Zeit zu nehmen, um den Herrn zu preisen (V. 8).

Psalm 55

Probleme ringsum (V. 2-4), Furcht im Innern (V. 5-6) und Verrat nebenan (V. 13-16.22): Alles zusammen ließ David wünschen, er könnte sich all dem entziehen (V. 7). Es war nicht einfach, der von Gott gesalbte König zu sein, denn zu den Vorzügen gehörten auch große Last und Verantwortung, und die Feinde Gottes wurden gleichzeitig Davids Feinde. Leiter zu sein ist nicht einfach.

David wünschte sich Flügel wie eine Taube, damit er vor dem Sturm *davonfliegen* könnte. Was er eigentlich brauchte, waren die Flügel eines Adlers, mit denen er *über* den Sturm *hinwegfliegen* könnte (Jes 40,31). Wie bekommt man sie? Indem man ins Allerheiligste gehst, in den Schatten seiner Flügel (Ps 57,12; 91,1-4). Wenn du den Herrn anrufst (V. 17), und deine Last auf ihn wirfst (V. 23), gibt er dir die Kraft, zu überwinden.

Du kannst den Sturm nicht hinter dir lassen, denn du wirst überall auf Probleme stoßen, aber du kannst über den Sturm hinwegfliegen. Gott lässt die Last zu, mit der du dich heute abmühst, damit sie dir »Flügel wachsen lässt«. Nimm Vers 23 für dich in Anspruch und auch 1. Petrus 5,7.

Psalm 56

David sprach dieses Gebet, als er in Feindesland war und in Gefahr schwebte (1Sam 21,10-15). Nachdem Gott ihn befreit hatte, schrieb er Psalm 34 als Lobpreis. Wenn du tief in Schwierigkeiten steckst, denk an diese Wahrheiten über Gott.

Gott sieht dich, wo du bist (9a). David hätte überhaupt nicht in Gat sein sollen, aber der Herr in seiner Gnade ging mit ihm und half ihm. Gott versteht deine Lage viel besser als du selbst!

Gott weiß, wie es dir geht (9b). Er weiß nicht nur, dass du weinst; er zählt deine Tränen und bewahrt sie auf! Wozu? Damit er sie eines Tages in Edelsteine der Freude und Herrlichkeit verwandeln kann. Keine Träne ist jemals vergeblich, solange du ihm nachfolgst.

Gott hört, wenn du rufst (10). Ängste und Tränen kann man nur jemandem bringen, dem man vertraut (V. 4-5.11-12). Aber sieh zu, dass es dir nicht nur darum geht, befreit zu werden. Er befreit uns, damit wir uns an ihm erfreuen und ihm dienen können (V. 13-14). Das höchste Ziel jedes Gebets ist, Gott zu verherrlichen.

Psalm 57

Neben Psalm 142 ist dies einer der »Höhlenpsalmen«, die dir viel Mut geben können. Deine »Höhle« ist vielleicht ein Krankenzimmer, eine schwieriger Dienst für Gott oder einfach ein Zuhause, das von Spannungen und Problemen geprägt ist. Wenn du es wie David machst, kannst du sogar in deiner Höhle Frieden und Sieg erleben.

Davids Glaube verwandelte seine Höhle in ein Allerheiligstes (V. 2)! Seine Zuversicht fand er nicht in den Felsen, sondern »unter seinen Flügeln«. (Siehe Rt 2,12.) Trotz scharfer Zähne (V. 5), Netze und Gruben (V. 6), war David sich sicher, dass Gott ihm helfen würde.

Er wünschte sich nicht nur zu entkommen; er wollte auch den Herrn verherrlichen (V. 6.12). Als er am nächsten Morgen aufwachte, griff er sogar zu seiner Harfe und sang dem Herrn Loblieder!

Vertraue ihm; verherrliche ihn; sing ihm Loblieder. Diese Methode bewährte sich bei David in seiner Höhle, und sie wird sich auch bei dir in deiner Höhle bewähren.

Psalm 58

Mit Worten, die uns vielleicht unchristlich erscheinen, prangerte David die ungerechten Herrscher seiner Zeit an; Leute, die das Böse förderten, indem sie die Frommen verdammten und die Gottlosen verteidigten. In einem Gebet, zu dem wir in unseren Gemeinden wahrscheinlich nicht »Amen« sagen würden, forderte er Gott auf, Sünder zu bestrafen und der Welt Gerechtigkeit zu verschaffen.

David gebrauchte viele Bilder in seinem Gebet für ein Strafgericht: »Mach zahnlose Löwen aus ihnen! Lass sie zergehen wie Wasser auf dem Sand oder den Schleim einer Schnecke! Verwandle sie in gebrochene Pfeile! Lass sie sein wie Fehlgeburten! Lass sie verglühen wie Brennmaterial unter einem Topf! Lass sie von einem Wind fortgewirbelt werden!«

In anderen Psalmen gibt es ähnliche Aussagen wie zum Beispiel in Psalm 35,1-8.26; 59,11-16; 69,23-29; 109,6-20 und 139,19-22. Diese Verse scheinen im Widerspruch zu stehen zu der Ermahnung in Matthäus 5,43-48 und den Beispielen in Lukas 23,34 und Apostelgeschichte 7,60. Wie sollten Christen heute reagieren?

Weil er Gottes erwählter König war, waren Davids Feinde Gottes Feinde (Ps 139,21-22). Zweifellos flossen seine persönlichen Gefühle in diese Gebete ein, aber hauptsächlich ging es ihm um die Gerechtigkeit Gottes und das Wohl von Gottes Volk. Davids Stellung gab ihm das Recht, *Feinde des Volkes* öffentlich anzuprangern; wir genießen das Vorrecht, *persönlichen Feinden* zu vergeben.

Seinen Feinden zu vergeben, ist allerdings erst dann möglich, wenn du erkannt hast, wie böse ihre Worte und Taten sind. Ein heiliger Zorn gegen die Sünde und ein vergebender Geist gegenüber Sündern sind Kennzeichen eines wahren Gotteskindes. Ein Mensch, der nicht darum bemüht ist, der Bosheit dieser Welt entgegenzutreten, erkennt weder die Sündhaftigkeit der Sünde noch die Heiligkeit Gottes. Ein solcher Gläubiger braucht mehr Charakterstärke!

> *»Wenn die Juden bitterer fluchten als die Heiden, ist das, glaube ich, darauf zurückzuführen, dass sie wenigstens zum Teil den Unterschied zwischen Recht und Unrecht ernster nahmen. Denn wenn wir uns ihr Schimpfen näher ansehen, erkennen wir, dass sie für gewöhnlich nicht einfach deshalb wütend sind, weil ihnen diese Dinge widerfahren sind, sondern weil sie grundsätzlich falsch sind und weil sie ebenso von Hass gegen Gott zeugen wie gegen das Opfer.«*
>
> C. S. Lewis

Eines Tages wird Gott die Gottlosen bestrafen. Wer die ersten drei Bitten des Vaterunsers betet, bringt damit in Kurzform zum Ausdruck, was David anschaulich im Detail beschrieben hat. David überließ es ganz und gar Gott, über seine Feinde zu richten, trug aber seinen Teil dazu bei, Gottes heiligem Willen in der Welt Raum zu verschaffen. Wenn heute mehr Heilige einen heiligen Zorn gegen die Sünde verspüren würden (Ps 4,4; Eph 4,26), könnte die Kirche in ihrem Auftrag, der Erde Salz und der Welt Licht zu sein, sehr viel mehr bewirken.

Psalm 59

Ich will beten (2-8). David verglich seine Feinde mit Hunden, die sich in den Straßen der Stadt herumtreiben und sich knurrend über den Müll hermachen. Saul war wieder einmal hinter ihm her (1Sam 19,1-11) und nur der Herr konnte David retten.

Ich will warten (9-16). Dieses Mal verhalf Davids Frau ihm zur Flucht, aber ihm standen mehrere Jahre bevor, in denen er immer wieder Gefahren ausgesetzt war und in Verbannung leben musste, bis er den Thron besteigen konnte, der ihm zustand. Zwei Mal hätte er Saul töten können, aber er weigerte sich, das zu tun. Er wusste, dass Gott sich um seine Feinde kümmern würde, auf seine Weise und zu seiner Zeit! (1Sam 26,8-11).

Ich werde singen (17-18). David sang ein Lied am Morgen, weil Gott ihm am Morgen Freude gab (Ps 30,6). Oft sehen die Dinge am Abend schlimmer aus, warte also den Morgen ab. Gott wird auch dir ein Loblied schenken.

Psalm 60

Gebrochen (3-5). David und Joab führten die Heere Israels gegen zwei Feinde im Norden, als ein dritter Feind im Süden einmarschierte. Wenn du gerade ein Problem gelöst hast, kommt ein weiteres daher! Es schien, als hätte Gott sein Volk verlassen und als würde das Ende nahe sein.

Unerschrocken (6). Aber David lief nicht davon. Stattdessen hielt er mutig das Banner der Wahrheit hoch und hörte auf Gottes Zuspruch (V. 8-10). Der Herr ist unser Feldzeichen (2Mo 17,8-16) und wir dürfen darauf vertrauen, dass er uns den Sieg schenken wird.

Geliebt (7). Sein Zeichen über uns ist Liebe (Hl 2,4; Röm 8,37). Der Name *David* bedeutet »der Geliebte«. Gottes Kinder sind nicht in sich selbst geliebt, sondern in Jesus Christus, dem geliebten Sohn (Mt 3,17; Eph 1,6). Wenn du mitten in den Kämpfen des Lebens steckst, denk daran, dass Gott dich liebt.

Fest im Glauben (8-14). Gott versicherte David, dass er die feindlichen Völker im Griff hatte, und so schritten David und Joab im Glauben voran und gewannen beide Schlachten. Selbst wenn du das Gefühl hast, am Boden zu liegen, bist du immer noch von ihm geliebt. Wenn du glaubst, kannst du mutig in die Schlacht ziehen und gewinnen. Marschiere unter Gottes Banner der Wahrheit!

Psalm 61

Ferne. Wie weit du dich auch entfernen magst: Gott hört deine Gebete, denn er hat offene Ohren für die Schreie seiner Kinder (Ps 34,16). David war weit weg vom Haus Gottes, aber der Herr hörte sein Gebet und gab ihm Antwort.

Tiefe. Wie tief du auch sinken magst, Gott kann dich herausziehen. Wenn das Leben dich überwältigt, nimm dir Zeit zu beten. Lass dich von Gott herausziehen und dich auf den Fels setzen, der niemals sinkt.

Gefahr. Gebet führt dich ins Allerheiligste, in den Schatten seiner Flügel (2Mo 25,20), wo Gottes Herrlichkeit wohnt. Gott bewahrt und beschützt die Seinen bis zu dem Moment, da er sie zu sich ruft.

Freude. Hast du Freude am Gebet oder ist Gebet für dich nur eine »Notfallübung«, die dir helfen soll, wenn es eng wird? Am Ende seines Psalms lobt David Gott und verspricht ihm Gehorsam. Gebet verändert Dinge, aber Gebet verändert auch Menschen, angefangen mit dem Beter selbst!

> **Tägliche Zuwendung**
> Wenn wir täglich Gott gehorchen (Ps 61,9), seinen Namen preisen (Ps 72,18) und beten (Ps 88,10), dann wendet er sich uns täglich zu (Ps 68,20).

Psalm 62

Auf den Herrn zu warten (V. 2.6), bedeutet nicht, faul zu sein oder gleichgültig, denn manchmal fällt es uns schwerer, zu warten als zu arbeiten. Damit dein Warten Bedeutung bekommt und geistlich fruchtbar wird, mach es David nach.

Warte still (V. 2.6). Das bedeutet nicht, jedem von deinen Prüfungen zu erzählen, der dir zuhört, oder sogar immer wieder dem Herrn davon zu erzählen. Ein Kind, das in den Armen der Mutter oder des Vaters ruht, hat nicht das Bedürfnis, sich laut zu äußern. Wenn jemand viel redet, ist das oft ein Hinweis auf einen kleinen Glauben.

Warte hoffnungsvoll (V. 6). Gott wirkt, wenn du ihm vertraust und ihn machen lässt. Deine Hoffnung ruht nicht auf menschlichen oder materiellen Möglichkeiten (V. 10-11), sondern auf Gottes Macht (V. 12).

Warte beständig (V. 8). Es ist nicht leicht, »allezeit« zu warten, wenn du das Gefühl hast, dass Gott nicht deinem Zeitplan folgt. Wenn deine Zeit in seinen Händen steht (Ps 31,16; LUT), kannst du in vollkommenem Frieden sein Eingreifen abwarten (Jes 26,3).

Psalm 63

Dieser Psalm entstand wahrscheinlich aus Davids schmerzhafter Erfahrung während des von seinem Sohn Absalom angeführten Aufstands (2Sam 15,13-23). Stell dir das einmal vor: Der König muss aus seinen bequemen Palast in die Wüste fliehen und sich dort verstecken! Wenn du selber einmal »Wüstenzeiten« erlebst, mach eine Bestandsaufnahme von den Dingen, die wirklich wichtig sind. David sagte:

»Ich habe immer noch Gott« (2-3). Der Gott, den du im Heiligtum anbetest, ist bei dir, wenn es schwierig wird. Wenn dich nach ihm hungert und dürstet, sättigt er dich (Mt 5,6).

»Ich habe immer noch ein Lied« (4-5). David konnte nicht zum Altar gehen und Gott Opfer bringen, aber er konnte Hände und Stimme erheben als »geistliches Opfer« (Hebr 13,15). Wenn du Gott lobst, wird deine Seele genährt (V. 6) und du wirst gesättigt.

»Ich habe immer noch die Freude am Herrn« (V. 7-12). Wenn du dich an deinen Lebensumständen nicht erfreuen kannst, bleibt dir immer noch die Freude an deinem Retter: Er hat dir in der Vergangenheit geholfen (V. 7), er bewahrt dich in der Gegenwart (V. 8) und wird dich in Zukunft leiten (V. 9). Er gibt dir Geborgenheit und hält dich, also hast du nichts zu befürchten.

Psalm 64

Davids Furcht vor dem Feind. Der König bat Gott nicht, vor dem Feind bewahrt zu werden, sondern vor der *Furcht* vor dem

Feind. Furcht und Glaube können nicht im selben Herzen wohnen (Mk 4,40). Wenn der Feind dir Angst machen kann, hat er den Kampf schon fast gewonnen. Ein ruhiges Herz macht aus dir einen souveränen Kämpfer.

Die Furcht des Feindes vor gar nichts. Sie »scheuen sich« weder (V. 5), geheime Pläne zu schmieden, noch einen offenen Aufstand anzuzetteln. (Vielleicht geht es hier um Absaloms Rebellion?) Ihre Worte sind wie Schwerter und Pfeile und sie legen versteckte Fallen aus. Es sieht so aus, als hätte David schon verloren!

Die Furcht vor dem Herrn. »Aber Gott« ist der Wendepunkt in der Geschichte. Als die Feinde am wenigsten damit rechnen, schießt Gott auf sie, und sie geraten in ihre eigenen Fallen. »Alle Menschen werden sich fürchten« (V. 10; LUT), und die Gerechten werden sich freuen.

Furcht überwinden

Am 4. März 1933, in der düsteren Zeit der Depression, sagte US-Präsident Franklin D. Roosevelt in einer Radioansprache: »Das einzige, was wir zu fürchten haben, ist die Furcht selbst.« Am 7. September 1851 schrieb der Naturphilosoph Henry David Thoreau in sein Tagebuch: »Nichts sollten wir so sehr fürchten wie die Furcht.« Drei Jahrhunderte zuvor schrieb der französische Essayist Montaigne: »Wovor ich am meisten Furcht habe, ist die Furcht.« In allen Zeitaltern haben die Menschen auf die eine oder andere Weise ihre Ängste bekämpft, aber das Einzige, was Angst wirklich überwinden kann, ist das Vertrauen auf den Herrn: »Ich bin voller Vertrauen und fürchte mich nicht« (Jes 12,2).

Psalm 65

Der Lobpreis steigt auf (2-5). Dies ist ein Erntepsalm für Gläubige, die Gott für ein weiteres Jahr seiner Güte und Fürsorge danken wollen. Lob und Gebet steigen zum Herrn auf aus den

Herzen dankbarer Menschen. Wir sollen »in allem Dank [sagen]« (1Thes 5,18).

Das Zeugnis reicht hinaus (6-9). Die Enden der Erde müssen von Gottes Gnade und Herrlichkeit erfahren. Er offenbart sich ihnen in der Schöpfung, aber die gute Nachricht von ihrer Rettung müssen sie gesagt bekommen: Gott hat dafür gesorgt, dass Sünden vergeben werden können (V. 4). Gott segnet dich, damit du wiederum anderen ein Segen sein kannst.

Der Reichtum kommt herunter (10-14). Wie gütig ist Gott, dass er Regen sendet, die Flüsse füllt und die Felder wässert! Die Felder spenden Nahrung für die Herden und sie freuen sich an seiner Güte. Wir betrachten den Regen solange als selbstverständlich, bis er nicht mehr fällt, und dann merken wir, wie sehr wir ihn brauchen.

Du kannst dich am Anfang und Ende jedes Tages an Gottes Güte freuen (V. 9). Warte also mit deinem Lob nicht bis zur »Krönung« des Jahres (V. 12).

Psalm 66

Komm und singe (1-4). Der Psalm lädt die ganze Welt ein, den Herrn zu preisen, weil Gott die Welt liebt und seinen Sohn gesandt hat, um die Welt zu retten. Wenn du Jesus als deinen Retter kennst, hast du Grund zu singen, aber sing nicht allein. Lass andere an deinem Lob teilhaben!

Komm und sieh (5-12). Dieser kurze Rückblick auf Israels Geschichte erwähnt den Auszug (V. 6), die Eroberung Kanaans (V. 7) und die Zeiten der Prüfung für das Volk (V. 10-12). Wenn du nach dem Willen Gottes Prüfungen erduldest, denke daran, dass derselbe Gott, der dich hineinführt, dich auch hindurchträgt und dafür sorgen wird, dass das Feuer dich läutert.

Komm und bring Opfer dar (13-15). Hast du Gott mitten im Feuer des Leides jemals etwas versprochen? Hast du dann Wort gehalten? Hast du nach der Prüfung Gott für das gepriesen, was du gelernt hast?

Komm und höre (16-20). David wollte anderen sagen, dass Gott Gebet erhört. Lobpreis sollte zum Zeugnis für die Herrlichkeit Gottes werden.

Der Herr und David sagen: »Komm!«

Psalm 67

Dieser missionarische Psalm ermahnt uns, die Botschaft zu den Völkern der Welt hinauszutragen. Warum?

Weil sie *Licht* brauchen (V. 2-3). Die Verlorenen wandeln in Dunkelheit und brauchen das Licht von Gottes Angesicht auf ihrem Leben (2Kor 4,3-6). Sie haben sich verirrt und laufen auf die ewige Finsternis zu. Belastet dich das?

Weil sie *Freude* brauchen (V. 4-5a). Die Freude der Sünde hält nicht lange vor, aber in Christus haben wir die »Fülle von Freuden« (Ps 16,11). Wie können wir die Freude, die Jesus schenkt, für uns behalten?

Weil sie *Gerechtigkeit* brauchen (V. 5b), die nur durch den Glauben an Jesus Christus kommen kann (Röm 3,21-31). Die Gerechtigkeit des Menschen kann niemals die Anforderungen von Gottes heiligem Gesetz erfüllen.

Weil sie *Leben* brauchen (V. 6-8). »Der Acker ist die Welt« (Mt 13,38), aber dieses Feld bringt keine Früchte hervor, die Gott Ehre machen. Nur mit Gottes Leben und Segen kann die Ernte der Gerechtigkeit kommen.

Wenn jeder Gläubige täte, was du selbst in Sachen Mission unternimmst, würden dann schon *alle* Völker der Erde den Herrn preisen?

Psalm 68

Dieser Siegespsalm feiert, dass Gott die Feinde wie Rauch weggeblasen und sie wie Wachs zum Schmelzen gebracht hat (V. 3). Er stellt drei Triumphzüge dar.

Die siegreiche Nation (1-16). Große Siege waren nichts Neues für das Volk Israel, denn Gott war von Anfang an bei ihm gewesen.

Er hatte die Kinder Israel aus Ägypten und durch die Wüste ins Land der Verheißung geführt. Er schenkte ihnen den Berg Zion und wohnte dort unter ihnen. Was für eine siegreiche Geschichte! Hast du in letzter Zeit einmal Revue passieren lassen, was Gott alles für dich getan hat?

Der siegreiche Retter (17-18). Paulus zitiert Vers 19 in Epheser 4,8 und bezieht ihn auf die Himmelfahrt Jesu Christi. Die Gläubigen von heute gehören zu einem geistlichen Heer und marschieren in einem Triumphzug mit (2Kor 2,14; Kol 2,15); und sie nehmen ihr Erbe in Besitz. Sie sitzen neben Christus in der Himmelswelt (Eph 2,4-5) und gebrauchen ihre geistlichen Gaben, um ihm auf der Erde zu dienen. Was für ein Sieg!

Die siegreichen Sänger (19-35). Der fröhliche Siegeszug erreicht das Heiligtum, wo die Menschen ihren Lobpreis zu Gott erheben und ihn bitten, ihnen für weitere Angriffe von neuen Feinden Kraft zu schenken (V. 28.34-35). Der Gott, der ihnen in der Vergangenheit zum Sieg verholfen hat, würde sie, die ihm vertrauten und gehorchten, nicht im Stich lassen (2Ko 1,8-11).

Marschierst du wie ein Eroberer bei einer Siegesfeier oder wie ein Klagender bei einem Trauerzug?

Psalm 69

Am Anfang von Psalm 69 wird *gesunken* (V. 2-4.15-16) und am Ende *gesungen* (V. 30-36). Alles kommt vor, vom Bitten zum Loben, vom Vorwurf zur Freude, denn David schüttete dem Herrn sein Herz aus. Wie schmerzhaft deine Lage auch sein mag, sag dem Herrn genau, wie es dir geht.

Dies ist ein messianischer Psalm. Aus Davids Leid heraus offenbarte der Herr seinen Sohn. (Vergleiche V. 5 mit Joh 15,25; V. 9 mit Joh 7,35; V. 10 mit Joh 2,17; V. 22 mit Mt 27,48 und V. 26 mit Apg 1,20). Ein Ziel, das Gott mit dem Leiden seiner Kinder verfolgt, ist, dass sie Jesus Christus ähnlicher werden. Das macht all das lohnenswert!

Dies ist außerdem ein Fluchpsalm (V. 23-29; sieh dir auch noch einmal die Kommentare zu Ps 58 an). Paulus zitiert diese Stelle in Römer 11,9-10 und bezieht sie auf das ungläubige Israel. Indem sie König David angriffen, lehnten sich die Feinde auch gegen Gott auf und beschworen damit ihr eigenes Strafgericht herauf.

Es ist nicht einfach, Tadel hinzunehmen, denn wir wünschen uns von anderen Annahme und Anerkennung. Aber im Kampf gegen die Sünde werden Gottes Kämpfer oft fälschlich beschuldigt und verleumdet. Wenn dir das passiert, denk daran, dass es auch David und Jesus passiert ist. Du bist in guter Gesellschaft! Denk über Jesaja 54,17 nach.

> *»Lieber würde ich mit einem Blitz spielen oder Drähte mit Strom in die Hand nehmen, als ein unbesonnenes Wort gegen irgendeinen Diener Christi zu sprechen oder die verleumderischen Pfeile aufnehmen, die Tausende von Christen gegen andere schleudern, zum Schaden ihrer eigenen Seelen und Leiber.«*
>
> A. B. Simpson

Psalm 70

David hatte es eilig, als er diesen kurzen Psalm schrieb, weil Gott *nicht* in Eile war! Dreimal rief er aus: »Eile!« und schloss mit: »Zögere nicht!« Wie Petrus, als er in den Wellen unterzugehen drohte, hatte er keine Zeit für ein langes Gebet. Auch er konnte nur noch rufen: »Herr, rette mich!« (Siehe Mt 14,30.)

Warum zögert Gott bei der Erhörung deiner Gebete? Gewiss sieht er doch, wie verzweifelt du bist. Er verspricht »Gnade zur rechtzeitigen Hilfe« (Hebr 4,16). *Dein Vater liegt niemals falsch bei seinem Timing!*

Wenn Gott abwartet, hat er vielleicht eine bessere Gabe für dich als die, um die du ihn bittest (Jes 30,18). Seine Verzögerungen sind weder Ablehnung noch Niederlage. Leg also deine Zeit in seine Hände und warte auf den Herrn (Ps 31,15).

Gottes perfektes Timing
Joseph musste im Gefängnis darauf warten, dass Gott ihn befreite und dann mit seinen Brüdern versöhnte. Israel musste auf die Befreiung aus Ägypten warten, und Mose musste zehn schwer erträgliche Plagen abwarten, bevor der Pharao bereit war, das Volk ziehen zu lassen. Josua und Kaleb mussten vierzig Jahre warten, bevor sie ihr Erbteil in Besitz nehmen konnten, und sie waren nicht schuld an der Verzögerung. David musste warten, bis er den Thron besteigen konnte. Maria und Marta mussten warten, bis Jesus nach Betanien kam, und während sie warteten, starb ihr Bruder (Joh 11). Wenn wir in Eile sind, ist Gott es noch lange nicht, und sein Zeitplan ist besser als unserer.

Psalm 71

Der Psalmist blickt auf ein Leben in Abhängigkeit von Gott zurück. Der Herr kümmerte sich um ihn bei seiner Geburt, und als junger Mann vertraute er auf den Herrn (V. 5-6). Gott unterwies ihn, als er jung war (V. 17), und war auch in reifen Jahren mit ihm. Nun ist er alt und bittet Gott, ihn nicht zu verlassen (V. 9.18).

Beim Lesen dieses Psalms findest du heraus, wie man als Christ am besten seine Zeit im hohen Alter verbringt. Widme viel Zeit dem Gebet und vertraue darauf, dass der Herr dir helfen wird. Statt dich über das zu beklagen, was falsch läuft, preise Gott für seine Gerechtigkeit und Güte. Gib niemals das Gebet auf (V. 3), die Anbetung (V. 6.8) oder die Hoffnung (V. 14).

Verlass dich auf seine Stärke und nutze jede Gelegenheit, Zeugnis für ihn zu geben (V. 15-16). Bitte Gott, dich zu einem wandelnden Wunder zu machen (V. 7), das den Menschen den Weg zu Christus weist. Lass immer ein Lied auf deinen Lippen und in deinem Herzen sein. Schließlich kommt das Beste erst noch!

Psalm 72

Salomo betete um Segen für seine Regierung, als er David auf den Thron folgte. Salomo war ein junger Mann und wusste, dass er es ohne die Hilfe des Herrn nicht schaffen konnte. Der Psalm stellt außerdem unseren Herrn Jesus dar, wenn er als König der Könige und Herr der Herren regiert.

Salomo bat um Weisheit bei der Rechtsprechung über sein Volk (V. 1-7) und Gott gewährte ihm seine Bitte (1Kö 3). Seine Herrschaft war wie ein erfrischender Regen, der die Erde fruchtbar und schön machte (2Sam 23,1-7). Gott kann dir für deine Aufgaben Weisheit geben (Jak 1,5) und dich zu einem Segen für andere machen. Bringst du erfrischenden Regen oder Stürme?

Herrlichkeit überwindet Finsternis
Wenn alles um dich herum düster aussieht, denk daran, dass Gott eines Tages die Erde mit seiner Herrlichkeit erfüllen wird (4Mo 14,21; Ps 22,28-29; 86,9; Jes 6,3; Hab 2,14). Vertraue darauf, dass er dir beistehen wird (Jud 24-25).

Friede und Sicherheit blühten, solange Salomo auf dem Thron saß, und Israels Herrschaftsgebiet dehnte sich aus. Natürlich beziehen sich die Verse 8-11 zuerst auf den Herrn Jesus und die wunderbare Herrschaft, die noch aussteht, aber er kann dir auch heute schon Frieden und Sicherheit schenken, wenn du dich ihm hingibst. Er will, dass wir schon jetzt »im Leben herrschen« (Röm 5,17).

Gott hat das Ziel, die ganze Erde mit seiner Herrlichkeit zu erfüllen (V. 19), wenn er alle Dinge in Christus zusammenführt (Eph 1,10). Hilfst du ihm dabei, seine Herrlichkeit auf der Erde zu verbreiten?

Psalm 73

Der Psalm beginnt mit »Gott ist gut« und endet mit »Gott zu nahen, ist mir gut« (V. 28), aber zwischen diesen beiden Aussagen stehen die Dinge nicht so gut!

Der Philosoph. Asafs Grundprämisse trifft zu: Gott ist gut. Aber als er anfing, über den Erfolg der Gottlosen und die Sorgen der Gottesfürchtigen nachzudenken, geriet sein Glaube ins Wanken. Es schien, als würde er Zeit und Kraft verschwenden, indem er auf Gott vertraute, denn die Ungläubigen empfingen scheinbar alle Segnungen. *Ihm war nicht klar, dass das, was er »gut« nannte in Gottes Augen nicht »gut« war.* Er wandelte im Schauen, und nicht im Glauben.

Der Anbeter. Der Wendepunkt kam, als er ins Heiligtum ging und anfing, die Dinge aus Gottes Sicht zu betrachten. *Wichtig ist nicht so sehr, was du besitzt oder woran du Freude hast, sondern wohin du gehst.* Was nützt dir ein leichter Tod (V. 4), wenn darauf ewiger Schmerz folgt? Wenn das Leben dir unfair erscheint, nimm dir Zeit für Anbetung und stelle deinen geistlichen Fokus auf das richtige Ziel ein.

Der Freund. Asaf verstand, dass ihm nichts fehlte, weil er Gott zum Freund hatte. Er hatte mehr als die Gottlosen und was er hatte, würde ewig bestehen. Gott würde ihn halten, führen, stärken und seine geistlichen Wünsche erfüllen – und eines Tages würde er ihn zu sich in den Himmel holen!

Wir sind keine Philosophen, die von den Erkenntnissen der Menschen leben. Wir sind Pilger und leben von Gottes Verheißungen, *und seine Verheißungen bleiben niemals unerfüllt!*

Psalm 74

Was wir sehen (1-8). Dieser Psalm, der wahrscheinlich nach der Zerstörung des Tempels verfasst wurde, lässt den Schmerz eines Menschen erkennen, der Gott von Herzen liebte und nicht verstehen konnte, warum er diese Entweihung zugelassen hatte. Israel war seine Herde und sein Erbe und der Zionsberg seine Wohnung, und doch erlaubte Gott bösen Menschen, sein Volk und sein Haus zu zerstören. Warum, Herr?

Was wir nicht sehen (9-17). Gott ist König, aber wir können nicht mehr so deutlich sehen, wo seine Hand am Werk ist, wie in früheren Jahrhunderten. Wir sehen keine Zeichen und wir haben keinen Propheten, der uns die Zeit erklärt und Gottes Botschaft an uns weitergibt. Gott bestrafte sein Volk unter anderem dadurch, dass er es ohne ein Wort der Führung sich selbst überließ, denn es hatte sich geweigert, ihm zu gehorchen.

Was wir sehen wollen (18-23). Sicherlich hat Asaf gewusst, dass die Sünden des Volkes zum Einfall des Feindes und zur Zerstörung des Tempels geführt hatten. Als gläubiger Jude wollte er die Stadt und das Volk befreit sehen und den Feind besiegt. Das würde zur rechten Zeit geschehen, wenn Gott seine Erziehungsmaßnahme beendet und die Rebellion seines Volkes überwunden hätte (Hebr 12,9-11). Inzwischen konnte er nichts tun, außer weinen, beten, Gott vertrauen und warten.

Psalm 75

Gott ist Richter. Seine Kinder sind nur seine Zeugen. Wir können anderen von seinen großen Taten erzählen (V. 2) und davon, dass er uns gnädig warnt (V. 5-6), aber wir können ihnen nicht sagen, wann sein Gericht über sie kommen wird. Gott wird den richtigen Zeitpunkt wählen, und sein Urteil wird gerecht sein.

Die stolzen Herrscher der Nationen wiegen sich in Sicherheit, aber der Gott, der sie erhöht hat, kann sie auch zu Fall bringen (1Sam 2,7-8; Dan 4,25). Die Gottlosen glauben, dass sie mit ihren bösen Taten davonkommen, aber eines Tages werden sie den Wein des göttlichen Zorns trinken müssen.

Inzwischen singt Gottes Volk ihm weiterhin Loblieder, denn die Gläubigen sind sich sicher, dass Gott weiß, was er tut. Die Welt braucht unser Zeugnis, und es gibt kein großartigeres als unsere Anbetung. Wenn dich wieder einmal das Böse in der Welt beunruhigt, halte inne und preise den Herrn.

Psalm 76

Gott ist zu preisen (2-7). Wir wissen nicht, welcher militärische Sieg hier gefeiert wurde, aber er brachte dem Herrn großen Ruhm ein. Weder die Festungen des Feindes (V. 5) noch seine Soldaten (V. 6) oder seine Ausrüstung (V. 7) konnten vor dem Herrn der Heerscharen bestehen. Es ist ermutigend zu wissen, dass Gott in den Kämpfen des Lebens für uns ist.

Gott ist zu fürchten (8-13). Menschliche Raserei macht Gott keine Angst (Ps 2,2-5). Er benutzt sie sogar, um sich selbst Ruhm zu verschaffen, wie eine Frau, die sich schön macht (V. 11). Gott ist langmütig, aber eines Tages wird er sich erheben und über die Gottlosen richten. Bis dahin soll auch sein Volk ihn fürchten und sich treu an seine Gelübde halten (V. 12). Geh niemals leichtfertig mit Gott um.

> *»Die Strafe für eine böse Tat wird manchmal um einen oder zwei Tage verzögert, vielleicht um ein oder zwei Jahrhunderte, aber sie wird eintreffen, so sicher wie das Leben, so sicher wie der Tod.«*
> Thomas Carlyle

Psalm 77

Freudlose, sorgenreiche Tage und schlaflose Nächte plagten den Psalmisten. Warum? Nicht aus Unglauben, sondern wegen seines Glaubens. Weil er an den Herrn glaubte, rang er mit sich selbst und mit Gott. Er konnte nicht verstehen, warum der Herr seine Versprechen nicht hielt und sein Volk aus der Knechtschaft befreite. Was tust du in so einer Situation?

Natürlich betest du (V. 2) und sagst Gott genau, wie es dir geht. Streck dich nach ihm aus in der Nacht (V. 3), *aber wehre dich nicht gegen den Trost, den er spenden will.* Er wird dich an seine vergangenen Taten und Wunder erinnern, und je mehr du über sie nachdenkst, umso besser wird es dir gehen.

Asaf dachte über Israels Auszug aus Ägypten nach und erinnerte sich, dass Gott das Volk am Ufer des Roten Meers warten ließ, dass es Nacht war, und dass die Befreiung erst im letzten Augenblick erfolgte. Das Volk hatte Angst und war gewiss, dass Gott es vergessen hatte, aber er zeigte seine Macht und demütigte den Feind.

Seine Wege sind heilig (V. 14) und verborgen (V. 20). Du brauchst sie nicht zu verstehen; folge ihm einfach dahin, wohin er dich führt.

Psalm 78

Dieser lange Psalm blickt auf die Geschichte Israels zurück: auf den Auszug (V. 12-16.42-53); die Reise durch die Wüste (V. 17-41); die Eroberung Kanaans (V. 54-55) und die Züchtigungen, die die Israeliten dort durch Gott erfuhren (V. 56-64). Die wahre Geschichte eines Volkes berichtet nicht nur vom Umgang der Menschen miteinander, sondern auch von ihrem Verhalten Gott gegenüber.

Aber wozu die lange Geschichtslektion? Um der nachfolgenden Generation willen (V. 1-8). Den Juden war geboten, ihren Kindern von den Taten und Wegen Gottes zu erzählen, damit jede neue Generation den Herrn kennen und ihm vertrauen lernen sollte (5Mo 6,1-9). Wir haben heute dieselbe Pflicht. Als Israel damit aufhörte, gab das Volk den Herrn auf und Gott musste es züchtigen (Ri 2,7-10).

Israel war ein widerspenstiges Volk, aber Gott erwies ihm Gnade und schenkte seinen Kindern Möglichkeiten, neu anzufangen. Das erlaubt uns nicht, zu sündigen und Gott zu versuchen, aber es kann uns ermutigen, Buße zu tun, wenn wir gesündigt haben.

Gott erfüllte Israels Bedürfnisse, indem er ihnen einen geistlichen Anführer gab, David, den Hirten. Er war rechtschaffen (Herz) und fähig (Hände) und bemühte sich, dem Herrn zu dienen und die Herde, Israel, zu lieben. Die Menschen haben sich nicht geändert: Sie lehnen sich immer noch gegen Gott auf. Wir brauchen immer noch treue Lehrer in den Familien (V. 1-8) und treue Anführer im Volk (V. 70-72). Tu, was du kannst, um der nächsten Generation zu helfen, dem Herrn *angemessen* zu dienen.

»Die gesamte Geschichte ist nichts anderes als die Selbstverwirklichung Gottes.«
Oliver Cromwell

Psalm 79

Wieder beklagt Asaf den Einmarsch des Feindes (siehe Ps 74). Es gab so einiges, was ihn beschäftigte.

Gottes Erbe. Der Tempel war geschändet worden, die Stadt zerstört und die Menschen ermordet. Gott ließ zu, dass seinem Erbe diese Dinge zustießen! Aber lieber würde Gott sein ganzes Erbe zerstören, als seinem Volk Sünde und Aufstand erlauben.

Gottes Name. Was werden die heidnischen Völker über Israel sagen und über Israels Gott? Die Leichen und Ruinen bezeugten etwas, das die Welt wissen musste: *Gott ist heilig und duldet keinen Ungehorsam.* Asaf bekannte die Sünden des Volkes und bat den Herrn, seinen heiligen Namen vor den Nationen zu verherrlichen (V. 8-10.13).

Gottes Zorn. Asaf forderte: »Schütte deinen Zorn aus!« (V. 6)! »Räche unser Blut!« (V. 10)! Jahre später wurde sein Gebet erhört und Gott bestrafte Babylon dafür, wie sie mit Israel umgegangen war.

Gottes Volk. Sie sind »deine Knechte« und »deine Frommen« (V. 2), »die Herde deiner Weide« (V. 13). Sorge für sie, Herr! Befreie sie! Gott sorgte für sie, aber er züchtigte sie auch, damit sie lernten, ihm zu gehorchen.

Wenn du dir wünschst, Gott möge mit anderen härter ins Gericht gehen als mit dir, solltest du anfangen, deine eigenen Sünden so zu sehen, wie Gott sie sieht.

Psalm 80

Asaf betete für die Wiederherstellung und die Erleuchtung von Gottes Volk durch das Leuchten seines Angesichts (V. 3.7.19; 4Mo 6,22-27). Er hat das Volk in zwei Bildern dargestellt:

Eine Herde (2-8). Israel war wie eine von Gott geführte Schafherde (Ps 77,20; 78,52): Wir sind »sein Volk und die Herde seiner Weide« (Ps 100,3). Aber diese Schafe waren *eigenwillig* und wollten ihrem Hirten nicht folgen. Statt sich also an grünen Auen und stillen Wassern zu erfreuen (Ps 23,2), mussten sie eine tränenreiche Zeit durchmachen und den Spott ihrer Feinde über sich ergehen lassen (V. 6-7).

Ein Weinstock (9-20). Dieses Bild ist eine Parallele zu Jesaja 5 und den Gleichnissen unseres Herrn in Matthäus 21,28-46. Israel war ein fruchtbarer Weinberg, bis es sich vom Herrn abwandte und dazu überging, die Götter der heidnischen Völker anzubeten. Eben diese Völker gebrauchte Gott, um sein Volk zu bestrafen und den Weinberg zu zerstören. Das Gebet in Vers 18-19 wurde zum Teil erhört, indem einige Israeliten nach der Gefangenschaft ins Land zurückkehren durften, aber vollkommen wiederhergestellt wird das Volk Israel erst durch Jesus Christus.

Gottes Volk heute besteht aus Schafen der Herde (Joh 10) und Reben am Weinstock (Joh 15). Sieh die Segnungen, die du empfängst, nicht als selbstverständlich an! Er sucht treue Menschen, die Frucht bringen.

Psalm 81

Was einmal war (V. 1-10). Dieser Abschnitt ist eine Einladung an das Volk, an einem Freudenfest teilzunehmen, wahrscheinlich am Passafest. Asaf nennt zwei Gründe für die Teilnahme: Gehorsam (es war eine Verordnung von Gott) und Dankbarkeit (für alles, was Gott für sie getan hatte). Es lohnt sich, zu bestimmten Zeiten über das Wirken des Herrn in deinem Leben nachzudenken.

Was jetzt ist (12-13). Trotz allem, was Gott für sein Volk getan hatte, war es nicht bereit, auf sein Wort zu hören oder seinen Willen zu tun. Eine der schmerzhaftesten Strafen, die Gott dir auferlegen kann, ist die, dir deinen Willen zu lassen. Eine Zeitlang wirst du es genießen; aber irgendwann stellst du fest, was du alles verpasst hast.

Was hätte sein können (14-17). Hätten sie gehorcht, wären sie Sieger gewesen statt Verlierer; sie hätten Fülle erfahren statt Leere und das Beste bekommen anstelle des Schlimmsten. Sie hätten jubelnd zurückblicken können, aber nun mussten sie sich reuevoll erinnern.

Was hätte sein können, *wird sein,* wenn du dich *heute* dem Willen des Herrn unterstellst.

Psalm 82

Der Thron im Himmel (1-4). Der Herr steht als Richter und klagt die menschlichen Richter für ihr Versagen an, den Armen und Bedürftigen zu ihrem Recht zu verhelfen und die Gottlosen zu verurteilen. Ihre Voreingenommenheit hat aus dem Rechtssystem, das Gott Israel verordnet hatte, eine Farce gemacht (3Mo 19,15; Spr 24,23-25). Wie denkt er wohl über unser heutiges Rechtssystem?

Die Grundfesten auf der Erde (V. 5). Gerechtigkeit und Recht bilden das Fundament für Frieden und Ordnung in der Gesellschaft (Ps 89,15; 97,2). Ob in Familie, Gemeinde oder Regierung: Wo Recht und Gerechtigkeit aufgegeben werden, gerät sogar das Fundament ins Wanken (Ps 11,3), und wo Licht sein sollte, breitet sich Finsternis aus.

Die Gräber unter der Erde (6-8). Die menschlichen Richter werden als »Götter« bezeichnet, denn das hebräische Wort *elohim* bedeutet »die Mächtigen«. (Das ist auch einer der Namen Gottes). Leiterschaft ist eine ernste Sache, denn Leiter sind Stellvertreter Gottes und müssen ihm gegenüber eines Tages Rechenschaft ablegen. Die eigennützigen Richter genießen jetzt vielleicht vergnügliche Zeiten, aber eines Tages werden sie sterben, und was dann? Die Richter werden vom Richter der ganzen Erde gerecht beurteilt werden, und es wird kein Entrinnen geben.

Psalm 83

Asaf war verwirrt (V. 2-9). Israel war in Gefahr, aber Gott schwieg und handelte nicht. Mit großem Getöse schlossen die Nationen einen militärischen Bund gegen die Juden, aber Gott sprach nicht und tat scheinbar auch nichts. Der Feind wollte das Volk vernichten (V. 5) und das Land einnehmen, und Gott würde das anscheinend zulassen.

Also betete Asaf (V. 10-19) und erinnerte Gott daran, was er zur Zeit der Richter für Israel getan hatte (V. 10-13). Dann wechselte er von der Geschichte zur Natur und bat Gott, einen Sturm zu schicken, um den Feind auszulöschen (V. 14-16).

Asaf hatte ein Ziel im Blick – nicht nur Sicherheit für Israel, sondern auch Ehre für den Herrn (V. 17-19). Vielleicht würden sogar einige der feindlichen Soldaten dem Gott Israels vertrauen! Es war nicht wichtig, Israels Namen zu erhalten (V. 5). Wichtig war nur, dass der Name Gottes verherrlicht würde.

Wenn es dir so vorkommt, als würde Gott weder reden noch handeln, sei beruhigt: Er wirkt zu deinem Wohl. Er macht nicht so viel Lärm wie der Feind, aber er ist mächtiger; *und er wird siegen.*

Psalm 84

Die Juden mussten jedes Jahr drei Mal nach Jerusalem gehen; zum Passa, zum Pfingstfest und zum Laubhüttenfest. Der Verfasser dieses Psalms konnte nicht an der Pilgerfahrt teilnehmen, obwohl seine Seele sich danach sehnte, dort zu sein. Es gibt so manche Enttäuschung im Leben, aber die drei Seligpreisungen in diesem Psalm sagen dir, wie du damit umgehen kannst.

Das Glück des Wohnens (5). Vielleicht sahen es die Priester und Leviten als selbstverständlich an, in den Vorhöfen des Herrn zu leben, aber der Psalmist nicht. Gottes Altäre waren für ihn, was einem Vogel sein Nest ist, ein Ort der Sicherheit und Zufriedenheit. Im Herrn zu bleiben, ist keine Frage der Geografie, denn du kannst ihn überall anbeten und lieben. Wenn das Leben dich enttäuscht, bleib in ihm.

Das Glück des Sehnens (6). Was zählt ist, was du im Herzen trägst. Er würde lieber im Tempel dienen, als irgendwo anders bedient zu werden. Wenn deine Sehnsüchte auf Gott ausgerichtet sind, wird der Herr dir alles geben, was du brauchst. Wenn das Leben dich enttäuscht, sei gewiss, dass deine Herzenswünsche Gott gefallen.

Das Glück des Abhängigseins (13). Gottes Pilger wandern von »Kraft zu Kraft« und von »Glauben zu Glauben« (Röm 1,17). Wenn du dem Herrn vertraust, schenkt er dir »Gnade und Herrlichkeit«, denn er ist deine Sonne (Fürsorge) und dein Schild (Schutz). Er gibt dir alles, was du auf der Pilgerreise des Lebens brauchst. Wenn das Leben dich enttäuscht, verlass dich darauf, dass der Herr dir alles gibt, was du wirklich brauchst.

Psalm 85

Wiederherstellung (2-4). Wir wissen nicht, aus welcher Krise der Herr sein Volk errettet hatte, vielleicht war es die Gefangenschaft in Babylon. Sein Zorn war vorüber, ihre Sünden vergeben, und sie waren wieder zu Hause. Wenn du von Gott gezüchtigt wirst, stütze dich auf Psalm 30,6.

Wiederbelebung (5-8). Als die Flüchtlinge ins Land zurückkehrten, war das Leben schwierig, und sie waren kurz davor aufzugeben. Gott hatte ihnen ihre Sünden vergeben, aber das machte ihr Dasein nicht paradiesisch. Sie baten Gott um neues Leben, damit sie sich an ihm erfreuen könnten. Neuanfänge sollten dazu führen, dass wir das Leben neu erfahren.

»Zu beten, dass die alten Zeiten wiederkommen,
nützt nichts; finde festen Stand, wo du bist,
und sorge dafür, dass die Gegenwart besser wird
als irgendeine Vergangenheit.
Gründe alles auf deine Beziehung zu Gott und geh voran,
dann wirst du unverzüglich feststellen,
dass, was dabei herumkommt,

unendlich besser ist
als die Vergangenheit jemals war.«
Oswald Chambers

Verantwortung (9-14). Gott vergibt uns, damit wir ihn fürchten und ihm dienen (Ps 130,4). Du musst sein Wort hören und es befolgen und darauf vertrauen, dass er dir das nötige Wachstum schenkt. Erbarmen und Wahrheit begegneten sich in seiner leidenschaftlichen Liebe, als Jesus für die Sünden der Welt starb. Recht und Friede begegnen sich in seiner Person: König der Gerechtigkeit und König des Friedens (Hebr 7,1-3).

Wenn Gott dich züchtigt, tut er das zu deinem Wohl, und er ist bei dir, wenn es vorüber ist. Er wird dir bei deinem Neuanfang zu seiner Ehre beiseite stehen.

Psalm 86

»Bewahre mein Leben« (1-10). David hatte wieder einmal Ärger. Wie jedes Mal, bat er den Herrn um Hilfe und nannte ein paar Gründe, warum Gott ihm antworten sollte. Gott war *sein* Gott, und er war Gottes Diener. Gott war barmherzig, und er brauchte Erbarmen. Er wollte, dass Gott durch den Sieg verherrlicht würde. – Gott ist gütig und groß und will dir helfen.

»Einige mein Herz« (11-13). Ein geteiltes Herz bringt nichts als Unbeständigkeit (Jak 1,5-8), denn du kannst nicht zwei Herren dienen (Mt 6,22-24). Du sollst den Herrn fürchten, vom Herrn lernen, dem Herrn gehorchen und seinen Namen preisen – alles mit ungeteiltem Herzen.

»Stärke meine Hand« (14-17). Davids Kraft und Erfahrung reichten nicht aus für den Kampf gegen diesen Feind; er brauchte die Kraft des Herrn. David hatte viel Ahnung von Theologie (V. 15; 2Mo 34,6; Neh 9,17), und das half ihm beim Beten. Je besser du Gott kennst, umso besser kannst du deine Bedürfnisse vor ihn bringen.

Psalm 87

Der irdische Berg Zion ist ein Bild für das himmlische Zion, die Stadt Gottes und seines erlösten Volkes (Gal 4,21-31; Hebr 12,18-24). Während du über diesen Psalm nachdenkst, überprüfe doch einmal dein geistliches Leben.

Auf was baust du? (4-6) Baust du dein Leben auf dem Grund, den Gott gelegt hat (1Kor 3,11)? »Das Heil ist aus den Juden« (Joh 4,22), denn Gottes Werk der Gnade in dieser Welt kam durch Israel (1Mo 12,1-3). Deine Bibel ist ein jüdisches Buch und der Retter kam aus dem Stamm Juda. Als die Kirche geboren wurde, kam der Heilige Geist auf jüdische Gläubige im Tempel von Jerusalem. Ihm nachzufolgen heißt, auf festen Grund zu bauen (Mt 7,21-29).

Wo ist dein Bürgerrecht? (4-6) Manche Menschen prahlen gerne mit ihrem Geburtsort, aber die »Einmal-Geborenen« haben nicht den Segen der »Zweimal-Geborenen«. Durch Glauben an Christus sind Gottes Kinder im himmlischen Zion verzeichnet (Lk 10,20; Phil 3,20; 4,3) – und werden für immer mit dem Vater leben.

Woran erfreust du dich? (7) Jerusalem ist eine der wenigen antiken Städte, die nicht an einem Fluss erbaut wurde. Der Psalmist fand alle seine Freuden in Jerusalem, und mehr wollte er nicht. Im Glauben kannst du aus dem Strom seiner Freuden trinken (Ps 36,9; 46,5), und dein Durst wird gestillt.

> *»Ein Mensch muss nicht von unten angeschoben,*
> *sondern von oben neu geboren werden.«*
> Vance Havner

Psalm 88

Dies ist einer der wenigen Psalmen, deren Ende nicht von ruhmreichem Sieg erklingt. Als Heman in schrieb, trug er schweres Leid, und Gott hatte es noch nicht gemildert. *Aber er hörte nicht auf zu beten und Gott zu vertrauen* (V. 2-3.10.14).

Wenn du das nächste Mal ausrufen möchtest: »Niemand kann

nachfühlen, wie es mir geht!«, nimm dir Zeit, diesen Psalm zu lesen. Wie kam sich Heman vor? Wie ein Toter, der in einer dunklen Grube begraben liegt. Wie ein Ertrinkender unter kalten Wellen und Wogen. Wie ein Unreiner, der zusehen muss, wie alle vor ihm davonlaufen und ihn allein lassen. Vor allem aber kam er sich vor wie ein Verlorener, von Gott verlassen.

Aber Heman gab nicht auf. Stattdessen sah er im Glauben auf Gott, den Gott der Wunder, der Gnade und der Treue (V. 11-13). Er schrie zu Gott und sagte ihm genau, wie es ihm ging. Deine Gefühle mögen sich ändern, aber Gott ändert sich nie. Selbst im Dunkeln kannst du ihm vertrauen; selbst dann, wenn du zu ertrinken glaubst.

Gott weiß, wie du dich fühlst (Hebr 4,14-16) und er erfüllt seinen Plan für dein Leben. Die letzten Verse deines »Psalms« sind noch nicht geschrieben, aber Gott kennt sie schon, also warte einfach ab, bis er sie dir schenkt. Es lohnt sich, darauf zu warten!

Psalm 89

Gott hatte einen Bund mit David geschlossen, dass immer einer seiner Nachkommen auf seinem Thron sitzen würde und dass das Geschlecht Davids für immer herrschen würde (2Sam 7). Aber Etan, der Esrachiter, hatte ein Problem. Einer der davidischen Könige war im Kampf besiegt worden und hatte seinen Thron verloren (V. 39-46). Für Etan sah es so aus, als hätte Gott seinen Bund gebrochen (V. 3.29.35.40), als wäre Gott seinem Volk untreu geworden.

Treue ist ein Schlüsselwort in diesem Psalm (V. 2.3.6.9.25.34). Gottes Treue zeigt sich von Generation zu Generation (V. 2-5), unter seinem Volk (V. 6-11), in der Schöpfung (V. 12-14), unter den Nationen (V. 15-19) und gegenüber David und seiner Familie (V. 20-38). Etan wusste all das, weil er die Heilige Schrift kannte, aber die neuesten Ereignisse schienen sowohl gegen die Wahrhaftigkeit des Bundes zu sprechen als auch gegen die Treue des Herrn.

Etans Problem beruhte auf geistlicher Kurzsichtigkeit. Letztendlich wurde Gottes Bund mit David in Jesus Christus erfüllt, dem Sohn Davids (Mt 1,1), und dieser wird in Ewigkeit herrschen (Lk 1,26-33). Gottes Treue endet nie!

Als Jeremia das zerstörte Jerusalem sah, ging es ihm vielleicht wie Etan, als der König besiegt und entthront wurde. Doch statt Gottes Treue in Frage zu stellen, bestätigte Jeremia sie: »Groß ist deine Treue« (Kla 3,23). Beurteile niemals Gottes Treue aufgrund dessen, was du siehst oder wie du dich fühlst. Alle seine Verheißungen gehen in Erfüllung (2Kor 1,18-20).

Psalm 90

Der düstere Ton dieses Psalms lässt vermuten, dass Mose ihn vielleicht geschrieben hat, als das Volk bei Kadesch Barnea aus Unglauben rebellierte (4Mo 13–14). Gott hatte angekündigt, dass jeder im Alter von zwanzig Jahren und darüber innerhalb der nächsten vierzig Jahre sterben würde. Kein Wunder, dass Mose betete: »So lehre uns denn zählen unsere Tage« (V. 12).

Wir zählen unsere Jahre, aber es wäre weiser, unsere Tage zu zählen, denn wir leben von Tag zu Tag. Das Leben ist kurz wie eine Wachablösung, ein Mittagsschläfchen oder Rasenmähen (V. 3-6). Kein Zwanzigjähriger im Lager Israels würde die Sechzig überschreiten und die Älteren würden es niemals bis Achtzig schaffen (V. 10). Es war ein Trauermarsch, der vierzig lange Jahre dauern sollte!

Im Licht der Ewigkeit betrachtet (V. 1-4), ist das Leben kurz – wie lange du auch leben magst. Du brauchst Gottes Hilfe, damit du deine Tage weise nutzt (V. 12) und mit Freude (V. 14-15). Es stimmt wahrhaft zufrieden, Gottes Willen zu tun (V. 14; 1Jo 2,17), Gottes Herrlichkeit sichtbar zu machen (V. 16) und in Gottes Schönheit zu wachsen (V. 17). Ungeachtet der Lasten und der Kürze des Lebens *ist das Leben lebenswert, wenn du dem Herrn vertraust.*

Das Land der Lebendigen
Charles Spurgeon erzählte von einem Mann, der zu einem sterbenden Gläubigen sagte: »Leb wohl, Freund! Im Land der Lebendigen werde ich dich nie wiedersehen!« Der sterbende Christ antwortete: »Doch, ich WERDE dich im Land der Lebendigen wiedersehen, wo ich hingehe! *Dies hier* ist das Land der Sterbenden!«

Psalm 91

Was für eine Erleichterung, zu diesem Psalm weiterzublättern und aus dem Schatten heraus ins Sonnenlicht zu treten! Im Licht der ernüchternden Mahnungen von Psalm 90 wissen wir die grandiosen Zusagen von Psalm 91 umso mehr zu schätzen.

Das Thema ist *Sicherheit*: Gott bewahrt jene, die in ihm bleiben und ihn lieben. Diese Versprechen richten sich nicht an Menschen, die nur in Zeiten der Gefahr zum Herrn laufen, sondern an jene, die in seiner Gegenwart *bleiben* (V. 1) und das Allerheiligste zu ihrer Wohnstätte machen.

Mit welchen Gefahren haben wir es zu tun? Schlingen und Seuchen (V. 3), Pfeile (V. 5), Epidemien (V. 10), Steine (V. 11-12) und Löwen und Schlangen (V. 13; bezieht sich möglicherweise auf Satan). Sicher fällt es dir nicht schwer, die modernen Entsprechungen zu nennen für die Gefahren, denen jüdische Reisende in der Antike ausgesetzt waren.

Das hingegebene Leben (V. 1-4) führt zu einem Leben im Vertrauen auf die Zusagen Gottes (V. 5-13), zu einem Leben ohne Furcht, das wiederum ein Leben in Fülle hervorbringt (V. 14-16): ein siegreiches und friedvolles Leben. Nirgendwo auf der Welt bist du besser aufgehoben als im Schatten des Allmächtigen.

Psalm 92

Dem Herrn gebührt Dank *für jeden Tag, den er dir schenkt* (V. 2-5). Am Anfang des Tages kannst du im Glauben nach vorne schauen und ihn für seine Güte preisen. Am Ende des Tages kannst du zurückblicken und ihm für seine Treue danken.

Dem Herrn gebührt Dank dafür, *dass du zu dem gehörst, was ewig ist* (V. 6-10). Du kannst die Ewigkeit nicht verstehen, aber du kannst ewiges Leben durch Glauben an Christus empfangen und du kannst für das Ewige leben (1Jo 2,17). Denke einmal über 1. Korinther 15,58 nach.

Dem Herrn gebührt sogar Dank für *das Alter* (V. 11-16). Im Alter werden jene, die für Christus leben, wieder frisch (V. 11), sie blühen auf (V. 13-14), bringen Frucht (V. 15) und bleiben treu (V. 16). Statt sich zu beklagen, preisen und bezeugen sie den Herrn.

»Es zahlt sich nicht aus, im Alter griesgrämig zu werden.
Mir tut ein Mensch Leid, der in der Vergangenheit lebt.
Er ernährt sich von abgestandenem Manna.
Er verkümmert.«
D. L. Moody

Psalm 93

Wenn das Hochwasser ansteigt (V. 3), klammere dich an diese drei Anker. Sie werden dir Halt geben.

Gottes Thron (1-4). Was immer dir heute passieren mag, denke daran: »Der Herr regiert!« Gott ist souverän und hat alles im Griff. Sein königlicher Thron ist stark und fest gegründet und besteht ewig. Sein Thron ist über die Flut erhaben, aber er ist mit dir in deinen Prüfungen und steht dir bei (Jes 43,1-2).

Gottes Zeugnisse (5a). Du kannst dem Wort Gottes vertrauen, weil es nie unerfüllt bleibt (Jos 21,45; 23,14). Halte dich fest an seinen Zeugnissen (Ps 119,31) und halte den tosenden Wellen im Glauben stand.

Gottes Tempel (5b). Im Allerheiligsten saß Gott auf dem Gnadenthron (Ps 99,1), und dort ruhte seine Herrlichkeit. Satan selbst kann den Herrn nicht entthronen und die Menschen, die es versuchen,

»sinnen Eitles« (Ps 2,1-3). Wenn die Stürme kommen und das Wasser steigt, darfst du Frieden erfahren, denn »der HERR … ist in seinem heiligen Palast. Schweige vor ihm, ganze Erde!« (Hab 2,20).

Psalm 94

Gott allein kann die Gottlosen richten und bestrafen (V. 1-3), aber Gottes Volk muss aufstehen und sich für den Kampf für die Wahrheit aufstellen lassen (V. 16). Zuzuschauen oder Ratschläge zu erteilen, ist einfacher als mitzukämpfen. Wenn du dich in die Schlacht gegen das Böse begibst, verlass dich auf Gott.

Gott weiß alles über die Feinde (1-11). Er hört ihr freches Reden. Er sieht ihre bösen Taten und letzten Endes wird er über sie Gericht halten. Einen Überraschungsangriff auf den Feldherrn deiner Erlösung kann es nicht geben!

Gott wird dich lehren, was zu tun ist (12-15). Das grundlegende »Handbuch des Glaubenskampfes« ist das Wort Gottes, und Gott wird dir beibringen, was du wissen musst. Gideon war ein gewöhnlicher Bauer, als Gott ihn berief, aber dann wurde ein mächtiger Kämpfer aus ihm, weil er sich von Gott unterweisen ließ (Ri 6–7). Obwohl er sich vor dem Feind versteckte, nannte Gott ihn einen »tapferen Helden« (Ri 6,11-12).

Gott wird dir im Kampf beistehen (16-23). Gott ist für dich, wenn du gegen alles bist, wogegen er selbst auch ist. Wenn du kämpfst, steht er dir bei. Wenn du fällst, hält er dich. Wenn du dir Sorgen machst, tröstet er dich, und wenn du angegriffen wirst, verteidigt er dich.

Wer steht auf der Seite des Herrn? Du?

Psalm 95

Gott ist groß (1-7a)! Dies ist ein Aufruf zu freudiger Anbetung, nicht zu einem gewöhnlichen Gottesdienst. Der Psalm lädt uns ein, dem Herrn »zuzujauchzen« und vor ihm »niederzuknien«. Warum? Weil Gott groß ist! Er ist ein großer Gott und ein großer König und es ist eine besondere Ehre, zu seinem Volk zu gehören.

Gott ist betrübt (7b-11). Das Gegenteil von einem anbetenden Herzen ist ein Herz, das den Herrn betrübt. Unvorstellbar, die Wunder des Herrn zu sehen und sich ihm nicht freudig hinzugeben! Die ungläubigen Juden zahlten einen hohen Preis für ihre Sünde: Sie starben in der Wüste und durften nie das Verheißene Land betreten (Hebr 3–4).

Möchtest du an deinem Leben im Glauben Freude haben? Dann nimm dir Zeit, nach Zeichen der Größe Gottes zu suchen und ihn zu preisen. Möchtest du alles als Erbe annehmen, was Gott für dich in diesem Leben bereithält? Dann bring dich ihm dar in Anbetung und Lobpreis. Ein hartes Herz führt zu einem harten Leben, also halte dein Herz weich vor Gott.

Psalm 96

In dieser Einladung zur Anbetung des Herrn stecken drei Aufforderungen:

Singt dem Herrn (1-6). Singt ihm ein *neues* Lied, denn ihr habt ihn auf eine neue Art erfahren. Singt ihm ein Loblied, denn Gott ist herrlich (V. 3) und groß (V. 4-5). Singt ein Lied, das *von seinen Wundertaten kündet,* denn alle Völker müssen die gute Nachricht von der Erlösung hören. Singt ein *Siegeslied* und erzählt damit von der Kraft des Herrn. Singt ein *Lied der Hingabe* und erzählt damit von der Schönheit des Herrn.

Gebt dem Herrn (7-10). Deine Lippen und dein Herz sollen ihm die Ehre geben und deine Hände sollen ihm Opfer bringen. Gott braucht unsere Gaben nicht (Apg 17,24-25), aber für dich ist es wichtig, dass du Gott deine Gaben bringst. Er verdient das Beste (Mal 1,6-14).

Erwartet den Herrn (11-13). Die ganze Natur wartet sehnsüchtig auf die Rückkehr des Herrn, denn dann wird die Schöpfung befreit werden (Röm 8,18-25). Die Unterdrückten werden zu ihrem Recht kommen und die Sünder werden gerichtet, wenn Jesus Christus kommt und seine Herrschaft antritt. Gottes Volk wird mit Christus regieren und ihn dann in Vollkommenheit anbeten. Halleluja!

Psalm 97

»Der Herr regiert!« Nicht: »Der Herr wird regieren!« Er regiert jetzt! In einem anderen Psalm verkündet der Herr: »Ich aber habe meinen König eingesetzt auf meinem heiligen Berg Zion« (Ps 2,6; LUT). Wir sind Königskinder.

Es jauchze die Erde (1-6). Vielleicht siehst du nicht viel von Recht und Gerechtigkeit in der heutigen Welt, aber das heißt nicht, dass Gott entthront ist. Aus Gründen, die wir nicht voll und ganz verstehen können, lässt Gott zu, dass die Erde und die Menschen, die darauf leben, ausgebeutet werden, aber eines Tages wird er in Kraft und Herrlichkeit zurückkehren und alles in Ordnung bringen.

Israel soll sich freuen (7-9). Israel hat in Gottes gnädigem Heilsplan eine Schlüsselrolle gespielt: Es hat den wahren Gott bezeugt, die Bibel an uns weitergegeben und uns den Retter geschenkt. Zion hat viel gelitten, aber eines Tages wird ihr Messias-König in Herrlichkeit zurückkehren und die Verheißungen erfüllen, die ihren Erzvätern gegeben wurden.

Die Frommen sollen sich freuen (10-12). Damit sind alle Kinder Gottes gemeint; Sünder, gerecht gemacht durch den Glauben an Jesus Christus (Röm 3,21–4,8). Sie lieben den Herrn und erfreuen sich am Herrn. Wenn du in Hingabe an den König lebst, hast du allen Grund, dich zu freuen und der Welt freudig zu erzählen: »Der Herr regiert!«

»Freut euch, der Herr ist nah!«

Freut euch! Der Herr ist nah! Den König betet an!
Freut euch und singt dem, dessen Liebe uns gewann.
Es kommt sein Reich! Gott ist nicht fern,
freut euch im Herrn, ja, freuet euch!

Freut euch! Der Herr regiert! Seht, Jesus geht voran;
Nach seinem Sieg am Kreuz trat er die Herrschaft an.

Es kommt sein Reich! Gott ist nicht fern,
freut euch im Herrn, ja, freuet euch!

Freut euch! Er schafft ein Reich
voll Wahrheit, Recht und Licht,
und Sünde, Tod und Hölle herrschen länger nicht.
Es kommt sein Reich! Gott ist nicht fern,
freut euch im Herrn, ja, freuet euch!

Freut euch! Der Herr kommt bald!
Wacht auf und seid bereit!
Er kommt und spricht: »Ich führ euch ein zur Herrlichkeit!
Ererbt das Reich! Kommt her zum Thron,
empfangt den Lohn und freuet euch!«

Charles Wesley, »Rejoice, the Lord is King!«
Dt. Text: Günter Balders

Psalm 98

Warum sollen wir den Herrn preisen? Weil er uns erlöst hat (V. 1), weil er uns seine Gerechtigkeit offenbart hat (V. 2) und damit wir uns an seine Gnade erinnern (V. 3). Damit hast du genug Gründe, ihm lange Zeit Loblieder zu singen!

Wie sollen wir den Herrn preisen? Mit Jubel und Gesang (V. 4), und mit Instrumenten, auf denen wir ihn mit unserer Kunst erfreuen (V. 5-6). Lasst Stimmen und Instrumente zusammen erklingen zum Lob des Herrn! Nicht religiöse Unterhaltung ist gemeint, sondern wahrhaft freudiges Gotteslob.

Wer soll den Herrn preisen? Alle Menschen auf der Welt – und die ganze Natur (V. 7-9). Die Schöpfung erwartet sein Kommen mit Begeisterung, und du solltest an dieser Begeisterung teilhaben.

Freue dich Welt – der Herr ist nah!

Ein neues Lied
Der Psalmist fordert uns oft auf, »ein neues Lied zu singen« (Ps 33,3; 40,4; 96,1; 98,1; 144,9; 149,1). Das Wort, das mit »neu« übersetzt wird, bedeutet »noch nicht dagewesen, neuartig«. Das Lied mag schon alt sein, aber wenn wir im Herrn gewachsen sind und seine Gnade neu erfahren haben, können wir ein altes Lied singen und ihm dabei eine neue Bedeutung und einen neuen Segen geben. Das erklärt, warum der Herr Prüfungen in unserem Leben zulässt. Er »stimmt« uns, damit wir ihn auf neue Art preisen können!

Psalm 99

»Er ist heilig« (V. 3.5.9) und er ist erhaben (V. 2); gib ihm also die Ehre, die ihm gebührt.

Fürchtet ihn (1-3). Die Größe Gottes lässt die Erde erbeben, und sie sollte auch die Menschen zum Zittern bringen (Jes 64,1-5). Sogar die Dämonen zittern, wenn sie an Gott denken (Jak 2,19). Es ist beängstigend zu hören, wie unbesonnen viele Menschen *über* oder *mit* Gott reden. Es ist sogar noch beängstigender zu sehen, wie unbesonnen die Menschen leben, als ob Gott niemals Rechenschaft von ihnen verlangen würde.

Verherrlicht ihn (4-5). Der Herr wird verherrlicht durch Stärke, Gerechtigkeit und Heiligkeit. Eine Möglichkeit, ihn zu ehren, ist die Anbetung, aber es ist wichtig, dabei beständig in ihm zu wandeln. Christus sollte in deinem Leib verherrlicht werden, damit die Verlorenen um dich herum erkennen, wie groß er ist (1Kor 6,19-20; Phil 1,19-26).

Ruft ihn an (6-9). Drei große Beter werden erwähnt, um dich beim Gebet zu ermutigen. Sie waren nicht vollkommen, aber sie hörten Gottes Wort, befolgten es, und Gott antwortete, wenn sie ihn anriefen. Das Wort Gottes und Gebet müssen immer Hand in Hand gehen (Joh 15,7; Apg 6,4), und ebenso Gebet und Gehorsam (Ps 66,18).

Psalm 100

Das alte Kirchenlied »Nun jauchzt dem Herren, alle Welt« beruht auf Psalm 100. Dem Herrn danken ist etwas, was wir sowohl mit unserem Leben als auch mit unseren Lippen tun sollen. Wie geht das?

Durch Dienen (2). »Kommt herein und betet an – geht hinaus und dient«, sollte deutlich über jeder Kirchentür geschrieben stehen. Zu viele dienen sich selbst, und nicht dem Herrn, und allzu oft dienen wir dem Herrn ohne »Freuden«. Der Herr liebt es, wenn wir ihm fröhlich dienen.

Durch Hingabe (3). Als Geschöpfe unterwerfen wir uns dem Schöpfer, der uns gemacht hat. Als Schafe unterwerfen wir uns dem Hirten, der für uns gestorben ist und uns nun auf seinen Wegen führt. Er hat uns nicht nur gemacht, sondern er *ist dabei, uns zu machen*, wenn wir uns ihm hingeben (Eph 2,10). Hingabe bedeutet Erfüllung.

Durch Opfer (4-5). Als Priester genießen wir das Vorrecht, dem Herrn geistliche Opfer zu bringen (1Petr 2,5). Das schließt Loblieder (Hebr 13,15) ebenso ein wie gute Werke (Hebr 13,16) und materielle Gaben (Phil 4,15-18). Weil er der ist, der er ist (V. 5) und wegen dem, was er für uns tut, ist er es gewiss wert, dass wir ihm freudig danken.

»Nun jauchzt dem Herren, alle Welt«

Nun jauchzt dem Herren alle Welt!
Kommt her, zu seinem Dienst euch stellt,
kommt mit Frohlocken, säumet nicht,
kommt vor sein heilig Angesicht.

Erkennt, dass Gott ist unser Herr,
der uns erschaffen ihm zur Ehr,
und nicht wir selbst: durch Gottes Gnad
ein jeder Mensch sein Leben hat.

Wie reich hat uns der Herr bedacht,
der uns zu seinem Volk gemacht;
als guter Hirt ist er bereit,
zu führen uns auf seine Weid.

Die ihr nun wollet bei ihm sein,
kommt, geht zu seinen Toren ein
mit Loben durch der Psalmen Klang,
zu seinem Vorhof mit Gesang.

Dankt unserm Gott, lobsinget ihm,
rühmt seinen Namen mit lauter Stimm;
lobsingt und danket allesamt.
Gott loben, das ist unser Amt.

Er ist voll Güt' und Freundlichkeit,
voll Lieb und Treu zu jeder Zeit.
Sein Gnad währt immer dort und hier
und seine Wahrheit für und für.

Cornelius Becker, 1602

Psalm 101

Entschlossenheit und Hingabe kennzeichnen diesen Psalm, denn David sagt neun Mal »Ich will« und vier Mal »soll«. Er wollte ein vollkommenes (lauteres) Herz haben (V. 2), kein verkehrtes (V. 4) und auch kein stolzes Herz (V. 5). »Vollkommen« zu sein vor dem Herrn, bedeutet nicht, ohne Sünde zu sein; es bedeutet, aufrichtig und ohne Heuchelei vor Gott zu treten. Johannes nannte das »im Licht wandeln«.

David wollte Gerechtigkeit für Stadt und Land (V. 8), genau wie wir heute auch. Aber staatsbürgerliche Rechtschaffenheit muss im Herzen anfangen und in der eigenen Familie (V. 2.7). Ja, wir brauchen ehrliche Menschen, die für eine gerechte Gesetzgebung sorgen, aber wir brauchen auch gottesfürchtige Menschen, die heilig leben und zu Hause damit anfangen.

Wir müssen uns gut überlegen, was wir ansehen (V. 3), uns anhören (V. 5) und mit wem wir Gemeinschaft pflegen (V. 6-7). In einer Welt voller Illusionen, sollen wir Lügen meiden und in Gottes Weisheit wandeln (V. 7.2). Anders als David, haben wir nicht die Macht, die Bösen zu bestrafen. Aber wenn unser Herz und unser Leben so sind, wie Gott es sich wünscht, wird unser Einfluss in unserer Stadt und im ganzen Land spürbar werden.

> *»Charakterstärke kann man sich bei der Arbeit aneignen. Ein schöner Charakter aber kann nur zu Hause entstehen. Dort werden die Gefühle gebildet. Dort erreicht uns das freundliche, das wahrhaft himmlische Leben. Mit einem Wort: Die Familie ist der beste Förderer des Christentums.«*
>
> Phillips Brooks

Psalm 102

Gott erfreut sich an endlosen Tagen, während wir verkürzte Tage ertragen müssen (V. 24-25); Tage der Bedrängnis (V. 3); Tage, die verschwinden wie Rauch, Gras und wie ein Schatten (V. 4.5.12). Ganz alleine sitzen wir da, wie Vögel in der Wüste und sterbende Patienten in einem Krankenhaus (V. 6-10). Wie deprimierend!

Geht es dir an manchen Tagen so? Wenn ja, nimm dich in Acht. Auf dich selbst und deine Gefühle zu sehen, macht alles nur noch schlimmer. Mach es wie der Schreiber dieses Bußpsalms: Blicke im Glauben auf den Herrn. Die Dinge werden sich ändern, wenn du den Blick von dir selbst weg auf Gott richtest und sagst: »Du aber ...«

Du aber bleibst auf ewig (13-23). Wenn du Jesus Christus im Glauben erkannt hast, besitzt du ewiges Leben (1Jo 5,11-13). Deshalb muss das Leben in einer Welt des Todes und der Verwesung dir nicht bedrohlich erscheinen, denn du wirst für immer mit dem Herrn leben (1Thes 4,13-18).

»Du aber bist derselbe« (26-29). Wenn du älter wirst, stellst du vielleicht fest, dass du dich gegen Veränderungen wehrst. Geliebte Menschen ziehen weg oder sterben, dein Körper wird schwach, die Welt verändert sich und man verbittert schnell und bekommt Angst. Aber Gott ändert sich nicht (Hebr 13,5-8), und er wird dir bis zum Ende beistehen und dich leiten (Ps 73,24).

Alles Vergängliche verändert sich, aber die ewigen Dinge bleiben, wie sie immer gewesen sind (2Kor 4,11-18).

»Bleib bei mir, Herr!«

Wie bald verebbt der Tag, das Leben weicht,
die Lust verglimmt, der Erdenruhm verbleicht;
umringt von Fall und Wandel leben wir.
Unwandelbar bist du: Herr, bleib bei mir!

Von deiner Hand geführt, fürcht ich kein Leid,
kein Unglück, keiner Trübsal Bitterkeit.
Was ist der Tod, bist du mir Schild und Zier?
Den Stachel nimmst du ihm: Herr bleib bei mir.

Dt. Text von Theodor Werner nach dem englischen
»Abide with me« von Henry Francis Lyte

Psalm 103

In diesem Psalm bittet David um nichts. Er preist den Herrn für drei wunderbare Segnungen, die er in den Versen 3-5 nennt und in den restlichen erläutert.

Vergebung (3.10-14). Vergebung ist wie Heilung, wenn du krank bist (1Petr 2,24), wie Erleichterung, wenn du belastet bist (V. 11-12; 3Mo 16,20-22; Joh 1,29) und wie Versöhnung, wenn du jemanden gekränkt hast (V. 13-14). All das darfst du empfangen, weil Jesus für deine Sünden am Kreuz gestorben ist und weil du ihm vertraust.

Befreiung (4.6-9). Gott befreite das Volk aus der Knechtschaft und von Schwierigkeiten, mit denen sie auf ihrem Weg nach Kanaan zu kämpfen hatten. Er befreit uns, weil er unser Herr sein und sich für immer um uns kümmern will. Indem er uns krönt, verwandelt er Sklaven in Könige (Röm 5,17). Welche Gnade!

Erfüllung (5.15-18). Der Mensch ist schwach und vergänglich, aber Gläubige dürfen sich »ewiger Jugend« und geistlicher Erneuerung erfreuen. David gebraucht dafür das Bild vom Adler, der alt aussieht, sich aber immer noch mit neuer Kraft in die Lüfte erhebt (Jes 40,31).

Du gehörst dem König, der über alles regiert (V. 19)! Die Engel preisen ihn (V. 20-22), und was sollte uns davon abhalten, in ihren Lobpreis einzustimmen?

»Erneuerung«
So wie Gott das Gesicht der Erde erneuert und ihr wieder Leben und Schönheit schenkt (Ps 104,30), so kann er auch dein Leben erneuern, wenn du ihn lässt. Mit einem erneuerten Geist fängt es an (Röm 12,1-2), wenn du dem Geist erlaubst, dich Gottes Wort zu lehren (Eph 4,23; Kol 3,10). Warte vor dem Herrn in Anbetung, und er wird deine Kraft erneuern (Jes 40,31). Wenn du im Glauben wandelst, wirst du ständig Erneuerung erfahren, obwohl sich in deinem Leben immer wieder Veränderungen ergeben (2Kor 4,16-18). Es gibt immer etwas Neues, woran du dich erfreuen kannst, wenn du »in Neuheit des Lebens wandelst« (Röm 6,4).

Psalm 104

Psalm 104 preist Gott für seine schöpferische Fülle, Psalm 105 für seine Treue als Erlöser und Psalm 106 für seine Vergebung als Retter seines Volkes. Wie schnell nehmen wir die Welt, die Gott geschaffen hat, als selbstverständlich hin! Wir sehen die Schönheitsfehler an ihr, nicht aber den Segen in ihr, und wir vergessen, wie die Welt beschaffen ist, die Gott uns gegeben hat.

Sie ist ein Ort, der von *Größe* zeugt (V. 1-9), nicht von menschlicher Größe, sondern von der Größe Gottes. Der Psalmist vergleicht die Schöpfung mit dem Bau eines Hauses: Das Fundament wird gelegt, die Wände hochgezogen, die Decken eingezogen und die Leitungen verlegt. Nur ein großer und weiser Gott konnte so eine Welt machen.

Sie ist ein Ort, der von *Güte* zeugt (V. 10-30). Er stellt Leben, Wasser, Nahrung und Behausungen bereit für die Menschen, die Tiere und auch für die Vögel, und er sorgt dafür, dass sie alles haben, was sie brauchen. Jede Einzelheit in Gottes Schöpfung ist ein Geschenk an uns, das wir genießen dürfen (1Tim 6,17).

Sie ist ein Ort, der von *Freude* zeugt (V. 31-35). Gott freut sich über die Schöpfung (V. 31) und wir sollen uns »in dem Herrn freuen« (V. 34). Die Schöpfung ist ein Fenster, durch das wir Gott sehen, nicht ein Spiegel, in dem wir uns selbst betrachten; und je mehr wir von ihm sehen, umso glücklicher sollten wir sein. Nur so können wir zu guten Verwaltern von Gottes Schöpfung werden.

»Gott ist der Herr der Welt«

Gott ist der Herr der Welt,
Mein Herz, denk nur daran,
Dass alles Böse dieser Welt
Ihn nicht besiegen kann.
Gott ist der Herr der Welt,
Oh, seht, für alle Zeit
Trägt er die Kron'; steht fest sein Thron.
Freut euch und bringt ihm Dank und Preis!

Nach »*This is my Father's World*« von Maltbie D. Babcock

Psalm 105

Der vorherige Psalm preist den Schöpfer, während dieser den Erlöser verherrlicht und seine Fürsorge für sein Volk Israel.

Seine Taten (1-6). Wenn du die Geschichte Israels studierst, werden dich die mächtigen und wunderbaren Taten Gottes ermutigen, die er für sein Not leidendes Volk vollbracht hat (Röm 15,4). Du wirst ihn preisen wollen, dich an ihm erfreuen, ihn suchen und anderen von ihm erzählen.

Sein Bund (7-15). Gott hat sich durch einen Eid an ein einziges Volk gebunden: Israel. Er gab Abraham seine Verheißung (1Mo 12,1-3) und bestätigte sie dann für seine Nachkommen. Der Bund war ihre Zusage, dass sie das Land erben würden. Gottes neutestamentliches Bundesvolk hat die Zusage, dass ihnen ihr zukünftiges Erbe sicher ist (Mt 26,26-29; Hebr 8,6-13).

Seine Diener (16-45). Gott schickte Josef nach Ägypten, um Jakobs Familie zu erhalten, damit sie zu einem Volk werden konnte. Er schickte Mose nach Ägypten, um sein Volk zu befreien. Er schickte Aaron, damit er Mose beistehen und einem sündigen Volk als Hoherpriester dienen konnte. Gott hat immer einen Mann oder eine Frau bereitstehen, wenn eine Aufgabe erledigt werden muss. Er wartet, bis du sagst: »Hier bin ich, sende mich!« (Jes 6,8).

Psalm 106

Angesichts der großen Güte, die Gott Israel erwiesen hat, sollte man meinen, das Volk habe sich ihm hingegeben und ihm dankbar gedient. Stattdessen sündigte es und musste viele Male gemaßregelt werden. Bevor du aber über die Israeliten urteilst, überlege einmal, ob du dich vielleicht einiger jener Sünden, die sie begangen haben, ebenfalls schuldig gemacht hast.

Gott befreite Israel aus Ägypten, aber sehr bald vergaßen sie sein Erbarmen und missachteten seinen Rat (V. 6-23). Er gab ihnen Manna, und sie gierten nach Fleisch. Sie kritisierten ihre Anführer. Sie beteten einen Götzen aus Gold an und wären vernichtet worden, hätte Mose nicht Fürsprache für sie eingelegt.

Sie kamen an die Grenze des Verheißenen Landes und weigerten sich hineinzugehen (V. 24-27). Auf der Wüstenwanderung passten sie sich den heidnischen Völkern an (V. 28-31). Ihre Sturheit veranlasste sogar Mose zu sündigen (V. 32-33). Als sie endlich im Land waren, übernahmen sie die Sitten der gottlosen Völker, und Gott musste sie immer wieder züchtigen (V. 34-43).

Hätte er keinen Bund mit ihnen geschlossen, hätte er sie vernichtet. Aber er vergab ihnen und ermöglichte ihnen immer wieder einen Neuanfang. Schließlich musste er sie unter den Heiden zerstreuen (V. 47).

Paulus nimmt Bezug auf diese Geschichte in 1. Korinther 10,1-13. Nimm sie dir zu Herzen!

Psalm 107

Wie leicht nehmen wir Gottes Barmherzigkeit als selbstverständlich hin! Undankbarkeit scheint eine angeborene Eigenschaft des menschlichen Herzens zu sein (V. 8.15.21.31; Röm 1,21ff). Hier sind vier Beispiele für Gottes Barmherzigkeit Sündern gegenüber und wie sie darauf reagiert haben.

Reisende (4-9). Sich in der Wüste zu verirren und weder zu essen noch zu trinken zu haben, wäre beängstigend. Gott rettete die Israeliten nicht nur, sondern führte sie auch zu einem bewohnten Ort, wo sie sicher waren. Nahmen sie sich Zeit, ihm zu danken?

Gefangene (10-16). Sie waren ihm Gefängnis, weil sie gegen Gott rebelliert hatten. Somit verdienten sie es, zu leiden. Aber als sie zu Gott schrien, hörte und befreite er sie. Nahmen sie sich Zeit, ihm zu danken?

Leidende (17-22). Vom Gefängnis geht es nun zum Krankenhaus, wo Menschen wegen ihrer törichten Lebensweise im Sterben liegen. Sie hatten sich selbst »ins Bett gebracht« und hätten darin bleiben sollen, aber Gott in seiner Barmherzigkeit heilte sie. Nahmen sie sich Zeit, ihm ihre Dankbarkeit zu zeigen?

Seeleute (23-32). Gefahren auf See sind für gewöhnlich größer als jene zu Land, denn wohin kann man sich mitten in einem furchtbaren Sturm wenden und um Hilfe bitten? Man kann nach oben sehen, und genau das taten sie auch. Der Herr rettete sie. Er stillte den Sturm und brachte sie an ihr gewünschtes Ziel (Joh 6,15-21). Nahmen sie sich Zeit, ihm zu danken?

Bauern (33-38). Nur Gott kann den Regen schicken, der die Wüste in einen Garten verwandelt, und nur Gott kann dafür sorgen, dass das Vieh sich vermehrt. Wir essen und werden satt, aber nehmen wir uns auch Zeit, dem Herrn für die Nahrung zu danken, die er uns gibt (5Mo 6,10-13)? Sei weise und verständig für die Güte des Herrn.

Psalm 108

Dieser Psalm ist eine Bearbeitung von Psalm 57,8-12 (V. 1-5) und Psalm 60,7-14. Es ist das Lied eines kampfbereiten Kriegers, in dem David drei Zusagen macht.

»Ich will preisen« (2-7). Ein standhaftes Herz ist ein singendes Herz, denn Vertrauen auf Gott gibt dir Grund zum Singen. David stand früh am Morgen auf, um dem Herrn zu singen. Anbetung ist eine gute Vorbereitung auf den Kampf.

»Ich will hören« (8-10). Gott hörte die Stimme Davids und dann hörte David der Stimme Gottes zu. Diese Stimme bestärkte den König, der nun in die Schlacht zog. »Alle Völker gehören mir und ich kann mit ihnen machen, was mir gefällt.«

»Ich will erobern« (11-14). Gott führt uns in den Kampf, hilft uns, die Festungen des Feindes einzunehmen und schenkt uns den Sieg. Vers 14 ist Davids Version von Philipper 4,13. Was hier steht, galt für ihn, und es gilt auch heute noch für dich.

Psalm 109

Wenn andere Lügen über dich verbreitet haben, hasserfüllt zu dir geredet und Gutes mit Bösem vergolten haben, wird es dir gut tun, diesen Psalm zu lesen. Wenn dein Herz im Innern verwundet ist (V. 22) und es keine Möglichkeit gibt, die Sache richtigzustellen, geh damit zum Herrn und sag ihm, wie du dich fühlst.

In Vers 5-20 finden wir noch einen von König Davids »Fluchgebeten« (siehe den Kommentar zu Psalm 58). Er bittet Gott, sowohl den Mann zu bestrafen, der Lügen über ihn verbreitet hat (V. 6-8), als auch dessen Kinder (V. 9-13). Er bittet sogar, der Herr möge die Sünden der Vorfahren des Mannes bedenken (V. 14-16), und dass der Lügner genau das ernten soll, was er gesät hat (V. 18-20).

Wenn du solche Gefühle hast, gib dem Herrn die Möglichkeit, dein verwundetes Herz zu heilen (Ps 147,3). Wie Gott auch immer mit deinen Feinden verfährt; vergiss auf keinen Fall, ihn zu preisen. Und denk daran: Er ist langmütig mit Sündern – auch mit dir! Es gibt keinen besseren Weg, mit einem Feind umzugehen, als ihn oder sie dem Herrn zu überlassen.

Psalm 110

Kein anderer Psalm wird im Neuen Testament so oft zitiert wie dieser. Jesus zitiert ihn (Mt 22,41-46) und Petrus (Apg 2,32-36), und im Hebräerbrief kommt er sogar mehrmals vor.

Der Herr (1). Jesus sprach das Kernthema an, als er fragte: »Wenn nun David ihn Herr nennt, wie ist er sein Sohn?« Es gibt nur eine Antwort: Der Messias muss *durch Davids Familie* als Mensch kommen. Der Messias ist sowohl ewiger Gott als auch Mensch, göttlich und menschlich zugleich. Er sitzt dort, wo Herrlichkeit und Vollmacht sind.

Der König (2-3). Dies ist ein Bild für den Sieg über die Feinde des Messias. Der endgültige Sieg ist noch nicht errungen, aber dennoch regiert er mitten unter seinen Feinden. Gehörst du zu seinen Freiwilligen im Kampf gegen die Sünde?

Der Priester (4). Hebräer 7–10 erläutert diesen Vers, und den Hintergrund dafür bildet 1. Mose 14. Melchisedek und Jesus Christus sind die einzigen Priesterkönige, die Gott akzeptiert hat. Als König kann Jesus in deine äußeren Lebensumstände eingreifen; als Priester kann er sich mit deinem Inneren befassen, mit deinen Gefühlen und Schwächen.

Der Richter (5-7). Der Tag des Zorns wird kommen, an dem der Herr Jesus ein für alle Mal mit seinen Feinden abrechnen wird (Offb 19,11–20,15). Er wird siegen und sein Haupt in Herrlichkeit erheben.

Wenn du ihn als Gottes Sohn und als deinen Hohenpriester erkannt hast, gehorche ihm als deinem König und bemühe dich, andere für ihn zu gewinnen, bevor er als Richter wiederkehrt.

Psalm 111

Psalm 111 ist für Leute, die gerne studieren. Er erklärt, wie man zu einem Schüler wird, der dem Herrn gefällt und der in der Erkenntnis der Wahrheit wächst.

Beginne mit Lobpreis (1). Je tiefer du dich vor dem Herrn verneigst, umso mehr wird er dich lehren. Geh ganz bis an die Quelle!

Erkenne Gott in seinen Werken (2-6). Ob du nun Naturwissenschaften studierst oder Geschichte, du beschäftigst dich auf jeden Fall mit dem Wirken Gottes in dieser Welt. Seine Taten sind groß und herrlich und offenbaren seine Macht und Weisheit. Die Schöpfung zu sehen, ohne den Schöpfer zu beachten, bedeutet, in Götzendienst und Sünde zu verfallen (Röm 1,18ff).

> *»Alle Menschen sehnen sich von Natur aus nach Wissen, aber was nützt Wissen ohne Gottesfurcht?«*
> Thomas à Kempis

Finde Gott in seinem Wort (7-9). Das Wort Gottes und das Buch der Natur stehen nicht im Widerspruch zueinander, denn sie wurden vom selben Autor verfasst. Wissenschaftliche Theorien kommen und gehen, aber Gottes Wort bleibt für immer bestehen.
Befolge, was Gott dich lehrt (10). Die Suche nach der Wahrheit ist mehr als eine akademische Leistung des Geistes; die ganze Person muss daran beteiligt sein. Wenn du bereit bist, Gottes

Wahrheit zu *tun*, wird er dich lehren (Joh 7,17). F. W. Robertson sagte: »Gehorsam ist das Organ geistlichen Wissens.«
Alle Wahrheit ist Gottes Wahrheit. Wenn du die Wahrheit liebst, lerne die Wahrheit und lebe die Wahrheit, denn die Wahrheit macht dich frei (Joh 8,31-32).

Psalm 112

»Glücklich der Mann, der den HERRN fürchtet«, steht in Vers 1. Und die Verse 7-8 verkünden: »Er wird sich nicht fürchten.« Wenn du den Herrn fürchtest, brauchst du sonst nichts zu fürchten. Gottesfurcht ist die Art von Furcht, die Furcht überwindet.

Das trifft auf Ängste zu, die deine Familie betreffen (V. 2) und deine Finanzen (V. 3) und sogar die Angst vor der Dunkelheit (V. 4). Wenn du dich scheust, Entscheidungen zu treffen, wird der Herr dir helfen (V. 5-6). Wenn du den Herrn fürchtest, musst du keine Angst vor schlechten Nachrichten haben (V. 7-8), weil du weißt, dass er alles im Griff hat (Röm 8,28).

Du kannst sorgenfrei geben, weil Gott deine Gaben gebrauchen und dich belohnen wird (V. 9). Und hab keine Angst vor deinen Feinden; Gott wird sich auch mit ihnen befassen (V. 10).

Wie Jesaja verkündete: »Den HERRN der Heerscharen, den sollt ihr heiligen! Er sei eure Furcht, und er sei euer Schrecken!« (Jes 8,13).

Psalm 113

Hier haben wir eine Kurzanleitung zur Anbetung.

Wer anbeten soll (1). »Knechte des Herrn« schließt alle Gotteskinder ein, denn wer ihm sein Leben anvertraut hat, will gewiss für ihn leben.

Wann wir anbeten sollen (2). Fang sofort an und mach einfach weiter! Jeder Moment ist der richtige, um den Herrn anzubeten. Lass jeden Atemzug ein Loblied sein.

Wo wir anbeten sollen (3). Sein Name soll gepriesen sein vom Osten bis zum Westen, den ganzen Tag lang, wo wir auch sein mögen. Wenn du feststellst, dass du da, wo du bist, den Herrn nicht anbeten kannst, gehörst du dort vielleicht nicht hin.

Warum wir anbeten sollen (4-9). Weil Gott der ist, der er ist (V. 4-6), und wegen allem, was er tut (V. 7-9). Je besser du Gott kennst, umso mehr wirst du ihn anbeten. Je mehr du im Alltag von seiner Gnade erlebst, umso mehr wirst du ihn preisen.

Wenn es dir schwerfällt, den Herrn von Sonnenauf- bis untergang zu preisen, wie willst du es dann in der Ewigkeit aushalten?

Preist den Herrn!
In Marias freudigem Lobgesang (Lk 1,46-55) klingt Psalm 113,7-9 wider. Gottes Gnade macht aus Bettlern Könige und aus Unfruchtbaren fröhliche Mütter. Preist den Herrn!

Psalm 114

Dieses schöne Gedicht feiert den Auszug Israels aus Ägypten. Das Meer, der Fluss, die Berge und die Hügel: Sie alle machten Platz für das Volk Gottes auf seinem Siegesmarsch. Selbst die Felsen wurden zu Israels Dienern, indem sie dem Volk Wasser spendeten.

Gott führt uns heraus (V. 1), trägt uns hindurch (V. 3) und leitet uns hinüber (V. 4). Wenn du ihm folgst, kann dich nichts daran hindern, das Ziel zu erreichen, das er dir gesetzt hat, außer deiner Sünde und deinem Unglauben.

Wenn du im Willen Gottes lebst, dient dir die ganze Schöpfung, damit du Gottes Plan in die Tat umsetzen kannst. Du bist Gottes Heiligtum (1Kor 6,19-20); überlass ihm dein Leben als Herrschaftsbereich (V. 2).

Psalm 115

Die Botschaft dieses Psalms wirft ein paar wichtige Fragen auf, über die du nachdenken solltest:

»Wo ist dein Gott?« Heiden, die Jerusalem besuchten, wird aufgefallen sein, dass es dort keine Götzen gab. Bei sich zu Hause konnten sie auf ihre Götter mit dem Finger zeigen und dich mit dem Künstler bekannt machen, der sie gemacht hatte. Ist dein Gott im Himmel und regiert über alles? Ruht dein Vertrauen auf irgendetwas, was geringer ist als Gott?

»***Wie ist dein Gott?***« Sei vorsichtig! Du wirst wie der Gott, den du anbetest (V. 8). Der lebendige Gott sieht dich, hört deine Gebete, geht mit dir und hilft dir. Er spricht mit dir durch sein Wort.

»Lobst du deinen Gott?« Er hat dich gesegnet; hast du ihn dafür gepriesen? Er hat dir Verheißungen gegeben; vertraust du ihm? Er ist der *lebendige* Gott; machst du ihm mit deinem Leben Ehre?

Der lebendige Gott

Die Bibel benutzt Bilder aus dem menschlichen Leben, um göttliche Eigenschaften zu erklären. Gott ist Geist und hat keinen Körper, aber er kann dich sehen, hören und mit dir gehen. Schließlich können wir all das tun und sind nach Gottes Bild geschaffen. Wenn es uns nicht gelingt, dem Herrn zu vertrauen und ihn anzubeten, können wir ebenso gut einen toten Götzen anbeten! Hast du lebendigen Glauben an einen lebendigen Gott?

Die Gute Hand Gottes

Als Gott eine Erde erschaffen wollte, musste er dazu nur seine Finger gebrauchen (Ps 8,4). Um verlorene Sünder zu retten, musste er seinen Arm zeigen (Jes 53,1). Wenn er eine Aufgabe erfüllen will, gebraucht er seine mächtige Hand (Esra 7,6; 9,28; Neh 2,8).

Psalm 116

Aus der Not gerettet. Der Psalmist wäre beinahe gestorben (V. 3), vielleicht, weil man ihn angelogen hatte (V. 11). Aber als er zum Herrn schrie, wurde er vom Herrn gerettet (V. 8). Der Tod eines Gläubigen ist dem Herrn kostbar; er wird nicht zulassen, dass er sich rein zufällig ereignet (V. 15). Das heißt nicht, dass Gott *Freude* daran hat, wenn einer der Seinen stirbt. Es bedeutet eher, dass er die Seinen so sehr schätzt, dass er aus dem Tod eine Verabredung macht. Er ist Teil seines liebevollen Plans (Ps 31,16; 139,16).

Mit Ruhe beschenkt. Der Psalmist war umgeben von Schmerzen und Tod und sorgte sich um seine Zukunft, aber der Herr schenkte ihm Ruhe (V. 7).

Zum Lobpreis bewegt. Den Herrn zu preisen ist die logische Reaktion, wenn Gott dein Gebet erhört und dir in deinen Schwierigkeiten beigestanden hat. Beachte die folgenden Beteuerungen: »Ich werde wandeln« (V. 9); »Ich will dir ein Dankopfer bringen« (V. 17); »Ich will ... meine Gelübde erfüllen« (V. 18) und »an allen meinen Tagen werde ich ihn anrufen« (V. 2).

Psalm 117

Dieser kurze Psalm hat ein großes Thema: allen Nationen zu helfen, den Herrn zu preisen. Gott hat Israel berufen, allen Völkern der Welt ein Segen zu sein (1Mo 12,1-3); genauso, wie er seine Gemeinde berufen hat, der ganzen Welt das Evangelium zu bringen (Mt 28,18-20).

Die Nationen beten falsche Götter an. Was erzählen wir ihnen also über den wahren Gott? Dass sein Erbarmen groß ist und seine Wahrheit von Dauer. Was er tut, ist barmherzig, und was er sagt, ist verlässlich.

Gott segnet dich, damit du anderen ein Segen sein kannst, nicht nur den Menschen, mit denen du jeden Tag zu tun hast, sondern auch denen, die du niemals sehen wirst, bis du in den Himmel kommst. Trägst du dazu bei, dass die Völker der Welt von Jesus erfahren?

»Der Geist Christi ist der Geist der Mission,
und je näher wir ihm kommen, umso stärker müssen
unsere missionarischen Bemühungen werden«.
Henry Martyn

Psalm 118

Die Juden singen die Psalmen 113 bis 118 zum Passafest, also ist dies eines der Lieder, die Jesus gesungen hat, bevor er in den Garten ging, um zu beten (Mt 26,30). Wenn du wüsstest, dass du bald unschuldig hingerichtet wirst, wärst du in der Lage, dem Herrn Loblieder zu singen?

Dies ist außerdem ein messianischer Psalm. Die Menge rief die Verse 25-26, als Jesus am Palmsonntag in Jerusalem einzog (Mt 21,9), und Jesus zitierte die Verse 22-23 in seinem Streitgespräch mit den geistlichen Führern (Mt 21,33-46).

Aber es ist auch ein Loblied an Gott zum Dank für die Befreiung aus einer schwierigen Lage (V. 10-14). Der Name des Herrn (V. 10-12) und die Hand des Herrn (V. 15-16) können dir den Sieg schenken, den du brauchst. Wenn du vom Feind eingeengt wirst (V. 10-12), schrei zu Gott und er wird dich befreien (V. 5). Er wird dir die Tore öffnen und dir neue Freiheit schenken (V. 19-20).

Berufe dich an jedem Tag deines Lebens auf Vers 24.

Ein Lied des Glaubens

»Der HERR ist meine Macht und mein Psalm und ist mein Heil« (Ps 118,14; LUT) – Die Kinder Israel sangen diese Worte, als sie am Roten Meer vor dem Heer der Ägypter gerettet wurden (2Mo 15,2). Sie werden diese Worte wieder singen, wenn Gott sie aus den Nationen zusammenruft und wieder in ihr Land zurückführt (Jes 11,10-12,2). Es ist ein Lied, das du heute aus Glauben singen kannst.

Psalm 119

Thema dieses einzigartigen Psalms ist das Wort Gottes. Alle Verse außer fünf (84.90.121.122.132) beziehen sich auf Gottes Wort, was es ist und was es in deinem Leben bewirken kann, wenn du es zulässt. Auch die Anordnung ist einzigartig. Der Psalm ist aufgeteilt in zweiundzwanzig Abschnitte von jeweils acht Zeilen, und die Zeilen in jedem einzelnen Abschnitt beginnen mit demselben Buchstaben des hebräischen Alphabets. Die ersten acht Zeilen fangen mit *Aleph* an, die nächsten acht mit *Beth* und so weiter durch alle zweiundzwanzig Buchstaben hindurch. Vielleicht sollte mit diesem Kunstgriff das Auswendiglernen des Psalms erleichtert werden.

Der Dichter hatte eine große Liebe für das Wort Gottes und wurde verfolgt, weil er Gott gehorchte und sich gegen die Sünde wandte. In den meisten Versen bittet der Schreiber entweder Gott um Hilfe oder bekräftigt seinen Glauben an Gottes Wahrheit, trotz seiner Schwierigkeiten. Über diesen Psalm zu meditieren, wird gewiss deine Liebe zu Gottes Wort vertiefen und deine Bereitschaft stärken, es zu befolgen.

Unser Ansatz wird sein, in jedem Abschnitt eine Aufgabe des Wortes Gottes in deinem Leben besonders zu betonen.

Das Wort Gottes
Psalm 119 beinhaltet zehn verschiedene Namen für das Wort Gottes: Wort, Gesetz, Zusage, Ordnungen, Weg, Gebote, Pfad, Zeugnisse, Vorschriften und Urteile. Jeder dieser Namen sagt aus, was das Wort ist und wie wir darauf reagieren sollten. Der Psalmist gebraucht für das Wort Gottes verschiedene Bilder: Reichtum (V. 14.72.127.162), Begleiter und Ratgeber (V. 24), Lieder (V. 54), Honig (V. 103), Licht (V. 105.130) und ein Erbe (V. 111). Denke über diese Bilder nach und finde heraus, was sie für dein persönliches Glaubensleben bedeuten.

Psalm 119,1-8

Gottes Wort zu kennen und zu befolgen wird Segen in dein Leben bringen. Einige Beispiele dafür werden in den folgenden Abschnitten aufgeführt. Aber wenn Gott dich segnen soll, musst du den Herrn aufrichtig suchen und nicht nur die Bibel studieren. Nicht die Fakten im Kopf lassen dich im Herrn wachsen, sondern die Wahrheit im Herzen. Betrachte noch einmal Psalm 1.

Psalm 119,9-16

Die erste Segnung: Gottes Wort kann dich rein halten. Du musst dich an Gottes Wort halten (V. 9; LUT) und es in deinem Herzen verwahren (V. 11). Campbell Morgan erklärt Vers 11 so: »Das beste Buch, am besten Ort, zum besten Zweck.« Außerdem sollst du dich an Gottes Wort erfreuen und darüber nachsinnen. Nachsinnen ist für deine Seele, was die Verdauung für den Körper ist.

Himmlisches Nachsinnen
Wenn du echte Freude am Wort empfindest, wirst du den Wunsch verspüren, darüber zu nachzudenken und es zu einem Teil deines Lebens zu machen. In Psalm 119 verbindet der Dichter »Freude« mit »Nachsinnen« (V. 15-16.23-24.47-48.77-78). Entwickle Appetit auf das Wort Gottes!

Psalm 119,17-24

Gottes Wort wird dich auf dem Pilgerpfad des Lebens leiten. Du bist ein Gast auf Erden (V. 19; 1Petr 2,11) und du brauchst eine »Straßenkarte«, die dir hilft, dich zurechtzufinden. Diese Straßenkarte ist die Bibel. Bitte Gott, dir die Augen zu öffnen für das Wort (V. 18), und lass deine Blicke nicht vom Weg abschweifen (V. 21; Spr 3,1-6; 4,25-29). Lass dir die Bibel zum Ratgeber deines Vertrauens werden (V. 24).

Psalm 119,25-32

Durch das Wort Gottes wirst du mit Leben gesegnet (V. 25), weil es Leben *in sich hat* (Hebr 4,12), Leben *verleiht* (1Petr 1,23-25) und das Leben *nährt* (1Petr 2,1-3). Gottes Wort kann dich wiederbeleben und stärken (V. 28), selbst wenn du im Staub liegst. Neun Mal betet der Dichter in diesem Psalm um neues Leben vom Herrn (V. 25.37.40.88.107.149.154.156.159). Warum solltest du im Staub liegen bleiben wollen, wenn das Wort Gottes dir Leben schenken kann?

Psalm 119,33-40

Wenn dir der Sinn nach echten Werten steht, hol sie dir aus dem Wort Gottes (V. 37). Es ist tragisch, dass so viele Menschen Zeit, Energie und Geld auf Dinge verschwenden, die auf nichts hinauslaufen (Jes 55,2). Das hebräische Wort für »wertlose Dinge« bedeutet »etwas, was nichts ist (Eitelkeit), weil es falsch ist«. Dieses Wort wurde für Götzen gebraucht. Deine Augen werden sehen, was dein Herz begehrt (V. 36), und dann wirst du die falschen Entscheidungen treffen. Genau das ist Lot passiert (1Mo 13).

Wahre Werte
Der Psalmist hatte die richtigen Werte. Gottes Wort war ihm lieber als Nahrung (V. 103), Schlaf (V. 55.62.147-148) oder Geld (V. 14.72.127.162).

Psalm 119,41-48

Freiheit wird dir ebenfalls von Gott geschenkt, wenn du sein Wort liebst und befolgst (V. 45). Sein Wort ist Wahrheit (V. 43), und die Wahrheit macht dich frei (Joh 8,32). Ungehorsam mag wie Freiheit aussehen, aber er ist die eigentliche Knechtschaft (2Petr 2,19). Wenn du Gottes Wort befolgst, wirst du wahre Freiheit erfahren, denn sein Wort ist »das Gesetz der Freiheit« (Jak 2,12). Gesetz und Freiheit sind keine Feinde, sie wirken zusammen in deinem Leben, bilden gemeinsam deinen Charakter und bringen dir Freude.

Psalm 119,49-56

Das Wort Gottes wird dir *Trost* spenden, wenn du es zulässt. Der Dichter litt Bedrängnis und Verfolgung um seines Glaubens willen, aber das Wort gab ihm Trost und Hoffnung. Wenn die Zeiten schwierig sind und du keinen Schlaf findest, denk an Gottes Versprechen und an Gottes Namen, dann wird er dich trösten. (Siehe auch V. 76.82.92.)

Psalm 119,57-64

Wenn du Gottes Wort treu bist, wirst du Freunde haben, die zu haben sich lohnt (V. 63). Salomo lehrt uns dasselbe in Sprüche 2 (siehe auch Sprüche 13,20). Wenn du mit den Gottlosen wandelst, werden sie dich binden (V. 61), aber wenn du dich an Gottes Kinder hältst, werden sie dir helfen, dich am Leben und deiner Freiheit zu erfreuen. Menschen, die das Wort lieben, werden dich gerne sehen (V. 74), und sie werden sich dir zuwenden und dir helfen (V. 79).

Psalm 119,65-72

Das Wort Gottes kann dich in Zeiten der Bedrängnis ermutigen (V. 67.71; siehe auch V. 50.92). Was das Leben mit dir macht, hängt davon ab, was das Leben in dir vorfindet. Wenn das Wort in deinem Verstand und in deinem Herzen lebt, kann Bedrängnis das Beste aus dir herausholen. Wenn nicht, bringt sie vielleicht das Schlechteste in dir zum Vorschein. In der Schule des Leidens bekommt niemand ein Abschlusszeugnis. Bitte daher Gott, dich zu lehren, was du lernen musst.

Psalm 119,73-80

Gott hat dich gemacht und weiß am besten, wie dein Leben gelingen kann. Die Bibel ist sein Handbuch, das dir sagt, wie du das Leben meistern kannst (V. 73). Sie sagt dir, wie du Körper und Geist gebrauchen kannst, wie du mit Zeit und Geld umgehen sollst, und wie du die richtigen Entscheidungen triffst. Ihr zu gehorchen, kann dir Ärger ersparen und dich davon abhalten, dich selbst und andere zu verletzen. Lies die Anleitungen nicht erst dann, wenn »alle Stricke reißen«! Vielleicht ist es dann schon zu spät!

Psalm 119,81-88

Das Wort Gottes wird dir helfen, deine Feinde zu besiegen (V. 84-87). Wenn du nicht mehr klar siehst und deine Seele schwach wird, gibt das Wort dir Kraft und Trost. Wenn es aussieht, als sei das Ende gekommen, zeigt dir Gottes Wort, wie du neu anfangen kannst. Dein schlimmster Feind wohnt in deinem Innern. Lass also das Wort in deinem Herzen wirken.

Psalm 119,89-96

Wenn du auf Gottes Wort vertraust, verfügst du über eine solide Grundlage in einer Welt, die keine Stabilität bietet. Das Wort Gottes ist beständig; nichts kann es verändern oder zerstören (V. 152; Mt 24,35). Gott ist treu und auf sein Wort kannst du bauen. Dasselbe Wort, das die Welt erschaffen hat (V. 90) und die Welt regiert (V. 91), wird auch in deinem Leben herrschen und dir Sicherheit geben.

Psalm 119,97-104

Wer Gottes Wort liebt und es befolgt, entwickelt eine praktische Weisheit, die ihn durch das Leben führt. Es ist gefährlich, von deinen Feinden zu lernen (V. 98), und sowohl deine Lehrer als auch deine älteren Freunde wissen vielleicht nicht, was du wissen musst (V. 99-100). Lerne, was du kannst aus jeder guten Quelle, aber lass Gott dein Lehrer sein, nicht die Menschen (Joh 14,26; 16,13-15).

»Unter den Konservativen gibt es überall Leute, die viel Bibelkenntnis besitzen, aber nicht durch den Geist gelehrt wurden. Sie verstehen die Wahrheit als etwas, was sie mit dem Verstand begreifen können. Wenn ein Mann sich an die Grundsätze des christlichen Glaubens hält, denken die Leute, er besäße göttliche Weisheit. Aber das lässt sich nicht folgern. Nichts ist Wahrheit, was nicht vom Geist ist.«
A. W. Tozer

Psalm 119,105-112

In einer dunklen Welt kann Gottes Wort dir Licht sein (V. 105), das dich von den Fallen und Umwegen des Feindes fernhält

(V. 110). Gott gibt dir Schritt für Schritt so viel Licht, wie du brauchst. Wenn du dir mehr Licht wünschst, musst du tun, was er dir sagt; dann wird mehr Licht kommen (Joh 7,17). Gott sendet dir das Licht ins Herz (V. 130) und gibt dir so viel Weisheit, wie du brauchst.

Psalm 119,113-120

Wankelmütige Menschen sind unbeständig (Jak 1,8), und unbeständige Menschen fallen letzten Endes. Wenn du Gottes Wort in deinem Leben an die erste Stelle setzt, wird es dich aufrecht halten, so dass du nicht fällst (V. 116-117; 2Petr 3,17-18; Jud 20-25). Erziehe dich selbst zu heiliger Ehrfurcht vor dem Herrn und seinem Wort (V. 120), dann wirst du dich für deine Hoffnung nicht schämen (V. 116).

Psalm 119,121-128

Gottes Wort wird dich stark machen und befähigen, wenn du dich vom Feind unterdrückt fühlst (V. 121). Gottes Kinder sind Fremde in Feindesland, und nur das Wort kann sie vor den Lügen des Unterdrückers schützen. Aber du musst *alles* annehmen, was Gott über *alles* sagt; wenn du die Wahrheit liebst, musst du auch das Unwahre hassen (V. 128).

Psalm 119,129-136

Wenn du nach dem Wort Gottes lebst, wird dein Leben wunderbar, weil das Wort Gottes wunderbar ist (V. 129). Der Geist zeigt dir das Wunderbare im Wort (V. 18) und schenkt dir die Fähigkeit, über seine wunderbaren Werke nachzusinnen (V. 27). Gott verwandelt deinen Verstand und zeigt dir einen Weg, der stumpfsinnigen Gleichförmigkeit dieser Welt zu entkommen (Röm 12,1-2). Sein Licht scheint in deinem Innern (V. 130) und sein Angesicht leuchtet über dir (V. 135), damit du Licht sein kannst in dieser dunklen Welt (Phil 2,14-16).

Psalm 119,137-144

Ein Schlüsselwort in diesem Abschnitt ist *Gerechtigkeit*. Wir können noch so eifrig nach Gottes Wahrheit suchen (V. 139); wenn wir zum Ziel kommen wollen, müssen wir auch seine Gerechtigkeit in uns haben. Das Wort hilft uns, in einer sündhaften Welt Gerechtigkeit zu üben. Es gibt keinen Ersatz für Anständigkeit, die aus Liebe und Gehorsam zum Wort entsteht.

Psalm 119,145-152

In diesem Abschnitt schreit der Psalmist im Gebet zu Gott und erinnert uns daran, dass das Wort Gottes uns hilft, nach dem Willen Gottes zu beten. Das Wort Gottes und das Gebet müssen immer Hand in Hand gehen (Apg 6,4); tun sie es nicht, kommen wir aus dem Gleichgewicht. Je besser wir das Wort kennen, umso wirksamer wird unser Gebet sein (Joh 15,7), und je wirksamer wir beten, umso besser lernen wir das Wort zu verstehen.

Psalm 119,153-160

Zu den schwierigsten Dingen im Glaubensleben gehört, von Satan und gottlosen Menschen angeklagt zu werden. »Führe meinen Rechtsstreit«, betet der Psalmist (V. 154) und Gott verteidigt ihn. Wenn der Feind dich anklagt, lass dich vom Wort Gottes stärken (Sach 3), denn das Wort ist Wahrheit (V. 160; Joh 17,17). Wenn Satan versucht, dich in seinen Gerichtssaal zu zerren, lies Römer 8,31-39.

Psalm 119,161-168

Das Wort Gottes zu kennen und zu befolgen, wird dein Herz mit Freude füllen, die Art Freude, die du verspüren würdest, wenn du einen vergrabenen Schatz finden (V. 162) oder ein Vermögen erben würdest (V. 111). Wenn materieller Reichtum dein Ziel ist, wird Gottes Wort dir keine Freude machen; aber wenn du das Wort mehr liebst als Geld (V. 127), wirst du über ewige geistliche Reichtümer verfügen. Du wirst nicht nur Freude erleben, sondern auch Liebe (V. 163.167), Frieden (V. 165) und Hoffnung (V. 166) – Schätze, die man für Geld nicht kaufen kann.

Psalm 119,169-176

Wenn du das Wort Gottes in deinem Leben an die erste Stelle setzt, wirst du Grund zum Singen haben (V. 171.172.175). Du wirst erleben, dass du spontan *Gottes Wort singst* und Vorschriften in Lieder verwandelst! Wenn dein Herz an Gottes Gesetz Freude findet (V. 174), müssen deine Lippen Gottes Lob verkünden (Mt 12,34). Schließlich sprichst du ja von dem, was du liebst. Wenn Gottes Wort dein Herz erfüllt, werden die richtigen Worte aus deinem Mund kommen (Kol 3,16; 4,6).

Halte sein Wort in Ehren
Du hast schon darüber nachgedacht, was das Wort Gottes für dich tun wird, wenn du zulässt, dass es in deinem Leben wirkt. Nun ist es an der Zeit, dass du entdeckst, wie du mit Gottes Wort umgehen solltest. Es einfach nur zu lesen, reicht nicht, obwohl das wichtig ist. Du solltest es außerdem lieben (V. 97), wertschätzen (V. 72), studieren (V. 26-27), auswendig lernen (V. 11), darüber nachdenken (V. 15), es glauben (V. 42) und es praktisch leben (V. 1-4). So wie du mit deiner Bibel umgehst, gehst du auch mit deinem Herrn um, denn es ist sein Wort, zu deinem Herzen gesprochen.

»Die Stufenpsalmen«
Die nächsten fünfzehn Psalmen sind als »Stufenpsalmen« bekannt. Man geht davon aus, dass die jüdischen Pilger sie sangen, wenn sie dreimal im Jahr zu den großen Festen nach Jerusalem hinaufzogen. Wer immer sie so zusammengestellt hat, wählte vier Psalmen von David und einen von Salomo; die anderen zehn wurden anonym verfasst.

Das hebräische Wort, das hier mit »Stufen« übersetzt ist, bedeutet auch »Grade«, und aus diesem Grund wird diese kleine Sammlung von Bibelwissenschaftlern mit König Hiskia in Zusammenhang gebracht und mit seinem in Jesaja 38 erzählten Erlebnis. Die fünfzehn Psalmen stehen für die fünfzehn Jahre, die seinem Leben hinzugefügt wurden, und die zehn anonymen Psalmen erinnern an die zehn Grade, um die der Schatten sich rückwärts bewegte.

Das Augenmerk dieses »Gesangbuchs im Gesangbuch« liegt auf dem Vertrauen zum Gott des Zionsberges, selbst mitten in Leiden und Prüfungen. Der Dichter beschreibt sowohl die Prüfungen als auch die Siege des Gottesvolkes und zeigt, dass Gott mit seinem Volk ist – wie schwierig die Zeiten auch sein mögen.

Psalm 120

Rettung (1-4). Die Behauptung, dass Worte nicht wirklich schaden können, trifft nicht immer zu. Worte können sehr wohl verletzen und der Psalmist bekam das deutlich zu spüren. Nur Gott kann dich vor Lügen und ihrer zerstörerischen Kraft retten, und nur Gott kann die Lügner bestrafen. Sieh nur zu, dass du selbst vertrauenswürdig bist (Jer 9,3).

Aushalten (5-7). Gott änderte nichts an den Lebensumständen des Psalmisten; er musste unter den Leuten bleiben, die ihn hassten und Lügen über ihn verbreiteten. Aber Gott schenkte ihm die Ausdauer, die er brauchte, um unter Druck treu zu bleiben. Gott kann deine Umstände mit Leichtigkeit ändern, aber er braucht deine Hilfe, wenn er dich ändern soll. Bevor Gott Befreiung schenkt, muss er zuerst Geduld schenken.

Psalm 121

Gott ist dein Helfer (1-2). Der Gott, der die Hügel geschaffen hat, ist der Gott, der dir hilft. Er ist ein Gott der Hügel und Täler (1Kö 20,23-30) und er hilft allen, die ihn anrufen.

Gott ist dein Hüter (3-8). Die Pilger reisten zusammen, um Gemeinschaft zu haben, und weil es sicherer war, denn die Straßen waren gefährlich. Die Gefahren der modernen Gesellschaft sind genauso groß, wenn nicht sogar größer. Aber Gott geht *vor dir her* (V. 3-4) und bleibt wach, um dich zu führen und deinen Weg zu bewachen. Er ist *neben dir* (V. 5) und *über dir* (V. 6) und er wird dich sicher nach Zion bringen (V. 7-8).

Sieh seine Größe
Vergiss nicht, den Blick ganz nach oben zu richten, damit du im Glauben den großen Gott sehen kannst, der für dich sorgt. Die zehn Kundschafter in Kanaan blickten nicht hoch genug; sie sahen die Riesen und die Mauern, aber nicht den Herrn, der hoch über all dem stand (4Mo 13,28-33). Wenn die Dinge auf der Erde dir zu groß erscheinen, um damit fertig zu werden, hebe deine Augen auf zu Gott, indem du über Jesaja 40 nachsinnst (beachte Vers 26). Er ist kompetent!

Psalm 122

»Lasst uns gehen« (1; Schlachter 2000). Freust du dich wirklich, wenn du die Möglichkeit hast, zum Haus des Herrn zu gehen und ihn anzubeten? Wir können heute leicht an einen Ort kommen, wo Gott angebetet wird, aber die Juden in der Antike mussten einen weiten Weg zu Fuß zurücklegen. Trotzdem machte sich der Pilger fröhlich auf den Weg zum Haus Gottes.

»Lasst uns preisen« (2-5). Wie sehr liebten die Menschen Jerusalem! Es war ein heiliger Ort, weil dort der Tempel stand; ein ehrenwerter Ort, weil Davids Thron dort stand; und ein glücklicher Ort, weil die Stämme sich dort trafen, um die Größe und Güte Gottes zu feiern.

»***Lasst uns beten«*** (3-4). Betest du für den Frieden und das Wohlergehen der Menschen in deinem »Haus Gottes« vor Ort? Betest du für Gottes Volk Israel? Es kann keinen Frieden in unserer Welt geben, bis der Friedefürst die Herrschaft über sein Volk übernimmt und bis Frieden in Jerusalem einkehrt.

Psalm 123

In ihrer Geschichte haben die Juden oft den Spott und die Verachtung ihrer Feinde erdulden müssen. Die Welt liebt Gottes Volk nicht. Während wir den schmalen Pfad entlanggehen, der nach Zion führt, müssen wir uns durch die Massen hindurchkämpfen, die in die andere Richtung ziehen.

Sieh auf zu Gottes Himmel (1). Wenn du auf den Feind schaust, wird dich das entmutigen, deshalb sieh im Glauben auf den Gott des Alls, der im Himmel thront. Psalm 121 zeigt dir, wie es geht.

Sieh auf Gottes Hand (2). Er ist der Herr, wir sind die Diener, und er sorgt liebevoll für die Seinen. Sieh nur zu, dass du offene Ohren hast für alles, was dein Herr dir gebieten will.

Hoffe auf seine Hilfe (3). Du kannst auf seine Barmherzigkeit zählen, wenn dein Herz voll Kummer ist. Wenn dir die hasserfüllten Reden des Feindes in den Ohren klingen, hör auf Gottes Wort. Es wird alles andere übertönen.

Psalm 124

Der Herr ist auf deiner Seite, wenn andere dich *verschlingen* wollen (V. 1-3), wenn die Umstände dich zu *überströmen* scheinen (V. 4-5) und wenn Satan versucht, dich *zu verwirren* (V. 6-8).

Für gewöhnlich ist menschliche Wut spürbar, und du merkst es, wenn dich die Umstände überwältigen. In Satans Schlingen aber kannst dich verfangen, wenn du nicht gut aufpasst. Durch seinen Tod, seine Auferstehung und seine Himmelfahrt hat dich Jesus Christus nicht nur aus Satans Schlingen befreit, sondern *er hat die Schlingen zerrissen, und sie können dich nie wieder einfangen, es sei denn, du lässt es zu.*

Du bist frei wie ein Vogel; gebrauche also deine Flügel des Glaubens und lebe in der Himmelswelt!

Psalm 125

Dem Herrn zu vertrauen, bringt *Sicherheit und Stabilität* (V. 1-2). Erbaut auf dem Zionsberg und von Bergen umgeben, war Jerusalem eine uneinnehmbare Festung. Die Pilger fühlten sich sicher, wenn sie dort nach einer gefährlichen Reise ankamen. Als Bürger des himmlischen Zion bist du sicher aufgehoben in der Fürsorge des Herrn.

Dem Herrn zu vertrauen, bringt auch *Freiheit* (V. 3), indem du dich vor dem Gott verneigst, der das Zepter der Gerechtigkeit hält. Die Sündhaftigkeit der Welt stellt auch für die Gerechten eine Versuchung dar, daher solltest du dich Gott immer wieder neu hingeben.

Heiligkeit (V. 4-5) folgt als drittes aus einem Leben im Vertrauen auf den Herrn. Wenn du im Glauben wandelst, meidest du die gefährlichen Umwege, die dich vom Pfad der Gerechtigkeit wegführen. Gott hat für deine Sicherheit gesorgt, damit du in Hingabe an ihn lebst, und deine Hingabe sollte zu einem abgesonderten Leben führen: »Glaube ohne die Werke [ist] nutzlos« (Jak 2,20).

Psalm 126

Dieses Lied feiert vermutlich die Rettung Jerusalems vor dem assyrischen Heer zur Zeit Hiskias (2Kö 18-19). Alles ging so schnell, dass die Menschen dachten, sie würden träumen, und selbst die anderen Nationen mussten Gottes Größe anerkennen.

Allerdings ist Befreiung nur der Anfang; Gott will immer noch mehr tun. Er will uns zu Strömen des Segens machen (V. 4), wie die Trockentäler in der Wüste, die zur Regenzeit zu Sturzbächen werden. Wenn Gott dich mit Segen »überschüttet«, teile den Segen mit anderen.

Er will dich außerdem als Erntearbeiter gewinnen (V. 5-6). Ob du nun das Feld pflügst (Lk 9,62), den Samen säst oder die Garben erntest: Gott hat einen Platz für dich. Wenn du den Samen mit deinen Tränen bewässerst, wirst du eines Tages Freude beim Einbringen der Garben erfahren. Das ist die Formel für die Ernte: Hingehen, Weinen, Säen, Ernten.

Seine Gnade
»Große Dinge hat er getan«, hört man immer wieder von Menschen, die Gottes Gnade erfahren haben. Samuel predigte darüber (1Sam 12,24); David dankte dem Herrn dafür (2Sam 7,21.23); Maria sang davon (Lk 1,49); und der von Dämonen befreite Mann erzählte allen von ihr (Lk 8,39).

Psalm 127

Vergiss den Herrn nicht (1-2). Jesus warnte: »Getrennt von mir könnt ihr nichts tun« (Joh 15,5), und diese Wahrheit wird in diesem Psalm dargestellt. Wozu sind all deine Werke gut, dein Wachen und dein Warten, wenn der Herr nicht mit dir ist? Überstunden und schlaflose Nächte sind Verschwendung, wenn der Segen des Herrn nicht darauf liegt. Dieser Psalm ist keine Aufforderung zum Nichtstun, denn Gott erwartet von dir, dass du wirkst und wachst. Aber er will in dir mitwirken und seine Pläne in die Tat umsetzen (Phil 2,12-13).

Achte deine Familie hoch (3-5). Welchen Wert haben ein schönes Haus und ein hohes Einkommen, wenn gleichzeitig die Menschen um dich herum der Freuden eines glücklichen Heims beraubt werden? Kinder sind ein Geschenk und ein Erbe, deshalb solltest du sie wertschätzen und behüten. Sie sind wie Früchte, die du liebevoll heranziehen solltest. Sie können Pfeile sein im Kampf für den Herrn, deshalb solltest du dafür sorgen, dass sie stets glänzen und geschärft sind und in die richtige Richtung zielen. Tue alles, damit sie ein *Zuhause* haben, nicht nur ein Haus; und baue für die *Zukunft*, nicht nur für die Gegenwart.

Psalm 128

Dieses Lied entspricht Psalm 112 und erinnert dich daran, wie reich du gesegnet wirst, wenn du den Herrn fürchtest und im Gehorsam gegenüber seinem Wort wandelst.

Gott wird dir Freude an deinem Beruf schenken (V. 2), damit

deine Arbeit zum Segen wird, und nicht zum Fluch. Deine Arbeit wird eine Aufgabe im Dienst für den Herrn sein.

Gottes Segen wird über deinem Zuhause sein, angefangen mit dem Herz der Familie (deinem Ehepartner), und alle berühren, die mit am Tisch sitzen. Dein Zuhause wird ein furchtbarer Garten sein, keine öde Wüste.

Dann wird der Segen sich ausdehnen auf die Stadt und die ganze Nation, und er wird von Generation zu Generation weitergereicht (V. 5-6).

»Die Schönheit des Hauses liegt
in der Ordnung begründet;
sein Segen in der Genügsamkeit;
seine Pracht in der Gastfreundschaft;
sein Fundament in der Gottesfurcht.«
Ein alter Spruch,
zu lesen über vielen Kaminen
in amerikanischen Häusern

Psalm 129

Israels Leiden werden mit dem Pflügen eines Feldes verglichen. Stell dir einmal vor, was das für ein Gefühl wäre, mit dem Gesicht nach unten auf der Erde zu liegen, während dir ein Pflug über den Rücken fährt! Wie gehst du mit solchen Situationen um?

Zuerst nimmst du sie aus der Hand des Herrn an. *Wenn der Herr zulässt, dass dir jemand den Rücken pflügt, passiert das deshalb, weil er eine Ernte plant.* Sieh nur zu, dass du die richtige Art Samen säst. Wenn du Zorn und Bosheit säst, wirst du vom Herrn keinen Segen ernten.

Zweitens vertraust du darauf, dass der Herr dir hilft. Zu seiner Zeit wird er das Pflügen zum Stillstand bringen *und die Stricke durchschneiden, damit nicht mehr weitergepflügt werden kann.* Alle Anstrengungen der Pflüger werden nutzlos sein.

Drittens wartest du ab, bis der Herr deine Feinde bestraft. Er wird sie beschämen und sie verwelken lassen wie Gras, das auf dem Dach wächst. Gottes Kindern dagegen wird sein Segen in den Ohren klingen, und sie werden ihn in Händen halten.

Wo gepflügt wird, kann es zu reichen Ernten kommen.

Psalm 130

Denke über diesen Psalm nach und stell dir vor, in vier verschiedenen Situationen zu sein. Dabei kannst du lernen, was es bedeutet, der Gnade des Herrn zu vertrauen.

In den Tiefen (1-2). Die Tiefen der Verzweiflung sind überwältigend. Du ertrinkst und kannst nur noch Gott anrufen. Er hört dich – und rettet dich!

Vor Gericht (3-4). Du stehst vor dem Richter, deine Sünden vor Augen, und niemand verteidigt dich. Der Richter bezahlt die Strafe, und *dir wird vergeben!*

In der Dunkelheit (5-6). Du wartest geduldig, und doch scheint es, als wollte es niemals wieder Morgen werden. Aber die Sonne geht auf, und Gott wird es wieder Tag werden lassen für dich!

In Ketten (7-8). Du bist ein Sklave, gefesselt durch deine eigenen Sünden, und du bist kurz davor, dich an einen furchtbaren Herrn zu verkaufen. Aber der Retter kommt und kauft dich frei!

Was durften wir doch für eine wunderbare Rettung erfahren!

Psalm 131

Die meisten Kinder wehren sich naturgemäß dagegen, abgestillt zu werden, denn sie wollen sich weiterhin an der besonderen Zuwendung durch die Mutter erfreuen und an dem Gefühl von Sicherheit, die sie dabei verspüren. Kindern ist nicht klar, dass das traumatische Erlebnis der Entwöhnung den ersten Schritt in Richtung Reife und Freiheit darstellt.

Von der Geburt bis zum Tod besteht das Leben aus einer Reihe von Entwöhnungen, und Gott nimmt dir niemals irgendetwas, ohne dir dafür etwas Besseres zu geben. Vielleicht weinst du und hältst dich an der Vergangenheit fest, aber Gott führt dich zärtlich in die Zukunft.

Abgestillte Kinder entdecken, wer sie sind und was sie können. Sie sind still im Herzen und spüren kein Verlangen, wieder zum Baby zu werden. Sie leben für die Zukunft und halten Ausschau nach den Dingen, die heranwachsende Kinder bekommen. Sie lernen zu gehorchen, denn nur dann können sie all das in Fülle erfahren, was der Vater für sie bereithält.

Während du im Herrn zur Reife gelangst, musst du »weg tun, was kindlich ist« (1Kor 13,11). Wenn Gott dich von etwas entwöhnen will, ärgere dich nicht; er hat stattdessen etwas Besseres für dich.

Psalm 132

Einige Gelehrte nehmen an, dass dieser Psalm geschrieben wurde, als die Juden aus dem Exil in Babylon zurückkehrten. Diese Theorie erklärt, warum David erwähnt wird. Es war eine schwierige Zeit, in der die Juden versuchten, ihren Tempel wiederaufzubauen, ihre Stadt und ihre Nation, und ihr geliebter König David war früher an diesen Unternehmungen beteiligt gewesen. Die aus der Verbannung Zurückgekehrten erinnerten Gott an seinen Bund mit David und baten ihn, ihr Land wiederherzustellen.

Der Tempel (1-9). David entwickelte ein Verlangen danach, den Tempel zu bauen, aber der Herr erwählte seinen Sohn Salomo für diese Aufgabe. Dennoch stellte David die Pläne für den Tempel zur Verfügung (1Chr 28,11-19) und einen großen Teil der für den Bau benötigten Güter. Würde Gott sein Volk im Stich lassen bei dem Versuch, den Tempel, der David so viel bedeutet hatte, wieder aufzubauen?

Der Thron (10-12). Gott hatte verheißen, dass Davids Linie auf dem Thron bleiben würde (2Sam 7), aber nun war Israel ohne König. Und es würde bis zur Ankunft Jesu auch keinen König mehr geben , und sie würden ihn ablehnen. Eines Tages wird er jedoch zurückkommen und Davids Thron wieder aufbauen (Lk 1,30-33; Apg 15,14-18).

Die Stadt (13-18). Jerusalem bestand nur noch aus Ruinen, aber es war die Stadt Davids, und sie wird vom Herrn nicht vergessen werden. Er selbst wird dort wohnen, sein Volk segnen und ihm Freude schenken. Er wird seine Macht erneuern (Horn) und das Licht (Lampe) und die Stadt zu einem Zeugnis für die Nationen machen.

Wenn es hart auf hart kommt, denk an jene kraftlosen Juden, die Opfer brachten, um wieder aufzubauen, was die Sünde zerstört hatte. Sie bereiteten dem Sohn Gottes den Weg, der in ihre Stadt und zu ihrem Tempel kam und sein Leben für die Sünden der Welt gab.

Psalm 133

Es ist ein Unterschied, ob eine Gruppe von Leuten *zusammen* nach Jerusalem *unterwegs ist*, oder ob sie Tag für Tag *zusammen leben*. Abraham und Lot, Isaak und seine Familie, Jakob und Laban und Josefs Brüder erinnern uns daran, dass Geschwister nicht immer einträchtig beieinander wohnen.

Einheit muss von oben kommen wie Öl, das an Aarons Bart herunterläuft und die zwölf Edelsteine auf seiner Brustplatte benetzt (2Mo 29,5-7), oder wie der Tau, der auf die Berge fällt. Man kann Einförmigkeit herstellen, indem man andere manipuliert und Druck auf sie ausübt, aber wahre Eintracht kann nur von Gott durch seinen Geist kommen.

Eintracht ist kostbar wie der Tau und führt zu Fruchtbarkeit. Sie ist wohltuend wie das Öl und bringt einen angenehmen Duft mit sich. Spaltungen innerhalb von Gottes Volk haben das Gegenteil zum Ergebnis. Beherzigst du die Mahnung in Epheser 4,1-6?

Psalm 134

Hast du dich jemals bedankt für die Menschen, die nachts arbeiten? Wenn sie nicht wären, gäbe es nachts weder Elektrizität noch Wasser, keinen Schutz vor Feuer und Verbrechen und keinen Notdienst im Krankenhaus. Während du schläfst, dienen andere. Sei dankbar dafür!

Aber bedanken sich die Menschen, die Nachtdienst tun? Vielleicht nicht. Der Psalmist mahnte die Priester im Tempel, Dank zu sagen, wenn sie in der Nacht Gott und den Menschen dienten. Vielleicht war es eine einsame Aufgabe, aber auf jeden Fall war es ein wichtiger Dienst.

Dein Hohepriester im Himmel setzt sich Tag und Nacht für dich ein. Niemals wird er müde oder ungeduldig. Hast du ihm schon einmal gesagt, dass du ihm für seinen treuen Dienst dankbar bist? Bist du bereit, wie er anderen zu dienen, sogar nachts?

Psalm 135

Der Psalmist eröffnet sein Lied mit einem vierfachen Lob auf den Herrn (V. 1-3) und beendet ihn auch mit einem vierfachen Aufruf, den Herrn zu preisen (V. 19-21). Dazwischen nennt er vier vortreffliche Gründe, warum der Herr dein aufrichtiges Lob verdient.

Zunächst einmal ist er dein *Erlöser* (V. 4). In seiner Gnade hat er dich erwählt; durch seine Barmherzigkeit hat er dich zu seinem Schatz gemacht. Du gehörst ihm, er achtet dich und er liebt dich.

Er ist der *Schöpfer* (V. 5-7), und das bedeutet, dass er jeden Tag für dich sorgt und dir alles gibt, was du brauchst. Er herrscht über die Stürme und nutzt sie, um seine vollkommenen Pläne umzusetzen.

Er ist *Herr über die Geschichte* (V. 8-14). Die Juden waren stolz auf die Tatsache, dass Gott in besonderer Weise zum Wohl ihres Volkes wirkte. Er wirkte für Israel und durch Israel, um seinen Heilsplan zu verwirklichen.

Er ist *Herr über die Feste* (V. 15-18). Diese Verse entsprechen Psalm 115 und zeigen die Größe des lebendigen Gottes im Gegensatz zu den toten Götzen der Nationen. Feiert den Herrn heute! Preist seinen heiligen Namen!

Psalm 136

Dieser Psalm wurde von zwei Chören gesungen. Ein Chor sang die erste Zeile eines jeden Verses und der andere Chor antwortete mit: »Denn seine Gnade währt ewig.« Das war kein leeres Plappern (Mt 6,7), denn der zweite Chor brachte dem Herrn inspiriertes Lob dar. Über Gottes Barmherzigkeit kann man nie zu viele Worte machen!

Gott offenbart seine Barmherzigkeit, indem er dir eine wunderbare Schöpfung schenkt, damit du sie nutzt und dich an ihr erfreust (V. 4-9). Bedenke: Er hatte für die ersten Menschen alles vorbereitet, als er sie schuf! Schade, dass so viele Menschen sich als Verwalter von Gottes Schöpfungsgeschenken so wenig Mühe geben. Betrachte die wunderbare Welt, in der du lebst, niemals als Selbstverständlichkeit.

Er offenbart seine Barmherzigkeit, indem er für dich sorgt, dir in deinen Kämpfen beisteht, und dir hilft, deine Feinde zu besiegen (V. 10-25). Israel war Gott nicht immer treu, aber genau da wird seine Barmherzigkeit wirksam! Er blieb ihnen treu!

Der Gott des Himmels sorgt für dich auf der Erde! Seine Gnade währt ewig!

Psalm 137

Dieser Psalm erwuchs aus Israels Exil in Babylon, und er kann dir heute helfen, eine Bestandsaufnahme deines geistlichen Lebens zu machen.

Was bringt dich zum Weinen (1)? Die Juden weinten, wenn sie sich an die Vergangenheit erinnerten, aber sie weinten nicht über ihre Sünden. Sie weinten, weil ihre Sünden sie eingeholt hatten, nicht, weil sie sie begangen hatten.

Was bringt dich zum Singen (2-4)? Sie hatten ihr Lied verloren, deswegen hingen ihre Zithern in den Bäumen. David machte eine ähnliche Erfahrung (Ps 32,1-7). Kannst du auch an trostlosen Orten dem Herrn Loblieder singen (Apg 16,25)? Kannst du den Herrn jederzeit preisen?

Was weckt Sehnsucht in dir (5-6)? Wonach sehnt sich dein Herz? Wonach verlangt es dich am allermeisten? Entspricht es Gottes Willen?

Was macht dich wütend (7-9)? Gott hat versprochen, über Babylon zu richten (Jes 13; beachte V. 16), somit beteten sie seinem Willen entsprechend; allerdings fehlt hier der schmerzliche Unterton eigener Seelenqual. (Vergleiche den Eintrag zu Ps 58 als Kommentar zu den »Fluchpsalmen«.) Wenn du den Herrn liebst, musst du das Böse hassen (Ps 97,10; Röm 12,9), aber überlass die Strafe dem Herrn (Röm 12,17-21).

Psalm 138

»Mitten in Bedrängnis« zu wandeln (V. 7), hinderte den Psalmisten nicht daran, den Herrn anzubeten (V. 1-3). Im Gegenteil, das half ihm sogar, zu beten und den Herrn noch mehr zu preisen. David konnte nicht zum Tempel gehen, deshalb verbeugte er sich dorthin gewandt.

Seine Schwierigkeiten hinderten ihn nicht daran, *Zeugnis zu geben* (V. 4-6). Vielleicht befand sich David unter Heiden, als er diesen Psalm schrieb, aber er bemühte sich, das Wort weiterzugeben und sie zu lehren, dem Herrn Loblieder zu singen. Manchmal benutzt Gott schwierige Umstände dazu, Türen für das Evangelium zu öffnen.

Seine Probleme hielten ihn nicht von seinem *Wandel* ab (V. 7-8). Gott schenkte David neue Kraft, und so konnte er seine Feinde besiegen. Und das Beste ist, Gott vollendete seinen Plan für David und machte einen besseren Menschen aus ihm (Eph 2,10; Phil 2,12-13).

Du denkst vielleicht, dass deine Probleme dir einen Grund geben, nicht mehr für den Herrn zu leben. Dieser Psalm besagt, dass genau das Gegenteil zutrifft! Lies ihn noch einmal und nimm dir ein Beispiel an David.

Psalm 139

Wenn du dem Herrn treu ergeben bist, wird dieser Psalm dich ermutigen. Wenn du versuchst, dich vor dem Herrn zu verstecken, wird dieser Psalm dir deutlich machen, dass du auf verlorenem Posten kämpfst.

Er weiß, was du tust (1-6). Er kennt dich persönlich und sehr genau, versuche also erst gar nicht, ihn zum Narren zu halten. Sei offen und ehrlich ihm gegenüber und ruhe in seiner Liebe (1Jo 4,18). Er hat ein wachsames Auge auf dich und du hast nichts zu befürchten.

Er weiß, wo du hingehst (7-12). Was für ein Trost, zu wissen, dass Gott mit dir ist und für dich sorgt! Ob du nach oben oder nach unten gehst, nach Osten oder nach Westen; er ist dort (Hebr 13,5). Sünder versuchen sich *vor* Gott zu verbergen, Gläubige dagegen bergen sich *in* Gott.

Er weiß, was du bist (13-16). Schließlich hat er dich gemacht, hat dein Potenzial angelegt und deine Tage geordnet. Dies ist kein blinder Fatalismus, der dich lähmen soll. Es ist der weise Plan eines liebenden Vaters, der weiß, was das Beste für dich ist. Nimm an, was du bist, als sein Geschenk an dich, und dann nutze es weise als Geschenk an ihn. Du bist *einzigartig;* so hat Gott dich geschaffen.

Er weiß, was du denkst (17-18). Der Psalmist versuchte, die Gedanken Gottes zu ergründen, und auf diese Weise hat er die Gegenwart Gottes in seinem Leben erfahren. »Ihr sollt eure Gedanken auf diese Dinge richten« (Phil 4,8; GNB).

Er weiß, was du liebst (19-22). Nimm dir diese Worte zu Herzen: »Die ihr den HERRN liebt, hasst das Böse!« (Ps 97,10); »Liebt nicht die Welt« (1Jo 2,15-17).

Er weiß, wonach du verlangst (23-24). Du kennst dein eigenes Herz nicht so gut, wie du vielleicht denkst (Jer 17,9-10). Lass dich von Gott prüfen und lege alles in seine Hände, was dir Sorgen macht. Lass dich von ihm führen. Er weiß, wohin du gehen solltest.

Psalm 140

Satan bekämpft jeden, der den Willen Gottes tut, und bei David machte er keine Ausnahme. Du solltest besonders für christliche Leiter beten, denn sie nimmt der Böse gezielt ins Visier. Der Feind hat zwei Lieblingswaffen: giftige Zungen (V. 1-3) und verborgene Fallen (V. 4-5). Er verleumdet Gottes Anführer (und benutzt dazu manchmal die Lippen bekennender Christen), und er legt Fallen für sie aus in der Hoffnung, sie ins Stolpern zu bringen.

David stützte sich aufs Gebet (V. 6-11), auf Gottes Versprechen (V. 12) und auf Lobpreis (V. 13). Gott hasst falsche Zungen (Spr 6,17) und wird alle Verleumder eines Tages bestrafen. Erhalte dir inzwischen deinen Charakter vor Gott und lass ihn für deinen Ruf sorgen. Lebe also so, dass die Leute, wenn sie Lügen über dich hören, diesen keinen Glauben schenken.

Psalm 141

»Meine Stimme ... meine Hände« (1-2). David war weit weg von Gottes Haus, aber er wusste, dass er den Herrn auch ohne Priester und Altar anbeten konnte. Sein Gebet würde sein wie der Weihrauch auf dem goldenen Altar (2Mo 30,1-10) und das Erheben seiner Hände zur Anbetung wie das Brandopfer auf dem bronzenen Altar (2Mo 29,38-41; Hebr 3,15). Ganz gleich, wo du bist: Bete den Herrn an!

»Mein Mund ... meine Lippen« (3-4). Wenn das Böse in deiner Nähe ist und bösartige Menschen versuchen, dich zu verführen, ist schnell das Falsche gesagt. Dein Herz braucht Schutz (Mt 12,34-37).

»Mein Haupt« (5-7). »Treu gemeint sind die Schläge dessen, der liebt« (Spr 27,6): Sie mögen wehtun, sind aber heilsam wie Öl. Hüte dich vor den Küssen – und Leckerbissen (V. 4) – des Feindes.

»Meine Augen« (8-10). Halte die Augen im Glauben auf den Herrn gerichtet, dann wird er deine Schritte lenken und schützen.

David brachte *sich selbst* dem Herrn als Abendopfer dar, sein ganzes Leben (Röm 12,1-2). Das ist die höchste Form der Anbetung und das größte Vorrecht.

Psalm 142

Ein weiterer von Davids »Höhlenpsalmen« (Ps 57; siehe auch 1Sam 22,1-2; 24,1ff.). Psalm 142 ist voll von Zusagen, die du für dich in Anspruch nehmen darfst, wenn du an einem schwierigen Ort bist.

Gott hört deine Gebete (2-3). Es gibt Zeiten, da wird Gebet zur Anbetung (Ps 141,1), und es gibt Zeiten, da wird Gebet zum Kampf. In der Hitze des Gefechts darfst du dein Herz vor dem Herrn ausschütten und ihm sagen, wie es dir geht und was du brauchst. Verwandle die Höhle in ein Allerheiligstes.

Gott kennt deinen Pfad (4). David wandelte im Willen Gottes, aber der Feind verbreitete Lügen über ihn und legte Fallen für ihn aus. Geh deinen Weg mit dem Herrn, Schritt für Schritt, und er wird dir beistehen (Ps 16,11; Spr 3,5-6).

Gott fühlt deinen Schmerz (5). David kam sich völlig verlassen vor, aber er wusste, dass der Herr mit ihm war (2Tim 4,16-18). Wenn es dir so vorkommt, als würde niemand sich um dich scheren, denke daran, dass *ihm an dir liegt* (1Petr 5,7).

Gott ist dein Teil (6). Wenn du Gott hast, was brauchst du mehr? Einer zusammen mit Gott ist eine Mehrheit, lass es dir also an ihm völlig genügen.

Gott wird gepriesen sein (7-8). Jetzt sieht es vielleicht noch nicht danach aus, aber eines Tages wirst du feststellen, dass deine Prüfungen zu deinem Besten gedient haben und zur Ehre Gottes. Fange heute an, ihn zu preisen – im Glauben – und du wirst »auf Empfang sein«, wenn die Antwort kommt.

Psalm 143

Wenn du noch nie an den Schlachten des Herrn beteiligt warst, wirst du dieses Gebet vielleicht nicht verstehen, denn es ist der Aufschrei eines Soldaten im Kampf. Außerdem ist es ein Bußgebet.

»***Höre mich!***« (1-6). Verlass dich auf Gottes Gnade und Treue, nicht auf deine Rechtschaffenheit. Erzähle Gott, was in deinem Leben passiert. David lag am Boden und es war dunkel um ihn her. Er kam sich vor wie ein Mann, der in der Wüste verdurstet.

»Erhöre mich!« (7-9). Wenn Gott unsere Gebete nicht erhört, kommt es uns vor, als würde er sein Gesicht von uns abwenden und wir würden ins Grab sinken. Geben dir erhörte Gebete Kraft und Freude?

»Lehre mich!« (10). David begegnete dem Herrn jeden Morgen und empfing seine Befehle für den neuen Tag. Ohne diese Befehle wusste er nicht, wie er durch den Tag gehen sollte. Vertraue darauf, dass Gott dich führt, wenn du dich ihm ganz hingibst.

»Belebe mich« (11-12). David lag am Boden (V. 3), und nur Gott konnte ihn aufrichten. David wollte den Kampf des Herrn kämpfen und im Land für Gerechtigkeit sorgen. Wahres Gebet zielt darauf ab, dass wir Gott dienen, und nicht umgekehrt (V. 12).

Psalm 144

Dies ist ein weiteres Schlachtlied, das dir bei deinem geistlichen Kampf helfen kann.

Lass dich *vor der Schlacht* von Gott anlernen (V. 1-4). In dir selbst bist du nichts, aber Gott liebt dich und rüstet dich aus für alles, was auf dich zukommt. Gott erklärt dir nicht immer, wie er dich vorbereitet, nimm also seine Erziehungsmaßnahmen im Glauben an. David kämpfte zuerst gegen einen Bären und einen Löwen, bevor Gott ihn auf einen Riesen ansetzte. Leg jeden Morgen deine ganze geistliche Waffenrüstung an und gib Acht auf das Trompetensignal (Eph 6,10-18).

Lass dir *in der Schlacht* von Gott helfen (V. 5-8). Gottes Hand ist da, um dich zu stärken und zu retten. Fürchte dich also nicht, den Feind anzugreifen. Du kämpfst den Kampf des Herrn; er wird dich nicht im Stich lassen (2Chr 20,14-19).

Singe Gott *nach der Schlacht* Loblieder (V. 19-15). Danke ihm für alles, was er für dich persönlich getan hat (V. 9-11), für deine Familie (V. 12) und für dein Volk (V. 13-15).

Psalm 145

David preist den Herrn für seine Größe (V. 3), Gnade (V. 8.17), Güte (V. 9), Herrlichkeit (V. 11-12) und Großzügigkeit (V. 15-16). Wenn es dir heute schwer fällt, den Herrn zu loben, dürfte dir das helfen, in Gang zu kommen! Gottes Volk wird ihn ewig preisen, also tun wir gut daran, es Tag für Tag zu lernen (V. 2).

David preist den Herrn als Ermutigung für andere. Jede neue Generation muss lernen, den Herrn zu preisen (V. 4-7), somit ist dein Gotteslob jungen Christen Vorbild und Zeugnis. Machen andere deinetwegen Fortschritte in der Anbetung?

David hört, wie alle Werke Gottes ihn loben (V. 10). Wenn du das erkennst, wirst du in der Natur neue Bedeutung und Schönheit entdecken (Ps 19,2-7).

Wenn dein Leben vom Lob Gottes geprägt ist, kannst du dir der Hilfe des Herrn in jeder Lage sicher sein. Wenn du fällst, stützt er dich (V. 14). Wenn du hungrig bist, gibt er dir Speise (V. 15-16). Wenn du ihn rufst, kommt er näher zu dir (V. 18). Kein Wunder, dass David den Herrn von ganzem Herzen pries!

Psalm 146

Anbetung deutet auf *Leben* hin (V. 1-2), nicht nur auf physisches Leben, sondern auf das Leben Gottes im Herzen. Im Himmel gibt es nur noch Anbetung; in der Hölle gibt es gar keine Anbetung; hier auf der Erde hast du die Wahl.

Anbetung ermutigt zum *Glauben* (V. 3-4). Wenn du jemandem vertraust – deinem Arzt zum Beispiel – lobst du diesen Menschen auch anderen gegenüber. Wenn du geringen Glauben hast, wird deine Anbetung allmählich nachlassen, aber wenn du ihr viel Raum gibst, wird dein Glaube wachsen.

Anbetung ermutigt zur *Hoffnung* (V. 5-7). Wenn deine Hoffnung auf den Herrn gerichtet ist, kannst du ihn loben, ganz gleich, wie deine Lebensumstände aussehen mögen. Glaube ist der Blick nach oben und Hoffnung ist der Blick nach vorn.

Anbetung ermutigt zur *Liebe* (V. 8-10), deine Liebe zu Gott und anderen Menschen, und Gottes Liebe zu dir. Wenn du jemanden liebst, vertraust du diesem Menschen, und größeres Vertrauen führt zu größerer Liebe.

Leben, Glaube, Hoffnung und Liebe – sie alle sind zusammengefasst in der Praxis und Erfahrung der Anbetung.

Psalm 147

Du kannst deinen Fähigkeiten keinen höheren Ausdruck verleihen als in der Anbetung. Gott ist des Lobes würdig, und du solltest ihn loben, unabhängig davon, ob du überzeugt bist, dass dein Lob in deinem Leben irgendetwas bewirkt oder nicht. Allerdings hält er einige Segnungen bereit für jene, die ihn in Wahrheit anbeten.

Anbetung beschert Gottes Volk geistliche Schönheit (V. 1; Ps 27,4; Ps 29,2; Ps 149,4). Er baut sein Werk auf und eint sein Volk (V. 2). Er heilt die Seele (V. 3) und hilft den Erniedrigten auf (V. 6; GNB). Anbetung ist wirksame Medizin!

Anbetung macht Gottes Welt für dich real und persönlich (V. 7-9.15-18), selbst die Stürme; und sie ist ein vortrefflicher Schutz gegen den Feind (V. 12-14). Anbetung gefällt dem Herrn und schafft die Grundlage für sein Wirken in deinem Leben (V. 10-11).

Anbetung darf niemals das Ziel haben, von Gott Segen zu empfangen. Wenn du ihn aufrichtig preist, wird der Segen kommen. Anbetung verändert die Dinge – und die Menschen.

Wie heilt man ein zerbrochenes Herz?
Der Gott, der die Sterne zählt und benennt, weiß von deinem gebrochenen Herzen und kann es heilen – wenn du ihm alle Teile gibst (Ps 147,3-4).

Psalm 148

Wenn es darum geht, den Herrn zu preisen, will der Psalmist nichts und niemandem in der ganzen Schöpfung erlauben, sich zu entziehen.

Die Himmel (1-6). Er beginnt mit den Engeln, ruft dann die Himmelskörper herbei und schließt sogar die Wolken mit ein! Gott hat sie geschaffen, er hat ihnen ihren Platz gegeben und regiert sie. Sie sollen ihn preisen – und das tun sie auch!

Die Erde (7-10). Die Tiefen der Meere und die Gipfel der Berge, der Wind und die Obstbäume – sie alle sollen den Herrn preisen – und das tun sie auch! Wenn das Wetter schlecht ist, beruhigt es zu wissen, dass sogar die Stürme Gottes Wort »vollziehen« (V. 8).

Die Menschheit (V. 11-14). Männer und Frauen, als Ebenbild Gottes geschaffen, haben mehr Grund, Gott zu preisen als irgendein anderer Teil der Schöpfung. Und wenn du durch Gottes Gnade gerettet bist, hast du sogar einen noch besseren Beweggrund. Preist den Herrn!

Psalm 149

Gottes Volk sollte ein singendes Volk sein. In jeder *Gemeinde* soll gesungen werden (V. 1-4), denn Gott ist der Retter seiner Kinder (V. 1), ihr Schöpfer und ihr König (V. 2). Wir werden erneut daran erinnert, dass Anbetung Gott gefällt und Gottes Volk verschönert (V. 4; Ps 147,1; 11). Du solltest auch *zu Hause* singen (V. 5), sogar im Bett! Singe, wenn du am Morgen aufstehst, wenn du ein Mittagsschläfchen hältst, wenn du abends ins Bett gehst. Wenn es ein Krankenbett ist, singe sogar noch mehr zum Herrn!

Sing dem Herrn *auf dem Schlachtfeld* (V. 6-9)! Gottes Wort ist dein Schwert (Eph 6,17; Hebr 4,12), und es sollte sowohl auf deinen Lippen als auch in deiner Hand sein. Anbetung ist eine wunderbare Waffe im Kampf gegen den Feind.

Psalm 150

Es ist recht und billig, dass das Schlusslied im hebräischen Gesangbuch eine Einladung zum Lob ist. Die Wendung *Lobt ihn* erscheint hier dreizehn Mal.

Wo sollten wir ihn preisen? Vor Ort und überall, im Tempel und im unendlich weiten Himmel (V. 1). Mit anderen Worten, wo immer du bist, preise den Herrn!

Warum sollten wir ihn preisen? Wegen seiner Taten und weil er ist, der er ist (V. 2). Je besser du Gottes Wesen und seine Werke kennst, umso mehr wirst du ihn preisen und umso mehr Freude wirst du daran haben.

Wie sollten wir ihn preisen? Mit unseren Stimmen und mit Instrumenten (V. 3-5) und mit unseren Körpern (V. 4; Reigen), mit denen wir ausdrücken können, was wir tief im Innern fühlen . Der ganze Mensch sollte ein lebendiges Opfer sein, das den Herrn preist.

Wer sollte ihn preisen? »Alles, was Atem hat« (V. 6). Aber auch Dinge, die keinen Atem haben, preisen ihn (Ps 146,7-9), also haben wir erst recht Grund, es zu tun! Wir haben unseren Atem von ihm (Apg 17,25), deshalb sollten wir seinen Namen preisen. Unser Atem ist nur ein Lufthauch, er ist das schwächste, was wir haben, aber wir können ihn dem höchsten Dienst widmen, dem Lobpreis des Herrn.

Sprüche

Ein *Spruch* oder auch *Sprichwort* wird definiert als »kurze Aussage, beruhend auf langer Erfahrung«. Das hebräische Wort, das mit »Sprichwort« übersetzt wird, bedeutet »zu sein wie«, und viele der Sprüche beinhalten Gegensätze oder Vergleiche. Die Sprüche befassen sich mit den ethischen und moralischen Aspekten des Lebens. Sie sind praktischer, nicht theoretischer Art, und weisen den Weg zu einem gottgefälligen Wesen und einem erfüllten Leben.

Die Sprüche haben die Weisheit zum Thema, den richtigen Umgang mit Wissen. Diese Weisheit ist mehr als intellektuelles Streben; sie beinhaltet auch Hingabe an den Herrn. Ein weiser Mensch fürchtet den Herrn, vertraut ihm und bemüht sich, seinem Willen zu gehorchen. Die in diesem Buch beschriebene Weisheit ist wie ein geistlicher »sechster Sinn«. Sie befähigt dich, Umstände und Menschen richtig einzuschätzen und im Leben die richtigen Entscheidungen zu treffen.

Da ein Spruch nur die Äußerung einer allgemeinen Wahrheit ist, darf er nicht als göttliches Versprechen verstanden werden. Sowohl David als auch Jesus gefielen Gott, und dennoch hatten sie beide Feinde (Spr 16,7); und mehr als nur ein gehorsames Gotteskind ist jung gestorben (Spr 10,27). Nicht alle frommen Menschen haben das Haus voller Geld (Spr 15,6); und viele Gottlose haben reichlich zu essen (Spr 13,25). Im Licht der Ewigkeit betrachtet, sind die Gottlosen die Verlierer – egal, wie erfolgreich sie jetzt sein mögen – aber das Buch der Sprüche befasst sich hauptsächlich mit diesem Leben, nicht mit dem nächsten.

Diese weisen Worte sind »Wahrheit in verdichteter Form« in einem alltagstauglichen Format. Hier sind Grundsätze zu finden, Warnungen und Ratschläge, die wirklich funktionieren, *wenn du den Herrn fürchtest und ihm gefallen willst.* Das Buch der Sprüche ist kein »Do-it-yourself-Bausatz« für Erfolgsgierige, sondern eine Anleitung zum gottesfürchtigen Leben.

Der Großteil des Buches stammt von Salomo (1,1; siehe auch 1Kö 4,32) neben Beiträgen von anderen Autoren (22,17; 24,23; 30,1; 31,1). »Die Männer Hiskias« (25,1) haben vermutlich das Buch bearbeitet und in die Form gebracht, in der es uns heute vorliegt.

Das Sprüchebuch deckt ein breites Inhaltsspektrum ab und die Verse sind nicht thematisch geordnet. In unseren Betrachtungen werden wir uns in jedem Kapitel auf einen Schwerpunkt konzentrieren und manchmal werden wir Verse mit einem gemeinsamen Thema zusammenstellen.

Sprüche 1

Der Wert der Weisheit (1-6). Alles was du brauchst, um erfolgreich zu sein, gehört dir, wenn du Gottes Weisheit empfängst. »Erfolg« beinhaltet viel mehr als nur den Lebensunterhalt zu verdienen. Erfolg bedeutet, ein Leben zu führen, mit dem man Gott ehrt und anderen dient. Weisheit ist wichtiger als Reichtum und Einfluss (Spr 8,12-21), denn Weisheit hilft dir, für die Ewigkeit zu bauen.

Die Lehre der Weisheit (7-19). »Die Furcht des HERRN« bedeutet, Ehrfurcht vor Gott zu haben und Respekt vor seinem Wort; Bereitschaft, darauf zu hören und es zu befolgen. Gott gebraucht unterschiedliche Menschen, um dich Weisheit zu lehren, und du solltest jederzeit damit rechnen, dass dir jemand etwas beibringen will. Beachte die Warnungen: »Verwirf nicht! Folge nicht! Geh nicht!« Gott sagt Nein, damit er Ja sagen kann.

Wer ist weise?
Ein wahrhaft weiser Mensch hört auf das Wort Gottes (Spr 1,5) und befolgt es (Spr 12,15); er bewahrt sich, was er gelernt hat (Spr 9,9; 10,14), gewinnt die Verlorenen (Spr 10,30), wendet sich von der Sünde ab (Spr 14,16), kann seine Zunge im Zaum halten (Spr 10,19; 16,23) und ist fleißig (Spr 10,5). Der Weise

erbt Ehre (Spr 3,35), macht anderen Freude (Spr 10,1; 15,20), sorgt für seinen Unterhalt (Spr 21,20) und hat genug Kraft, um einen Krieg zu gewinnen (Spr 24,5-6).

Die Einladung der Weisheit (20-33). Die Weisheit ist wie eine schöne Frau, die hungrige Menschen zu einem großen Fest einlädt (Spr 1,20-33; 8,1ff; 9,1ff). Die Dummheit ist wie eine böse Frau, die die Unwissenden zur Sünde verführt (5,1ff; 6,20ff; 7,1ff). Höre auf den Ruf der Weisheit und du wirst gesegnet; höre auf den Ruf der Dummheit und du wirst zerstört.

Sprüche 2

Die Weisheit ist nicht nur eine Frau, die man kennenlernen kann (Kap. 1), sondern auch ein Weg, auf dem man wandeln soll. Das Wort *Pfade* kommt in diesem Kapitel sieben Mal vor. Es weist uns darauf hin, dass wir im Leben eine Richtung einschlagen, Entscheidungen treffen und Ziele bestimmen müssen, wie auf einem Wanderweg. Wenn du deine Pflicht erfüllst (V. 1-5), wird Gott seinen Teil beitragen (V. 6-9).

Der Pfad der Törichten

Die Weisheit wendet sich an drei Arten von Menschen: den Einfältigen, den Spötter und den Narren. Einfältige Leute glauben alles (Spr 14,15). Sie sind unverständig (Spr 7,7; 27,12) und können den Weg nicht sehen, der vor ihnen liegt (Spr 22,3; 27,12). Spötter glauben, alles zu wissen (Spr 21,24), so dass sie niemals Weisheit erwerben (Spr 14,6) oder gar aus Zurechtweisung lernen können. Sie sind große Unruhestifter (Spr 22,10) und sollten bestraft werden (Spr 19,29; 21,11). Narren sind selbstbewusst (Spr 12,15; 28,26) und verabscheuen Unterweisung (Spr 1,7.22; 23,9). Ihre Rede ist hochmütig (Spr 10,18; 14,3); sie sind streitlustig (Spr 18,6-7; 27,3), mischen sich ein (Spr 20,3), sprechen, ohne vorher nachzudenken (Spr 18,3; 19,11) und spotten über die Sünde (Spr

14,9). Maßregelung führt bei ihnen nicht zum Erfolg (Spr 17,10; 27,22) und am Ende werden sie fallen (Spr 10,8.10.14).

Der Pfad der Weisheit ist ein behüteter (V. 8) und ein guter Pfad (V. 9), der zum Leben führt (V. 19) und zur Rechtschaffenheit (V. 20). Der Pfad der Torheit ist ein finsterer (V. 13) und abwegiger Pfad (V. 15), der zum Tod führt (V. 18).

Wenn du auf dem Pfad der göttlichen Weisheit wandeln möchtest, beachte die Mahnungen in den Versen 1-5.

Sprüche 3

Dein Herz (1-8). Wie du mit deinem Herzen umgehst, bestimmt darüber, was du mit deinem Leben anfängst (Spr 4,23). Erziehe dein Herz zum Gehorsam (V. 1), zur Offenheit gegenüber Gottes Wort (V. 3; 2Kor 3,1-3) und zum Vertrauen, so dass es Gott folgt (V. 5-6). Vers 5 sagt nicht, dass du deinen Verstand oder deine Vernunft missachten sollst, sondern rät dir, dich nicht allein darauf zu verlassen und Gottes Weg nicht abzulehnen.

Dein Besitz (9-20). Setze Gott an die erste Stelle bei Entscheidungen, die deinen Besitz betreffen (Mt 6,33), und baue auf die Dinge, die man für Geld nicht kaufen kann (V. 13-18). Nimm jede Zurechtweisung von Gott als Beweis seiner Liebe an (Hebr 12,5-6).

Dein Verhalten (21-26). Lass jeden einzelnen Teil von dir von Gottes Weisheit regieren (Röm 12,1-2). Wer gut schläft, beweist damit, dass er Gott vertraut und sich ihm wahrhaft hingegeben hat (Ps 4).

Deine Nachbarn (27-35). Wenn du möchtest, dass Gott dein Heim segnet, sei ein Segen für die Menschen um dich herum. Teile deinen Besitz und schmiede niemals böse Pläne gegen andere (Röm 12,9-21).

Sprüche 4

Ein weiser Mensch ermutigt andere, das Wort Gottes zu hören und Weisheit zu finden. Der Vater empfing Weisheit, als er noch ein Junge war, und er ermahnte seine Kinder, es ihm nachzutun. Lebe dein Leben so, dass dein Rat und dein Beispiel andere beeinflussen und ihnen helfen, weise zu leben.

Wenn du Weisheit besitzt, wirst du behütet (V. 6) und gefördert (V. 8-9) und du wirst frei sein, um voranzukommen (V. 12). Wenn du sein Wort befolgst, wird das Licht auf deinem Lebenspfad heller werden (V. 18). Das trifft allerdings nicht zu, wenn du auf dem Pfad der Gottlosen wandelst.

Noch einmal betont Salomo, wie wichtig es ist, sich mit Leib und Seele von Gott regieren zu lassen (V. 20-27; Kol 3,16). Das führt dich auf den rechten Weg und hält dich von Umwegen ab.

Simson auf dem falschen Pfad
Simson war ein begabter Mann, der viele von den Anweisungen in Sprüche 1-4 missachtete. Lies Richter 13-16 und beachte, dass er nicht Gottes Weisheit suchte, sondern seinen eigenen rebellischen Weg ging. Er suchte sich die falschen Freunde und folgte der Torheit anstelle der Weisheit. Hätte er sich mit Leib und Seele dem Wort unterstellt, hätte Simson Segen empfangen und Gott Ehre gemacht.

Sprüche 5

In einer Welt, in der Sex zur Ware und Ehebruch zur Unterhaltung geworden ist, brauchen wir diese Warnung dringend. Nur wenige glauben, dass sexuelle Sünde tragische Folgen hat, aber Salomo nennt einige von ihnen.

Sexuelle Sünde
Ein sexuell unsittlicher Lebensstil ist wie ein Pfad, der zum Tod führt (Spr 2,16-22) und in die Hölle (Spr 5,5); es ist, als würde man sich selbst absichtlich die Haut verbrennen oder verwun-

den (Spr 6,20-35); als würde man geschlachtet wie ein Tier (Spr 7,6-27); als würde man die Augen schließen und in eine Grube fallen (Spr 22,14; 23,26-28). Denke über Hebräer 13,4 nach.

Was »honigsüß« anfängt, wird allmählich bitter; was ursprünglich »Leben« sein soll, wird zum Tod; und am Ende steht die Hölle (V. 4-5). Du verlierst an Ehre, Lebensjahren, Vermögen und Freude (V. 7-14), und was du für Freiheit hältst, ist in Wahrheit die schlimmste Art der Knechtschaft (V. 21-23). Allein die äußerlichen Folgen sollten einen Menschen dazu bringen, Gott nachfolgen zu wollen (V. 11).

Ehelicher Sex sollte so sein wie ein Schluck erfrischenden Wassers aus einer klaren Quelle, verbotener Sex dagegen schmeckt, als würde man aus dem Abwasserrohr trinken (V. 15-20). Das hebräische Wort, das in Vers 19 mit »berauschen« übersetzt wird, bedeutet eigentlich »vergiften«. Wenn Ehemann und Ehefrau sich so lieben, wie Gott es sich wünscht, wird Wasser zu Wein! (Siehe Joh 2,1-11.)

Sprüche 6

Befreie dich (1-5). Böse Taten werden dich gefangen nehmen (Spr 5,22), aber unbesonnene Worte ebenfalls. Sei vorsichtig mit Versprechungen. Wenn du nicht lernst, nein zu sagen, wirst du in Knechtschaft enden und einen sehr hohen Preis zahlen. Besser, du hältst dich bescheiden zurück und befreist dich, als dass du dich von deinem Stolz zugrunde richten lässt.

Lehre dich (6-11). Lerne aus der Natur (Spr 30,15-31). Die Ameise bereitet sich auf sinnvolle Weise auf die Zukunft vor; der Faulpelz dagegen ist ziellos und endet in der Armut. Es ist schon etwas dran an dem Sprichwort »Faulheit ist der Schlüssel zur Armut«.

Sieh dich vor (12-35). Hüte dich vor dem niederträchtigen Mann (V. 12-19) und der bösen Frau (V. 20-35). Hasse, was Gott hasst, und liebe, was Gott liebt, dann wirst du dich an allem erfreuen, woran Gott sich erfreut.

Der Faulpelz
Der Faulpelz schläft gern (Spr 6,6-11) und erwartet, von allen anderen bedient zu werden (Spr 12,27; 19,24). Er träumt von Reichtum, endet aber in Armut (Spr 13,4; 21,25-26). Er ist nie um eine Ausrede verlegen (Spr 20,4; 22,13; 26,13-16), bringt aber sonst nicht viel zuwege (Spr 10,26). Er baut nicht auf, sondern zerstört (Spr 18,9).

Sprüche 7

Wenn die Weisheit deine Schwester ist, wirst du dich nicht von der Versucherin verführen lassen (V. 1-5; Ps 119,11). Deine Füße werden sich nicht ihrem Haus nähern. Und sollte sie dir folgen, wird dein Herz alle ihre Verlockungen durchschauen und kein Verlangen nach ihr haben.

Kostbare Teppiche können die Hässlichkeit der Sünde nicht verdecken, und selbst die aromatischsten Gewürze können den Gestank der Sünde nicht in angenehmen Duft verwandeln (V. 16-17). Was dir auch an Verlockungen angeboten wird, lass alles Oberflächliche außer Acht und betrachte sie als das, was sie wirklich sind.

Du bist als Ebenbild Gottes geschaffen, aber die Sünde zieht dich herab auf die Stufe eines Tieres (V. 22-23) und schließlich auf eine Stufe mit Satan selbst (V. 27). Ist es das wert?

Sprüche 8

Höre! Zuerst rief die Weisheit von einem belebten Platz mitten in der Stadt aus (1,20ff), aber nun steht sie dort, »wo die Pfade sich kreuzen« (V. 2). Wenn du der Wahrheit gegenüberstehst, bist du zur Entscheidung aufgerufen, und die Entscheidung, die du triffst, wird unvermeidliche Konsequenzen haben. Halt die Ohren offen und höre auf Gottes Weisheit (V. 6.32.34).

Liebe! Die Weisheit sagt: »Ich liebe, die mich lieben« (V. 17). Liebe die Weisheit mehr als den Reichtum (V. 10-11.18-21), denn die Weisheit macht dich reich für alle Ewigkeit. Die Verse 22-31 erinnern uns an Jesus Christus, der die Weisheit Gottes in Person ist (1Kor 1,30; Kol 2,3). Die Weisheit zu lieben heißt, Christus zu lieben, und wenn du Christus liebst, lebst du für ihn

Verweile! Verbringe täglich Zeit an den Türen der Weisheit, indem du Gottes Wort liest und über seine Wahrheit nachdenkst. Vers 14 zufolge wird Gott dir Rat geben (was zu tun ist), Weisheit (wie du es tun sollst), Einsicht (warum du es tust) und Stärke (die Fähigkeit dazu). Statt wie ein Sklave zu dienen, wirst du regieren wie ein König (V. 15-16).

Sprüche 9

Komm und iss! Du siehst zwei Häuser und hörst zwei Einladungen. Die Weisheit bietet dir ein Festmahl aus Brot, Fleisch und Wein. Die Torheit bietet dir gestohlenes Brot und Wasser. Die Weisheit verspricht dir Leben, aber wenn du dich bei der Torheit an den Tisch setzt, wirst du sterben. In welches Haus wirst du einkehren?

Komm und lerne! Spötter wissen so viel, dass niemand ihnen etwas beibringen kann, die Weisen dagegen lernen durch Tadel. Vielleicht macht es dir keine Freude, wenn dich jemand zurechtweist, aber es wird dir gut tun.

Komm und lebe! Die Weisheit vermehrt deine Tage (V. 11). Wer seinen Körper durch die Sünde misshandelt, verkürzt damit sein Leben, aber wenn du der Weisheit folgst, kannst du deinem Leben Tage hinzufügen – und es bereichern! Wer Gott gehorcht, den lässt er die Fülle erfahren.

Tadel
Wie du mit Kritik und Zurechtweisung umgehst, offenbart dein wahres Wesen (Spr 9,7-9). Spötter hören nicht auf Zurechtweisung (Spr 13,1) und lieben Menschen nicht, die sie

rügen (Spr 15,12). Ein weiser Mensch erkennt im Tadel einen Liebesbeweis (Spr 27,5), weiß ihn zu schätzen (Spr 25,12) und Einsicht daraus zu gewinnen (Spr 19,25). Denke über Sprüche 27,6 nach.

Sprüche 10

Weise und *gerecht* sind Schlüsselwörter in diesem Kapitel, und sie gehören zusammen, denn die Weisen üben Gerechtigkeit und die Rechtschaffenen wachsen in der Weisheit.

Die Weisen machen ihren Eltern keinen Kummer, sondern Freude (V. 1). Gottgegebene Gelegenheiten wissen sie zu nutzen (V. 5) und Gebote befolgen sie (V. 8). Weise Menschen sammeln Erkenntnis (V. 14) und teilen sie mit anderen (V. 13.21.31). Sie wissen auch, wann sie lieber schweigen sollten (V. 19). Sie scherzen nicht über die Sünde (V. 23), sind aber ernsthaft in ihrem Gehorsam dem Herrn gegenüber.

Die Gerechten können sich Gottes Schutz und Fürsorge sicher sein (V. 2-3.24-25) und er segnet sie sowohl im Leben (V. 6) als auch nach dem Tod (V. 7). Ihre Worte spenden Leben (V. 11.20-21.31-32) und ihre Werke bringen Frucht (V. 16). Ihre Zukunft ist gesichert (V. 30) und voll Freude (V. 28).

Wenn du weise und rechtschaffen bist, werden deine Worte diese Eigenschaften zum Vorschein bringen (V. 6.11.14.20-21.31-32) und deine Taten ebenfalls.

Die Zunge der Gerechten
Die Worte eines weisen Menschen sind wie Silber (Spr 10,20), ein Lebensbaum (Spr 15,4), Nahrung (Spr 10,21), erfrischendes Wasser (Spr 10,11; 18,4) und Medizin (Spr 12,18). Sie sollten mit Salz gewürzt (Kol 4,6) und niemals zerstörerisch sein.

Sprüche 11

Es geht um den Gegensatz zwischen Gerechten und Gottlosen. Gott hat Freude an den Gerechten (V. 20) und rettet sie vor Gier

(V. 6), Tod (V. 4), Kummer (V. 8) und Tratsch (V. 9). Auch ihre Familien rettet Gott (V. 21).

Gott führt die Aufrichtigen in ihrer Anständigkeit (V. 3), weil sie begehren, was Gott begehrt (V. 23). Sie säen Gerechtigkeit (V. 18) und erblühen wie ein gesunder Baum (V. 28.30). Die Aufrichtigen sind anderen ein Segen (V. 10-11), und sie können sich ihres Lohnes sicher sein (V. 18).

Lies das Kapitel noch einmal und finde heraus, wie es den Gottlosen ergeht.

Sprüche 12

Gott gebraucht den Mund des Gerechten, um zu retten (V. 6), der Mund des Gottlosen dagegen bringt Knechtschaft (V. 13). Gerechte Worte gehen immer von gerechten Gedanken aus (V. 5) und von einer Liebe zum Lernen (V. 1). Genau an dieser Stelle fehlt es dem Gottlosen.

Gerechte Worte tun anderen gut (Spr 10,21) und auch denen, die sie aussprechen (V. 14; Spr 13,2). Mit deinen Worten kannst du denen, die verletzt worden sind, Heilung bringen (V. 18), und auch denen, die aufgrund von Lügen zu leiden haben (V. 19-22). Du kannst denen Freude bringen, die deprimiert und voll Sorge sind.

Rechne jederzeit damit, dass Gott dir eine Gelegenheit zeigt, verletzten Menschen heilende Worte zuzusprechen.

Lügner

Weil er ein Gott der Wahrheit ist, hasst der Herr falsche Zungen (Spr 6,17; 12,22). Mit Lügen verdecken Menschen ihre wahren Gefühle (Spr 10,18) und fördern Heuchelei (Spr 26,23-26). Lügner haben keinen Bestand (Spr 12,19), aber ihre Lügen können jahrelang weiterleben und großen Schaden anrichten. Durch Lügen gewonnener Reichtum ist flüchtig (Spr 21,6), und alle Lügner werden eines Tages bestraft (Spr 19,5; 9). Wenn Gott Lügen hasst, haben wir sie auch zu hassen (Spr 13,5). Denke über Epheser 4,17-32 nach.

Sprüche 13

Dieses Kapitel enthält wichtige praktische Anleitungen, wie man weise wird. Zunächst einmal: Lass dich zurechtweisen und belehren (V. 1) und lerne, Rat und Maßregelung anzunehmen (V. 10.24). Pflege Gemeinschaft mit weisen Menschen (V. 20) und höre zu, wenn sie sich unterhalten (V. 14), dann wirst du ihnen immer ähnlicher. Es gibt keinen weiseren Lebensbegleiter als das Wort Gottes. Beschäftige dich also viel mit der Heiligen Schrift und vernachlässige sie nicht (V. 13).

In diesem Kapitel findest du auch Ratschläge zum Thema Reichtum. Fleißige Menschen arbeiten und verdienen Geld (V. 4), statt es sich auf unehrlichem Weg zu beschaffen (V. 11). Vers 7 warnt dich davor, nach Reichtum zu streben an Dingen, die du für Geld kaufen kannst, und dabei die Dinge zu ignorieren, die du für Geld nicht kaufen kannst. Die Reichen sind oft ärmer als die Armen, wenn es um das geht, was wirklich zählt!

Erziehung

»Wer auf die Rute verzichtet, verzieht sein Kind«, lautet eine alte englische Redewendung, die wahrscheinlich auf einem noch älteren lateinischen Sprichwort beruht. Die biblische Version ist Sprüche 13,24. Wenn Eltern ihre Kinder in Liebe bestrafen, folgen sie darin dem Beispiel des Herrn selbst (Spr 3,11-12; Hebr 12,5-6; Offb 3,19). Ziel muss sein, dass das Kind etwas lernt (Spr 22,15), nicht, dass die Eltern ihrem Ärger Luft machen, und es soll ihnen einzig und allein um das Wohl des Kindes gehen (Spr 19,18; 23,13-14; 29,15.17).

Sprüche 14

Nimm dich vor Dummköpfen in Acht (V. 7)! Weisheit baut auf, Dummheit dagegen zerstört (V. 1), und das Zelt der Frommen ist stabiler als das Haus der Gottlosen (V. 11). Wenn du das Wort Gottes befolgst, baust du auf festem Grund (Mt 7,21-27).

Nimm dich vor Dummköpfen in Acht! Was sie sagen, kann dich

herunterziehen (V. 7), denn ihre Worte sind wie eine schmerzhafte Rute (V. 3). Du kannst dich nicht darauf verlassen (V. 8); sie spotten über die Sünde (V. 9); sie sind aufbrausend und allzu selbstsicher (V. 16). Sieh zu, dass du ihnen in ihrem Jähzorn nicht in die Quere kommst (V. 17.29); er kann dir und ihnen selbst Ärger bereiten. Wenn du den Herrn fürchtest, wird dein Wandel durch Aufrichtigkeit gekennzeichnet sein (V. 2.16), durch Zuversicht (V. 26) und Bewahrung (V. 27). Ehrfurcht vor dem Herrn ist besser als die verrückten Einfälle der Narren.

Sprüche 15

Sobald du den Mund aufmachst, gibst du zu erkennen, ob du dumm bist oder weise. Die Weisen geben ihr Wissen weiter und sind wie fruchtbare Bäume, die viele ernähren (V. 4). Narren lassen Worte heraussprudeln, die nichts bewirken (V. 2). Weise können ihren Zorn im Zaum halten (V. 18) und mit der Wut anderer umgehen (V. 1). Die »sanfte Antwort« liegt weder in der Täuschung noch in der Schmeichelei, sondern darin, das Richtige (V. 28) zum richtigen Zeitpunkt zu sagen (V. 23) und in der richtigen Stimmung.

Was aus dem Mund kommt, hat seinen Ursprung im Herzen (Mt 12,34). Deshalb ist es wichtig, dir ein fröhliches Herz vor dem Herrn zu bewahren (V. 13.15) und dein Herz mit seiner Wahrheit zu füllen (V. 14). Gott sieht dein Herz; versuche nicht, irgendetwas vor ihm zu verbergen (V. 11).

Besonders wichtig ist es, Gott um Hilfe zu bitten, wenn es darum geht, das Richtige zu sagen (V. 8.29). Ein Gebet wie das von David in Psalm 141,3-4 ist ein guter Anfang.

Sprüche 16

Ein williges Herz (1-3.23) ist ein Herz, dass empfänglich ist für Gottes Wahrheit und sich seinem Willen unterordnet. Weil der Mund ausspricht, was sich im Herzen angesammelt hat, kann der Herr deine Worte leiten, wenn dein Herz dazu bereit ist (Mt 10,19-20).

Ein stolzes Herz (5.18-19). Stolz ist eine Sünde, die Gott besonders hasst. Es bringt dir allen möglichen Ärger ein und raubt dir den göttlichen Segen.

Ein zielstrebiges Herz (7.9.25). Wenn dein Herz nicht auf Gottes Ziele ausgerichtet ist, wird es dich in die Irre führen. Nimm dir Zeit zum Nachdenken und Beten, meditiere über das Wort und mache deine Pläne; und dann vertraue darauf, dass der Herr dich leiten wird.

Ein verständiges Herz (20-24). Wenn die Weisheit deine Nahrung ist, wirst du verständige Entscheidungen treffen können. Ein verständiges Herz zeigt sich in Lippen, die süße Worte der Weisheit sprechen.

Ein verdorbenes Herz (27-30). Was im Herzen ist, kommt letzten Endes im Leben zum Vorschein, und das Leben, das hier beschrieben wird, ist alles andere als schön oder nützlich. Es ist nicht verwunderlich, dass Sprüche 4,23 in Gottes Wort zu finden ist! Beherzigst du diesen Spruch?

Sprüche 17

Nutze dieses Kapitel als Grundlage für eine geistliche Bestandsaufnahme. Gott prüft dein Herz auf vielerlei Weise (V. 3).

Worauf hörst du (4)? Deine Ohren hören, was dein Herz liebt. Pass also gut auf, was du für Neigungen entwickelst.

Woran erfreust du dich (5)? Freut es dich, wenn andere leiden? Nutzt du die Notlagen anderer, um dir Vorteile zu verschaffen?

Worüber sprichst du (9)? Bist du offen für Tratsch, und hast du Freude daran, ihn mit anderen zu teilen? Am besten sollte Sünde zugedeckt und Gott überlassen werden.

Worüber ärgerst du dich (10.13-14)? Kannst du mit Kritik umgehen oder reagierst du ärgerlich darauf? Legst du es darauf an zurückzuschlagen oder versuchst du, Unstimmigkeiten von vornherein zu vermeiden?

Wobei gibst du nach (23)? »Jeder hat seinen Preis«, behauptet die Welt, aber das muss nicht auf Gläubige zutreffen. Ist dein Gewissen käuflich?

Sprüche 18

Freunde. Freundschaft birgt gewisse Risiken (V. 19), aber sich abzusondern ist nicht weise (V. 1). Wir gehören zusammen und brauchen einander (V. 14). Bekannte kann man viele haben, aber nur wenige wahre Freunde. Mit zu vielen Freunden hat man am Ende vielleicht nur Ärger (V. 24; Schlachter). Sei ein wahrer Freund, dann wird Gott dir wahre Freunde schenken, die dir dein Leben lang anhängen.

Wahre Freunde

Ein wahrer Freund ist vertrauenswürdig (Spr 11,13; 17,9) und bleibt bei dir, wenn es schwierig wird (Spr 17,17; 25,19). Freunde lieben dich zu sehr, um dich in Watte zu packen (Spr 27,6.17), und ihr Rat ist hilfreich (Spr 27,9). Wahre Freundschaft kann über Generationen hinweg bestehen (Spr 27,10)! Manche Leute geben keine guten Freunde ab: solche, die dich zur Sünde verführen (Spr 1,10ff.), Vielfraße (Spr 28,7), Trunkenbolde (Spr 23,20-21), Tratschmäuler (Spr 20,19), Leute, die zu Gewalt und Zorn neigen (Spr 16,29; 22,24-25), und Schmeichler (Spr 27,14). Deine besten Freunde sind die Menschen, die Jesus Christus zum Freund haben und ihm nachfolgen (Joh 15,12-15).

Narren. Narren geben aus vielen Gründen keine guten Freunde ab. Zum einen reden sie so gerne, dass sie nicht hören, was andere sagen (V. 2). Ihre törichten Worte verursachen Streit (V. 6-7) und inneren Schmerz (V. 8). Ihr ungeduldiges Verlangen zu reden lässt sie voreilige Schlüsse ziehen (V. 13.17) und das führt zu Problemen (V. 5). Die einzige Hoffnung für Narren besteht darin, dass sie aufhören zu reden und anfangen, Weisen zuzuhören (V. 15).

> *»Niemand kann sich in dieser Welt frei entwickeln*
> *und zu einem erfüllten Leben finden,*
> *der sich nicht wenigstens von einem Menschen*
> *verstanden fühlt.«*
> Paul Tournier

Sprüche 19

Reich und arm. Besser, man ist reich an Charakter und arm an Besitz, besonders; wenn dieser Besitz durch Betrug erworben wurde (V. 1.22). Eine Freundschaft, die auf Reichtum beruht, ist gar keine Freundschaft (V. 4.6-7). Wahre Freundschaft reicht viel tiefer. Gehe achtsam mit den Armen um, denn sie liegen Gott am Herzen (V. 17).

Weise und töricht. Weise Menschen geben sich dem Herrn hin und gehen einen geraden Weg; Narren dagegen streiten sich mit dem Herrn und lassen sich in die Irre führen (V. 3). Reichtum ist kein Beweis für Weisheit (V. 10). Ein Narr geht mit Besitz sogar verschwenderisch um.

> **Die Armen**
> Manche Leute werden arm, weil sie die falschen Werte haben (Spr 16,16), faul sind (Spr 10,4; 14,23), sündhaften Vergnügungen nachgehen (Spr 21,17; 23,21), sich gutem Rat verwehren (Spr 13,18) und nicht sorgfältig planen (Spr 21,5). Aber manche Menschen sind ohne eigenes Zutun arm. Vielleicht sind sie Opfer von Ungerechtigkeit (Spr 22,22-23), oder sie sind so hoch verschuldet, dass sie keinen Ausweg mehr finden (Spr 22,7). Du sollst mit den Armen barmherzig umgehen (Spr 14,21.31; 19,17; 21,13), denn wir sind alle vom selben Herrn geschaffen (Spr 22,2).

Väter und Söhne. Jeder Vater wünscht sich weise Söhne, die mit ihrem Erbe weise umgehen (V. 13-14). Faule Söhne bringen nur

Armut (V. 15). Ein Vater, der seinen Sohn züchtigt, verhilft ihm damit zu einem guten Charakter (V. 18), aber ein Sohn, der seinen Vater fortjagt, bringt Schande und Schmach (V. 26). Söhne, die auf ihre Väter hören (und auf ihren Vater im Himmel), bleiben auf dem rechten Weg (V. 27). (Dieser Absatz lässt sich auch auf Mütter und Töchter anwenden.)

Sprüche 20

Wenn du weise bist, denkst du über die Folgen deiner Entscheidungen und deines Handelns nach. Du fragst dich: »Was wird *im Nachhinein* sein?«

Die Nachwirkungen von starkem Alkoholgenuss (V. 1) sind nicht angenehm, und die Nachwirkungen, wenn man Streit angefangen hat (V. 2), könnten sogar gefährlich werden. Am besten lässt man Unstimmigkeiten gar nicht erst aufkommen (V. 3).

Faulpelze

Das Buch der Sprüche sagt nichts Gutes über Faulheit. Selbst die schwache Ameise ist emsiger als der Faulpelz (6,6-11)! Zu schlafen, wenn Arbeit wartet, ist schändlich (10,4-5; 24,30-34). Eines Tages wird der Faule gezwungen sein zu arbeiten (10,24), damit er sich etwas zu essen besorgen kann (19,15). Faulen Menschen fallen alle möglichen Ausreden ein, damit sie nicht arbeiten müssen (20,4; 2,13; 26,13-16), und sie lassen sich von niemandem raten.

Schlaf ist äußerst wichtig für die Gesundheit, aber die Folge von zu viel Schlaf ist Armut (V. 4.13). Ein krummes Geschäft bringt vielleicht großen Gewinn mit sich, aber auch einen schlechten Nachgeschmack (V. 17). Womöglich kannst du dich an deinem verfrühten Erbe zunächst erfreuen, aber im Nachhinein schadet es dir vielleicht eher (V. 21). Denk daran, wie es dem verlorenen Sohn erging (Lk 15,11ff.)

Übereilte Versprechen werden im Nachhinein oft bereut (V. 25;

Pred 5,1-7), aber liebevolle Maßregelung führt zuletzt zur Veränderung. Denke über Hebräer 12,3-11 nach und beachte besonders V. 11.

Sprüche 21

Gott kann Herzen umlenken (V. 1) und so seine Ziele verwirklichen. Ebenso kann er Herzen prüfen, um zu sehen, wie wir wirklich sind (V. 2). Er wünscht sich von uns sowohl Rechtschaffenheit als auch Gerechtigkeit, nicht nur leere religiöse Zeremonien (V. 3; 1Sam 15,22; Mk 12,38-44). Beachte, wie stark hier die Gerechtigkeit betont wird (V. 3.7 und 15).

Gott sieht die Gottlosen – ihren Stolz (V. 4), ihren Hang zur Gewalt (V. 7), ihre Gier nach Bösem (V. 10), übersteigertes Selbstbewusstsein (V. 12), sündhafte Opfer (V. 27) und Herzenshärte (V. 29) – und er wird sie zu gegebener Zeit bestrafen.

Die Gottlosen versuchen vielleicht, Gott auszumanövrieren, aber Gott setzt immer seinen Willen durch (V. 30; Spr 19,21). Auf welche Mittel die Menschen sich auch verlassen mögen; nur Gott kann Erfolg schenken (V. 31). Nutze alles, was Gott dir zur Verfügung stellt, aber setze dein Vertrauen auf ihn allein.

Sprüche 22

Wenn du das Leben am Wohlstand misst, wirst du enttäuscht. Gott hat sowohl die Reichen als auch die Armen geschaffen (V. 2), und beide sind ihm wichtig. (Siehe Lk 6,20-26; Jak 2,1-13.)

Widme dich der Bildung deines Charakters – eines guten Namens – und nicht der Vermögensbildung (V. 1). Geld kann dir zu Ruhm verhelfen, aber nicht zu einem guten Namen. Wenn du hochmütig bist, bekommst du vielleicht nichts außer Geld, bist du aber demütig, wird Gott dir neben dem Vermögen, das du nach seinem Willen haben sollst, auch noch Ehre und Leben schenken (V. 4).

Lass nicht zu, dass Schulden dich gefangen nehmen (V. 7) oder dass die Liebe zum Geld dich dazu verleitet, andere zu unterdrücken (V. 16.22-23). Wenn du Reiche beschenkst, um dich bei ihnen anzubiedern, wirst du am Ende arm sein.

Wie arm oder reich du auch sein magst; was wirklich zählt, ist Anständigkeit. Selbst der König, wahrscheinlich der reichste Mensch im Land, schenkt Menschen mit Charakter Beachtung (V. 11.29). Und vergiss nicht den König der Könige, vor dem du eines Tages stehen wirst.

Wohlstand richtig betrachten
Im Buch der Sprüche findet sich eine Reihe von nachdrücklichen Warnungen zum Thema Wohlstand. Wohlstand gibt dir weder Frieden (15,16) noch Weisheit (16,16), aber er kann einen Menschen hochmütig machen (18,11), ihm Ärger bereiten (15,6.27) und Freunde anlocken, die nicht auf Dauer bleiben (14,20). Du solltest Gott fürchten (22,4) und mit anderen teilen, was Gott dir schenkt (11,24-25; 19,17). Pass auf, wenn dir jemand verspricht, dich auf die Schnelle reich zu machen, denn solche Pläne gehen ins Auge und machen dich am Ende arm (20,1; 28,20.22). Wer Vermögen erwerben will, muss hart arbeiten (10,4.22) und dem Herrn treu bleiben.

Sprüche 23

Hier werden einige Dinge aufgeführt, von denen Gott nicht will, dass seine Kinder sie tun.

Sei nicht begierig auf Luxusgüter (V. 1-3), selbst wenn sie dir von den Reichen angeboten werden. Womöglich findest du Geschmack an solchen Dingen und plötzlich geht es dir nur noch darum, reich zu werden (V. 4-5). Aber Reichtümer fliegen davon, während ein guter Charakter dir für alle Ewigkeit erhalten bleibt. Gleichzeitig solltest du dich nicht mit geizigen Menschen anfreunden (V. 6-8). Wie viel sie dir auch anbieten mögen: Sie sind nicht aufrichtig an dir interessiert. Nicht das Essen auf dem Tisch macht Gemeinschaft echt und langlebig, sondern die Liebe im Herzen.

Pass auf, was du sagst, wenn Dummköpfe in der Nähe sind (V. 9), denn sie werden dich falsch verstehen und falsch zitieren und dir damit Ärger bereiten. Verändere nicht die Grenzen, die Menschen und Gott eingerichtet haben (V. 10-11; 22,28; 5Mo 19,14). Dadurch beraubst und unterdrückst du andere, und Gott wird dich dafür bestrafen.

Achte die Wahrheit
»Kaufe Wahrheit und verkaufe sie nicht«, rät uns Sprüche 23,23. Lot verkaufte die Wahrheit für ein Haus in der Stadt (1Mo 13,1-13) und Esau verkaufte die Wahrheit für ein Linsengericht (1Mo 25,29-34). König Saul verkaufte die Wahrheit für die Unterstützung des Volkes (1Sam 15,24-35). Judas verkaufte die Wahrheit für dreißig Silberstücke (Mt 26,14-16) und Pilatus verkaufte die Wahrheit für den Beifall der Menge (Mk 15,15). Es lohnt sich nicht!

Hüte dich vor Alkohol!
Die Bibel gebietet keine völlige Abstinenz, aber sie preist sie und warnt vor der Sünde der Trunkenheit. Alkohol ist ein Spötter (Spr 20,1): Er verspricht dir eine Sache und gibt dir eine andere. Er macht dich nicht reich, sondern arm (Spr 21,17); er macht dich nicht fröhlich, sondern unglücklich (Spr 23,29-35). Wer trinkt, fühlt sich zuerst gut, aber das ändert sich schnell. Alkoholiker können durch Gottes Gnade gerettet und verändert werden (1Kor 6,9-11). Pass auf, dass andere nicht wegen deiner Angewohnheiten ins Stolpern geraten (Röm 14,14-23).

Versäume es nicht, dein Kind zu maßregeln (V. 13-14), damit er oder sie Weisheit erlangen und dir Freude bereiten kann (V. 15-16). Ganz gleich, was andere Familien tun, sei nicht neidisch auf Sünder (V. 17-18), sondern vertraue auf den Herrn und gehorche ihm. Geh mit gutem Beispiel voran, indem du deine Eltern ehrst (V. 22).

Lass dich nicht mit Trinkern und Schlemmern ein, damit du nicht wirst wie sie (V. 19-21). Sieh den Wein nicht einmal an (V. 29-35), damit du dich nicht am Ende blamierst und verletzt.

Verkaufe die Wahrheit um keinen Preis (V. 23)! Es kostet etwas, nach der Wahrheit zu leben, aber es kostet noch mehr, die Wahrheit aufzugeben.

Sprüche 24

Ein weiser Mensch baut auf, wo andere zerstören (V. 1-4), und er ist gestärkt für die Kämpfe des Lebens (V. 5-6). Es gibt keinen Grund, schwach zu werden (V. 10); und wenn du fällst, brauchst du nicht am Boden zu bleiben (V. 15-16). (Siehe Ps 37,23-24.)

Honig

Honig war eines der süßesten Nahrungsmittel auf dem jüdischen Speiseplan, und Salomo gebrauchte ihn als Bild für einige wichtige Lehrsätze. Er warnte vor den süßen Worten der Verführerin (Spr 5,3), die am Ende doch nur bitter werden. Zu lernen fällt dir vielleicht schwer, aber Erkenntnis ist wie Honig, finde also einen Weg, Freude an ihr zu haben (Spr 24,13-14). Wenn andere dich loben, füttern sie dich mit Honig (Spr 25,27); iss also nicht zu viel davon! Wenn du zu viel zu dir nimmst, wird dir nur übel davon (Spr 25,16), verzichte also am besten ganz darauf (Spr 27,7). Du kannst nicht von Honig leben, und du kannst nicht vom Lob leben.

Ein weiser Mensch versucht, Leuten beizustehen, die unschuldig verurteilt worden sind (V. 11-12). Wenn du den Kopf in den Sand steckst, obwohl du helfen könntest, wird Gott dich bestrafen (Jak 4,17). Gleichwohl solltest du dich hüten, dich zu freuen, wenn ein Feind fällt (V. 17-18), dich zu ärgern, wenn es den Gottlosen gut geht (V. 19-20), oder dich an denen zu rächen, die dich vielleicht verletzt haben (V. 28-29).

Ein weiser Mensch arbeitet, wenn sich die Möglichkeit ergibt

(V. 27), und lebt nicht für Entspannung und Vergnügen (V. 30-34; 6,6-11). Nimm dir ein Beispiel an deinem Herrn (Joh 9,4).

Sprüche 25

Anführer (1-7). Menschen in Führungspositionen müssen wissen, was vor sich geht. Gott hat das Recht, Dinge zu verbergen, aber niemand sollte Dinge vor einem Leiter verbergen. Dennoch ist ein weiser Anführer in der Lage, seine Meinung für sich zu behalten (V. 3) und seine Pläne erst dann anderen mitzuteilen, wenn der richtige Zeitpunkt gekommen ist. Ein weiser Leiter befreit sich von boshaften Mitarbeitern und tut, was richtig ist. Die Verse 6-7 erinnern uns an das Gleichnis unseres Herrn in Lukas 14,7-8. Demut bringt dir Ehre ein, wer aber für sich selbst wirbt, wird am Ende beschämt.

Nachbarn (8-19). Mache Probleme zwischen dir und deinem Nachbarn unter euch aus und versuche, ohne Gerichtsverfahren auszukommen (Mt 5,21-26). Finde angemessene und hilfreiche Worte (V. 11-13) und halte deine Versprechen (V. 14). Geh deinen Nachbarn nicht auf die Nerven (V. 17) und stifte keine Unruhe (V. 18). Sei verlässlich (V. 19)!

Feinde (21-22). Paulus zitiert diese Anweisung in Römer 12,20 und Elisa praktizierte sie (2Kö 6,8-23), ebenso Jesus und die frühen Christen (Lk 22,49-51; Apg 7,59-60).

Streit beilegen

Der richtige Zeitpunkt, einen Streit zu beenden ist der Moment, da er beginnt (Spr 17,14; 30,32-33). Wenn irgend möglich, lass keine Reibereien aufkommen (Spr 20,3). Manche Menschen tragen zum Frieden bei (Spr 12,20); andere zum Krieg (Spr 22,10; 26,21) und es gibt Leute, mit denen niemand zurechtkommt (Spr 29,9). Gott segnet die Friedensstifter (Mt 5,9), lass dich also von Gottes Weisheit leiten und dazu gebrauchen, Frieden zu stiften (Jak 3,13-18).

Sprüche 26

Salomo nennt einige Leute, denen du aus dem Weg gehen solltest und an erster Stelle den *Narren* (V. 1-12). Du kannst ihn nicht ändern, indem du ihm Ehre erweist (V. 1; 8), ihn maßregelst (V. 3) oder ermahnst (V. 4-5). Wenn du einem Narren antwortest, lass dich nicht auf sein törichtes Niveau herab, sonst denkt er noch, du hättest ihn zur Weisheit emporgehoben. Gleich wie oft du ihn auf seine Fehler hinweist, er wird die gleichen Dummheiten wieder machen (V. 11; 2Petr 2,22).

Als zweites wird der *Faulpelz* genannt (V. 13-16), der für alles eine Ausrede findet. Er bewegt sich, kommt aber nicht voran (V. 14) und ist sogar zu faul, eigenständig zu essen (V. 15)! Wer ihm zu helfen versucht, verschwendet nur seine Zeit (V. 16; 27,22).

Der *Unruhestifter* (V. 17-18) ist die dritte Sorte von schwierigen Menschen. Unter diese Kategorie fallen Leute, die sich überall einmischen (V. 17), Witzbolde (V. 18-19), Schwätzer (V. 20-22) und Betrüger (V. 23-28).

Kommst du irgendwo in diesem Kapitel vor?

Sprüche 27

Unter wahren Freunden kommt es vor, dass einer verletzt wird (V. 5-8), denn Freundschaft kann nicht auf Lügen oder Neid gebaut werden (V. 4)

Falle nicht auf Schmeichelei herein!

Aufrichtiges Lob kann dich ermutigen, aber Schmeichelei schadet nur (Spr 26,28). Hüte dich vor den Küssen eines Feindes (Spr 27,6; 2Sam 20,9-10; Mt 26,48-50)! Es mag Zeiten geben, wenn eine Freundschaft scheinbar nur durch Schmeichelei gerettet werden kann, aber im Nachhinein wirst du es bereuen (Spr 28,23). Der Schmeichler ist wie ein Jäger, der sein Netz auslegt (Spr 29,5), sei also auf der Hut.

Freunde sollten sich gegenseitig durch liebevollen Rat (V. 9) und ehrlich gemeintes Lob (V. 2) ermutigen, aber nimm dich in Acht vor Schöntuerei (V. 14)! Die Art, wie du mit Lob umgehst, zeigt dein wahres Wesen, so wie der Schmelzofen des Juweliers die Eigenschaften des Edelmetalls (V. 21). Lob brachte das Beste in David zum Vorschein und das Schlechteste in Saul (1Sam 18,1-16). Was macht es mit dir?

Freunde sollten einander treu sein (V. 10; 17,17), aber genauso sollte man zu seiner Familie und seinen Nachbarn halten (V. 10). Du kannst nie wissen, wann du sie brauchst oder sie dich! Nicht aus jedem Menschen wird ein enger Freund, gib dich also nicht ausschließlich mit denen ab, die dir vertraut sind, und vernachlässige dabei alle anderen.

»Schmeichelei ist keine Kommunikation, sondern Manipulation.«

Sprüche 28

Wenn die Kriminalität zunimmt, muss die Regierung mehr Gesetze erlassen und mehr Leute anstellen, die ihnen Geltung verschaffen (V. 2). Wer Gottes Gesetz bricht, gibt den Bösen Raum; wer Gottes Gesetz befolgt, gibt der Gerechtigkeit Raum (V. 4) und Gott die Möglichkeit, Gebete zu erhören (V. 9). Lies Römer 13 und sieh dir an, was Gott über Christen als Staatsbürger sagt.

Böse Herrscher sind wie wilde Tiere (V. 15), die die Gerechten dazu zwingen, sich zu verstecken (V. 12.28). Damit sind sowohl unverständige Regenten gemeint als auch geldgierige (V. 16). Damals konnten die Menschen Herrscher nicht durch Volksbegehren absetzen oder Gesetze ändern. Die einzige Möglichkeit, die sie hatten, war, sich selbst zu schützen.

Wenn Gesetze und Führungskräfte ungerecht sind, leiden für gewöhnlich die Armen – und die Reichen machen Gewinn. Aber auch ein armer Mensch kann anständig (V. 6) und einsichtig sein

(V. 11) und darauf vertrauen, dass Gott für ihn sorgt (V. 27). – Gibt es jemanden, dem du heute helfen solltest?

Sprüche 29

Wenn ehrliche Menschen dem Gesetz Geltung verschaffen, freut sich das Volk (V. 2), und in der Gesellschaft werden Sicherheit und Ordnung hergestellt (V. 4). Nur wenige Führungskräfte, die über das Gesetz spotten, reichen aus, um alles zu aufs Spiel zu setzen, daher müssen die Weisen bereit sein zu handeln (V. 8). Natürlich gibt es immer Leute, die auch der weiseste Anführer nicht ändern kann (V. 9).

Leiter müssen sich die Wahrheit zur Basis ihrer Arbeit machen, nicht Lügen (V. 12). Die Grundlage für das Gesetz bildet Gottes Wahrheit, und wo diese gepredigt und befolgt wird, zieht Fröhlichkeit ein (V. 18). Führungskräfte, die versuchen, es den Leuten recht zu machen, oder die sich vor den Leuten fürchten, werden in Schwierigkeiten kommen; aber diejenigen, die dem Herrn gehorchen, werden von ihm gesegnet (V. 25-27).

Jeder sollte seine Gefühle im Griff haben (V. 11.22) und auch seine Worte mit Bedacht wählen (V. 20). Wir sind vielleicht nicht in der Lage, die Regierung unseres Landes zu übernehmen, aber wir können sehr wohl über das Königreich in unserem eigenen Herzen regieren (Spr 16,32; 25,28).

Bestechung

Bestechung erschüttert Gesetz und Staat bis in ihre Grundfesten hinein (Spr 29,4) und muss als Feind gehasst werden (Spr 15,27). Sie verdreht das Gesetz (Spr 17,23), bringt unehrliche Menschen in Amt und Würden (Spr 18,16), erkauft Gefälligkeiten (Spr 19,16) und besänftigt Leute, ohne Probleme zu lösen (Spr 21,14). Ein Mensch, dessen Anständigkeit zum Verkauf steht, eignet sich nicht zum Regieren.

Sprüche 30

Agurs Ehrfurcht vor Gott (V. 2-4) und seinem Wort (V. 5-6) beweist, dass er ein weiser Mann war, dem zuzuhören sich lohnte. Er besaß die richtige Einstellung zum Reichtum (V. 7-9; Phil 4,10) und zur Familie (V. 17) und er sorgte sich um eine Generation, die sich von Gott abgewandt hatte (V. 11-14). Er gibt ein paar Erkenntnisse an dich weiter.

Manche Dinge sind niemals zufrieden (V. 15-16). Der Egel will mehr Blut, das Grab will mehr Leichen, die unfruchtbare Frau sehnt sich nach Kindern, die Erde dürstet nach mehr Wasser und das Feuer will mehr Brennstoff (Spr 26,20-21). Unzufriedenheit sorgt für viele Probleme in unserer Welt.

Manche Dinge dürfen niemals aufhören, uns zu erstaunen (15-16). Die Wissenschaft kann vielleicht erklären, wie Vögel fliegen, wie Schlangen sich bewegen, wie das Wasser im Meer strömt oder was passiert, wenn Menschen sich sexuell vereinigen, aber das macht diese Dinge nicht weniger wunderbar. Das Leben und die Liebe lassen sich nicht durch Laborexperimente erklären oder durch mathematische oder chemische Formeln. Verliere auf deinem Weg durchs Leben niemals den Sinn für das Wunderbare.

Manche Dinge scheinen immer Ärger zu bereiten (21-23). Diener wissen nicht immer mit der Erhabenheit und Macht des Throns umzugehen (Spr 19,10), und so schaffen sie Probleme, statt diese zu lösen. Dummheit und Hass werden durch Essen und Heirat nicht verändert; womöglich werden sie sogar noch verschlimmert. 1. Mose 16 zeigt, was passiert, wenn ein Dienstmädchen befördert wird.

In manchen kleinen Dingen steckt große Weisheit (24-28). Die Ameisen zeigen Weisheit, indem sie sich vorbereiten, die Klippdachse, indem sie sich schützen, die Heuschrecken, indem sie zusammenarbeiten; und die Eidechsen, indem sie sich die besten Plätze aussuchen und dort bleiben. Gute Vorbilder, denen du folgen kannst!

Manche Dinge sind dazu geschaffen, Ehre zu empfangen (29-33). Der Löwe, der Hahn und der Ziegenbock sind königliche Tiere, weil Gott sie so geschaffen hat. Der Hund ist kein Löwe und der Ziegenbock ist kein prächtiger Hahn, aber jedes dieser Tiere hat seine eigene Würde. Der König ist königlich wegen seines Amtes und wegen seiner Insignien. Wer sich selbst erhöht, besitzt nur scheinbar Ehre. Wenn du Gott in dir den Zweck erfüllen lässt, zu dem er dich geschaffen hat, wirst du zu wahrer Ehre gelangen.

Respekt in der Familie

Das Buch der Sprüche sagt viel über die Familie. Wenn Kinder in Weisheit wandeln, machen sie ihren Eltern Freude (10,1; 15,20; 17,21.25; 19,26; 23,24-25). Es ist tragisch, wenn Kinder ihre Eltern nicht respektieren (23,22; 30,17), wenn sie schlecht von ihnen reden (20,20), ihr Geld mit den falschen Freunden verschwenden (28,7; 29,3) und ihre Eltern berauben (28,24). Eine strenge Erziehung von Anfang an hilft dem Kind, die elterliche Autorität zu respektieren und elterliche Liebe wertzuschätzen (13,24; 19,18; 22,15).

Sprüche 31

Das Buch der Sprüche beginnt mit Warnungen über böse Frauen, endet aber mit der Beschreibung einer gottesfürchtigen Frau. Alles an dieser Frau ist lobenswert.

Sieh dir ihre *Hände* an! Sie arbeitet fleißig (V. 13.19) und ihre Arbeit bringt Frucht (V. 31). Sie kocht, näht, regelt den Grundbesitz und legt sogar einen Garten an. Ihrer Familie fehlt es an nichts und sie ist großzügig zu den Armen (V. 20).

Ihr *Mund* spricht Weisheit (V. 26) und sie erteilt ihrer Familie und ihren Freunden weisen Rat. Ihren *Augen* entgehen weder Gelegenheiten (V. 13.16) noch die Bedürfnisse ihrer Familie (V. 27).

Am wichtigsten ist, dass *ihr Herz* dem Herrn treu ist und auch ihrem Ehemann (V. 11-12.30). Dass sie gelobt wird, überrascht nicht: von ihren Kindern und ihrem Mann (V. 28-29) und von ihren Werken (V. 31).

Vergleiche Vers 30 mit 1. Petrus 3,1-6 und finde heraus, welche Art von Schönheit wirklich von Dauer ist.

Prediger

Sein Name taucht zwar in diesem Buch nicht auf, aber man geht davon aus, dass König Salomo es geschrieben hat. Er nennt sich selbst »der Prediger« (hebr. *Kohelet*), was so viel bedeutet wie »einer, der eine Versammlung einberuft und ein Thema erläutert«. Das griechische Wort für »Versammlung« ist *ekklesia* (das neutestamentliche Wort für »Kirche« oder »Gemeinde«), daher heißt dieses Buch im Englischen »Ecclesiastes«. Salomo war der weiseste, reichste und mächtigste Mann seiner Zeit und hatte gewiss die Möglichkeit und die Mittel, die Dinge zu tun, die in Prediger angesprochen werden.

In diesem Buch sucht Salomo nach der Antwort auf die Frage: »Ist das Leben lebenswert?« Als erstes stellt er das Problem dar und bringt Gründe vor, warum das nicht der Fall ist (Kap. 1–2). Dann befasst er sich mit dem Problem aus vielen verschiedenen Blickwinkeln (Kap. 3–10) und bringt Gründe vor, warum das Leben dennoch lebenswert ist. Er schließt mit der Feststellung, dass es dann lebenswert ist, wenn man Gott an die erste Stelle setzt und sein Wort befolgt (Kap. 11–12).

Prediger wird als pessimistisches Buch bezeichnet, aber eigentlich ist es realistisch. Salomo betrachtet Leben und Tod, Erfolg und Versagen, die Zeit und bestimmte Ereignisse und erteilt weisen Rat, wie man in einer Welt der Widersprüche und der scheinbaren Sinnlosigkeit ein bedeutungsvolles Leben führen kannst. Unabhängig von Gott betrachtet (»unter der Sonne«), ist das Leben tatsächlich eine einzige »Nichtigkeit« (»Vergeblichkeit«), wenn du aber für Christus lebst, ist das Leben niemals »nichtig« (1Kor 15,58).

Sechs Mal rät Salomo, das Leben *jetzt* zu genießen und Gott für seine Gaben dankbar zu sein (2,24; 3,12-15.22; 5,18-20; 8,15; 9,7-10; 11,9-10). Das ist nicht die vergnügungshungrige Philosophie der Epikureer (»Iss, trink und sei fröhlich, denn morgen sind wir tot«), sondern die freudige Auffassung eines Gläubigen, der das Leben als Geschenk Gottes annimmt, das er zu dessen Ehre genießen und nutzen soll (1Tim 6,17-19).

Prediger 1

Zu Beginn seiner Ausführungen ist Salomo überzeugt, dass das Leben sinnlos ist. Vielleicht geht es dir manchmal aus denselben Gründen ganz genauso. Wenn du dich umsiehst, stellst du fest, dass die Natur noch genauso funktioniert wie nach der Schöpfung (V. 1-8). Wenn du zurückschaust, stellst du fest, dass die Geschichte sich ständig wiederholt (V. 9-11). Wenn du nach innen schaust, stellst du (genau wie Salomo) fest, dass deine Weisheit und Erfahrung weder die Geheimnisse des Lebens erklären noch seine Probleme lösen können (V. 12-18). Nichtigkeit der Nichtigkeiten!

Salomos großer Fehler war, Gott nicht in das Bild mit einzubeziehen und zu vergessen, dass Gott in die Schöpfung eingegriffen und neue Dinge vollbracht hatte. Er hatte für Josua die Sonne angehalten (Jos 10,12) und sie für Hiskia zurückgesetzt (Jes 38,8). Für sein Volk hatte er sowohl das Meer geteilt (2Mo 14) als auch den Fluss (Jos 3). Gott ist verantwortlich für die Welt und die Menschheitsgeschichte, und was er tut, ist keineswegs »nichtig«.

Erkenntnis kann Kummer noch verstärken, *wenn du den Gott der Weisheit und die Weisheit Gottes ausklammerst.* Satan verspricht Erkenntnis unabhängig von Gott (1Mo 2,17; 3,1-5), aber diese führt nur in Sünde und Tod. Sieh zu, dass du nicht nur in der Erkenntnis wächst, sondern gleichzeitig auch in der Gnade (2Petr 3,17-18), sonst wird die Erkenntnis dich kritisch und zynisch machen.

> *»Unsere Unzufriedenheit besteht zu neun Zehnteln aus Selbstsucht und ist eine Beleidigung, die wir Gott ins Gesicht schleudern.«*
> G. H. Morrison

Prediger 2

Gott schuf das Leben, damit wir Freude haben und eine Grundlage für die Zukunft, indem wir auf Gott bezogen leben (1Tim 6,17-19), aber Salomo beschloss, ein Experiment daraus zu machen: Er prüfte, wie sein Herz auf Vergnügen reagieren würde (V. 1-3), auf Werke (V. 4-6) und den Erwerb von Reichtum (V. 7-9), und er stellte fest, dass nichts davon ihn zufrieden stimmte. Diese Dinge können bis zu einem gewissen Grad glücklich machen, während du sie erlebst, aber wenn alles vorbei ist, fühlst du dich leer (V. 10-11). *Freude ohne Gott ist nur Unterhaltung, nicht Bereicherung*; von Unterhaltung kannst du nicht leben. An diesem Punkt wurde Salomo zynisch und begann, das Leben zu hassen (V. 12-13; siehe auch Ps 34,11-14; 1Petr 3,10-12). »Warum soll ich mich überhaupt mit all diesen Dingen abmühen«, fragte er, »wenn ich sowieso sterben muss? Wer wird sich an mich erinnern?« Paulus gibt uns seine Antwort darauf in 1. Korinther 15,58 und Johannes in 1. Johannes 2,17.

Statt dich darüber zu beklagen, was du nicht hast, danke Gott für das, was du hast, *und genieße es* (V. 24-26).

Der Zyniker

Henry Ward Beecher beschrieb den Zyniker als einen Menschen, der »niemals eine gute Eigenschaft in einem Mann entdeckt und immer eine schlechte findet. Er ist die menschliche Eule, wachsam in der Dunkelheit und blind für das Licht; er jagt nach Ungeziefer und hat keinen Blick für edles Wild.«

Prediger 3

Ausgewogenheit (1-8). Wenn das Leben besonders schwierig wird, neigen wir dazu, die Lage nur von einer Seite zu betrachten. Mit diesen Aussagen erinnert dich Salomo daran, dass Gott das Leben im Griff hat und alles in der Waage hält. Stirbt jemand, der dir nahe stand, spürst du Schmerz - und Freude, wenn ein Kind geboren wird. Du weinst nicht immer, aber du lachst auch nicht ununterbrochen. Hiob kannte diesen Grundsatz, und er gab ihm Kraft für seine Prüfungen (Hi 1,21).

Schönheit (9-17). Vielleicht sieht es im Moment nicht danach aus, aber Gott wird aus allem, was geschieht, Schönheit hervorbringen (Röm 8,28; Jes 61,1-7). Egal wie der Same auch aussehen mag, die Blume wird wunderschön sein; gib also Gott Zeit zu wirken. Du wurdest für die Ewigkeit geschaffen; in Christus hast du schon jetzt ewiges Leben, das Leben Gottes (1Jo 5,9-13).

Begräbnis (18-22). Wieder befasst sich Salomo mit der Tatsache des Todes, wie er es noch mehrmals in diesem Buch tun wird. Sowohl Tiere als auch Menschen sterben und werden beigesetzt, und ihre Körper kommen an denselben Ort; in den Staub. Der Geist des Menschen fährt auf zu Gott (V. 21). Eines Tages wird Gott sogar aus dem Staub Schönheit hervorbringen (1Kor 15,35-58)! Genieße das Heute und danke Gott für alles, was er dir gibt.

Prediger 4

Hast du dir jemals gewünscht, du könntest all dem einfach entkommen? Manche Leute gehen dir auf die Nerven, irgendwelche Umstände machen deine Pläne zunichte, und die beste Lösung zu diesem Problem scheint ein »Alleingang« zu sein. Aber ist das wirklich die beste Lösung?

Bei seiner Betrachtung der Lebensprobleme fiel Salomos Blick auf Unterdrückung und Ungleichheit (V. 1-6), aber ihm wurde klar, dass *niemand es alleine schaffen kann.* Wer alleine arbeitet, bekommt vielleicht den ganzen Gewinn für sich, ist aber so beschäftigt mit Geldverdienen, dass er keine Zeit hat, es zu genießen (V. 7-8). Und wie reich wird er im Grab noch sein? Gemeinschaft birgt gewisse Risiken ebenso wie Vorteile, aber die Vorteile sind größer. Wenn du hinfällst und dir ein Bein brichst oder wenn du in Gefahr bist, wirst du dankbar sein, wenn du einen Freund an der Seite hast, der dir hilft (V. 9-12). Wir alle haben hin und wieder das Bedürfnis, alleine zu sein, aber niemand ist unabhängig. Das Leben ist noch hart genug, wenn du Freunde hast, die dich ermutigen. Wie wäre es wohl, wenn wir es alleine bewältigen müssten?

> *»Einsamkeit war das erste, was Gottes Auge sah und für nicht gut befand.« (Siehe 1. Mose 2,18.)*
> John Milton

Prediger 5

Sprich nicht übereilt (1-7). Dein Mund kann dich zur Sünde verleiten, besonders wenn du heuchlerisch betest oder Gott übereilte Versprechungen machst. Unbedachte Worte und Lügenworte gefallen Gott nicht, und er akzeptiert auch keine Ausreden, wenn du dich nicht an dein Gelübde hältst. Lebe nicht in einer fantastischen religiösen Traumwelt, die nur in Worten zum Ausdruck kommt. Sei ehrlich zu Gott (1Jo 1,5-10).

Wundere dich nicht über Missstände (8-9). Das bedeutet nicht, dass du sie *gutheißen* sollst, aber sei nicht überrascht, wenn sie vorkommen. Die armen Juden zur Zeit Salomos mussten es mit selbstsüchtigen Bürokraten aushalten, die einem nur halfen, wenn man Bestechungsgelder zahlte. (Haben sich die Zeiten geändert?) Natürlich solltest du darauf hinwirken, dass Gerechtigkeit Raum gewinnt, aber sei nicht enttäuscht, wenn viele deiner Bemühungen zu nichts führen.

Sei nicht neidisch auf die Reichen (10-20). Die Armen glauben, dass alle ihre Probleme mit Geld gelöst werden können, und die Reichen haben Probleme wegen ihres Geldes! Geld macht nicht glücklich (V. 10) und ist auch kein Garant für Frieden (V. 12). Du kannst dir Freizeit nehmen, aber Frieden kannst du nicht kaufen. Sei dankbar, dass Gott dir nicht nur Geschenke macht, sondern es dir auch möglich macht, dich an ihnen zu erfreuen. Das gelingt nicht jedem.

> *»Gott gebe mir die Gelassenheit, Dinge hinzunehmen,*
> *die ich nicht ändern kann, den Mut, Dinge zu ändern,*
> *die ich ändern kann, und die Weisheit,*
> *das eine vom anderen zu unterscheiden.«*
> Reinhold Niebuhr

Prediger 6

Nimm an, was du hast. Statt dich nach etwas anderem umzusehen (V. 9), nimm an, was du von Gott als Gabe empfangen hast. Das bedeutet allerdings nicht, dass du dich zurücklehnen oder resignieren sollst, denn Gott erwartet von dir, dass du gut verwendest, was er dir gibt (Mt 25,14-30).

Genieße, was du hast. Wie tragisch ist es doch, wenn jemand Reichtum und ein langes Leben hat, aber nicht in der Lage ist, sich daran zu erfreuen! Der Arme wünscht sich, mehr zu haben, während der Reiche sich wünscht, er könnte wenigstens einen Teil von allem, was er hat, genießen (Spr 15,16-17).

Genieße HEUTE, was du hast. Das Leben zieht vorbei wie ein Schatten und du kennst die Zukunft nicht (V. 12). Richte dich nach Gottes Willen und koste die Möglichkeiten und Segnungen aus, die er dir heute schenkt, dann bist du bestens vorbereitet auf das, was vor dir liegt.

»Den Reichtum eines Menschen
kann man an den Dingen messen,
die er entbehren kann,
ohne seine gute Laune zu verlieren.«
Henry David Thoreau

Prediger 7

Das bessere Leben (1-12). Das bessere Leben schließt einige »bittere Stücke« wie Leid und Zurechtweisung ein, aber die bitteren Stücke führen letztlich zu mehr Lebensqualität. Am Tag deiner Geburt wurde dir ein Name gegeben. Am Tag deines Todes wird dieser Name entweder faulig riechen oder angenehm duften, je nachdem, wie du gelebt hast. Wenn du einen guten Namen hast, wird dein Tod besser sein als dein Leben, *weil danach nichts mehr deinem Namen schaden kann.* In diesem Sinn ist das Ende besser als der Anfang (V. 8). Leid und Zurechtweisung können dich Dinge lehren, die auf keinem anderen Weg gelernt werden können (Spr 27,5-6.12).

Ein ausgewogenes Leben (13-24). Von Gott kommt Wohlergehen, aber auch Not, und er weiß, wie viel und wie lange. Statt in die Zukunft zu schielen (V. 14b), lebe in der Gegenwart und lerne, aus beidem Gewinn zu ziehen: dem Schmerz und der Freude (Phil 4,10-13). In den Versen 16-17, rät Salomo dir keineswegs, auf Nummer sicher zu gehen und das Beste aus beiden Welten herauszuziehen. Die Zeitformen der Verben im Hebräischen enthalten die Bedeutung: »Behaupte nicht von dir selbst, gerecht und weise zu sein.« Du bist immer noch auf dem Weg und noch nicht am Ziel (Phil 3,12-16). Deswegen sorgt Gott dafür, dass Niederlagen und Siege sich die Waage halten: damit du nicht hochmütig wirst und dich in deinen Gewohnheiten festfährst.

Wie reagierst du?
Salomo empfiehlt dir, »dein Herz nicht auf all die Worte [zu richten], die man redet« (Pred 7,21). Stolze Menschen rechnen ständig damit, dass andere über sie reden, und reagieren dann schnell und heftig. Auf diese Weise bleiben sie auf Hochtouren, und alle Beteiligten werden um Frieden und Ruhe gebracht. Charles Spurgeon rät: »Du kannst den Leuten nicht den Mund verbieten, deshalb ist es das Beste, wenn du dir die Ohren zuhältst und dich nicht darum kümmerst, was geredet wird.«

Prediger 8

Du wirst nicht immer deinen Willen durchsetzen können, lerne also, weise mit Unstimmigkeiten umzugehen. Ein strahlendes Gesicht ist besser als ein ernstes (oder freches) Gesicht; Weisheit bringt das Gesicht zum Strahlen. Lerne zu lächeln – und zu lachen!

Ordne dich Obrigkeiten so weit wie möglich unter; tu, was dir gesagt wird, und halte deine Versprechen. Werde nicht wütend und lass nicht locker, aber lass dich auch nicht auf irgendetwas Unrechtes ein: »Man muss Gott mehr gehorchen als Menschen« (Apg 5,29). Weise Menschen haben Urteilsvermögen und finden den richtigen Zeitpunkt zum Reden und zum Handeln (V. 6; Jak 1,5).

Es gibt viele Ungerechtigkeiten (V. 10-13) und Rätsel (V. 14-17) in diesem Leben. Überlasse sie Gott und tue, wozu er dich beruft. Es bleibt im Leben immer noch viel Erfreuliches, *wenn* du nicht denkst, dass du der Mensch sein musst, der allen anderen gefallen soll. Setze Gott an die erste Stelle und diene anderen, dann wird dein Leben voll Bedeutung und Freude sein.

»Wer andere Leute, Ereignisse und Situationen nur im Hinblick darauf betrachtet, wie sie ihm persönlich nutzen können, lebt an der Schwelle zur Hölle.«
Thomas Merton

Prediger 9

Der Tod gehört zum Leben dazu. Du musst nicht unbedingt über ihn nachdenken, aber letzten Endes wirst du ihm nicht aus dem Weg gehen können (Hebr 9,27). Der einzige Weg, sich auf den Tod vorzubereiten, ist, durch Glauben an Jesus Gottes Geschenk des ewigen Lebens anzunehmen (Joh 3,16; Röm 6,23; 1Jo 5,9-13) und dich dann Gottes Willen zu fügen, bis er dich zu sich ruft.

Die Tatsache, dass es den Tod gibt, muss dir nicht die Lebensfreude rauben. Gott wünscht sich, dass du fröhlich Feste feierst (V. 7-8), Freude an deiner Familie (V. 9) und an der Arbeit hast, zu der er dich berufen hat (V. 10). Das Leben ist unvorhersehbar (V. 11), aber deshalb muss es nicht vernunftlos sein.

Lass dir von Gott die Weisheit schenken, jeden Tag so zu nutzen, dass er ihm zur Ehre gereicht (V. 16-18). Der Gedanke an den Tod sollte dich antreiben, nicht lähmen (Phil 1,19-26; 2Tim 4,6-8).

Prediger 10

Je weiser du bist, umso mehr kann eine kleine Dummheit deinem Charakter und auch deinem Ruf schaden. Die Welt scheint die Dummköpfe zu ehren und die Ehrenwerten zu demütigen (V. 5-7), aber das ist kein Grund, auch nur die kleinste Dummheit in deinem Leben zuzulassen.

Zu der Zeit, als die Bibel entstand, stand die rechte Seite für Ehre und die linke für Ehrlosigkeit (Mt 25,33.41). Vers 2 drückt in anderen Worten aus, was Salomo in Sprüche 4,23 sagt. Wer sein Herz behütet, wird bei seinem Tun (V. 8-10) und in seinen Worten (V. 11-14) Dummheit vermeiden. Vers 10 ist Salomos Version der Redensart »Arbeite nicht schwerer, sondern schlauer!«

Lass deine Schneide nicht stumpf werden!

Führungspersonen, die nur für sich leben, verschwenden Zeit, Mittel und Gelegenheiten zu dienen, und das ist Dummheit (V. 16-18). Ja, sie lassen es sich auf Kosten der Bürger gut gehen, aber letzten Endes wird ihre Dummheit sie einholen.

Schwimmen im Duftöl deines Lebens irgendwelche toten Fliegen, die du vielleicht besser herausfischen solltest?

Prediger 11

Lebe aus Glauben (1-2). Salomo besaß eine Flotte aus Handelsschiffen (1Kö 9,26-28), die zu seinem großen Reichtum beitrugen. So ist das Leben: Wenn du hoffst, weiterzukommen, musst du dich vertrauensvoll in Unkosten stürzen. Dich auf ein einziges Schiff zu beschränken, könnte dir zum Verhängnis werden. Vertraue also darauf, dass Gott dich in mehreren Anstrengungen leiten wird.

Keine Ausreden! (3-5). Das Wetter ist selten genau richtig für das, was der Bauer vorhat zu tun, aber er tut es trotzdem. Man kann nicht erklären, wie ein ungeborenes Kind sich entwickelt, aber das hält die Menschen nicht davon ab, Familien zu gründen!

Sei fleißig (6-8). Fang früh am Morgen an zu arbeiten und denke daran, dass die Nacht kommen wird, »da niemand wirken kann« (Joh 9,4). Du wirst älter und eines Tages kannst du nicht mehr so viel arbeiten, nutze also deine Möglichkeiten, solange es geht. Wenn die Morgendämmerung dir süß erscheint, wird auch dein Schlaf süß sein (Pred 5,11).

> *»Man soll den Tag nicht vor dem Abend loben.«*
> Sprichwort

Lebe gottgefällig (9-10). Die beste Art, Leid zu überwinden ist, dem Bösen aus dem Weg zu gehen und in Ehrfurcht vor Gott zu wandeln. Je früher du damit anfängst, umso glücklicher wird dein Leben sein. Kindheit und Jugend gehen schnell vorüber; du hast nur kurze Zeit, um diese wichtigen Grundlagen zu schaffen. Aber es ist nie zu spät für einen Neuanfang. Mach es richtig!

Prediger 12

In welcher Lebensphase befindest du dich gerade?

Tage des Verfalls (1-8). Salomo äußert einen letzten Appell: Mach das Beste aus deinem Leben, solange du kannst, bevor du alt wirst und die Stürme kommen (V. 2). Diese poetische Beschreibung des Alterns ist ziemlich plastisch: zitternde Glieder und schlechte Augen (V. 3); Taubheit und Fahrigkeit (V. 4); Angst, graue Haare, Appetitverlust und dann – der Tod (V. 5-7; 2Kor 4,16-18).

Tage des Lernens (9-12). Höre auf das, was Gott sagt und lass dich ermahnen, ganz gleich, wie alt du bist. Du bist niemals zu alt, um weiser zu werden – oder um dich wie ein Tor zu benehmen! Du kannst wer weiß wie viele Bücher über alle möglichen Themen lesen, aber dein Hauptziel sollte es sein, Gottes Wort zu verstehen und weise zu leben. Seine Worte sind wie Nägel: Du kannst dich auf sie verlassen. Und sie sind Stachelstöcke: Sie spornen dich an, seinen Willen zu tun.

Tage des Gehorsams (13-14). Wenn du Gott fürchtest, brauchst du nichts anderes zu fürchten; du bist geborgen im Willen des Vaters. Lebe daher so, dass Gott ein Buch über dich herausbringen könnte und du dich nicht schämen müsstest, wenn die ganze Welt es lesen würde. Lebe mit Blick auf die Ewigkeit, dann können auch die schlimmsten Zeiten dich nicht aus der Fassung bringen.

Hohelied

Die jüdische Überlieferung sieht in diesem Buch ein Bild für die Liebe Jahwes zu Israel, und für die Christen veranschaulicht es die Liebe Christi zu seiner Gemeinde (Eph 5,23-33) sowie auch zum einzelnen Gläubigen (Joh 14,21-24).

Im Mittelpunkt der »Handlung« steht König Salomos Liebe zu einer einfachen Jungfrau. Sein Liebeswerben (1,1-3,5) führt zur Heirat (3,6-5,1) und dann zu den Freuden und Prüfungen ehelicher Liebe (5,2-8,14). Das Buch ist wirklich eine wunderschöne Darstellung der Liebe zwischen Mann und Frau, denn die Juden betrachteten Sexualität als kostbares Geschenk Gottes, als heiligen Ausdruck wahrer Hingabe in der Ehe.

Das Hohelied Salomos ist außerdem Ausdruck der Liebe zwischen dem Gläubigen und seinem Retter: Christus ruft uns aus dem Alltag heraus, damit wir in eine tiefere Gemeinschaft mit ihm eintreten können. Diese Gemeinschaft bleibt nicht ohne Schwierigkeiten und Strafen, aber sie führt zu einem glücklicheren und heiligeren Leben.

> *»Die Geschichtsbücher möchte ich mit den äußersten Vorhöfen des Tempels vergleichen; die Evangelien, die Briefe und die Psalmen führen uns an den heiligen Ort, oder den Vorhof der Priester; aber das Hohelied Salomos ist der heiligste Ort – das Allerheiligste, das in den Augen vieler unwissender Gläubiger noch immer mit einem Vorhang verhängt ist.«*
> Charles Haddon Spurgeon

Achte beim Lesen des Hohenliedes darauf, zwischen den unterschiedlichen Sprechern zu unterscheiden. Viele jüngere

Bibelübersetzungen weisen sie für den Leser aus. Beachte außerdem, dass dies ein Gedicht für reife Menschen ist. Es ist reich an orientalischer Bildsprache und sollte beim Lesen »gefühlt« werden. Salomo schrieb das Buch Prediger für den fragenden Geist, die Sprüche für den gehorsamen Willen und das Hohelied für das liebende Herz. Für ein ausgewogenes Leben brauchen wir alle drei.

Hohes Lied 1

Christus liebt dich, ganz gleich, was du selbst in dir sehen magst (V. 5-6.8.15). Sei darauf bedacht, dass deine Liebe zu ihm sowohl in Worten (V. 2-3.16) als auch in Taten (Joh 14,21-24) zum Ausdruck kommt. Verbringe Zeit mit ihm und genieße seine Liebe wie Speise und Trank (V. 2.12) und den Duft von lieblichem Parfüm (V. 3.12-13; Joh 12,1-8).

Deine Liebesbeziehung darf niemals zum Stillstand kommen, denn er will dich in tiefere Glaubenserfahrungen hineinführen, in seinen Gemächern (V. 4) und in seinem Festsaal (V. 2.4). Habe nur keine Angst, ihm zu folgen, denn seine Liebe wird dich niemals in die Irre führen. Im vertrauten Umgang mit ihm wirst du beglückt und bereichert werden.

Gleichzeitig darfst du niemals deine Aufgaben vernachlässigen (V. 6); treuer Dienst ist eine Art, ihm deine Liebe zu zeigen. Du hast nicht die Wahl zwischen Maria und Martha (Lk 10,38-42), denn Dienst und Hingabe gehören beide zu einem ausgewogenen Leben als Christ. Schotte dich auch nicht von anderen Gläubigen ab. Folge seiner Herde und seinen Schritten, dann wirst du auf deinen Wegen liebevolle Gemeinschaft erfahren (Joh 21,15-25).

»Liebe ist das Größte, was Gott uns schenken kann;
denn er selbst ist die Liebe; und sie ist auch das Größte,
was wir Gott schenken können.«
Jeremy Taylor

Hohes Lied 2

Während du in deiner Liebe zu Christus wächst, solltest du mit unterschiedlichen Erfahrungen rechnen, schönen wie schmerzvollen. Du wirst es genießen, in seinem Schatten zu sitzen (V. 3), an seinen Festmahlen teilzunehmen (V. 4-5) und seine zärtlichen Liebeserweise zu empfangen (V. 6). Aber du solltest dich auch auf Berge gefasst machen (V. 8), auf Mauern (V. 9), auf Regenzeiten (V. 11) und auf Feinde, die sich einschleichen und versuchen, deine Arbeit zu zerstören (V. 15).

Du weißt vorher nie, wann dein Herr zu dir kommt und dich einlädt, Gemeinschaft mit ihm zu haben, rechne also jederzeit damit. Wenn du es am wenigsten erwartest, wird er kommen (V. 8), vor dir stehen (V. 9), schauen (V. 9) und zu dir sprechen (V. 10). Kein Hindernis wird zwischen ihm und dir stehen, *außer denen, die du selbst aufstellst*. Er springt über die Berge, weil er sich danach sehnt, bei dir zu sein und dich höher zu heben (V. 14).

Wenn du in liebevoller Gemeinschaft Zeit mit Christus verbringst, ist das wie ein Frühlingsanfang (V. 10-13) und wie eine Morgendämmerung (V. 17).

Jubelgesang

»Süß denkt das Herz, o Jesu! Dein;
Du hauchst ihm wahre Wonne ein,
Kein Honig, nichts erfreut so rein,
Als, Süßester, bei Dir zu sein.

Besuchst Du uns'res Herzens Zell',
Dann leuchtet ihm die Wahrheit hell;
Die Eitelkeit verleidet schnell,
Und innen sprüht der Liebe Quell.

Aus einem lateinischen Lied aus dem 12. Jhdt., Bernhard von Clairvaux zugeschrieben, übersetzt von Johann Peter Silbert

Hohes Lied 3

Suchen (1-3). Manchmal kommt der Herr zu dir (V. 2.8), aber es gibt auch Zeiten, zu denen du ihn suchen solltest. Es war nicht leicht für Sulamit, ihr bequemes und sicheres Bett zu verlassen und sich stattdessen auf die gefährliche Straße zu begeben, aber die Liebe kommt nicht zur Ruhe, bis sie den Geliebten gefunden hat. Hast du diese Art von Liebe?

Finden (4-5). Mit der Auskunft der Wächter gab sie sich nicht zufrieden; sie wollte selbst mit ihrem Geliebten Gemeinschaft haben. Es reicht nicht, nur zuzuhören, wenn andere über Jesus reden, so hilfreich das auch sein mag. Lass nicht locker, bis du selbst Freude an ihm gefunden hast.

Sich freuen (6-11). In einem triumphalen und prächtigen Hochzeitszug nimmt Salomo seine Braut in Besitz und führt sie heim. Die Kirche wartet auf die Wiederkunft des Herrn in Herrlichkeit, aber während wir warten, erfahren wir seine Liebe und Freude (V. 10-11; Joh 15,9-11). Erfreue dich schon heute an ihm, dann werden die himmlischen Freuden für dich umso größer sein.

Hohes Lied 4

Willst du seine Liebe erfahren?

Höre auf seine Worte (1-8). Er will dir sagen, wie schön du in seinen Augen bist aufgrund seiner Gnade (Eph 1,6). Wenn du darauf hörst, was andere über dich sagen, wirst du vielleicht in die Irre geführt, und wenn du auf dich selbst hörst, wirst du vielleicht entmutigt. Glaube seinem Wort und ruhe in seiner Liebe. Lass dein Herz auf seine Stimme horchen.

Blicke in Liebe auf ihn (9-11). Du kannst ihn zwar nicht körperlich sehen, aber lieben kannst du ihn trotzdem (1Petr 1,8). Erblicke ihn in seinem Wort, in der Welt, die er geschaffen hat, und in seiner fürsorglichen Liebe, die er dir jeden Tag erweist. Sag ihm, dass du ihn liebst!

Lebe, um ihm zu gefallen (12-16). Ein Garten, eine Quelle und ein Brunnen nützen wenig, wenn sie verschlossen sind. Öffne ihm dein Leben, damit er alles aus dir hervorbringen kann, was ihn erfreut und anderen hilft. Manchmal muss er Prüfungen schicken, um die größten Segnungen hervorzubringen (V. 16).

Wenn der Herr in deinen Garten kommt, lass ihn sich an deiner Liebe erfreuen (5,1; Joh 20,11-18).

Hohes Lied 5

Ganz egal, wo du bist und was du tust: Hänge dein Herz an den Herrn und horche immer auf seine Stimme. Du weißt nie, wann er zu dir kommen wird, um Gemeinschaft mit dir zu haben.

Wenn er kommt, wird er reden und klopfen, *und du sollst ihm umgehend antworten!* Keine Ausreden! Sulamit hörte das Klopfen ihres Geliebten und seine Stimme, sie sah seine Hand, und dennoch folgte sie seinem Ruf nicht. Als sie endlich doch die Tür öffnete, war er fort, obwohl er eine Segnung als Zeichen hinterlassen hatte (V. 5). Es ist besser, den Geliebten selbst zu haben als irgendeinen Segen, den er hinterlassen mag.

Ein liebendes Herz sucht den Herrn, koste es, was es wolle (V. 6-8). Es wäre so viel besser für sie gewesen, ihm gleich zu antworten, als sie seinen Ruf hörte. Aber sie verübelte es ihrem Geliebten nicht, sondern erzählte anderen froh, wie wunderbar er ist (V. 10-16).

Ein liebendes Herz ist jederzeit bereit, dem Geliebten zu antworten, wenn er ruft.

Hohes Lied 6

Die Freundinnen der Braut hatten bemerkt, dass ihr Geliebter fehlte, und sie erkundigten sich nach ihm (V. 1). Oft fällt es anderen auf, wenn wir die Gemeinschaft mit dem Herrn verlassen haben. Natürlich wissen wir, wo er ist (V. 2) und was wir tun müssen, um uns mit ihm zu versöhnen (1Jo 1,9). Wir wissen, dass wir ihm gehören (V. 3) und dass er uns immer noch liebt und die Schönheit in uns sieht (V. 4-10), obwohl wir es versäumt haben, ihm unsere Liebe zu zeigen.

Vergleiche Vers 3 mit Kap. 2,16 und 7,10.

Die Braut suchte ihren Geliebten auf (V. 11), damit er ihr vergeben und sie wieder aufnehmen würde. Wenn wir seine Vergebung und erneute Gemeinschaft wollen, müssen wir zurück an den Ort, wo wir ihn verlassen haben (1Mo 13,3). Nun wird sie nicht geschlagen (5,7), sondern darf an seinem prächtigen Festzug teilnehmen (V. 10-12; 2Kor 2,14) und sogar im Prachtwagen an der Spitze des Zuges mitfahren!

Ihre Freundinnen flehten sie an, bei ihnen zu bleiben, damit sie sich an ihrer Schönheit erfreuen könnten (V. 13). Kann das Gottesvolk von heute die Welt mit seiner Schönheit und Christusähnlichkeit beeindrucken? Vielleicht haben wir eine Begegnung mit dem Geliebten in seinem Garten nötig.

Hohes Lied 7

Er bewundert dich (1-5). Einmal mehr sagt der Geliebte seiner Frau, wie schön er sie findet. Das erinnert uns daran, wie wichtig es ist, dass Ehepartner sich gegenseitig oft ihrer Liebe versichern und in Freiheit Freude aneinander finden sollten. Vielleicht würden wir heute andere Bilder wählen, aber in jener Zeit war jede dieser Beschreibungen aussagekräftig.

> *»Ich bitte dich, Herr Jesus, in mir, deinem Geliebten, ein unermessliches Verlangen nach dir entstehen zu lassen, eine grenzenlose Liebe, eine unbändige Sehnsucht, eine Leidenschaft, die Diskretion völlig außer Acht lässt! ... Niemand ist glücklicher als diejenigen, die sterben, weil sie so sehr lieben. Kein Lebewesen kann Gott zu sehr lieben.«*
>
> Richard Rolle

Schöne Füße
Füße gehören normalerweise nicht zu den Körperteilen, die wir anziehend finden (Hl 7,1), aber unser Herr möchte, dass wir – geistlich gesehen – schöne Füße haben. Unsere Füße sollen sauber sein (Joh 13,1-11) und beschuht (Lk 15,22; Eph 6,15) und wir sollen sie gebrauchen, die frohe Heilsbotschaft in die Welt zu tragen (Jes 52,7; Röm 10,15). Schmutzige und ungehorsame Füße bekümmern ihn und erschweren es ihm, so mit uns Gemeinschaft zu haben, wie er es sich wünscht.

Er begehrt dich (6-13). Wie unglaublich ist seine Liebe, dass er sein Leben mit Sündern wie uns verbringen will (1Jo 3,1)! Vers 10 ist gegenüber Kap. 2,16 und 6,3 als Steigerung anzusehen, denn hier steht sein Verlangen nach uns im Mittelpunkt, und nicht nur unsere Beziehung zu ihm. Bitte ihn, mit dir an einen besonderen Ort zu gehen, wo du ihm deine Liebe geben kannst (V. 11-13). Manchmal besucht er dich (2,10ff), aber er freut sich, wenn du ihn einlädst.

Hohes Lied 8

Stell dir die Liebe vor (1-2). Wenn du jemanden liebst, denkst du an diesen Menschen und malst dir aus, wie ihr gemeinsam wunderschöne Dinge erlebt. Aber wahre Liebe kann nicht Teil der Fantasie bleiben; sie muss im Leben zur Erfüllung kommen. Sich die Liebe zu Christus nur vorzustellen, bedeutet das Ende für ein lebendiges Christsein.

Erfahre die Liebe (3-5). Deine Liebe zu ihm muss eine lebendige und wachsende Erfahrung sein, nicht etwas, was du selbst herstellst. Du kannst in persönlicher Anbetung mit ihm Gemeinschaft haben, dich in der Wüste auf ihn stützen, und dich auf freiem Feld an ihm erfreuen. An jedem Ort wartet er auf deine Zuneigung.

Pflege die Liebe (6-7). Salomo gebrauchte drei Bilder, um die wahre Liebe darzustellen. Das *Siegel* steht für Eigentum; zwei

Liebende, die einander gehören, bis der Tod sie trennt. Das ist die Dauerhaftigkeit der Liebe. Das *Feuer* erinnert uns an die Macht der Liebe – nichts kann sie auslöschen. Und der *Reichtum* ist ein Bild für die Kostbarkeit der Liebe.

Schütze die Liebe (8-11). Hier wird die Familie dargestellt, in der die jüngere Tochter beschützt wird, bis sie alt genug ist zu heiraten. Wenn sie eine »Tür« ist (offen für jedermann), muss sie bewacht werden; ist sie aber eine »Mauer«, ist sie in der Lage, sich selbst zu schützen.

Horche auf die Liebe (12-14). Der Heiland horcht auf deine Liebe (V. 13; 2,14), und du sollst auf seine Stimme horchen (2,8; 5,2). Er redet mit dir durch sein Wort und durch seinen Heiligen Geist, sei also wachsam.

Jesaja

Das Buch Jesaja kann mit der Bibel als Gesamtwerk verglichen werden, weil es aus zwei Teilen besteht, wie die beiden Testamente. Im alttestamentlichen Abschnitt (Kap. 1–39), verurteilt der Prophet die Sünden Judas und warnt vor dem nahenden Gericht. Im neutestamentlichen Abschnitt (Kap. 40–66), prophezeit er die Befreiung Judas aus der babylonischen Gefangenschaft. Durch beide Abschnitte hindurch verkündet er das Kommen von Gottes herrlichem Reich. Im ersten Abschnitt stehen hauptsächlich Gesetz und Verdammung im Vordergrund, die Betonung im zweiten liegt dagegen auf Gnade und wunderbarer Erlösung. »Der Heilige Israels« ist einer von Jesajas Lieblingsnamen für den Herrn.

Der Name *Jesaja* bedeutet »Jahwe ist Heil« und der Prophet befasst sich mit vier verschiedenen Arten von Heil: (1) Judas Rettung als Nation vor den Angriffen anderer Völker; (2) Judas Befreiung aus babylonischer Gefangenschaft; (2) die zukünftige Rettung der Juden durch die Errichtung ihres Königreichs; und (4) die persönliche Rettung des Gläubigen, der sein Vertrauen auf den Erlöser setzt.

Jesaja prophezeite siebenhundert Jahre vor Christus, in einer Zeit internationaler Spannungen. Ägypten, Syrien, Israel (das Nordreich), Babylon und Assyrien hatten alle ein Auge auf Juda geworfen, und die Anführer Judas versuchten, ein Volk gegen das andere auszuspielen, um Krieg zu vermeiden. Jesaja warnte sie davor, sich auf Politik zu verlassen, und forderte sie auf, stattdessen auf den Herrn zu vertrauen und sein Wort zu befolgen. Die Anführer wollten nicht auf ihn hören, und schließlich wurde Juda von Babylon in die Gefangenschaft geführt. Jesajas Buch war den Vertriebenen Führung und Trost, sowohl während als auch nach der Gefangenschaft.

Beim Lesen dieses Buches wirst du lernen, wie Gläubige mit

internationalen Konflikten umgehen sollten, mit politischem und religiösem Verfall im eigenen Volk, einschließlich der geistlichen Führer. Jesaja diente zu einer Zeit, als »Religion« zwar beliebt, aber nicht geistlich, und der Dienst im Tempel nur eine Formalität war. Die Nation als Ganzes war verdorben, aber Gott hatte noch einen treuen Rest, genauso wie heute.

Der Überlieferung zufolge wurde Jesaja von König Manasse in zwei Hälften gesägt. Hebräer 11,37 bezieht sich angeblich auf seinen Tod.

Jesaja 1

Jesaja hatte Zugang zu vier verschiedenen Königen, aber seine große Sorge galt dem geistlichen Zustand des Volkes und nicht dem politischen Erfolg der Anführer. Diplomatie und politisches Handeln haben ihre Berechtigung, denn Gott hat die menschliche Regierung selbst eingerichtet; aber ein Anführer muss sein Vertrauen auf Gottes Wahrheit setzen, und nicht auf die Pläne der Menschen.

Nach außen hin erschien die Nation wohlhabend und sogar religiös, aber für Gott ergab sich ein anderes Bild. Sein Volk bestand aus rebellischen Kindern, weniger verständig als Tiere (V. 1-3). Sie waren krank vor Sünde, wie Aussätzige (V. 4-6), und aus ihrer »Gartenstadt« war ein zweites Sodom, ein neues Gomorra geworden (V. 7-9).

Ihre gängigen religiösen Versammlungen waren nutzlos und betrübten den Herrn (V. 10-15). Die religiösen Praktiken des Volkes beschmutzten es sogar, statt es zu reinigen (V. 16-20; Mt 23,25-28). Die Ehefrau Jahwes war zur Hure geworden (V. 21); ihre Schätze waren nun minderwertig (V. 22-26); und ihrem Garten stand die Zerstörung durch Feuer bevor (V. 27-31).

Sünde bricht Gott das Herz, nimmt einem Volk oder dem Einzelnen seinen Wert und fordert Gottes Gericht heraus. Gott bietet gnädig seine Vergebung an, wenn wir bereit sind, Buße zu tun (V. 18-20).

Die Tugend der Reinheit
Es ist gut, Gott im Gebet zu bitten: »Wasche mich!« (Ps 51,7), aber denke daran, dass Gott sagt: »Wascht euch!« (Jes 1,16). Paulus schreibt: »Wir [wollen] uns reinigen.« Folge diesem Rat und halte dich rein!

Jesaja 2

Das Haus des Herrn (1-4). Im vorigen Kapitel schaute Jesaja dem Volk *ins Herz*: nun schaut er *voraus* auf das herrliche Reich, das Gott seinem Volk versprochen hat. Der Tempel wird kein Ort für unredliche Anbetung mehr sein, sondern ein Zentrum, zu dem Juden wie Heiden kommen, um Wahrheit und Segen zu empfangen. An die Stelle von internationalen Konflikten wird der Friede treten. Wenn die Zustände in der Welt dich bekümmern, denke daran, dass die Dinge nicht immer so sein werden wie jetzt.

Das Licht des Herrn (5-9). Juda übernahm neue religiöse Ideen von den heidnischen Nationen und wandelte nicht in Gottes Wahrheit. Sie vertrauten auf materiellen Fortschritt und nicht auf den Herrn. Wie dringend sie es doch nötig hatten, zum Licht des Wortes Gottes zurückzukehren! In unseren Tagen haben die Astrologie und fernöstliche Religionen die Bibel verdrängt, und Geld zu vermehren, ist den Menschen wichtiger geworden als dem Herrn zu dienen.

Der Tag des Herrn (10-22). Hier geht es um einen Tag des göttlichen Gerichts, der entweder einen bestimmten Ort betrifft, wie Juda, oder die ganze Welt, wie zur Endzeit. Der Hochmut der Menschen wird gebeugt werden und alles, wofür sie leben, wird zerstört. Gott sieht geduldig zu, wie die Menschen sich gegen die Wahrheit auflehnen, aber am Ende wird über die Sünde gerichtet und der Herr wird erhöht werden (V. 11.17). Gott wird seinen Überrest von Gläubigen beschützen, wenn der Tag des Gerichts kommt (1Thes 1,10; 5,9-10).

Jesaja 3

Die Anführer von Juda vertrauten auf Stellvertreter, die ihnen am kommenden Tag des Gerichts nicht helfen würden: die Erträge des Landes, militärische Macht, politische Erfahrung und sogar die »Religion« (V. 1-3). In seinem Zorn würde Gott alles wegnehmen, was ihn in den Herzen der Menschen entthront hatte.

Aber das war noch nicht alles. Gott würde ihre stolzen Anführer durch Schwächlinge ersetzen, durch unfähige Niemande, die das Volk unterdrücken würden (V. 4-8). Warum? Weil die Nation nicht nur sündigte, sondern auch noch offen damit prahlte!

Jesaja war besonders darüber bekümmert, dass die Frauen des Landes süchtig geworden waren nach Reichtum und Mode und sich mehr für ihre soziale Stellung interessierten als für ihr geistliches Wachstum. Eines Tages würde ihr künstlicher Glanz vergehen, und sie würden im Staub sitzen (siehe 1Petr 3,1-6). Im nahenden Krieg würden so viele Männer sterben, dass die Frauen alles tun würden, um einen Ehemann zu bekommen (Jes 4,1).

Hüte dich davor, dich auf Stellvertreter zu verlassen!

Jesaja 4

»An jenem Tag« bezieht sich auf das kommende Reich, in dem der Herr erhöht werden wird (Jes 2,11.17). Jesaja sah über die bevorstehende Krise hinaus auf die Herrlichkeit, die Israel eines Tages erleben würde.

Es wird ein Tag der Herrlichkeit sein, nicht der Schande, wenn Jesus Christus (der »Zweig des Herrn«, Jes 11,1, Schlachter 2000; Jer 33,15) auf der Erde regiert (V. 2). Zu dieser Zeit wird die Nation reingewaschen und geheiligt werden (V. 5-6) und *jede Wohnung* auf dem Berg Zion wird zur Stiftshütte für den Herrn werden mit der unverwechselbare Wolkensäule der Herrlichkeit über ihr (2Mo 40,34).

Aber warum sollten wir auf diese Segnungen warten, wenn Gott sie uns jetzt schon geben kann? Er wird uns reinwaschen (Jes 1,18), uns für sich aussondern und uns in unseren Wohnungen mit seiner

Gegenwart segnen. Vielleicht ist es an der Zeit, dass wir Vance Havners Rat befolgen und anfangen, »in der Ewigkeit« zu leben.

Jesaja 5

Dieses Kapitel enthält ein Lied (V. 1-7), eine Klage (V. 8-23) und ein Urteil (V. 24-30).

Israel ist ein Weinberg, für den Gott sehr viel gegeben hat (Mt 21,33-46). Die Sünde des Volkes war Undankbarkeit, denn es nahm seine Segnungen als selbstverständlich hin und nutzte sie auf selbstsüchtige Weise. Statt dem Herrn zu dienen, dienten sie sich selbst, und das Ergebnis war ein verdorbenes Volk.

Die Klage benennt einige bestimmte Sünden des Volkes (»schlechte Trauben«, V. 2, LUT), Sünden, die die Menschen heute immer noch begehen: Die Reichen bestahlen die Armen (V. 8-10) und die Leute lebten für sinnliches Vergnügen, und nicht, um von Gott bereichert zu werden (V. 11-17). Überzeugt von ihrer eigenen Weisheit (V. 21), stellten sie Gottes Rat in Frage (V. 18-19) und verdrehten gegen Bezahlung seine Worte (V. 20-23). Es gab keine Gerechtigkeit im Land, weil böse Anführer sich von der Wahrheit des Wortes Gottes abwandten.

Gott war zornig; er hatte seine strafende Hand gegen sein Volk ausgestreckt (V. 25; 9,12.17.21; 10,4; 14,27). Gottes Gericht kommt über die Menschen wie ein Präriefeuer (V. 24), wenn die feindliche Armee das Land erobert (V. 26-30).

Heute streckt er seine Hände in Liebe aus und lädt Sünder zur Umkehr ein (Jes 65,2; Röm 10,21); morgen aber wird er seine Hand im Zorn ausstrecken.

»Bedeutsame Reben«
In der Heiligen Schrift kommen drei symbolische Reben vor: Der vergangene Weinstock mit seinen Reben ist Israel (Ps 80; Jes 3,14; 5,1-7; Jer 2,21; 12,10; Hes 15; Hos 10,1). Der gegenwärtige Weinstock ist Christus mit seiner Gemeinde (Joh 15). Der zukünftige Weinstock ist der »Weinstock der Erde« mit

seinen »Trauben« (den dann lebenden Menschen), das verdorbene Weltsystem der letzten Tage, dem das Gericht bevorsteht (Offb 14,14-20).

Jesaja 6

Anblick: Er sah den Herrn (1-4). Jesaja hatte eine Vision von Gott, die sein Leben veränderte (Joh 12,38-41). Auf dem Thron Judas saß ein neuer Herrscher, aber Gott saß immer noch auf seinem Thron und hatte alles vollkommen im Griff. Wenn du anbetest, richte den Blick auf Gottes Heiligkeit, Hoheit und Herrlichkeit. Wenn alles, was du auf der Erde erlebst, dich entmutigt, fang an, die Dinge aus himmlischer Sicht zu betrachten.

Einblick: Er sah sich selbst (5-7). Jesaja hatte Weherufe über andere ertönen lassen, aber nun rief er: »Wehe mir!« Er gab zu, ein Sünder zu sein, er bekannte seine Sünde und der Herr reinigte ihn. Wäre nicht das Opfer auf dem Altar, könnten wir uns dem alleinigen Herrscher auf dem Thron niemals nähern.

Seine Majestät

Johannes Calvin schrieb, dass »den Menschen erst dann die Erkenntnis seiner Niedrigkeit recht ergreift, wenn er sich an Gottes Majestät gemessen hat" (*Institutio christianae religionis*, Kapitel 1). Das trifft nicht nur auf Jesaja zu, sondern auch auf Hiob (Hi 42,5-6), Daniel (Dan 10,16-17), Petrus (Lk 5,8) und Johannes (Offb 1,17).

Weitblick: Er sah, was Not machte (8-13). Wahre Anbetung führt zum Dienst. Du hörst Gottes Ruf und antwortest mit Gehorsam. Gott sandte Jesaja nicht zu einem aufgeschlossenen Volk und gab ihm auch keine einfache Botschaft zu verkündigen. Aber wenn du den Herrn gesehen und dich von ihm »berührt« gefühlt hast, kannst du seinen Willen ohne Furcht befolgen.

Er wird Immanuel sein
Jesaja 7-12 wird manchmal das »Buch Immanuel« genannt (Jes 7,14; 8,8.10). *Immanuel* bedeutet »Gott mit uns«. Gott gab diese Prophezeiung dem ganzen »Haus David« (Jes 7,13), nicht nur König Ahas; letztlich bezieht sie sich auf den Herrn Jesus Christus (Mt 1,18-25). Er ist Gott, und er ist »Gott mit uns«.

Jesaja 7

Angst. König Ahas hatte Angst (V. 2.4.16), weil Syrien und das Nordreich Israel sich vereint hatten, um ihn zu entthronen und in Juda einen neuen König zu krönen. Assyrien und Ägypten waren ebenfalls schon auf dem Weg, somit waren die Zeiten nicht gerade ermutigend. Was tust du unter derart bedrohlichen Umständen? Leider verließ sich Ahas auf seine eigene Weisheit und schloss einen Vertrag mit dem König von Assyrien, den dieser später brach.

Glaube. Jesajas Wort an den König kam von Gott und war vertrauenswürdig. Ahas gab vor, sehr geistlich zu sein, als er darauf verzichtete, ein Zeichen zu fordern, aber indem er das Zeichen ablehnte, lehnte er eigentlich Gott und seinen Boten ab. Gottes Wort wirkt, wenn wir ihm glauben und danach handeln. Ahas redete nur darüber!

Erfüllung. Sowohl Syrien als auch Israel waren schließlich aus dem Rennen, wie Jesaja es versprochen hatte, aber Assyrien wurde zur neuen Bedrohung. Israel wurde im Jahr 722 v. Chr. von Assyrien eingenommen, und damit war die Nation am Ende. In Juda marschierten die Assyrer in den Zeiten König Hiskias ein, aber Gott besiegte sie. Dennoch gelang es Assyrien, Juda zu demütigen, weil Gottes Volk dem Wort Gottes nicht gehorchte. Der *Glaube* an Gott führt zum Sieg, nicht der Glaube an menschliche Verträge.

Jesaja, Verkündiger des Evangeliums
Jesaja wird »der Evangelist des Alten Testamentes« genannt, weil er so viel über Jesus Christus sagt. Jesaja schreibt über seine Geburt (7,14; Mt 1,23); den Auftrag Johannes des Täufers (40,1-6; Mt 3); Jesu Dienst im Geist (61,1-2; Lk 4,17-19); seine Ablehnung durch das Volk (6,9-13; Mt 13, 10-15; Joh 12,38); den Stein des Anstoßes (8,14; 28,16; Mt 21,42; Röm 9,32-33; 1Petr 2,6); seinen Dienst unter den Heiden (49,6; Lk 2,32; Apg 13,47); sein zukünftiges Reich (11,1-9; Offb 12,10); und seinen Sühnetod am Kreuz (53,1ff; Mk 10,25).

Jesu Geburt
Die Geburt Jesu Christi durch eine Jungfrau gehört zu den Grundlehren des christlichen Glaubens, denn der Sohn Gottes hätte niemals auf dieselbe Weise auf die Welt kommen können wie du und ich. Jedes Kind ist eine neue Schöpfung, aber Jesus Christus existierte von Ewigkeit her. Er wurde nicht einfach geboren, sondern er »kam in die Welt« (Joh 3,17; 10,36; 16,28). Nach Jesaja 9,5 wurde das Kind geboren (seine menschliche Natur), und der Sohn wurde gegeben (seine göttliche Natur). Der heilige Sohn Gottes konnte die Sündhaftigkeit des Menschen nicht annehmen. Sein Körper wurde auf wunderbare Weise durch den Heiligen Geist in Marias Leib empfangen (Lk 1,26-38; Hebr 10,5). Er sündigte nicht (1Petr 2,22); »Sünde ist nicht in ihm« (1Jo 3,5); »er kannte die Sünde nicht« (2Kor 5,21). Halleluja, was für ein Retter!

Jesaja 8

Zwei Flüsse (1-10). Der lange Name in Vers 1 bedeutet »Schnell-Raub Eile-Beute!«. Er bezieht sich auf den Sieg, den Assyrien über Syrien (Damaskus) und Israel (Samarien) davontragen würde. Das würde Assyrien freie Bahn nach Juda verschaffen, somit war Ahas' Vertrag gescheitert. Er wies die stillen

Wasser Siloahs (eine Anspielung auf eine Quelle in Jerusalem) zurück, und zog ihnen die Fluten des Euphrat (eine Anspielung auf Assyrien) vor. Gottes Weisheit bringt Frieden, menschliche Weisheit dagegen stiftet Verwirrung (Jak 3,13-18).

Zwei Arten von Furcht (1-15). Wenn du Gott fürchtest, brauchst du die Drohungen der Menschen nicht zu fürchten. Mache Jesus zum Herrn deines Lebens, dann wird er sich um deine Ängste kümmern (1Petr 3,13-17). Christus ist der Fels der Zuflucht für seine Kinder, aber ein Fallstrick für jene, die ihn ablehnen.

Zwei Obrigkeiten (16-22). Das Wort Gottes ist für den Gläubigen die einzige Obrigkeit, auch wenn die Umstände es in Frage zu stellen scheinen. Zu Lebzeiten Jesajas fragten die Anführer sogar Totenbeschwörer um Rat (5Mo 18,10-12)! Lass das Wort dir Licht sein in dieser dunklen Welt (Ps 119,105).

Jesaja 9

Was macht es doch für einen Unterschied für unser Leben, dass Jesus Christus gekommen und für unsere Sünden gestorben ist! Und was wird es für einen Unterschied machen, wenn er wiederkommt, um auf Davids Thron zu sitzen und in Gerechtigkeit zu regieren!

Jesus ist der Unterschied zwischen Licht und Dunkelheit, Leben und Tod (V. 2). Er ist auch der Unterschied zwischen Freude und Leid, Freiheit und Knechtschaft (V. 3-4). Während du auf seine Rückkehr wartest, sei gewiss, dass die Herrschaft über dein Leben auf seinen Schultern ruht. Lass ihn alles für dich sein, was seine Namen verkünden, denn jeder Name, den er trägt, beinhaltet einen Segen, den er an uns weitergibt.

Die Stolzen werden gerichtet (V. 8-21), so wie es mit Israel geschah (das Nordreich), als Assyrien es in die Gefangenschaft führte. Sie wurden ausgerechnet von den Menschen irregeführt, die ihnen den rechten Weg hätten zeigen sollen (V. 15; Kla 4,13).

Unser Gott ist ein Gott der Gnade und der Wahrheit (Joh 1,17). Wenn du seine Wahrheit anerkennst, kannst du seine Gnade empfangen (Ps 51,3-4), lehnst du aber seine Wahrheit ab, muss seine richtende Hand gegen dich ausgestreckt werden. Was von beidem wird auf dich zutreffen?

Jesaja 10

Gier (1-4). Die Anführer Israels waren geldgierig. Mit ungerechten Gesetzen legitimierten sie ihre selbstsüchtigen Praktiken und beraubten so die Armen und Bedürftigen. Kurz bevor Gottes Gericht auf die Nation fiel, blühten die Geschäfte der Reichen und die Armen schmachteten. »Was wollt ihr tun am Tag der Heimsuchung?«, (V. 3) ist eine Frage, die wir uns alle stellen sollten. Was nützt dir all dein Vermögen, wenn du nicht auf die Begegnung mit Gott vorbereitet bist?

Stolz (5-19). Assyrien war Gottes Werkzeug für die Bestrafung Israels (V. 5.15), aber das Werkzeug kann nicht damit prahlen, was es tut. Assyrien war stolz auf seine Eroberungen, deshalb musste Gott die Assyrer demütigen und sie für ihre bösen Taten bestrafen. Das Heer würde vergehen wie Bäume bei einem Waldbrand. Ninive, die Hauptstadt Assyriens wurde im Jahr 612 v. Chr. von Babylon eingenommen. Nationen mögen prahlen, aber Gott hat das letzte Wort.

Hoffnung (20-34). Aus Gnade rettete Gott einen Rest und erlaubte ihm, ins Land zurückzukehren. Außerdem versprach Gott Juda, dass Assyrien Jerusalem nicht einnehmen würde (V. 24-27; Jes 37). Der große, stolze Baum Assyrien würde in kleine Stücke gehauen werden (V. 33-34)! Sogar im Zorn schenkt Gott seinem Volk Hoffnung.

Jesaja 11-12

Herrschaft (11,1-10). Gott fällt die hohen Bäume (Jes 10,33-34), erbaut aber auch ein großes Königreich aus einem kleinen Sprössling (V. 1). Unser Retter Jesus Christus fing bescheiden an zu einer Zeit, als Davids Familie entehrt war; aber am Ende wird sein Königreich über alle irdischen Mächte triumphieren. Er wird der

Erde Frieden bringen, und die Herrlichkeit Gottes wird über der Welt liegen. Betest du: »Dein Reich komme«?

Rückkehr (11,11-16). Der demütige Spross ist nun der Anführer eines Heeres! Er besiegt den Feind und versammelt sein Volk in seinem Land, und außerdem schart er die Heiden um sich, die ihn suchen. Es ist das Bild eines zweiten »Auszugs«, bei dem Gott die Wasser verdrängt, um den Weg für sein Volk freizumachen. Nur diesmal wird es keine Wüstenwanderung geben!

Jubel (12,1-6). Anbeter danken dem Herrn für ihre Rettung und ihre Heimkehr. Zeugen erzählen allen Nationen von der Größe Gottes. Vergleiche Vers 2 mit 2. Mose 15,2 und Psalm 118,14 und glaube fest an die Wahrheit dieses Liedes.

Jesaja 13

In Kapitel 13–23 verkündet Jesaja Gottes Gericht über zehn heidnische Völker sowie über sein eigenes Volk in Juda und Israel. Mit Babylon fängt er an, das eines Tages die Assyrer verschlucken und Juda gefangen nehmen würde, um schließlich selbst von den Medern und Persern besiegt zu werden (V. 17-22). Aufstieg und Fall der Völker liegen in Gottes Hand (Dan 4,25; 32; Apg 17,26). Gott kann sogar heidnische Kriegsheere dazu gebrauchen, sein Werk zu tun, und er kann sie »meine Geheiligten« nennen (V. 3). Er ist Herr.

In der Niederwerfung Babylons sah Jesaja ein Bild für den letzten »Tag des Herrn«, an dem die Welt das Gericht Gottes schmecken wird. Gott ist langmütig mit Sündern, aber irgendwann kommt der Tag, an dem sein Gericht über sie kommen muss. Jesajas Botschaft gegen Babylon ging in Erfüllung; die Stadt und das Reich bestehen nicht mehr.

In der Heiligen Schrift steht Babylon für das Weltsystem, das sich gegen Gott verbündet hat (1Mo 11). Wie Babylon zur Zeit Jesajas, erscheint die Welt heute so erfolgreich und unbesiegbar, aber eines Tages wird das ganze System zusammenbrechen (Offb 17–18). Deswegen ruft Gott sein Volk auf, sich von der Welt abzusondern (2Kor 6,14-18).

Jesaja 14

Hinter dem Untergang Babylons steht mehr als die Entthronung eines hochmütigen Königs (V. 3-11.16-21) oder die Zerstörung einer großen Stadt (V. 22-23). Hinter dem bösen babylonischen System steckte Luzifer (»Glanzstern«), der Feind Gottes (V. 12-15). Indem er den König von Babylon verhöhnt, spricht Gott auch zu Satan, der den babylonischen König motiviert und gestärkt hatte.

Anscheinend war Luzifer ein Engel, der sich gegen Gott auflehnte und die Anbetung an sich reißen wollte, die allein Gott zustand. »Ich will dem Höchsten mich gleichmachen« (V. 14), lautet das Streben des Bösen und die Versuchung, die er dem Menschen vorsetzt (1Mo 3,5). Die heutige Welt widmet ihre Verehrung und ihren Dienst »dem Geschöpf [...] statt dem Schöpfer« (Röm 1,25). Der Mensch ist sein eigener Gott; indem er nur sich selbst anbetet und dient, spielt er dem Bösen genau in die Hände.

Der Christ strebt danach, in allen Dingen wie Christus und »dem Bilde seines Sohnes gleichförmig« zu sein (Röm 8,29). Vergleiche Jesaja 14,12-15 mit Philipper 2,1-11, wenn du den Unterschied zwischen Satans Haltung und der unseres Herrn erkennen willst.

Jesaja 15–16

Das Volk von Moab entstand aus der inzestuösen Verbindung Lots mit einer seiner Töchter (1Mo 19,30-38). Es war eine stolze Nation, die den Gott Israels nicht zu ehren bereit war, sondern sich lieber auf ihre Festungsbauten verließ. Stolz ist eine Sünde, die Gott hasst (Spr 6,16-17), sowohl bei Völkern als auch bei Einzelnen, und er wird immer bestraft.

Als die Assyrer einfielen, verlegten sich die Moabiter vom Prahlen aufs Weinen (15,1-4) und Fliehen (15,5-9). Sie vertrauten auf ihre Festungen, wurden aber enttäuscht. Vergleiche diese Stelle mit Jesaja 2,10-11. Sie hätten mit Juda Frieden schließen (16,1-2) und nach Jerusalem gehen sollen, um dort um Asyl zu bitten. Gott hatte versprochen, Jerusalem vor dem assyrischen Heer zu beschützen (10,24ff), denn dort stand der Thron Davids (16,5).

Der Prophet blickte über dieses Ereignis hinaus auf die Zeit, wenn der Sohn Gottes auf Davids Thron sitzen und Gerechtigkeit und Frieden bringen würde (16,5). Gott würde ohne Moab auskommen; aber mit David hatte er einen Bund geschlossen (2Sam 7), und er würde seine Versprechen halten. Juda war in Sicherheit, weil das Volk dem Herrn vertraute.

Jesaja 17

Das Nordreich Israel hatte sich mit Syrien (Damaskus) verbündet, und beide sollten durch die Assyrer besiegt werden. – Wenn die Menschen, denen du vertraust, dem Herrn nicht vertrauen, könnte es sein, dass das Gericht, das über sie kommt, auch dich trifft.

Gottes Gericht über Israel wird durch einen Sonnenuntergang dargestellt und durch eine schwergewichtige Person, die abnimmt (V. 4), sowie durch ein Feld, auf dem für die Ährenleser kaum Ähren übrig bleiben (V. 5-6). Israel war hoffnungslos zugrunde gegangen und alle Bemühungen der Nation, gesund zu werden, waren vergeblich (V. 10-11).

Hätten sie sich nur an Gott gewandt, bevor die Sonne unterging oder die Krankheit den Körper auszehrte oder der Getreidebrand die Ernte zerstörte! Aber sie vertrauten ihren Götzen und nicht dem wahren Gott (V. 7-8). – Wie schnell setzt man sein Vertrauen auf das Werk der eigenen Hände und nicht auf den Gott, der diese Hände gemacht hat!

Das Urteil trug sie davon, wie eine Flut Häuser mitreißt (V. 12-13a) oder der Sturm Streu und Disteln vor sich her treibt (V. 13b). Israel hätte die ruhigen Wasser Siloahs haben können (8,6), aber sie entschieden sich für die rauschenden Fluten Assyriens.

Nirgends findest du größere Geborgenheit als im Willen Gottes.

Jesaja 18

Das Volk von Äthiopien (das antike Kusch), sandte Botschafter nach Israel, in der Hoffnung, ein starkes Bündnis gegen Assyrien schließen zu können, aber das Unternehmen war zum Scheitern verurteilt. Gott war nicht mit von der Partie, und all unsere noch so cleveren Ideen sind wertlos, wenn sie dem Willen Gottes zuwiderlaufen (1Kor 3,18-20). Frage ihn zuerst nach seinem Willen und handle dann danach!

Die Invasion der Assyrer war Teil von Gottes Plan, und er würde nicht einschreiten, bis sein göttliches Ziel erreicht war. Er würde über dem Geschehen schweben, wie die Sommerhitze oder der Morgentau (V. 3-4). Wenn es an der Zeit war, würde er die Ernte einbringen (V. 5) und die Leichen den Aasfressern überlassen (V. 6). Das ist kein sehr schönes Bild, aber es ist der Weg, auf dem sich die zivilisierte Welt von heute befindet (Mt 24,28; Offb 19,17-21).

Jene glattrasierten Botschafter hätten sich mit einer Gabe für den Herrn nach Jerusalem begeben sollen. Als demütige Anbeter hätten sie dort auftreten sollen, nicht als hochnäsige Verhandlungsführer (V. 7), und dem Gott Israels hätten sie vertrauen sollen, nicht ihren Heeren oder Verträgen (Ps 20,7).

Jesaja 19

Eine starke judäische Fraktion empfahl dem König, Ägypten um Hilfe zu bitten (Jes 31), aber Jesaja warnte sie, dass Ägypten ihnen nicht würde helfen können. Warum? Weil der Herr die Ägypter entmutigt und gespalten hatte (V. 1-2), sie ließen sich vom Teufel beraten (V. 3) und steuerten selbst auf die Knechtschaft zu (V. 4). Außerdem stand ihre Wirtschaft kurz vor dem Zusammenbruch (V. 5-10). Wie hätten sie helfen können?

Die Ratgeber in Ägypten waren angeblich sehr weise, aber Gott sagte, sie seien verblendete Narren (V. 11-13). Gottes Kinder empfangen ihre Weisheit von Gott, nicht von der Welt (Jak 1,5). Ägyptens Weisheit würde dem Land eine niederschmetternde und demütigende Niederlage einbringen (V. 14-15).

In den Versen 16-25 sieht Jesaja die Zukunft sowohl der Juden als auch der Ägypter voraus, wenn der Herr sein Königreich errichten wird. Die Lage wird umgekehrt sein, indem Ägypten Israel um Hilfe bittet (V. 16-17)! Die Ägypter werden sogar den

Gott Israels anbeten (V. 18-21)! Die Nationen werden nicht länger gegeneinander Krieg führen, sondern sich auf der Straße begegnen, die Gott von Ägypten bis Assyrien bahnen wird.

Hinab nach Ägypten
Als Abraham in Kanaan einer Hungersnot ins Auge sah, ging er hinab nach Ägypten, um dort um Hilfe zu bitten, und verlor dabei fast seine Frau (1Mor 12,10-13,4). Nach dem Auszug, führte Gott sein Volk so, dass sie nicht nach Ägypten zurück wollten (2Mo 13,17-22). Zur Zeit der Wüstenwanderung wollte das Volk zurückkehren (4Mo 11,14), aber Gott ließ es nicht zu. Jesaja warnte davor (32,1ff) und Jeremia ebenfalls (42-43). Der Hebräerbrief nutzt dieses Bild, um Gläubige vor dem Rückfall in den Unglauben zu warnen und zum Voranschreiten im Glauben zu ermutigen (3,7-19; 6,1).

Jesaja 20

Dieses kurze Kapitel berichtet von zwei Beispielen, wie Gott versuchte, sein Volk durch Anschauungsunterricht davon zu überzeugen, keine unheiligen Bündnisse einzugehen.

Das erste Beispiel war die Einnahme Aschdods durch die Assyrer. Die Einwohner dieser Philisterstadt hatten auf den Beistand Ägyptens und Äthiopiens vertraut und wurden enttäuscht. Warum sollte Gottes Volk Ägypten und Äthiopien überhaupt vertrauen? Denke daran: Wenn wir eines aus der Geschichte lernen können, dann dass wir niemals aus der Geschichte lernen. »Uns kann das doch nicht passieren!«

Die zweite »Anschauungspredigt« hielt Jesaja, der Prophet, indem er drei Jahre lang sein Prophetengewand und seine Sandalen nicht trug. Er sah aus wie ein Kriegsgefangener, wozu die Ägypter und die Assyrer tatsächlich am Ende wurden (V. 3-4). Gottes Volk nahm sich das nicht zu Herzen und wurde schließlich nach Babylon weggeführt.

Gott gebraucht Dinge, die wir hören und sehen können, um uns zu helfen, die richtigen Entscheidungen zu treffen. Sind wir wirklich aufmerksam?

Jesaja 21

Drei Bilder können uns helfen zu verstehen, was treuen Dienst ausmacht.

Die Frau in den Wehen (1-4). Wenn du deiner Berufung treu bist, wird dein Dienst nicht einfach sein. Jesaja war verzweifelt, als er sah, was Gott in der Welt anrichtete. Er fühlte sich wie eine Frau in den Wehen (V. 3); es war sehr schmerzhaft für ihn, seine Botschaft »zur Welt zu bringen«.

Der Dreschplatz (V. 10). Warum sollte Jesaja der Fall der Stadt Babel bekümmern? (Hier geht es nicht um die Zerstörung der Stadt, sondern um eine zeitweilige Übernahme durch eine rivalisierende Macht). Jesaja hatte gehofft, Babylon würde den Vorstoß Assyriens aufhalten und so den Juden großes Leid ersparen. Er musste zusehen, wie sie vom Feind gedroschen und zerstoßen wurden. Er sehnte sich nach einem ruhigen Lebensabend (V. 4); stattdessen musste er bis zum Ende quälende Lasten tragen.

Der Wächter (5-9.11-17). Während der Prophet unruhig Wache hielt, damit er das Volk warnen könnte, feierten die Anführer der Nation sorglos Feste und dachten nur an sich selbst (V. 5). Der Wächter sieht sowohl die Nacht (Schwierigkeiten) als auch den Morgen (Segen), und so wird es sein, bis Jesus kommt. Das Wichtigste ist, dass der Wächter zuverlässig warnt, wenn Gefahr naht (Hes 25,12-14).

»Dienst für Gott, der nichts kostet,
bewirkt auch nichts.«
John Henry Jowett

Jesaja 22

Jesaja sah in seiner Vision vermutlich den Angriff der Assyrer auf Jerusalem (Kap. 36–37), und eine der Botschaften dieses Kapitels ist diese: Wenn es zu einer Krise kommt, reagieren unterschiedliche Menschen auf unterschiedliche Weise.

Der Prophet betrachtete die Ereignisse aus geistlicher Sicht, und das belastete ihn (V. 1-4). Die Stadtführer verließen sich auf ihre Verteidigungsanlagen (V. 8-11) und riefen nicht zu Fasten und Gebet auf. Die Leute feierten und sie erwartete das Schlimmste. Sie besaßen keinen Glauben an Gott (V. 12-14; 1Kor 15,32).

Schebna nutzte sein Amt, um sich persönlich zu bereichern (V. 15-19), und die Krise brachte ihm nur Schande ein. Bei einer Bestandsaufnahme des städtischen Vermögens entdeckte jemand seinen Betrug und entlarvte ihn. Statt einen schönen und sorgenfreien Lebensabend zu genießen und ehrenvoll bestattet zu werden, erlitt er Gefangenschaft, Verbannung und einen einsamen Tod.

Die Krise brachte das Beste in Eljakim hervor (V. 20-25). Er war ein Diener, in dem das Volk einen Vater sah, dem man verantwortungsvolle Aufgaben anvertrauen konnte (die Schlüssel) und der dem Volk als starker Pflock diente, auf dem es seine Lasten ablegen konnte. Er war ein Leiter von der Art, wie sie auch heute gebraucht werden.

Jesaja 23

Tyrus und Sidon waren phönizische Städte, die der Nation durch Schifffahrt und Handel großen Reichtum einbrachten. Es schien unglaublich, dass eine derart erfolgreiche Wirtschaftsmacht ruiniert werden könnte, aber es geschah genau so, wie der Prophet vorhergesagt hatte. Einige Leute waren so perplex, dass sie in Schweigen verfielen (V. 2), während andere ihre Not offen durch Wehklagen zum Ausdruck brachten (V. 1.6.14). Es scheint so, als ob Leute, die sonst nichts zum Weinen bringt, dann damit anfangen, wenn sich Geldprobleme einstellen. Die Freude verließ die Stadt (V. 7).

Assyrien drängte Tyrus und Sidon für siebzig Jahre vom Markt, erst dann hatten sich die Städte wieder erholt.

Gott sah in den Geschäften von Tyrus und Sidon nichts als Unzucht (V. 17; Offb 17,1-2). Sie waren Huren, die für sich selbst warben und bereit waren, sich zum höchstmöglichen Preis zu verkaufen (V. 16). Aber einige ihrer Gewinne würden dafür verwendet werden, den Tempel des Herrn wiederaufzubauen (V. 18; Esr 3,7).

Der Mensch mag denken, dass er die Kontrolle über die Wirtschaft hat und darüber, was mit ihrem Gewinn geschieht, aber die endgültige Entscheidung trifft Gott.

Jesaja 24

Die ganze Erde steht nun im Mittelpunkt des Interesses und nicht nur einzelne Nationen oder Städte. Der Herr hat die Erde erschaffen und regiert als König über die ganze Welt (Ps 47,2), deshalb hat er das Recht zu tun, was im gefällt. Er wird Sünder bestrafen, weil sie seinen Bund nicht anerkannt haben (V. 5; 1Mo 9,8-17) oder sich nicht um die Erde gekümmert haben als treue Verwalter seiner Gaben. Sie haben seinem Willen nicht gehorcht, sondern die Erde für sich selbst in Besitz genommen und sie eigennützig missbraucht.

Wenn dieser Tag des Gerichts kommt, wird Gott nicht auf unseren sozialen oder wirtschaftlichen Status achten (V. 2-3). Das freudige Fest wird sich in eine Trauerfeier verwandeln (V. 7-13); wer zu entkommen versucht, wird eingefangen (V. 17-18); und stolze Anführer werden zu Gefangenen gemacht (V. 21-23). Der Herr wird die »Hohen des Volkes« demütigen (V. 4) und ebenso »das Heer der Höhe« und die »Könige der Erde« (V. 21).

Aber Jesaja schließt in siegessicherem Ton: Der Herr wird in Herrlichkeit regieren (V. 23). Wirst du mit ihm regieren?

Jesaja 25

Der Prophet spricht nun Gott an und nicht mehr die Menschen und preist ihn dafür, wer er ist und was er getan hat. Dass Jesaja Gott so gut kannte, machte ihn nicht stolz; es machte ihn demütig und bewegte ihn dazu, den Herrn anzubeten.

Gott ist Richter (1-3.10-12). Mit »der Stadt« ist letztlich Babylon gemeint (Offb 18,1–19,5), aber der Ausdruck lässt sich auf alles beziehen, was der Mensch schafft und nutzt, um Gott zu trotzen. Gott braucht nicht lange, um eine Nation auszulöschen oder eine Stadt zu zerstören.

Gott ist Zuflucht (4-5). Drangsal ist wie ein Sturm, aber Gott ist die Zuflucht; sie ist wie die Wüstenhitze, aber Gott ist wie eine Wolke, die die heißen Strahlen in sich aufnimmt. Gott schaltet den Lärm des Feindes aus und bringt Frieden.

Gott ist Gastgeber (6-9). Die Juden stellten sich das kommende Reich als großes Festmahl mit Gott als Gastgeber vor (Mt 8,10-12; Offb 19,6-9). Aber diese Mahlzeit wird mehr tun als nur sättigen; sie wird Leben schenken, denn der Tod wird für immer vernichtet sein (Offb 20,11-15; 21,4).

Kannst du einstimmen in das Lob, das in Vers 9 zum Ausdruck kommt?

Jesaja 26–27

Der Ausdruck »an jenem Tag« verbindet diese beiden Kapitel (26,1; 27,1.2.12.13) und lenkt die Aufmerksamkeit auf die Herrlichkeit Gottes im verheißenen Reich (26,15). Zu wissen, dass die Zukunft im Herrn gesichert ist, kann dich im Leid ermutigen (Röm 8,18-25; 2Kor 5,1-8).

Israel singt dem Herrn Lieder (26). Der stolze Feind ist besiegt (V. 5-6) und Gott hat seinem Volk Frieden geschenkt (V. 3.12). Die Stadt Jerusalem, wo der Erlöser regieren wird, ist nun nicht mehr schwach und entehrt, sondern stark und rechtschaffen; und die Zeit der Drangsal für das Volk wird vorbei sein. Das werden die Juden aber nicht aus eigener Kraft erreichen, denn sie werden wie

Frauen in den Wehen sein, die nur Wind gebären (V. 16-18). Gott wird das tun, und sein Volk wird ihn für seine Barmherzigkeit preisen.

Der Herr singt von Israel (27,1-5). In Kapitel 5 sang Gott ein Lied über das Versagen des Weinbergs Israel. Aber hier ist die Fruchtbarkeit des Volkes Thema und Gottes Fürsorge für sein Volk. An jenem Tag wird der Feind besiegt sein (V. 1) und Gott wird sein Volk wieder in dem Land versammeln, das ihm gehört (V. 12-13). Von Israel aus werden Segnungen in die ganze Welt fließen (V. 6).

Der Friede Gottes

Wenn du Jesus Christus als deinem Retter vertraust, werden dir deine Sünden vergeben (Kol 2,13) und du wirst Frieden mit Gott haben (Röm 5,1). Er wird dich niemals mehr für sie zur Rechenschaft ziehen (Joh 5,24; Röm 8,1). Außerdem kannst du dich beim Beten am »Frieden Gottes« in deinem Herzen erfreuen (Phil 4,6-7) und dich ganz auf ihn ausrichten (Jes 26,3; Phil 4,6-7). Der »Friede Gottes« ist nicht gleichzusetzen mit der Abwesenheit von Problemen; er bedeutet, dass dir mitten in Schwierigkeiten Gott völlig genügt (Jes 26,4; Phil 4,13.19). George Morrison sagte: »Frieden hat, wer über ausreichende Mittel verfügt«; und diese Mittel kommen vom Herrn, wenn du dich ihm ganz und gar hingibst.

Jesaja 28

In den Versen 1-13 richtet sich der Prophet an die nördlichen Stämme (Ephraim) und klagt sie wegen ihrer Trunkenheit (V. 1-8) und wegen ihres unbelehrbaren Geistes an (V. 9-13). Die religiösen Führer antworteten Jesaja, er solle nicht mit ihnen reden wie mit kleinen Kindern (V. 9-10); schließlich kannten sie das Gesetz! Aber Gott würde mit ihnen durch die Assyrer reden, deren Sprache Israel nicht verstehen würde. Wenn Gottes Kinder nicht auf seine Stimme hören, die durch das Wort zu ihnen spricht, werden sie womöglich auf fremde Stimmen hören müssen, die nicht vom Frieden reden und keine Liebe zeigen.

Israel war zu dieser Zeit sehr von sich überzeugt, aber sein Wohlstand würde vergehen wie eine welke Blume (V. 1.3-4), fortgetragen von Sturm und Flut (V. 2) und verschluckt werden wie eine Frucht (V. 4). Das Gericht stand vor dem Tor (V. 6).

Als nächstes verurteilt Jesaja die Sünde Judas (V. 14-29), die in der Anbetung falscher Götter bestand (V. 14-15). Jesus Christus ist Gottes Eckstein und er allein ist eine sichere Zuflucht vor dem Sturm (Jes 8,14; Mt 21,42-44; Eph 2,20). – Lügen schützen dich genauso wenig wie eine zu kurze Decke! – Gott sucht nach einer Ernte und weiß genau, wie er mit der Erde und den Samen umzugehen hat (V. 23-29). Gottes Volk hat vielleicht keine Freude am Pflügen und Dreschen, aber die Ergebnisse zeigen: Es lohnt sich.

Jesaja 29

Der Prophet gibt drei Beschreibungen von Ariel (»Löwe Gottes«), der Stadt Jerusalem.

Eine belagerte Stadt (1-8). In erster Linie beziehen sich diese Verse auf Gottes Sieg über Assyrien (Jes 36-37), aber letztlich geht es um die Niederlage der Armeen, die Jerusalem in den letzten Tagen umzingeln werden (Sach 14,1-3). Die Feinde werden sich in Staub und Streu verwandeln. Sie werden aufwachen und feststellen, dass aus ihren Träumen vom Erfolg Albträume von Niederlagen geworden sind. Gott kennt den richtigen Zeitpunkt für die Befreiung seines Volkes.

Eine blinde Stadt (9-16). Das Volk Gottes warn wie ein betrunkener, schlafender Blinder, der versucht, ein versiegeltes Buch zu lesen! Es hatte weder Erkenntnis von geistlichen Dingen, noch betete es Gott im Geist an (Mt 15,8-9). Obendrein schmiedete es eigene Pläne (politische Bündnisse) und dachte, Gott würde es nicht bemerken (V. 15-16)! Weiß denn der Ton mehr als der Töpfer (Röm 9,20)? Kann das geschaffene Ding den Schöpfer zum Narren halten?

Eine gesegnete Stadt (17-24). Wenn der Herr wiederkommt und sein Königreich errichtet, wird alles anders! Gottes Volk wird seine Wahrheit sehen, sich daran erfreuen und den Heiligen Israels ehren. Aber du brauchst nicht darauf zu warten, dass er dein Leben verändert. Gib ihm ein aufrichtiges Herz und lass den Töpfer seinen Willen in deinem Leben zur Auswirkung bringen.

Jesaja 30–31

Als Assyrien Juda bedrohte, wandten sich die Anführer nicht auf der Stelle Gott zu, sondern verließen sich auf Diplomatie. Die Botschafter durchwanderten ein gefährliches Gebiet (30,6-7), um nach Ägypten zu kommen, *aber Ägypten konnte Juda nicht helfen.* Ägypten war so hilfreich wie ein Schatten (30,1-5), wie eine Mauer, die kurz vor dem Zusammenbruch steht (30,12-13), oder wie ein zerbrochenes Tongefäß (30,14). Die Ägypter waren nur Menschen, nicht Gott (31,1-3). Vertraust du auch auf Dinge, die dir nicht helfen können, während Gott darauf wartet, dass du zu ihm kommst und ihn um Hilfe bittest (30,15.18)?

Wer auf die Hilfe des Herrn wartet, wird seine Segnungen erfahren, wie zum Beispiel Gebetserhörungen (30,18-19), Gottes Führung (30,20-21), Reinigung (30,22), Fruchtbarkeit (30,23-26), Sieg (30,27-33; 31,4-9) und ein Lied (30,29).

Die Pferde Ägyptens können niemals den Platz der Streitwagen Gottes einnehmen (Ps 20,8-9).

Jesaja 32

Verlässliche Menschen (1-2). Obwohl unser Herr dieser Beschreibung entspricht (Jes 25,4), spricht der Prophet hier in erster Linie von den Anführern im Königreich. Sie sollten sowohl *Felsen* als auch *Flüsse* sein, indem sie dafür sorgten, dass das Volk *Sicherheit* hatte und *alles, was es zum Leben brauchte*. Felsen bewegen oder verändern sich nicht, während Flüsse sich ständig bewegen und verändern. Führungspersonen müssen sowohl beständig als auch anpassungsfähig sein, sie sollen die Standhaftigkeit des Felsens und die Fruchtbarkeit des Flusses in sich vereinen.

Weise Menschen (3-8). Es gab jede Menge Narren, Schurken und Intriganten in Jesajas Tagen und sie schwächten die Nation. Aber Gott wünscht sich Leute, deren Augen, Ohren und Herzen offen für geistliche Wahrheiten sind, Leute, die in der Lage sind, diese Wahrheiten klar und deutlich an andere weiterzugeben.

Besorgte Menschen (9-15). Jesaja hatte ein besonderes Anliegen in Bezug auf die sorglosen Frauen im Land (Jes 3,16ff; siehe auch Am 6,1ff), denn Ehefrauen und Mütter haben oft großen Einfluss, zum Guten wie zum Schlechten. Sie führten ein bequemes Leben, obwohl Gottes Gericht kurz bevor stand. Bald würden ihre fröhlichen Wohnungen zerstört werden, aber das schien sie nicht zu kümmern.

Friedliche Menschen (16-20). Am Ende schlägt der Prophet einen fröhlichen Ton an, als er den Frieden und Wohlstand des kommenden Königreichs beschreibt. Dauerhaften Frieden ohne Gerechtigkeit kann es nicht geben, und Jesus Christus ist unser »König der Gerechtigkeit« und »König des Friedens« (Hebr 7,1-3).

Jesaja 33

Der Prophet blickte zum Horizont und sah den Plünderer, der kam, um das Land zu erobern. Dann sah er sich um nach einigen der Leute, die dazu beigetragen hatten, dass dieses Gericht über das Volk erging: die Verräter, die zum Feind übergelaufen waren (V. 1); die Botschafter, die Ägypten um Hilfe gebeten hatten (V. 7); und die religiösen Heuchler, die vorgaben, Gott zu dienen (V. 14; 1,10-20; 29,13). Das alles war entmutigend, aber etwas gab Jesaja neuen Mut: ein frommer Überrest, der dem Herrn vertraute und für das Land eintrat (V. 2-4.14-15). – Wenn du betest, siehst du den Herrn als erhaben an (V. 5-6), du hörst seine ermutigenden Worte (V. 10-13) und du siehst deinen König in Herrlichkeit und Pracht (V. 17-24). Schaust du in die richtige Richtung? Gehörst du zum gottesfürchtigen Überrest derer, die Fürbitte leisten?

Es ist verheißen
Alle Plünderer werden ausgeplündert, und alle Verräter werden selbst verraten (Jes 33,1). Wir ernten, was wir säen (Gal 6,7-8).

Jesaja 34

Nachdem er sein Volk bestraft hat, verkündet Gott, dass er die ganze Welt bestrafen wird. Ganze Armeen werden dahingeschlachtet (V. 3), der Himmel wird erschüttert (V. 4) und Menschen werden wie Tiere geopfert (V. 5-7).

Gott wird außerdem über das Land richten (V. 8-17) und es in eine Wildnis verwandeln. Die Gerichte, die in Offenbarung 6–19 beschrieben werden, schildern deutlich, wie verwüstet die Erde sein wird. Jesaja nennt ausdrücklich Edom, einen von Israels alten Feinden, aber keine Nation wird dem Gericht entgehen.

Warum ist Gott so empört? Um der »Rechtssache Zions« willen (V. 8). Gott kämpft *gegen* seine Kinder, wenn sie ihm ungehorsam sind, aber er kämpft *für* sie, wenn seine Erziehungsmaßnahmen zum Ziel geführt haben. Er wird sich an seinen Bund mit Abraham und Abrahams Nachfahren halten (1Mo 12,1-3).

Jesaja 35

Erneut gleicht Gott die Ankündigung seines Gerichts aus, indem er dem Volk zusichert, dass es seine Herrlichkeit sehen wird. Er will erreichen, dass Sünder Buße tun und Gläubige neuen Mut schöpfen. Wenn Jesus Christus als König wiederkommt, werden sich wunderbare Dinge ereignen.

Die trostlose Wildnis wird sich in einen wunderschönen Garten verwandeln (V. 1-2.7). Die Menschheitsgeschichte begann in einem Garten, aber die Sünde des Menschen machte aus dem Garten eine Wüste. Gottes Schöpfung wird jubeln, wenn sie aus der Knechtschaft der Sünde befreit wird (Jes 55,12-13; Röm 8,18-25).

Die Schwachen werden stark, und die Behinderten werden nicht länger eingeschränkt sein (V. 3-6). Wanderer werden sich nie mehr verirren, denn sie werde sicher auf Gottes heiligem Weg dahinziehen (V. 8-9), und den Weinenden wird ihre Klage in Freude verwandelt (V. 10).

Solange du darauf wartest, diese greifbaren Segnungen zu empfangen, kannst du dich im geistlichen Sinn an ihnen erfreuen. Gott kann dir Befreiung, Fruchtbarkeit, Kraft, Heiligkeit und Freude schenken, wenn du dich ihm hingibst.

»O hätt' ich tausend Zungen nur«

Ihr Tauben hört, ihr Stummen singt
Dem Herrn mit lautem Schall.
Ihr Lahmen, nun vor Freude springt,
ihr Blinden, sehet all'!

Frei nach der 6. Strophe von »O For A Thousand Tongues to Sing", von Charles Wesley

Die Wüste wird blühen
89 Arbeiter starben durch einen Unfall beim Bau des Hoover-Damms in den USA. Auf der Gedenktafel steht: »Für jene, die hier ums Leben kamen, möge die Wüste blühen.« Eines Tages wird die Wüste zur Ehre Gottes blühen, weil Jesus Christus am Kreuz für die Sünden der Welt gestorben ist.

Jesaja 36

Die Kapitel 36–39 sind zeitgeschichtlich der Regierung König Hiskias zuzuordnen und beschreiben drei Prüfungen, die ihm auferlegt waren: der Einmarsch eines Feindes (Kap. 36–37), Krankheit (Kap. 38) und Schmeichelei (Kap. 39). 2. Könige 18–19 und 2. Chronik 32 enthalten weitere Einzelheiten.

Der Prophet hatte vor dem Einmarsch der assyrischen Armee gewarnt, und nun hatte sie Jerusalem umzingelt.

Die Assyrer eroberten Israel und zogen dann in Juda ein, wo sie jede befestigte Stadt einnahmen. Vom Rabschake (Oberbefehlshaber), kann man viel über die Kriegsführung gegen den geistlichen Feind, den Teufel, lernen.

Satan ist stolz und siegessicher. Er versucht, dich zum Aufgeben zu bewegen. Er weiß genau, dass es nichts Wichtigeres gibt als die Frage, *worauf du dein Vertrauen setzt* (V. 4). Vertraust du der Welt, dir selbst oder dem Herrn (V. 6-7)?

Der Feind bietet dir im Gegenzug für deinen Gehorsam (V. 8.16) etwas an, *aber bei ihm ist immer ein »bis dass« dabei* (V. 17)! Er will dich glauben machen, dass seine Gaben denen des Herrn in nichts nachstehen und dass du dem Herrn vergeblich vertraust (V. 14-15.18).

Gebrauche den Schild des Glaubens, um diese feurigen Pfeile auszulöschen (Eph 6,16) *und verhandle niemals mit Satan* (V. 21). Mach es wie Hiskia: Bitte den Herrn um Hilfe und glaube seinem Wort.

Jesaja 37

Nicht alle Siege verlaufen so dramatisch wie dieser, aber was Hiskia erlebte, kann dir zeigen, was zu tun ist, wenn du vom Feind angegriffen wirst.

Bring deine Lasten dem Herrn. Es ist gut, mit anderen über Schwierigkeiten zu reden, aber nur der Herr kann in deinem Herzen wirken und Furcht in Glauben verwandeln. Gott kennt alle Worte des Feindes, gesprochene wie geschriebene, und er hat einen vollkommenen Plan. Bring aus Glauben alles im Gebet vor ihn.

Horche auf Gottes Botschaft. Die Worte des Feindes werden dich *ent*mutigen, aber Gottes Wort wird dich *er*mutigen. In jedem Kampf sagt er zu dir: »Fürchte dich nicht« (V. 6). Schließlich hat er alles im Griff.

Gib immer Gott allein die Ehre. Hiskia ging es vor allem anderen darum, Gott Ehre zu machen (V. 4.16-20). »Geheiligt werde dein Name« sollte in all deinen Gebeten vorkommen.

Vertraue auf Gottes Wirken. Sanherib trotzte dem Gott Israels, und doch starb er im Haus seines Gottes, *der ihn nicht beschützen konnte*. Gott kann mit dem Feind viel besser umgehen als du.

Vertraue Gott nach dem Sieg. Die Assyrer hatten das Land verwüstet, aber Gott versprach, sein Volk zu ernähren und ihnen zu einer Ernte zu verhelfen. Deine Zukunft liegt in Gottes Hand.

»Die Zukunft scheint ebenso hell
wie Gottes Verheißungen.«
William Carey

Jesaja 38

In seinen besten Jahren (V. 10) erkrankte Hiskia an einem Geschwür (V. 21), das den Körper so stark verseuchte, dass man ihm ankündigte, er würde sterben (V. 1). All das geschah vor den Ereignissen, die in den Kapiteln 36 und 37 erzählt werden (V. 6), aber Hiskia wusste natürlich, dass die Assyrer sich längst auf den Weg gemacht hatten. Er saß wirklich ganz schön in der Klemme!

Dass der König sich im Gebet an Gott wandte, war gewiss eine normale Reaktion. Schließlich wollen alle Gläubigen weiterleben und Gott dienen. Außerdem machte er sich angesichts der herannahenden assyrischen Armee Sorgen um die Zukunft des Volkes. Jedenfalls erhörte Gott nicht nur sein Gebet, sondern gab ihm sogar ein besonderes Zeichen, um ihn im Glauben zu stärken.

»Wenn du den Boden unter den Füßen verloren hast,
ist es Zeit, auf die Knie zu gehen.«
Frederick Beck

Hiskia stellte sich den Tod so vor, als würde er durch ein Tor gehen (V. 10), ein Zelt abbauen (V. 12), wie ein Faden vom Webstuhl abgeschnitten und aufgerollt (V. 12) und von einem wilden Tier angegriffen werden (V. 13). Aber er klammerte sich an Gottes Wort (V. 17) und pries Gott für alle seine Taten (V. 16-20).

Schwierige Erfahrungen sollten uns zu einer neuen Wertschätzung fürs Leben verhelfen und zu einem erneuerten Verlangen, für den Herrn zu leben.

Jesaja 39

Dies war die dritte Prüfung (2Chr 32,31), und der König versagte erbärmlich. Was eine feindliche Armee und eine Krankheit nicht hatten erreichen können, wurde durch Schmeichelei bewerkstelligt. Wenn Satan als Löwe keinen Erfolg hat, kommt er als Schlange daher: »Treu gemeint sind die Schläge dessen, der liebt, aber überreichlich die Küsse des Hassers« (Spr 27,6).

Die Küsse. Der König von Babylon wollte nur eins: Judas Mithilfe im Widerstand gegen die Assyrer. Der Feind ist ein Lügner und nutzt jeden sich bietenden Vorwand, um sich Zugang zu deinem Leben zu verschaffen. Es war dumm von Hiskia, sie willkommen zu heißen und ihnen die königlichen Schätze zu zeigen, aber sein Stolz bekam die Oberhand und sein Urteilsvermögen schwand. Epheser 4,17-32 zeigt dir einige Fußangeln, die du Satan in deinem Leben anbieten kannst.

Die Wunden. Jesaja hatte keine Angst vor dem König, sondern sagte ihm gerade heraus, dass Babylon der eigentliche Feind sei *und eines Tages Juda erobern würde.* Aber statt Buße zu tun, war Hiskia einfach nur erleichtert, dass das Gericht nicht zu seinen Lebzeiten stattfinden würde. Wie kurzsichtig ein Gläubiger doch werden kann! Sorgte er sich denn nicht um die Zukunft seines Volkes?

Füge mit der Wahrheit Wunden zu
Es ist nicht immer einfach, Gottes Botschaft denen zu überbringen, die sie brauchen. Man braucht Mut, um einen Freund zu verletzen. Nathan hielt David den Spiegel vor (2Sam 12), und Jesaja konfrontierte sowohl Ahas (Jes 7) als auch Hiskia (Jes 39) mit der Wahrheit. Der Apostel Paulus legte sich furchtlos mit Petrus an (Gal 2,1ff). Im Buch der Sprüche heißt es: »Eine Lügenzunge hasst die von ihr Zermalmten und ein glatter Mund bereitet Sturz« (Spr 26,28). Sprich die Wahrheit in Liebe aus (Eph 4,15) und schlage Wunden, die heilen.

Jesaja 40

Stimmen (1-11). Obwohl Jesaja ein Jahrhundert vor dem Fall Judas schrieb, waren seine Worte den Vertriebenen in Babylon eine große Ermutigung. Die *tröstende* Stimme (V. 1-5) sagt dir, dass Gott genau weiß, welches Maß an Züchtigung du erträgst und dass er vergibt und dir einen Neuanfang schenkt. Die *Vertrauen stärkende* Stimme (V. 6-8) versichert dir, dass Gottes Wort fest steht, und sei der Mensch auch noch so schwach. Die *erobernde* Stimme (V. 9-11) ist *deine* Stimme, wenn du die gute Nachricht an andere weitergibst. Ruf sie laut hinaus!

Vision (12-24). Ins Land zurückzukehren und die Nation wieder aufzubauen, betrachteten einige der Vertriebenen als unlösbare Aufgabe, und so lud Jesaja sie ein, auf die Größe Gottes zu schauen. Gott ist größer als jede Last, die du trägst, und jede Herausforderung, die sich dir stellt. Babylon war für Gott nicht mehr als ein Tropfen am Eimer. Die falschen Götter der Welt können Gott nicht daran hindern zu wirken, deshalb solltest du darauf vertrauen, dass er dir beisteht.

Sieg (25-31). Du magst schwach sein wie Gras (V. 6-8), wie Schafe (V. 11), Staub (V. 15), Grashüpfer (V. 22) und sogar Würmer (41,14), aber wenn du auf Gottes Kraft vertraust, kannst du wie ein Adler sein, ein Läufer und ein unermüdlicher Pilger (V. 28-31). In den Notlagen des Lebens hilft Gott dir, dich emporzuheben; im Alltagsleben hilft er dir, unermüdlich vorwärts zu gehen. Beides ist Teil des Wirkens seiner gewaltigen Kraft (Eph 3,20-21).

Diener sein
»Knecht« ist ein Schlüsselbegriff in der zweiten Hälfte von Jesajas Prophezeiung. Er bezieht sich auf das Volk Israel (41,8-9), auf Kyrus, den König von Persien, der Babylon besiegte (41,2; 44,28–45,1), und auf den Herrn Jesus Christus, den »leidenden Gottesknecht«, der für die Sünden der Welt gestorben ist (52,13–53,12).

Jesaja 41

Während sich die Vertriebenen auf ihre Rückkehr ins Land vorbereiteten, schauten sie sich um, sahen auf andere Völker und bekamen Angst (V. 1-7). Aber Gott war (und ist) Herr über alle Völker, und er richtete Kyrus auf, um ihn nach seiner Pfeife tanzen zu lassen (V. 2.25). Die falschen Götter der Nationen sind dem wahren Gott Israels in keiner Weise gewachsen.

Dann sahen sich die Vertriebenen einander an und fragten: »Sind wir wirklich fähig, in unser Land zu reisen und unser Volk wieder aufzubauen?« (V. 8-20). Aber Gott versicherte ihnen: »Ihr seid mein Diener! Fürchtet euch nicht, denn ich bin mit euch!« Er kann aus einem zahnlosen Wurm ein scharfes Dreschwerkzeug machen (V. 15)! Er kann die öde Wüste in einen Garten verwandeln (V. 17-20).

Schließlich sahen sie nach vorn und dachten über ihre Zukunft nach (V. 21-29). Gott kennt die Zukunft (die Götzen nicht!) und hat alles im Griff, deshalb brauchst du dich nicht zu sorgen.

Wenn du über deine Situation nachdenkst und darüber, was auf dich zukommen mag, tust du es im Vertrauen auf den Herrn? Gott verspricht uns immer noch: »Ich werde dir helfen« (V. 10.13.14), und er wird Wort halten!

Fürchte dich nicht
Die Ermahnung »Fürchte dich nicht!« wird in Jesaja oft wiederholt, und es werden verschiedene Gründe genannt, warum Gottes Kinder sich nicht zu fürchten brauchen. Gott steht uns in jeder Lage bei, er stärkt uns und hilft uns bei jeder erdenklichen Aufgabe (41,10). Er hält uns aufrecht, während er uns hilft (41,13-14). Er wird uns nicht verlassen, denn er hat uns geschaffen und erlöst, und wir gehören ihm (43,1.5). Er war mit uns, bevor wir geboren wurden und er hat eine Aufgabe für uns in dieser heutigen Welt (44,2). Wie sollten wir uns fürchten, wenn Gottes Wort doch verlässlich ist und er der Fels unseres Heils (44,8)?

Jesaja 42

Gott half seinem Knecht Jesus Christus (1-13). Matthäus 12,18-21 bezieht diese Verse auf unseren Herrn und seinen irdischen Dienst an den Bedürftigen. Er wurde von Gott erwählt und von Gott bevollmächtigt, deshalb ließ er sich nicht entmutigen und gab nicht auf. Jesus Christus lebte und diente aus Glauben, wobei er darauf vertraute, dass sein Vater seine Bedürfnisse erfüllen würde, und so sollst du heute auch leben. Seine Kraft steht dir zur Verfügung.

Gott half seinem Knecht Israel (14-25). So schwach sie auch waren, kehrten die Israeliten doch nach Jahren der Gefangenschaft in ihr Land zurück. Sie waren geistlich blind und störrisch, aber trotzdem führte Gott sie und wirkte zu ihren Gunsten.

Gott hilft seinen Knechten heute. Wenn du zu Gottes Familie gehörst, ist dein Vater bereit, dir zu vergeben und dich zu erneuern. Die Scherben deines zerbrochenen Lebens wieder zusammenzusetzen, mag dir unmöglich erscheinen, aber der Herr wirkt für dich, wenn du ihn lässt. Er kann Neues schaffen (V. 9), dich auf neuen Pfaden führen (V. 16) und dir ein neues Lied schenken (V. 10).

Jesaja 43

Es gibt keinen Grund, dich zu fürchten, wenn du dir klarmachst, was Gott für dich getan hat. Er hat dich geformt (V. 1) und für sich (V. 21) und zu seiner Herrlichkeit geschaffen (V. 7). Als du dein Leben Jesus Christus übergabst, hat Gott dich erlöst (V. 1) und alle deine Sünden ausgelöscht (V. 25). Er ist »der HERR, euer Heiliger, der Schöpfer Israels, euer König« (V. 15). Er liebt dich (V. 4) und kennt deinen Namen (V. 1).

Was für ein Privileg, zu einem so großen und gnädigen Gott zu gehören!

Und damit nicht genug: Gott verspricht, mit dir zu sein (V. 5) und dich durch Wasser und Feuer zu begleiten (V. 2). Beim Auszug führte er Israel durchs Rote Meer und besiegte das Heer der Ägypter (V. 16-17). Vielleicht beriefen sich die drei hebräischen Helden auf dieses Versprechen, als ihnen der Feuerofen bevorstand (Dan 3).

Obwohl er uns in all unseren Aufgaben beisteht, wird Gott nicht müde wie wir (40,28), aber mit unseren leeren religiösen Ritualen und unseren Sünden können wir ihn sehr wohl ermüden (V. 22-24). Du bist kostbar in seinen Augen (V. 4), mindere also nicht deinen Wert, indem du ihm ungehorsam bist.

Jesaja 44

Die Treue Gottes (1-8). Erneut erinnert Gott sein Volk daran, dass er es geformt und erwählt hat und ihm helfen will. Es gibt keinen Grund, sich zu fürchten, denn Gott gibt uns alles, was wir brauchen (V. 2-5), und erfüllt jedes seiner Versprechen (V. 6-8). Er weiß, was vor dir liegt, und hilft dir, dich darauf vorzubereiten.

Die Torheit des Götzendienstes (9-20). Israel hatte in Babylon gelernt, dass Götzendienst nutzlos und dumm ist. Wie schnell sind wir bereit, unser Vertrauen auf etwas anderes zu setzen als den Herrn, besonders auf Dinge, die wir selber herstellen. Wer falschen Göttern vertraut, fürchtet sich (V. 11) und wird den Göttern ähnlich, die er anbetet (V. 18; Ps 115,1-8). Vielleicht ernähren sie sich von ausgesuchten Speisen (V. 19), aber ihre Seelen essen Asche (V. 20). Sie leben von Ersatz statt vom Original.

Die Zukunft Israels (21-28). Wie der Auszug aus Ägypten (2Mo 14-15), so sollte auch der Auszug des Volkes aus Babylon eine Zeit der Erlösung und der Freude sein, und Gott würde seinem Volk gegenüber sein Wort bestätigen. Jerusalem und der Tempel würden wieder aufgebaut, und Gott würde sogar einen heidnischen Herrscher dazu gebrauchen, seine Pläne in die Tat umzusetzen! Er ist der Gott, dem Unmögliches möglich ist; tu deshalb, was er befiehlt.

Sogar ein heidnischer Herrscher

Die Götter der Nationen konnten die Zukunft nicht vorhersagen, aber der Herr teilte Jesaja mit, was passieren würde. Ein Herrscher namens Kyrus würde Babylon erobern und den Juden erlauben, in ihr Land zurückzukehren (44,28; 45,1). Kyrus gründete das Persische Reich, das Babylon im Jahr 539 v. Chr. besiegte (Dan 5,30). Im Jahr darauf erließ er die berühmte Verfügung, die den Juden die Rückkehr in ihr Land und den Wiederaufbau des Tempels erlaubte (Esr 1,1-6). Wenn Gott einen heidnischen Herrscher dazu gebrauchen kann, seinem Volk zu dienen und sein Wort zu erfüllen, hast du keinen Grund, dich davor zu fürchten, was andere sagen oder tun könnten. Die Vorhersagen von Astrologen und anderen »Propheten« sind Asche. Gottes Wort ist das wahre Licht in der Dunkelheit (2Petr 1,19-21).

Jesaja 45

Gott spricht zu Kyrus (V. 1-7), zu den Juden (V. 8-19) und zu den heidnischen Völkern (V. 8-19); und durch diese Botschaften spricht er auch zu seinem Volk von heute.

In seiner Botschaft an Kyrus ging es um *Oberherrschaft*, und vorrangig um Gottes Einmaligkeit: Jahwe ist der Schöpfer und der Herr der Geschichte. Kyrus kannte den Herrn noch nicht einmal;

und doch nannte der Herr ihn beim Namen und gebrauchte ihn, um seine Ziele zu verwirklichen. Wenn es in deinem Leben drunter und drüber geht, denk daran, dass Gott auf dem Thron sitzt und souverän herrscht.

»Sieh auf zu ihm!«
Der berühmte britische Prediger Charles Haddon Spurgeon (1834-1892) bekehrte sich zu Christus, als er einen Laienprediger über Jesaja 45,22 sprechen hörte. »Der Mann hatte keine Ahnung«, sagte Spurgeon Jahre später. »Er hatte nicht viel zu sagen; aber er war verpflichtet, sich an seinen Text zu halten. Gott sei Dank dafür.« Der Prediger sah den jungen Spurgeon an und sagte: »Junger Mann, du bist sehr unglücklich. Junger Mann, sieh auf zu ihm! In Gottes Namen, sieh auf ihn, und zwar sofort!« Spurgeon sagte: »Ich tat es, gelobt sei Gott! Ich weiß, dass ich zu ihm aufsah, und derjenige, der eine Minute zuvor der Verzweiflung nahe gewesen war, hatte nun Freude und Hoffnung in Fülle.« Hast du schon im Glauben auf Christus geschaut und sein Heil für dich empfangen?

In Gottes Botschaft um Israel geht es hauptsächlich um *Unterordnung*. Gott kann den Regenwolken gebieten, aber sein eigenes Volk widersetzt sich ihm. Das ist so, als würde der Ton dem Töpfer sagen, was er zu tun hat (Jer 18), oder als würde das Kind mit den Eltern schimpfen. Wenn Israel ihm vertrauen würde, könnten sie an seinen großen Taten teilhaben. Kyrus war willig, den Herrn zu unterstützen, und er kannte ihn noch nicht einmal!

Hauptthema der Botschaft an die Heiden ist die *Errettung*. Gottes Ziel, das er mit Hilfe von Israel erreichen wollte, war, dass alle Nationen gesegnet würden (1Mo 12,1-3). Eines Tages wird Gott sein Volk versammeln und sein Reich errichten, und dann werden die Nationen den wahren Gott erkennen und auf den Retter vertrauen. Bis dahin ist es an uns, die Rettungsbotschaft an jeden Stamm und jede Nation weiterzugeben.

Jesaja 46–47

Der Prophet spricht mit den Babyloniern und warnt sie vor dem kommenden Gericht wegen ihrer vielen Sünden.

Zunächst erwähnt er ihre Götzenanbetung (Kap. 46) und vergleicht Jahwe mit den Göttern Babylons. Die Götzen müssen getragen werden, Jahwe dagegen ist ein Gott, der sein Volk trägt. Die falschen Götter können weder die Zukunft vorhersagen noch in die Geschichte eingreifen, aber Jahwe tut beides. Die Götzen sind sich alle ähnlich, doch Jahwe ist der einzig wahre Gott und es gibt niemanden wie ihn. Freue dich, dass du den wahren und lebendigen Gott anbeten darfst (Ps 115)!

Es gibt keinen Ersatz
Ein Götzenbild ist ein Ersatz für Gott, etwas, das wir neben Gott wertschätzen und dem wir dienen. Wir vertrauen darauf und bringen ihm Opfer; letzten Endes kann es aber nichts für uns tun. Jesaja verhöhnte die Götzen der Nationen und bekannte immer wieder, dass Jahwe der einzige wahre und lebendige Gott sei (40,18-20; 41,5-7; 44,9-20; 45,15-21; 46,1-7). Martin Luther sagte, dass »all jene, die sich auf ihr Können, ihre Weisheit, ihre Stärke, ihre Heiligkeit, ihre Reichtümer, Ehre, Macht oder sonst etwas verlassen«, des Götzendienstes schuldig seien.

Dann warf ihnen Gott ihren Stolz vor (47,1-3), ihren Mangel an Menschlichkeit (47,4-7), ihre Vergnügungssucht (47,8-9) und ihren Hang zu okkulten Praktiken (47,10-15) – Sünden, die auch heute verbreitet sind. Die »Herrin der Königreiche« würde bald im Staub sitzen wie eine unfruchtbare Witwe, und die Astrologen und Sterngucker würden zu Strohstoppeln niedergebrannt. Warum sahen sie das Feuer nicht kommen?

Nationen und Königreiche erleben ihre Blütezeit, aber Gott regiert als König. Sieh nur zu, dass du dir nicht die Gewohnheiten Babylons aneignest.

Jesaja 48

Tadel. Wenn du dir Ärger eingehandelt hast, weil du nicht auf vernünftigen Rat gehört hast, ist der letzte Spruch, den du hören willst: »Das habe ich dir doch gleich gesagt!« Aber genau das sagt Gott zu Israel in diesem Kapitel. Er hatte die Israeliten gewarnt, dass er sie für ihre Sünden bestrafen würde, aber sie hatten sich stur gestellt und ihre Ohren verschlossen. Es war an der Zeit, Buße zu tun und Gott um Vergebung zu bitten.

Läuterung. Die Gefangenschaft würde bald vorüber sein. Diese Zeit war wie ein läuterndes Feuer für das Volk gewesen (V. 10; Hi 23,10; 1Petr 1,7), aber es hatte gelernt, sich von den Götzen abzuwenden und nur auf Jahwe zu vertrauen. – Wenn du dich wehrst, wird das Feuer dich verbrennen und verhärten; wenn du es bereitwillig über dich ergehen lässt, wird das Feuer dich reinigen und feinfühlig machen.

Erneuerung. Gott verkündet Neues (Jes 42,9) und wirkt Neues (Jes 43,19), und sein Volk bekommt Neues zu hören (Jes 43,19). 2. Korinther 6,14-18 ist als Parallelstelle zu Vers 20 zu sehen. Wenn du Gott gehorchst, leitet er dich (V. 17), gibt dir Frieden (V. 18) und das, was du brauchst (V. 21). Wie schwach du auch sein magst, auf ihn kannst du dich stützen (V. 2).

Jesaja 49

Mit dem Knecht ist der Herr Jesus Christus gemeint, dem mehrere aussagekräftige Namen zugewiesen werden.

Er ist Gottes *Waffe,* um den Feind zu überwinden (V. 1-2; Hebr 4,12; Offb 1,16; 19,15) und den Nationen das Heil zu bringen. Er ist Gottes *Israel* (V. 3), denn er soll vollbringen, was das Volk nicht geschafft hat, nämlich den Heiden das Heil zu bringen.

Er ist ein *Licht* (V. 6), das die Heiden zu Gott führen soll (Lk 1,79; Apg 13,47); und er ist *Gottes Bund* (V. 8), der alle Verheißungen Gottes an die Väter erfüllen soll (Jes 42,6; Röm 15,8-12; 2Kor 1,20). Die Rückkehr des Volkes ins Land war ein Bild für ihre endgültige Rückkehr, wenn der Messias kommt (V. 8-13).

Manchmal fragst du dich vielleicht, ob du Gott wirklich wichtig bist (V. 14), aber er versichert dir, dass er dich nicht vergisst. Du bist sein geliebtes Kind (V. 15; Ps 27,10), und er wird deinen Namen niemals vergessen (V. 16). Er wird seine Familie versammeln und nach Hause bringen (V. 19-23).

Jesaja 50

Die treulose Ehefrau (1-3). Israel wurde »mit Jahwe vermählt«, als es sich am Sinai auf seinen Bund einließ. Aber die Nation wandte sich schließlich den Götzen zu, beging geistlichen Ehebruch und verkaufte sich in die Knechtschaft, so dass Gott sie wegschicken musste (Hos 1–4). Eines Tages wird Gott sein auserwähltes Volk wiederherstellen, so wie er schon heute Gläubigen vergibt und neues Leben schenkt, die sich von der Sünde abwenden und ihm gehorchen (Jak 4,1-10).

Der treue Knecht (4-9). Unser Herr Jesus Christus ist hier gemeint, mit bereitwilliger Zunge zum Reden und einem offenen Ohr zum Hören (V. 4-5), mit einem Angesicht, »hart wie ein Kieselstein«, d. h. unerschütterlich (V. 7; Lk 9,51), und einem den Leiden preisgegebenen Körper (V. 6). Diesem Vorbild sollen wir im Dienst für den Herrn folgen (Röm 12,1-12).

Der verwirrte Jünger (10-11). Wer Gott fürchtet und ihm gehorcht, kann dennoch so sehr verwirrt werden, dass er nicht mehr durchblickt. Dann ist er versucht, sich selbst ein Licht anzuzünden und aus eigener Kraft zu versuchen, einen Ausweg zu finden. Stattdessen solltest du dem Herrn vertrauen und auf ihn warten, und er wird dir Licht geben, wenn du es brauchst.

Jesaja 51

Als das Volk sich darauf vorbereitete, Babylon zu verlassen und nach Hause zurückzukehren, war es notwendig, dass sie ihren Glauben an den Herrn stärkten.

Sieh zurück! Gott drängte sein Volk, sich auf seine geistlichen Wurzeln zu besinnen: die Berufung Abrahams (V. 1-2) und den

Auszug aus Ägypten (V. 9-10.15), denn es ist ein Bundesvolk, und Gott bricht seine Versprechen nicht. Es ist ein erlöstes Volk, und Gott wird für sie sorgen. – Nimm dir Zeit, dich auf deine geistlichen Wurzeln zu besinnen; das wird dich in deinem Glauben stärken.

Sieh auf! Er spricht: »Erhebt zum Himmel eure Augen« (V. 6; 1Mo 15,1-6). Wieder einmal ermahnt Jesaja das Volk, Gottes Schöpfung zu betrachten und sich an seine Größe und an die Beständigkeit seines Volkes zu erinnern (Jes 40,6-8.12-14). – Wenn du dazu neigst, dir Sorgen zu machen, denke daran, dass der Schöpfer dein Vater ist und dass du nichts zu befürchten hast.

Sieh nach vorn! Die Wüste wird ein Garten Eden sein (V. 3) und das Volk wird aus Babylon »ausziehen« und freudig nach Zion zurückkehren (V. 11). Die Prophezeiung wird vollständig erfüllt sein, wenn das messianische Königreich errichtet ist und alle Feinde Israels vernichtet worden sind.

Jesaja 52

Ein neuer Tag ist angebrochen: Zeit für Gottes Volk *aufzuwachen* (V. 1; 51,9.17; Röm 13,11-14). Die Nacht der Prüfung ist vorüber, und Gott wird für sein Volk etwas Neues schaffen. – Auch für dich ist ein neuer Tag angebrochen, also wach auf und sieh, welchen Segen Gott für dich bereithält (Kla 3,22-23).

Es ist außerdem Zeit *sich zurechtzumachen* (V. 1), denn das Fest wird bald beginnen. Gott hat seinem Volk vergeben und er hat es heimgeführt; nun ist es an der Zeit, sich darüber zu freuen (V. 9; Lk 15,22-24).

Es ist Zeit, *die Stimme zu erheben* (V. 7-10) und der Welt zu erzählen, was Gott für sein Volk getan hat. Paulus bezieht diese Stelle auf die Verkündigung des Evangeliums an die Verlorenen (Röm 10,15).

Es ist Zeit *aufzuräumen* (V. 11-12). Als die Vertriebenen aus Babylon aufbrachen, sollten sie sich nicht beschmutzen, sondern rein bleiben und die heiligen Gefäße nach Zion zurücktragen. Es wird immer wieder ein neues »Babylon« geben, dem Gottes Volk entfliehen kann, wenn es sich reinhält (Offb 18,1-8). Wenn du ihm gehorchst, geht Gott dir voran und hinter dir her, deshalb brauchst du keine Angst vor dem Feind zu haben.

Jesaja 53

Dieses Kapitel handelt von Jesus Christus, Gottes makellosem Opfer für die Sünden der Welt (Apg 8,26-40). Eigentlich beginnt es schon mit Kap. 52,13, wo der Prophet uns erzählt, dass der Knecht gelitten hat, als er Gottes Willen tat, um danach vom Herrn hoch erhoben zu werden. Demütigung und Erhöhung, Leid und Herrlichkeit sind Schlüsselthemen dieser Prophezeiung.

Denke darüber nach, wie sich der Knecht durch seine Geburt und sein Leben erniedrigt hat (V. 1-3) und wie er bei seiner Verurteilung, in seinen Leiden und im Sterben erniedrigt wurde (V. 4-9). Denk über die Herrlichkeit und über die Erlösung nach, die er für dich am Kreuz erkauft hat (V. 10-12). Der Vater war zufriedengestellt, nicht weil sein Sohn leiden musste, sondern weil sein Opfer für alle Zeit Heil erwirkt hatte. Gottes Gerechtigkeit war erfüllt und gläubige Sünder konnten nun gerechtfertigt werden (V. 11; Röm 3,21-31).

Betrachte die Bilder vom Knecht: ein geschlagener Knecht (52,13-14); eine Wurzel (53,2), ein unschuldiges Lamm (53,7), ein Schuldopfer (53,10), eine Frau in den Wehen, die geistlichen »Samen« zur Welt bringt (vgl. 53,10, »Nachkommen«), und ein siegreicher Feldherr (53,12). Halleluja, was für ein Erlöser!

Und dennoch glauben die Menschen immer noch nicht an ihn, lehnen ihn ab (V. 2) und lachen über die Botschaft vom Kreuz (1Kor 1,18-25). Aber der Himmel preist das Lamm Gottes (Offb 5) und sein Volk auf der Erde jubelt über sein Kreuz (Gal 6,14). Gehörst du dazu?

Er hat den Preis gezahlt
Jesaja 53 wird im Neuen Testament mehrmals zitiert oder erwähnt. (Zusammen mit den Abschnitten, die Christi Leiden, Tod und Begräbnis beschreiben, siehe Joh 1,29; 12,38; Apg 8,26-40; Röm 10,16; Hebr 9,28; 1Petr 2,21-25; Offb 5.) Das Kapitel lehrt, was das stellvertretende Sühneopfer bedeutet: dass der unschuldige Sohn Gottes anstelle schuldiger Sünder starb und den Preis für ihre Sünde gezahlt hat. Wir verstehen nicht voll und ganz, was bei diesem »heiligen Handel« am Kreuz vor sich ging, aber wir wissen, dass er die Erlösung für die verlorene Welt bewirkt hat.

Jesaja 54

Die zukünftige Sammlung und Wiederherstellung Israels ist ein Bild für die wunderbaren Veränderungen, die Gott bewirkt, wenn Prüfungen und Leiden zum Ende kommen.

Die unfruchtbare Frau gebiert so viele Kinder, dass das Familienzelt vergrößert werden muss (V. 1-3). Die Witwe muss nicht länger in Schande leben und wird wieder vermählt, diesmal mit Jahwe, dem Schöpfer, selbst (V. 4-6). Der Sturm ist vorüber und Gott schenkt Frieden (V. 7-15), und der Regenbogen als Bundeszeichen steht am Himmel (V. 10).

Zeiten der Züchtigung oder des Leidens mögen dir wie geistliche Dürrezeiten erscheinen, aber Gott nutzt sie, um Segnungen erblühen zu lassen. Zeiten, in denen du seelischen Schmerz erdulden oder Tadel hinnehmen musst, sind unangenehm, aber sie können in großer Freude enden. Stürme sind furchterregend, aber sie bringen Gottes Edelsteine zum Glänzen (V. 11-12), ihm zur Ehre. Durchs Feuer zu gehen, ist eine schmerzhafte Erfahrung (V. 16-17), aber Gott nutzt sie, um aus dir ein stärkeres und besseres Werkzeug zu machen.

Das Beste kommt erst noch!

»Wir nennen es ›Leid, Katastrophe, Unglück‹;
Gott nennt es ›Züchtigung‹, und es hört sich lieblich an für ihn, obwohl es in unseren Ohren wie ein Misston klingt. Werde nicht schwach, wenn du getadelt wirst, und verachte nicht die Züchtigungen des Herrn.
›Gewinnt eure Seelen durch euer Ausharren!‹«
Oswald Chambers

Jesaja 55

Erneut schildert der Prophet, wie Gott das Leben derer verändert, die sich von ihren Sünden abwenden und ihr Leben dem Retter anvertrauen.

Vom schönen Schein zur Wirklichkeit (1-2). Der verlorene Sünder ist bankrott, weil er alles, was er hat, hergibt für Dinge, die ihn nicht befriedigen können. Wenn du Gottes Wort hörst und befolgst, wirst du anfangen, dich am Wasser des Lebens und am Brot des Lebens zu erfreuen, die in Jesus Christus zu finden sind (Joh 4,6).

Vom Tod zum Leben (3-5). Vergleiche Vers 3 mit Johannes 5,24. Jesus ist die Erfüllung des Bundes, den Gott mit David schloss (2Sam 7; Apg 13,34). Wenn du ihm vertraust, hast du Anteil an seinem Leben und seinen Siegen.

Von der Schuld zur Vergebung (6-7). Wenn der Sünder Buße tut und sich durch Glauben Christus zuwendet, zeigt Gott Erbarmen und gewährt Vergebung. Aber schiebe die Entscheidung nicht auf (Spr 1,20-33)!

Von der Furcht zur Gewissheit (8-11). Gottes Wege sind für den menschlichen Verstand nicht fassbar, aber du kannst sicher sein, dass er seine Ziele seinem Zeitplan entsprechend umsetzen wird. Wie der Regen und der Schnee, die nur scheinbar ungenutzt im Boden versickern, dient auch jedes Wort Gottes der Erfüllung seines Willens auf der Erde.

Von der Wüste zum Paradies (12-13). Sünde verwandelt den

Garten in eine Wüste (Jes 5,3-6; 32,15-16), Gnade dagegen verwandelt die Wüste in einen Freude spendenden und fruchtbaren Garten. Alles, was der Mensch braucht, und noch viel mehr – Vergebung und Freude – erwartet all jene, die Gottes gnadenreicher Einladung folgen.

Jesaja 56

Gottes Ziel war es, dass durch Israel die Heiden den einen wahren Gott erkennen und von seinem Rettungsangebot erfahren sollten (1Mo 12,1-3). Stattdessen nahm Israel die falschen Götter der Heiden an! Seine Anführer waren wie blinde Wächter, gierige Wachhunde, die nicht bellen konnten, und wie Hirten, die sich nur um sich selbst kümmerten (V. 9-12). Kein Wunder, dass das Volk in Gefangenschaft geriet! Eine eindringliche Warnung an die geistlichen Leiter von heute!

Aber Gott gab die Heiden nicht auf. Die »Söhne der Fremde« werden angenommen (V. 6-8) und die Eunuchen willkommen geheißen (V. 3-5; 5Mo 23,2). Durch Jesus Christus wird die Mauer zwischen Juden und Heiden abgerissen; alle Sünder dürfen zum Retter kommen und Vergebung und Annahme erfahren (Eph 2).

Jesus zitierte Vers 7, als er den Tempel in Jerusalem reinigte (Mt 21,13). Wie tragisch, dass die religiösen Führer einen Ort der Anbetung und des Zeugnisses in eine Räuberhöhle verwandelt hatten. Würde irgendein Heide den Gott Israels kennenlernen wollen, nachdem er gesehen hatte, dass der Vorhof der Heiden in einen Marktplatz verwandelt worden war? Aber was sehen Außenstehende heute, wenn sie unsere Gottesdienste besuchen (1Kor 14,23-25)?

Jesaja 57

Verfall (1-2). Wenn Gott sein Volk bestrafen will, nimmt er manchmal die gottesfürchtigen Leiter fort; so bleibt es ihnen erspart zuzusehen, wie ihre Nation verfällt und dann ins Gericht kommt (V. 1-2; 3,1-5). Weißt du die Männer und Frauen zu schätzen, die Gott als geistliche Führer eingesetzt hat, und ermutigst du sie?

Anklage (3-13). Diese Beschreibung der gottlosen Gesellschaft von Juda erscheint recht aktuell. Gott warf ihnen Verlogenheit vor, Götzendienst, sexuelle Sündhaftigkeit, Kinderopfer und Verhöhnung der Frommen. Diese Leute hatten keine Ehrfurcht vor Gott, weil er sie nicht umgehend bestrafte, aber ihre Zeit würde noch kommen.

Hingabe (14-21). Sogar in einer gottlosen Gesellschaft gibt es hier und dort hingegebene Menschen, die Gemeinschaft mit Gott haben. Gott sehnt sich danach, bei seinem Volk zu wohnen (Joh 14,21-24), und das tut er auch, wenn seine Kinder demütig sind und ihre Sünden bereuen (Ps 51,17; Jes 66,2). »Fühlt« sich Gott in deinem Herzen »zu Hause« (Eph 3,14-21)?

Jesaja 58

Wenn du dich bemühst, ein geistliches Leben zu führen, wirst du immer mit dem Widerspruch zwischen »Ritual und Realität« zu kämpfen haben. Es ist viel einfacher, die äußeren Erscheinungsformen von Religion durchzuexerzieren als Gott von ganzem Herzen zu lieben und diese Liebe auf das Leben anderer wirken zu lassen. Es geht hier nicht um ein Entweder-Oder, sondern um ein Sowohl-Als-Auch: Gott von Herzen anbeten *und* anderen in Liebe dienen. Jakobus sagt, »dass der Glaube ohne die Werke nutzlos ist« (Jak 2,20).

Der orthodoxe Glaube war beliebt in Juda zu jener Zeit und die Menschen hatten Freude daran, sich mit dem Wort zu beschäftigen und sogar am Einhalten von Fastenzeiten (V. 2-3). Aber wenn die Gottesdienste vorbei waren, gingen die Anbeter nach Hause und fuhren fort, andere auszubeuten und sich selbst zu beglücken.

Was macht es doch für einen Unterschied, wenn wir bereuen und zum Herrn umkehren (V. 8-12)! Wir haben Licht statt Dunkelheit, Stärkung statt Schwäche, Gerechtigkeit statt Verunreinigung,

Herrlichkeit statt Schande, und das Leben wird zu einem bewässerten Garten, nicht zu einem trostlosen Sumpf.

Jesaja 59

Die Bilder in diesem Kapitel lehren uns wichtige geistliche Wahrheiten.

Hände (1-3). Gottes Hand kann nicht wirken, wenn unsere Hände mit Sünde beschmutzt sind. Unsere Gebete bewirken dann nichts (Ps 66,18), und seine Kraft bleibt unserem Leben und Dienst fern.

Gift (4-5). Eine Lüge ist nicht einfach ein Klang in der Luft oder ein Satz auf Papier. Sie hat ein eigenes Leben und gebiert allen möglichen Ärger. Wer versucht, sein Leben auf Lügen aufzubauen, wird von ihnen vergiftet. Wenn Lügen schließlich »schlüpfen«, beißen sie dich oder töten dich sogar (Jak 1,13-16).

Spinnennetze (6-8). Wenn jemand versucht, sich hinter Lügen und heuchlerischen religiösen Werken zu verstecken, ist das so, als würde er sich in ein Spinnennetz verwickeln. Die Sünden, die hier beschrieben sind, wurden von *religiösen* Menschen begangen. Kein Wunder, dass Gott seine Segnungen zurückhielt! Tut er das auch heute noch?

Verkehrsstau (9-15). Es ist dunkel. Die Fußgänger auf den Straßen können nichts sehen und benehmen sich wie wilde Tiere. Die Wahrheit ist »auf der Gasse zu Fall gekommen« und niemand kommt mehr voran. Die »Verkehrspolizisten« (Recht und Gerechtigkeit) stehen weit abseits, weil die Menschen sie nicht zu Wort kommen lassen.

Fahndung (16-21). Gott war auf der Suche nach einem einzigen Menschen, der für sein Volk eintreten würde, aber er fand keinen; deshalb erledigte er die ganze Arbeit allein. Bist du ein Fürbitter? Kümmerst du dich um den »Verkehrsstau«, der Gott am Wirken hindert und ihm seine Ehre raubt?

»Gott wird Elia segnen und Israel Regen schicken, aber Elia muss dafür beten. Wenn es dem erwählten Volk wohl ergehen soll, muss Samuel um Gnade flehen. Wenn die Juden befreit werden sollen, muss Daniel für sie bitten. Gott wird Paulus segnen, und die Völker werden bekehrt, aber Paulus muss beten. … Gebt mir eure Gebete, dann kann ich alles vollbringen! Bleiben die Gebete meiner Kinder aus, kann ich gar nichts tun!«
Charles Haddon Spurgeon

Jesaja 60

Licht (1-3.19-22; Offb 21–22). Als Jesaja in die Zukunft schaute und das erlöste Volk und die wiederhergestellte Stadt Zion sah, war er am meisten von ihrer *Herrlichkeit* beeindruckt (V. 1.2.7.9. 13.19.21). Für das Volk würde es der Anbruch eines neuen Tages sein. Denke über die folgenden Schriftstellen nach: Johannes 17,22-24; Römer 8,18 und 1. Petrus 5,10.

Einheit (4-9). Die Nationen werden zum Licht Israels strömen, und Juden und Heiden werden sich in der Anbetung und im Dienst für Gott vereinigen. Unsere Welt ist geplagt von Spaltung und Streit, aber eines Tages wird Gott Frieden schenken.

Freude (10-18). Gottes Wohlwollen und Erbarmen werden sein Volk bereichern, und er wird sie mit Schönheit und Freude umgeben. Die Bürger Zions werden den Herrn kennen und ihn preisen.

Jesaja 61

Befreiung (1-3). Jesus las diesen Text vor als Grundlage für seine Predigt in Nazareth (Lk 4,16ff.) und verkündete das Gnadenjahr des Herrn (3Mo 25). In diesem Jahr werden Sklaven freigesetzt, alle Schulden erlassen und es wird ein Neuanfang gemacht. Heute beginnt das Gnadenjahr für alle, die Christus ihr Leben anvertrauen; denen, die ihn ablehnen, steht das Gericht bevor.

Erneuerung (4-6). Das Land Juda lag nach der babylonischen Gefangenschaft in Schutt und Asche, aber Gott wird einst seinem Volk helfen, es wieder aufzubauen. Alle im Volk werden dann zu Priestern des Herrn (1Petr 2,5.9) und zu Dienern Gottes.

Freude (7-11). Anstelle von Scham wird es Jubel geben und ewige Freude. Es wird so sein, als ginge man von einer Beerdigung zu einer Hochzeit (Lk 5,27-39)!

Hat das Gnadenjahr für dich schon begonnen?

Jesaja 62

Gottes Verheißungen sollten in unsere Gebete einfließen. Jesaja betete, Jerusalem möge wieder aufgebaut werden (V. 1), und er drängte die Wächter und alle aus Gottes Volk, ebenfalls dafür zu beten (V. 6-7). Der Psalmist betete sogar für »Frieden für Jerusalem« (Ps 122,6). Wenn in Jerusalem Friede einkehrt, wird er in der ganzen Welt einkehren.

Die Wiederherstellung der Nation wird ein fröhliches Fest sein, wie eine Hochzeit (V. 4-5; 61,10). Das Land wird »Die Verheiratete« heißen und das Volk »mein Gefallen an ihr«. Das Volk war von Gott »geschieden« wegen seiner Untreue, und er fand keinen Gefallen an ihm; aber das wird sich ändern, wenn Gott sie von ihren Sünden reinigt.

Jetzt ist die Zeit gekommen, sich bereit zu machen, denn der König kommt nach Zion (V. 10-12; Mt 21,5; Offb 22,12)!

Jesaja 63

Zorn (1-4). Wenn Jesus Christus wiederkehrt, um sein Königreich zu errichten, wird er als Eroberer auftreten (Offb 19,11-12). Beim ersten Mal kam er als Diener, der sein Blut für die Sünder vergoss; aber beim nächsten Mal werden die Sünder ihr eigenes Blut vergießen beim nutzlosen Versuch, sich gegen den Herrn zu verteidigen. Das Gnadenjahr wird zum »Tag der Rache« werden (Jes 61,1-2).

Erbarmen (7-14). Jesus wird seine Feinde besiegen, aber sein eigenes Volk wird er retten (V. 8). Die Betonung liegt auf Freundlichkeit, Güte, Erbarmen und Liebe. Gott kümmert sich um seine Kinder und verspricht ihnen Herrlichkeit (1Thes 5,9-10). So wie er sie in den Tagen Moses gerettet hat, wird er sie auch in den letzten Tagen retten.

Fürbitte (15-19). Jesaja betet weiterhin für sein Volk (62,1). Wie ein Kind, das seinen Vater anfleht, bittet er Gott von ganzem Herzen, wiederzukommen und den Feind zu schlagen. Er sehnt sich danach zu sehen, wie der Tempel wieder aufgebaut wird und das Volk seinem Herrn gehorcht. Hast du auch schon dafür gebetet?

Sind deine Prüfungen zu schwer?
Jesaja schreibt: »Bei all ihrer Bedrängnis war er auch bedrängt« (Jes 63,9; Schlachter 2000). Gott ist in den Schwierigkeiten des Lebens nicht nur bei dir (Jes 43,2), sondern er weiß auch, wie es dir geht. Dein Hoherpriester im Himmel ist in der Lage, mit dir zu fühlen, weil er selbst die Prüfungen und Versuchungen des Lebens erfahren hat (Hebr 2,17-18; 4,14-16). Wir sollten alle unsere Sorgen auf ihn werfen. Denn er ist besorgt für uns (vgl. 1Petr 5,7).

Jesaja 64

Kein Beweis (1-4). Als der Feind Jerusalem angriff, hielt Gott sich zurück und schritt nicht ein. Die Juden wurden von ihren Feinden sowohl besiegt als auch beschämt. Erinnert dich das irgendwie an die Situation von Gottes Volk in heutiger Zeit? Beweise göttlicher Macht finden sich in jedem Geschichtsbuch, aber nicht so ohne Weiteres in der heutigen Wirklichkeit der Kinder Gottes. Warum ist das so?

Keine Fürbitten (5-7). Jesaja betont erneut die Wichtigkeit des Gebets (62,1.6-7; 63,15-19). Gott wundert sich, warum sich niemand findet, der Fürbitte tut (Jes 59,16); niemand, der sich ereifert für die Notwendigkeit, Sünden zu bekennen und Gottes

Angesicht zu suchen. Solange wir nicht beten und mit Gott ins Reine kommen, wird er seine Macht nicht offenbaren (2Chr 7,14).

Keine Unterordnung (8-12). Der Ton sollte sich dem Töpfer hingeben, und Kinder sollten ihrem Vater gehorchen (Jes 29,16; 45,9-10; Jer 18; Röm 9,20-21). Kein Wunder, dass der Tempel, die Stadt und das Land verwahrlost waren, denn der Herr kann niemanden segnen, der sich gegen ihn auflehnt. Wenn Gott »herunterkommen« soll mit seiner Macht, müssen wir zu Boden fallen und uns ihm unterwerfen.

Reichtümer ohnegleichen

Paulus zitiert Jesaja 64,4 in 1. Korinther 2,9. Manchmal wird diese Stelle auf den Himmel bezogen, aber Paulus sprach vom christlichen Leben im *Hier und Jetzt* (1Kor 2,10). Wenn du das Wort Gottes liest und dich vom Geist belehren lässt, findest du heraus, was für wunderbare Dinge Gott für dich getan hat und noch für dich tun wird, wenn du ihm vertraust und gehorchst. Die Bibel ist dein »Sparbuch« von der Himmelsbank; sie sagt dir, wie reich du in Jesus Christus bist (Eph 1,3.7.18; 2,7; 3,8.16).

Jesaja 65

Die Rebellen (1-7). Gott bat sein Volk dringend, sich von ihren Sünden abzuwenden und zu ihm zurückzukehren, aber es weigerte sich. Sie taten so fromm und hatten doch viele Sünden begangen: Götzendienst, okkulte Praktiken, Verstöße gegen Speisegesetze und Gotteslästerung. Aber wenn auch die Juden Gottes Ruf überhört hatten, so folgten ihm doch die Heiden an ihrer Stelle (Röm 10,20-21; Mt 21,43).

Der Überrest (8-16). Gott hat immer einen treuen Überrest, wie eine Handvoll Trauben nach der Ernte (5Mo 24,21); und er nutzt ihn als Kern für einen Neuanfang. Die Rebellen werden gerichtet, aber der Überrest (»Meine Knechte«) wird Segen empfangen.

Die Erneuerung (17-25). Das ist das Reich Gottes, von dem Jesus sagt, dass Gott es für sein Volk bereitet hat (Mt 19,28). Die genannten Segnungen stehen im Kontrast zu den Strafen, die in 5. Mose 28,15ff. aufgelistet sind. Es wird eine Zeit der Freude und der Erfüllung sein, wenn die Segnungen des Herrn ohne Beeinträchtigung durch Menschen fließen werden.

»Wir alle sollten uns Gedanken über die Zukunft machen, denn sie ist der Ort, an dem wir den Rest unseres Lebens verbringen werden.«
Charles F. Kettering

Jesaja 66

Zittern (1-6). Wie kann irgendjemand dem Herrn ein Haus bauen, nachdem er selbst alles erschaffen hat (Jes 40,25-26)? Er ist so groß, dass er die Erde als Schemel für seine Füße benutzt (V. 1)! Aber bei all seiner Größe lässt Gott sich doch dazu herab, bei den Demütigen zu wohnen (V. 2; 57,15), bei denen, die vor seinem Wort zittern und ihm Ehre machen wollen (V. 5).

Vor seinem Wort zittern

»Vor Gottes Wort zu zittern« (Jes 66,2.5) bedeutet, anzunehmen, was Gott sagt, und sich davor zu fürchten, es nicht zu befolgen (Ps 119,120). Die Juden machten diese Erfahrung, als Esra ihre Sünden aufdeckte (Esr 9,4; 10,3), und ebenso der Prophet Habakuk in seiner Vision von Gottes Gericht (Hab 3,16). Saulus von Tarsus zitterte, als er dem Herrn begegnete (Apg 9,6). König Jojakim dagegen zitterte nicht vor dem Wort; er versuchte, es zu zerstören (Jer 36), und das führte zu seiner eigenen Zerstörung (Spr 13,13). Paulus mahnte: »Bewirkt euer Heil mit Furcht und Zittern« (Phil 2,12).

Geburt (7-13). Die Wiederherstellung von Israels Königreich wird ein so plötzliches und freudiges Ereignis sein wie die Geburt eines Babys. Die Wehen der Mühsal Israels werden Herrlichkeit gebären, und Gott wird sein Volk lieben, wie eine Mutter ihr Kind (V. 13). In dieser Zeit werden Friede und Freude herrschen.

Sieg (14-24). Gott wird seine Feinde besiegen (V. 14-17), die heidnischen Nationen versammeln, um sie an der Herrlichkeit teilhaben zu lassen (V. 18-19) und Israel zu einer heiligen Opfergabe für den Herrn machen (V. 20-24).

Jesajas Prophezeiung begann mit einer Zurechtweisung Israels für seine religiöse Heuchelei (Kap. 1), endet aber mit der Verheißung, dass ihre Anbetung in den Augen des Herrn annehmbar sein wird.

Jeremia

Der Prophet Jeremia diente in Juda während der letzten vierzig Jahre in der Geschichte der Nation, von 627 bis etwa 582 v. Chr. Obwohl er das Wort stets treu verkündete, musste Jeremia mitansehen, wie es immer weiter bergab ging, bis Juda von den Babyloniern gefangen genommen und Jerusalem mitsamt seinem Tempel zerstört wurde. Im Buch der Klagelieder hat er seinen Kummer darüber anschaulich zum Ausdruck gebracht.

Er war ein Priester, der zum Propheten berufen wurde, ein feinfühliger Mann, den Gott dazu ausersah, Königen, falschen Propheten und heuchlerischen Priestern die Stirn zu bieten. Vor Menschen trat er kühn auf, vor Gott jedoch als gebrochener Mann, und wir nennen ihn »den weinenden Propheten«. Als Jesus hier auf der Erde war, sahen die Menschen in ihm den Propheten Jeremia (Mt 16,14). Jeremias Leben war nicht einfach und sein Dienst scheinbar erfolglos. Aber er blieb dem Herrn treu und führte Gottes Willen aus.

> *»Jeremia wurde etwa sechzig Jahre alt. Sein ganzes Leben hindurch gab es kein Anzeichen für Verfall oder Rückschritt. Stets dehnte er die Grenzen der Realität aus, beschritt neue Wege. Und immer trat er im Kampf kraftvoll auf, bereit, die Nachlässigen, die Unechten, die Niederträchtigen anzugreifen und zu hinterfragen.«*
> Eugene H. Peterson

Nach der Schilderung seines Rufs in den Prophetendienst (Kap. 1) folgt Jeremias Darstellung seinen Botschaften an Juda, in denen er das Volk anfleht, Buße zu tun (Kap. 2–33). Er erzählt von seinen eigenen Leiden (Kap. 35–45) und predigt den heidnischen

Völkern (Kap. 46–51). Das letzte Kapitel blickt zurück auf den Fall der Stadt und der Nation (Kap. 52).

Jeremia ist ein Meister der Bildsprache und schafft viele Wortbilder, um seine Botschaft zu vermitteln. Nutze beim Lesen seiner Prophezeiungen deine Vorstellungskraft und »sieh dir an«, was Jeremia sagt. Achte auch auf die persönlichen Mitteilungen in dem Buch, besonders auf Jeremias ehrliche Darstellung seiner Gefühle. Jeremia offenbart sein eigenes Herz, während er über das gebrochene Herz Gottes predigt.

Jeremia 1

Könige und Herrscher kommen und gehen, aber das Wort Gottes bleibt und verrichtet Gottes Werk in der Welt. Doch Gott braucht eine Stimme, die das Wort verkündet und niemand fühlt sich für die Aufgabe geeignet.

Hören (1-10). Gottes Wort an Jeremia lautete: »Du wirst sein, was ich will, dass du sein sollst; du wirst gehen, wohin ich will, dass du gehst, und sagen, was ich will, dass du sagst. Ich habe deine Empfängnis überwacht, ich habe dich geheiligt und nun setze ich dich in dein Amt ein.« Wenn Gott dich ruft, glaube, was er sagt, und gehorche ihm. Du magst das Gefühl haben, dass du es nicht schaffst, aber deine Eignung kommt von Gott, nicht von dir selbst.

Stehst du zur Verfügung?
Mose fühlte sich ungeeignet für die Aufgabe, zu der Gott ihn berief, aber der Herr beruhigte ihn (2Mo 3–4). »Und wer ist dazu tüchtig?«, fragt Paulus (2Kor 2,16), und seine Antwort lautet: »Unsere Tüchtigkeit ist von Gott« (2Kor 3,5). Wenn Gott dich für eine Aufgabe beruft, fragt er nicht, ob du dafür geeignet bist; er fragt nur, ob du zur Verfügung stehst.

Sehen (11-16). Nicht nur die Ohren, auch die Augen müssen Gottes Diener offen halten, denn Gott kann durch das »reden«, was wir sehen. Die hebräischen Worte für *Mandelbaum* und *wachsam sein* ähneln sich. Gott wacht darüber, dass sein Wort ausführt, was er sagt. Unsere Aufgabe ist die Verkündigung; seine ist die Ausführung. Babylon kam von Norden her und zerstörte Juda und Jerusalem.

Handeln (17-19). Dem jungen Jeremia fiel es schwer, den älteren Männern mit einer anklagenden Botschaft entgegenzutreten, aber Gott hatte *ihn geschaffen,* und Gott *war mit ihm.* Gottes Botschafter müssen Mauern sein und keine Wanderdünen.

Wenn Gott dich berührt
Ob Gott dich berührt oder nicht, entscheidet über Erfolg und Misserfolg. Gott berührte Jesajas Lippen, um ihn zu reinigen (Jes 6,1-7), und Jeremias Lippen, um ihn zu stärken (Jer 1,9-10; Lk 21,15). Er berührte Jakobs Hüfte, sodass er von da an humpelte (1Mo 32,25), und half ihm dadurch, ein »Kämpfer Gottes« zu sein. Gott berührte Daniel und stellte ihn auf die Füße (Dan 8,18), gab ihm Kraft (Dan 10,18) und öffnete ihm den Mund, damit er ihm dienen konnte (Dan 10,15-16). Der Ruf Gottes und die Berührung Gottes müssen Hand in Hand gehen, sonst versagen wir.

Jeremia 2

Warum stand dem Volk Juda das Gericht bevor? Weil die Menschen Gott untreu waren und die Anbetung Jahwes mit der Anbetung heidnischer Götzen vermischt hatten. Religion war sehr beliebt in Juda, aber besonders geistlich war sie nicht.

Juda war eine *treulose Ehefrau,* die ihre »Flitterwochenliebe« nicht aufrechterhalten hatte (V. 2.32; Offb 2,4). Das Volk war eine *verschwendete Ernte*, verschlungen vom Feind (V. 3). Sie vergaßen, was Gott für sie getan hatte, und wandten sich ihren falschen Göttern zu (V. 4-8). Es war, als hätten sie eine klare, artesische Quelle ausgetauscht gegen eine schmutzige, rissige Zisterne (V. 9-13).

Sie waren *störrische Tiere*, die das Joch ablehnten (V. 20) und *eine entartete Rebe*, die keine Frucht trug (V. 21; Jes 5). Ihre Sünden reichten so tief, dass sie nicht abgewaschen werden konnten (V. 22). Wie *brünstige wilde Tiere* (V. 23-25) gierten sie nach der Sünde; und doch leugneten sie, dass sie gesündigt hatten (V. 33-36)!

Das letzte Bild zeigt *Kriegsgefangene*, die fortgehen werden mit den Händen auf den Köpfen (V. 37). Was die Menschen für Freiheit gehalten hatten, erwies sich als Knechtschaft.

Jeremia 3

Das Wort *abtrünnig* kommt in diesem Kapitel sieben Mal vor. Juda entglitt dem Herrn immer mehr und überhörte sein liebevolles Flehen. Wie wird man *abtrünnig*?

Abtrünnig werden

Das Wort *abtrünnig* kommt im Alten Testament nur bei Jesaja (57,17), Jeremia und Hosea (11,7; 14,4) vor. Es bedeutet »treubrüchig«, »treulos«. Die meisten Christen stürzen sich nicht Hals über Kopf in die Sünde hinein, um sich Gottes Willen zu entziehen. Ihr Glaube flaut nach und nach ab, dann stellen sie fest, dass sie in Schwierigkeiten stecken und fragen sich, wie es dazu kommen konnte. Sie verlassen ihre erste Liebe (Offb 2,4) und fangen an, im Fleisch zu leben und nicht im Geist (Gal 3,1-3). Aus diesem Grund ermahnt uns unser Herr, zu wachen und zu beten (Mt 26,41). Wenn wir am wenigsten damit rechnen, kann der Keim der Sünde ins System eindringen.

Abtrünnigkeit ist wie Hurerei. Das Volk war am Sinai mit Jahwe »vermählt« worden, als Gott seinen Bund mit ihm geschlossen hatte. Aber Juda war wie eine treulose Ehefrau, deren Liebe langsam erkaltete (Jer 2,2) und die zahlreiche »Geliebte« hatte. Gott hätte sich von seiner unreinen Ehefrau scheiden lassen können, aber hätte er das getan, *hätte sie nicht zu ihm zurückkehren können* (5Mo 24,1-4). Deshalb beschloss Gott, sich nicht von ihr scheiden zu lassen und sie stattdessen zu warnen (V. 3.6-10).

Aber sie hörte einfach nicht zu. Er flehte sie an, zu ihm zurückzukommen, denn Umkehr ist das einzige Mittel gegen Abtrünnigkeit; doch sie weigerte sich.

Abtrünnigkeit ist wie Krankheit (22). Es beginnt mit einer unmerklichen »Ansteckung« mit Sünde, die zu einem Verlust des geistlichen Appetits führt, zu einem allmählichen Abbau und, wenn das Leiden unbehandelt bleibt, zum Tod. Gott heilt uns von der Abtrünnigkeit, wenn wir aufrichtig seine Diagnose annehmen und demütig zu ihm umkehren.

Jeremia 4

Über vierzig Mal ruft Jeremia Gottes Volk in diesem Buch dazu auf, zum Herrn umzukehren. Um zu beschreiben, wie das ist, gebraucht er verschiedene Bilder:

Es ist wie *Pflügen* (V. 1-3). Harte herzen müssen umgepflügt werden, damit sie den Samen des Wortes empfangen und Frucht bringen können.

Es ist wie ein *medizinischer Eingriff* (V. 4). Die Juden setzten ihr Vertrauen auf äußerliche religiöse Rituale und ließen nicht zu, dass Gott Eingriffe an ihren Herzen vornahm (5Mo 10,12-16; 30,6; Röm 2,28-29). Er wünscht sich, dass die Wahrheit tief in unseren Herzen wohnt (Ps 51,8).

Es ist wie *Dienst im Heer* (V. 5-6.19-21). Der Abtrünnige ist zum Feind übergelaufen, aber als er den Trompetenstoß hört, wird ihm klar, dass er ein Verräter ist, und kehrt gehorsam zu seinem Feldherrn zurück.

Es ist wie ein *erfrischendes Bad* (V. 14). Wenn wir unsere Sünden bekennen, werden wir von Gott reingewaschen (1Jo 1,9) und dürfen neu beginnen (Ps 51,1-2.10-11).

Es ist wie das *Erwachsenwerden* (V. 22). Wir sollen kindlich glauben, aber nicht kindisch sein (Mt 11,16-17). Abtrünnige sind töricht, wie ungehorsame Kinder, die sich nur selbst wehtun.

Kein Wunder, dass Gott seinem abtrünnigen Volk immer wieder zuruft: »Kehrt um! Kehrt um!«

Jeremia 5

Auf der Suche nach einem Mann (1-9). Gott hätte Sodom verschont, hätte er zehn gerechte Männer gefunden (1Mo 18,26-32); um Jerusalem zu verschonen, hätte er sich mit *einem einzigen* zufrieden gegeben! Aber Jeremia konnte keinen finden, nicht einmal unter den »Mächtigen«, den geistlichen Führern in der Stadt. Man sollte niemals unterschätzen, wie wichtig ein einziger Mensch sein kann, der voll und ganz für den Herrn lebt. Vielleicht kannst du ja dieser oder diese »Gerechte« in deiner Familie oder an deiner Arbeitsstelle sein.

Auf der Suche nach der Wahrheit (V. 3). Die Augen des Herrn suchen nach Menschen, die ihm und seinem Wort treu dienen. Sie mögen in der Minderheit sein und sie mögen verfolgt werden, aber sie gehören zu Gottes erwähltem Volk und er wird sie segnen.

Suchen ohne zu sehen (20-25). Die Augen der geistlichen Führer waren blind für Gott und sein Wirken (Jes 6,10; Mt 13,15). Sie waren außerdem blind für die Tatsache, dass ihrer Nation das Gericht bevorstand. Die Wellen des Meeres wissen, wo ihr Weg zu Ende ist, aber Judas Anführer gingen über die Grenzen hinaus, die Gott ihnen gesetzt hatte. Sie mochten beliebt und wohlhabend sein, aber ihr Reichtum würde sie vernichten.

Ein Gerechter
Henry Varley sagte einmal zu dem Evangelisten D. L. Moody: »Die Welt wird noch erkennen, was Gott mit und für und durch einen Mann tun kann, der in vollkommener Hingabe zu ihm lebt.« Moody bat Gott, aus ihm diesen Mann zu machen, und der Herr gewährte ihm die Bitte. Gott gebrauchte Moody in wunderbarer Weise, und seine Arbeit wird immer noch auf der ganzen Welt gepriesen.

Jeremia 6

Der Wächter. Der Prophet sah die Invasion kommen und warnte das Volk, aber sie hörten ihm nicht zu (V. 10). Die liebliche Frau

(Jerusalem) würde vernichtet werden (V. 2); die Sonne ging unter (V. 4-5) und die Ernte der Sünde würde eingebracht werden (V. 9).

Der Arzt. Jeremia sah, wie krank und verwundet die Nation war, und verwies auf Gott als einzige Quelle für Heilung (3,22). Die falschen Propheten gaben eine oberflächliche Diagnose ab und empfahlen das falsche Heilmittel (2,14). – Hüte dich vor Glaubenslehrern, die nur an der Oberfläche bleiben und niemals zum Kern eines Problems vordringen.

Der Anführer (16). Jeremia sah, dass das Volk sich fragte, wo es hingehen sollte. Die »neuen Religionen« verwirrten es, deshalb rief Jeremia ihnen zu, sie sollten zu Gottes Wort zurückkehren. – »Frage nach den Pfaden der Vorzeit«, nicht um »die guten alten Zeiten« zu wiederholen, sondern um vorwärts zu gehen und Gottes Willen in deiner Zeit zu tun.

Der Prüfer (27-30). Jeremias Worte waren wie ein Feuer (23,29), das das Edelmetall von der Schlacke trennt. Aber das Volk wollte lieber eine billige Legierung sein als kostbares Gold oder Silber: Gott hatte sie umsonst bestraft.

Herzbeschwerden

Die falschen Propheten in Juda, genau wie die falschen Lehrer heute, gingen mit den gesellschaftlichen Problemen oberflächlich um, Jeremia dagegen ging es ums Herz. Das Wort *Herz* kommt in seiner Prophezeiung über sechzig Mal vor und einer seiner Lieblingsausdrücke ist »die Verstocktheit seines Herzens«. Das Herz ist trügerisch und böse (Jer 17,9) und nur Gott kann es verändern (Jer 31,31-34). Eine ehrliche Diagnose von einem gewissenhaften Arzt ist der erste Schritt zur Heilung, aber allzu viele Leute hören lieber oberflächliche Ermutigungen wie etwa: »Friede, Friede!«

Jeremia 7

Gott trug Jeremia auf, eine Predigt im Tor des Tempels zu halten und den Menschen zu sagen, dass ihre Zuversicht unbegründet war, weil sie den falschen Dingen vertrauten. Die falschen Propheten sagten: »Jerusalem kann nichts passieren, weil der Tempel hier steht« (V. 4); »Wir sind sicher, weil wir dem Herrn Opfer darbringen« (V. 21); »Wir haben die Bundeslade Gottes, den Thron des Herrn« (3,16); und: »Das Gesetz des Herrn ist bei uns« (8,8).

Der Tempel, die Opfer, die Lade und das Gesetz waren in der Tat kostbare Dinge, aber ohne die aufrichtige Hingabe des Volkes an den Herrn konnten sie nicht dazu benutzt werden, Gott zu erfreuen. Die Leute versteckten ihre Sünden hinter der Religion (V. 8-15.21-27). Die sogenannte Erweckung unter König Josia (2Kö 22–23) war nicht mehr als eine Oberflächenreform; die Herzen der Menschen veränderte sie nicht.

Gib dich niemals mit oberflächlicher Religion zufrieden: Lass zu, dass Gott an deinem Herzen arbeitet, und gehorche ihm von Herzen (Eph 6,6). Wer zuversichtlich durchs Leben gehen will, muss auf den Felsen bauen (Mt 7,21-29), und wer auf den Felsen bauen will, muss tun, was er sagt.

Die einzig wahre Quelle der Zuversicht
Worauf gründet sich deine Zuversicht? Auf die verlogenen Worte von optimistischen Irrlehrern (Jer 7,4.8)? Auf Reichtum (Ps 52,7)? Auf wichtige Leute (Ps 146,3-4; Am 6,1)? Auf die Eingebungen deines eigenen Herzens (Spr 28,26)? Auf hervorragende Ausrüstung (Jes 31,1)? Auf deine eigene Erfahrung und Sachkenntnis (Ps 44,6)? Oder auf den lebendigen Gott (Ps 118,8-9; Spr 3,21-26)?

Jeremia 8

Vier Mal in diesem Kapitel fragt Jeremia nach dem »Warum?« und gibt auch die Antwort.

Warum werden sie abtrünnig (1-12)? Die Antwort ist einfach: Sie schenken Lügen Glauben und der Wahrheit von Gottes Wort keine Beachtung. Sie sind nicht bereit, ihre Sünden zu bekennen oder zu bereuen. Sie sind zufrieden mit der oberflächlichen

Verkündigung der falschen Propheten (V. 11), weil sie ihnen das Recht gib, religiös zu sein und weiterhin in Sünde zu leben.

Warum sitzen sie still (13-17)? Weil sie eigentlich nicht daran glauben, dass der Feind unterwegs ist! Sie haben falsche Zuversicht aufgrund von Lügen, deshalb sind sie ganz ruhig.

Womit haben sie Gott gereizt (18-19)? Damit, dass sie glaubten, sowohl Gott als auch ihren Götzen dienen zu können. Sie haben sich nicht vom Herrn abgewandt; sie haben ihn nur zu einem von vielen Göttern gemacht. Aber der Herr nimmt es nicht hin, irgendeinem anderen Gott gleich gemacht zu werden, denn er allein ist Gott. So wie ein treuloser Ehepartner den betrogenen Partner verletzt, so bekümmert auch das treulose Kind Gottes das Herz des Herrn.

Warum gibt es keine Heilung (20-22)? Weil die Menschen Gottes Warnung keine Beachtung schenkten und er mit seiner Geduld am Ende war. Hätten sie ihre Herzen gepflügt (4,3), hätte es zu einer Ernte der Buße kommen können; aber es war zu spät. Die Krankheit war zu weit fortgeschritten, und es gab keine Medizin mehr.

Wenn Gott dich zur Umkehr ruft, warte nicht zu lang. Sucht den HERRN, während er sich finden lässt! (Jes 55,6-7).

Jeremia 9

Die meisten Menschen würden ihre Tränen gerne zurückhalten, aber Jeremia wollte ihnen umso mehr freien Lauf lassen, so stark spürte er die Last für sein Volk. Für ihn wäre es am leichtesten gewesen, einfach zu verschwinden (Ps 55,6-7). Aber als wahrer Hirte blieb er bei seinem Volk und bemühte sich, ihnen Gottes Willen nahezubringen.

Er würde nicht der einzige Weinende sein, denn er sah den Tag kommen, an dem Klageweiber den Tod der Nation betrauern würden (V. 16-20). Die Menschen benutzten ihre Zungen als Bogen (V. 2), um ihre trügerischen Pfeile abzuschießen (V. 7), und ihre Boshaftigkeit nahm kein Ende.

Gehörst du zu denen, die mutig für die Wahrheit eintreten (V. 2)? Wenn ja, wirst du wissen, dass es nichts gibt, dessen wir uns rühmen könnten, außer, dass wir den Herrn der Herrlichkeit kennen (V. 23). Nicht unser Verstand, unsere Macht oder unser Geld wird den Sieg davontragen (V. 22), sondern unser Glaube an Gott und unser Verlangen, ihn zu verherrlichen.

Wege eines Pilgers
Das Leben steht niemals still, und Juda [schritt fort von »Bosheit zu Bosheit« (Jer 9,2). Wer Jesus Christus kennt, kann von »Glauben zu Glauben« fortschreiten (Röm 1,17), von »Kraft zu Kraft« (Ps 84,8) und von »Herrlichkeit zu Herrlichkeit« (2Kor 3,18). Das ist die Art von Fortschritt, die sich Gott für seine Pilger wünscht!

Jeremia 10

Jeremia redete sowohl zu Israel (bereits im Exil) als auch zu Juda und erinnerte sie daran, dass sie dem wahren Gott gehörten, dem lebendigen Gott, dem ewigen König (V. 10), zu dem sie sagen konnten: »Keiner ist dir gleich« (V. 6-7). Er ist der Schöpfer aller Dinge (V. 11-13).

Warum also sollten sie die Götzen der Nationen fürchten oder sie um Hilfe ersuchen? Die Götzen haben keinen Atem, also sind sie tot. Sie können nicht reden. Sie müssen gestützt oder getragen werden, weil sie keine Kraft haben. (Siehe Ps 115; Jes 40,18-20.) Ganz und gar nutzlos sind sie!

Die Götzen von heute – Geld und die Dinge, die man für Geld kaufen kann, Stellung, Macht, Ruhm und so weiter – treten viel dezenter auf, aber sie sind genauso nutzlos, wenn es um das reale Leben geht.. Wer irgendetwas anderem als Gott vertraut und dient, praktiziert Abgötterei.

Uns ist gesagt: »Kinder, hütet euch vor den Götzen!« (1Jo 5,21).

Jeremia 11

Befreiung (1-5). Jahwe erinnerte sein Volk immer wieder an ihre Befreiung aus Ägypten und an den Bund, den er mit ihm am Sinai geschlossen hatte. Er erinnerte es daran, wie er ihm aus Gnade das Verheißene Land geschenkt hatte. Warum wandten es sich den Götzen zu, wenn doch alle seine Segnungen vom Herrn gekommen waren?

Ungehorsam (6-8). Israel hatte den Bund angenommen (2Mo 19,8), missachtete dann aber Gottes Gesetz. Die neue Generation nahm den Bund an, wie er im 5. Buch Mose steht, zog ins Land ein und wandte sich schließlich den Götzen zu.

Katastrophe (9-17). Die Babylonier würden kommen und Jerusalem und den Tempel zerstören. Gott *wollte* sein Volk nicht verteidigen und die falschen Götter *konnten* es nicht. Der Herr war noch nicht einmal bereit, die Gebete seines Dieners zu erhören.

Bewahrung (18-23). Sogar die Freunde und Verwandten des Propheten versuchten, ihn zum Schweigen zu bringen und ihn zu töten, aber Gott bewahrte seinen Diener. Jeremia setzte jedes Mal sein Leben aufs Spiel, wenn er predigte, aber nichts konnte ihn davon abhalten. Vor Menschen konnte er kühn auftreten, weil er im inneren Zerbruch vor Gott trat.

Sanftmütige Lämmer
Sowohl Jeremia als auch Jesus waren wie Schafe, die zur Schlachtung geführt wurden (Jer 11,9; Jes 53,7). Sie wehrten sich nicht, sondern gaben sich ganz Gott hin und vertrauten auf sein Wirken (1Petr 2,18-24).

Jeremia 12

Bestürzung (1-4). »Warum geht es den Gottlosen gut?«, ist eine Frage, die sich nicht nur Jeremia, Hiob (21,7) und Asaf (Ps 73) stellen, sondern auch viele Gläubige, die wegen ihrer Treue zu Gott leiden müssen. Die Gottlosen behandelten Jeremia wie ein Opferlamm (11,19), aber er wünschte sich, Gott möge sie schlachten (V. 3)! Hätte das sein Problem gelöst?

Sichtweise (5-6). Gottes Antwort half seinem Diener, sich auf die Prüfungen vorzubereiten, die auf ihn zukamen. Gott zu dienen ist ein Vorrecht, auf dem Segen liegt, aber es ist auch eine schwierige Aufgabe; *und diese Aufgabe wird immer schwieriger*. Jeremia wollte lieber mit Pferden um die Wette laufen als mit Menschen, er wollte das Land des Friedens verlassen und im Dickicht des Jordan leben – der einzige Weg, um im Leben und im Dienst zu Reife gelangen.

> *»Seine Verheißungen sind Schecks,*
> *die eingelöst werden wollen, nicht bloß Sinnsprüche*
> *zum An-die-Wand-Hängen.«*
> Vance Havner

Raub (7-13). Das Volk war auf den Tempel angewiesen, aber Gott hatte ihn verlassen (7,4). Bald würden die Feinde kommen wie Geier, die sich über einen Kadaver hermachen (V. 9), oder wie Fremde, die einen Weinberg oder Garten zertreten (V. 10-13).

Versprechen (14-17). Gott züchtigt, aber sein Erbarmen hört nicht auf (Kla 3,22-24). Er versprach, die einfallenden Nationen zu bestrafen und Juda eines Tages aus dem Exil zu befreien und zurück ins Land zu führen; und er hielt sein Versprechen.

Der Prophet bat um *Erklärungen*, aber Gott erfüllte seine Bedürfnisse, indem er ihm *Versprechen* gab. – Wenn du Gottes Wege auch nicht erklären kannst, so kannst du trotzdem noch an seine Verheißungen glauben.

Jeremia 13

Jeremias Predigten waren manchmal ein regelrechter Anschauungsunterricht; er benutzte Gleichnisse über vertraute Dinge. Wie die Gleichnisse unseres Herrn fingen sie die Aufmerksamkeit der Zuhörer ein und weckten das Interesse der Gleichgültigen.

Der Hüftschurz (1-11) war vermutlich Teil des priesterlichen Gewands und damit besonders heilig. Solange das Volk in demütigem Gehorsam an Gott gehangen hatte, war er verherrlicht worden. Als sie sich in ihrem Stolz verunreinigten, verdarben sie und wurden nutzlos wie der Hüftschurz in der Felsspalte. Juda war zu stolz, um Buße zu tun, und fand sich schließlich in der Dunkelheit wieder (V. 15-17).

Die Krüge (12-14) stehen für die Anführer und diejenigen aus dem Volk, die gar kein geistliches Leben mehr in sich hatten. Gott würde sie mit Trunkenheit füllen, die das Gericht symbolisiert (25,15-25). Schließlich würde er die Krüge erbarmungslos zerschmettern.

Die Herde (15-22) ist ein vertrautes Bild für Gottes Volk (Ps 100,3). Die Anführer sollten wie liebevolle Hirten sein; stattdessen waren sie selbstsüchtige Mietlinge. Die Schafe würden von den Angreifern zur Schlachtung geführt werden.

Der Äthiopier und der Leopard (23) sollten Juda mahnen, dass seine Sünde unter der Haut lag und nicht einfach durch oberflächliche Reinigungsmittel entfernt werden konnte. Das Volk hatte sich den Ungehorsam so sehr angewöhnt, dass er zu einem Teil seines Wesens geworden war.

Nutzlos, zerschmettert und geschlachtet wegen Sündhaftigkeit, die zu tief reichte, um entfernt zu werden; das sind die traurigen Folgen von Stolz und Ungehorsam.

Jeremia 14

Keine Hoffnung (1-6). Gott sandte Juda eine Dürre, um sein Volk zur Umkehr zu bewegen, aber die Züchtigung zeigte keine Wirkung. Die Menschen beklagten ihr Land, aber nicht ihre Sünden. Sie bedauerten sich selbst wegen ihrer Not, aber ihre bösen Taten bedauerten sie nicht.

Hoffnung (7-9). Ihre einzige Hoffnung lag auf dem Herrn, aber er war nicht bereit, irgendetwas für sie zu tun, solange sie sich weigerten, zu ihm umzukehren. Anstatt im Land regierender König zu sein, war Gott nur noch ein Tourist auf der Durchreise und wie ein einzelner Soldat, der nichts ausrichten wird. Wenn Gott nicht mit uns ist, wird sich alles gegen uns richten.

Falsche Hoffnung (10-22). Ihre religiösen Übungen konnten sie nicht retten, weil sich ihre Herzen weit von Gott entfernt hatten. Die Botschaften der falschen Propheten machten den Menschen nur falsche Hoffnungen auf Frieden und Heilung, die sich niemals erfüllten (V. 19). Sie beteten zu den Götzen, aber diese konnten keinen Regen schicken.

Manchmal kannst du nur eines tun, wenn Gott sich als Fremder im Land aufhält: Mach es wie Jeremia, zieh dich zurück und weine. Harre auf den Herrn mit gebrochenem Herzen (V. 17.22).

> *»Der Gott der Hoffnung aber erfülle euch mit aller Freude und allem Frieden im Glauben, damit ihr überreich seid in der Hoffnung durch die Kraft des Heiligen Geistes!«*
> Paulus (Röm 15,13)

Jeremia 15

Dieses Kapitel zeigt Jeremia in den unterschiedlichen Rollen, die sein geistlicher Dienst mit sich brachte.

Der Klagende (1-9). Jeremia freute sich nicht darüber, dass den Menschen aus seinem Volk entweder Gefangenschaft oder der Tod bevorstanden. Er wusste, dass die Nation ihr Los verdiente, aber es schmerzte ihn trotzdem. Jesus spürte zu seiner Zeit denselben Schmerz, als er über Jerusalem weinte (Lk 19,41-44). Bricht dir die Gottlosigkeit der heutigen Welt das Herz?

Der Unruhestifter (10-14). Jeremia predigte nicht mit schmeichelnden Worten wie die falschen Propheten (12,6), seine Botschaften brachten die Menschen dazu, ihn zu verfluchen. Manchmal musst du erst Probleme schaffen, bevor du Probleme lösen kannst.

Der Leidende (15-18). Der Prophet musste die Einsamkeit erfahren, die der Dienst des Leiters mit sich bringt, und den Kummer, der im Dienst für den Herrn liegt, aber Gott ermutigte ihn durch sein Wort, von dem Jeremia sich ernährte. Vielleicht nimmt

Gott dir nicht den Schmerz in deinem Herzen, aber er kann ihn mit seiner Freude aufwiegen.

Der Trennende (19-21). Der Prophet musste sorgsam darauf bedacht sein, nur das wahre Wort Gottes zu predigen und es nicht mir Lügen zu vermischen, wie die falschen Propheten es taten. Als eine Mauer sorgte er für Trennung, aber Gott würde ihn vor Angriffen aus dem Volk schützen. Gott hielt ihn nicht von der Schlacht fern, aber er trug Jeremia hindurch.

> *»Ein wahrer Diener Gottes an den Menschen zu sein, bedeutet, immer wieder neue Freude und neuen Schmerz anzunehmen, wobei beide immer stärker werden und sich enger und untrennbarer verbinden, je tiefer und geistlicher der Dienst wird. Wer sich für andere Menschen hingibt, kann niemals ganz traurig sein; ebenso wenig kann er ein Leben in ungetrübter Freude führen.«*
> Philips Brooks

Jeremia 16

Gott erteilte seinem Diener vier Verbote.

Nimm dir keine Frau. Eine gottesfürchtige Frau kann einem Leiter eine große Ermutigung sein, aber Jeremia sollte alleine dienen. Dass er unverheiratet blieb, sollte dem Volk zeigen, dass das Zuhause vieler Familien zerstört werden würde. (Siehe 1Kor 7,25-33.)

Trauere nicht. Die Menschen starben wegen der Dürre, aber Jeremia sollte nicht in die Totenklagen einstimmen. Warum? Weil die Toten besser dran waren als diejenigen, die bei der Belagerung sterben würden. Der Prophet war ein lebendiges Zeugnis dafür, dass Gott nicht mehr bereit war, sein Volk zu trösten.

Feiere nicht. Nicht nur Trauerfeiern fanden statt, sondern auch Hochzeiten, aber welche Freude konnten sie schon jemandem bringen, der wusste, dass der Tod unmittelbar bevorstand? Wenn jemand Jeremia fragte, warum er sich so seltsam benahm, würde ihm dies Gelegenheit geben, das Wort Gottes zu verkünden.

Sieh nicht zurück. Das letzte Verbot brachte Hoffnung für die Zukunft: Die Wiederherstellung der Nation würde ein noch größeres Ereignis sein als der Auszug aus Ägypten. – In den entmutigenden Stunden des Lebens ist Gott am Werk, um seine Pläne zum Ziel zu führen, deshalb darfst du Zuflucht bei ihm nehmen.

Jeremia 17

Der Graveur (1-4). Wenn wir eine Sünde begehen, schreiben wir sie uns ins Herz, und nur Gott kann sie wieder ausradieren, wenn wir bereuen und auf ihn vertrauen. Er schreibt uns sein Wort auf die Herzen, sodass wir den Sieg über die Sünde davontragen (Ps 119,11; 2Kor 3,1-3). Der Altar sollte ein Ort sein, an dem Sünde erlassen und nicht aufgeschrieben wird, aber ihre Sünden waren selbst dort eingraviert.

Der Bauer (5-8). Glaube an den Herrn macht aus dir einen tief verwurzelten Baum, der die Dürre übersteht. Glaube an die Menschen macht aus dir einen Strauch in der Wüste.

Der Arzt (9-11). Das Herz ist »krank« und nur der Große Arzt kann eine Diagnose erstellen und das notwendige Heilmittel finden. Wenn du wieder einmal sagst: »Niemand kennt mein Herz besser als ich selbst!«, denk an Jeremia 17,9. Vielleicht wirst du überrascht sein, was Gott dort sieht!

Der Anbeter (12-18). Der Thron von Juda war verfallen, aber dass der Prophet Gottes Thron der Herrlichkeit in der Höhe sehen konnte, gab ihm Hoffnung. Gottes Thronsaal ist unser Zufluchtsort, und er lädt uns ein, zu ihm zu kommen und uns die Hilfe zu holen, die wir brauchen.

Wo bist du aufgeschrieben?
Wer dem Herrn nicht vertraut, hat weder Rettung noch Schutz und wird »in die Erde geschrieben« (Jer 17,13). Wer dem Herrn vertraut, ist im Himmel aufgeschrieben (Luk 10,20) im Buch des Lebens des Lammes (Offb 21,27). Dachte unser Herr vielleicht an Jeremia 17,13, als er auf die Erde schrieb (Joh 8,6.8)?

Jeremia 18–19

Das Gefäß ausbessern (18,1-11). Jeder einzelne Gläubige ist ein Gefäß Gottes (Apg 9,15; 2Kor 4,7), aber hier geht es um das Volk Israel, ein auserwähltes Gefäß, das Gottes Segen in der Welt verbreiten soll. Römer 9,1-5 verrät dir, was Gott in das Gefäß hineingelegt hat. Im Lauf ihrer Geschichte hat Gott die Nation viele Male wiederhergestellt, immer dann, wenn sie sich ihm nicht unterwerfen wollte. Als Gefäß war sie zwar beschädigt, aber immer noch in seiner Hand. Sie war beschädigt, aber noch brauchbar. Sie war beschädigt, und Gott machte sie neu; und für jeden Menschen, der sich ihm hingibt, wird er dasselbe tun (Röm 9,19-21).

Das Gefäß zerschmettern (19,1-13). Wenn der Ton sich allerdings verhärtet, kann das Gefäß nicht ausgebessert werden. Dann kann Gott es nur noch zerbrechen, und genau das tat er mit Juda, als es von Babylon gefangen genommen wurde. Die Nation konnte nicht mehr wiederhergestellt werden. Das Tal Ben-Hinnom war vormals ein Ort der heidnischen Anbetung gewesen, aber Josia hatte eine Müllkippe daraus gemacht (2Kö 23,10). Auf Griechisch wird dieser Ort *Gehenna* genannt, das neutestamentliche Wort für »Hölle«. *Tofet* (V. 12-13) bedeutet »Feuerstätte«. Jeremia gab ihm einen neuen Namen: »das Tal des Schlachtens« (V. 6).

Menschen mit harten Herzen und verhärtetem Nacken (19,15) können leicht zerbrochen werden.

Irdene Gefäße
Wir haben den geistlichen Schatz in irdenen Gefäßen (2Kor 4,7), den wir mit anderen teilen sollen. Ein Gefäß stellt nichts her; es beinhaltet nur etwas und teilt es. Gott erwartet von uns nur, dass wir rein, leer und verfügbar sind. Um den Rest kümmert er sich selbst.

Jeremia 20

Jeremia ging von Freude (V. 13) zu Verzweiflung über (V. 14-18), von kühner Verkündigung (V. 1-6) zu klagereichem Gebet (V. 7-12). Gottes Diener sind Menschen mit wandelbaren Gefühlen. Gerieten wir wie er in Gefahr, könnte es sein, dass wir fühlen und handeln wie er.

Als Oberaufseher des Hohenpriesters war es Paschhurs Aufgabe, Leute zu bestrafen, die gegen die Tempelordnung verstoßen hatten, und er hatte Jeremia im Visier. Religiöse Menschen, die keinen rettenden Glauben an den Herrn haben, stellen sich gegen diejenigen, die den Herrn erfahren und wirklich etwas mitzuteilen haben. Jesus wurde von den Pharisäern gekreuzigt, die ganz gewiss religiös waren, und die Jünger wurden in den Synagogen ausgepeitscht (Mt 10,17).

Jeremia gab Paschhur einen neuen Namen: »Schrecken ringsum«. Er hatte eine wichtige Stellung im Tempel, aber seine Stellung würde sich in Nichts auflösen, wenn der Feind einfiel. Überlasse die Leute, die dir Probleme machen, dem Herrn.

Erneut trat der Prophet vor den Menschen kühn auf und vor Gott im Zerbruch. Sag dem Herrn immer genau, wie es dir geht und lass ihn dein Herz mit Medizin versorgen. Wenn er deine Gebete erhört, singe ihm Loblieder! Der Feind wartet nur darauf, dass du stolperst (V. 10-11), aber der Herr kann dich aufrechthalten (Jud 24-25).

Eine persönliche Klage
»Ich wünschte, ich wäre nie geboren worden!« Hiob empfand so, als er litt (Hi 3), und nun greift Jeremia diese Klage auf (Jer 20,14-18; siehe auch 15,10). Aber wenn wir so reden, vergessen wir wohl all die wunderbaren Segnungen, die wir im Laufe unseres Lebens empfangen haben. Leid radiert oftmals die schönen Erinnerungen aus und setzt traurige an ihre Stelle. In Zeiten der Prüfung ist es ermutigend, sich an Gottes Gnadenerweise zu erinnern.

Wenn dein Schiff zu sinken droht

Wenn dein Lebensschiff auf sturmgepeitschtem Meer
Ganz zu sinken droht, denkst du: Es geht nicht mehr.
Dann denk an all das Gute, das der Herr für dich getan,
Staune, fasse wieder Mut und fang neu an.

Frei nach »*When upon Life's Billows*" von Johnson Oatman, Jr.

Jeremia 21

Der Prophet überbrachte drei Botschaften, von denen die erste *dem König* galt (V. 1-7). Zedekia, der letzte König von Juda, widersetzte sich Babylon, wurde aber schließlich gefangen genommen und musste mitansehen, wie seine Söhne umgebracht wurden (2Kö 24–25). Obwohl er kein gläubiger Mann war, bat er Gott um Hilfe. Jeremia sagte ihm jedoch: »Nicht Babylon kämpft gegen dich, sondern *Gott*!« Die Leute denken so lange nicht an den Herrn, bis sie dringend seine Hilfe brauchen, und dann müssen sie feststellen, dass sie ihn sich zum Feind gemacht haben.

Die zweite Botschaft galt *dem Volk* (V. 8-10), und sie ließ jedem die Wahl zwischen Leben und Tod. Weil er diesen Rat überbrachte, wurde Jeremia zum Verräter gestempelt, aber er hatte dem Volk Gottes Wort überbracht, und wer es befolgte, durfte weiterleben.

Die Empfänger der dritten Botschaft waren *Angehörige des Hauses David*, die Könige von Juda (V. 11-14). Josia war Judas letzter guter König. Die vier Könige nach ihm waren böse Männer, deren Untergang Jeremia verkündete. Hätten die Könige die Nation zur Buße geführt, hätte Gott sich erbarmt, aber sie hielten an ihren Sünden fest.

Jeremia war kein beliebter Prediger, aber seine Botschaften entsprachen Gottes Worten an ihn. Wer auf ihn hörte, überlebte; wer sich dem Wort widersetzte, musste sterben.

Jeremia 22

Der Prophet richtete das Wort an vier Könige von Juda, angefangen mit Zedekia, dem letzten König. Dann nahm er sich die vorangegangenen Könige in der Reihenfolge ihrer Regierung vor.

Er erinnerte Zedekia (V. 1-9) daran, dass er zwar auf *Davids* Thron saß, aber nicht so regierte, wie David regiert hatte. Zedekias Palast würde zerstört werden, aber nicht nur das, sondern darüber hinaus würde das Haus Davids (die königliche Linie) keinen König mehr hervorbringen, bis der Messias käme.

Er erinnerte Schallum (Joahas; V. 10-17) daran, dass sein Vater Josia ein gottesfürchtiger Mann gewesen war, dessen Beispiel Schallum aber nicht folgte. Die Sünde, die ihn beherrschte, war Habsucht (V. 17). Er regierte nur drei Monate lang, bevor er nach Ägypten gebracht wurde, wo er starb.

Jojakim (V. 18-23) wollte nicht auf die Stimme Gottes hören. Selbst die Tiere kennen ihren Schöpfer und gehorchen ihm (Jes 1,2-3), aber der Thronerbe Davids wollte nicht auf Davids Gott hören. Das übliche Staatsbegräbnis wurde ihm verweigert, stattdessen wurde er unehrenhaft beigesetzt.

Konja (Jechonja, Jojachin; V. 24-30) war anscheinend sehr beliebt, aber dieses Gefäß würde fallen und zerschmettert werden. Er hatte mehrere Kinder, aber keins von ihnen würde den Thron

Davids erben. Konja war ein Verstoßener (V. 26.28), der durch seine Sünden sowohl seine eigene Zukunft aufs Spiel setzte als auch die seiner Familie und der Nation.

Wenn wir nicht aus der Vergangenheit lernen und Gott in der Gegenwart nicht zuhören und gehorchen, verbauen wir uns die Zukunft.

Jeremia 23

Gott erwartet von den Anführern seines Volkes, dass sie es wie Hirten lieben, führen und für es sorgen. Aber die Hirten in Juda zu jener Zeit waren selbstsüchtig und hielten sich nicht an ihren Bund mit Gott.

Die Könige (1-8) zerstreuten das Volk und kamen nicht ihrer Pflicht nach, es zu beschützen und für es zu sorgen. Aber eines Tages wird Gottes König es versammeln und sein Königreich in Gerechtigkeit errichten. Je mehr wir heute Jesus Christus ähneln, umso besser können wir anderen in Liebe dienen.

Die Propheten und Priester (9-40) versagten als geistliche Anführer und auch als Vorbilder an Frömmigkeit. Menschen, denen es an geistlicher Führung mangelt, fehlt es auch an geistlichem Urteilsvermögen, sodass sie alles glauben. Die falschen Propheten dachten sich ihre Visionen aus und verkauften sie als Weissagungen von Gott. Sie empfingen ihre Botschaften nicht von Gott. Was sie sagten war kein Korn, sondern Stroh (V. 28).

Wen wundert es, dass Irrlehrer so beliebt sind? Das sündige menschliche Herz will nicht verbrannt und zerschmettert werden durch das Feuer und den Hammer des Wortes Gottes. Ihm ist das Stroh lieber, obwohl Stroh keinen Nährwert hat.

Sieh zu, dass die Leute, von denen du geistlichen Rat annimmst, von Gott berufen sind, mit Gott wandeln und Gottes Wort befolgen. Die Träume der falschen Propheten werden am Ende zu Albträumen.

Jeremia 24

Die Erstlingsfrüchte sollten dem Herrn als Dankopfer für seine Güte dargebracht werden. Israel sollte wie der Erstling der Ernte für den Herrn sein (Jer 2,3), aber die Nation lebte nicht in vollkommener Hingabe an Gott. Wie die Früchte in den beiden Feigenkörben war ein Großteil des Volkes verdorben, und nur ein Überrest war noch gut, weil diese Menschen Gott gehorchten.

Was das Leben mit uns macht, hängt davon ab, was das Leben in uns vorfindet. Der fromme Überrest empfing während des Exils Gutes von Gott, aber die gottlosen Bürger wurden von Kummer verzehrt. Der fromme Überrest machte das Beste aus einer schlimmen Situation, weil er dem Herrn vertraute (Röm 8,28).

Am wichtigsten ist ein Herz, das Gott kennt und sich ihm ganz hingegeben hat (V. 7). Du magst die Situation nicht im Griff haben, aber es liegt an dir, wie du mit ihr umgehst und wie du Gott begegnest. Denke immer daran: »Mehr als alles, was man sonst bewahrt, behüte dein Herz! Denn in ihm entspringt die Quelle des Lebens« (Spr 4,23). Die Gläubigen heute sollen »eine Art Erstlingsfrucht seiner Geschöpfe seien« (Jak 1,18), und wir wollen ihm unser Bestes geben.

Jeremia 25

Stell dir vor, du predigst dreiundzwanzig Jahre lang und kannst keine Ergebnisse feststellen! Jeremia blieb seiner Berufung treu, obwohl sich das Volk gegen ihn stellte und Gottes Wort nicht hören wollte. Wir werden von Gott nach unserer Treue beurteilt, nicht nach unserem äußerlichen Erfolg. Nach menschlichen Maßstäben würde man Jeremia als Versager einstufen (1Kor 4,1-5).

Judas Strafe

Nach 2. Chronik 36,20-21 bestrafte der Herr Juda für siebzig Jahre, denn das war die Anzahl der Sabbatjahre, die das Volk nicht beachtet hatte (3Mo 25,1-7). Die Menschen ruhten sich weder am wöchentlichen Sabbat aus (Jer 17,19-27), noch gönnten sie dem Land alle sieben Jahre seine Ruhe (3Mo 26,27-35). Wenn wir für uns behalten, was Gott gehört, werden wir es schließlich verlieren und darunter leiden.

Die babylonische Gefangenschaft war Gottes Weg, die Rebellen zu bestrafen und den gottesfürchtigen Rest der Nation zu läutern. Das Volk war taub für Gottes Wort (V. 4.7.8), aber dieses Wort würde erfüllt werden, nicht nur an Israel, sondern an allen Nationen, zu denen Gott es durch seinen Propheten sandte.

Gott ist geduldig mit ungehorsamen Menschen und gibt ihnen viele Gelegenheiten zur Umkehr, aber irgendwann muss er handeln. Er wird sein wie ein Gastgeber, der seine Gäste betrunken macht (V. 15-29), wie ein Löwe, der die Herde angreift (V. 30-31.34-38), wie ein Wirbelsturm, der über die Nation hinwegfegt und sie zerstört (V. 32-33).

Jeremia 26

Wie langmütig der Herr mit uns ist! Immer wieder redet er zu uns und fleht uns an, ihm zuzuhören. »Hör zu und kehre um – höre meinen Rat und befolge ihn!«, ist seine liebevolle Botschaft an uns. Werden wir tun, was er uns sagt?

Wie sehr neigt doch die menschliche Natur dazu, sich dem Wort zu widersetzen! Die Anführer hätten zu einer Zeit des Fastens und Gebets aufrufen sollen, aber stattdessen riefen sie zur Hinrichtung von Gottes Propheten auf! Sind wir »schnell zum Hören, langsam zum Reden, langsam zum Zorn« (Jak 1,19)? Wollen wir das Richtige für uns und andere, oder wollen wir, was alle wollen?

Eine außergewöhnliche Familie
Gott gebrauchte Ahikam, den Sohn Schafans, um Jeremia zu retten. Schafan war der Mann, der das Gesetzbuch fand, als Josia den Tempel ausbesserte (2Kö 22,3-13). Sein Sohn Gemarja flehte König Jojakim an, das Buch, das Jeremia geschrieben hatte, nicht zu zerstören (Jer 36,25). Der ganzen

Familie lag Gottes Wort am Herzen, und Gott nutzte es, um seinen Dienern zu helfen.

Wie weise sind Menschen, die aus der Vergangenheit lernen! Die Ältesten kannten das Wort Gottes und die Geschichte des Volkes, und waren in der Lage, den Mob zur Besinnung zu bringen, und dazu, zu erkennen, was gerecht ist.

Wie geborgen dürfen sich doch diejenigen wissen, die Gott treu bleiben, auch wenn anscheinend alles gegen sie ist! Jeremia hielt stand, und Gott beschützte ihn. Uria lief davon und wurde gefangen genommen und getötet. Der sicherste Ort der Welt ist im Willen Gottes, denn dort bist du bereit, zu leben oder zu sterben.

Jeremia 27–28

Jeremia trug ein Joch (28,10), um den Empfängern seiner Botschaft deutlich zu machen, dass Juda sich Babylon ergeben sollte. Drei Mal hielt er seine »Jochpredigt«: zuerst den Botschaftern, die gekommen waren, um ein Bündnis zu schließen (27,1-11); dann für König Zedekia (27,12-15) und dann öffentlich vor den Priestern und dem Volk (27,16-22).

Die falschen Propheten machten der Nation falsche Hoffnungen, Jeremia dagegen sagte ihnen die Wahrheit. Nebukadnezar war Gottes Diener, denn er tat seinen Willen; und alle Völker sollten sich Gott unterwerfen. Diejenigen, die sein Joch annahmen, würde er am Leben lassen; die es ablehnten, würden sterben.

Gott ist verantwortlich für jedes Joch. Das Joch, das er dir gibt, ist das richtige für dich, ganz gleich, wer es dir auf die Schultern legt. Gott kann sogar unerlöste Menschen dazu gebrauchen, dir zu helfen, seinen Willen zu tun. Nimm jedes Joch als von Gott gegeben an, dann wird er es von einem Instrument der Knechtschaft in einen Segen verwandeln. Zerbrichst du das leichte Joch, wird das nächste schwerer sein. Jeder und jede muss ein Joch tragen.

Joche
Das Volk zerbrach Gottes Joch durch seine Sünden (Jer 2,20; 5,5), und aus diesen Sünden wurde ein schweres Joch (Kla 1,14). Dies führte zum noch schwereren Joch der babylonischen Gefangenschaft. Aber Gott versprach, das schwere Joch wegzunehmen und seinem Volk einen Neuanfang zu schenken (Jer 30,8-11). Zu keiner Zeit lernt man leichter, ein Joch zu tragen, als in der Jugend (Kla 3,27). Lass jetzt zu, dass Gott dich »zerbricht« und führt, das verschafft dir die besten Zukunftsaussichten. Jesus sagte: »Mein Joch ist sanft, und meine Last ist leicht« (Mt 11,28-30).

Jeremia 29

Im Jahr 597 v. Chr. begannen die Babylonier, die Juden nach Babylon zu verschleppen. Jeremias Brief an die Verbannten hilft uns zu verstehen, wie wir das Beste aus einer schwierigen Situation machen können.

Nimm sie an. Lebe so normal wie möglich weiter und finde dich ohne zu klagen mit Unannehmlichkeiten ab. Versuche, anderen ein Segen zu sein. Sei ein Friedens- und kein Unruhestifter.

Hab Geduld. Gott kennt den richtigen Zeitpunkt ganz genau, und alles, was er sich vornimmt, führt er zum Ziel. Er weiß genau, wie lange und wie viel.

Vertraue Gott. Vers 11 ist eine kraftvolle Verheißung, auf die du dich berufen kannst, wenn du einmal »im Exil« bist. Gott denkt an dich persönlich und macht Pläne für dich. Er macht Pläne des Friedens, nicht des Krieges, deshalb brauchst du keine Angst vor der Zukunft zu haben. Seine Pläne sind zielgerichtet, deshalb solltest du ihm die Umsetzung überlassen. Wie schwierig deine Lage auch sein mag, verschwende dein Leiden nicht, indem du dich Gott widersetzt.

Mach dir keine falschen Hoffnungen. Es ist menschlich, sich falschen Hoffnungen hinzugeben und nach jedem Strohhalm zu greifen, aber dieser Ansatz führt zur Verzweiflung. Höre nicht auf die raffinierten Worte der Irrlehrer, die dir falsche Hoffnungen machen wollen. Das Wort Gottes wird dir sagen, was du tun sollst.

Weit weg von zu Hause
Gottes Kindern in der heutigen Welt geht es in gewisser Weise ähnlich wie den jüdischen Vertriebenen in Babylon, denn wir sind weit weg von unserem himmlischen Zuhause und leben in einer Gesellschaft, die unsere Art zu leben nicht akzeptiert. »Sucht den Frieden der Stadt« (Jer 29,7) ist ein guter Rat, den wir als Fremde in dieser Welt befolgen sollten. Petrus erklärt uns, wie das geht – in 1. Petrus 2,11–3,19.

Jeremia 30

Jeremia sah in Judas Exil ein Bild für das zukünftige Leid der Nation (»eine Zeit der Bedrängnis für Jakob«; V. 7), eine Zeit, in der die Juden Drangsal erleben werden. Außerdem sah er in der Heimkehr aus dem Exil eine Verheißung auf die erneute Sammlung Israels in den letzten Tagen.

Juda hatte gesündigt, deshalb musste Gott sein Volk in Liebe maßregeln; aber er würde nicht zulassen, dass die Feinde seines Volkes sie ausnutzten. Gott ist seinem Volk treu, auch wenn wir ihm untreu sind (2Tim 2,12-13).

Er züchtigt uns, damit er uns heilen kann (V. 12-17). Die Prüfungen, die er uns schickt, mögen wie bittere Medizin schmecken, aber sie sind dazu gedacht, das sündige Herz zu heilen: »Alle Züchtigung scheint uns zwar für die Gegenwart nicht Freude, sondern Traurigkeit zu sein; nachher aber gibt sie denen, die durch sie geübt sind, die friedvolle Frucht der Gerechtigkeit« (Hebr 12,11).

In Zeiten des Leides lebe für die Freuden, die das »Später« bereithält.

Jeremia 31

Das Tragische an der Sünde ist, dass sie Gott davon abhält, uns alles zu sein, was er sein will.

Er ist der, der uns liebt (1-6). Das Bild der Ehe kommt sowohl bei Jeremia als auch bei Hosea häufig vor. Wenn wir Gott ungehorsam sind, sündigen wir nicht nur gegen sein Gesetz, sondern auch gegen seine Liebe. Wir brechen Gott das Herz, wenn wir unser Herz an etwas hängen, was er hasst.

Er ist unser Vater (7-9). Israel ist sein erstgeborener Sohn. Er erlöste das Volk in Ägypten (2Mo 4,22). Gott will uns ein Vater sein (2Kor 6,14-16), aber unsere Sünden stehen im Weg.

Er ist unser Hirte (10-14). Die Herde Israel war zerschlagen und verstreut, aber der Herr sorgte trotzdem für sie. – Dein Tag mag noch so dunkel sein, der Hirte wird dich finden, dich leiten und dir ein Lied schenken.

Er ist unser Tröster (15-40). Was muss das für ein Wehklagen gewesen sein, als Familien auseinandergerissen und die Menschen in ein fremdes Land verschleppt wurden! Aber Gott schenkte das Wort des Trostes: Sie werden wieder heimkehren. Er versprach ihnen einen neuen Bund, der ihre Herzen verändern würde, und wir haben diesen Bund in Jesus Christus (Hebr 8; 10,1-25).

Jeremia 32

»Lass Taten sprechen!«, fordert eine Redewendung und damit ist gemeint: »Handle deinen Worten gemäß!« Jeremia hatte oft gepredigt, dass die Juden eines Tages aus dem Exil zurückkehren würden, und Gott forderte ihn auf zu beweisen, dass er wirklich an diese Verheißung glaubte. – Wann immer du das Wort an andere weitergibst, rechne damit, dass du auf die Probe gestellt wirst. Nur so können sie feststellen, ob dein Glaube wahrhaftig ist.

Wie kann man nur so dumm sein, ein Grundstück in einer vom Feind besetzten Stadt zu erwerben? Aber wer überzeugt ist, dass dieses Land eine Zukunft hat, wird es ohne Zögern kaufen. Gottes Kinder leben mit Blick auf die Zukunft und messen die Entscheidungen, die sie heute treffen, an den Gewissheiten, die sie im Morgen sehen.

Vielleicht hast du nach einem großen Glaubensschritt das Gefühl, im Stich gelassen worden zu sein; dann solltest du beten und den Herrn zu dir reden und dich stärken lassen. Vielleicht wirst du ausgelacht, aber ruhe dennoch im Herrn und lass dich von ihm ermutigen.

Jeremia 33

Die Menschen können zwar Gottes Diener zum Schweigen bringen, aber vor seinem Wort die Tür zu verschließen, ist unmöglich (2Tim 2,9). Das Wort kommt zu dir – wo du auch sein magst –, wenn dein Herz für den Herrn offen ist. Manchmal hat Gott eine »zweite« Botschaft für dich, sei also wachsam.

Gott schickte seinem Propheten eine ermutigende Botschaft ins Gefängnis. Die »kranke« Nation würde eines Tages gesund werden; die beschmutzte Nation würde gereinigt werden; der Krieg würde dem Frieden weichen; und Gottes Wahrheit würde die Lügen der falschen Propheten überwinden. Hochzeitslieder würden zu hören sein, keine Klagelieder; und vom Thron Davids aus würde die Gerechtigkeit regieren.

Wann wird das geschehen? Wenn Jesus Christus, der Sohn Davids, auf der Erde regiert (23,5-6) und Jerusalem zur Stadt der Gerechtigkeit macht. Bis dahin regiert er in unserem Leben und wir können seine Diener sein und sein Wort an die weitergeben, die dieselben Segnungen brauchen. Durch uns kann Gott anderen die lebensverändernde Botschaft von geistlicher Gesundheit, Reinigung und Frieden bringen, und dann können sie wieder aufbauen, was die Sünde zerstört hat.

Jeremia 34

Vom Feind geknechtet (1-7). Wenn der Feind schließlich die Stadtmauer durchbricht, würde König Zedekia zu fliehen versuchen, allerdings ohne Erfolg (2Kö 25,1-7). Jeremia sagte dem

König, er solle sich Babylon unterwerfen, aber er würde nicht auf ihn hören. Deshalb würde der König gefangen genommen, gefesselt und geblendet und nach Babylon gebracht werden, wo er sterben würde. Er hatte sich unter die Knechtschaft der Sünde begeben und würde deshalb vom Feind geknechtet werden. Er zerstörte sich selbst.

Von den Brüdern geknechtet (8-22). Die Juden durften ihre eigenen Brüder nicht versklaven, und alle sieben Jahre sollten sie ihre Sklaven freilassen (2Mo 21,1-11; 5Mo 15,12-18). Während der Belagerung befolgten die Einwohner Jerusalems dieses Gesetz; aber als das babylonische Heer sich vor dem ägyptischen Heer zurückzog (V. 21; 37,5-10), holten sich die Leute ihre Sklaven wieder zurück! Die Besitzer hatten gehorcht, als die Lage schwierig war, in der Hoffnung, den Herrn gnädig zu stimmen; aber als die Dinge sich gut entwickelten, überlegten sie es sich anders (Ps 66,13-14).

Gehorsam soll aus innerer Hingabe erwachsen (Eph 6,6) und darf nicht von äußeren Umständen abhängen. Diese Herren befanden sich in größerer Knechtschaft als ihre Diener, weil sie sich nicht bemühten, dem Herrn zu gefallen.

Jeremia 35

Der erste Rechabiter hatte Jehu dabei geholfen, das Land von der Baalsanbetung zu reinigen (2Kö 10,15-17), somit hatte die Familie ein gottesfürchtiges Erbe. Als das babylonische Heer einfiel, mussten die Rechabiter ihr Leben als Nomaden aufgeben und zur Sicherheit in die Stadt Jerusalem ziehen.

Ihre Zelte ließen sie zurück, aber ihre Grundsätze gaben sie nicht auf. Obwohl sie mit einem Propheten des Herrn zusammen im Haus des Herrn waren, weigerten sie sich, Wein zu trinken. Die Rechabiter drängten anderen nicht ihre Tradition auf, aber sie waren nicht bereit, selbst damit zu brechen. Sie blieben ihrem Erbe treu.

Menschliche Tradition ist nicht unbedingt etwas Schlechtes, es sei denn, sie steht im Gegensatz zu Gottes Wahrheit oder dient als

Ersatz dafür (Mt 15,1-20). Vielleicht stimmst du den Traditionen anderer nicht zu, aber ist dir Gottes Wort genauso wichtig wie ihnen ihre Traditionen sind? Die Juden wollten nicht einmal *das Gesetz Gottes* befolgen, die Rechabiter dagegen befolgten menschliche *Traditionen*. Was für ein beschämendes Zeugnis gegen die Juden, die behaupteten, den wahren Gott zu kennen! Ist es auch ein beschämendes Zeugnis gegen uns heute?

Jeremia 36

Gottes Wort wird aufgeschrieben (1-4). Anders als jedes andere Buch, ist die Bibel Gottes Wort, inspiriert durch den Heiligen Geist (2Tim 3,13-17; 2Petr 1,19-21). Deshalb ist sie vertrauenswürdig und ihre Worte müssen befolgt werden.

Gottes Wort wird verkündet (5-10). Gott gebraucht Menschen als Werkzeuge, um der Menschheit sein heiliges Wort zu verkünden: »Wie aber sollen sie hören ohne einen Prediger?« (Röm 10,14).

Gottes Wort wird zerstört (11-26). Der König hätte das Gesetz für sich abschreiben (5Mo 17,18-20) und seine Botschaft beherzigen sollen. Stattdessen zerstörte er, was Jeremia gesagt und Baruch aufgeschrieben hatte. Du kannst versuchen, die Bibel zu zerstören, aber es wird dir nicht gelingen.

Gottes Wort wird erhalten (27-32). Der König und seine Familie sind fort und würden in Vergessenheit geraten, wäre da nicht dieses Buch, das er zu zerstören versucht hatte! Gottes Wort bleibt ewig bestehen: »In Ewigkeit, HERR, steht dein Wort fest im Himmel« (Ps 119,89); »Der Himmel und die Erde werden vergehen, meine Worte aber sollen nicht vergehen« (Mt 24,35).

> *»Das unsterbliche Buch hat drei große Gefahren überlebt:*
> *die Vernachlässigung durch Freunde;*
> *die falschen Systeme, die auf ihm errichtet wurden;*
> *die Angriffe durch jene, die es hassten.«*
> Isaac Taylor

Jeremia 37

Rechne damit, »benutzt« zu werden (1-10). Zedekia wollte, dass der Mann Gottes für ihn vor Gott eintrat, aber an der Weisung durch das Wort Gottes war er nicht interessiert. Er hätte diese beiden Dinge niemals voneinander trennen sollen (Joh 15,7; Apg 6,4). Er wollte sich Gott zum Diener machen, damit die Stadt befreit wird, aber er selbst wollte nicht Gottes Diener sein und sein Wort befolgen. – Bittest du Gott nur in Notlagen um Hilfe oder legst du jeden Tag Wert auf seine Führung?

Rechne damit, missverstanden zu werden (11-15). Obwohl er nur einen harmlosen Familienbesuch vorhatte, wurde Jeremia verhaftet, geschlagen und ins Gefängnis gesperrt! (Siehe Apg 16,16-24.) Die Gottlosen suchen immer nach Gelegenheiten, die Frommen zu verfolgen.

Rechne damit, nicht beachtet zu werden (16-17). Dem König machte es nichts aus, dass Gottes Diener unschuldig im Gefängnis saß und furchtbar litt. Zedekia wollte mit Jeremia nicht gesehen werden, bat ihn aber dennoch um Hilfe.

Rechne damit, dass Gott für dich sorgt (18-21). Der Herr hatte Jeremia Jahre zuvor versprochen, für ihn zu sorgen (1,8.19), und er hielt sein Versprechen. Jeremia hatte kein leichtes Leben, aber dafür hatte er ein reines Gewissen, denn er wusste, dass er Gott treu geblieben war.

Jeremia 38

Zedekia war ein schwacher König, dem es wichtiger war, bei seinen Freunden beliebt als mit Gott im Reinen zu sein. Als wankelmütiger Mensch war er »unbeständig in allen seinen Wegen« (Jak 1,8).

Zuerst erlaubte er seinen Freunden, Jeremia zu verhaften und in einen Kerker zu sperren. Als nächstes ließ er zu, dass Ebed-Melech und dreißig Wächter Jeremia befreiten und an einen sicheren Ort brachten. Dann bat er Jeremia bei einem heimlichen Treffen um Hilfe! Hätte der König Gottes Botschaft angenommen und befolgt, hätte er den Mut gehabt, seinen ungläubigen Freunden die Stirn zu bieten und das Richtige zu tun.

Jeremia sank tief in den Schlamm ein (V. 6), aber der König war dabei, noch tiefer zu sinken (V. 22). Seine Furcht (V. 19) und sein Unglaube waren sein Untergang. Er hätte sich selbst und sein Volk retten können, wenn er sich dem Herrn unterworfen hätte. Stattdessen vertraute er seinen Freunden, und sie zogen ihn herunter in den Schlamm der Schande und Niederlage.

Jeremia 39

Gott entlohnte Zedekia für seine Boshaftigkeit (V. 1-10). Der König dachte, er könne entkommen, aber der Feind holte ihn ein. Das Letzte, was Zedekia sah, war die Hinrichtung seiner eigenen Söhne; danach wurde er geblendet. Er wandelte im Schauen und endete in der Dunkelheit. Er lebte, um sich selbst zu dienen, und verlor alles. Er musste lernen, wie wahr diese Worte sind: »Ihr sollt erkennen, dass eure Sünde euch finden wird« (4Mo 32,23).

Gott belohnte Jeremia für seine Treue (V. 11-14). Vierzig schwierige Jahre lang hatte er mutig Gottes Wort verkündet, obwohl das Volk sich weigerte, es zu befolgen. Wer Dienst an »Erfolgen« misst, wird in Jeremia einen Versager sehen. Nachdem er freigelassen wurde, beschloss er, bei seinem Volk zu bleiben und ihm zu dienen. Er hatte das Herz eines Hirten.

Gott belohnte Ebed-Melech für seine Freundlichkeit (V. 15-18; 38,7-13). Nun wissen wir, warum dieser Ausländer Jeremia rettete: Er hatte sein Vertrauen auf den Gott Israels gesetzt (V. 18). Gewiss war er durch Jeremia zum Glauben gekommen. Ein Fremder vertraute dem Gott Israels, die Juden dagegen waren nicht dazu bereit!

Jeremia 40–41

Freiheit (40,1-6). Gott hat ein Wort für dich in jeder Lebenskrise, nimm dir also Zeit und hör ihm zu. In diesem Fall kam es aus dem Mund eines babylonischen Befehlshabers, der Jeremias Weissagungen kannte. Wenn du hingehen könntest, wo du wolltest, wo würde das sein? Jeremia entschied sich, bei den leidenden Menschen seines Landes zu bleiben. Ihn bei sich zu haben, muss sehr ermutigend für sie gewesen sein!

Obrigkeit (40,7-12). Gott hat bestimmt, dass die Menschen sich staatlicher Macht unterordnen sollen (Röm 13); tun sie es nicht, führt das zum Chaos. Gedalja sagte dem Volk, wozu auch Jeremia geraten hatte: Sie sollten sich dem Feind unterwerfen und versuchen, ein normales Leben zu führen. – Betest du für die, die Verantwortung tragen (1Tim 2,1-3)? Sie haben keine leichte Aufgabe und brauchen Gottes Hilfe.

Verrat (40,13-16). War Gedalja ein wenig naiv? Glaubte er zu sehr an das Gute im Menschen? Vielleicht, aber er hätte wenigstens Vorkehrungen treffen sollen, um sein Leben zu schützen. Ismael war Zedekia treu ergeben (41,1) und lehnte Gedalja als Statthalter ab. Seine Liebe zum gestürzten König war größer als seine Liebe zu Gott, anderen Menschen und zum Volk. Ihm war Rache wichtiger als Gerechtigkeit. Was eine friedliche Wende hätte sein können, wurde zum Bürgerkrieg – nur wegen der Boshaftigkeit eines einzigen Mannes.

Jeremia 42

»Zurück nach Ägypten!«, jammerten die Israeliten jedes Mal, wenn Schwierigkeiten auftraten. So geschah es zur Zeit des Mose (2Mo 16,3; 17,3; 4Mo 11,4-6; 14,1-5) und des Jesaja (Jes 30,1-5; 31,1-3), und nun wieder in der schwierigen Phase nach der babylonischen Eroberung (41,17). Gott hatte ihnen geboten, im Land zu bleiben, aber sie hatten Angst zu gehorchen.

Sie hatten sich bereits entschlossen zu gehen, aber dann baten sie lieber den Propheten, für sie zu beten: »Bete für uns! Wir werden gehorchen!« Wie fromm ihre Worte doch klangen! (Siehe Mt 15,7-9.) Hast du auch schon einmal versucht, Diener Gottes mit frommen Gebeten und Versprechungen zum Narren zu halten?

Jeremia betete und wartete auf das Wort des Herrn für jene

Stunde. Vielleicht hatte Gott ja doch einen anderen Plan für das Volk. Nein, Gottes Plan hatte sich nicht geändert. Gott sagte ihnen, sie sollten sich nicht fürchten. Er sagte ihnen, sie sollten im Land bleiben und auf seine Fürsorge vertrauen. Aber Gott sagte seinem Diener auch, dass die Anführer Heuchler waren und dass er ihnen nicht trauen solle.

Glaube und Geduld gehen Hand in Hand (Hebr 6,12; 10,36): »Wer glaubt, wird nicht ängstlich eilen« (Jes 28,16).

> *»Feierliche Gebete, leidenschaftliche Gelübde sind nichts als nachgeplapperte Heucheleien, wenn nicht Herz und Verstand mit ihnen übereinstimmen.«*
> William Law

Jeremia 43

Alles, was Jeremia vorhergesagt hatte, ging in Erfüllung, und trotzdem nannten sie ihn einen falschen Propheten! Wenn du dich erst einmal entschieden hast, dem Herrn ungehorsam zu sein, findest du immer wieder Ausreden, um Gottes Wahrheit abzulehnen. Für Baruch und Jeremia muss es schmerzhaft gewesen sein, die Verleumdungen dieser hochmütigen Männer zu ertragen, Leute, denen sie viele Jahre lang geholfen hatten. Aber Jesus wurde genauso behandelt, also erfuhr Jeremia die »Gemeinschaft seiner Leiden« (Phil 3,10).

Gott behielt das letzte Wort: Ihre Reise nach Ägypten würde zum Todesmarsch werden. *Wir sind nirgendwo auf der Welt sicher, außer im Willen Gottes.* Das Heer, vor dem die Juden aus Judäa flohen, würde nach Ägypten kommen und über sie richten, denn niemand kann vor seinen Problemen davonlaufen.

Jeremia 44

Wie sollte Gott seine Kinder an den Ort bringen, an dem er sie segnen und sich an ihnen erfreuen kann? Er schickte ihnen seine

Diener, die ihnen das Wort verkündeten, aber sie wollten nicht hören. Er züchtigte sie durch eine Dürre, aber sie bereuten nicht. Dann ließ er zu, dass ihre Feinde sie demütigten, aber das Volk wollte dem Willen Gottes immer noch nicht gehorchen.

Vielleicht würde in Ägypten alles anders sein. Nein, die geografische Veränderung konnte ihre Herzen nicht verändern. Sie praktizierten ihren Götzendienst in Ägypten, verteidigten ihn sogar! Vor König Josias Reform, als sie sich vor Götzenbildern verneigt hatten, »hatten [sie] Brot in Fülle, und es ging [ihnen] gut, und [sie] sahen kein Unglück« (V. 17) – als ob diese Dinge beweisen würden, dass man das Richtige tut! Den Gottlosen mag es gut gehen, aber das berechtigt uns nicht zu sündigen.

Aus Gnade würde Gott einen kleinen Überrest aus seinem Volk retten. Die anderen würden in dem Land, das sie für so sicher hielten, getötet werden. Wachte Gott über sie? Ja, aber nicht um sie zu segnen (V. 27).

Jeremia 45

In diesem kurzen Kapitel geht es in erster Linie um Jeremias treuen Schreiber, Baruch, der die Prüfungen und das Leid des Propheten mit ihm teilte.

Es berichtet von einem Vorfall, der sich ereignete, nachdem Baruch zum zweiten Mal die Weissagung aufgeschrieben hatte, weil Jojakim das Original verbrannt hatte (Kap. 36).

Gott sieht deine Arbeit. Baruch muss sehr enttäuscht gewesen sein, als er hörte, dass alles, was er geschrieben hatte, in Rauch aufgegangen war. Wenn es dir so vorkommt, als wären deine Arbeit und dein Zeugnis vollkommen nutzlos, denk daran, für wen du das alles tust.

Gott weiß um deine Prüfungen. Baruch hätte ein leichteres Leben haben können, aber er hatte beschlossen, sich dem unbeliebtesten Mann im Land anzuschließen. Warum? Weil er an den Herrn glaubte und auf sein Wort vertraute.

Gott hört deine Worte. Wie alle Diener Gottes, machte auch

Baruch Schweres durch, als er das Gefühl hatte, alles würde zerfallen. Gott hörte in Baruchs Aufschrei ein gefährliches Verlangen nach »großen Dingen«. Was hätte aus Baruch doch für ein großer Mann werden können, hätte er sich nicht dem Propheten angeschlossen!

Gott gibt dir, was du brauchst. Stell dir vor, Baruch hätte im Königreich eine bedeutende Stellung eingenommen. Wo war denn das Königreich? Baruch war am Leben und hatte alles, was er brauchte, weil er zu Jeremia gehörte. Wenn du Großes begehrst, begehre es für Gott, nicht für dich selbst.

Baruch, ein ehrenwerter Diener

Baruchs Bruder Seraja war Beamter am Königshof (Jer 32,12; 51,59), somit hätte er ihm vielleicht zu einer guten Stellung verhelfen können; aber Gott hatte sich Baruch zum Diener erwählt und zum Diener seines Dieners. Hüte dich vor eigennützigen Ambitionen, die dem Willen Gottes zuwiderlaufen; womöglich verhilft Gott dir zum Erfolg! (Siehe Mt 20,20-28.)

Jeremia 46

Jeremia war ein Prophet für die Völker ebenso wie für Juda (1,5), und sein Buch endet mit Prophezeiungen für die Völker, angefangen mit Ägypten.

Josia, Judas letzter guter König, fiel in der Schlacht von Karkemisch gegen Ägypten (2Chr 35,20-27); aber diesmal würde Ägypten bei Karkemisch von den Babyloniern besiegt werden. Die Ägypter dachten, sie seien wie der Nil und sie würden aufsteigen, um den Feind zu überfluten, aber das würde ihnen nicht gelingen (V. 7-10).

In Gottes Augen waren die Ägypter kein mächtiger Fluss. Er sah in ihnen eine junge Kuh, die von der babylonischen Fliege gestochen werden würde (V. 20), und ihre Verbündeten waren wie gemästete Kälber auf dem Weg zur Schlachtung (V. 21; siehe auch

Vers 10). Die babylonischen Soldaten waren zahlreich wie Heuschrecken (V. 23-24) und Ägypten würde fliehen wie eine verängstigte Schlange (V. 22). Gott hat gesprochen!

Gott hatte eine Friedensnachricht für sein Volk in Gefangenschaft: Sie würden in ihr Land zurückkehren und sich ein neues Zuhause aufbauen (V. 27-28). Sie hatten eine liebevolle Maßregelung gebraucht, würden aber nicht vernichtet werden. »Ich werde dich retten ... Ich bin mit dir.« Was für ermutigende Worte. Nimm sie heute für dich in Anspruch!

Jeremia 47–48

Die Ägypter hatten Philistäa besiegt, aber die Babylonier würden sowohl Philistäa zerstören (Kap. 47) als auch Moab (Kap. 48). Das babylonische Heer würde sein wie die ansteigenden Fluten eines Flusses (47,2) und wie ein Schwert in der Hand des Herrn (47,6).

Moab war bekannt für seinen Stolz (48,29.42), deshalb musste Gott es erniedrigen. Sie verließen sich auf einen falschen Gott und vertrauten auf materiellen Reichtum (48,7), deshalb wurden ihr Gott gefangen genommen und ihre Besitztümer geraubt. Damit verloren sie alles, was ihnen ein Gefühl von Sicherheit gegeben hatte!

Moab war außerdem bekannt für seinen Wein. Aber die Krüge würden geleert und zerbrochen und das Volk würde betrunken werden vom Zorn Gottes (48,12.26.38). Die Babylonier waren Gottes »Weinarbeiter«, die den Moabitern zu einem für sie »neuen Geschmack« verhelfen sollten (48,11). Manchmal muss Gott uns aus einem Fass in ein anderes umschütten, um uns zu dem zu machen, was wir nach seinem Willen sein sollen.

Die Krüge waren zerbrochen (48,12), der Stab war zerbrochen (48,17) und sein Arm war gebrochen (48,25): »Ich habe Moab zerbrochen!« (48,38). Wäre Moab als zerbrochenes Volk *vor* den Herrn getreten, hätte es nicht *vom* Herrn zerbrochen werden müssen.

Jeremia 49

Die Ammoniter und Moabiter waren Nachfahren von Lot (1Mo 19,30-38) und Feinde der Juden. Milkom (Moloch) war der Gott der Ammoniter, der mit furchterregenden Orgien verehrt wurde, bei denen auch Kinder geopfert wurden. Sein Name bedeutet »König«, aber von nun an würde er nicht mehr regieren. Er würde in Gefangenschaft geführt werden und nicht in der Lage sein, sich selbst zu retten. So ergeht es eben den falschen Göttern.

Die Edomiter waren die Nachfahren Esaus, des Bruders von Jakob (1Mo 36), und auch sie hassten die Juden. Ihre große Weisheit fand Anerkennung (Ob 8), aber sie würde nicht ausreichen, um den Einfall des babylonischen Heers aufzuhalten.

Das Gericht, das ihnen bevorstand, würde sein wie die Ernte in einem Weinberg (V. 9), wie Trunkenheit (V. 12), wie die Zerstörung von Sodom und Gomorra (V. 18), wie der Angriff eines Löwen aus dem Dickicht am Jordan (V. 19) und der plötzliche Sturzflug eines Adlers (V. 22). Es gab kein Entkommen!

Damaskus würde schwach und ängstlich sein wie eine Frau in den Wehen (V. 24); und Kedar, Hazor und Elam würden wie Spreu im Wind verwehen (V. 32.38). All diese stolzen Königreiche fühlten sich sicher in ihrem Widerstand gegen den Herrn, und in seiner Geduld hielt er es lange Zeit mit ihnen aus. Aber nun hatten sie alle Gelegenheiten zur Umkehr verpasst, und Gott konnte sie nur noch richten.

Unser barmherziger Gott

Selbst im Zorn erinnert sich Gott an sein Erbarmen (Hab 3,2). Er gab den Juden Verheißungen (46,27-28) und auch den Moabitern (48,47), den Ammonitern (49,6) und dem Volk von Elam (49,39). Diese Nationen tauchten nicht wieder auf, als die Juden in ihr Land zurückkehrten, aber sie werden mit dabei sein, wenn der Herr bei der Wiederkunft Christi sein Volk wiederherstellt und sein Königreich errichtet.

Jeremia 50–51

Diese Weissagung empfing Jeremia im vierten Jahr von Zedekias Herrschaft, und Jeremia gab sie Baruchs Bruder Seraja mit nach Babylon, wo er sie öffentlich verlesen sollte (51,59-64). In der Heiligen Schrift steht Babylon für das weltliche System, das sich im Widerstand gegen Gott organisiert hat (1Mo 11,1-9; Offb 17–18).

Die Perser würden von Norden her kommen, Babylon besiegen und verwüstet hinterlassen (50,3). Babylon war Gottes Hammer gewesen (50,23), sein Kelch (51,7) und seine »Kriegswaffe« (51,20-23), mit der er sein Gericht über die sündigen Völker gebracht hatte; aber nun würde Babylon für seine eigenen Sünden bestraft werden, besonders für seinen brutalen Umgang mit Israel (51,34-35).

Durch diese ganze Prophezeiung hindurch gibt Gott seinem Volk, das immer noch in Gefangenschaft ist, Worte der Hoffnung. Sowohl Israel als auch Juda werden in ihr Land zurückgeführt werden (50,4-5). Das verstreute Volk wird gesammelt (50,6-7.17), und der sündigen Nation wird vergeben werden (50,19-20). Sie sind der Sünde schuldig, aber Gott der Richter wird für sie sprechen (50,33-34). Die verlassene Ehefrau wird wieder mit ihrem Gemahl vereint (51,5), und die Nation wird gerechtfertigt.

Wie wird all das geschehen? Durch die Kraft Gottes, der anders ist als die toten Götzen der Heiden (51,15-19). Sein Volk muss dem bösen System entfliehen (51,6.45-48) und sich voll und ganz für den Herrn absondern (2Kor 6,14-7,1; Offb 18,4).

Babylon ist immer noch eine öde Stätte, und diese Ruine erinnert uns daran, dass Gott Herr über die Nationen ist und Richter über die ganze Erde. Israel ist immer noch unter den Völkern, weil sein Gott der Schöpfer aller Dinge ist (51,19).

Jeremia 52

Am Anfang von Jeremias Prophezeiung stehen Gottes Worte: »Ich werde über meinem Wort wachen, es auszuführen« (1,12), und am Ende steht der Beweis, dass Gott gemäß seiner Ankündigung gehandelt hat. Dieses Kapitel entspricht 2. Könige 24–25 und auch Jeremia 39; und es schafft dir die Grundlage für deine Lektüre der Klagelieder.

Zedekia war ein Rebell, nicht nur gegen den König von Babylon, sondern auch gegen den Herrn; und er verlor beide Schlachten. Er führte seine Söhne und seine Anführer in den Tod und sich selbst in Dunkelheit und Knechtschaft (16,20-21). Die religiösen Führer, die Jeremia verfolgt hatten, wurden vom Feind getötet (V. 24-27).

Entgegen den Versprechungen der falschen Propheten wurde der Tempel geplündert (27,19–28,4). Die Mauern wurden abgerissen, die Stadt und der Tempel niedergebrannt. Gott würde eher seine eigene Stadt und sein Haus zerstören als zuzulassen, dass seine Kinder erfolgreich gegen ihn sündigen. Wenn sie ihm nicht gehorchen wollen, müssen sie ihn eben als Strafrichter ehren.

Das Volk wurde verschleppt und blieb siebzig Jahre in Gefangenschaft (25,1-14). Die Worte Jeremias waren in dieser schwierigen Zeit kostbar für sie, genauso wie Gottes Wort für sein Volk »im Exil« in dieser heutigen Welt kostbar sein sollte. Folge Jeremias gutem Beispiel und ernähre dich freudig von seinem Wort (15,16).

Klagelieder

Wie der Name verrät, ist dies eine Sammlung von »Trauergesängen«, verfasst von Jeremia nach der Zerstörung Jerusalems im Jahr 586 v. Chr. Sein Herz war gebrochen, und seine Klage sprach Gott aus seinem eigenen gebrochenen Herzen. Gott hatte sein Volk züchtigen müssen, und es hatte ihn tief betrübt, das zu tun.

Die Verse in den Kapiteln 1–2 und 4–5 richten sich nach der Reihenfolge der Buchstaben im hebräischen Alphabet. Kapitel 3 besteht aus 66 Versen und jede Dreiergruppe beginnt mit dem jeweils nachfolgenden Buchstaben. Der Wendepunkt in Jeremias Gefühlen findet sich in Kapitel 3, obwohl er hier und da Glauben und Hoffnung in seiner Klage zum Ausdruck bringt.

Sünde ist kostspielig, Gott muss Sünde bestrafen, aber Gottes Barmherzigkeit hört niemals auf. Dies sind die Kernaussagen der Klagelieder.

Klagelieder 1

Lohnt sich Sünde? Die Sünde verspricht dir, dich zu bereichern, aber am Ende beraubt sie dich des Guten, das der Herr dir geschenkt hat. Jerusalem war eine berühmte Prinzessin gewesen, nun war aus ihr eine einsame Witwe geworden und eine Sklavin (V. 1-2). Früher einmal hatte sie sich an ihrer Pracht erfreuen dürfen, aber nun war ihr Glanz vergangen (V. 6). Nichts war ihr geblieben, außer Erinnerungen (V. 7), und sich an die Vergangenheit zu erinnern, vergrößerte ihren Schmerz nur noch. Sich dem Herrn zu ergeben und sein Joch anzunehmen, hatte sie sich geweigert (Jer 27-28), dafür musste sie nun das Joch des Feindes tragen (V. 14; Jer 5,5).

Wen kümmert es? Niemand war da, der das Volk getröstet hätte (V. 2.9.16-17.21). Nicht einmal jene, die die Ruinen betrachteten, zeigten irgendeine Regung (V. 12). Aus Freunden, die sie früher gepriesen hatten, waren Feinde geworden, die sie verachteten (V. 2.8). Selbst der Herr war seinem Volk zum Feind geworden. Leute, die dich zum Sündigen ermutigen, werden dir im Leid den Mut rauben.

Kann irgendjemand Gott hinterfragen? »Der Herr ist gerecht«, aber sein Volk hatte sich gegen ihn aufgelehnt (V. 18.20). Lies das Kapitel noch einmal und beachte, mit welchen Worten die Sünde des Volkes beschrieben wird. Jeremia hatte sie gewarnt, aber sie hatten lieber auf die falschen Propheten gehört (2,14; 4,13). Gott ist heilig, und Sünden müssen bestraft werden.

Jene, die vorübergehen

Klagelieder 1,12 wird manchmal auf unseren Herrn Jesus am Kreuz bezogen. Außer einer kleinen Gruppe von Jüngern, die unter dem Kreuz stehen blieben, nahm niemand Anteil. Stattdessen verspotteten sie ihn und vergrößerten seinen Schmerz nur noch. Dennoch hat er es für dich und mich getan! Er bekam den Zorn Gottes über *unsere* Sünden zu spüren. Haben wir Mitleid mit denen, die leiden, oder gehen wir »an der entgegengesetzten Seite vorüber« (Lk 10,25-37)?

Klagelieder 2

Sünde bringt Zerstörung (5-6.8-9; Jer 5,6.10.17). Die Geschichte erzählt, dass Babylon der Feind war, aber Jeremia sagt, dass es Gott war (V. 4-5). Er überwachte die Zerstörung der Mauern und Verteidigungsanlagen (V. 5.8-9), des Tempels (V. 6-7) und der Menschen (V. 10-12). Babylon war nur seine Kriegswaffe (Jer 51,20-23).

Sünde bringt Schande (15-16). Die Vorbeigehenden bieten nicht nur keinen Trost (1,12), sondern beschämen Jerusalem zusätzlich (V. 15). Der Feind prahlt mit einem großen Sieg, gibt aber Gott nicht die Ehre. Dem gläubigen Überrest blieb nichts übrig, als auf Gottes Pläne zu vertrauen (V. 17) und ihn um sein Erbarmen anzuflehen (V. 18-20).

Klagelieder 3

Dieses Kapitel in der Mitte des Buches markiert den Wendepunkt in Jeremias Erleben von Trauer und Gebet. Als er *sich selbst betrachtete* (V. 1-18), sah er einen betagten Mann auf einem gewundenen Pfad in der Dunkelheit, der von Löwen verfolgt wird. Je mehr er über seine Gefühle nachdachte, umso größer wurde seine Hoffnungslosigkeit.

Dann hörte er auf, sich selbst anzusehen und richtete den Blick im Glauben *auf den Herrn* (V. 19-39). Nun kann er sagen: »Ich will hoffen« (V. 21). Warum? Weil Gott ihm so oft Gnade, Barmherzigkeit und Treue erwiesen hatte. »Denn nicht aus Lust plagt und betrübt er« (V. 33, Schlachter 2000; Hos 11,8-9) und »nicht für ewig verstößt der Herr« (V. 31). Gott macht es keine Freude, sein Volk züchtigen zu müssen; aber als liebender Vater muss er es tun (Spr 3,11-12).

Schließlich sah Jeremia *das Volk* an (V. 40-66) und rief es zu einer Zeit des Gebets auf und zum Sündenbekenntnis. Der »weinende Prophet« (V. 48-49) fleht das Volk an, Herzen und Hände zum Herrn aufzuheben und ihn um Vergebung und Erbarmen zu bitten.

Was tut Gott für seinen leidenden Knecht? »Du nahtest an dem Tag, als ich dich anrief; du sprachst: Fürchte dich nicht!« (V. 57). – Warte auf den Herrn (V. 25-28), und er wird zu dir durch sein Wort sprechen.

Ein neuer Tag

Wenn Gott uns »jeden Morgen neu« (Kla 3,23) sein Mitgefühl zeigt, hast du jeden Tag Anspruch darauf. Lass jeden Morgen für dich einen neuen Tag anbrechen. Fang noch einmal von vorne an, gleich wie oft du am Tag zuvor versagt hast. Wenn Gottes Gnadenerweise niemals ausbleiben, verlasse dich darauf, dass du sie im Laufe des Tages empfangen wirst. Er ist treu und seine Treue wird nie vergehen.

Klagelieder 4

Die schlimmste Zerstörung fügt die Sünde nicht Gebäuden zu, sondern Menschen. In Gottes Augen war sein Volk wie Gold und wertvolle Edelsteine, sein Eigentum (2Mo 19,5); aber nun waren aus ihnen billige Tongefäße geworden. Menschen, die an Luxusgüter gewöhnt waren, konnten nicht einmal das Nötigste zum Leben finden (V. 5). Die gesunden jungen Männer waren bloß noch wandelnde Leichen, die tot besser dran gewesen wären (V. 7-9). – Wenn du deinen Wert oder den anderer vermindern willst, wird dir die Sünde dabei helfen.

Am meisten hatten die Kinder zu leiden (V. 4.10; 2,20), so wie es den Kindern oft ergeht, wenn die Eltern sündigen. Und das alles geschah, weil die Anführer des Landes das Wort Gottes nicht befolgen wollten und lieber auf Irrlehrer hörten (V. 13; 2,14). Gottes Wort an Josua ist immer noch wahr (Jos 1,8), und der Herr hält sich immer noch an seine Verheißungen.

»Ich bin gegen die Sünde. Ich werde sie treten, solange ich Füße habe, und ich werde sie schlagen, solange ich meine Hände zu Fäusten ballen kann. Ich werde sie stoßen, solange ich einen Kopf habe. Ich werde sie beißen, solange ich Zähne habe. Wenn ich alt bin und weder Fäuste, noch Füße, noch Zähne habe, werde ich sie mit meinem Zahnfleisch bearbeiten, bis ich heimgehe in die Herrlichkeit und bis sie heimgeht in die ewige Verdammnis.«

Billy Sunday

Klagelieder 5

Erinnerung. Kapitel 4 enthält kein Gebet, aber nun betet das Volk zu Gott und formuliert seinen Vorwurf. Es hat seine Freiheit verloren, seine Freude und sein Erbe, und allein, um am Leben zu bleiben, muss es teuer bezahlen – alles wegen der Sünden seiner

Väter. – Gott weiß, was du brauchst und wird dich nicht vergessen (Jes 49,14-18).

Herrschaft. Das Volk hatte seine Krone verloren (V. 16), aber Gott saß immer noch auf dem Thron (V. 19). Die Niederlage Judas bedeutete nicht den Sieg für die falschen Götter Babylons! – Wie hoffnungslos die gegenwärtige Lage dir auch erscheinen mag, wie schwierig sie auch sein mag, Gott herrscht immer noch über dieses Universum, und er lässt dich nicht im Stich.

Erneuerung und Wiederherstellung. Wenn Gott dich züchtigt, beweist er dir damit, dass er dich liebt und nicht verlassen hat (Hebr 12,5-11). Eines Tages wird er dich aus dem Feuerofen holen und dir einen Neuanfang schenken. Aus dir wird ein neuer und besserer Mensch, wenn du seinen Willen bestimmen lässt.

Hesekiel

Während Jeremia dem Volk in Juda predigte, diente Hesekiel den Vertriebenen in Babylon. Er wurde im Jahr 597 v. Chr. mit der zweiten Deportationswelle nach Babylon geführt; und fünf Jahre später empfing er seinen Ruf in den Dienst (592 v. Chr.). Wie Jeremia war er ein Priester, der zum Propheten berufen wurde; und ebenfalls wie Jeremia sicherte er sich mit anschaulichen Predigten die Aufmerksamkeit seiner Zuhörer.

Das Buch ist in vier Abschnitte eingeteilt: (1) Hesekiel empfängt seine Berufung von Gott (Kap. 1–3); (2) Gottes Strafgericht über Jerusalem (Kap. 4–24); (3) Gottes Strafgericht über die Nationen (Kap. 25–32); und (4) Gottes Wiederherstellung seines Volkes (Kap. 33–48).

Hesekiel betont in seinen Prophezeiungen die Herrlichkeit Gottes und die Ehre des Namens Gottes. 67 Mal erscheint in diesem Buch die Aussage »Ich bin der HERR«, und mehrmals wird von Gott gesagt, dass Gott »um [seines] Namens willen« handelt, damit sein heiliger Name »nicht entweiht« werde. Hätte sich das Volk von Juda über die Ehre des Herrn Gedanken gemacht, hätte er es nicht vor den Augen seiner Feinde entehrt.

Hesekiel 1

Im Alter von dreißig Jahren, als er seinen Dienst im Tempel hätte beginnen können (4Mo 4,3), wurde Hesekiel von Gott dazu berufen, ihm als Prophet in Babylon zu dienen. Er war in Gefangenschaft, aber das hielt den Himmel nicht davon ab, sich zu öffnen, damit er die Herrlichkeit des Herrn sehen konnte (Offb 1,9ff).

Er erblickte Gottes Vorsehung (1-21). Die Vision zeigt, wie Gott in seiner Welt wirkt. Was für uns wie ein Sturm aussieht, ist das Werkzeug seiner Vorsehung, die Räder, die sich innerhalb der Räder drehen und die lebenden Wesen, die wie Blitze hin und her laufen. Das alles übersteigt unser Verstehen, aber nicht Gottes Macht. Römer 8,28 gilt nach wie vor!

Er erblickte Gottes Thron (22-27). Weit über dem Sturm, den Rädern, den Lebewesen und dem Firmament steht Gottes Thron, von dem aus er über alles herrscht. Es sah aus, als würde Nebukadnezar alles regieren, aber Gott saß immer noch auf seinem Thron: »Der HERR thront als König ewig« (Ps 29,10). Wenn du das nächste Mal einen Sturm zu durchstehen hast, schau hoch genug hinauf, sodass du Gottes erhöhten Thron sehen kannst.

Er erblickte den Regenbogen (28). Gewöhnlich kann man den Regenbogen erst sehen, wenn der Sturm vorbei ist (1Mo 9,8-17), und außerdem als einfachen Bogen. Hesekiel sah den Regenbogen während des Sturms, und er umschloss den Thron vollständig! Der Regenbogen als Symbol für Gottes Gnade versichert uns, dass der Herr mit uns ist und uns nicht verlassen wird, und das gilt besonders dann, wenn wir uns mitten in einem Sturm befinden.

Hesekiel 2–3

Auf das Sehen folgte das Hören, und so sollte es auch sein. Gottes Wort bleibt bestehen, auch wenn die Erinnerung an das Gesehene verblasst (2Petr 1,16-21). Hesekiel verfügte über alle Eigenschaften, die einen erfolgreichen Dienst für den Herrn ausmachen.

Er sah Gottes Herrlichkeit und fiel in demütiger Anbetung auf sein Gesicht (1,28). Nur eine Vision vom herrlichen Thron Gottes kann dich aufrechterhalten, wenn es auf deinem Weg schwierig wird.

Treue Wächter

Der Wächter hat eine verantwortungsvolle Aufgabe, denn das Leben kostbarer Seelen steht auf dem Spiel (Hes 3,16-21; 33,1-9). Der Wächter muss jede Gelegenheit wahrnehmen und darf sich nicht scheuen, die Alarmglocke zu läuten. Falsche Wächter sind treulos (Jes 56,10-12) und werden sich beim

Gericht für vieles verantworten müssen. Paulus war ein treuer Wächter, der von sich behaupten konnte, »dass ich rein bin vom Blut aller; denn ich habe nicht zurückgehalten, euch den ganzen Ratschluss Gottes zu verkündigen« (Apg 20,26-27).

Hesekiel stellte sich auf die Füße, wurde vom Geist Gottes erfüllt und hörte dem Wort Gottes zu (2,1-5). Er ernährte sich vom Wort und bekam dadurch, was er brauchte, um Gottes Wort zu verkünden (2,6–3,3). Darin war er wie Jeremia (Jer 15,16), Johannes (Offb 10,9) und Jesus (Mt 4,4).

Er war fest entschlossen, Gottes Willen zu tun (3,4-11; Jes 50,7; Lk 9,51). Sieben Mal sagt Gott ihm in diesem Buch, dass er sein Angesicht gegen etwas richt soll, weil Gott sein »Angesicht hart gemacht« hatte (3,8). Hesekiel war darauf angewiesen, dass Gottes Hand ihn stärkte (3,12-14). Er setzte sich zu den Leuten und teilte ihren Schmerz (3,15), und er wartete geduldig darauf, dass Gottes Wort zu ihm käme (3,16-23).

Als Gott sprach, ernannte er Hesekiel zum Wächter und wies ihn an, zu Hause zu bleiben und ruhig zu sein, bis er die Botschaft erhielt und den Auftrag, dass er sprechen sollte. Seine Einsamkeit und sein Schweigen sollten dem Volk Zeichen sein, dass Gott zornig war, weil sie sich seinem Wort widersetzten.

Hesekiel war bewusst, dass er zu einer schwierigen Zeit berufen worden war, eine schwierige Aufgabe unter einem schwierigen Volk zu verrichten hatte, aber dennoch gehorchte er dem Herrn. Er ahnte gar nichts von dem Preis, den er für sein Wächteramt würde bezahlen müssen, aber er blieb treu.

Hesekiel 4–5

Hesekiel begann seinen öffentlichen Predigtdienst mit vier »Anschauungspredigten«, die Gottes Gericht über Jerusalem ankündigten. Zuerst »spielte er Krieg« und demonstrierte damit die Belagerung der Stadt (4,1-3). Die eiserne Pfanne stand für die trennende Wand zwischen Gott und seinem Volk (Kla 3,43-44).

Nichts konnte Babylon mehr davon abhalten, die Stadt einzunehmen.

Dann lag er jeden Tag für einige Zeit gefesselt, 390 Tage auf der linken Seite und 40 Tage auf der rechten, um zu zeigen, wie viele Jahre Israel und Juda gesündigt hatten. Wie langmütig war Gott in diesen Jahren gewesen und wie hatten sie ihm das Herz gebrochen (6,9)!

Während dieser vierzehn Monate und zehn Tage musste sich Hesekiel Lebensmittel und Wasser einteilen, wie die Einwohner von Jerusalem es tun würden. Vergleiche Kap. 4,14 mit Apg 10,14. Obwohl er nicht als Priester diente, befolgte Hesekiel die priesterlichen Vorschriften. Zweifellos beobachtete man ihn Tag für Tag und erzählte sich von seinem merkwürdigen Verhalten, und so wurde seine Botschaft verbreitet.

Als viertes Zeichen rasierte er sich Kopf und Gesicht kahl, ein echtes Opfer für einen Juden. Das Haar stand für das Volk von Jerusalem, für das die Zukunft drei Möglichkeiten bereithielt: Tod durch Hunger, Tod durch das Schwert oder Zerstreuung unter die Nationen (5Mo 28,47-57). Aber ein gläubiger Überrest würde vom Herrn beschützt und gerettet werden.

Warum war Gott zornig auf sein Volk? Weil es gegen sein Gesetz rebellierte (5,6), seinen Tempel beschmutzte (5,11) und sogar mehr Abscheulichkeiten beging als die heidnischen Völker in der Umgebung (5,6-7). Sie verherrlichten Gott nicht, sondern nutzten stattdessen alle seine Segnungen, um ihre Sündhaftigkeit noch zu steigern.

Dreihundertneunzig Jahre sind eine lange Zeit, um andauernd in Sünde zu leben! Wir können uns über die Langmut des Herrn nur wundern (2Petr 3,1-9).

Hesekiel 6–7

Niedergang (6,1-7.11-14). So viel zu den Zeichen; nun hielt der Prophet zwei Predigten. Gottes Gericht würde über die Berge und Täler kommen, wo das Volk seiner Götzenanbetung nachging. Das ganze System würde zerstört werden und die Menschen mit ihm. Es war das Ende!

Buße (6,8-10). Aus Gnade würde Gott einen Überrest verschonen, der sich an ihn erinnern und für seine Sünden Buße tun würde. Die Sünde, die Gott das Herz bricht, sollte auch uns das Herz brechen.

Vergeltung (7,1-27). Viermal sagt Gott, dass er dem Volk seine Wege und Gräueltaten vergelten wird (7,3-4.8-9; siehe auch Gal 6,6-8). All die Dinge, auf die Juda vertraut hatte, würden ihm nicht helfen können, weder Geld (7,19), noch Götzen (7,20-22), noch ihre Anführer (7,23-27).

Es war das Ende: »Es kommt das Ende!« (7,2.3.6). »Sie werden erkennen, dass ich der HERR bin« (7,27).

Hesekiel 8

Die Kapitel 8–11 bilden zusammen eine Vision, die Gott Hesekiel gab: von der Verunreinigung des Tempels (Kap. 8), der Vernichtung des Volkes (Kap. 9) und vom Auszug der Herrlichkeit Gottes aus seinem Haus (Kap. 10–11). Die Vision belastete Hesekiel und führte ihn ins Gebet (9,8), und sie bereitete ihn auf seinen Verkündigungsdienst vor (11,25). – Gott wird eines Tages über unsere böse Welt Gericht halten. Zu welchen Handlungen motiviert dich dieses Wissen?

Was im Tempel geschah, deutete auf das hin, was im Volk geschah: Er wurde dem Götzendienst überlassen. Ein Götzenbild stand am Eingang und weitere Götzenbilder befanden sich im Innern. Männer und Frauen beteten offen Abgötter an, andere taten es »im Finstern« (V. 12), aber sie alle waren schuldig. Wenn die Sünde durch die Tür in das Leben eines Menschen eingetreten ist, schreitet sie allmählich in die inneren Räume vor und nimmt schließlich alles in Besitz. Denke über Sprüche 4,23 nach.

Diese Sünde brachte Gewalt über das Land (V. 17) und vertrieb Gottes Herrlichkeit aus seinem Haus (V. 6). Wie teuer uns doch die Sünde zu stehen kommen kann!

Hesekiel 9

Die Herrlichkeit Gottes zog aus dem Allerheiligsten aus und schickte sich an, den Tempel zu verlassen: »Ikabod – die Herrlichkeit ist von Israel gewichen!« (1Sam 4,19-22; Jer 7,1-15). Ohne die Herrlichkeit Gottes war der Tempel nur ein Gebäude unter vielen, und ohne die Gegenwart Gottes sind wir wie jedes andere Volk (2Mo 33,12-16).

Gottes Gericht beginnt bei seinem eigenen Volk (V. 6; 1Petr 4,17), denn größere Vorrechte bringen größere Verantwortung mit sich. Entweder richten wir selbst über unsere Sünden, oder Gott wird es tun (1Kor 11,31; LUT).

Sogar im Zorn bleibt Gott treu und rettet einen gläubigen Überrest, jene, die über die Sünden der Kinder Gottes »seufzen und stöhnen«. Gehörst du zu den »Seufzern und Stöhnern«? Leistest du wie Hesekiel für andere Fürbitte und bittest um Erbarmen?

Hesekiel 10

Der Thron (1). Wenn du nichts anderes tust als die Sünden des Landes zu betrachten, wird dich das am Ende sehr entmutigen. Mach es wie der Prophet: Richte den Blick weiter nach oben und empfange eine neue Vision vom Thron Gottes (Jer 17,12).

Das Feuer (2-17). Kohlen vom Altar reinigten Jesaja (Jes 6,6-7), und gleichzeitig brachten sie das Gericht über Jerusalem. Der Altar ist der Ort, an dem Sünden erlassen werden. Hätte die Nation Gott um Erbarmen ersucht und sein Wort befolgt, hätten die Kohlen Reinigung gebracht. Dennoch, selbst mitten im furchtbaren Gericht, drehten sich Gottes »Räder« weiter und er fuhr fort, an der Umsetzung seiner Pläne in der Welt zu arbeiten.

Die Herrlichkeit (18-22). Gott ist nicht bereit, seinen Ruhm mit Götzen zu teilen (Jes 42,8), deshalb musste er sein Haus verlassen. Seine Herrlichkeit entfernte sich durch das Osttor und verharrte kurz, um sich dann weiter zu entfernen (11,22-23). Wenn das Volk Gott nicht durch seinen Gehorsam ehren wollte, würde es ihm im Gericht Ehre erweisen.

Die Fülle des Geistes
In alttestamentlicher Zeit, kam der Geist Gottes vorübergehend aus bestimmten Gründen über Einzelne, aber Jesus versprach, dass der Heilige Geist auf ewig bei den Seinen bleiben würde (Joh 14,16). Gott nahm seinen Geist von König Saul (1Sam 16,14), und David betete, der Heilige Geist möge ihn nicht verlassen (Ps 51,11). Wir sollen dafür beten, dass wir den Geist nicht betrüben (Eph 4,30), nicht anlügen (Apg 5) oder auslöschen (1Thes 5,19), aber wir haben jeden Tag die Fülle des Lebens aus dem Geist und auch seinen Beistand (Eph 5,18ff).

Hesekiel 11

Der Kochtopf (1-13). Die Anführer in Jerusalem waren in zwei Punkten im Irrtum. Erstens stützten sie sich auf die falsche Gewissheit, dass ihnen nun, da die Verschleppung vorüber war, nichts Schlimmes mehr passieren konnte. Jerusalem war in Sicherheit. Der zweite Irrtum lag in der Überzeugung, sie seien »erlesenes Fleisch«, und die Menschen, die sie getötet hatten (die »Seufzer und Stöhner« aus 9,4), seien nur »Abfälle«. Stolz und falsche Gewissheit machten sie arrogant.

Aber Gott sah die Dinge anders. Die Getöteten waren das »erlesene Fleisch« und die Anführer der Stadt die »Abfälle«. Die boshaften Männer würden versuchen, dem Schwert zu entkommen, aber Gott würde ihnen »an der Grenze« begegnen. *Fast* würde ihnen die Flucht gelingen! Und dann würde die Stadt wirklich zu einem Kochtopf werden, wo Gott seinen Zorn ausschütten würde (Kap. 24).

Der Zufluchtsort (14-21). Der Überrest würde zwar aus der Stadt und vom Tempel weggeführt werden, aber die Gegenwart ihres Herrn konnten die Gläubigen nicht verlieren. Eines Tages würden sie wieder versammelt, erneuert und in ihr Land zurückgeführt. Es gibt immer Hoffnung.

Die Herrlichkeit (22-25). Das Gericht konnte nicht stattfinden, solange die Herrlichkeit Gottes in der Stadt weilte, deshalb stieg die Herrlichkeit hinauf auf den Ölberg. Diese Stelle entspricht Matthäus 23,38–24,3.

Wenn du in deinem Verhalten und in deiner Lebensführung alles daran setzt, Gott Ehre zu machen, brauchst du Gottes Gericht nicht zu fürchten.

Hesekiel 12

Wenn Menschen geistlich blind und taub werden, setzt Gott ungewöhnliche Mittel ein, um ihnen sein Wort verständlich zu machen. Hesekiel hielt zwei weitere »Anschauungspredigten«, um sie zu warnen, dass das Gericht kurz bevor stand. Der Prophet lebte die Botschaft, die er verkündete.

Was er am Morgen tat, stellte die Menschen dar, die ihre Habe zusammenpackten, um in die Gefangenschaft zu ziehen. Am Abend dagegen schilderte er König Zedekias vergeblichen Fluchtversuch. Gott wusste, was geschehen würde, und niemand konnte seine Pläne ändern.

Was Hesekiel während seiner Mahlzeiten tat, zeichnete ein Bild von den schrecklichen Dingen, die das Volk erleben würde, entgegen der Überzeugung, dass das Schlimmste vorüber sei. Die falschen Propheten behaupteten, Leute wie Hesekiel und Jeremia seien »Untergangspropheten« und dass sich ihre finsteren Weissagungen nicht erfüllen würden. Aber Gottes Wort ist immer wahr und erfüllt sich stets zur rechten Zeit.

Gott wird keine so merkwürdigen Dinge von dir verlangen wie von Hesekiel, aber können andere an deiner Lebensführung erkennen, dass du an die Wiederkunft Jesu glaubst und daran, dass er eines Tages die Welt richten wird (2Petr 3,10-18)? Ist dein Leben eine Anschauungspredigt und zieht die Aufmerksamkeit von Menschen auf sich, die für Gottes Wahrheit blind und taub sind?

Hesekiel 13

Falsche Propheten. Stell dir vor, du wirst berufen, gegen die Prediger zu predigen! Warum waren diese Propheten so gefährlich? Weil sie sich ihre Botschaften selbst ausdachten und sie nicht aus dem Mund Gottes empfingen. Statt Hirten zu sein, die treu die Herde anführten, verhielten sie sich wie Füchse, die von Unrat lebten. Geistlich gesprochen, waren die falschen Propheten religiöse Aasfresser und lebten in Ruinen, die sie selbst geschaffen hatten.

Falscher Friede. Mit solchen Worten hatte auch Jeremia gewarnt (Jer 6,14; 8,11), und das Volk hatte nicht auf ihn gehört. Obwohl er vor Gott auf der Flucht war, konnte Jona mitten im Sturm schlafen (Jon 1,5). Auf unsere Gefühle zu vertrauen, ist nicht dasselbe, wie Vertrauen von Gott zu empfangen.

Falsche Geborgenheit. Die Mauer mag noch so stark ausgesehen haben; den Sturm würde sie nicht überdauern. Gott wollte alles weiß *waschen* (Jes 1,18); die falschen Propheten dagegen *tünchten* alles weiß. Die einfachen Leute freuten sich über die tröstenden Worte der falschen Propheten; die »Seufzer und Stöhner« dagegen stimmten diese Worte traurig (V. 22).

Johannes versichert uns: »Eine größere Freude habe ich nicht als dies, dass ich höre, dass meine Kinder in der Wahrheit wandeln« (3Jo 4).

Hesekiel 14

Der Prophet hatte im Tempel von Jerusalem Götzenbilder gesehen (Kap. 8), aber nun sah er Götzenbilder in den Herzen der Ältesten in Babylon (V. 3.4.7). Gott hatte diese Männer gemaßregelt, indem er sie von Juda nach Babylon brachte, und er hatte ihnen Barmherzigkeit erwiesen, indem er ihr Leben verschonte; und doch konnte nichts sie zur Buße bewegen. Sie gaben vor, geistlich zu sein, indem sie Hesekiel befragten, aber Gott sah in ihre Herzen und sagte seinem Diener die Wahrheit (Hebr 4,13).

Die Gerechtigkeit Jesu
Sünder werden nicht durch ihre eigene Gerechtigkeit vor Gottes ewigem Zorn gerettet (Tit 3,4-7), sondern durch die Gerechtigkeit Jesu Christi, des Sohnes Gottes und Retters der Welt (Jes 53,6; 2Kor 5,21). Darüber hinaus sitzt er heute zur Rechten Gottes im Himmel und tritt für uns ein (Hebr 4,14-16; 1Jo 2,1-2). Das verschafft uns keinen Freibrief zum Sündigen, aber es ist ermutigend zu wissen, dass unsere Zukunft sicher ist, weil er für uns am Kreuz gestorben ist und weil er heute im Himmel immer noch für uns eintritt.

Seine Gnade, überreich;
Gilt sie allen Sündern gleich?
Ist es wahr, dass Gott mich liebt,
Mir auch schwerste Schuld vergibt?

Er, der Retter, der mich fand,
Reicht mir die durchbohrte Hand;
In Jesu Liebe, ja, fürwahr,
Bleibet Gott mir immer nah.

Frei nach »Depth of Mercy" von Charles Wesley

Das Gericht war unausweichlich: Hungersnot, wilde Tiere, Krieg und Pest (Offb 6,1-8). Noah rettete seine Familie (Hebr 11,7), Daniel seine Freunde (Dan 2); und Hiob betete für seine drei Freunde und befreite sie (Hi 42,7-10); aber *es gab niemanden, der durch Fürbitte Jerusalem retten konnte oder irgendjemanden, der dort lebte.* Die Rechtschaffenheit eines Menschen konnte nur ihn oder sie selbst retten und niemand anderen.

Wer im Herzen an der Sünde festhält, wird im Leben Sünde praktizieren (vgl. Mt 15,19). Ein gutes Gebet für uns alle steht in Psalm 139,23-24.

Hesekiel 15–16

Fruchtlosigkeit (15). Der Weinstock war ein vertrautes Symbol für Israel (Ps 80,9-14; Jes 5,1-7). Weinstöcke sind nur für zwei Dinge gut: Entweder sie tragen Frucht, oder sie werden verbrannt. Zum Bauen eignet sich das Holz des Weinstocks nicht, weil man es nicht gut schneiden und formen kann. Wenn der Weinstock keine Früchte trägt, ist er nutzlos, und so verhielt es sich auch mit Gottes Volk zur Zeit Hesekiels. Wenn du durch Glauben an Jesus Christus am Leben Gottes teilhast, lass dieses Leben offenbar werden durch die Frucht, die du zu seiner Ehre bringst.

Treulosigkeit (16). Nur durch seine Gnade und Liebe war Israel Jahwes Ehefrau. Sie hatte sich in einem erbärmlichen Zustand befunden, als er sie zu sich rief und befreite. Er überschüttete sie mit Geschenken, die sie jedoch benutzte, um geistlichen Ehebruch zu begehen, indem sie die Götzen anderer Völker anbetete. Sie war sowohl eine Ehebrecherin, die den Ehebund missachtete, als auch eine Hure, die andere bezahlte, damit sie mit ihr sündigten. Gottes Gericht kam über Sodom und Israel (Samaria, das Nordreich), aber das hielt Juda nicht davon ab, fröhlich weiter zu sündigen. Wen wundert es, dass Gott zornig wurde und das Volk bestrafte.

In Römer 7,4 bezieht Paulus diese beiden Bilder auf Gläubige: Wir werden »einem anderen zu eigen, nämlich dem, der aus den Toten auferweckt worden ist, damit wir Gott Frucht bringen« (Schlachter 2000). Jesus Christus fordert unsere ungeteilte Hingabe in unserer Beziehung der Liebe zu ihm (2Kor 11,2-3).

> *»Herr, lass mein Leben nicht nutzlos vergehen.«*
> John Wesley

Hesekiel 17

Gott benutzte Sinnbilder, um Interesse und Aufmerksamkeit zu wecken. Zu demselben Zweck benutzte Jesus Gleichnisse (Mt

13,10-17). – Der große Adler (Nebukadnezar) kam nach Jerusalem (Libanon) und brachte den obersten Zweig aus dem Wipfel einer Zeder nach Babylon (König Jojakim). Er ließ etwas vom Samen zurück (König Zedekia), aus dem ein niedriger Weinstock wuchs. Zedekia schloss einen Bund, der ihn zur Loyalität gegenüber Babylon verpflichtete, aber dann brach er ihn (V. 15.16.18) und bat Ägypten um Hilfe (V. 7-8; Jer 37) Mit welchem Ergebnis? Der König von Babylon würde zurückkommen und den niedrigen Weinstock Juda zerstören (V. 9-10).

Die Zeder steht für die davidische Dynastie: Eines Tages wird Gott einen niedrigen jungen Zweig aus Davids Linie nehmen (Jesus Christus) und mit ihm sein herrliches Reich gründen (Jes 11,1-9). Aber bevor er in diese Herrlichkeit eintreten kann, muss er für die Sünden der Welt sterben.

»O, lasset uns anbeten, Christus, unsern Herrn!«

Hesekiel 18

Hast du Gott schon jemals vorgeworfen, er sei unfair? Die Juden taten das (V. 25.29-30) und zitierten ein bekanntes Sprichwort als Beweis, dass sie Recht hatten (V. 2; Jer 31,29-30). Warum sollten die Kinder leiden für Sünden, die ihre Väter begangen hatten? Ist Gott nicht ungerecht, wenn er die Kinder für die Sünden der Väter bestraft?

Aber das tut Gott nicht, und er findet auch keinen Gefallen daran, Menschen zu bestrafen (V. 23.32). Er würde mit Freude Sündern vergeben, wenn sie nur zu ihm umkehrten. Gott richtet *Einzelne* – unabhängig davon, was ihre Vorfahren getan haben (V. 4.20). Du kannst dich weder auf die Rechtschaffenheit deines Vaters berufen, noch kannst du für die Sünde deines Vaters bestraft werden. Allerdings kannst du *durch* die Sünde deines Vaters bestraft werden, aber das steht auf einem anderen Blatt (5Mo 5,9).

Strafe für Sünden
Gott bestraft die Unschuldigen nicht anstelle der Schuldigen außer im Fall seines eigenen Sohnes. Am Kreuz nahm Jesus die Strafe für deine Sünden auf sich. Gott hat keinen Gefallen am Tod der Gottlosen, und doch »gefiel es dem HERRN, ihn zu zerschlagen« (Jes 53,10), »denn es hat auch Christus einmal für Sünden gelitten, der Gerechte für die Ungerechten, damit er uns zu Gott führe« (1Petr 3,18).

Hesekiel 19

Jeremia war nicht der einzige Prophet, der Totenklagen geschrieben hat. Diese hier schrieb Hesekiel fünf Jahre vor dem Fall Jerusalems. Er gebrauchte zwei bekannte Bilder für das Volk, um über das Schicksal seiner Könige zu sprechen.

Die Löwin (1-9). Der Löwe ist der König der Tiere und Hesekiel sprach mit damit sinnbildlich über die Herrscher des Landes: über Joahas (V. 2-4; Jer 22,11-12), der in Ägypten starb; und über den zu der Zeit regierenden König, Zedekia (V. 5-9), der geblendet und nach Babylon gebracht wurde (Jer 39). Keinem von Judas »Löwenjungen« gelang es, das Land zu retten, weil sie sich alle dem Wort Gottes widersetzten.

Der Weinstock (10-14). Diesem Bild für Israel sind wir nun schon mehrmals begegnet. Vorher hatte der Prophet *über* Zedekia gesprochen, aber jetzt spricht er *zu* Zedekia und sagt ihm, dass der schöne, prächtige Weinstock vom Ostwind verdorrt (V. 12; 17,10), ausgerissen und in Babylon wieder eingepflanzt wird. Das würde das Ende von Davids Linie bedeuten; es würde keinen starken Zweig geben, aus dem man ein Zepter machen könnte – bis zur Geburt Jesu Christi, des Sohnes Gottes (Mt 1,1; Lk 1,30-33). Das Zepter wird aus Juda kommen (1Mo 49,8-10). – Wenn es so aussieht, als ob der Mensch sein Schlechtestes gegeben hat und alles verloren ist, denke daran, dass Gott immer das letzte Wort hat – und sein »Letztes Wort« ist sein Sohn, Jesus Christus (Hebr 1,1-2).

Hesekiel 20

Geschichte (1-32). In seiner Botschaft an die jüdischen Ältesten blickt Hesekiel auf die Geschichte des Volkes zurück: der Auszug (V. 1-9), die Wüstenwanderung (V. 10-17) und die Eroberung des Landes (V. 18-32). Er weist besonders auf zwei Tatsachen hin: Erstens hatte sich die Nation immer wieder der Rebellion gegen den Herrn schuldig gemacht (V. 8.13.21), und zweitens handelte der Herr wie eh und je um seines Namens willen (V. 9.14.22). Er hätte das Volk mit Leichtigkeit vernichten können, aber was hätten die Heiden sich über den Gott Israels erzählt?

Hesekiel 21

Jeremia nannte Babylon Gottes Kriegswaffe (Jer 51,20-23), und Hesekiel nennt Babylon Gottes Schwert. (Das Wort *Schwert* kommt in diesem Kapitel fünfzehn Mal vor.) Gott zog das Schwert aus seiner Scheide (V. 1-7), bereitete es für den Gebrauch vor (V. 8-17) und richtete es gegen Jerusalem (V. 18-27) und Ammon (V. 28-32). Die Ammoniter hatten sich mit Juda gegen Babylon verbündet, waren aber nicht erobert worden. Dennoch kam letztlich das Gericht auch über sie.

Gott gebraucht Ungläubige, um seine Ziele in Erfüllung zu bringen, und kann sich dabei sogar über ihre heidnische Art, Entscheidungen zu treffen, hinwegsetzen (V. 23-28; Spr 16,33). Gottes Kinder befolgten seinen erklärten Willen nicht, aber die heidnischen Völker gehorchten Gott und waren sich dessen nicht einmal bewusst. Was für ein Paradox!

Die Reaktionen des Propheten auf diese Nachricht erweckten die Aufmerksamkeit der Leute, denn er stöhnte laut (V. 11-12) und heulte (V. 17). Wie reagierst du auf die Botschaft vom kommenden Gericht Gottes (2Petr 3,10-18)?

Hesekiel 22

Vier Bilder ragen in diesem Kapitel heraus.

Der Gerichtshof (V. 1-16). Der Prophet wurde zum Staatsanwalt, als er Juda wegen seiner Sünden anklagte und bewies, dass die Anführer und gleichermaßen auch die gewöhnlichen Leute sich schuldig gemacht hatten, indem sie das Gesetz Gottes brachen.

Der Schmelzofen (V. 17-22). Tatsächlich würde Jerusalem wie ein Schmelzofen werden, wenn die babylonische Armee um die Stadt herum lagerte. Aber in der Stadt war kein gutes Metall mehr übrig; nur noch Schlacke. Die Nation war durch die Sünde minderwertig geworden.

Der Urwald (23-27). Die Propheten waren wie Löwen und die Fürsten wie Wölfe; alle kämpften sie darum, vom Volk zu bekommen, was sie konnten. Wie die Tiere machten auch die Priester keinen Unterschied zwischen dem Heiligen und dem Unreinen (Mt 7,6).

Die Mauer (28-31). Mit ihren falschen Visionen und Botschaften übertünchten die Propheten die Sünden des Volkes und deckten seine Schwächen zu. (Siehe Hes 13.) Gott ist immer noch auf der Suche nach Menschen, die nicht nur starke Mauern bauen, sondern *selbst zu Mauern werden,* indem sie in der Stunde der Gefahr in den Riss treten.

Die in den Riss treten

In der Geschichte Israels erweckte Gott immer wieder »Risstreter«, die bereit waren, die Bresche zu schließen und damit das Gericht fernzuhalten. Mose und Pinhas gehörten dazu (Ps 106,23.30), und auch Josef (Ps 105,17) und Samuel (1Sam 3). Hätte das Volk Jeremias Botschaften beherzigt, hätte Gott es verschont, aber sie wollten einfach nicht gehorchen. Heute braucht Gott »Risstreter«, die den Mut haben, einzustehen für das, was richtig ist, auch wenn sie allein stehen müssen.

Hesekiel 23

Weil das jüdische Volk mit Jahwe vermählt war, bedeutete Götzendienst nichts anderes als Untreue. Die Juden gaben sich fremden Göttern hin und begingen Hurerei und Ehebruch. Deswegen brachte Gott sein Strafgericht über sein Volk.

Ohola (»ihr Zelt«) steht für Samaria, das Nordreich; und Oholiba (»mein Zelt ist in ihr«) für das Südreich Juda. Die Samaritaner hatten sich ihre eigene Religion ausgedacht, aber Gott wohnte in Juda wegen seines Bundes mit David. Was sie in seinem Tempel taten, schmerzte ihn sehr (V. 36-39; 1Kor 6,19-20). Gott richtete die Samaritaner im Jahr 722 v. Chr., indem er zuließ, dass die Assyrer sie gefangen nahmen, aber Juda zog keine Lehre daraus. Das Volk von Juda hielt an der Sünde fest, deshalb musste Gott es bestrafen.

Wenn Gott über die Sünde anderer richtet, sage nicht: »Das kann mir niemals passieren! Ich kann mit meiner Sünde davonkommen!« Gott wartet darauf, dass wir Buße tun, und wir dürfen seine Geduld nicht auf die Probe stellen (Pred 8,11). Am Ende bestrafen uns unsere Sünden, und dann lernen wir von neuem, dass Gott Herr ist (V. 49). Gott erwartet, dass seine Braut sich ihm mit ungeteiltem Herzen hingibt (2Kor 11,1-4; Jak 4,1-10).

Hesekiel 24

Der Tod einer Stadt. Hesekiel war weit weg in Babylon, und doch wusste er, was in Jerusalem passierte (Am 3,7; Joh 15,15). Das Gleichnis vom Kochtopf (11,3) offenbarte die Gottlosigkeit der Stadt. Während das Feuer des Gerichts heißer wurde, kam nur der Abschaum zum Vorschein, und dann wurden der Topf und sein gesamter Inhalt vernichtet. Dies geschah am 15. Januar des Jahres 588 v. Chr., als Nebukadnezar begann, Jerusalem zu belagern.

Der Tod einer Ehefrau. In den Jahren seines Dienstes hatte Hesekiel einen Preis bezahlen müssen, indem er einige seiner Predigten »anschaulich darstellte« (Kap. 12), aber keine davon war ihn so teuer zu stehen gekommen wie diese. – Die Art, wie du dein Leben führst, ist die größte Predigt, die du jemals halten wirst. – Die Stadt Jerusalem war die Freude der Juden, aber sie würde begraben werden – *und genau das verdiente das Volk.* Am Morgen sagte Hesekiel den Leuten, dass seine Frau sterben würde, so wie er ihnen auch jahrelang gesagt hatte, dass ihre geliebte Stadt zerstört werden würde. In den Abendstunden wurden seine Worte wahr.

Wenn die Menschen trauern wollten, hätten sie lieber über ihre Sünden trauern sollen als über den Verlust ihrer Stadt und ihres Tempels. Aber dafür war es nun zu spät. Sie hätten diesen Rat befolgen sollen: »Sucht den HERRN, während er sich finden lässt!« (Jes 55,6).

Hesekiel 25

Gottes Gericht beginnt bei seinem Volk (Hes 9,6). Wenn *sein Volk* schon für seine Sünden bestraft wird, wie wird es dann erst denen gehen, die den Herrn nicht kennen (1Petr 4,17-18)?

In Kap. 25–32 beschreibt Hesekiel Gottes Gericht über die heidnischen Nationen um Juda herum. Die Juden hatten gegen Gottes Liebe und Gesetz gesündigt, aber die heidnischen Völker hatten gegen Gottes Volk gesündigt. Beachte, wie oft die Worte »darum«, »denn« und »weil« vorkommen; Gottes Gerichte sind begründet.

Die Ammoniter freuten sich, weil Juda gefallen und das Volk in Gefangenschaft war (V. 1-7), deshalb versprach Gott, sie zu zerstören. Moab (V. 8-11) behauptete, die Juden seien wie jede andere Nation (20,32), und das bedeutete, dass Ammon keine Ehrfurcht vor Jahwe hatte. Er war für Ammon genau wie die Götzen der anderen Völker! (Siehe Ps 115.)

Die Edomiter (V. 12-14) halfen den Babyloniern sogar, statt den Juden beizustehen, die ihre Verwandten waren (Ps 137,7; Ob 11-14). Die Philister sahen eine Gelegenheit, es den Juden endlich heimzuzahlen und ihrem Hass auf Gottes Volk Luft zu machen.

Auch wenn Juda gesündigt hatte, war es immer noch Gottes Volk. Gott steht nicht für unsere Sünden ein, *aber er ist bereit, sein Volk zu verteidigen, und niemand von außerhalb darf uns ohne seine Erlaubnis anrühren.* Wenn Gott züchtigt, tut er das aus Liebe, während menschliche Rache aus Hass entsteht. Das erklärt Davids Gebet in 2. Samuel 24,14.

»Helft ihm wieder zurecht«
Wie ist deine Haltung gegenüber Gläubigen, die von Gott gezüchtigt werden oder die Folgen ihrer Sünden erleiden? Betest du für sie und ermutigst sie, den Herrn zu suchen und sich seinem Willen zu fügen, oder trägst du dazu bei, dass es ihnen noch schlechter geht? Denke über folgende Schriftstellen nach: Galater 6,1-5; Hebräer 12,12-17 und Matthäus 7,12.

Hesekiel 26–28

Das Gericht über die stolzen und reichen Städte Tyrus und Sidon ist Thema dieser Kapitel und wird in drei sehr anschaulichen Bildern beschrieben.

Ein Felsen wird abgeschabt (26). Die Stadt Tyrus schien unbezwingbar, aber Nebukadnezar würde sie belagern und im Jahr 332 v. Chr. würde Alexander der Große sie von der Erde hinwegfegen. Tyrus würde zu einem kahlen Felsen werden, ein Ort, auf dem man nur noch Fischernetze zum Trocknen auslegen konnte (V. 4.14). Welch ein Schlag ins Gesicht der stolzen Bürger!

Ein Schiff sinkt (27). Hesekiel beschreibt Tyrus als schönes und teures Schiff, das mit Reichtümern beladen war und dessen Wohlstand durch den Handel mit allen anderen Nationen wuchs. Aber das Schiff würde zerbrechen und sinken und alle Kaufleute würden den Verlust ihres großen Reichtums beklagen. Was für ein Schlag ins Gesicht des Habgierigen!

Ein König wird entthront (28). Der König von Tyrus hielt sich für Gott, und sein Herz war vor Stolz erhoben. Sicher hatte Satan hier seine Hände im Spiel (1Mo 3,5). Möglicherweise spricht Gott in V. 11-19 sogar zu Satan, denn die Beschreibung passt genau. Der Stolz erhöhte ihn und Gott stürzte ihn in die Tiefe. Was für ein Schlag ins Gesicht dessen, der so dumm gewesen war, Gottes Platz einnehmen zu wollen!

Hesekiel 29–32

In diesen Kapiteln geht es um Ägypten, die Nation, der die Juden vertrauten, statt ihr Vertrauen auf den Herrn zu setzen (Jes 30,1-7; 31,1-3). In vier Bildern stellt Hesekiel detailliert das kommende Gericht über Ägypten dar.

Ein Ungeheuer wird eingefangen (29). Der König von Ägypten hielt sich für ein großes Ungeheuer, das seinen königlichen Fluss bewachte, aber Gott sagte ihm, dass er nur ein schwaches Schilfrohr in diesem Fluss war (29,6-7). Gott würde das Ungeheuer einfangen und dem Pharao zeigen, dass der Nil in Wahrheit ihm gehörte und er damit tun konnte, was ihm gefiel. Die Babylonier würden kommen und Ägypten plündern, und der Pharao würde sie nicht davon abhalten können.

Ein Arm wird gebrochen (30). Gott würde Pharao den Arm brechen und ihn wieder heilen lassen, aber die Arme Nebukadnezars würde er stärken und ihm den Sieg über Ägypten und seine vielen Verbündeten schenken. Nie wieder würde Gottes Volk sich hilfesuchend an Ägypten wenden.

Ein großer Baum wird gefällt (31). Diese Botschaft war für den Pharao bestimmt, der dachte, seine Nation sei unzerstörbar. Assyrien hatte das auch einmal von sich angenommen, aber Gott hatte sie eines Besseren belehrt. Gott würde den Pharao für seinen Stolz maßregeln, sein Volk fällen und es in den Scheol werfen (V. 15.17).

Tiere werden in Fallen gelockt (32). Ägypten war stark und lebhaft wie ein junger Löwe, aber die Nation würde Gott ins Netz gehen und in die Grube fallen wie alle anderen großen Nationen jener Epoche.

Denke immer daran, dass Gott König ist und über die Nationen herrscht, wie es ihm gefällt. Mit allem, was er tut, verfolgt er ein großes Ziel: Die Nationen sollen erkennen, dass er Herr ist (29,6.9; 30,8.19.26). Wenn Völker und Herrscher anfangen, sich für Götter zu halten, muss Gott sie daran erinnern, dass er allein der Gott der ganzen Welt ist. Nebukadnezar selbst musste diese Lektion lernen (Dan 4).

Hesekiel 33

Gott warnt (1-11). Gott hatte Hesekiel zum Wächter ernannt (3,16ff), aber nun sollte das Volk in jedem Gebiet seine eigenen Wächter ernennen. Die drei Schlüsselworte sind *Schwert, Horn* und *Blut*. Wenn du das Schwert kommen siehst, blas ins Horn und warne das Volk; andernfalls wird ihr Blut an deinen Händen kleben (Apg 20,26-27). (Siehe Spr 24,10-12.)

Gott ist fair (12-20). Sieh dir noch einmal Kapitel 18 an, wo Hesekiel Gottes kommendes Gericht über sein Volk als fair verteidigt. Hier ruft er zur Umkehr, denn Gott will, dass wir alle mit gebrochenem und reuigem Herzen vor ihn treten (Ps 51,17). Wir sollten nicht über Gott richten, sondern ihm erlauben, über uns zu richten. (Siehe Mi 7,18-19; Hebr 10,11-18.)

Gott richtet (21-29). Sieben Jahre lang hatte der Prophet geschwiegen, außer wenn er eine Botschaft zu verkünden hatte (3,26). Seine Worte über Jerusalem hatten sich erfüllt, und nun konnte er sich wieder normal an Gesprächen beteiligen. Allerdings hatten seine ersten Worte mit den Sünden der Nation zu tun! Wie konnten die Menschen Gott als unfair bezeichnen, nachdem sie so sehr an Gottes Gesetz schuldig geworden waren?

Gott sieht das Herz (30-33). Wie kann man die Warnrufe eines Wächters als »Liebeslied« bezeichnen? Sie nahmen Gottes Wort nicht ernst; andernfalls hätten sie es befolgt (Jak 1,21-27). Es ist ein Unterschied, ob man dem, der einem Gottes Wort verkündet, Komplimente macht oder seinem Dienstherrn gehorcht. (Siehe Jes 29,13; Mt 15,8-9.)

Hesekiel 34

Der Wächter dient dem Volk in Zeiten der Gefahr, der Hirte aber kümmert sich Tag für Tag um seine Schafe; und wir brauchen sie beide. Von den politischen und geistlichen Anführern wurde erwartet, dass sie sich wie Hirten um das Volk kümmerten, indem sie es ernährten, einten und vor Feinden schützten. Aber Israels Anführer beuteten die Herde aus, um sich selbst zu ernähren, zerstreuten die Herde und waren nicht in der Lage, die Herde vor Gefahr zu schützen. In Apostelgeschichte 20 erscheint uns Paulus als Vorbild für treuen Hirtendienst.

Eines Tages wird Gott sein Volk suchen und in sein Land zurückbringen, und er selbst wird sein Hirte sein. Beachte die »Ich werde«-Aussagen in dieser Botschaft. Auch heute können sie unseren Herzen Zuversicht schenken.

Heute ist Jesus Christus der Große Hirte der Schafe (Hebr 13,20-21) und er sorgt für die Seinen. Er lässt »Regengüsse des Segens« auf das trockene Land fallen und verwandelt es in einen Garten (V. 26.29). Was macht es doch für einen Unterschied, wenn der Herr die Leitung übernimmt!

Hesekiel 35

Gott verkündete seinen Segen für Jakob, aber für Edom, die Nachfahren von Jakobs Bruder Esau, kündigte er ein Strafgericht an (25,12-14). Die Edomiter hatten sich einiger Sünden schuldig gemacht, die heute immer noch begangen werden.

Hass (5). Ihr Groll hatte in 1. Mose 27 seinen Ursprung und sie waren immer noch nicht bereit, zu vergeben und zu vergessen. Wie tragisch, dass diese Brüder nicht einträchtig beieinander wohnen konnten (Ps 133)!

Groll

Manche Leute hegen einen Groll so fürsorglich wie eine Mutter ihr Kind umsorgt: Sie lieben ihn, nähren ihn und können nicht ohne ihn leben. Dabei vergessen sie, dass das Kind heranwächst und sich vielleicht eines Tages gegen sie wendet und sie zerstört. Ein Groll gegen einen Feind kommt dich sehr teuer zu stehen, ganz gleich wie viel Freude es dir macht, ihn zu hegen. Denke über Matthäus 5,21-26 und 43-48 nach.

Wut und Neid (11). Wenn du andere hasst, beneidest du sie um ihre Segnungen und wirst wütend, wenn sie Erfolg haben. Die

Edomiter zeigten ihre Wut, indem sie den Babyloniern bei der Verwüstung Jerusalems zur Seite standen (Ob 10-14). Bist du neidisch, wenn andere Erfolg haben, und glücklich, wenn sie versagen? Dann hegst du vielleicht einen Groll. Die Strafe, die du deinem Feind wünschst, könnte dich selber treffen (V. 15)!

Stolz (12). Die Edomiter prahlten mit ihrer großen Sicherheit zwischen den Felsen (Ob 1-4), aber Gott würde sie zu Fall bringen und demütigen (Jer 49). Gott widersteht noch immer den Stolzen – ob bei Nationen oder Einzelnen – aber den Demütigen schenkt er Gnade (1Petr 5,5).

Hesekiel 36

Von diesem Kapitel an stellt der Prophet die Neubesiedlung des Landes, den Wiederaufbau des Tempels und die Wiederherstellung des Königreiches zur Ehre Gottes in den Mittelpunkt.

Aus Gnade wird Gott das Land aus der Verwüstung heraus in die Freude führen (V. 33-36), und sein Volk wird er aus der Zerstreuung in die Wiedervereinigung (V. 24) und aus der Verunreinigung in die Reinheit (V. 25-29) führen. Gott wird die Schande von seinem Volk nehmen und seinem Namen große Ehre machen (V. 20-23). »Ich will mich zu euch wenden!«, sagt der Herr (V. 9) und: »Ist Gott für uns, wer kann gegen uns sein?« (Röm 8,31).

Sünde bekennen

Es ist ein Unterschied, ob man Sünde nur *zugibt* oder ob man sie *bekennt*. Wenn wir dem Herrn unsere Sünden aufrichtig bekannt haben, verachten wir sie und lassen sie hinter uns; nur der Gedanke daran erzeugt schon unsere Abscheu gegen sie (Hes 36,31; siehe auch 6,9). Wenn dir aber die Erinnerung an deine Sünde angenehm ist und es dir Freude bereitet, sie hin und wieder zu »kosten« (Ps 10,7), hast du sie dem Herrn nicht wirklich bekannt. Ein unaufrichtiges Bekenntnis ist schlimmer als gar kein Bekenntnis.

Hesekiel 37

Auferstehung (1-14). Die Nation schien keine Hoffnung mehr zu haben und lag da wie eine Armee von Skeletten in der Wüste. Aber Gott kann durch sein Wort (V. 4.7) und durch seinen Geist (V. 14; das hebräische Wort für »Atem« bedeutet auch »Geist«) Leben schenken. Eines Tages wird die Nation Israel geistlich wieder zum Leben erweckt, und sie wird ihren Gott erkennen.

Versöhnung (15-28). Die tote Nation wird Leben empfangen, aber damit nicht genug: Die geteilte Nation wird in einem Friedensbund wieder vereint. Es wird kein »Ephraim« und »Juda« mehr geben, sondern *eine* Nation mit *einem* König und *einem* Tempel.

Nach Epheser ist Gott heute dabei, dies zu bewirken. Er erweckt verlorene Sünder von den Toten (Eph 2,1-20) und führt Heiden und Juden zusammen in einen Tempel (Eph 2,11-22). Diese geistlichen Wunder ereignen sich, wenn du und ich das Leben spendende Wort in der Kraft des Heiligen Geistes an andere weitergeben.

Der Atem des Lebens

Der Atem Gottes wurde dem Menschen bei der Schöpfung eingehaucht (1Mo 2,7), dem Wort, als es geschrieben wurde (2Tim 3,16), und die Jünger wurden von Jesus damit angehaucht, um sie für ihren Verkündigungsdienst zu bevollmächtigen (Joh 20,22). Eines Tages wird er über Gottes erwähltes Volk hinwegfegen und eine neue Nation aus ihm machen. In der Zwischenzeit will Gott seiner Gemeinde den »Wind der Erweckung« senden; und das wird er, wenn wir sein Wort ehren, beten und uns nach dem Geist Gottes richten.

Hesekiel 38–39

Gottes Volk wird Feinde haben bis zu dem Tag, an dem Gott sein Reich errichtet. Diese beiden Kapitel beschreiben ein Bündnis zwischen zwei heidnischen Nationen in der Endzeit (38,16), die

Israel angreifen, wenn es friedlich in seinem Land lebt (38,14). Gott wird die Eindringlinge mit einem Erdbeben (38,19-20) und einem Sturm besiegen und indem er unter den Feinden Verwirrung stiftet, sodass sie sich gegenseitig umbringen (38,21).

Warum tut Gott das? Damit die Völker wissen, dass er der Herr ist (39,6) und dass sein Name heilig ist (39,7), und damit Israel erkennt, dass er sein Gott ist (39,21ff). Indem er sie bestrafte, verbarg Gott sein Gesicht (V. 23-24), aber jetzt wird er sich ihnen offenbaren und sie werden seinen Geist empfangen (V. 29).

Für Gottes Volk wird der Tag kommen, an dem alle seine Feinde besiegt werden, an dem es von allen Sünden reingewaschen wird und an dem jeder Gläubige an der herrlichen Herrschaft des Gottessohnes teilhaben wird. Was für ein Tag!

Hesekiel 40–43

Die Stadt Jerusalem und der Tempel waren zerstört, das Land war von den Babyloniern eingenommen worden, und das Volk war zum Teil zerstreut, zum anderen Teil weggeführt worden. Sie hatten schon bessere Zeiten erlebt. Aber Hesekiel tat, was Gottes Kinder in Zeiten der Prüfung immer tun sollen: Er sah voraus in die herrliche Zukunft, die Gott für sie bereithielt. Eines Tages würde das zerstreute und beschmutzte Volk wieder vereint und gereinigt. Das Land würde wieder schön und fruchtbar sein, und eine neue Stadt würde entstehen, außerdem ein neuer Tempel und eine neue Priesterschaft, die dem Herrn in Heiligkeit dienen würde.

Diese Vision von einem herrlichen Land und Tempel sollte den Menschen verkündet werden (40,4), damit sie ihre Sünden bereuten (43,10). Heute verstehen wir nicht mehr, was an all diesen Einzelheiten wichtig sein soll; Israel dagegen wird sie verstehen an jenem Tag, und dieses Verstehen wird ihr Leben verändern.

Die Verheißung einer Zukunft in Herrlichkeit hilft Gottes Volk dabei, in den Prüfungen des Lebens standhaft zu bleiben (Joh 17,22-24; 1Petr 1,1-9). Sie sollte uns außerdem zu einem heiligen Leben anspornen. (Das Wort *heilig* kommt in Kap. 41–48 35 Mal vor.) Für Christen ist der Himmel nicht nur ein *Reiseziel*; er ist ein *Beweggrund*. Zu wissen, dass du auf dem Weg in den Himmel bist, sollte in deinem heutigen Leben etwas bewirken. Tut es das?

Der Tempel wird ein Ort sein, an dem Opfer gebracht und Lieder gesungen werden, und ein Ort, *an dem Gottes Herrlichkeit wohnen wird* (43,1-5). Hesekiel hatte beschrieben, wie die Herrlichkeit aus dem alten Tempel auszog (11,22-23) und jetzt beschreibt er, wie die Herrlichkeit zurückkehrt und das Haus erfüllt (43,1-5; 44,4). Die Schönheit und Pracht des Tempels haben keine Bedeutung, wenn Gott nicht gegenwärtig ist.

Heute sind die Leiber der Gläubigen sein Tempel (1Kor 6,19-20), und seine Gemeinde ist es ebenfalls (Eph 2,19-22). So wie Gott einen wunderschönen Plan für seinen zukünftigen Tempel in Jerusalem hat, so hat er auch einen Plan für jedes einzelne seiner Kinder (Eph 2,10) und für seine Gemeinde als Ganzes. Wir sollen ein heiliger Tempel sein, dem Herrn allein geweiht; wir sollen die Herrlichkeit Gottes ausstrahlen.

Hesekiel 44–46

Irgendjemand musste in dem neuen Tempel dienen, deshalb gab Gott Hesekiel Anweisungen bezüglich der Leviten und Priester und der Art von Gottesdienst, den er sich wünschte. Beachte, wie oft die Worte *mein* und *meine* vorkommen: *Mein* Heiligtum, *meine* Speise, *mein* Bund, *meine* heiligen Dinge, *mein* Tisch und so weiter. Einer der Gründe, warum der Tempel zerstört wurde, ist der, dass die Priester und Leviten vergessen hatten, dass er das Haus Gottes war, und sie hatten darin getan, was immer ihnen gefiel.

Zukünftige Opfergaben
Warum wird Gott die alttestamentlichen Opfer im zukünftigen Tempelgottesdienst wieder einführen, nachdem Jesus Christus sie schon alle in sich erfüllt hat (Hebr 10,1-18)? Sicherlich nicht um Sünde zu beseitigen, denn das hat Christi Opfertod ein für alle Mal getan, und das Blut von Stieren und Böcken hat die Sünde nie weggenommen (Hebr 10,1-4). Anscheinend werden diese zukünftigen Opfergaben, wie die Abendmahlsfeier heute, an das erinnern, was Jesus tat. Sie werden den Juden die Bedeutung ihrer uralten Religion angesichts des Kreuzes erklären.

Was ist es doch für ein Privileg, dem Herrn zu dienen! Man fragt sich, warum manche Leute ihre Vorrechte an andere abgeben wollten, insbesondere an Männer, die gar nicht dafür geeignet waren, sie auszuüben (44,4-9). Denke immer daran, wie wunderbar es ist, zu Gott zu gehören und in seinen Dienst berufen zu sein (Mal 1,6–2,9). Wer das versäumt, wird sich in Sünde verstricken.

Treulosigkeit im Dienst kann zum Verlust von Vorrechten führen (44,10-14), während Treue dir dazu verhelfen kann, dem Herrn ganz nahe zu kommen, um ihm zu dienen (44,15ff). Die Priester mussten sorgfältig darauf achten, welche Kleidung sie trugen, was sie aßen und tranken und wie sie aussahen. Wie hätten sie das Volk Urteilsvermögen lehren können (44,23), wenn sie selbst nicht zwischen heilig und unheilig unterschieden hätten?

Der Fürst wird nur von der Schwelle des Tores aus anbeten und das Volk nur vom Eingang aus. Wir dagegen genießen heute das große Vorrecht, direkt in die Gegenwart Gottes einzutreten (Hebr 10,19-25). Allerdings sollten wir, genau wie der Fürst, nicht so aus der Anbetung zurückkehren wie wir hineingegangen sind; alles sollte anders sein, weil wir dem Herrn begegnet sind (46,9). Und wir dürfen das tägliche Brandopfer nicht vergessen (46,13; Röm 12,1-2).

Hesekiel 47–48

Tiefen (47,1-12). Dieser Fluss zeugt von der heilenden und Leben spendenden Kraft des Heiligen Geistes (vgl. Joh 7,37-39; Sach 14,8). Wie tief du auch in die Dinge Gottes eintauchen möchtest; die Möglichkeit ist gegeben. Es ist tragisch, dass viel zu viele lieber an den seichten Stellen bleiben, obwohl sie sich an den Tiefen erfreuen könnten.

Dimensionen (47,13–48,34). Gott wählt unser Erbe aus (Ps 47,5), und er wird seine Verheißung an Abraham erfüllen (1Mo 13,14-17; 15,17-21) und Israel sein Land zurückgeben.

Jahwe

Jahwe Schamma (= »hier ist der HERR«) ist einer von neun besonderen Gottesnamen im Alten Testament. Die anderen sind: *Jahwe Jire* – »der HERR wird ersehen« (1Mo 22,14); *Jahwe Ropheka* – »der HERR, der dich heilt« (2Mo 15,26); *Jahwe Nissi* – »der HERR ist mein Kriegsbanner« (2Mo 17,15); *Jahwe Makkaddeschchem* – »der HERR, der euch heiligt« (3Mo 20,8); *Jahwe Schalom* – »der HERR ist Friede« (Ri 6,24); *Jahwe Zidkenu* – »der HERR ist unsere Gerechtigkeit« (Jer 23,6); *Jahwe Roï* – »der HERR, mein Hirte« (Ps 23,1); und *Jahwe Zebaoth* – »der HERR der Heerscharen« (Ps 46,7). Der Herr ist uns alles, was wir bedürfen, was auch immer dieses Bedürfnis sein mag.

Abgrenzung (48,35). Das Wichtigste am Land sind nicht der Fluss oder die Grenzen, sondern die herrliche Gegenwart Gottes. Der neue Name für die Stadt Jerusalem wird *Jahwe Schamma* sein – »Hier ist der HERR!« Der Herr hatte sich wegen der Sünden des Volkes von Jerusalem entfernt, aber er wird zurückkehren, um bei ihm zu wohnen und es zu segnen. Wenn dich die Dinge, die auf der Erde geschehen, entmutigen, erhebe den Blick zum Himmel, indem du Offenbarung 21,1-8 liest.

Bedenke: Wir werden ewig leben, *wo der Herr ist!* Hältst du im Glauben Ausschau nach dieser zukünftigen Stadt (Hebr 11,13-16)?

Daniel

Als Nebukadnezar im Jahr 605 v. Chr. mit der Eroberung Judas begann, deportierte er einige Juden nach Babylon, darunter auch Daniel und seine Freunde, die zu der Zeit wohl Teenager waren. Gott segnete Daniel und gab ihm wichtige Arbeitsbereiche unter vier verschiedenen Herrschern, die drei verschiedene Königreiche repräsentierten. Wenn du von Daniel liest, lernst du einen Mann Gottes kennen, der dem Herrn treu war und ihn im Feindesland verherrlichte.

Im Vordergrund steht im Buch Daniel der souveräne Wille Gottes, was die Geschicke der Völker anbelangt (4,25). In einer Reihe von Träumen und Visionen zeigte Gott Daniel den Verlauf der Geschichte der Heiden bis hin zur Errichtung des verheißenen Reiches auf der Erde.

Kapitel 1 und 6 sind historisch und zeugen von Daniels unerschütterlichem Gottvertrauen. Die Kapitel 2–5 enthalten seine Deutungen von den Träumen und Visionen *anderer;* in Kapitel 2–7 empfängt er seine eigenen Visionen von Gott und teilt uns ihre Bedeutung mit.

Mit der Einnahme Jerusalems durch Babylon begannen die »Zeiten der Nationen« (Lk 21,24), die andauern werden, bis Christus wiederkehrt und sein herrliches Reich gründet. Gott hält die Geschichte in seiner Hand und wird seinen vollkommenen Plan zur Erfüllung bringen. Gott will auch in deinem Leben Regie führen, so wie er es in Daniels Leben tat; und das wird er, wenn du, wie Daniel, von Herzen beschließt, ihm treu zu dienen. Daniel war ein unbescholtener Mann, der nichts zu befürchten hatte, weil er den Herrn fürchtete und ihm diente.

Daniel 1

Die Welt will immer das Beste für sich (V. 3-4), aber diese jungen Männer waren fest entschlossen, ihr Bestes dem Herrn zu geben. Denke an Josef in Ägypten und an Ester in Persien. Beklage dich nicht über den Ort, an den der Herr dich bringt. Bitte ihn, dich zu gebrauchen, solange du dort bist.

Die Welt will dich verändern und dazu bringen, dich anzupassen, aber Gott kann dir dabei helfen, dich von *ihm* verändern zu lassen (Röm 12,1-2). Daniel und seine Freunde hatten ein neues Zuhause und fremdartige neue Namen, hörten neue Lehren und bekamen neue Speisen angeboten; aber sie ließen sich nicht von ihrer Herzenshaltung der aufrichtigen Hingabe an den Herrn abbringen (Spr 4,23).

Gott kann uns auch an schwierigen Orten seine Gunst erweisen (V. 9). Daniel war höflich zu den Beamten und machte ihnen keine Schwierigkeiten. Er befolgte Jeremias Rat (Jer 29,7) und nahm sich Josef zum Vorbild (1Mo 39,4).

Wenn dein ganzes Leben aus dem Ruder zu laufen scheint und du feststellst, dass du deine veränderten Lebensumstände nicht im Griff hast, übergib dem Herrn die Führung und lass ihn seine Pläne für dich in die Tat umsetzen. Wenn dein Herz ganz ihm gehört, wird seine Hand für dich wirken.

Trau dich, ein Daniel zu sein!

Trau dich, ein Daniel zu sein,
Trau dich, zu Gott zu steh'n!
Bleib deinem Lebensinhalt treu
Und lass es alle seh'n!

Frei nach: »*Dare to be a Daniel*« von Philip P. Bless

Daniel 2

Nebukadnezar gelang es, Reiche unter seine Herrschaft zu bringen, aber seine eigenen Gefühle beherrschte er nicht (V. 12,3; 3,13.19; Spr 16,32). Er verstand sich darauf, den Feind zu besiegen, aber die Botschaft Gottes verstand er nicht. Daniel dagegen war geduldig und selbstbeherrscht und konnte die Rätsel Gottes erklären. Ein reines Herz ist besser als ein mächtiger Thron.

Daniel und seine Freunde kannten den »Gott des Himmels«, der barmherzig ist (V. 18), Gebete erhört (V. 19-23; Jak 1,5), Geheimnisse offenbart (V. 28), Herrscher einsetzt (V. 37) und eines Tages sein Reich gründen wird (V. 44). Weil diese vier Männer vor Gottes Thron treten konnten, fürchteten sie Nebukadnezars Thron nicht.

Als er den Traum auslegte, gab Daniel Gott dafür die Ehre und teilte die Anerkennung mit seinen drei Freunden. Außerdem rettete er den weisen Männern des Königs (den Chaldäern) das Leben, obwohl er sie als Hochstapler hätte entlarven können. Die Anwesenheit eines Gläubigen kann Ungläubigen Rettung bringen (Hi 42,7-10; Apg 27,21-25), und wir müssen unseren Feinden gegenüber vergebungsbereit sein. Schließlich wollen wir sie für den Retter gewinnen.

Fortschritt?
Aus menschlicher Sicht sehen die Königreiche der Welt wie Metall aus; in Gottes Augen dagegen glichen sie Tieren (Dan 7). Beachte, dass der Wert des Metalls sich im Lauf der Geschichte mindert, bis die Nationen am Ende nur noch eine schwache Mischung aus Eisen und Ton sind (Dan 2,41-43). Gott sieht in dem, was der Mensch tut, keinen »Fortschritt«; er sieht nur zunehmende Schwäche.

Daniel 3

Bei diesem Ereignis spielen drei Arten von Menschen eine Rolle, die alle in unserer heutigen Welt noch zu finden sind.

Opportunisten (1-7). Nebukadnezar war nicht damit zufrieden, ein »Haupt aus Gold« zu sein (2,38); er wollte durch ein vollständiges Bild aus Gold dargestellt werden! Die Menschen beugten sich gerne seinen Wünschen, solange er sie dafür am Leben ließ und ihnen gab, was sie brauchten.

Denunzianten (8-12). Die Rede ist von einigen der Chaldäer, denen Daniel und seine Freunde das Leben gerettet hatten. Unerlöste Menschen wissen nicht immer zu schätzen, was Gläubige für sie tun. Diesen Männern ging es nur darum, sich die Gunst des Königs zu sichern und die hohen Ämter zu ergattern, die er den drei Juden gegeben hatte (2,49).

Nonkonformisten (13-30; Röm 12,1-2) Die drei Männer wussten nicht mit Sicherheit, dass Gott sie retten würde; aber auch wenn er das nicht täte, wollten sie dem Herrn trotzdem gehorchen und nicht den König und sein Götzenbild anbeten. Vertrauten sie auf Jesaja 41,10 und 43,2? Das Feuer brachte ihnen zwei Segnungen: Der Herr kam zu ihnen und ging mit ihnen mitten im Feuer herum, und sie wurden von ihren Fesseln befreit. Gemeinschaft und Freiheit sind oftmals mitten im Feuerofen zu finden, wenn du in Hingabe an den Herrn lebst.

Daniel 4

Nebukadnezars zweiter Traum bewirkte drei Dinge: Er warnte den König, dass er für seinen Stolz gerichtet werden würde (V. 37; Spr 16,18); er offenbarte die Unfähigkeit seiner Wahrsager (V. 6-7); und er verschaffte Daniel eine weitere Gelegenheit, den Gott des Himmels zu verherrlichen.

Es war nicht einfach für Daniel, dem König die Botschaft seines Traums zu übermitteln. Nebukadnezar war ein unbeherrschter Mann und er hätte Befehl geben können, Daniel zu töten. Nathan war es ähnlich ergangen, als er David seine Sünden vor Augen halten sollte (2Sam 12). Aber wenn dein Handeln dem Herrn gefällt, brauchst du dir wegen deiner Feinde keine Sorgen zu machen (Spr 16,7).

Gott gab dem König ein Jahr Zeit, Buße zu tun (V. 29), aber er hielt an seinen Sünden fest. Dann wurde er von Gott gedemütigt. Der König zog seine Lehre daraus, und als er wieder eingesetzt wurde, gab er Gott die Ehre.

Ganz gleich, welche Stellung wir im Leben haben: Gott hat sie uns gegeben und er weiß, was er tut. Wenn der Mensch versucht, Gottes Platz einzunehmen, wird er zum Tier. Gott widersteht immer noch den Stolzen und schenkt den Demütigen Gnade (Spr 3,34).

Daniel 5

Die in diesem Kapitel beschriebenen Ereignisse fanden einige Jahre nach denen statt, die in Kapitel 4 beschrieben werden. Belsazar regierte gemeinsam mit seinem Vater Nabonid, und das erklärt, warum Daniel als *Drittmächtigster* im Reich bezeichnet wird (V. 29).

Der König mag neu im Amt gewesen sein, aber die Sünde war schon alt: Stolz und Selbstvertrauen. Zur selben Stunde war Darius dabei, die Stadt zu belagern; aber Belsazar war sich seiner erfolgreichen Verteidigung so sicher, dass er sich über Jahwe lustig machte und die falschen Götter Babylons pries. Hier kommt wieder einmal Sprüche 16,7 zum Tragen.

Gott hatte Nebukadnezar ein Jahr Zeit gegeben, sich zu besinnen, Belsazar dagegen bestrafte er *noch in derselben Nacht*. Der König wollte nicht aus den Fehlern derer lernen, die ihm vorangegangen waren, und das hatte Daniel ihm auch gesagt (V. 17-23). Aber nun war es zu spät!

Der selbstsichere Sünder sollte sich vorsehen (Lk 11,16-21) und ebenso eine stolze Welt, die »Friede und Sicherheit!« verkündet (1Thes 5,1-11). Zu Noahs und Abrahams Zeiten kam das Gericht Gottes über Menschen, wenn sie am wenigsten damit rechneten (Lk 17,26-32). So wird es eines Tages wieder sein.

Daniel 6

Daniel hatte drei Krisen zu bewältigen, und der Herr schenkte ihm in jeder einzelnen den Sieg.

Karriere-Krise (1-5). Als die anderen Beamten hörten, dass Daniel vielleicht befördert würde, wollten sie ihn loswerden. Die ungläubige Welt will keine Gläubigen in verantwortungsvollen Positionen, auch dann nicht, wenn sie begabt sind und effizient arbeiten. Das Licht offenbart immer, was in der Dunkelheit geschieht (Eph 5,8-13).

Gebets-Krise (6-17). Die Beamten logen, als sie von »allen« Ministern sprachen, denn so machten sie den König glauben, dass auch Daniel in Bezug auf die Verordnung mit ihnen übereinstimmte. Aber kein Gesetz und keine Drohung konnte Daniel von seinen Gebetszeiten abhalten. Ist Gebet für dich eine Frage von Leben und Tod? Für Daniel war es das.

Glaubens-Krise (18-28). Gott hielt Daniel nicht aus der Löwengrube *heraus;* er bewahrte ihn *in* der Grube. Warum? Weil Daniel dem Herrn vertraute (V. 23; Hebr 11,33) und dem Herrn treu blieb (Ps 18,17-24). Vielleicht dachte Daniel an Psalm 37,1 und Sprüche 11,8.

Wenn die Löwen sich zum Angriff bereit machen, vertraue auf den Herrn und nimm seine Verheißungen für dich in Anspruch.

Daniel 7

Eine Vision von der Weltgeschichte (1-8). In den Augen des Menschen sind irdische Königreiche wie wertvolles Metall (Kap. 2), aber Gott sieht in ihnen wilde Tiere, die sich gegenseitig bekämpfen und verschlingen. Die Menschheitsgeschichte wird in einem weltweiten Königreich unter einem satanischen Herrscher (Antichrist) gipfeln. Dieser wird sich gegen Gott auflehnen und schließlich von Gottes Sohn besiegt werden.

Eine Vision vom Himmel (9-14). Während sich auf der Erde die Tiere bekämpfen, hält Gott im Himmel Gericht, und er hat alles unter Kontrolle. Jesus wird eines Tages ein gerechtes Königreich errichten, das niemand stürzen kann.

Daniels Vision
Daniels Vision in Kapitel 7 entspricht dem, was Nebukadnezar in seinem Traum sah (Kap. 2). Der Löwe (V. 4) ist Babylon, der Kopf aus Gold. Der Bär (V. 5) ist das medisch-persische Reich, die Arme und die Brust aus Silber. Der Leopard (V. 6) ist Griechenland, der Bauch und die Lenden aus Bronze. Das furchtbare Tier (V. 7) ist Rom, die Beine aus Eisen. Das kleine Horn (V. 8) steht für den Antichrist und sein Reich, die Füße aus Eisen und Ton. Der »Hochbetagte« [Schlachter 2000] auf dem Thron (V. 9-14) entspricht dem zerschmetternden Stein.

Biblische Prophetie
Wie sollen Gläubige damit umgehen, wenn sie beginnen, Gottes prophetisches Wort zu verstehen? Daniel fühlte sich nach seinen Visionen körperlich geschwächt, er war kraftlos und fiel nieder auf sein Angesicht (7,15.28; 8,17-18.27; 10,8). Wer stolz darauf ist, etwas über biblische Prophetie gelernt zu haben, hat sie vielleicht nur verstanden, aber nicht begriffen. Offenbarung bringt immer Verantwortung mit sich. Wenn wir diese Dinge wahrhaftig glauben, werden wir befolgen, was Gott uns aufträgt zu tun.

Eine Vision von den Heiligen auf der Erde (15-28). Diese »Heiligen« sind Gläubige in der Endzeit, kurz bevor der Herr wiederkehrt, um sein Reich zu errichten. Aber was Daniel über sie sagt, lässt sich geistlich auf die Gläubigen von heute beziehen. Sie kämpfen in einem Krieg mit (V. 21) und erleiden Verfolgung (V. 25), aber sie werden das Reich empfangen (V. 18) und mit Christus regieren (V. 27).

Wenn der Lauf der Weltgeschichte dich deprimiert, betrachte die Ereignisse aus himmlischer Sicht.

Daniel 8

Daniel sah sich selbst in der persischen Hauptstadt, denn Persien würde nach Babylon die nächste Weltmacht sein. In dieser Vision stellt Gott Persien als Widder dar und Griechenland (die nachfolgende Macht) als Ziegenbock (V. 19-22). Das Spektrum wechselt von wilden zu gezähmten Tieren.

Das »ansehnliche« Horn (V. 5) ist Alexander der Große, der viele Nationen, einschließlich Persien, eroberte, und ein riesengroßes Reich errichtete. Nach seinem Tod wurde das Reich von vier Feldherren in vier Teile aufgeteilt (V. 8). Das »kleine Horn« (V. 9-14) steht für den bösen Feldherrn, Antiochus Epiphanes, der in Palästina einfiel, den jüdischen Tempel verunreinigte und die Juden versklavte. Er ist ein Vorbild des kommenden Weltherrschers, des Antichristen (V. 15-26).

Daniel war von dieser Vision so überwältigt, dass er krank wurde und nicht arbeiten konnte! Er würde nie wieder derselbe sein, denn er wusste nun, was Gott für sein Volk in den letzten Tagen vorsah. Welche Wirkung hat biblische Prophetie auf dich?

Daniel 9

Einblick (1-2). Obwohl er Visionen von Gott empfing und Träume deuten konnte, las Daniel die Heilige Schrift und versuchte, sie zu verstehen. Als er über Jeremia 25 nachdachte, wurde ihm klar, dass die siebzig Jahre jüdischer Gefangenschaft bald enden würden. Nicht alle großen Ereignisse haben prophetische Bedeutung, aber Gottes Kinder sollten mit offenen Augen durch die Welt gehen.

Fürbitte (3-19). Das Wort Gottes und Gebet gehören zusammen (Apg 6,4), ebenso wie Gebet und Fasten (Apg 13,3). Vergleiche dieses Gebet mit denen in Nehemia 9 und Esra 9. Daniel stellt seine eigene Sündhaftigkeit und die seines Volkes in den Vordergrund und auch die Gerechtigkeit Gottes, und er bat Gott um Vergebung. Beachte, dass er besonders für Jerusalem betete. Hatte er Jeremia 29,10-14 und 30,10-24 gelesen?

Die Siebzig Wochen
Die siebzig Wochen sind in drei Abschnitte eingeteilt: sieben Wochen (49 Jahre), 62 Wochen (434 Jahre) und eine Woche (7 Jahre). Der erste Abschnitt beginnt im Jahr 444 v. Chr. mit dem Erlass, der den Juden die Rückkehr in ihr Land und den Wiederaufbau ihrer Stadt erlaubte. Die nächsten 62 Wochen (434 Jahre) reichen bis zur Geburt Christi (V. 24.26). Die noch »fehlende« siebzigste Woche wird in der Endzeit erfüllt und entspricht Offenbarung 6-19. Der »kommende Fürst« (V. 26) ist der Antichrist, der mit den Juden einen Bund schließen wird, der sie sieben Jahre lang schützen soll. Nach dreieinhalb Jahren wird er den Bund brechen und eine schreckliche Zeit der Trübsal für die Welt einleiten. Dieser letzte Abschnitt von sieben Jahren findet seinen Höhepunkt in der Wiederkunft Christi, dem Sieg über seine Feinde und der Errichtung seines irdischen Reiches (Mt 24,29-31; Offb 19). Das Neue Testament verkündet: »Gott sind alle seine Werke von Ewigkeit her bekannt« (Apg 15,18; Schlachter 2000).

Unterweisung (20-27). Gott erlaubte Daniel eine Vorausschau auf die jüdische Geschichte. Jerusalem und der Tempel würden wieder aufgebaut werden. Der Messias würde kommen und sterben. Ein böser Fürst würde seinen Bund mit den Juden brechen und Verwüstung auslösen. Aber am Ende würde Gott siegen und aus Jerusalem würde wahrhaftig eine heilige Stadt werden. Wir Menschen haben die Freiheit, selbst zu entscheiden und uns sogar gegen Gott aufzulehnen, wenn wir das wollen; aber er wird erreichen, was er sich für die Welt vorgenommen hat. Voll Vertrauen darfst du beten: »Dein Reich komme!«

Daniel 10

Die Juden waren aus dem Exil in ihr Land zurückgekehrt und bauten gerade den Tempel neu auf, als Daniel dieses Erlebnis hatte.

Er hatte zuvor drei Wochen lang gefastet und die Vision des Engels schwächte ihn noch weiter. Wenn du um tiefere Gotteserfahrungen betest, rechne damit, dass sie dich etwas kosten werden.

Gott stärkt uns. Daniel war ein von Gott »vielgeliebter Mann« (V. 12.19). Der Vater liebt uns, wie er den Sohn liebt (Joh 17,23), und er will seine Liebe mit uns teilen (Joh 14,21-23). Gott sagt auch: »Fürchte dich nicht!« (V. 12.19). Du kannst heute in der Liebe Gottes ruhen und in seiner Verheißung, dass du dich nicht zu fürchten brauchst.

Gott berührt uns. Mit seiner Berührung weckte Gott Daniel und bewegte ihn zum Aufstehen (V. 10), befähigte ihn zum Sprechen (V. 16) und gab ihm Kraft (V. 18-19). Durch sein Wort gibt Gott uns so viel Kraft und Frieden, wie wir brauchen (V. 19).

Gott belehrt uns. Warum dauerte es so lange, bis der Engel zu Daniel kam? Wegen eines geistlichen Kampfes in der Himmelswelt (V. 12-13.20; Eph 6,10ff.). – Wenn du betest, nimmst du Anteil am geistlichen Kampf, deshalb solltest du deine Gebetszeiten nicht auf die leichte Schulter nehmen. – Der Engel belehrte Daniel auch über die Zukunft seines Volkes (V. 14), die in den Kapiteln 11–12 dargestellt ist.

Daniels Gefährten sahen weder die Erscheinung noch hörten sie die Stimme, sondern sie flohen vor Entsetzen. Gott braucht nach wie vor Menschen wie Daniel, die die Herrlichkeit Gottes sehen und das Wort Gottes hören, die es spüren, wenn Gott sie berührt, und sich auf den geistlichen Kampf einlassen.

Daniel 11

Gott offenbarte Daniel zusammenfassend, wie es seinem Volk ergehen würde, nachdem es nun als Nation wiederhergestellt war. Es kamen keine leichten Zeiten auf sie zu! Das Kapitel schildert Kriege mit Heeren aus dem Norden (Syrien) und Süden (Ägypten) und auch aus Griechenland (V. 3-4). Die Worte *Streitkräfte, Heer, Zorn* und *Heucheleien* beschreiben den Lauf der Geschichte. Hat sich die Welt sehr verändert?

In Vers 36 geht der Engel zur Endzeit über und beschreibt die Strategie des Antichristen. Lies dazu 2. Thessalonicher 2 und Offenbarung 13.

Wie sollte sich Gottes Volk in solchen Zeiten der Konflikte und der Zerstörung verhalten? Es sollte stark im Herrn sein, mutige Glaubenstaten vollbringen und die Wahrheit an andere weitergeben, selbst angesichts von Verfolgung und Lebensgefahr (V. 32-33). Schlechte Zeiten fordern gute Menschen heraus.

Daniel 12

Denke daran, dass diese Prophezeiung sich auf das jüdische Volk in der Endzeit bezieht. Dennoch kann sie alle Kinder Gottes in jeder Generation ermutigen und daran erinnern, dass Gott Herr ist und seine Ziele verwirklichen wird, den Kräften des Bösen zum Trotz.

Gott versicherte seinem Diener, dass die noch lebenden Gläubigen gerettet werden (V. 1) und dass diejenigen, die schon gestorben sind, auferstehen und in Herrlichkeit leuchten werden (V. 2; Mt 13,43). – Welche Leiden und Mühen Gott in deinem Leben auch zulassen mag: Du darfst darauf vertrauen, dass er immer noch Herr ist.

Was erwartet Gott nun also von dir? Dass du dich bemühst, andere für den Retter zu gewinnen (V. 3); dass du die verborgenen Dinge beim Herrn lässt (V. 8-9); dass du im Glauben zum Herrn hin wächst (V. 10); und dass du auf den Herrn wartest und in ihm ruhst (V. 12-13). So sollte biblische Prophetie auf uns persönlich wirken.

Die kleinen Propheten

Die Propheten Jona, Amos und Hosea wirkten im Nordreich (Israel, Ephraim), bevor es im Jahr 722 v. Chr. von Assyrien eingenommen wurde. Im Südreich (Juda) dienten Joel, Micha, Zefanja, Nahum, Habakuk und Obadja vor der babylonischen Gefangenschaft. Hesekiel und Daniel, die zu den großen Propheten gezählt werden, wirkten während der Gefangenschaft; und Haggai, Sacharja und Maleachi verkündeten Gottes Wort dem jüdischen Überrest nach dessen Rückkehr aus dem Exil ins Land. Ihre Botschaften sind nicht inhaltlich als »klein« anzusehen; »klein« ist lediglich ihr Umfang. Die meisten kleinen Propheten haben drei Hauptthemen: die Sünde des Volkes; das kommende Strafgericht Gottes und die zukünftige Wiederherstellung Israels. Dabei enthält sogar die Botschaft vom Gericht eine hoffnungsvolle Verheißung.

Hosea

Hosea predigte im Nordreich, als die Nation nach außen hin blühte, aber innerlich verfiel, sodass ihr Gottes Strafgericht sicher war. Hosea ist ein Meister der Bildsprache; achte beim Lesen auf die vielen Vergleiche, die er zieht (»wie dürres Land«, »wie die Morgenwolke«, etc.).

Allen anderen Bildern übergeordnet ist in diesem Buch das Bild der *Ehe*. Hosea heiratete eine Frau, die ihm drei Kinder gebar und ihn dann verließ, um als Prostituierte zu leben. Er musste sie schließlich vom Sklavenmarkt zurückkaufen (3,1-2). Hoseas schmerzliche Erfahrung war eine Predigt für das Volk. Israel war mit Jahwe verheiratet, beging aber »geistlichen Ehebruch« und wandte sich Götzen zu. Dies führte wiederum zu sittlichem Verfall innerhalb der Nation. Das Volk würde für seine Sünden leiden, aber der Herr würde es eines Tages erlösen und wieder annehmen.

Das Buch baut sich wie folgt auf: Hoseas Heirat (Kap. 1–3), Israels Sünden (Kap. 4–7); Israels Strafgericht (Kap. 8–10) und Israels zukünftige Erneuerung (Kap. 11–14).

Für die Kirche heute ist es einfach, sich gegenüber der Welt zu prostituieren und dennoch zu behaupten, dem Herrn treu zu sein (Jak 4,4-10). Die Warnung in Offenbarung 2,4-5 muss ernst genommen werden!

Hosea 1

Gomer war keine Hure, als Hosea sie zur Frau nahm, aber Gott warnte ihn, dass sie untreu sein würde. Wie Hesekiel, musste auch Hosea dem Volk seine Botschaft »vorleben«, und das war keine einfache Aufgabe. Wenn du dir wünschst, anderen zu dienen, rechne damit, dass es dich etwas kosten wird (2Kor 1,3-11).

Die Namen der drei Kinder fassen die geistliche Geschichte Israels zusammen. *Jesreel* bedeutet »Gott sät« (2,22-23) und bezieht sich auf Jehus Massaker an seinen Feinden in Jesreel (2Kö 9-10). In seinem Eifer ging er zu weit und seine Nachfahren würden dafür bei der Eroberung des Landes durch Assyrien leiden. Irgendwann kommen Gottes Strafgerichte – ganz gleich, wie lange er damit wartet.

Lo-Ruhama bedeutet »Nicht-Erbarmen«, was der Situation des heutigen Israel entspricht (3,4). Obwohl Gott das Schicksal des jüdischen Volkes lenkt, genießen sie nicht mehr auf dieselbe Weise seine Gnade wie in der Vergangenheit.

Lo-Ammi bedeutet »Nicht mein Volk« und zeugt von Gottes vorübergehender Ablehnung der Nation wegen ihrer Sünden.

Jesreel

Das Tal von Jesreel hatte schon vielen verschiedenen Heeren als Kriegsschauplatz gedient. Saul zog dort in seine letzte Schlacht (1Sam 29,1), und dort vernichtete Jehu das Haus Ahab und tötete außerdem viele Unschuldige (2Kö 9–10). Als Assyrien Israel einnahm, kämpften sie in der Jesreel-Ebene; und dort rächte Gott auch das von Jehu vergossene unschuldige Blut (1,11–2,1).

Aber Hosea sah eine neue Zukunft für Jesreel voraus: Israel und Juda würden eines Tages vereint und wieder in das Land zurückgeführt werden, und sie würden Segen von Gott empfangen. Gott würde sein Volk im Land »aussäen« (2,21-23), um zu seiner Ehre Frucht zu bringen. Nur Gott kann alten Namen wieder zur Bedeutung verhelfen und schmerzvolle Erinnerungen in Verbindung mit Orten der Vergangenheit auslöschen. Sogar das Tal Achor, wo Achan starb (Jos 7,16-26), wird zum Tor der Hoffnung werden (2,15).

Hosea schließt mit einer überaus hoffnungsvollen Zusage (1,10–2,1)! Gott wird sein Volk sammeln, es wieder für sich in Besitz nehmen und ihm Barmherzigkeit erweisen. Die Namen der Kinder werden geändert in »Mein Volk« und »Erbarmen«. – Wie dunkel der Tag dir auch erscheinen mag, Gott verheißt uns Hoffnung, wenn wir von ganzem Herzen zu ihm umkehren.

Hosea 2–3

Gott gibt vier Erklärungen ab:

Ich werde kein Erbarmen haben (2,1-8). Israel nahm Gottes Geschenke an, missbrauchte sie aber, um Götzen anzubeten. Setzen wir jemals gottgegebene Mittel ein, um ihn zu kränken?

Ich werde sie bestrafen (2,9-13). Das tat er, indem er seine Segnungen wegnahm, insbesondere die Fruchtbarkeit des Landes. Nach außen hin betete das Volk immer noch Gott an (2,11), aber mit den Herzen waren sie bei den Götzen.

Ich werde sie locken (2,14-20; 3,1-5). So wie sich Hosea seine Frau zurückholte, so wird auch Gott sich eines Tages sein Volk zurückholen, sein »Ehegelübde« erneuern und sein Volk von Neuem segnen (Jer 3,1-20). Dies wird in den letzten Tagen geschehen, nachdem Israel schwer durch die Heiden gelitten hat. Es gibt Hoffnung!

Ich werde sie pflanzen (2,21–3,5). *Jesreel* bedeutet »Gott sät« (1,4-5) und bezieht sich auf Gottes Absicht, sein Volk wieder in sein Land einzupflanzen, wo er es lieben und segnen wird. Die Namen werden geändert (2,23)!

Beachte die Ankündigung der treulosen Ehefrau: »Ich will mich aufmachen und zu meinem ersten Mann zurückkehren, denn damals ging es mir besser als jetzt« (2,9; Lk 15,18). Wenn wir zu unserer ersten Liebe zurückkehren (Offb 2,4-5), kommen wir in den Genuss der ersten Segnungen.

Hosea 4–5

Unkenntnis (4,1-10). Die Priester und Propheten lehrten nicht das Wort und halfen dem Volk nicht, Gott kennenzulernen. Die Gottesdienste waren beliebt, aber das Volk ging an dem Mangel an geistlicher Lehre zugrunde. Die Gottesdienste waren nichts als religiöse Routine (Mt 15,1-9).

Götzendienst (4,11-19). Der Schlüsselbegriff hier ist *Hurerei,* denn genau das ist Götzendienst. Wie Hoseas Frau Gomer, hatte Israel (»Ephraim«) dem wahren Gott den Rücken gekehrt und war den Götzen gefolgt. Was antwortet Gott darauf? »Lass es gewähren!« (4,17).

Verärgerung (5,1-15). Jeder treue Ehemann wäre verärgert, wenn seine Frau sich durch Treulosigkeit verunreinigen würde (V. 3). Statt hinter Israel her zu laufen, zog Gott sich und seine Segnungen zurück (5,6; 4,17) und ließ es ernten, was es gesät hatte. Gottes Gericht aber war am Werk: Das Wasser sammelte sich hinter dem Damm (V. 10); die Motte zerstörte leise den Stoff, aus dem die Gesellschaft gemacht war (V. 12); die Fäulnis in den Knochen würde zum Tod führen (V. 12-13). Dann würde der assyrische Löwe zupacken (V. 14) und die Nation würde erobert werden.

Gott zieht sich zurück, damit uns klar wird, was wir an ihm hatten, und wir ihn bitten, zurückzukommen (5,15). Es gibt keinen Grund, warum wir stolpern (4,5; 5,5) oder uns stur stellen sollten (4,16), denn Gott heißt uns willkommen, wenn wir ihn aufrichtig suchen.

Hosea 6–7

Wie der Regen (6,1-3). Wenn wir zu Gott zurückkehren, lässt er für uns einen neuen Tag anbrechen mit erfrischenden Regenschauern. Der Gott, der uns züchtigt, heilt uns auch und belebt uns neu. Warum zögern wir? Weil *wir* so sind, wie wir sind!

Wie eine Morgenwolke und der Tau (6,4-11). Israel blieb Gott nicht lange ergeben. Seine Treue verschwand wie eine Wolke und verdunstete wie der Tau. Sie brachten Opfer dar und nahmen an religiösen Versammlungen teil, aber das änderte nichts an ihrer Lebensweise. Ihre Opfer sollten ihren Gehorsam ersetzen (1Sam 15,21-23; Am 5,21-24).

Wie ein Ofen (7,1-7). Das Verlangen zu sündigen kann wie ein Feuer im Ofen schwelen und dann auflodern, wenn sich die

Gelegenheit bietet. Wenn es Dinge gibt, nach denen du ein »brennendes Verlangen« verspürst, sieh zu, dass du es von Gott zügeln lässt, denn sonst kann es dich zerstören.

Wie ein nicht gewendeter Brotfladen (7,8-10). Wenn das Feuer nicht überwacht wird, kann es den Fladen verbrennen, und dann muss er weggeworfen werden. Das Volk war »halb gebacken«; seine Religiosität hatte keine Tiefe. Die Nation war dabei zu altern und merkte es nicht, und der Tod würde schneller kommen, als den Menschen bewusst war.

Wie eine einfältige Taube (7,11-12). Die Botschafter hetzten mit ihren diplomatischen Bemühungen zwischen Ägypten und Assyrien hin und her und versuchten, das eine Land gegen das andere auszuspielen; am Ende geriet das Volk wie die Vögel des Himmels in ein Fangnetz. Statt dem Herrn zu vertrauen und sein Wort zu befolgen, verließen sie sich auf die Politik und versagten.

Wie ein schlaffer Bogen (7,13-16). Gott konnte sich auf sein Volk nicht verlassen. Die Menschen versündigten sich an ihm, logen ihn an und profitierten nicht von seinen Erziehungsmaßnahmen. Er versuchte sie wie einen Bogen neu zu spannen, aber sie zogen es vor, zu bleiben wie sie waren. Bist du eine Waffe, auf die Gott sich im Kampf gegen das Böse verlassen kann?

Hosea 8

In Israel wurde zur Warnung vor einem bevorstehenden Kampf die Trompete oder das Horn geblasen (4Mo 10,9). In diesem Fall nahte das assyrische Heer, und es würde kein Entrinnen geben. Israel behauptete, Gott zu kennen (V. 2), und dennoch gehorchte es ihm nicht (Tit 1,16). Es setzte Könige und Herrscher ein, ohne nach Gottes Willen zu fragen, und sie trotzten dem Herrn, indem sie Götzenbilder anfertigten. Das berühmte Kalb von Samaria würde zerstört werden (1Kö 12,28-30), wenn der Adler auf das Land herabstürzte (V. 1) und der Wirbelwind darüber hinwegfegte (V. 7). Was sich heute noch wie ein angenehm milder Wind anfühlt, kann schon morgen zu einem Sturm werden (Apg 27,13-15).

Israel war zu einem entsorgten Gefäß auf dem Müllhaufen geworden (V. 8). Es vertraute darauf, dass die heidnischen Nationen ihm helfen würden, ließ aber Gott bei seinen Plänen außen vor (V. 9-10). Israel stellte massenweise Altäre auf (V. 11; 10,1) und Juda baute massenweise Schutzwälle (V. 14), aber keines von beiden konnte sie vor dem Strafgericht retten. Israel würde von Assyrien eingenommen werden und Juda von Babylon, und Gottes Gericht würde über ein sündiges Volk kommen.

Wenn Gott ins Horn bläst, tun wir gut daran, aufzuwachen und hinzuhören!

Hosea 9–10

Der Name *Ephraim* bedeutet »doppelt fruchtbar« und Hosea nutzte diese Tatsache als Grundlage für seine Botschaft in diesen Kapiteln. Es würde keine Fruchtbarkeit *in der Ernte* geben (9,1-9), denn es würde Armut herrschen und Gott würde das Land bestrafen (5Mo 28,38-42). Mit der Erntefreude würde es vorbei sein (9,1). Ephraim würde nicht länger als *Fruchtland* bekannt sein.

Auch *in der Familie* würde es keine Fruchtbarkeit mehr geben (9,10-17). Warum sollte Gott zulassen, dass Kinder zur Welt kämen, die dann doch nur Götzen anbeten und von den assyrischen Eroberern umgebracht würden? Der fruchtbare Mutterleib war den Juden immer ein Segen gewesen (Ps 127,3-5; 128,3-4), aber nun würde ihnen der fehlgebärende Mutterleib zum Segen werden.

Was war nur los mit den Kindern Israel? Sie versuchten, zwei Herren zu dienen (10,1-2); sie belogen Gott (10,4); sie beteten Götzen an (10,5-6), und ihre Herzen waren hart und hatten es nötig, gepflügt zu werden (10,12). Sie besäten die falsche Art Erde mit der falschen Art Samen und erwarteten dennoch, eine reiche Ernte einzubringen!

Hast du in letzter Zeit über Galater 6,7-8 nachgedacht?

Hosea 11–12

Diese Kapitel bilden eine Geschichtsstunde, in der in einer Rückschau Hoseas auf die Geschichte Israels die Sünden von Israel und Jakob dargestellt werden.

Undankbarkeit (11,1-4). Israel betrachtete seine Bundesbeziehung zum Herrn als Selbstverständlichkeit und vergaß dabei, dass er es erwählt hatte (5Mo 7,6-11). Aus Liebe befreite er seinen »Sohn« aus Ägypten, trug ihn, ernährte ihn, lehrte ihn zu gehen und zu arbeiten; und dieser Sohn verließ ihn für Götzen. Wie undankbar!

Herzenshärte (11,5-11). Sie setzten ihre eigenen Pläne um und dachten nicht über Gottes Willen nach. Als Gott sie tadelte, zeigten sie keine Reue. Die Erde ihrer Herzen war hart geworden (10,12), aber Gott hatte ein weiches Herz für sie. Er konnte sie nicht zerstören, wie er es mit den Städten in der Ebene getan hatte (1Mo 14,2.8). Nein, eines Tages wird er mit dem Gebrüll eines Löwen nach ihnen rufen und sie werden mit bebenden Herzen vor ihn treten.

Hinterlist (11,12–12,6). Diese Botschaft richtet sich sowohl an Israel als auch an Juda (das Südreich). Der Prophet blickt auf die Geschichte ihres Gründers Jakob zurück und erkennt seine Arglist in seinen Nachfahren wieder. Bei der Geburt versuchte Jakob, seinem Bruder Esau ein Bein zu stellen (1Mo 25,26); er kämpfte mit Gott (1Mo 32,22-32); aber er kehrte nach Bethel zurück und empfing wieder Gottes Segen (1Mo 35). Für Israel und Juda war die Zeit gekommen, zu Gott zurückzukehren und Buße zu tun (12,6).

Prahlerei (12,7-14). »Ich bin reich geworden!«, prahlten sie, aber ihre Aufschneiderei waren nichts als leere Worte und nicht mehr als eine Menge Wind (12,2). Warum? Weil sie ihr Geld durch Hinterlist verdient hatten, indem sie die Armen betrogen, und solcher Reichtum hat niemals Bestand. Lies Offenbarung 3,14-22 und denke darüber nach.

Hosea 13–14

Ephraim war ein großer Stamm in Israel gewesen (1Mo 48,10-20). Nun würden sie zu Wolken werden, zu Tau, Spreu und Rauch – *zu nichts* (13,3). Gott dagegen würde dem Volk zum Löwen werden, zum Leoparden und zum Bären (13,7-8).

Gott hatte seine Kinder aus Ägypten befreit und in der Wüste bewahrt, und er hätte sie auch vor Assyrien retten können; aber sie verließen sich lieber auf ihren Reichtum, ihre Könige und ihre Außenpolitik. Nun würde der Ostwind sie austrocknen (13,15), und der »doppelt fruchtbare« Ephraim würde nicht länger fruchtbar sein.

Aber wir dürfen jederzeit auf Gottes liebevollen Aufruf zur Buße hören. Wenn wir zu ihm umkehren, wird er uns empfangen (14,5-9), wieder aufnehmen (14,4) und neu beleben (14,5-9). Aus der Wüste wird ein fruchtbarer Garten werden, wo die Wurzeln tief in den Boden reichen. An die Stelle von Hässlichkeit wird Schönheit treten; und ein angenehmer Duft wird sich ausbreiten, wo es vorher übel roch. Was macht es doch für einen Unterschied, wenn wir Gott gehorchen!

Gott legt weniger Wert auf unsere materiellen Opfergaben; vielmehr sollen wir ihm die »Frucht unserer Lippen« darbringen (14,2; Hebr 13,15). Er will von uns Worte hören, die von Herzen kommen, die offen und ehrlich sind, und er will Glauben sehen, der sich allein auf seine Gnade stützt. Wirst du ein Abtrünniger sein, der zu Fall kommt (14,1), oder ein Sünder, der Vergebung empfangen hat (14,9)?

Joel

Der Prophet Joel diente in Juda zu einer Zeit, als eine Dürre und eine Heuschreckenplage die Wirtschaft hatten zusammenbrechen lassen. Er gebraucht den Ausdruck »der Tag des Herrn« (1,15; 2,1.11.31; 3,14), um sowohl das gegenwärtige Unglück zu beschreiben (1,1–2,27) als auch das zukünftige Strafgericht, das über die ganze Welt kommen würde (2,18-3,21). Gottes Heer von Heuschrecken (2,11; 20; 25) war nichts anderes als ein Bild für eine Armee, die in der Endzeit ins Land einfallen würde. Joel rief das Volk zur Umkehr (2,12-17) und versprach, dass Gott ihm vergeben und es segnen würde (2,18-27). Außerdem versprach er Segnungen für die Endzeit, wenn die Trübsal für Israel beendet sein würde (2,28-32; 3,18-21). Gottes Gerichtsbotschaft bleibt nicht ohne hoffnungsvolle Verheißung.

Campbell Morgan schreibt: »Jeder Tag ist der Tag des Herrn.« Ganz gleich, welche Katastrophen über Menschen und Nationen hereinbrechen mögen: Gott ist immer an der Macht, und diese Katastrophen weisen auf das größere Strafgericht hin, das noch bevorsteht.

Joel 1

Der Prophet gibt Anweisungen, die wir befolgen sollen, wenn wir uns in einer schwierigen Lage befinden, und die vier Punkte, die er nennt, sollten sowohl von jedem Einzelnen als auch von Nationen beherzigt werden.

Hört (1-4). Höre auf Gottes Wort und beachte, wie er dir Ereignisse deutet. Gott beruft Menschen, die uns ermutigen, uns an ihn zu wenden, wenn wir Hilfe brauchen.

Wacht auf (5-7). Als Joel die sterbenden Weinstöcke und Bäume betrachtete, wandte er sich an die Trinker und sagte ihnen, sie sollten aufwachen und weinen. Aber sie sollten nicht Tränen vergießen, weil es keinen Wein mehr gab, sondern weil ihre Sünden Gottes Gericht über das Land gebracht hatten.

Klagt (8-18). Die Felder, Obstgärten, Weinberge, Herden und Weiden waren alle zerstört; und Joel rief die Bauern zur Klage auf (V. 11) und die Priester zur Buße (V. 13-14). Es ist Zeit, den Herrn zu suchen!

Schreit zum Herrn (19-20). Der Prophet machte es vor, indem er zu Gott schrie und ihn um Erbarmen und Hilfe anflehte. Vielleicht berief er sich auf Gottes Verheißung in 2. Chronik 7,14. Es reicht nicht, dass wir über die traurigen Folgen unserer Sünden weinen; auch über die Sünden selbst müssen wir weinen.

Joel 2–3

Der warnende Trompetenstoß (1-11). Wenn in unserem Leben Katastrophen passieren, sollte uns das aufwecken und daran erinnern, dass der Herr an der Macht ist. Die Heuschrecken waren Gottes Armee (V. 11.20.25) und der Tag war »der Tag des Herrn«. Dies ist eine ernüchternde, aber auch eine tröstliche Wahrheit (2Sam 24,14). Der Herr, der verwundet, wird auch heilen (Hos 6,1).

Wiederherstellung

Der Herr spricht: »Und ich werde euch die Jahre erstatten, die die Heuschrecke ... gefressen« hat (Joel 2,25). Gott versprach ihnen Rekordernten als Ausgleich für alles, was sie durch die Dürre und die Heuschreckenplage verloren hatten. »Verlorene Jahre können niemals wirklich zurückerstattet werden«, sagte Charles Spurgeon. »Zeit, die einmal vergangen ist, kommt nicht wieder ... Du kannst deine Zeit nicht zurück bekommen; aber auf eine merkwürdige und wunderbare Weise kann Gott dir die verschwendeten Segnungen zurückgeben, die nicht zur Reife gekommenen Früchte von Jahren, die du zu beklagen hattest. Die Früchte verschwendeter Jahre könnten dir noch zuteil werden.«

Der Trompetenstoß, der zur Klage ruft (12-17). Der Prophet forderte das Volk auf, zu Gott zurückzukehren und dabei zu fasten und seine Sünden zu bekennen. – Scheue dich nicht, mit ehrlichem und demütigem Herzen vor den Herrn zu treten, »denn er ist gnädig und barmherzig, langsam zum Zorn und groß an Gnade« (V. 13). Wenn du betest, denke daran, die Herrlichkeit Gottes zu preisen (V. 17), und hoffe nicht nur darauf, dem Leid zu entgehen, das die Sünde verursacht.

Die Segensverheißung (18-32). Gott versprach, sie nicht mehr zu tadeln und das Land wieder zu segnen. An die Stelle von »schrecklichen Dingen« (V. 20) werden »herrliche Dinge« treten (V. 21) und Freude an die Stelle von Furcht. Kapitel 3 bezieht sich konkret auf den zukünftigen »Tag des Herrn«, aber dass Petrus sie in seiner Pfingstpredigt zitiert (Apg 2,16-21), lässt vermuten, dass sie einen Bezug zum unserem geistlichen Leben heute haben.

Joel 4

Vier anschauliche Bilder beschreiben, wie Gott in Zukunft an seinem Volk und den Nationen handeln wird.

Das Gericht (1-8). In der Endzeit wird Gott alle Nationen zum Gericht zusammenrufen und sie verurteilen für die Sünden, die sie an Israel begangen haben: Die Kinder Israel wurden zerstreut, ihr Land wurde aufgeteilt, sie wurden wie Sklaven behandelt und um ihren Reichtum gebracht. Das Gericht lässt schon lange auf sich warten, aber es wird kommen.

Die Ernte (9-13). Gott wird die Nationen zum Kampf zusammenrufen und ein letztes Mal die Ernte einfahren (Jes 63,1-6; Offb 14,14-20). Aber Gottes Volk wird stark sein und Gott wird ihm zur Seite stehen.

Der Sturm (14-17). Die Nationen werden den Zorn Gottes zu spüren bekommen, aber seinem Volk wird er ein Zufluchtsort sein und es stärken. (Siehe Ps 46,91.)

Der Garten (18-21). Das Buch beginnt mit Dürre und Hungersnot, endet aber mit der Beschreibung eines Landes, in dem Milch und Honig fließen. Gott wird seinem Volk vergeben und aus Gnade bei ihm wohnen. Er wird ihnen einen Neuanfang schenken.

Krieg, nicht Frieden
Joel 4,10 steht im Gegensatz zu Jesaja 2,4 und Micha 4,3. Jesaja und Micha beschreiben das zukünftige Gottesreich, wenn die Welt in Frieden leben wird und nicht im Krieg. Joels Ruf lautet: »Rüstet euch zum Kampf!« (4,9; GNB).

Was die Zukunft für dich bereithält, hängt von deiner Beziehung zum Herrn ab. Wenn du Jesus Christus als deinem Retter vertraust, wirst du niemals in Gottes Gerichtsaal erscheinen müssen (Joh 5,24; Röm 8,1-4) und brauchst keine Angst vor dem Sturm zu haben.

Amos

Der Prophet Amos stammte aus Juda, aber seine Botschaften waren hauptsächlich an Israel gerichtet, das Nordreich. Von Beruf war er Viehhirte und Bauer (7,14-15), und sein Buch enthält viele Andeutungen aus dem ländlichen Sprachgebrauch. Er war nicht zum Propheten ausgebildet, aber von Gott berufen, und er verkündete Gottes Wort wirkungsvoll.

Unter Jerobeam II. erfreute sich das Nordreich an einer Zeit des Friedens und Wohlstands; das Interesse an »Religion« war groß. Aber diese »Erweckung« fand nur oberflächlich statt und zeigte kaum Auswirkungen auf den Alltag der Menschen. Die Reichen wurden immer reicher und die Armen hatten niemanden, der sich für sie einsetzte. Amos warnte vor Gottes nahendem Strafgericht über Israel und die umliegenden Nationen und im Jahr 772 v. Chr. brachte Assyrien dieses Gericht.

Das Buch enthält acht *Anklagen* gegen die Nationen (Kap. 1–2), drei *Botschaften* über die Sünden Israels (Kap. 3–6) und drei *Visionen* von zukünftigem Strafgericht (Kap. 7–9). Es endet damit, dass Gott seinem Volk Wiederherstellung verheißt (9,11-15; siehe auch Apg 15,14-17).

Der Name *Amos* bedeutet »der Lastenträger« (2,13) und die Sünden des Volkes lasteten tatsächlich schwer auf ihm.

Amos 1-2

Amos prangert die Sünden von sechs heidnischen Nationen an, bevor er das Gericht über Juda (2,4-5) und Israel verkündet. Gott hatte zwar sein Gesetz nicht den heidnischen Nationen gegeben, aber dennoch zog er sie für ihre Sünden gegen die Menschlichkeit zur Verantwortung. Israel und Juda hatten sich an Gottes Gesetz (2,4) und an Gottes Liebe (2,9-12) versündigt; aber die Nationen verstießen gegen ihr »inneres Gesetz«, ihr Gewissen (Röm 2,12-16).

Die Heiden versündigten sich an ihren Mitmenschen. Amos verdammte ihre Verbrechen: Brutalität, Sklaverei, Rachsucht, Mord und Diebstahl. Scheinbar kamen die Nationen mit ihren Sünden davon, aber am Ende holte Gott sie ein. Er ist langmütig, aber er ist auch heilig.

Weil sie das auserwählte Volk Gottes waren, trugen Israel und Juda eine größere Verantwortung gegenüber dem Herrn. Auf die eine oder andere Art hatten sie gegen alle zehn Gebote verstoßen; und das bedeutete, dass Gott über sie würde richten müssen (2,13-16).

Wenn Gott schon *Verlorene* für ihre Sünden bestraft, wie wird er dann erst mit denen umgehen, die behaupten ihn zu kennen? Vorrechte bringen Verantwortung mit sich (Lk 12,48), und wer Verantwortung hat, wird zur Verantwortung gezogen werden. Die Bewohner von Israel und Juda freuten sich, als sie hörten, wie Amos ihre Nachbarn verurteilte, aber dann verurteilte er *Gottes Volk* für seine Sünden, und das konnten sie nicht akzeptieren.

Ist Gott dir gegenüber langmütig? Lässt du dir sein Strafgericht über andere eine Warnung sein? Beherzigst du sie?

Amos 3

Vergangenheit (1-2). Noch einmal werden wir daran erinnert, dass Privilegien Verantwortung mit sich bringen. Der Herr befreite die Juden aus Ägypten und erwählte sie sich zu seinem Volk. *Deswegen bestrafte er sie jetzt*. Gottes Erwählung Israels aus Gnade gab ihnen nicht das Recht, ihm ungehorsam zu sein, und diese Wahrheit trifft auch auf die Gemeinde von heute zu. Wer erwählt ist, trägt Verantwortung (Joh 15,16; Eph 1,4; 1Petr 2,4-5.9).

Gegenwart (3-10). Mit welchem Recht klagte ein gewöhnlicher Viehhirte wie Amos sein eigenes Volk an und warnte es vor dem Gericht Gottes? Er und Gott gingen miteinander, weil sie sich einig waren (V. 3). Gott brüllte wie ein Löwe (1,2; V. 4.8) und stellte eine Falle für die Sünder auf (V. 5). Amos blies das Horn, um das Volk zu warnen (V. 6), weil Gott ihn in seine Geheimnisse eingeweiht hatte (V. 7; Ps 25,14). Trotz seiner einfachen Herkunft war Amos Gottes Diener.

Zukunft (11-15). Wenn ein Hirte ein Tier verlor, musste er es bezahlen, es sei denn, er konnte beweisen, dass ein wildes Tier es gerissen hatte. Das tat er, indem er Teile sicherstellte, die nicht gefressen worden waren. Israel konnte den Löwen brüllen hören, aber das Volk wollte nicht zu Gott umkehren. Bald würde nur noch ein Rest übrig bleiben.

»Religion«
Der Prophet Amos verurteilte Luxus und drängte das Volk, sich um die Armen im Land zu kümmern. Er verdammte besonders ihre teuren Häuser (3,15; 5,11), ihre Trinkgelage (4,1), ihre Selbstgefälligkeit (6,1) und ihre kostspieligen Partys (6,3-6; 8,10). Die Reichen erwirtschafteten ihr Geld dadurch, dass sie die Armen ausbeuteten (5,11-15). Dennoch waren diese wohlhabenden Leute »religiös« und nahmen treu und brav an den heiligen Handlungen im Tempel teil (4,4-5; 5,21-27). Ihre »Religion« war nur eine Maskerade, die ihre Sünden zudecken sollte. Machen sich auch heute noch bekennende Gläubige dieser Sünden schuldig?

Amos 4

»Und doch seid ihr nicht zu mir umgekehrt!«, lautet der traurige Refrain in diesem Kapitel (V. 6.8.9.10.11). Wenn Gott straft, tut er das mit dem Ziel der Erneuerung; die Menschen sollen wahrhaftig Buße tun.

Gott gebrauchte mehrere verschiedene Erziehungsmaßnahmen – Dürre, Hungersnot, Getreideseuchen, Heuschrecken, Pestepidemien, Krieg und auf bestimmte Orte begrenzte Katastrophen (V. 11) –, aber trotz allem verstand das Volk nicht, was er ihm sagen wollte. Gottes Kinder hatten Bekanntschaft mit seinen Erziehungsmaßnahmen gemacht, aber im nächsten Schritt würden sie *Gott selbst kennenlernen* (V. 12). Er würde persönlich kommen, um über sie zu richten.

Wie tragisch, dass die Menschen weiterhin im Luxus schwelgten

(V. 1-3) und ihre religiösen Pflichten erfüllten (V. 4-5), gleichzeitig aber Gottes Ruf überhörten. Amos war sehr mutig, die reichen Frauen als »Kühe« darzustellen, die zur Schlachtung weggeführt werden. Die Leute waren so wohlhabend und lebten so bequem, dass sie dachten, Gottes Gericht könne ihnen nichts anhaben, aber es kam trotzdem über sie.

Bist du bereit, deinem Gott zu begegnen?

Amos 5

Klage (1-3). Dies ist eine Totenklage für eine Nation, die tot war und unbestattet liegen gelassen wurde. Die Assyrer würden kommen und Israel würde gefangen genommen werden. Israel hielt sich für eine schöne Jungfrau, dabei war sie nur ein am Boden liegender Leichnam. Kein Wunder, dass Amos weinte!

Einladung (4-15). Aber aus Gnade lädt Gott immer noch zur Umkehr ein: »Sucht mich und lebt!« (V. 4.6.14). In Scharen strömte das Volk mit seinen Opfergaben zu den heiligen Orten, aber das würde sie nicht retten. Die Nation wollte nicht auf Gottes Diener hören (V. 10), deshalb gebot Gott ihnen zu schweigen (V. 13). Gott kennt unsere Sünden, und doch ruft er uns aus Barmherzigkeit zu sich, damit er uns reinigen kann. Was für ein gnädiger Gott!

Wenn Jesus kommt
Wenn du betest: »Dein Reich komme«, überleg dir gut, ob du es ehrlich meinst. Wünschst du dir wirklich, dass der Herr Jesus heute wiederkommt, oder würde es deine Pläne durcheinanderbringen? Manche Kinder Gottes werden sich schämen, wenn sie vor ihm stehen (1Jo 2,28), während andere ihn freudig willkommen heißen werden (1Thes 2,19-20).

Verdammung (16-27). Amos sah den Tag des Herrn nahen, ein Tag des Gerichts, der Dunkelheit und der Verzweiflung. Die Menschen ruhten in der falschen Annahme, dass »der Tag des Herrn« der Nation Segen bringen würde (V. 18-20), ähnlich manchen Gläubigen von heute, die sich die Wiederkunft Christi als bloße Flucht in den Himmel vorstellen. Ungeachtet ihrer religiösen Feierlichkeiten und großzügigen Opfergaben, würde Gott über sie richten (Jes 1,12-23). Gott erwartet immer noch Gehorsam, keine Opfer.

Das Recht
Amos 5,24 ist ein Schlüsselvers in diesem Buch. Im Land herrschte schreiendes Unrecht, denn die Reichen beuteten die Armen aus und die religiösen Anführer unternahmen nichts dagegen. Gott will, dass das Recht wie ein gewaltiger Strom (Schlachter 2000) die Gesellschaft von Sünde reinigt und alles erfrischt, was mit ihm in Berührung kommt.

Amos 6

Die Nation war der Selbstgefälligkeit schuldig, die aus trügerischer Sicherheit entstanden war (V. 1-2). Es vertraute auf seine Heerführer statt auf Gott. Außerdem war es der Maßlosigkeit schuldig geworden und des Desinteresses an denen im Land, denen es schlecht ging (V. 3-8). Schließlich war ja auch der Tag des Gerichts weit entfernt! Oder vielleicht doch nicht?

Gott legte drei Strafen für das Volk fest: Tod (V. 9-10), Zerstörung (V. 11-13) und Niederlage (V. 14). Aus den Gästen beim Festmahl würden Leichen werden und von den großen Häusern würden nur noch Ruinen übrig bleiben. Die Anführer prahlten mit ihren kürzlich errungenen Siegen (V. 13), aber Assyrien würde die Niederlage bringen.

Pferde können auf Felsen nicht sicher laufen und Rinder können dort nicht pflügen. Aber Israel war nicht so klug wie diese Tiere, denn sie versuchten das Unmögliche: dem Gericht zu entkommen, indem sie sich dem Herrn widersetzten. »Wir sind eine Ausnahme von der Regel!«, prahlten sie selbstsicher, aber für das Volk gab es kein Entrinnen. Ihre Sünde kam ihnen auf die Schliche.

Amos 7

Er steht für sein Volk ein (1-9). Die letzten drei Kapitel enthalten fünf Visionen, die die Zukunft Israels beschreiben. Elf Mal nennt der Prophet Gott »Gott, den Herrn« (Schlachter 2000), den souveränen Herrscher über alle Dinge. Nach den ersten beiden Visionen trat Amos für sein Volk ein, und der Herr lenkte ein. Aber nach der dritten Vision leistete Amos keine Fürbitte mehr, denn die Nation war bemessen und für mangelhaft befunden worden. Gott wiegt uns (Spr 21,2; Dan 5,27) und misst uns nach seinen Maßstäben, und dabei geht er sehr sorgfältig vor.

Er steht für seine Aufgabe ein (10-17). Hier stehen zwei Dienste in Konflikt – der Priester und der Prophet, der eine an eine Institution gebunden, der andere kompromisslos an Gott. Der Priester bemüht sich, die Vergangenheit zu bewahren, während der Prophet die Gegenwart bedroht, weil er die Zukunft sichern will. Hier gibt es auch einen Konflikt zwischen sozialem Stand und geistlichem Dienst. Amazja war eine hochgestellte Persönlichkeit und Amos ein einfacher Bauer mit einem Auftrag vom Herrn. Aber Amos gab nicht klein bei; er blieb seiner Berufung treu und überließ Amazja Gott.

Wenn du die Wahl hättest zwischen Amazja und Amos als geistlichem Führer, welchen von beiden würdest du dir aussuchen? Und warum?

Von Gott berufen

Amos ist ein gutes Beispiel für Paulus' Aussage in 1. Korinther 1,26-29. Gott geht oft an den sogenannten großartigen Leuten vorbei und beschließt, die einfachen und schwachen Menschen zu berufen und zu segnen. Ja, Gott kann auch die gebrauchen, die begabt sind und in dieser Welt hohe Stellungen innehaben, aber er ist nicht auf sie beschränkt. Sowohl Mose (Apg 7,22) als auch Paulus (Apg 26,24) waren gebildet, aber mindestens sieben von den Jüngern des Herrn waren einfache Fischer (Joh 21,1-3). R. A. Torrey war ein hochintelligenter Mann und ein begabter Evangelist; er arbeitete eng mit Dwight L. Moody zusammen, der über sehr geringe Bildung verfügte. Gott gebrauchte beide auf bemerkenswerte Weise, weil sie beide dem Herrn alles gaben, was sie hatten.

Amos 8

Amos vierte Vision hatte eine klare Botschaft: »Israel ist reif fürs Gericht!« Wie der Bauer, der eine reife Frucht abschneidet, wird Gott Israel abschneiden. Er war geduldig mit seinem Volk gewesen, aber nun war der Tag der Abrechnung gekommen. Die Reichen hatten sich sowohl an den Menschen als auch an Gott versündigt. Sie waren ihre religiösen Pflichten leid geworden und ertrugen den Sabbat nur noch, denn sie konnten es kaum erwarten, wieder Geld zu verdienen. Sie veränderten Gottes Maßstäbe, damit sie die Armen ausbeuten konnten, und sie verminderten den Wert ihrer Waren, um dann die Preise zu erhöhen. Es ist nicht verwunderlich, dass Gott zornig auf sie war.

Amos sagte den Leuten, dass ein Erdbeben auf sie zukam (V. 8; 1,1), eine Sonnenfinsternis (V. 9), eine Trauerfeier (V. 10) und eine Hungersnot (V. 11-14). Gottes Wort ist uns geistliche Nahrung (Mt 4,4; 1Petr 2,2) und es gibt keinen Ersatz dafür. Wenn Gottes Kinder sein Wort ablehnen, bestraft er sie manchmal, indem er ihnen das Wort wegnimmt und sie hungern lässt bei dem Versuch, von Ersatzmitteln satt zu werden.

Amos 9

Richten (1-4). Amos sah den Herrn beim Heiligtum in Bethel, wo das Volk seine heuchlerische Anbetung fortsetzte. Der Herr hatte vor, das Heiligtum zu zerstören und ebenso alle Anbeter, niemand würde entkommen. Jeder, der zu fliehen versuchte, würde aufgespürt und getötet werden. Dass das Gericht beim Haus des Herrn beginnt, ist ein Grundprinzip (1Petr 4,17; siehe auch Hes 9,6).

Sieben (5-10). Gott würde das Heiligtum in Bethel zerstören, aber sein Volk würde er nicht völlig vernichten. Er würde sie unter die Heiden schicken und durch das Sieben mit einem Sieb die wahren Anbeter von den unaufrichtigen trennen. Aus Gnade verschont Gott einen Rest, damit das Volk fortbestehen kann.

Segen (1-11). Das Königshaus Davids war eine eingestürzte Hütte, aber Gott wird sie neu aufbauen, ausbessern und wieder in Gebrauch nehmen. Sein Volk wird in sein Land zurückkehren und sich von neuem an den Segnungen des Herrn erfreuen (Jes 11). In der Zwischenzeit ruft Gott seine Gemeinde heraus, sowohl aus den Heiden als auch aus den Juden (Apg 15,6-21), und unsere Aufgabe ist es, das Evangelium der ganzen Schöpfung zu predigen (Mk 16,5; Kol 1,23).

Obadja

Als die Babylonier Jerusalem zerstörten, freuten sich die Edomiter darüber und halfen dem Feind, statt ihren Brüdern zur Seite zu stehen (1Mo 25,21-26; Ps 137,7-9). Es war eine Fortsetzung des uralten Konflikts zwischen Esau und Jakob, der symbolisch für den Kampf zwischen Fleisch und Geist steht.

Worin bestanden die Sünden der Edomiter? Ganz oben auf der Liste steht der *Stolz,* und Gott versprach, sie vom hohen Ross herunterzuholen. Außerdem hatten sie sich der *Plünderei* schuldig gemacht (V. 13), und Gott sagte ihnen, dass sie selbst ausgeplündert würden (V. 5-7). Sie waren *gewalttätig* (V. 10) und *gleichgültig* (V. 11), und sie freuten sich über die Notlage der Juden (V. 12; Spr 24,17-18); aber Gott warnte sie, dass sie eines Tages niedergemetzelt würden. Was sie anderen angetan hatten, würde man auch ihnen antun (V. 15), und es gab kein Entrinnen. (Siehe Jer 50,29; Mt 7,12 und Gal 6,7-8.)

Aber den Kindern Israel steht eine glänzende Zukunft bevor (V. 17-21), denn sie »werden ihre Besitztümer wieder in Besitz nehmen« (V. 17). Babylon brannte die Stadt Jerusalem und den Tempel nieder, aber Israel wird ein Feuer sein, das den Feind verbrennt: »Und die Königsherrschaft wird dem HERRN gehören« (V. 21)!

»Die andere Seite«
»Auf der anderen Seite« zu stehen, wenn unsere Brüder und Schwestern Hilfe brauchen, ist grausam. Der Priester und der Levit wichen auf »die andere Seite« aus, statt dem verletzten Pilger zu helfen (Lk 10,31-32; Schlachter 2000). Wenn es in unserer Macht steht zu helfen, müssen wir das tun (Spr 24,11-12), und wir dürfen nicht Taten durch Worte ersetzen (Jak 2,14-17; 1Jo 3,16-19).

Jona

Der Prophet Jona hat tatsächlich gelebt und war nicht nur eine fiktive Person in einem Gleichnis (2Kö 14,25; Mt 12,39-41). Gott sandte ihn nach Ninive, in die Hauptstadt des assyrischen Reiches, und damit zu einem Volk, das die Juden verachteten. Jona wäre es lieber gewesen, Ninive wäre zerstört worden, als dass der Stadt Gelegenheit zur Umkehr geboten würde, so dass sie verschont bliebe. Die Assyrer waren ein grausames Volk, das kein Erbarmen mit seinen Feinden hatte, und Jona wollte sie aus dem Weg haben.

Das Buch hebt Gottes Gnade hervor, die er sowohl Ninive als auch Jona erwies. Obwohl Ninive eine gottlose Stadt war, gab Gott ihren Einwohnern die Chance, sich zu retten. Obwohl Jona ein rebellischer Diener war, vergab Gott ihm, gebrauchte ihn und suchte nach einer Möglichkeit, ihm auf liebevolle Weise über seinen Ärger hinwegzuhelfen. Man könnte das Buch folgendermaßen gliedern: Kapitel 1 – Rebellion: Jona geht unter; Kapitel 2 – Buße: Jona taucht auf; Kapitel 3 – Erneuerung: Jona geht hin; und Kapitel 4 – Ärger: Jona steigt aus.

Die Hauptrolle in diesem Buch spielen weder Jona noch der große Fisch, sondern *Gott*, der 38 Mal genannt wird. Das Buch befasst sich mit der wichtigen Frage: »Wie gehst du mit dem Wort und Willen Gottes um?«

Jona 1

Jona dachte, er hätte die Wahl. Er vergaß, dass der Wille Gottes nicht eine von mehreren Möglichkeiten darstellt: Er ist eine Verpflichtung und eine Gelegenheit. Wenn wir vor Gottes Willen davonlaufen, gehen wir immer unter (V. 3.5.15.17; 2,6). Womöglich tauschen wir am Ende Gefahr für Sicherheit und Sturm für Frieden ein.

Die »ungläubigen« Matrosen zeigten mehr Charakter als der

Prophet Gottes. Während Jona schlief, schrien sie zu ihren Göttern, und sie taten ihr Möglichstes, um ihn zu retten (V. 13). Jona war Jude, und die Juden sollten der ganzen Welt ein Segen sein (1Mo 12,1-3). Aber hier bemühten sich die Verlorenen, einen Mann zu retten, der eigentlich die Verlorenen retten sollte!

Ein Gläubiger, der die Gemeinschaft mit Gott aufgibt, kann eine Menge Ärger verursachen. Jona brachte die Besatzung in Gefahr und verweigerte den Einwohnern von Ninive die hoffnungsvolle Botschaft. Gott liebt uns zu sehr, um zuzusehen, wie wir weglaufen; deswegen maßregelt er uns (Hebr 12,1-11), und er arbeitet weiter an uns, bis wir uns ihm unterwerfen.

»Wer Gott fürchtet, steht ehrfurchtsvoll vor ihm;
wer sich vor Gott fürchtet, läuft vor ihm davon.«
Carroll E. Simcox

Jona 2

Als Gott ihn berief, hätte Jona ihn sofort um Beistand bei der Erfüllung seiner Aufgabe bitten sollen. Damit hätte er sich die Maßregelung erspart und die Notwendigkeit, Gott um Rettung anzuflehen. Als es schon fast zu spät war, betete der Prophet; und Gott in seiner Gnade vergab ihm und rettete ihn.

Die Juden im Alten Testament wandten sich beim Gebet dem Tempel in Jerusalem zu (V. 5.8; Dan 6,10). Vielleicht berief sich Jona auf die Verheißung in 1. Könige 8,46-53, so wie wir uns heute auf die Verheißung in 1. Johannes 1,9 berufen. Gott erweist seinen Kindern Barmherzigkeit und ist vergebungsbereit (Ps 86,5).

Wie hatte Jona in solche Schwierigkeiten geraten können? Er vergaß Gott und vernachlässigte das Gebet (V. 8) und er schenkte Lügen Glauben (V. 9). Er musste Lehrgeld bezahlen, um einzusehen, dass er Gottes Willen nicht entkommen konnte. Aber er war weise genug, zurückzulaufen und Gott um Vergebung zu bitten!

Jona 3

Wie gnädig ist Gott, dass er uns eine zweite Chance gibt, nachdem wir ihn enttäuscht haben (Ps 103,8-14)! Gott ist der Arbeiter genau so wichtig wie die Arbeit selbst. Er hätte jemand anderen zum Predigen nach Ninive schicken können, aber Jona hätte dann die Lektionen verpasst, die er so dringend zu lernen hatte. Gott will nicht nur *mit uns* arbeiten, sondern auch *an uns*.

Wie gnädig ist Gott zu den verlorenen Sündern! Warum sollte ein heiliger Gott den boshaften Bewohnern Ninives die Möglichkeit zur Umkehr bieten? Weil »er nicht will, dass irgendwelche verloren gehen« (2Petr 3,9), sondern »dass alle Menschen gerettet werden« (1Tim 2,4). Fällt es dir schwer, das Evangelium an eine verlorene Welt weiterzugeben, die es nicht verdient, gerettet zu werden? Denke daran, irgendjemand hat es an dich weitergegeben!

Wie gnädig ist Gott, dass er den Dienst eines unvollkommenen Dieners segnet! Jona liebte die Menschen nicht, denen er predigte, und doch gebrauchte Gott seine Botschaft, um die ganze Stadt zur Umkehr zu bewegen. Es liegt Kraft im Wort Gottes; es kann auch den größten Sünder überführen und bekehren.

Jona 4

Wenn Gott nur die Stadt Ninive hätte retten wollen, wäre das Buch mit Kapitel 3 zu Ende gewesen. Aber es gab noch mehr Arbeit für ihn, denn Gott wollte seinen Diener vor sich selbst retten.

Jona war ein zorniger Mann (V. 1.2.4.9), der Ninive zerstört sehen wollte. Wie der ältere Bruder, blieb er draußen stehen und machte seinem Ärger Luft (Lk 15,25-32).

Jonas grundsätzliches Problem bestand darin, dass er sich Gott noch nicht voll und ganz hingegeben hatte. Sein Verstand kannte Gottes Wahrheit und sein Wille gehorchte Gottes Befehlen; aber er tat Gottes Willen nicht »von Herzen« (Eph 6,6). Er gehorchte nur, weil er Angst davor hatte, was Gott ihm antun könnte. Er diente nicht aus Liebe.

Wenn wir uns über Gott ärgern, verlieren wir für alles im Leben den richtigen Blick, und wir werden selbstsüchtig in Wort und Tat. Dinge werden wichtiger als Menschen und Bequemlichkeit wichtiger als unser Dienst.

Aber Gott ist langmütig und kümmert sich mit zärtlicher Liebe darum, dass wir zu ihm zurückfinden. *Es ist für unseren christlichen Dienst sehr wichtig, dass wir zufrieden mit dem Willen Gottes sind.* Jeder von uns sollte sagen können: »Dein Wohlgefallen zu tun, mein Gott, liebe ich; und dein Gesetz ist tief in meinem Innern« (Ps 40,9).

Micha

Micha war ein Zeitgenosse von Jesaja (Jes 1,1) und Hosea (Hos 1,1), und seine Weissagungen bezogen sich sowohl auf Juda als auch auf Israel (Samaria). Dieses Buch enthält drei Botschaften, und alle drei beginnen mit der Aufforderung »Hört!«. Micha verkündete das nahende Gericht (Kap. 1–2), das zukünftige Königreich (Kap. 3–5) und Gottes Einladung an die Menschen, sich dem Herrn zuzuwenden (Kap. 6–8). Er hoffte, das Volk von Juda würde eine Lehre aus der traurigen Erfahrung Israels ziehen, aber das tat es nicht. In seiner Botschaft geht es um Gericht, aber auch um Erbarmen und Hoffnung. Michas Name bedeutet: »Wer ist wie der Herr?« Eine Weissagung Michas rettete dem Propheten Jeremia das Leben (Jer 26,18; Mi 3,12).

Micha 1

Das Gerichtsverfahren (1-7). Micha eröffnet das Verfahren und verkündet Jahwes Zeugenaussage gegen Israel; das Gericht naht! Assyrien fiel im Jahr 722 v. Chr. ins Nordreich ein und machte aus der Hauptstadt Samaria einen Trümmerhaufen. Der Götzendienst der Nation war nichts anderes als Hurerei gegen den Herrn, eine Treulosigkeit, die bestraft werden musste.

Die Totenklage (8-16). Aber die Assyrer würden auch in Juda einfallen, was sie im Jahr 701 v. Chr. taten, und fast fünfzig Dörfer zerstören. Sie versuchten auch Jerusalem zu erobern, was ihnen aber nicht gelang (Jes 36-37), denn der Herr verschonte die Stadt um Davids willen (Jes 37,35).

Der Prophet weinte über die schrecklichen Dinge, die dem Volk zustoßen würden. Er sagte nicht: »Sie bekommen genau das, was sie verdienen!« Stattdessen trauerte er wie ein Mann bei einer Beerdigung. Bringt uns die Gewissheit des kommenden Gerichts dazu, verlorene Sünder zu beklagen und zu Christus führen zu wollen?

Hebräische Wortspiele
Der hebräische Originaltext in Micha 1,10-16 verdeutlicht Michas Aussage anhand von geschickten Wortspielen. *Bet-Leafra* bedeutet »Haus aus Staub«. *Schafir* heißt »schön«. *Zanaan* heißt »hinausgehen« und *Bet-Ezel* heißt »Haus der Nähe«. *Marot* bedeutet »Bitterkeit«, *Lachisch* klingt ähnlich wie das Wort für »Pferdegespann«, *Achzib* heißt »eine Lüge« und *Marescha* »ein Erbe«. Stelle diese Bedeutungen mit den Aussagen des Propheten über die jeweiligen Orte zusammen. Du darfst gespannt sein.

Micha 2

Micha nennt einige der Sünden des Volkes, angefangen mit *Habsucht* (V. 1-5), die eine Form von Götzendienst ist (Kol 3,5). Die Reichen beuteten die Armen aus und kamen ungestraft davon. Aber wenn erst einmal der Eindringling kommt, werden niemandes Grenzen mehr respektiert.

Eine weitere Sünde bestand in der *Ablehnung von Gottes Wort* (V. 6-11). Die falschen Propheten versuchten Micha zum Schweigen zu bringen, weil er den Untergang prophezeite. Sie hätten eine gefällige Botschaft über Sicherheit und starke Getränke bevorzugt. Die »Wohlstandsprediger« sind für gewöhnlich beliebt, während jene, die Gottes Wort verkünden, oftmals verfolgt werden. Aber Gottes Wort bringt Gutes in das Leben derer, die Gutes tun und dem Herrn gehorchen wollen.

Mit Götzendienst und Hurerei hatten sie *das Land verunreinigt* (3Mo 18,24-30), und nun würde das Land sie vernichten. Die Sünde des Einzelnen trifft immer die Gesellschaft.

Wie gnädig war Gott, die Botschaft mit einer hoffnungsvollen Verheißung zu beenden (V. 12-13)! Er wird einen Überrest verschonen (4,7; 5,7-8; 7,18) und ihn sammeln, wenn er eines Tages sein Reich begründet. Der König wird ihr Hirte sein!

Micha 3

Mit »Hört doch!«, beginnt Michas zweite Botschaft, die sich an die Anführer richtet. Wegen *ihrer* Sünden wurde das Volk Gott ungehorsam und musste schließlich bestraft werden (Kla 2,14; 4,13). Er gebrauchte drei Bilder, um ihre Sünden darzustellen.

Jäger (1-4). Statt für die Menschen zu sorgen, behandelten die Anführer sie wie Tiere und verschlangen sie. Aber eines Tages würden diese Anführer zu Gott schreien und er würde sie nicht erhören.

Hirten (5-7). Statt die Herde auf Gottes Wegen zu leiten, führten sie sie mit ihren Botschaften von falschem Frieden in die Irre (V. 11; Jer 6,14). Die Folge ihrer Täuschung würde Dunkelheit sein, und es würde keine Hoffnung für sie geben.

Bauleute (8-12). Sie hätten die Stadt auf dem Gesetz Gottes errichten sollen, aber sie brachen das Gesetz und bauten mit Blut. Warum? Weil sie mehr Geld wollten (1Tim 6,9-10). Aber alles, was sie bauten, würde abgerissen werden, und ihr Geld würde ihnen nichts nützen.

Ein wahrer Leiter beschützt das Volk, führt es nach Gottes Willen und dient, ohne an persönlichen Gewinn zu denken.

Micha 4

In vier Bildern schildert Micha eine Vision vom Strafgericht über Israels Feinde und die Gründung des zukünftigen Gottesreiches.

Eine Stadt (1-5). Jerusalem würde zwar von den Babyloniern zerstört werden, aber eines Tages würde es die Hauptstadt des Gottesreiches sein. Es wird ein Friedensreich sein, in dem alle Menschen den Herrn kennenlernen und auf seinen Wegen wandeln wollen.

Eine Herde (6-8). Der Herr wird seine Herde versammeln (den Überrest) und sich um die Lahmen und die Leidenden kümmern. Ihr Hirte wird ihr König sein, und er wird in Gerechtigkeit regieren.

Eine Geburt (9-10). Wie eine schwangere Frau ihr Kind zur Welt bringen muss, so muss Juda als Gefangene nach Babylon geführt werden. Es würde eine schmerzhafte Zeit sein, aber letztlich würde sie Segen bringen. Gott versprach dem Überrest, ihn zu befreien und wiederherzustellen.

Eine Ernte (11-13). Eines Tages wird Gottes Volk seine Feinde besiegen, die es auszulöschen versuchen. Es wird sein wie das Dreschen von Getreide, und die Ernte wird dem Herrn gehören.

Micha 5

Hier steht Israels Befreier im Vordergrund, der Herr Jesus Christus.

Zwei Städte (1-2). Micha stellt dem prachtvollen Jerusalem, das gerade die babylonische Belagerung erlebte, das ärmliche Städtchen Bethlehem gegenüber, wo der Ewige in die Zeit eintreten wird, um sein Volk zu retten. Die Zukunft von Gottes Heilsplan lag im unbedeutenden Bethlehem (Lk 2,1-20; siehe auch Jes 9,6).

Zwei Geburten (3-4). Die Geburt des Messias brachte Israel Hoffnung, aber das Volk wollte ihn nicht annehmen. Er musste es aufgeben (Lk 13,34-35) bis zu dem Tag, an dem er zurückkehrt, um es wiederherzustellen (Röm 9). Die Rettung Israels wird der Geburt einer Nation gleichkommen (Jes 66,8), und es wird Friede sein bis an die Enden der Erde.

Zwei Siege (5-14). Der Messias wird einen Sieg über seine Feinde erringen und Israel zu einem siegreichen (der Löwe) und fruchtbaren (der Tau) Volk machen. Aber er wird auch einen Sieg über sein eigenes Volk erringen und es von seinen Sünden reinwaschen (V. 9-14). Die Dinge, auf die es vertraut hat, werden dann beseitigt – Kriegsausrüstung, Festungen, Zaubereien und Götzen – und es wird lernen, auf den Herrn zu vertrauen.

Vielleicht möchte Gott auch aus deinem Leben manches entfernen, damit du dich an seinem Frieden erfreuen kannst.

Micha 6

Wir befinden uns erneut im Gerichtssaal.

Die Anklage (1-5). Gott ruft die Berge als Zeugen für seine Klage gegen Israel auf. Was hatte er seinem Volk getan, dass es sein Wort verachtete und sich an ihm versündigte? (Siehe Jes 5.) Hatten seine Kinder alles vergessen, was er für sie getan hatte? Es ist gut, auf Gottes Gnadenerweise an uns zurückzublicken und dabei nicht zu vergessen, ihm zu danken.

Das Eingeständnis (6-8). Das Volk konnte nur mit einem Schuldeingeständnis antworten. Der Richter wollte keine Opfergaben, er erwartete Gehorsam (Jes 1,10-18). Vers 8 sagt uns, wie wir als Gottes von Sünden befreites Volk leben sollten (5Mo 10,12).

Das Urteil (9-16). Sie würden für ihre Sünden die strafende Rute zu spüren bekommen und auf ihren Bemühungen würde ein Fluch liegen. Omri und Ahab waren zwei der boshaftesten Könige, die jemals Israel regiert hatten (1Kö 16,21–22,40), und das Volk musste leiden, weil es ihrem schlechten Beispiel gefolgt war.

Der Richter ist der Retter, aber diejenigen, die an ihrem Ungehorsam festhalten, kann er nicht retten.

»Göttliche Offenbarung«

Micha 6,8 ist nicht das Evangelium. Wir werden nicht dadurch erlöst, dass wir diesen Worten gehorchen, aber wir können ihnen nicht gehorchen, solange wir nicht erlöst sind. Unsere frommen Worte und religiösen Handlungen (V. 6-8) bedeuten dem Herrn nichts, wenn wir es versäumen, unseren Charakter vom Heiligen Geist bearbeiten zu lassen, indem wir uns ihm ausliefern. »Alle Streitigkeiten, alle nachtragende intellektuelle Anmaßung, alle eigennützige Berechnung, alle boshafte Politik müssen vor jener erhabenen Offenbarung in sich zusammenfallen«, schreibt Joseph Parker.

Micha 7

Ein treuer Gott (1-7). Der Prophet war angewidert, weil das ganze Volk sich der Betrügerei hingegeben hatte. Nicht ein einziger ehrlicher Mann war mehr zu finden (1Kö 19,10; Ps 12,1; Jes 57,1). – Wenn andere dich enttäuschen, denke daran, dass der Herr immer treu ist. Triff dieselben drei Entscheidungen, die auch der Prophet traf: »Ich will schauen, ich will warten, ich will beten« (V. 7).

Ein gerechter Gott (8-13). Gott richtet die auf, die fallen und gibt denen Licht, die in der Dunkelheit sind. Selbst dann, wenn er sich mit uns wegen unserer Sünden auseinander setzen muss, tut er das Beste für uns. – Sei geduldig, denn eines Tages wird er deine Feinde besiegen und dich in den Segen führen.

Ein vergebender Gott (14-20). Gott hat Gefallen an Gnade! Wenn wir zu ihm kommen und ihm unsere Sünden bekennen, vergibt er uns, tritt unsere Sünden nieder wie besiegte Feinde und wirft sie in die Tiefen des Meeres, so dass sie für immer verschwunden sind. (Siehe Ps 103,12; Jes 38,17; Jer 31,34; Apg 3,19.)

Gott vergibt

Der, der hat ausgelöschet,
Was mit sich führt den Tod;
Der ist's, der mich reinwäschet,
Macht schneeweiß, was ist rot.
In ihm kann ich mich freuen,
Hab einen Heldenmut,
Darf kein Gerichte scheuen,
Wie sonst ein Sünder tut.

Paul Gerhardt, aus: »Ist Gott für mich ...«

Nahum

Jona wurde nach Ninive gesandt, in die Hauptstadt des assyrischen Reiches, um den Menschen die Möglichkeit zur Umkehr zu bieten. Nahum dagegen war berufen zu verkünden, dass ihr Strafgericht bevorstand. Die Stadt wurde im Jahr 612 v. Chr. von den Medern und Babyloniern besiegt. Der Prophet Zefanja verkündete ebenfalls den Untergang Ninives (Zef 2,13).

Nahum bedeutet »Trost«, und den Juden war seine Botschaft sicherlich ein Trost, denn sie fürchteten und hassten die grausamen Assyrer. Das Buch hebt Gottes Heiligkeit hervor, der Sünde nicht ungestraft lassen kann. In Kapitel 1 *verkündet* Nahum Ninives Niedergang; in Kapitel 2 *beschreibt* er ihn; und in Kapitel 3 *verteidigt* er ihn.

Nahum 1

Gott ist eifersüchtig (1-2). Das bedeutet, dass er völligen Gehorsam verdient und keine Rivalen duldet. Es ist die Eifersucht eines Ehemannes um seiner Frau oder die einer Mutter um ihres Kindes willen. Er wacht eifersüchtig über sein Volk und über seine Herrlichkeit; deshalb muss er Sünde bestrafen.

Gott ist langmütig (3a). Gott hat keine »Tobsuchtsanfälle«. Er wartet geduldig darauf, dass Sünder sein Wort hören und Buße tun. Siehe 2. Mose 34,6; 4. Mose 14,18 und Römer 9,22.

Gott herrscht souverän (3b-6). Er setzt sich durch, weil er weiß, was das Beste ist, und er hält alles in seiner Hand. Er herrscht über die Kräfte der Natur und niemand kann vor seinem Zorn bestehen.

Gott ist gut (7-15). Ninive wird durch eine Flut (V. 8) und ein Feuer (V. 10) zerstört werden, aber Gottes Volk wird an seinem Zufluchtsort – Gott dem Herrn – in Sicherheit sein (Ps 46). Juda war von Assyrien bedrängt worden, aber das würde nun vorbei sein und das Joch würde von ihm weggenommen werden (V. 12-13).

Juda würde durch einen Boten die gute Nachricht von Ninives Untergang hören! (Siehe Jes 40,9; 52,7; Röm 10,15.)

Nahum 2

Was für ein dramatisches Bild vom Einmarsch (V. 1-4), von der Schlacht (V. 5-7), vom Sieg (V. 8-10) und von der Demütigung Ninives vor seinen Feinden und vor dem Herrn (V. 11-13)! Nicht die Babylonier und die Meder besiegten Assyrien, sondern der Herr und Gott Israels (Jes 10,5-19).

Die Wächter auf den Mauern sehen das feindliche Heer nahen (V. 1), bestehend aus Soldaten mit ihren karmesinroten Uniformen und Schilden und schnellen Streitwagen (V. 3-4). Der Feldherr stellt seine besten Truppen auf den Mauern auf, aber die Soldaten stolpern übereinander und kommen nicht schnell genug voran (V. 5).

Die Angreifer stauen einen Fluss auf und lassen das Wasser fließen, das einen Teil der Stadtmauer und den Palast zerstört (V. 6.18). Die Leute wollen fliehen, viele werden gefangen genommen, und die Stadt wird geplündert (V. 7-10).

Assyrien wurde mit dem Löwen gleichgesetzt, was viele seiner Skulpturen zeigten (V. 11-13). Aber der assyrische Löwe würde nicht länger Beute verschlingen, denn er war selbst verschlungen worden! Assyrien würde nicht mehr brüllen und nicht mehr töten, aber Juda würde wiederhergestellt werden und sich am Segen erfreuen (V. 2).

Nahum 3

Die Hure (1-7). Dieses Bild kommt in der Heiligen Schrift oft vor und steht für jene, die Gottes Wahrheit verlassen und sich um des Reichtums und des Vergnügens willen ganz der Sünde hingeben. Die assyrische Gottheit der Sexualität und des Krieges war Ischtar, eine Hure. Gott würde Assyriens Scham bloßlegen und es wertlos machen.

Der Trinker (8-11). Wie konnten betrunkene Soldaten hoffen, einen Krieg zu gewinnen! Die Nation musste aus Gottes Zornbecher trinken (Jer 25,15-29).

Der Feigenbaum (12-13). Reife Feigen fallen schnell herab, wenn der Baum geschüttelt wird, und diese Feigen würden dem Bauern direkt in den Mund fallen! Ninives Abwehr war unzureichend und die Stadt würde dem Feind direkt in die Hände fallen.

Die Heuschrecken (14-17). Die Assyrer waren wie ein Schwarm über andere Völker hergefallen und hatte ihnen alles abgefressen, aber nun würde ein Heer über sie herfallen und in der Stadt weder Menschen noch Besitz übrig lassen. Die großen assyrischen Anführer würden sein wie kalte Heuschrecken in Erstarrung; aber wenn die Hitze über sie käme, würden sie aufwachen und zu fliehen versuchen. Das mächtige Volk war nichts als ein Schwarm schwacher Insekten.

Die Herde (18). Die Hirten (Anführer) waren tot und die Schafe zerstreut. Niemand würde sich um sie kümmern und sie zusammenrufen.

Das Opfer (19). Die Nation war verwundet und krank und dem Tod geweiht, es gab keine Heilung mehr für sie. Jeremia gebrauchte dasselbe Bild für Gottes Volk, versprach aber, dass Gott es heilen würde (Jer 30,12-17). Für Ninive gab es keine Hoffnungsbotschaft.

Habakuk

Der Name *Habakuk* stammt vielleicht von einem hebräischen Wort, das »umarmen« oder »umklammern« bedeutet. In diesem Buch nimmt der Prophet einige schwerwiegende Probleme in Angriff und klammert sich im Glauben an Gott, als sein ganzes Leben auseinanderzufallen droht.

Habakuk sah den babylonischen Einmarsch kommen und wunderte sich, dass Gott eine derart gottlose Nation gebrauchen würde, um sein erwähltes Volk zu bestrafen. Habakuks Buch beschreibt seine Erfahrung in drei Schritten: bestürzt – im Glauben schwanken (Kap. 1); vorausgeblickt – im Glauben wachen (Kap. 2); und durchgehalten – im Glauben anbeten (Kap. 3).

Der Schlüsselvers ist 2,4: »Der Gerechte aber wird durch seinen Glauben leben.« Er wird in Römer 1,17 und ebenso in Galater 3,11 und in Hebräer 10,38 zitiert. Das Thema des Römerbriefs ist »die Gerechtigkeit vor Gott« und wie wir diese erlangen können. Galater sagt uns, wie die Gerechten »leben sollen« und in Hebräer steht das Leben »durch Glauben« im Vordergrund. Drei neutestamentliche Briefe wurden dazu aufgewendet, einen einzigen alttestamentlichen Vers zu erklären!

Habakuk 1

Nicht erhört (1-4). Habakuk sah, wie boshaft die Menschen in Juda waren und bat Gott einzugreifen, aber Gott schien ihn nicht zu hören. Der Prophet hätte so gerne gesehen, wie Gott dem Land Erweckung bringt, aber sein Gebet wurde nicht erhört – jedenfalls dachte er das.

Anders als erwartet (5-11). Gott sagte seinem Diener, dass sein Wunsch auf eine Weise in Erfüllung gehen würde, wie er es niemals erwartet hätte. Gott würde Babylon gegen Juda einsetzen und sein erwähltes Volk züchtigen. Aus menschlicher Sicht würde die Eroberung des Landes und die Gefangenschaft des Volkes eine Tragödie sein, aber nichtsdestotrotz war es Gottes Wirken.

Ungelöst (12-17). Nun hatte der Prophet ein größeres Problem: Wie kann ein heiliger Gott nur eine gottlose Nation gebrauchen, um sein erwähltes Volk zu bestrafen? Gott schien sich in Schweigen zu hüllen, als sein Diener zu ihm schrie (V. 13), aber dann kam doch bald die Antwort. Es war nicht die Antwort, die Habakuk erwartet hatte, aber letzten Endes fand er Frieden darüber.

Es ist gut, mit Gott wegen Fragen zu ringen, die dich beschäftigen – denk nur daran, lange genug still zu sein, damit du auch die Antwort hören kannst.

> *»Erfreue dich nicht an der Welt, erfreue dich an Christus, erfreue dich an seinem Wort, erfreue dich an seinem Gesetz … Das Christenherz wird Frieden finden und Ruhe; aber nur, wenn unser Glaube wachsam ist; schläft unser Glaube hingegen, schweben wir in Gefahr.«*
> Nach Augustinus, aus *Enarrationes in Psalmos*

Habakuk 2

Habakuk musste seine Sichtweise vom Wirken Gottes in der von ihm geschaffenen Welt ändern. Es ist gut, über solche Fragen zu beten, und es ist auch gut, still zu sein und zu erkennen, dass er Gott ist (Ps 46,11; Schlachter 2000). Der Herr hob zwei Wahrheiten über sich selbst hervor:

Gott ist gerecht. Die fünf Wehe-Rufe machten deutlich, dass Gott die Sünden seines Volkes kannte und sich zur rechten Zeit damit befassen würde. Er hasst Stolz, Habgier, Selbstsucht, Mord, Trunkenheit, Wollust und Abgötterei.

Gott ist treu. Drei Schlüsselverse (4.14.20) zeugen von dieser Eigenschaft. Du kannst ihm vertrauen, weil sich sein Wesen niemals ändert und auf sein Wort immer Verlass ist (V. 4). Vielleicht erkennst du das im Moment nicht, aber eines Tages wird seine

Herrlichkeit auf der ganzen Welt offenbar werden (V. 14). Bis dahin sitzt Gott auf seinem Thron und hält alles in seiner Hand (V. 20). Deshalb solltest du, statt dich umzusehen und Gott lauter Fragen zu stellen, lieber *nach oben schauen* und dich an seine Zusagen klammern.

Habakuk 3

Bitte (1-2). Gott sagte, er sei am Werk (1,5), deshalb bat ihn der Prophet, weiter zu wirken (V. 2), aber dabei mit seinem sündigen Volk barmherzig zu sein. Beten bedeutet, Gott an seine Verheißungen zu erinnern und sie persönlich in Anspruch zu nehmen.

Rückblick (3-15). Habakuk blickt auf Gottes Wirken in der Vergangenheit zurück und erinnert an seine Größe und Macht. In jeder Epoche der jüdischen Geschichte war Gott bei seinem Volk und wirkte an ihm. Er würde sie auch jetzt nicht enttäuschen. Die babylonische Invasion und Gefangenschaft würden schmerzhafte Erfahrungen sein, aber Gott würde sie nutzen, um seine Herrlichkeit zu offenbaren und zum Wohle seines Volkes (Röm 8,28).

Freude (16-18). Am Anfang war Habakuk im tiefen Tal (Kap. 2), dann stieg er auf den Wachturm (Kap. 2); aber nun stellt er fest, dass er über Berge schreitet (GNB). Der Glaube hebt uns stets höher und macht uns glücklicher. Auch wenn die Konjunktur keinen Anlass zur Freude gibt, können wir uns am Herrn erfreuen!

Göttliche Führung

Sieht mein Kleinmut auch Gefahr,
fürcht' ich auch zu unterliegen;
Christus reicht den Arm mir dar,
Christus hilft der Ohnmacht siegen.
Dass mich Gottes Held verficht,
Das ist meine Zuversicht.

Würd' es Nacht vor meinem Schritt,
Dass ich keinen Ausgang wüsste
Und mit ungewissem Tritt
Ohne Licht verzagen müsste,
Christus ist mein Stab und Licht;
Das ist meine Zuversicht.

Seiner Hand entreißt mich nichts;
Sollt' ich ihn mit Kleinmut schmähen?
Mein Erbarmer selbst verspricht's;
Sollt' ich ihm sein Wort verdrehen?
Nein, er lässt mich ewig nicht;
Das ist meine Zuversicht.

Karl Bernhard Garve, aus: »Stark ist meines Jesu Hand«

Heilige Füße
Gott möchte, dass die Füße seiner Kinder *gewaschen* sind (Joh 13,1-11), damit wir mit ihm Gemeinschaft haben können; *schön* sollen unsere Füße sein (Röm 10,15), damit wir sein Evangelium an andere weitergeben können, und *leichtfüßig* sollen wir sein (Hab 3,19; GNB), damit wir die Hindernisse des Lebens überwinden können.

Zefanja

Zefanja ist vermutlich der einzige alttestamentliche Prophet, durch dessen Adern königliches Blut floss. Aber dass er mit König Josia verwandt war, hielt ihn nicht davon ab, zu einer Zeit, in der der König die Nation in einer religiösen Reform anführte, seine Botschaft vom Gericht zu verkünden (2Kö 22–23). Sowohl Jeremia als auch Zefanja erkannten, dass die »Reform« nicht zu wahrer Erneuerung führte, denn sie erreichte nie die Herzen der Menschen. Sie brachte nur oberflächliche Veränderung, weil der König sie durchführte und das Volk eben jedem Trend folgte.

Der Prophet hebt besonders den »Tag des Herrn« hervor, ein Ausdruck, dem wir schon bei Joel und Amos begegnet sind. Historisch betrachtet, bezieht er sich auf den Einmarsch Babylons im Jahr 606 v. Chr., aber als biblische Prophetie spricht er von einem zukünftigen Tag des Zorns in der Endzeit.

Wie Habakuk sah auch Zefanja sowohl den Zorn als auch die Barmherzigkeit Gottes. Er verkündete, dass Gottes Gericht über Jerusalem und Juda kommen würde (Kap. 1) und über die heidnischen Nationen (Kap. 2), dass Gott aber einem Überrest seine Barmherzigkeit erweisen würde (Kap. 3). Selbst im Zorn würde er sich an sein Erbarmen erinnern (Hab 3,2).

Zefanja 1

Zu einer Zeit religiöser Reformen eine Gerichtsbotschaft zu verkünden, würde nicht einfach sein; aber ein wahrer Prophet blickt nicht nur *weiter,* sondern auch *tiefer*.

Ich werde zerstören (1-7). Gottes Zorn wird seine Schöpfung vernichten (V. 2-3) und auch die Heuchler im Land (V. 4-6). Es wird ein Fest des Schlachtopfers sein, bereitet für Babylon (V. 7; Jer 46,10; Offb 19,17-21).

Ich werde bestrafen (8-11). Angefangen beim Königspalast, ging der Prophet durch die Stadt und lud die Menschen ein, mit ihm zu klagen. Die Kaufleute würde es besonders schmerzlich treffen, weil ihnen der unrechtmäßig erworbene Reichtum genommen würde.

Ich werde durchsuchen (12-13). Die Einwohner in Jerusalem würden versuchen, sich zu verstecken, aber die einfallenden Soldaten würden sie finden und töten. Die Selbstgefälligen würden feststellen, dass ihre Theologie hinten und vorne nicht stimmte. Was für ein böses Erwachen!

Ich werde ängstigen (14-18). Beachte, mit welchen Worten dieser Tag beschrieben wird: *bitter, Not, Verwüstung, Dunkelheit* und *Kriegsgeschrei*. Die Menschen werden wie Abfall behandelt werden!

Hinter dem realen Feuer, das Jerusalem zerstörte, stand das Feuer der eifersüchtigen Liebe Gottes zu seinem Volk (V. 18; Nah 1,2). Aus dieser Liebe heraus duldet er keine Rivalen und keine Rebellion.

Zefanja 2

Wegen ihrer Sünden würden auch die Nationen um Juda herum Gottes Zorn zu spüren bekommen. Die anderen Propheten hatten sie schon vor dem kommenden Gericht gewarnt (Jes 14–20; Jer 46–49; Am 1–2), aber die Heiden taten keine Buße. Der Prophet gebrauchte mehrere Bilder aus der Landwirtschaft, um das Strafgericht zu beschreiben, das über sie kommen würde: wie Spreu (V. 2), wie ein entwurzelter Baum (V. 4), wie »ein von Unkraut überwucherter Boden« (V. 9), wie eine Wüste (V. 13).

Gott würde sie dafür bestrafen, dass sie sein Volk schlecht behandelt hatten (V. 8; 1Mo 12,1-3); für ihren Stolz (V. 10) und ihren Götzendienst (V. 11). Auch heute bestraft Gott diese Sünden noch.

In seiner Barmherzigkeit rief Gott die Menschen auf, sich von ihren Sünden abzuwenden und den Herrn zu suchen (V. 1-3). Die Demütigen (Gottes Überrest; 3,12) würden in Gott verborgen und am Tag des Zornes Gottes versorgt sein (1Thes 1,10; 5,9-10; Offb 3,10). Gehörst du zu den Demütigen oder zu den Hochmütigen (V. 10)?

Zefanja 3

Die Widerspenstigen (1-7). Die Anführer in Jerusalem hörten nicht auf Gottes Diener und nahmen Gottes Warnungen nicht ernst. Wenn Gott sie zurechtwies, begingen sie nur noch größere Sünden. Es war an der Zeit, dass Gott sie bestrafte. Es lohnt sich nicht, Gottes Langmut auf die Probe zu stellen oder ihn zu versuchen.

Die Wiederhergestellten (8-13). Der Prophet schaute voraus in die Endzeit, wenn Gottes Volk wieder gesammelt und in sein Land zurückgeführt würde. Dann werden sie ihn anrufen, ihm dienen und nichts mehr zu befürchten haben.

Die Jubelnden (14-20). Das Volk wird jubeln und singen, weil seine Bestrafung vorüber ist, seine Feinde besiegt sind und der Herr als König über Israel herrscht. Aber auch der Herr wird singen (V. 17)! Wie ein liebender Vater nimmt er seine ängstlichen Kinder in den Arm und beruhigt sie mit seiner Liebe. Beachte, wie viele »Ich werde«-Verheißungen Gott hier ausspricht.

Wenn wir uns am Herrn erfreuen und ihm gehorchen, hat er Freude an uns und teilt mit uns das Beste, was er hat. Wenn wir sündigen, züchtigt er uns in Liebe. Wenn wir uns ihm reumütig zuwenden, vergibt er uns und stellt unsere Freude und unseren Frieden wieder her: »Ich will ihre Abtrünnigkeit heilen, will sie aus freiem Antrieb lieben« (Hos 14,4).

Haggai

Im Jahr 538 v. Chr. verließen etwa fünfzigtausend Juden Babylon und kehrten in ihr Heimatland zurück, um den Tempel wieder aufzubauen und die Nation wiederherzustellen. 536 legten sie den Grundstein für den Tempel; aber die Arbeit wurde von ihren Feinden unterbrochen und konnte erst im Jahr 520, zur Zeit der Verkündigung durch Haggai und Sacharja, wieder aufgenommen werden. (Lies dazu noch einmal den Kommentar zu Esra 1–6).

Das Buch Haggai besteht aus vier Botschaften, die der Prophet im Laufe von vier Monaten verkündete. Sein Ziel war es, die Arbeiter dazu zu bewegen, wieder ans Werk zu gehen und so lange weiterzumachen, bis der Tempel fertiggestellt war. Seine erste Botschaft rief sie zur *Ehrlichkeit* auf (1,1-15) und stellte Gottes Haus als wichtiger dar als ihre eigenen Häuser. Dann rief er sie auf, *stark* (2,1-9), *rein* (2,10-19) und *mutig* (2,20-23) zu sein.

Wann immer die Arbeit für Gott vernachlässigt wird, bringt die Verkündigung des Wortes sie wieder in Gang.

»Ein Prediger hat dann seine Sache gut gemacht,
wenn seine Gemeinde nach Hause geht und nicht denkt:
»Was für eine schöne Predigt!«, sondern:
»Ich werde etwas tun!«
Francis de Sales

Haggai 1

Prioritäten (1-4). Hätte Haggai für diese Predigt einen neutestamentlichen Text als Grundlage wählen können, wäre es wohl Matthäus 6,33 gewesen. Man hat *nie* Zeit übrig, um die Arbeit des Herrn zu tun, aber für die eigenen Angelegenheiten hat man *immer* Zeit.

Widrigkeiten (5-11). Wenn wir Gott an die erste Stelle setzen, können wir auf die Verheißung seiner Fürsorge bauen. Nehmen wir uns aber selbst wichtiger, verlieren wir seinen Segen *und* obendrein auch das, was wir in uns selbst investiert haben! Die Menschen wussten von Gottes Bund mit Israel. Er hatte versprochen, sein Volk zu segnen, wenn es seinem Wort gehorchte, und es zu maßregeln, sollte es ihm ungehorsam sein (3 Mo 26). Du kannst nicht verlieren, wenn du Gott in deinem Leben an die erste Stelle setzt.

Aufgaben (12-15). Gott gebrauchte das Wort, um die Anführer und die anderen Leute aufzurütteln, und dann machten sie sich daran, den Tempel wieder aufzubauen. Damit Gottes Werk vollendet wird, werden sowohl Anführer als auch Arbeiter benötigt, die sich sowohl von Gott berühren lassen als auch in Ehrfurcht vor Gott wandeln.

David fragte: »Wenn die Grundfesten eingerissen werden, was soll der Gerechte tun?« (Ps 11,3; Schlachter 2000). – *Geh ans Werk und errichte neue Grundfesten!*

Haggai 2

Dieses Kapitel enthält drei Botschaften.

Seid stark! (1-9). Es waren schwere Zeiten, die Menschen waren arm und die Anführer mutlos. (Hat es wohl jemals ein *einfaches* Bauprojekt gegeben?) Der neu gebaute Tempel würde nicht annähernd so prachtvoll sein wie der Tempel Salomos und die Menschen fragten sich: »Ist das den ganzen Aufwand wirklich wert?« Sie bedachten nicht, dass der Herr der Herrlichkeit selbst in diesem Tempel wirken würde! Pass auf, dass dir die Erinnerung an goldene Zeiten nicht den Blick auf gegenwärtige Chancen verstellt.

Seid rein! (10-19). Die Priester konnten keine Heiligkeit weitergeben, aber sie konnten Sünde verbreiten. Das Volk war verunreinigt worden und Gott hatte es nicht segnen können, aber nun war es zum Herrn umgekehrt und er versprach ihm seinen Segen.

Sei mutig! (20-23). Diese Botschaft war an den Statthalter gerichtet, der ein Vorbild des Herrn Jesus Christus ist. In den letzten Tagen wird Gott die heidnischen Mächte stürzen und Davids Linie wieder an die Macht bringen, zu der Serubbabel gehörte (Mt 1,12). Vielleicht dachte der Statthalter, seine Arbeit sei unwichtig, weil der Tempel so gewöhnlich oder weil die Nation so klein und schwach war; aber er war Teil des Plans, der eines Tages zum Kommen des Messias führen würde.

Deine Rolle in Gottes Reich heute ist nicht unbedeutend oder unwichtig, auch wenn es dir vielleicht so vorkommt. Sei mutig und arbeite weiter!

»Auch wenn das Haus Gottes heute nicht mehr materiell besteht, sondern geistlich, ist das Material dennoch ein sehr reales Symbol für das Geistliche. Wenn die Gemeinde Gottes an irgendeinem Ort und an irgendeiner Örtlichkeit nachlässig ist in Bezug auf den materiellen Ort der Versammlung angeht, den Ort ihrer Anbetung und ihres Wirkens, zeigt und beweist das deutlich, dass sie auf dem Tiefstand ist.«
G. Campbell Morgan

Sacharja

Der Prophet Sacharja diente zur selben Zeit wie Haggai, und beide ermutigten den jüdischen Überrest zum Neubau des Tempels. Gott gab Sacharja *acht Visionen* Jerusalem und die Juden betreffend (Kap. 1–6) und *zwei Lasten* (Prophetenworte) über die Zukunft des Volkes (Kap. 9–14). In Kap. 7–8 geht es ums Fasten.

Im Mittelpunkt steht Jerusalem, das in diesem Buch mehr als vierzig Mal erwähnt wird, und der Kernvers lautet: »Ich eifere mit großem Eifer für Jerusalem und für Zion« (1,14). Die Stadt schien verloren, aber Gott würde an sein Volk denken und seine Versprechen halten. (*Sacharja* bedeutet »Der Herr gedenkt«.) Für Gottes Volk kommt das Beste erst noch!

Haggai und Sacharja arbeiteten zusammen, und doch hatte jeder von ihnen eine einzigartige Aufgabe. Haggais Buch ist kurz und enthält keine Visionen. Sacharja schrieb ein längeres Buch, in dem er von acht Visionen berichtet. Haggai befasste sich mit der gegenwärtigen Arbeit des Volkes. Sacharja forderte das Volk heraus, nach vorn zu schauen. Beide Arten von Dienst waren damals wichtig, um Gottes Kinder zum Arbeiten zu ermutigen, und auch heute werden beide gebraucht. Wie Hesekiel und Jeremia, war Sacharja sowohl Prophet als auch Priester (1,1; Neh 12,1-4.16).

Sacharja 1–2,4

Gottes Zorn richtete sich gegen drei Zielobjekte.

Die vorige Generation (1-6). Ihre Sünden hatten den Niedergang der Nation mit herbeigeführt, aber die neue Generation beging nun dieselben Sünden. Die Sünde hat die Angewohnheit, uns zu verfolgen und schließlich einzuholen, wie ein wildes Tier, das unsere Spur aufgenommen hat. Du kannst jederzeit zu Gott umkehren!

Die gegenwärtige Generation (12). In den siebzig Jahren der

Gefangenschaft hatte das Volk Gottes Zorn zu spüren bekommen; aber nun war der Zeitpunkt gekommen, da Gott Gnade walten lassen würde. Seine Erziehungsmaßnahme hatte ihr Ziel erreicht; nun würde er anfangen, sein Volk zu heilen und wiederherzustellen.

Die selbstgefälligen Völker (7-21). Gottes Engel patrouillieren die Erde und wirken im Interesse seines Volkes (Hebr 1,14). Die Nationen lebten in Frieden, aber Israel war noch immer in Bedrängnis. Als Gott die anderen Nationen gebrauchte, um Israel zu bestrafen, gingen sie übermäßig grausam vor; nun würde Gott es ihnen heimzahlen. Hörner waren ein Symbol für Macht und Gott würde die Macht der Nationen brechen.

Dem dürftigen Überrest, der am Tempel arbeitete, wird Gottes Versprechen, ihnen Erbarmen zu erweisen und zu helfen, sehr ermutigt haben (V. 14-17). – Nimmst du seine Verheißungen heute für dich in Anspruch?

Sacharja 2

Verheißung (5-9). Die Ausmessung deutete darauf hin, dass Gott der Eigentümer der Stadt war und Pläne für sie hatte. Wie mutlos die Angehörigen des jüdischen Überrests auch sein mochten, so durften sie doch gewiss sein, dass ihre Arbeit nicht vergebens war. Jerusalem hatte eine glänzende Zukunft vor sich.

Aufruf (10-11). Viele Juden lebten immer noch in Babylon, obwohl sie in ihr Land hätten zurückkehren sollen. Babylon war dem Untergang geweiht (Jer 50–51), Jerusalem dagegen stand ein Neuanfang bevor. Warum sollte jemand in einer verlorenen Stadt bleiben wollen? Aber auch heute noch ziehen es manche Gläubige vor, in der Welt zu leben (2Kor 6,14-18; Offb 18,1-8).

Still sein
Gott forderte die Juden auf zu singen, aber den Nationen sagte er, sie sollten schweigen (2,17). Warum? Weil er bald wegen ihrer Sünden seinen Zorn über sie ausschütten würde. Es war die Ruhe vor dem Sturm. (Siehe Hab 2,20; Zef 1,7.)

Schutz (12-13). Der Herr spricht und versichert, dass er für sein Volk sorgen wird. Der Augapfel ist verletzlich und empfindet Schmerz sehr stark. Gott behütet uns, weil wir ihm am Herzen liegen (5Mo 32,10; Ps 17,8; Spr 7,2).

Lobpreis (14-17). Ihr Seufzen würde sich in Gesang verwandeln, denn der Herr würde *zu* ihnen kommen und *bei* ihnen wohnen. Er wird sein Erbteil in Besitz nehmen (2Mo 19,5) und seine Kinder werden ihn erkennen und ihm dienen. Der Bund mit Abraham (1Mo 12,1-3) wird in Erfüllung gehen, wenn die Nationen zum Herrn kommen, weil sie die Herrlichkeit Gottes in Israel sehen.

Sacharja 3

Was tut Gott für uns, wenn wir vor ihn kommen und um Vergebung bitten?

Er weist den Feind zurecht (1-2). Satan ist der Ankläger (Offb 12,10), aber Christus ist der Anwalt (1Jo 1,9–2,2). Wir sind von Gott erwählt und gehören ihm, und der Feind kann uns nicht verdammen (Röm 8,31-39). Der Geist überführt liebevoll, um uns für Gott zurückzugewinnen. Satan klagt hasserfüllt an, damit wir die Hoffnung auf Gottes Hilfe aufgeben. Es ist wichtig, dass du diese beiden Stimmen unterscheiden kannst!

Er nimmt die Schuld weg (3-5). Das schmutzige Gewand steht für die Sündhaftigkeit des Volkes, denn der Hohepriester hatte sich vor dem Herrn reinzuhalten. Gott beseitigt unsere Sünde und kleidet uns neu ein, weil Jesus für unsere Sünden gestorben ist und nun lebt, um für uns einzutreten.

Er erneuert den Auftrag (6-10). Gott stellte Jeschua nicht beiseite, denn das Ziel der Erneuerung ist Dienst. Gott sagte ihm, er solle zurückgehen und den Menschen dienen und ihnen erzählen, dass der Messias kommen würde, der SPROSS. So wie Jeschua gereinigt und erneuert wurde, so wird auch Israel gereinigt und erneuert werden, wenn der Messias kommt, um seine Herrschaft anzutreten (V. 9-10; 12,10–13,1).

Mit Sacharjas Worten
In Sacharjas Prophezeiung wird der Herr Jesus Christus als SPROSS dargestellt (3,8; 6,12; Jes 11,1), als Stein (3,9; 10,4; Jes 28,16), als König (9,9; 14,9.16-17) und als abgelehnter Hirte (11,12; 13,7).

Sacharja 4

Sacharja diente mutlosen Menschen, die versuchten, eine schwierige Aufgabe zu bewältigen. – Wenn du kurz davor bist aufzugeben, denke an die Zusagen, die Gott seinen Arbeitern gibt.

Gott schenkt Kraft (1-6.11-14). Öl symbolisiert Gottes Heiligen Geist und nur er kann uns Kraft geben, seine Arbeit zu vollenden. Verlässt du dich auf ihn oder auf deine eigene Stärke und dein Fachwissen? Lies Epheser 3,20-21 und denke darüber nach.

Gott beseitigt Hindernisse (7). Unglaube macht aus Maulwurfshügeln Berge, Gottvertrauen dagegen macht aus Bergen Ebenen! Die Anführer standen vor allen möglichen Hindernissen, aber Gott würde den Weg für sie freimachen. (Siehe Jes 41,15; Mt 17,20.)

Gott gibt Verheißungen (9). Was Gott anfängt, bringt er zu Ende (Phil 1,5; Hebr 12,1-2), deshalb können wir ihm auch dann vertrauen, wenn alles gegen uns zu wirken scheint. Das Tempelprojekt wurde um viele Jahre verschoben, aber letzten Endes half Gott seinem Volk, es zu vollenden.

Gott hat Freude an unserer Arbeit (10). Aus menschlicher Sicht war das Tempelprojekt nur eine kleine Sache (Hag 2,3); aber in Gottes Augen war es eine Quelle großer Freude. Tu deine Arbeit zur Freude Gottes und lass am Ende ihn darüber urteilen (1Kor 4,5).

Kleine Dinge
Gott hat Freude daran, kleine Dinge zu gebrauchen: Moses' Stab (2Mo 4,2), Davids Schleuder (1Sam 17), einen Kieferknochen (Ri 15,15), einen Hammer und einen Zeltpflock (Ri 4,17-

24), ein Stück Schnur (Jos 2,15-21), einen Korb (Apg 9,23-25), Brote und Fische (Joh 6,9), einen Becher mit kaltem Wasser (Mt 10,42) und sogar Lehm (Joh 9,6-7).

Sacharja 5–6

Die Gottlosigkeit wird verurteilt (5,1-4). Die Schriftrolle maß zwanzig mal zehn Ellen, somit war sie leicht zu sehen und zu lesen. Gott verurteilte die Diebe und die Lügner. (Satan ist beides; Joh 8,44.) Diese Sünden verstoßen gegen das dritte und das achte Gebot und gelten vor Gott noch immer als verwerflich (Eph 4,25-28).

Die Gottlosigkeit wird eingesperrt (5,5-11). In der Endzeit wird Babylon zu einem Ballungsraum des Bösen werden, als letzte Ausdrucksform des bösen Weltsystems (Offb 17–18). Das Wort *Gottlosigkeit* ist auch im Hebräischen weiblich, was erklärt, warum sie durch eine Frau verbildlicht wird.

Die Gottlosigkeit wird überwacht (6,1-8). Diese Vision entspricht der in Sacharja 1,7-11 und erinnert uns daran, dass Gott Engel gesandt hat, die auf der Erde patrouillieren. Die Juden wurden oft von Norden her überfallen, aber Gott hielt nun diese Nationen zurück, damit der Überrest den Tempel bauen konnte.

Namen für den Messias

»Der SPROSS« ist ein wichtiger Name für den Messias, denn er weist darauf hin, dass unser Herr aus dem Geschlecht Davids stammte (Jes 11,1). Als Spross ist er König (Jer 23,5; 33,15), Gottes Diener (Sach 3,8), »ein Mann, dessen Name ›Spross‹ ist« (Sach 6,12; Schlachter 2000) und »der Spross des HERRN« (Jes 4,2). Manche sehen in diesen vier Namen eine Parallele zu den vier Evangelien. Matthäus steht für den Spross Davids, des Königs; Markus für den Diener; Lukas für den Mann und Johannes für den »Spross des Herrn«, den Gott, der Fleisch geworden ist (Joh 20,30-31).

Die Gottlosigkeit wird besiegt (6,9-15). Drei Juden aus Babylon kamen mit Gold und Silber für den Tempel nach Jerusalem. Aber Gott trug Sacharja auf, eine Krone zu machen und sie Jeschua aufzusetzen und ihn zum Priesterkönig zu machen! Kein jüdischer Priester hatte jemals als König regiert und kein König durfte als Priester dienen (2Chr 26,16-21). All das symbolisierte das Kommen des Messias, des Priesterkönigs (Ps 110,4; Hebr 7,1-3), der vom zukünftigen Tempel der Herrlichkeit aus regieren würde (Hes 40ff). So wie die drei Männer Gaben von weit her brachten, so würden die Heiden Geschenke bringen, um den zukünftigen Tempel zu bauen (Jes 60,4-7).

Während Haggai die Juden zu ihrer täglichen Arbeit ermutigte, mahnte Sacharja sie, sich auf die Zukunft auszurichten und zu arbeiten, weil sie ein Teil von Gottes herrlicher Zukunft waren. Eine »glückselige Hoffnung« kann uns durchaus motivieren, Gott zu dienen und treu zu bleiben (Tit 2,11-15).

Sacharja 7

Als sie noch in Babylon waren, hatten die Juden eine neue Tradition begonnen: ein Fasten am neunten Tag des fünften Monats zur Erinnerung an die Zerstörung Jerusalems. Aber nun baute ein Überrest die Stadt und den Tempel neu auf und die Propheten sagten das Kommen einer Stadt und eines Tempels von noch größerer Pracht voraus. Sollte dieses Fasten beibehalten werden?

Wenn Traditionen keine Praktiken beinhalten, die dem Wort Gottes zuwiderlaufen, ist nichts dagegen einzuwenden. Es ist allerdings ratsam, hin und wieder zu prüfen, ob diese Traditionen noch Bedeutung haben.

Tun wir das, was wir tun, für den Herrn? Oder ist es nur eine Zeremonie, die wir regelmäßig auf uns nehmen? Wenn der Herr außen vor gelassen wird, mangelt es der Tradition an Leben und Herz. (Siehe Röm 14,1-9.)

Dienen wir anderen durch das, was wir tun? Gott will keine einmalige jährliche Zeremonie, sondern eine tägliche Lebensweise, die ihm gefällt. Es bedeutet, anderen Mitgefühl und Barmherzigkeit zu zeigen und den Armen und Bedürftigen zu helfen. Gott will Barmherzigkeit, keine Opfer (Hos 6,6; Am 5,21-2; Mi 6,8; Mt 15,1-9).

Macht uns das, was wir tun, gehorsam gegenüber seinem Wort? Die vorige Generation hatte ihre Traditionen gepflegt, aber ihre Herzen gegen das Wort Gottes verhärtet. Tun wir das auch?

Sacharja 8

Sacharja beantwortet immer noch die Fastenfrage, aber er nutzt die Gelegenheit, um den Juden für ihre Arbeit Mut zu machen. »Fürchtet euch nicht!« (V. 13.15), ist die zentrale Aussage dieser kurzen Botschaft, und er gab ihnen drei Verheißungen, die sie ermutigen sollten:

Gott wird Jerusalem wiederherstellen (1-8). Sacharja sah über das Heute hinaus auf den Tag, an dem der Messias kommen, sein Reich errichten und Jerusalem zu einer Stadt der Wahrheit und des Friedens machen würde. Die Alten würden in Sicherheit auf sonnenüberfluteten Straßen sitzen und die Kinder würden ohne Angst spielen.

Gott wird eure Arbeit fruchtbar machen (9-17). Das Volk war Gott nicht treu gewesen, deshalb hatte er seinen Segen zurückgehalten (Hag 1,1-11); aber nun würde er ihre Mühen fruchtbar machen, er würde sie segnen und sie zu einem Segen machen (1Kor 15,58).

Gott wird aus Fastentagen Festtage machen (18-23). In Gottes zukünftigem Reich wird Fasten nicht mehr nötig sein. Was in der Vergangenheit war, wird in der Herrlichkeit der Anbetung des Herrn vergessen sein. Jesus ist gekommen, um uns Freude zu bringen, nicht Trauer (Mt 9,14-17).

Traditionen
Der einzige Tag, an dem Gott von den Juden verlangte zu fasten, war der jährliche Versöhnungstag (3Mo 16,29). Die vier in Sacharja 8 erwähnten Fastentage erinnerten (in dieser Reihenfolge) an den Fall der Jerusalemer Stadtmauern, den Tempelbrand, die Ermordung Gedaljas (Jer 41) und den Beginn der Belagerung Jerusalems. Das Volk verstand sich darauf, neue religiöse Traditionen zu entwickeln, aber im Gehorsam gegenüber dem Wort Gottes war es weniger geübt.

Sacharja 9–14

Sacharja beendet sein Buch mit zwei Prophetenworten (Lasten), in denen es um die zukünftige Geschichte Israels geht.

Die Kapitel 9–11 befassen sich hauptsächlich mit dem ersten Kommen Christi, bei dem er sich seinem Volk zeigte (9,9) und abgelehnt wurde (11,12). Ereignisse, die auf sein Kommen hinführten, waren unter anderem die Eroberungen Alexanders des Großen (9,1-8) und die Auseinandersetzungen in der Zeit der Makkabäer 168-134 v. Chr (9,14-17). Daniel 8,9-14 bezieht sich ebenfalls auf diese spätere Zeit. Israel unter römischer Herrschaft wird in Kapitel 11 dargestellt.

Die Kapitel 12–14 legen den Schwerpunkt auf die Wiederkunft des Messias und die Gründung seines irdischen Reiches. Der Kernausdruck hier ist »an jenem Tag«. Sacharja beschreibt, was sich »an jenem Tag« ereignen wird, an dem Christus zur Erde zurückkehrt. Wenn die Nationen sich versammeln werden, um Jerusalem anzugreifen, wird er in Kraft zurückkommen und sein Volk befreien. Die Nation wird ihn erkennen, Buße tun und gereinigt werden; und Jesus Christus wird als König von Jerusalem aus regieren.

Die Kapitel 9–14 sind voller Symbole und manchmal bezieht sich der Prophet auf das erste und zweite Kommen unseres Herrn in aufeinander folgenden Versen; aber das ist für die prophetische Literatur nicht ungewöhnlich (siehe zum Beispiel Jes 9,6). Betrachte beim Lesen Christus in seiner Gnade und Herrlichkeit, und erfreue dich an der Verheißung seines Sieges.

Sacharja 9

Die Ausbreitung von Alexanders Reich (V. 1-8) trug dazu bei, den Weg für die Geburt des Herrn Jesus zu bereiten. Gott lenkt die Geschichte und gebraucht sie, um seine Ziele zu verwirklichen. Was wir heute in den Nachrichten hören, mag noch so deprimierend sein: Alles was geschieht liegt in Gottes Händen.

Vers 9 ging in Erfüllung, als Jesus auf einem Esel in Jerusalem einzog (Mt 21,1-11); Vers 10 wird erst in Erfüllung gehen, wenn er wiederkehrt und sein Reich errichtet. Israel lehnte seinen eigenen König ab und sagte (wie es viele heute immer noch tun): »Wir haben keinen König außer dem Kaiser!«

In den Versen 11-17 geht es um die zukünftige Rettung von Gottes Volk. Es wird sein, als würden Gefangene aus einer Grube befreit (V. 11), eine zerstreute Herde wieder zusammengeführt, Edelsteine in ein Diadem eingesetzt oder eine Armee zur Eroberung zusammengestellt (V. 12-17). Was wird das für ein wunderbarer Tag sein!

In Vers 12 wendet sich Gott an die Juden, die immer noch in Babylon leben, und fordert sie auf, zu ihrem Volk und in ihr Land zurückzukehren. Denen, die ihm gehorchen, verspricht er zweifachen Segen. – Sieh also zu, dass du dort bist, wo er dich haben will.

Sacharja 10–11

Diese beiden Kapitel stellen Israel als Gottes Herde dar und seine Anführer als Hirten.

Der treue Hirte (Kap. 10). Die Herde war in Not, weil sie keinen Hirten hatte, der sich um sie kümmerte. Aber der Herr wird zurückkehren und selbst ihr Hirte sein. Er wird das Volk retten, es stärken und in Frieden aufbauen.

Die falschen Hirten (11,1-14). Die Anführer waren weder ihrem Volk noch Gott treu, und Gott brachte Zerstörung über sie (V. 1-3). Die Herde war zur Schlachtung bestimmt (Unterwerfung durch die Römer im Jahr 70 n. Chr.), zur Spaltung (der zerbrochene Stab) und zur Zerstreuung unter den Heiden. Der Prophet ist ein Bild für den wahren Hirten, der für die Herde sorgt, von den falschen Hirten abgelehnt und wie ein Sklave verkauft wird (V. 12-13; 2Mo 21,32; Mt 26,14-16).

Der törichte Hirte (11,15-17). Das ist der letzte Weltherrscher, der Antichrist, den Israel als seinen Freund annehmen wird. Er wird sich verpflichten, Israel zu beschützen, aber dann wird er sein Versprechen brechen (Dan 9,27). Wenn du das Wahre ablehnst, fällt es dir viel leichter, das Falsche anzunehmen (Joh 5,43). Aber Gott wird den falschen Hirten schlagen und bestrafen (Offb 19,11-21).

Jeremia sagt, »dass der Weg des Menschen nicht in seiner Macht steht« (Jer 10,23). Jeder von uns braucht einen Hirten, deshalb sieh zu, dass du dem richtigen nachfolgst.

Gottes Kraft

Wenn Gott seinen Kindern Kraft gibt, werden sie zu Siegern. Das Schaf wird zum Schlachtross (Sach 10,3) und der Wurm zum Dreschwagen (Jes 41,14-16). Auch der Schwächste kann ein Held wie David sein (Sach 12,8), wenn er in der Kraft des Herrn durchs Leben geht.

Sacharja 12

Der Ausdruck »an jenem Tag«, der in Kapitel 12–14 oft vorkommt, bezieht sich auf jene Phase der Endzeit, in der der »Tag des Herrn« mit der Rückkehr Jesu Christi auf die Erde zum Höhepunkt kommt; er wird seine Feinde besiegen, Israel befreien und sein Reich gründen.

Jerusalem wird weltweit im Mittelpunkt des Interesses stehen. Beachte die Bilder für Jerusalem, die der Prophet gebraucht: ein Becher voll mit starkem Wein, der die Nationen betrunken macht

(V. 2); ein schwerer Stein, an dem sich die Nationen verheben (V. 3) und ein Feuerbecken und eine Feuerfackel, die die Nationen verzehren (V. 6). Wer Israel angreift, wird sich nur selbst vernichten, denn Gott hat in seinem Bund festgelegt, dass er Israel beschützen wird (1Mo 12,1-3).

Wenn die Kinder Israel den Messias sehen (V. 10), werden sie ihn erkennen (Mt 24,30; Offb 1,7), Buße tun, gereinigt werden und Vergebung erfahren. Ihr Schmerz wird so groß sein wie der Schmerz, den sie nach dem tragischen Tod des gottesfürchtigen Königs Josia zeigten (V. 11; 2Chr 35,20-27).

Wie Gottes Volk Israel, durchleben auch wir viele Prüfungen und Bewährungsproben; aber der Herr wird uns beistehen und seine Königsherrschaft und seine Herrlichkeit mit uns teilen (Apg 14,22).

Sacharja 13

Die Quelle (1-6). Die Beschmutzten werden von ihren Sünden gereinigt (Jer 31,21-34) und die Betrogenen werden von all ihren Götzen und falschen Propheten befreit. Vers 6 bezieht sich nicht auf Jesus Christus, sondern auf einen falschen Propheten, der sich bei irgendeiner religiösen Feierlichkeit Wunden zugefügt hat (1Kö 18,28). Er versucht zu beweisen, dass er kein Prophet ist, weil er dem Strafgericht entkommen will.

Die Herde (7). Um seine Herde zu retten, muss der Gute Hirte geschlagen werden, und das bedeutet Leid und Tod (Jes 53,4.10; Mt 26,31). – Wenn du das nächste Mal wegen deines Glaubens geschlagen wirst, denke daran, dass es deinem Hirten vor dir so ergangen ist (Mt 5,38-42; 10,16-26).

Der Schmelzofen (8-9). Israels schreckliches Leid am Ende des Zeitalters wird wie ein läuterndes Feuer sein, in dem das Echte vom Falschen getrennt wird (Jes 48,10). Eine Zeit des Leids nach Gottes Willen kann wie eine läuternde Erfahrung sein, die uns Gelegenheit gibt, Gott Ehre zu machen (Hi 23,10).

Sacharja 14

Der Prophet beschreibt den großen Feldzug, den wir als Schlacht von Harmagedon bezeichnen (Offb 14,17-20; 16,14-16), bei der die Nationen der Welt sich gegen Jerusalem verbünden werden.

Sieh nur, wie Gott seine Macht unter Beweis stellt! Er wird den Himmel verändern (V. 6-7) und auch die Erde (V. 3-5), und er wird eine Seuche schicken, die den Feind erschreckt und vernichtet (V. 2-15). Er wird einen Fluss fließen lassen, dessen Wasser das Land erneuern und erfrischen wird (Hes 47).

Sacharja verkündete: »Und der HERR wird König sein über die ganze Erde« (V. 9)! Unser Gebet »Dein Reich komme« wird erhört werden und wir werden mit ihm regieren (Offb 5,10; 20,6). Die Nationen werden »den König anbeten« (V. 16-17) und selbst gewöhnliche Dinge wie Pferdegeschirre und Kochtöpfe werden dem Herrn heilig sein. Kein Außenstehender wird da sein und den Tempel des Herrn verunreinigen (V. 21).

Das Laubhüttenfest war Israels fröhlichster Feiertag (3Mo 23,33-44), deshalb wird mit dem Reich Gottes eine Zeit der Heiligkeit anbrechen, in der wir fröhlich den Herrn anbeten und ihm dienen werden.

Maleachi

Maleachi diente etwa vier Jahrhunderte vor Christus und traf demnach auf dieselbe religiöse Situation, die wir auch in Esra 9–10 und Nehemia 8–13 beschrieben finden. Die Menschen waren abtrünnig geworden, die Priester waren weltlich gesinnt und die Nation hatte sich weit von Gott entfernt. Der Name *Maleachi* bedeutet »Mein Bote« (2,7; 3,1).

Weil das verheißene Gottesreich nicht sofort kam, zweifelten die Juden an Gottes Liebe (1,2) und Gerechtigkeit (2,17) und beklagten sich über die Art und Weise, wir er mit seinem erwählten Volk umging. Es dauerte nicht lange, bis die Priester in ihrem Dienst nachlässig wurden und die Menschen ihrem schlechten Beispiel folgten.

Das Buch kann folgendermaßen zusammengefasst werden:

1. Gott stellt ihre Liebe in Frage (1,1-5)
2. Gott verurteilt ihre Sünden (1,6–2,17)
   a) die Verachtung seines Namens (1,6-14)
   b) die Entweihung seines Bundes (2,1-17)
3. Gott versucht, sie zur Umkehr zu bewegen (3,1–4,6)

Wir wissen nichts über die Person Maleachi, er verrät uns nicht einmal den Namen seines Vaters, wie es die Propheten für gewöhnlich tun. Aber letztendlich war er ein Bote; das Wichtigste an einem Boten ist seine Botschaft. Maleachi ging es darum, treu seinen Dienst zu tun, und nicht darum, berühmt zu werden.

Maleachi 1

Sechs Mal erwähnt der Herr *seinen Namen* (V. 6.11.14) und meint damit sein Wesen und seinen Ruf. Er will, dass sein Name auf der ganzen Welt verherrlicht wird (V. 5). Die Priester jedoch verachteten seinen Namen und er wies sie deswegen zurecht. – Wie können wir den Namen des Herrn verachten?

Wir achten seinen Namen gering, indem wir an seiner Liebe zweifeln (V. 1-5). Es waren harte Zeiten, und die Menschen machten Gott für ihre Lage verantwortlich. Aber ihre Probleme waren durch ihre eigenen Sünden entstanden (Hag 1), und Gott war bereit zu segnen, wenn sie zur Umkehr bereit wären.

Wir achten seinen Namen gering, indem wir unsere Arbeit für ihn nachlässig verrichten (V. 7-11). Sie waren ihrer Segnungen überdrüssig, und das Werk des Herrn zu tun, langweilte sie.

Außerdem achten wir den Namen des Herrn gering, wenn wir ihm weniger als unser Bestes geben (V. 12-14). Sie brachten ihm fehlerhafte Opfer dar, Tiere, die sie ihren Freunden niemals zum Geschenk gemacht hätten. Sogar Diebesgut brachten sie als Opfer dar! »Denn ich will nicht, was dir gehört, für den HERRN nehmen«, sagte David, »und umsonst Brandopfer opfern« (1Chr 21,24).

Pass auf, dass du deiner Segnungen nicht überdrüssig wirst und anfängst, dein Vorrecht, dem Herrn zu dienen, als selbstverständlich anzusehen. Es könnte sein, dass Gott dir deine Vorrechte wegnimmt.

Maleachi 2

Hier geht es hauptsächlich um *Bundesbeziehungen* (V. 4.5.8. 10.14); drei werden ausdrücklich genannt.

Der Bund mit Levi (1-9). Gott gab dem Stamm Levi die Priesterschaft und trug ihm auf, das Gesetz des Herrn zu lehren und zu befolgen. Aber die Leviten brachen den Bund und missachteten sein Wort, und Gott musste sie bestrafen, indem er ihre Segnungen in Flüche umwandelte. Wenn sie das Volk segneten, würde sich das als Fluch erweisen (4Mo 6,23-27), und Israel würde der Welt zur Plage statt zum Segen werden (5Mo 28).

Der Bund mit Israel (10-12). Dieser wurde am Sinai geschlossen, als das Volk »mit Jahwe vermählt« wurde (2Mo 19-20). Aber seine Braut war ihm nicht treu, denn sie beging Ehebruch mit falschen Göttern. Jeremia warnte davor (Jer 2), und es liegt als Thema dem Buch Hosea zugrunde.

Der Bund der Ehe (13-17). Die Männer ließen sich von ihren Ehefrauen scheiden und heirateten Ausländerinnen (2Mo 34,10-17; Esr 10), eine Sünde, die sogar König Salomo in die Abgötterei führte (1Kö 11). Der Ehebund schließt den Mann und die Frau ein *und auch Gott*, und er erwartet, dass wir treu sind. Der treulose Ehemann könnte weinen und Opfer darbringen (V. 13), aber Gott würde sie nicht annehmen.

Wir erwarten von Gott, dass er treu zu seinem Wort steht. Warum glauben wir, das Vorrecht zu besitzen, uns nicht an unsere Versprechen halten zu müssen?

Segnungen und Flüche

Gott ist in der Lage, Flüche in Segnungen zu verwandeln (Neh 13,2) und Segnungen in Flüche (Mal 2,1-2). Es ist schon schmerzhaft genug, wenn Gott uns seine Segnungen *wegnimmt*; verwandelt er aber diese Segnungen in Flüche, ist der Schmerz schrecklich.

Das Ausmaß der Sünde

»Haben wir nicht alle einen Vater?« (Mal 2,10), bedeutet nicht, dass jeder Mensch ein Kind Gottes ist und deshalb in den Himmel kommt. Die Aussage steht im jüdischen Kontext: Gott schuf die Nation und nahm Israel als seinen Erstgeborenen in Besitz (Jes 63,16; 2Mo 4,22). Als die jüdischen Männer sich von ihren Frauen scheiden ließen, um heidnische Frauen zu heiraten, versündigten sie sich nicht nur an Gott, sondern auch an ihren Brüdern und Schwestern (1Thes 4,1-8).

Maleachi 3

Läuterung *(1-5)*. Wie es in den prophetischen Schriften oft vorkommt, werden Ereignisse vom ersten Erscheinen unseres Herrn (V. 1) mit Ereignissen verbunden, die bei seinem zweiten

Erscheinen stattfinden werden (V. 2-5). Der Bote war Johannes der Täufer (Mt 11,7-10), der dem Herrn den Weg bereitete (Jes 40,3; Joh 1,23). Wenn Christus als Richter auftritt, wird er Israel reinigen, besonders die Priester, und er wird über die Sünder richten.

Besinnung (6-7). Gott ändert sich nicht; deshalb hielt er sich an sein Bundesversprechen und vernichtete Israel nicht, obwohl es das verdient hätte. Gottes Treue trägt uns (Kla 3,22-24).

Beraubung (8-15). Die Israeliten brachten dem Herrn nicht nur mangelhafte Opfer dar, obendrein versäumten sie es, die vom Gesetz vorgeschriebenen Abgaben und Zehnte zu bringen. Folglich verfluchte er ihre Segnungen (2,2) und zerstörte ihre Ernte. *Wenn wir Gott berauben, berauben wir uns dadurch nur selbst.* Wir können nichts für uns behalten, was rechtmäßig dem Herrn gehört.

Erinnerung (16-18). Es gibt immer einen treuen Überrest, der dem Herrn dient, ihm gehorcht, über die Wahrheit nachdenkt und sein geistliches Urteilsvermögen einsetzt. Gott sieht diese Menschen und schreibt sich ihre Namen auf. Sie sind seine Edelsteine und am kommenden Tag des Gerichts werden sie verschont.

Verbrennung (19). Der Tag des Herrn wird eine Zeit des grausamen Gerichts auf der Erde sein, an dem die Gottlosen wie Stroh verbrannt werden. Das Feuer des Eifers Gottes wird brennen (Zef 1,18).

Feuer

In der Heiligen Schrift wird Feuer oft mit Gericht in Verbindung gebracht, denn Feuer ist ein Symbol für den heiligen Zorn Gottes. Feuer verzehrte Gottes Feinde (2Kö 1) genauso wie ungehorsame Diener (3Mo 10,1-3). Er hat für die Welt ein Strafgericht aus Feuer vorgesehen (2Petr 3,10) und die Hölle wird mit einem Feuersee verglichen (Offb 20,10.14; 21,8) und mit einem Feuerofen (Mt 13,42.50). Jesus sprach oft vom Feuer des Gerichts, das die erwartet, die ihm nicht vertrauen (Mt 5,22; 18,8-9; 25,41; Mk 9,44-48). Wenn er zurückkehrt, um die Welt zu richten, wird er »in flammendem Feuer« kommen

(2Thes 1,8). Wir tun gut daran, vorbereitet zu sein und das Evangelium an andere weiterzugeben.

Heilung (20-21). »Sonne der Gerechtigkeit« ist einer der Namen Jesu Christi (Ps 84,12). Er ist für sein Volk, was die Sonne für das Sonnensystem ist: die Mitte aller Dinge und die Quelle des Lebens und des Lichts (Joh 1,4). Dieselbe Sonne, die den Verlorenen Verderben bringt, wird den Geretteten Segen bringen.

Unterwerfung (22-24). Maleachi schaute zurück auf das Gesetz und gebot Israel, zu gehorchen und sich auf Gottes Handeln vorzubereiten. Dann schaute er voraus auf den Dienst Elias, der in geistlicher Hinsicht durch Johannes den Täufer erfüllt wurde (Lk 1,16-17; Mt 17,10-13). Womöglich wird er auch noch buchstäblich erfüllt, falls Elia einer der beiden Zeugen in Offenbarung 11,1-13 ist.

Das Alte Testament endet mit der furchterregenden Androhung eines Banns oder Fluches. Am Ende des Neuen Testaments steht das Versprechen, dass es »keinen Fluch mehr geben wird« (Offb 22,3). Was hat zu dieser Neuerung geführt? Am Kreuz ist Christus »ein Fluch für uns geworden« (Gal 3,13).

> *»Menschen kommen nicht in die Hölle, weil Gott zornig auf sie ist; sie leben dort in Zorn und Dunkelheit, weil sie mit dem Licht, das unaufhörlich von Gott zu uns her fließt, so umgegangen sind, wie ein Mensch, der sich selbst die Augen aussticht, mit dem Sonnenlicht umgeht.«*
> William Law

▪ Buchempfehlung ▪

Hendricks, Howard G. /
Hendricks, William D.
Bibellesen mit Gewinn
Handbuch für das persönliche Bibelstudium
Broschur, 368 Seiten

Dieses Buch zeigt auf eine sehr lockere Weise und mit vielen praktischen Beispielen, wie man lernt, die Bibel möglichst effektiv zu lesen, um Tag für Tag praktischen Nutzen und Gewinn davon zu haben. Es hat sich über die Jahre in der Praxis bewährt. Für viele ist es zum Anstoß für ein lebendiges und fruchtbares Bibellesen und Studieren geworden.

Best.-Nr. 273.960
EUR (D) 9,90, EUR (A) 10,20, SFR 14,90
ISBN 978-3-89436-960-6

Christliche Verlagsgesellschaft mbH
Kompetent. Profiliert. Engagiert.

▪ Buchempfehlung ▪

Charles C. Ryrie
Wie bereite ich eine Lehrpredigt vor?
Tb., 96 Seiten

Charles Ryrie ermutigt Älteste, Prediger und Bibellehrer, biblische Lehre zu einem zentralen Teil ihrer Predigt zu machen. Praktisch zeigt er, wie das durch bekannte Bibeltexte geschehen kann. Er bietet dazu Gliederungen, Ideen für Einstiege, Illustrationen u. v. m.

Best.-Nr. 273.914
EUR (D) 6,90, EUR (A) 7,10, SFR 10,50
ISBN 978-3-89436-914-9

Christliche Verlagsgesellschaft mbH
Kompetent. Profiliert. Engagiert